# 권력
# 쟁탈
# 3,000
# 년

**옮긴이 오윤성**

서울대학교 미학과를 졸업한 뒤 편집과 번역을 오가며 책을 만들고 있다. 옮긴 책으로 『히스토리카 세계사 7: 혁명의 시대』 『탄소의 시대』 『전사자 숭배: 국가라는 종교의 희생 제물』 등이 있다.

A Political History
of the World

Three Thousand
Years of War
and Peace

# 권력
# 쟁탈
# 3,000
# 년

## 전쟁과 평화의 세계사

**조너선 홀스래그 지음 │ 오윤성 옮김**

**북트리거**

# CONTENTS

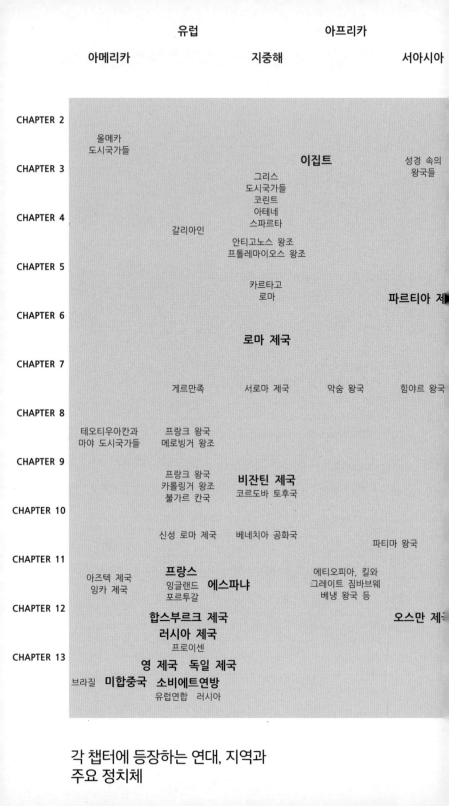

|  | 아메리카 | 유럽 | | 아프리카 |
| --- | --- | --- | --- | --- |
| | | | 지중해 | 서아시아 |
| CHAPTER 2 | | | | |
| | 올메카 도시국가들 | | **이집트** | 성경 속의 왕국들 |
| CHAPTER 3 | | | 그리스 도시국가들 코린트 아테네 스파르타 | |
| CHAPTER 4 | | 갈리아인 | 안티고노스 왕조 프톨레마이오스 왕조 | |
| CHAPTER 5 | | | 카르타고 로마 | |
| CHAPTER 6 | | | | **파르티아 제** |
| | | **로마 제국** | | |
| CHAPTER 7 | | 게르만족 | 서로마 제국 | 악숨 왕국 힘야르 왕국 |
| CHAPTER 8 | 테오티우아칸과 마야 도시국가들 | 프랑크 왕국 메로빙거 왕조 | | |
| CHAPTER 9 | | 프랑크 왕국 카롤링거 왕조 불가르 칸국 | **비잔틴 제국** 코르도바 토후국 | |
| CHAPTER 10 | | 신성 로마 제국 | 베네치아 공화국 | 파티마 왕국 |
| CHAPTER 11 | 아즈텍 제국 잉카 제국 | **프랑스** 잉글랜드 **에스파냐** 포르투갈 | | 에티오피아, 킬와 그레이트 짐바브웨 베냉 왕국 등 |
| CHAPTER 12 | | **합스부르크 제국** **러시아 제국** 프로이센 | | **오스만 제** |
| CHAPTER 13 | 브라질 **미합중국** | **영 제국 독일 제국** **소비에트연방** 유럽연합 러시아 | | |

각 챕터에 등장하는 연대, 지역과
주요 정치체

중앙아시아　　　　　북·남아시아

메소포타미아　　　　인도아대륙　　　　　동아시아

| 메소포타미아 | 중앙아시아 / 인도아대륙 | 북·남아시아 | 동아시아 | |
|---|---|---|---|---|
| | 베다 도시국가들 | | | 서기전 1000년 |
| 아시리아 제국 | | | 주나라 | |
| | | 홍방 왕국 | 고조선 | 서기전 750년 |
| 아케메네스조 페르시아 제국 | 마하자나파다스 | | 춘추시대 | |
| | | | | 서기전 500년 |
| 마케도니아 제국 | 마우리아 제국 | | 전국시대 | |
| | | | 진나라 | 서기전 250년 |
| 셀레우코스 왕국 | | | 전한 | |
| | 박트리아 왕국 | | | |
| | | 흉노 | | 0년 |
| | 쿠샨 제국 | 강족 | 후한 | |
| | | | | 250년 |
| 사산조 페르시아 제국 | 굽타 제국 | | 고구려 | |
| | | 부남 | | 500년 |
| 우마이야 칼리프국 | | | 수나라 | |
| | | | 야마토 왕국 | |
| | | | 당나라 | 750년 |
| 아바스 칼리프국 | 팔라·라슈트라쿠타· 프라티하라 왕국 이슬람 칼리프국 | 스리위자야 왕국 크메르 제국 | 고려 | |
| | | | 요나라 | 1000년 |
| 셀주크 룸 술탄국 | 촐라 왕국 판디아 왕국 찰루키아 왕국 | | 송나라 | |
| 몽골 제국 | | | 금나라 | |
| | | | 원나라 | 1250년 |
| 티무르 제국 | 델리 술탄국 비자야나가르 왕국 | | 명나라　조선 | |
| | | | | 1500년 |
| 사파비 제국 | 무굴 제국 | | 청나라 | |
| | | | | 1750년 |
| | 인도 | 인도네시아 | 중국 한국 일본 | |

북 극

서 반 구

서유럽
해안평야

엘프스산맥

피레네산맥

지브롤터해협

로키산맥

미시시피
삼각주

대 서 양

사 하 라 사

시에라마드레
산맥

멕시코만

카리브해

아마존강

태 평 양

안데스산맥

남 극

세계지도

해

동 반 구

르해

흑해-카스피해
스텝

흑해          캅카스          텐 산 산 맥          만주평야

칸

아나톨리아          카스피해                              화베이평야

메소포타미아          힌두쿠시산맥

자그로스산맥          히 말 라 야 산 맥

나일강

호르무즈해협          인도-갠지스
평원

아라비아해          벵골만          남중국해          태 평 양

메콩
삼각주

말라카해협

인 도 양

해

**일러두기**

1. 연도 표기에서 '서기전'과 '서기'는 문맥상 유추 가능한 경우 생략했다.
2. 저자가 괄호에 넣어 표기한 권력자·교황의 재위 기간, 유명인의 생몰 연대는 원문과 동일하게 괄호에 넣어 표기했다.
3. 본문에 등장하는 도서는 『 』, 시·짧은 글은 「 」, 그림·영화는 〈 〉으로 묶어 표시했다.
4. 편집자의 주석은 괄호 속에 넣고 '편집자'라고 표기했다.
5. 인명과 지명은 국립국어원 외래어표기법을 따르되 원어 발음을 고려하여 표기했다.
6. 성경 번역은 『현대인의 성경』을 따랐다.

# 인간은 평화를 꿈꾸지만, 현실은 전쟁의 연속이다

헝가리의 수도 부다페스트 근처에서 놀라운 고고학 유적이 발견되었다. 서기전 6세기의 무덤에는 스키타이족 여자와 소년의 유해가 묻혀 있었다. 이들의 일가는 부유하지 않았음에도 좋은 수의를 입히고 서로 다정하게 껴안은 자세로 시신을 매장했다. 이 모자는 전쟁의 희생자였다. 스키타이족은 부족끼리 자주 싸웠다. 나는 이들을 바라보다 문득 의문에 휩싸였다. 어떻게 이럴 수 있는가? 제 혈족은 이토록 사랑하고 걱정하는 자들이 다른 부족에 대해서는 학살에 학살을 거듭했다. 오늘날에도 세계 각국은 군비를 부단히 강화하고, 전쟁 때문에 수많은 소중한 가정이 파괴당하며, 외교는 군사적 충돌을 막기에 역부족이다. 예나 지금이나 인간은 늘 평화를 갈망하면서도 평화를 유지하지 못한다. 이 모순을 어떻게 설명할 것인가?

　미국의 정치인 헨리 키신저가 말했듯 국제정치의 핵심은 평화와 전쟁이다. 최근 국제사회는 환경 관련 문제부터 바나나의 곡선(EU 역내에서 판매되는 바나나 기준과 관련된 문제로, EU에서는 '비정상적인 곡률이 없어야 한다'고 규정하고 있다.-편집자 주) 같은 자질구레한 주제까지 전보다 폭넓은 의제를 다루고 있지만, 국제 관계 및 외교의 본업은 역시 중대한 위험 상황이 발생했을 때 이를 책임지고 해결하는 것이다. 그러하기에 오늘날에도 외교는 의전의 위엄과 비밀주의의 보호 속에서 그 묵직한 역할을 묵묵히 이어 가고 있으며, 또 많은 젊은이가 여전히 외교 분야에 매력을 느낀다.

　매년 세계 각국에서 수많은 대학 졸업자가 '외교 군단corps diplomatique'에 합류하고자 어려운 시험을 치른다. 그 밖의 다양한 경로를 통해 국제정치에 몸담고 싶어 하는 청년은 더욱 많다. 나는 주로 그러한 젊은 독자를 생각하며, 즉 앞으로 정치가, 외교가, 군장교, 대학교수, 저널리스트가 되어 국제정치를 업으로 삼으려는 이들을 위해 이 책을 썼다.

　국제정치는 다시 한번 위태로운 갈림길 앞에 서 있다. 한쪽에는 세계주의자가 진을 치고 있다. 이 도시 저 도시를 바쁘게 날아다니는 이 엘리트 인사들은 외교 회담을 몇 차례 성사시켰는가, 국제회의에 카메라 기자가 몇 명 출동했는가로 외교의 성패를 가늠할 수 있다고 믿는다. 이들의 주장에 따르면 강대국들의 권력정치는 끝났으며 앞으로 큰 전쟁이 일어날 가능성은 별로 없다. 게다가 지금처럼 상호 의존하는 세계경제체제에서는 경쟁이 전쟁으로 비화할 가능성이 더욱 희박하다. 이 관점은 특히 1991년 소비에트연방 해체 후에 세계적으로 힘을 얻었다. 유럽은 강제력보다는 모범으로 세계를 이끌고자 했고, 중국은 화평굴기和平屈起 노선을 채택했으며, 미국은 보수와 진보 어느 쪽이 정권을 잡든 자유주의 가치에 입각한 대외 정책을 추진해 왔다.

반면에 갈림길의 다른 편에 군집한 사람들은 세계의 자유화, 개방화가 왜 좋은지 모르겠다고 말한다. 이들에게 세계화는 경제 불안의 주범이다. 이민자도 위험하고 다국적기업도 위험하다. 이들은 국수주의적인 지도자를 중심으로 규합하여 분노를 표출한다. 이 불공평하고 불안한 세상으로부터 보호받고 싶어 한다. 세계주의자들이 국경 없는 평평한 세계에서 흥성거리는 동안, 이들 역시 점점 몸집을 키워 이제는 국가 간 타협과 중재의 가능성을 심각하게 저해하고 있다.

이 불길한 변화와 때를 같이하여 세계 각국은 냉전의 갈등이 최고조에 이르렀을 때보다 더 많은 돈을 군비에 쏟고 있다.[1] 국제적으로 무력 분쟁의 빈도가 점점 늘고 있으며, 다른 종류의 분쟁도 갈수록 격화하고 있다. 미래를 이끌 새로운 세대는 이 혼돈 속에서 앞으로 나아갈 길을 찾아내야 하고 중요한 결정에 필요한 지혜를 쌓아야만 한다. 그 과정의 길잡이가 되는 것은 앎이다. 인간의 행복에 관한 지식, 경제와 윤리에 관한 지식, 무엇보다 역사에 관한 지식이 필요하다. 고대 로마의 정치가 키케로는 이렇게 말했다. "인간은 자신이 태어나기 전에 벌어진 일들을 이해하기 전에는 어른이 되지 못한다."[2]

이론과 사상이 우리로 하여금 헬리콥터로 창공을 날며 내려다보듯 저 높은 곳에서 세상을 조망하게 해 준다면, 역사는 길고 고된 등정을 거친 뒤에야 높은 곳에서 세상을 내려다보게 해 준다. 자연을 탐험할 때 우리의 몸과 마음이 탄탄해지듯 역사를 관통하는 여행은 우리의 정신을 단련한다. 과거의 사건들을 끝까지 따라가며 해석하는 데는 인내심과 집중력이 필요하다. 그 과정에서 우리는 장애물을 발견하고 극복하는 도구인 예리한 의식을 기른다. 마침내 고지에 오르면 지나온 길을 돌아보고, 결론을 도출하고, 저 앞 수평선에 이르는 최선의 경로를 탐색할 수 있다.

이 항해에 지름길은 없다. 우리가 제아무리 정밀한 이론과 명료한 사상을 추구한다 해도, 역사를 돌파하는 과제를 수락하지 않고서는 이론과 사상의 제 의미를 찾기 어렵다. 그건 경전 한 쪽 읽지 않고 신앙을 내세우는 격이다. 사상과 달리 역사는 진보의 가능성과 퇴보의 위험 모두를 드러낸다. 역사는 그간 인간 삶의 조건이 얼마나 개선되고 세계가 얼마나 발전했는가, 또 그 진보가 얼마나 어렵게 성취되고 유지되어 왔는가를 밝힌다. 돌아보건대 세계는 분명 상승하는 곡선을 그려 왔지만, 그 과정에는 급격한 퇴보도 있었다. 미래에 기다리는 새로운 위기를 완화하고 예방하려면 우리는 역사의 양면을 이해해야만 한다.

역사라는 학문은 대학은 물론 교육과정 전반에서 점점 주변으로 밀려나고 있다. 그나마 중심에 남은 것은 기성 이론이나 선입관을 뒷받침하는 역사가 대부분이다. 예컨대 국제정치학과에서 가르치는 역사는 펠로폰네소스 전쟁, 고대 로마 제국, 19세기 빈 체제 등 소수의 뻔한 사례 연구에 국한된다.[3] 또한 보다시피 연구 주제가 늘 세계의 한 작은 지역에, 즉 유럽에 편중되어 있다. 이 때문에 비유럽권 학자들은 자국의 군사 문화가 유럽의 부도덕한 권력정치와는 뿌리부터 다르다고 선을 긋는다. 나는 이런 식의 주장을 여러 번 들었다. 중국의 역사가와 외교가 중에는 '중화中華'가 근본적으로 조화를 추구하는 전통이라고 주장하는 사람이 있다. 인도의 관료 중에는 현대 인도가 간디의 평화 노선을 바탕으로 건국되었다고 주장하는 사람이 있다. 이처럼 지리에 종속된 역사 연구는 오해와 의견 충돌을 낳을 수밖에 없다.

## 3,000년 역사에서 우리가 꼭 알아야 할 것들

그렇다면 이 책은 어떤 책인가? 나는 일단 이 책이 어떤 책이 아닌지부터 설명하고 싶다. 이 책은 유적이나 옛 기록에서 발견된 새로운 사실을 담은 고고학 서적이 아니다. 물론 어떤 대목은 1차 자료와 사료를 바탕으로 썼지만 그 밖에도 수많은 중요한 2차 연구도 책의 내용을 뒷받침했다. 또한 이 책은 요즘 부쩍 눈에 띄는 종류의 역사서처럼 기발한 개념 하나로 과거를 꿰뚫는 책이 아니다. 나는 '문명의 충돌'이니 '역사의 종언'이니, 아니면 '인간은 늘 이성적인 낙관주의자로서 교역을 통해 번영했다'는 식의 주장을 펼치지 않을 것이다. 또한 이 책은 기존 연구를 비판해서 논란이나 일으키려 하는 수정주의 역사서가 아니다. 국제정치를 연구하는 사람이라면 누구나 특별히 선호하는 방향이 있고 나 역시 그렇지만, 이 책은 단순히 나 개인이 입증하고 싶은 역사를 담은 책이 아니다. 사실 나는 집필을 위해 조사에 착수한 시점에도 정확히 어떤 책을 쓰게 될지 몰랐다. 많은 내용이 나에게도 새로웠다.

나는 다만 하나의 질문에 답하겠다는 생각으로 책을 써 나갔다. 앞으로 세계의 중요한 일을 결정할 사람들이 꼭 알아야 할 것은 무엇일까? 즉 수많은 수업을 듣고 숱한 당면 과제를 고민해야 하는 그 학생들이 '국제정치사'에서 반드시 배워야 할 내용은 무엇일까? 그 대답으로 쓰인 이 책은 지난 3,000년 역사를 조감하되, 그중 가장 굵직한 사건들을 소개하고, 국제 관계의 기능과 역할을 설명하고, 가능하다면 독자 스스로가 앞으로 더 면밀하게 역사를 탐구하도록 관심을 환기한다. 그러나 비단 관련 학과 학생만이 아니라, 이 불안정한 세계를 이해하고자 하고 우리의 기원을 알기를 원하며 미래를 합리적으로 예측하고자 하는 모든 사람이 이 책의 독자이다.

그런 이유로 나는 보통 따로따로 다루어지는 역사의 여러 국면을 통합적으로 설명했다. 가령 전쟁의 원인에 집중하는 좋은 책은 많지만 평화로운 시기까지 함께 고찰하는 책은 없었다.[4] 세계의 권력균형이 어떻게 바뀌어 왔는가를 분석하는 탁월한 연구는 있었어도 현실 정치의 작동을 함께 다루는 연구는 없었다.[5] 다시 말해 기존 책들에는 국제기구의 창립 과정, 비좁은 밀실이나 화려한 연회장에서 국제조약이 체결되는 과정, 참여자 개인의 신념이 국제정치에 미치는 영향, 외교가들이 국제정치의 규칙을 세워 온 과정 등이 누락되어 있다. 나는 이렇게 다양하면서도 서로 얽혀 있는 여러 층위의 현실을 하나의 일관된 서술로 풀어내고자 했다.

이 책이 탐색하는 첫 층위는 권력 분포의 역사이다. 정치학자 로버트 달의 표현을 빌리면, 권력power이란 사람들로 하여금 원래라면 하지 않았을 일을 하게 하는 능력이다.[6] 국가 등 정치체政治體, polity의 권력은 내부적 차원과 외부적 차원을 동시에 가진다. 전자는 자국민에게 행사하는 영향력이고, 후자는 타국에 행사하는 영향력이다. 또한 정치체의 권력은 두 가지 국면으로 구분된다. 하나는 투입되는 힘, 즉 역량이고, 다른 하나는 산출되는 힘, 즉 영향력이다. '하드 파워'와 '소프트 파워'를 아우르는 이 영향력은 간접적인 유인부터 강제적인 정복에 이르는 온갖 형태로 나타난다. 외교, 즉 자국의 이해와 타국의 이해를 조정하는 기술은 그런 영향력의 한 형태이다.

투입되는 힘에 초점을 맞추면 한 정치체의 권력은 영토와 천연자원, 부, 군사력, 정치체제, 국가의 정당성 따위를 기준으로 산정된다. 이 요소들은 언제나 변화한다. 역사의 어느 시점에서든 결국 이 요소들이 어떤 비율로 분포되었는가가 권력균형을 결정한다. 정치체가 역량을 축적하고 상실하는 과정은 많은 학자의 관심사이다. 그중에서도 특히 중요한 논제는 사회·경제·정치 체제가 (각 시대 지도층의 성격과 함께) 국가 역량의 축적과 보존에 어떤 영향을 미치는가이다. 예컨대 서양의 자본주의는 정말로 우월한 경제체제인가? 민주주의는 번영의 필수조건인가, 아니면 차라리 독재가 나은가? 또 하나 중요한 논제는 관념이 물질의 가치에 미치는 영향력이다. 가령 군사력의 가치는 왜 정치체에 따라, 시기에 따라 다르게 평가되는 것으로 보이는가? 어느 나라에 무엇이 가장 필요한지 판단하는 주체는 당사자인 그 나라인가, 아니면 부유한 강대국인가?

이로부터 이어지는 둘째 층위는 정치체제의 역사이다. 지금까지 정치체는 도시, 도시국가, 국민국가, 연합국가, 간접 교역 제국, 직접 통치 제국 등 다양한 형태로 존재했다. 정치 질서 면에서는 군주제와 공화제, 독재 체제와 민주주의 체제가 존재했다. 정치체는 다른 영향력 있는 행위 주체, 즉 종교 세력, 다국적 사업체, 심지어는 해적과도 공존했다.

불과 몇 년 전만 해도 앞으로 우리는 국경 없는 평등한 세상에서 살게 될 것이고 국가라는 주권 단위는 힘을 잃으리라는 주장이 지배적이었다. 지금 우리가 목도하는 현실은 전혀 다르다. 내셔널리즘이 부활했고, 국경을 보호하라는 목소리가 커졌다. 군비 지출이 늘어만 가고, 각국 정부는 끊임없이 경제에 개입한다. 그러나 지리적으로 구획되는 정치권력 대 국경 없는 교역·자본·사상·문화 간의 우열 논쟁은 조금도 새롭지 않다. 이 책은 세계의 개방에 몰두하는 세계주의와 국경과 국방의 강화에 골몰하는 보호주의의 역사적 변천과 그 배경을 자세히 살필 것이다.

이 책의 셋째 층위는 정치체 간 접촉과 교류의 역사이다. 본질적으로 국제 관계는 더 좋은 방향으로 나아가려는 노력이라고, 그것으로 경쟁을 멈출 순 없다 해도 경쟁의 파괴력을 줄일 순 있다고 주장하는 사람이 역사에는 늘 있었다. 서기전 5세기 아테네의 정치가 페리클레스는 델로스동맹에 들어온다면 평화와 안정을 보장하겠다고 다른 그리스 도시들에 약속했다. 2,500년 후 미국 대통령 해리 트루먼은 자유세계를 보호하겠다고 선언했고, 중국 주석 시진핑은 몇 년 전부터 전과 다른 조화로운 세계 질서를 기치로 내세우고 있다. 그러나 정치학자 한스 모겐소가 말했듯 국제정치가 혼돈의 장인 이유는 역사상 모든 사회가 동일한 힘에 의해 추진되었기 때문이다. 인간의 무한한 권력욕, 국가와 국가의 끝없는 경쟁이 그것이다.[7] 그렇다면 우리는 전쟁과 평화의 긴 역사 속에서 어떤 '패턴'을 찾아낼 수 있을까? 전쟁이 평화보다 더 잦은 이유는 무엇일까? 반대로, 강대국들이 국제 협정과 기구를 존중하고 주권을 제한하는 규칙도 준수하는 등 평화라는 대의를 옹호하는 이유는 무엇일까? 국제 관계를 결정하는 여러 힘, 즉 국방·안보의 욕구, 영토 확장의 욕망, 경제적 이익, 종교나 내셔널리즘이나 정의 같은 관념, 단순한 무지와 우매 등등의 요인은 각각 어느 정도로 국제 관계를 움직여 왔을까? 세계는 과거에 비해 강제력을 덜 사용하고 협력에 더 힘쓰게 되었을까? 그게 사실이라면 경제적 상호 의존, 소통 확대, 가치관 공유 같은 변화가 여기에 얼마나 작용했을까?

이 책의 넷째 층위는 인간과 세계가 맺어 온 관계의 역사, 풀어 말해 자연의 가치와 환경 변화의 중대성이다. 인도 찬드라굽타의 고문 카우틸랴, 중국의 전략가 손무 등 역사 최초의 정치 저술가들은 그 옛날에 벌써 왕들에게 천연자원을 아껴 쓰라고 조언했다. 또한 역사에서 왕이라는 존재가 맡아 온 가장 중요한 임무 하나는 좋은 날씨를 베풀어 달라고 신에게 기원하는 것이었다. 늦게 잡아도 이집트의 파라오 시대 이래로 기후변화와 식량 고갈, 그 둘로 인한 인구 이동은 반드시 사회 격동과 전쟁으로 이어졌다. 21세기는 얼마나 다른가? 기후 온난화는 국제사회에 새롭게 나타난 의제인가? 아니면 2,000여 년 전 카우틸랴와 손무가 썼듯이 어느 시대에든 통치자에게는 인간 욕망과 자연 자원 사이에서 타협점을 찾아낼 의무가 있는가?

다섯째이자 마지막 층위는 국제정치의 사상적 변천사이다. 소비에트연방 해체 후에는 이른바 자유주의자, 구성주의자 등 역사를 낙관하는 학자들이 이 논의를 주도했다. 자유주의자는 교역 덕분에 정치체 간 의존도가 높아졌고 그로 인해 전쟁 비용이 비싸졌다고 주장한다. 구성주의자는 정치체가 무력을 덜 사용하게 된 것은 국제사회의 규범 덕분이며, 배타적 국익을 최우선으로 삼는 정치체의 근본 '기질'까지도 공동선에 이바지하는 방향으로 바뀔 수 있다고 말한다. 그러나 몇 년 전부터 현실주의가 점점 목소리를 키우고 있다. 정치체는 앞으로도 늘 자주와 안보, 권력을 위해 다툴 것이며, 그러니 협력과 평화가 오래 지속될 가능성은 낮다는 주장이다. 세계는 예나 지금이나 무질서하다. 정치체는 끊임없이 경쟁하고 그런 분쟁을 중재하거나 해결할 영속적인 힘은 존재하지 않는다. 하지만 이 책은 낙관적 이상주의에서 비관적 현실주의로의 관점 변화 또한 전혀 새롭지 않은 일임을 보여 줄 것이다. 우리는 두 갈래의 사상이 역사 내내 엎치락뒤치락하는 과정, 그리고 때마다 어느 한쪽이 일시적으로 우위를 점하게 된 이유와 그 후 쇠락하게 된 원인에 대해 살펴볼 것이다.

    이 책은 서기전 1000년부터 21세기 초입까지 3,000년 역사를 통찰한다. 한 장마다 250년의 시간을 다루고 각 시기 가장 중요했던 지역에 초점을 맞춘다. 지역 선정은 인구 규모, 병력, 국제사회에서의 위상 등 역사적 증거에 기초했다. 늘 이동하는 이 권력 중심을 따르다 보면 초점이 동에서 서로, 북에서 남으로 이동한다. 불가피하게도 어떤 지역은 상대적으로 덜 중요하게 다루었다. 사하라 이남 아프리카와 아메리카 두 대륙이 그렇다. 이들 지역은 역사 내내 인구밀도가 다른 지역보다 낮았고 19세기 들어서야 세계 인구의 10퍼센트 이하를 차지한 정도이다. 두 대륙은 식민지 시대 이전의 정치체제에 대한 자료도 드물다. 그렇긴 하나 고대 중앙아메리카의 올메카 문화, 중세 중앙아프리카의 왕국은 당연히 서술에 포함하였다. 그 밖에도 거대 제국의 변방에서 경계를 늦추지 않았던 나라, 전쟁 포로가 된 민족, 정치 대국 사이에서 신중한 '분산 투자'로 생존을 모색하던 무역도시 등 비교적 덜 주목받은 국제정치의 주체들도 조명했다.

    이 책이 시종일관 특별히 관심을 쏟는 측면이 하나 더 있다면, 국제정치가 평범한 사람들의 삶에 미친 영향이다. 경제적 변화 외에 뭇사람의 삶을 가장 크게 바꾼 것은 주로 전쟁이었다. 바로 그래서 우리가 전쟁의 원인과 결과를 추적하고, 그 승리와 패배의 과정을 조사하고, 전쟁에 대한 인식과 관념을 분석하고, 전쟁을 멈추려 했던 외교가들의 필사적인 노력을 더듬어 보는 것이다. 우리의 목적은 전쟁과 평화의 역사로부터 시간을 뛰어넘는 근원적 주제들을 탐색하고 규명하는 것이지만, 결국 이 책은 인간에 관한 이야기, 인간의 소망과 공포에 관한 이야기, 전쟁을 일으키는 인간의 능력과 그로 인해 인간이 겪는 고통에 관한 이야기로 읽혀야만 한다. 여러분이 참된 지도자가 되어 어려운 결정을 내릴 때 그 진의를 이해하려면 방법은 이뿐이다.

# 어두워진 하늘, 전쟁의 서막

서기전 1000년 그 앞

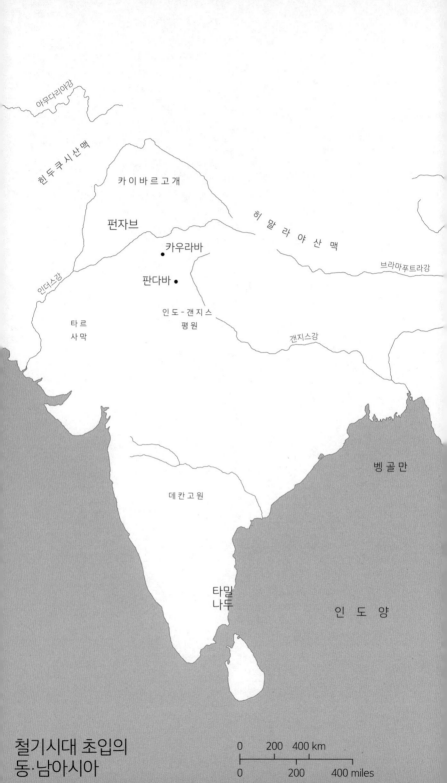

아무다리아강

힌두쿠시산맥

카이바르고개

펀자브

히말라야산맥

인더스강

카우라바

판다바

브라마푸트라강

타르
사막

인도-갠지스
평원

갠지스강

데칸고원

벵골만

타밀
나두

인도양

철기시대 초입의
동·남아시아

0    200  400 km

0         200        400 miles

황허강

타이항·옌산 산맥

안양 •

황해

• 뤄양

화 베 이
평 야

양쯔강

샨 고 원

남 중 국 해

흑해

트로이

하투샤 ●

하 티
서기전 1600~1200

아 나 톨 리 아 고 원

토 로 스
산 맥

미 타 니
서기전 1600~1300

● 우가리트

지 중 해

레반트

● 티레

예루살렘 ●

사해

하이집트

멤피스 ●

시 나 이
사 막

아 라 비 아

신 왕 조
서기전 1550~715

상이집트

테베 ●

철기시대 초입의
서아시아

캅 카 스 산 맥

아 르 메 니 아
고 원

카스피해

우라르투

반호
반

우르미아호

니네베

중·신
아 시 리 아
서기전 1392~605

아수르

하마단

티그리스강

자 그 로 스 산 맥

메소포타미아

바빌론

유프라테스강

수사

수메르

사 막

페르시아만

| 0 | | 200 | | 400 km |
|---|---|---|---|---|

| 0 | 100 | 200 | 300 miles |
|---|---|---|---|

"아, 이 세상은 얼마나 황량하단 말이냐!" 고대 인도의 서사시 『마하바라타Mahabharata』에서 카우라바의 앞 못 보는 왕 드리타라슈트라는 전쟁에 나간 아들 100명이 전부 죽었다는 소식을 듣고 이렇게 외친다. 한 세상을 끝장내는 싸움이었다. 온 벌판이 "뼈와 머리카락으로 뒤덮이고 핏물이 강을 이루었으며 사방에 시체가 수천 구씩 쌓여 갔다. 코끼리와 말이, 전차와 병사가 나뒹굴었고 머리 없는 몸과 몸 없는 머리가 즐비했으며, … 자칼, 크고 작은 까마귀, 황새와 독수리가 들끓었다."[1] 왕을 말리는 사람이 왜 없었겠는가? 신들은 적과 휴전협정을 맺고 영토를 나눠 쓰라고 충고했다. 왕비는 무력 대신 온건한 방책으로 나라의 태평을 보전하라고 조언했다. 그러나 소용없었다. 전쟁이 얼마나 무서운지, 카우라바와 판다바가 서로를 얼마나 증오하는지, 제 맏아들의 야심과 호전성이 얼마나 강한지 왕은 미처 몰랐다.

그리하여 『마하바라타』의 절정은 비극으로 치닫는다. 주전파가 주화파를 이기고, 악이 선을 압도한다. 평화라는 이상과 전쟁이라는 현실 사이의 갈등을 다룬 가장 오래된 문학작품 중 하나인 작자 불명의 이 서사시는 서기전 1000년경 인도 북부에서 기원한 것으로 추정된다. 그 시기에 실제로 수행된 전쟁은 작은 왕국 간의 싸움이었고 쓰인 무기도 원시적인 편이었지만, 『마하바라타』에 묘사된 전쟁은 그야말로 천지개벽과 대량살상의 아수라장이었다. 창과 활, 방망이와 도끼만으로도 한 지역을, 농경지와 거주지 모두를, 그야말로 세계 전체를 파괴할 수 있는 것이다.

앞으로 확인하겠지만 『마하바라타』는 특이한 기록이 아니다. 이 서사시 말고도 서기전 1000년 이전의 문학과 미술, 문서와 명문銘文에는 국제 관계를 재현한 것이 여럿 있다. 흔히 '청동기에서 철기로의 이행기'로 불리는 이 시대부터 상당히 넓은 지역에 기록 증거가 남아 있어 당시 국제 관계의 성격과 인식을 보여 준다.

하지만 이 장에서 우리는 일단 세계의 지리를 알아볼 것이다. 지리는 세계 최초의 정치체들이 특정 지역에 등장한 과정을 설명해 준다. 자연의 장벽인 산맥과 자연의 교차로인 평야와 유역이 얼마나 중요했는가도 설명한다. 역사의 무대를 지리적으로 살핀 다음에는 부족과 유목민 단위에서 이루어졌던 가장 원시적인 형태의, 소위 '자연 상태'의 국제 관계를 알아볼 것이다. 다음으로, 역사 최초의 도시와 왕국 들을 살핀다. 마지막으로, 이 시기 정치 권력의 네 거점인 이집트, 메소포타미아, 화베이평야, 인도-갠지스 평원에 대해 알아볼 것이다.

## 두 개의 세계

지리를 모르고는 고대의 정치를 이해하기 어렵다. 이 책에는 여러 지세가 반복해서 등장하므로 처음부터 머릿속에 큰 지도를 하나 그려 놓으면 좋겠다. 우리가 사는 세계는 크게 두 개의 지정학적 복합체로 나뉜다. 아프리카, 아시아, 유럽이 속한 동반구와 남북 아메리카로 구성된 서반구이다. 서기 16세기 초에 이르러 둘을 상시적으로 연결하는 장거리 해상 교역로가 개통되기 전까지 두 반구는 별개의 세계였다고 봐야 한다.

'문명의 요람'인 동반구에서는 동서로 이어진 광대한 산맥 사슬인 알프스-히말라야 조산대가 인간의 정착을 결정해 왔다. 피레네산맥, 알프스산맥, 발칸산맥, 캅카스산맥, 자그로스산맥, 힌두쿠시산맥, 톈산산맥, 히말라야산맥 등이 여기에 속한다. 이 조산대를 기준으로 먼 북쪽과 남쪽은 눈이 많이 오거나 사막이거나 열대우림인 반면, 산맥 근처는 온대 및 아열대기후에 강이 흘러 인간이 정착하기에 가장 이상적인 조건을 이룬다. 그중에서도 가장 살기 좋은 지역이 화베이평야와 서유럽 해안평야이고, 그 주변에도 드넓은 평지가 이어진다. 기온이 훨씬 높은 남쪽으로는 메콩 삼각주, 인도-갠지스 평원, 메소포타미아, 나일강 유역이 있고, 기온이 낮은 북쪽으로는 흑해-카스피해 스텝, 시베리아, 몽골, 만주 등이 있다. 규모는 그보다 작아도 인간 사회가 발전하기에 비슷하게 적당한 곳이 오늘날의 일본, 한국, 오만, 케냐, 조지아, 아제르바이잔, 그리스, 이탈리아, 세네갈 등이 들어선 해안평야, 그리고 아프가니스탄, 아르메니아, 마케도니아에 해당하는 비옥한 고원이다. 육지와 강을 통한 이동과 연결이 중요했던 한편, 바다(발트해, 지중해, 흑해, 홍해 등) 또한 군사적으로 중요한 접면이었고 특히 바다와 바다를 연결하는 좁은 구간(카테가트해협, 지브롤터해협, 바브엘 만데브해협, 믈라카해협 등)이 요충지였다.

서반구는 동반구에 비해 인간의 정착이 훨씬 늦었고, 동반구에 형성되었던 권력의 '인큐베이터' 같은 지역을 이쪽에서는 딱히 찾아볼 수 없다. 북아메리카 동해안은 살기 좋은 온대기후의 평지이지만 넓이가 화베이평야나 서유럽 해안평야의 절반에도 못 미친다. 미시시피강과 아마존강에는 나일강과 같은 넓은 삼각주가 있지만 범람을 예측하기 어려워 농사에 부적합하다. 나일강 유역이나 메소포타미아에 견줄 만한 땅은 미시시피강 중류 유역으로, 아열대기후와 대륙성온대기후 사이에 넓은 고원이 펼쳐져 있다. 멕시코만 남부 및 남아메리카 태평양 연안에 형성된 해안평야는 땅이 비옥하고 물이 풍부하지만, 대부분 열대기후에 속하고 면적도 넓지 않아 동반구의 해안평야에서와 같은 농업 중심지가 형성될 수 없었다. 요컨대 천혜의 조건을 갖춘 지역이라고 해서 다 번성하지는 않았다. 일단은 사람 수가 너무도 적었기 때문이다. 서기전 1000년경, 지구상 인구는 오늘날 이탈리아의 인구수인 6,000만 명밖에 안 되었고 그 분포 역시 매우 불균일했다. 그 시대에는 지구상 대부분 지역에서 인간 사회가 서로 무관하게 존재했다가 금방 사라졌다. 대다수가 씨족 단위였고, 옆 마을만 가도 '외국'이었다. 때로는 땅을 비롯한 자연 자원을 지키기 위해서나 다른 이유가 있어 여러 씨족이 부족으로 연합하고 도시를 이루었지만, 개중 가장 큰 사회도 인구가 10만 명을 넘지 않았다.[2]

세계 정치사 첫 장의 지도는 지리적으로 주어지는 세 가지 자연 자원이 그 윤곽을 결정했다. 풍부한 물, 비옥한 토양, 온화한 기후가 그것이다. 인간은 세 자원이 모두 풍부한 곳에서 쟁기와 삽을 휘두르며 서서히 문명의 경계를 확장했다. 마을이 도시가 되고, 도시가 왕국이 되고, 왕국이 제국이 되었다.

최초의 제국 권력은 이집트·메소포타미아 문명에서 나타났다. 두 지역은 서기전 1000년경까지 이미 1,000년 이상 농업을 발전시켰고 인구밀도를 높였으며 복잡한 사회 행정 구조를 수립하고 정치 통일체를 형성했다. 같은 시기에 화베이평야, 인도–갠지스 평원, 중앙아시아의 오아시스와 비옥한 강 유역, 아나톨리아를 비롯한 지중해 동부, 중앙아메리카 등지에는 제국보다는 작은 수많은 왕국이 들어서 있었다. 몽골 등 중앙아시아의 스텝에는 강력한 유목민 연합체가 존재했다. 그 외 대부분 지역에서는 사람들이 작은 부족 단위로 살아가고 있었다.

## 국제정치의 '자연 상태'

서기전 1000년경 세계 인구의 대다수는 단순한 부족사회에 소속되어 있었다. 그때 각 집단은 다른 집단과 어떤 방식으로 정치적 관계를 맺고 어떻게 교류했을까? 과연 왕국이나 제국이 등장하기 전에는 국제 관계의 '순수의 시대'나 '자연 상태'가 존재했을까? 이 질문은 전쟁과 평화 중 어느 쪽이 인간의 자연 상태인가를 둘러싼 유구한 논쟁의 핵심에 가 닿는다. 잘 알려진 대로 계몽주의 철학자 장 자크 루소(서기 1712~1778)는 원시 상태의 인간은 서로 협력해야만 한다고 주장했다. 가령, 여기에 굶주린 남자 한 무리가 있다. 이들은 사슴을 사냥해서 집에 돌아가고 싶어 한다. 이 임무에 성공하기 위한 첫 번째 조건은 서로 싸우지 않는 것, 두 번째 조건은 다른 작은 사냥감에 만족하려는 유혹을 떨치고 사슴을 끝까지 쫓는 것이다.[3]

루소가 자연 상태라는 개념을 떠올리게 된 배경에는 새로운 인류학이 있었다. 그에 따르면 부족사회의 인간은 그보다 발전한 사회의 인간보다 대체로 호전성이 덜하다. 부족사회는 구성원 전체가 힘을 합쳐야만 자연의 척박한 환경에서 살아남을 수 있기 때문이다. 또한 인간의 생명은 부족사회에서 더 귀하다. 신체 건강한 남자가 한 명 죽으면 사냥하고 경작하고 방어할 인력이 그만큼 줄어든다. 아버지가 죽으면 남은 가족은 다른 남성의 의무가 된다. 아들이 죽으면 부모는 노후가 막막해진다. 부족 사회는 다른 부족과 거리가 멀고 접촉이 적을수록 갈등을 겪을 가능성이 적다. 그렇게 되면 먹을 것이 심각하게 부족하지는 않지만 사냥 등으로 식량을 구하는 데 시간이 오래 걸리고, 식량을 비축하기는 더욱 어려워진다.

현대의 전통 사회, 가령 아마존 우림의 부족들은 경계에 대한 인식이 매우 분명하다. 이들은 약물이나 선물과 관련된 의식을 활용하여 부족 간에 갈등을 피하고 우호적인 관계는 강화하고자 하며 결혼을 이용해서 친목을 도모한다. 전령은 특별히 다른 부족의 영토에 들어갈 수 있다. 어느 숲길을 누가 맡아 관리할지에 관한 협정도 존재한다. 그러나 여기까지는 그림의 한 측면일 뿐이다. 오늘날에는 가장 외따로이 살아가는 부족도 유혈 충돌에 연루된다.

철기시대 이전의 외교에 관한 고고학 증거는 많지 않으나 부족 간에 재화가 교환되었음을 보여 주는 유적, 영토 구획을 목적으로 세운 듯한 표지가 여럿 발굴되었다.[4] 하지만 그 시대에 해당하는 지층 곳곳에서 부싯돌과 도끼, 단검과 부서진 머리뼈가 발견되는 것을 보건대 사람들은 분명 전쟁을 벌였다. 예컨대 스웨덴 타눔 바위그림의 한 장면에서는 한 남자가 평화롭게 땅을 갈고 있다. 그러나 옆 장면에서는 남자들이 창을 휘두르고 머리통을 부수고 충각衝角으로 배를 공격한다. 한쪽에서는 여자가 시신 곁에서 슬퍼하고 있다.[5] 2006년에는 그보다도 오래된 집단 무덤이 독일 프랑크푸르트 근처에서 발견되었는데, 그 안에는 고문당하다 죽은 이들의 유해가 최소 26구 묻혀 있었다.[6] 젊은 여성과 청소년은 노예로 끌려갔기에 함께 매장되지 않은 것으로 보인다. 오스트리아와 헝가리에서도 비슷한 집단 무덤이 발견되었고, 이는 신석기와 청동기시대에는 전쟁이 한 사회를 송두리째 파괴하는 것으로 끝난 경우가 많았음을 보여 준다. 또 하나 의미심장한 사실은, 금속을 녹여 무기를 만드는 까다로운 공정이 이미 철기시대 이전에 시작되었다는 것이다. 남성성과 투지를 상징하는 검과 미늘창, 도끼는 물론 드물게는 큰 뿔을 단 투구도 출토된다. 하지만 저 옛날 사람들이 전쟁을 치른 이유는 확실하게 알 수 없다. 고고학자와 역사학자의 일반적인 설명은 한쪽이 다른 쪽의 가축이나 작물을 훔쳤다거나 여자를 납치하려 했다거나, 우물 등의 자연 자원을 두고 서로 경쟁하다가, 원한이 쌓여서, 주도권과 우위를 차지하기 위해서 등등의 이유로 전쟁을 벌였다는 것이다.

그러나 저 옛날 사람들은 전쟁을 치르는 상황에서도 생명의 가치를 잘 알고 생명을 존중했다(혹은 전쟁이 바로 그런 교훈을 주었는지도 모른다). 많은 고고학 증거가 보여 주듯 그들은 옷을 멋지게 차려입고 음악을 연주하고 아이들에게 장난감을 만들어 주는 것을 좋아했다. 또한 사회의 약자를 보호했다. 베트남 만 박의 청동기시대 무덤에서 발견된 한 남성의 시신은 생전에는 뼈가 너무도 약해서 평생 일가의 도움을 받으며 살았고 죽은 뒤에도 정성껏 매장되었음을 보여 준다.

## 전리품을 가져오는 자

서기전 1000년이 가까워지면서 세계 정치 지도에 군소 왕국과 무역도시가 등장하기 시작한다. 두 정치체는 부족사회와 여러모로 비슷하나, 이제는 고고학 증거가 훨씬 더 풍부하고 세련되어진다. 지금의 아프가니스탄 북부 아무다리야강 근처에서 농부들이 서기전 2000년대 후반의 공동체 유적을 발견하여 흙 속에서 은잔을 몇 개나 파냈다. 이 유물의 장식 그림은 타눔 바위그림과 흡사하게 전쟁과 평화의 대립과 괴리를 묘사하고 있다. 어떤 잔에서는 남자들이 과일 바구니를 사이에 두고 느긋하게 술을 즐기고, 그 밑으로 춤추는 사람과 밭 가는 사람이 보인다.[7] 그러나 다른 잔에서는 할리우드 액션 영화에 나올 법한 근육질 남자가 적의 등에 화살을 꽂는다.[8] 이 잔의 주인들이 살던 도시는 작물이 잘 자라고 관개가 용이한 들판에 둘러싸여 있었다. 이 도시는 페르시아만까지 닿는 교역망의 일부였고, 그 시대에 라피스 라줄리를 생산하는 유일한 지역으로 막대한 부를 쌓았다. 그러나 사람들은 교역에 활발하게 종사하면서도 방비를 게을리하지 않았다. 고고학자들은 흙으로 쌓은 장방형의 성벽, 그 안쪽에 큰 동심원 형태로 겹겹이 늘어선 건물, 다시 그 안쪽에 주민들이 신을 모시고 곡물을 비축하던 원형 성채를 발견했다.[9]

이처럼 성벽을 세운 무역도시는 유라시아의 산맥과 유역 전역에서 발견된다. 예컨대 가장 잘 알려진 고대 도시 유적인 미케네는 그리스 펠로폰네소스반도의 너른 유역에 우뚝 서 있다. 이 도시는 거의 전체가 거석으로 지어졌으며 방문객은 그 유명한 '사자의 문'을 통해 입성했다. 미케네는 호메로스가 노래한 바로 그 무질서한 세계에 속한 도시였다. 트로이 전쟁을 배경으로 한 서사시 『일리아드Iliad』는 여러 성시城市 왕국을 묘사한다. 그들은 부와 권력과 명예를 얻기 위해 쉼 없이 경쟁한다. 그 시대의 왕은 '와나케스wanakes'라고 불렸는데, 그 원뜻은 '전리품을 가져다주는 자'로 추측된다. 그리스에서 가장 아름다운 여자 헬레네에 관한 이야기는 고대 국제 관계의 중요한 요소 하나를 함축하고 있다. 결혼을 이용하여 외교를 수립하고 강화하던 관습이다. 우리는 『일리아드』를 통해 전령이 도시와 도시를 바쁘게 오가면서 어떤 역할을 수행했는지, 맹세에 의한 조약과 동맹이 어떤 성격이었는지 짐작할 수 있다. 호메로스가 어떤 삶을 살았는지는 알 수 없다. 그가 트로이 전쟁을 직접 목격했는지, 혹은 실존 인물이긴 했는지조차 확실하지 않다. 그러나 그의 서사시는 평화를 향한 열망, 무력의 한계를 잘 아는 훌륭한 왕에 대한 갈망을 표현한다. 전쟁의 신 아레스에게 바치는 찬가를 들어 보자.

> 내 삶에 따스한 빛 한 줄기를 비추소서. … 그리하여 내가 이 머릿속의 지독한 비겁함을 떨치고 내 영혼의 거짓된 충동을 평정하게 하소서. 나더러 피비린내 나는 싸움에 나서라 충동하는 이 심장의 격노를 잠재우소서. 아니면, 신이시여, 내가 평화의 법을 지킬 수 있도록, 싸움과 미움과 악마 같은 죽음을 멀리할 수 있도록 내게 담대함을 주소서.[10]

작지만 부유했던 왕국 우가리트의 기록은 이 시대 동지중해 세계의 국제 관계를 더욱 직접적으로 설명해 준다. 지금의 시리아에 있는 이 성시 유적에서 수백 개의 점토판이 출토되었다. 고고학자들이 복원한 기록에 따르면, 우가리트는 농업과 수공업, 무역으로 부를 쌓았고 외교도 펼쳤다. 이집트와 메소포타미아 사이에 낀 우가리트는 레반트의 무역을 장악함으로써 영향력을 행사하고자 했다. 상인이 먼저 길을 개척하면 뒤이어 군대가 가서 그 지역을 정복했다. 또한 우가리트는 근처 소왕국들과 동맹을 맺음으로써 강대국을 견제하고자 했다. 그들은 신성한 맹세를 주고받고 호화로운 선물을 교환했다. 그리스어로 아케로<sup>akero</sup>(천사)라고 부르는 사절이 편지와 문서를 배달했다. 1200년경의 한 평판을 보면, 이 동맹은 그 시대 메소포타미아의 최강국인 아시리아를 경제적으로 압박했다. "아시리아 왕은 내 주군의 적이므로 귀국에도 적이어야 합니다. 귀국의 상인들은 아시리아에 들어가지 않을 것이며, 아시리아 상인들은 귀국의 땅에 들어오지 못할 것입니다."[11] 경제전經濟戰은 이때 이미 시작되었다.

우가리트는 외교를 영리하게 이용했지만 결국 파멸했다. 서기전 12세기 초반, 훗날 역사학자들이 '바다 민족'으로 부르게 되는 정체불명의 세력이 등장하여 동지중해를 뒤흔들었다. 그들은 레반트의 도시를 하나하나 침탈해 나갔다. 우가리트 왕은 자신에게 승산이 없음을 깨달았다. "적이 배를 타고 쳐들어와 나의 도시들을 불태우고 내 나라에서 만행을 저질렀다. 그러나 나의 군사와 전차는 하티 땅에, 나의 배는 전부 루카 땅에 있으니 … 이 나라는 멸망을 자초하였다."[12] 주민들은 무너진 도시를 버렸고 우가리트 왕국은 그로써 역사에서 영영 사라졌다. 이 시기를 동지중해의 '암흑시대'라고 하며, 이때 '청동기시대 붕괴'가 시작되었다.

암흑시대(서기전 1200~1000)는 여러 원인이 중첩된 결과였다. 기후 위기가 발생했고, 삼림 황폐화로 인해 가뭄이 심해졌고, 대규모 이주가 침략으로 변질됐으며, 철기가 청동기를 대체하기 시작했고, 교역망이 와해되었다. 우가리트만 사라진 것이 아니다. 그보다 훨씬 큰 도시였던 히타이트 왕국의 수도 하투샤도 비슷한 운명을 겪었다. 아나톨리아 중심부에 있던 이 도시는 미케네와 유사한 점이 많았다. 높은 성채 주변으로 넓고 비옥한 고원과 초지, 숲이 펼쳐졌고, 에게해, 흑해, 메소포타미아를 연결하는 중요한 교역로가 내려다보였다. 성벽의 주재료 또한 큰 돌이었고, 사자상으로 장식한 문까지 있었다. 13세기 아나톨리아의 지배자 히타이트는 1274년 카데시 전투에서 이집트군마저 격파했다.

지금까지 남아 있는 외교 서신을 보면 히타이트 왕은 아시리아, 이집트 왕과 똑같은 수준의 대우를 요구했다. 가령 자신이 파라오를 '태양의 왕'이라고 경칭했다면 자신도 '태풍의 왕'으로 경칭받기를 바랐다. 약소국에는 조공을 요구했다. 히타이트는 선진 철제 무기와 빠른 전차를 이용하여 그 뜻을 관철했다. 그러나 메소포타미아에서 아시리아가 부상하던 시점에 내란이 발생하여 국력이 쇠했다.

새로 즉위한 하투실리 3세(1267~1237)는 이집트와 외교를 맺고 반아시리아 동맹을 구축하는 데 전념했다. 두 나라 대표는 긴 협상 끝에 1259년 카데시 조약을 맺었다. 이것이 세계사에서 그 형태가 온전히 남아 있는 가장 오래된 평화조약이다.[13] 그러나 하투실리가 자신의 딸과 파라오의 결혼을 미룬 일로 인해 두 나라의 관계가 다시 팽팽해졌다. 히타이트는 카데시 전투의 승리를 깎아내리는 이집트의 프로파간다에도 불만을 표했다. 결국 히타이트는 약속받은 것과 달리 아시리아의 확장과 바다 민족의 침략을 저지하는 데 이집트의 지원을 받지 못했다. 추측건대 지중해 북부와

서부의 연합 세력인 바다 민족은 기후변화와 이주 압력을 계기로, 또 이집트·아나톨리아·레반트의 부를 목표로 지중해 동부와 남부를 공격했던 듯하다. 결국 하투샤는 1180년경 불타 무너졌다.[14]

## 이집트

우가리트와 하투샤는 변방 도시였다. 그 시대 최대의 농업 중심지는 이집트와 메소포타미아였다. 두 거대한 사회는 수많은 도랑과 웅덩이, 관개용 운하로 강을 제어하는 방법을 일찌감치 터득했다. 강은 산의 비옥한 실트를 평야로 운반했고, 여기에 관개 운하를 갖추자 작물을 일 년에 두 번 수확할 수 있었다. 높은 생산성은 인구 증가로 이어졌다. 물론 갑작스러운 홍수로 인해 갑문과 개천과 제방이 순식간에 사라지는 일은 전과 다름없이 빈번했지만, 풍년이 들면 먹고 남은 생산물을 비축할 수 있었다. 바로 그 곡창을 소유한 자가 정치권력을 차지했다. 다시 말해, 잉여로부터 시작된 노동 분업과 나일강을 이용한 작물 교역이 군사를 조직하고 기념비를 세우고 사치재를 구입할 권력을 만들어 냈다. 멤피스, 테베, 아마르나 같은 도시는 인구가 5만 명을 넘었다. 나일강 유역과 델타의 총 인구는 300만~400만 명에 이르렀다.[15]

이집트와 메소포타미아는 농업을 바탕으로 경제적 번영을 이룩했지만 인간에게는 여전히 비정한 삶터였다. 당시의 평균 수명은 30세에 채 못 미쳤다. 그 짧은 삶마저도 파리와 이, 벼룩과 모기가 들끓는 축축한 땅에서, 위험한 포식자가 출몰하는 환경에서 살아야 했다. 병에 걸리면 그대로 목숨을 잃는 경우가 허다했다. 노동은 고되었다. 우리는 메소포타미아의 국가 아카드에 살던 한 주민의 힘겨운 인생에 대해 전해 듣는다. 니푸르에 사는 그는 열심히 일한들 곡식 남는 것이 없고 굶주림에 배가 타든다고 호소한다. 시금털털한 맥주를 마실 형편조차 안 된다는 이야기도 서글프다. 그러나 이집트와 메소포타미아의 미술과 문학은 삶의 또 한 측면을 비춘다. 그 시대 사람들은 고되게 일하고 사랑하는 사람을 너무 일찍 잃는 운명에 놀랍도록 태연하게 대처했다. 1160년경 이집트에서 쓰인 시는 "오늘을 누려라! 축제를 열어라!"라고 권한다.

> 지치지 말고, 멈추지 말고, 살아가라.
> 그대와 그대의 참사랑이여.
> 이 땅에 머무는 동안에는 가슴에
> 괴로운 일 없게 하고,
> 다만 흘러가는 오늘을 즐겨라.[16]

철기시대 초기의 이상향은 푸르른 정원, 풍요한 낙원이었다. 사람들은 넘실거리는 강물과 곡식이 가득 여문 들판, 열매 맺힌 야자나무, 살진 오리 떼가 노니는 갈대밭, 물고기 가득한 연못, 향기로운 연꽃을 벽화와 부조에 그렸다. 축축하거나 흙먼지 가득한 흙집에서 살아가던 그 시대에 연꽃은 순수를 뜻하는 보편적인 상징물이었다.

이집트는 지정학적으로 독특한 입지에 자리했다. 나일강은 중앙아프리카의 대호수 지역에서 발원하여 수천 킬로미터를 흐르다 지중해에 이른다. 하지만 그 유명한 너른 유역과 델타는 무른 사암으로 이루어진 하류에만 형성되었다. 여기가 바로 고대 세계 최대의 오아시스였다. 상이집트와 하이집트는 일찍이 3150년에 메네스라는 파라오가 통일했고 이후 2,000년에 걸쳐 20개의 왕조가 출현했다. 왕조가 자주 바뀐 만큼 외세 침략으로 인한 불안과 분열, 예속의 시기가 빈번했다. 그러나 사실 이집트는 단 한 번도 완벽하게 통일된 정치체인 적이 없었다. 멤피스, 테베 같은 큰 도시들은 권력의 중심지가 되기 위해 계속 경쟁했다.

지금의 수단에 속하는 나일강 상류에는 단단한 화강암 지층 때문에 너른 유역이 형성되지 않았고 배로 통과하기 어려운 급류가 많았다. 이곳에는 누비아족이 살았다. 이들은 강이 넓어지는 지점들에 정착했지만, 인구가 어느 정도 이상으로 늘기에는 수원에 한계가 있었다. 그 결과 누비아는 나일강 상류의 풍부한 금광을 차지하려고, 또 '아프리카의 뿔' 지역에서 나는 상아, 흑단, 향신료가 오가는 교역로를 강탈하려고 쳐들어오는 이집트 군대에 무력하게 무너질 때가 많았다.

한편 이집트 북부, 나일강 델타 근처의 지중해 연안은 철기시대 초기만 해도 삼림이 일부 남아 있어 건지농법을 적용하기에 적합했다. 이곳 리비아 지역의 군장들은 오늘날의 벵가지 근처 연안 오아시스에 터를 잡고서 이집트의 왕권이 약화될 때마다 우위를 점하려고 했다. 이집트 왕은 (메소포타미아·레반트와 이집트 사이 땅인) 시나이사막을 통해 침략하는 세력과 해상 습격에도 대비해야만 했다.

루브르박물관의 이집트 전시실 한구석에는 나무로 만든 투박한 껴묻거리 조각상이 놓여 있다. 농부가 진창 속에서 투실한 소 두 마리가 끄는 원시적인 쟁기를 잡은 채로 곡창을 응시하는 모습이다.[17] 땅을 갈고 씨를 뿌리고 열매를 수확하고, 그런 다음

홍수가 나기를 기다렸다가 다시 땅 갈기부터 농사를 시작한다. 고대 이집트인 대다수의 삶이 이 같은 리듬으로 이루어졌다. 그러니 그들은 국내 정치가 안정되고 국경이 잠잠하기를 바랐다. 즉 평화를 원했다. 그러나 이집트 밖 사람들에게 이집트는 가장 탐나는 전리품이었다. 서민이 도둑이 들지 않게 집을 지키듯 왕은 약탈자가 들지 않게 나라를 지켜야 했다. 이집트를 노리는 세력은 자칼처럼 굴속에 웅크린 채 저 둥지 위의 살진 거위에게서 눈을 떼지 않고 조금이라도 틈이 생기기만을 기다렸다.

그러므로 파라오의 가장 중요한 역할은 국내의 안정과 국경의 안보를 도모하여 최대한 세상의 조화를 유지하는 것이었다. 이집트인은 조화를 관장하는 신성한 힘을 '마트Maat'라고 불렀다. 마트가 우세하면 번영의 시기가 이어졌다. 마트는 별과 홍수와 계절을 규칙적으로 움직이게 했고 인간과 국가의 순종과 질서, 정의와 도덕을 상징했다. 그 반대편에는 혼돈의 힘인 이스페트Isfet가 있었다. 『마하바라타』를 비롯한 인도의 서사시는 정당한 전쟁, 상대성, 중재 같은 개념을 묘사했다. 그 배경에 다수의 왕국이 경쟁하는 무질서한 세계가 있었다면, 이집트의 기록은 제국적 전통을 예증한다. 조화는 위계의 다른 말이었고, 이집트인은 가능한 모든 방법으로 위계 개념을 분명하게 표현했다. 사원의 부조들에는 길게 늘어선 순종적인 이집트 신하들과 굴종하는 외국 사절 위로 파라오가 군림하고 있다.

점토판에 글을 새긴 아마르나문서에도 이러한 세계관이 구체적으로 나타나 있다. 14세기의 외교 서신인 이 유물은 파라오를 바빌론, 아시리아, 히타이트 및 그 외의 여러 국가를 압도하는 최고 권력자로 묘사하고 있다.[18] 주변국과의 관계를 담당하는 대신은 '북방 제諸 국가의 감독관'으로 불렸다.[19] 궁정 의전 또한 이집트의 패권을 공언하는 역할을 했다. 한 사절은 "나는 왕의 발치에서 땅에 등을 대고 일곱 번, 가슴을 대고 일곱 번 부복한다."라고 증언했다.[20] 말, 전차, 보석, 어린 여자 노예, 이국적인 목재 등 호화로운 선물을 가지고 찾아오는 사절들은 타는 듯한 햇볕 속에서 몇 시간이나 기다린 후에야 파라오를 알현할 수 있었다. 한 불운한 외교가는 4년을 기다려야 했다. 이집트 왕은 약소국 왕들이 딸을 보내오기를 바랐고, 반면에 이집트 공주를 외국에 보내는 것은 굴욕으로 여겼다. 이집트가 힘이 쇠하여 지원이 필요할 때는 그런 혼인 동맹을 맺었다. 하지만 신왕국 시대(1550~1069)의 위대한 왕인 투트모세 3세(1479~1425)와 람세스 2세(1279~1213)는 영토를 누비아 깊숙한 곳과, 레반트까지 넓히고 수만 병력으로 군사 작전을 전개했다. 그들이 즐겨 쓴 프로파간다 방식은 장신구와 무기, 왕관을 금으로 화려하게 치장하여 과시하는 것, 그리고 거대한 사원 단지를 건설하는 것이었다. 그러한 유적 중 하나인 람세스 2세의 아부심벨신전은 거의 모든 벽이 당당한 승전 장면으로 장식되어 있다.

운명의 바퀴는 돌기 마련이라, 이른바 신왕국의 영광도 점차 무질서 속으로 와해되었다. 이미 람세스 2세 재위 때 전쟁 피로의 징후가 나타났다. 가령 카데시 전투의 기록인 『펜타우르의 시Poem of Pentaur』에는 "싸움보다는 평화가 낫다. 우리에게 휴식을 달라."라고 적혀 있다.[21] 본격적인 쇠락은 13세기 말에 시작되었다.[22] 1213년 람세스 2세가 사망한 뒤 왕위 계승 투쟁과 규방 음모, 내란이 이어졌고, 정치력이 약해진 이집트에 이주자가 쏟아져 들어오고 바다 민족이 쳐들어왔다. 바다 민족의 침략은 이집트가 겪은 가장 큰 시련 중 하나였던 듯하다. 룩소르 근처 메디나트 하부Medinet Habu에 위치한 람세스 3세(1186~1155) 신전의 벽화에는 왕의 여러 군사작전 중에서도 한 해전이 가장 인상적으로 묘사되어 있다. 이 극적이고 역동적인 부조(수백 명이 몸싸움을 하고 노와 창이 울창한 숲처럼 뒤얽혀 있다)는 이집트인이 그 공격에 얼마나 놀라고 두려워했는가를 압축적으로 표현하고 있다. 그들은 바다 민족을 막아 내긴 했으나 그 과정에서 수천 명이 목숨을 잃고 기근과 인플레이션, 사회 격변을 겪었다. 그사이에도 리비아 쪽에서는 국경 침탈이 끊이지 않았다. 결국 1107년, 상이집트를 장악한 테베의 제사장 무리가 왕국을 분할하고 누비아의 독립을 부추겼다. 최후의 일격은 10세기의 일로, 리비아 메시웨시족의 추장 셰숑크 1세(943~922)가 파라오에 등극했다. 외국 왕조가 이집트를 지배하게 된 것이다.

이번에도 우리는 시를 통해서 당시 뭇사람이 경험한 혼란을 생생히 느낄 수 있다.

> 델타의 습지에 기묘한 새가 번식하리니,
> 그놈은 사람들 옆에 둥지를 지었고,
> 사람들은 하릴없이 그리하게 두었네. …
> 행복한 시절은 다 지나가고 말아
> 이 땅이 비탄 속에 굴복하고 있는 지금,
> 저 먹이 주는 자들이,
> 아시아인들이 이 땅을 어슬렁거리네.
> 동쪽에서 날아오른 적들,
> 아시아인들이 이집트에 내려앉았네. …

남자들이 무기를 들 것이니,

이 땅은 소란에 휩싸이리라.

사람들은 구리로 화살을 만들 것이며,

허기 속에 피를 갈구할 것이며,

곤란을 보고 크게 웃을 것이리라.

누구도 죽음 앞에 울지 않고,

누구도 죽은 자를 위해 음식을 삼가지 않으리라.

모든 이의 심장이 제 걱정으로 가득하네.

이제는 누구도 애도하지 않네.

심장은 슬퍼하기를 멈추었네.

사람이 사람을 죽이는데

등을 돌리고 앉았구나.

보라, 부자가 적이고 형제가 원수이며,

아들이 아비를 죽이는구나.[23]


이집트의 권력은 나일강의 넓고 비옥한 유역에서 비롯되었고, 그 힘을 바탕으로 세계 최초에 속하는 제국적 전통이 수립되었다. 이 전통에서 위계 개념은 마트라는 정치적 표상으로 구현되었다. 신성한 힘이 뒷받침하는 파라오는 조화를 유지하기 위해서 자국 백성의 충성은 물론 이집트의 세력권 내에 있는 약소국의 복종을 요구했다. 이 국제정치 질서가 그 시대의 이상이었고, 그 안에서 약소국 왕들은 파라오에게 조공을 바치고 딸을 보냈으며 그들이 파견한 사절들은 파라오의 발치에 부복했다. 그러나 현실은 이상보다 훨씬 더 소란스러웠다. 이집트 내부에서만 해도 나일강 유역은 여러 도시가 경쟁하는 장이었다. 나라가 번영할수록 침략자에겐 탐나는 먹잇감이 되었다. 한순간이라도 힘이 약해지면 변두리에 잠복 중이던 여러 세력 중 하나가 침략을 개시했다. 하지만 리비아의 셰숑크 1세 등 대다수 정복자는 이집트의 제국 전통과 상징체계를 파괴하지 않고 있는 그대로 채택했다. 군주가 바뀌어도 마트는 계속 살아남았다.

## 메소포타미아

메소포타미아의 지리와 환경은 이집트에 비해 복잡하다. 그리스어로 '강과 강 사이'를 뜻하는 이름대로 티그리스강과 유프라테스강이 서로 평행하듯 2,000킬로미터에 달하는 거리를 흐르는 이 지역은 유역과 오아시스가 모자이크처럼 이어져 있으며, 그 때문에 단일 권력이 그 전역을 지배하기가 쉽지 않다. 이 땅에 처음 제국을 세운 것은 도시국가 아카드(2300년경)였다. 아카드 제국은 이후 수백 년에 걸쳐 여러 토착 국가에 의해 계승되었다. 수메르는 남부의 우르에서, 바빌론은 중부에서, 아시리아는 북부의 오래된 수도 아수르에서 지배력을 행사했다.

그러나 메소포타미아의 패권을 다툰 경쟁자는 그 셋만이 아니었다. 티그리스강과 유프라테스강의 지류는 토로스산맥, 아르메니아고원, 자그로스산맥에 걸쳐 있었고, 이 변두리 지역은 메소포타미아의 평야를 내려다보는 유리한 위치에서 전략적 거점을 형성했다. 물길이 가깝고 농지가 풍부하며 교역의 관문인 데다 암석층을 이용해 방비하기가 용이했던 이 주변부에서는 미타니, 우라투, 엘람, 메디아 같은 여러 유력한 왕국이 출현했다. 레반트의 구릉지대에도 왕국이 들어서긴 했으나 메소포타미아의 평야를 위협할 정도로 크진 않았다.

우리는 통치 관념에 관한 오래된 증거를 메소포타미아의 고대 역사에서 발견한다. 우르 왕국의 점토판에 폭력, 세금 오용, 소득 불평등, 여성 학대를 처벌하는 법이 기록되어 있다. 루브르 박물관에는 지금껏 온전한 형태로 남아 있는 가장 오래된 법전이 전시되어 있다. 1750년경 바빌론 왕 함무라비가 제정한 이 법전은 재산, 처벌, 여성의 이혼권을 상세히 규정하고 있다. 바빌론의 미술에는 정의를 관장하는 신이자 왕에게 권위와 지혜를 부여하는 샤마슈Shamash가 등장한다. 바빌론의 『길가메시 서사시Epic of Gilgamesh』에 등장하는 왕은 국민을 박해하고 '초야권'을 행사하다가 이윽고 우정을 깨닫고 좋은 왕이 되어 우물을 파고, 홍수를 제어하고, 구리처럼 빛나는 성벽을 쌓는다. 이 서사시는 그를 정의롭고 아름답고 완벽한 왕으로 칭송한다. "왕이 내린 무기를 그에게 겨누고 대항할 자가 없었다."²⁴

이 모든 요소가 모여 메소포타미아식 제국 문화를 구성했다. 아시리아인은 바빌론인이 숭배하던 정의의 신 샤마슈와 함무라비법전, 『길가메시 서사시』를 이어받았다. 아시리아 왕실은 바빌론 왕의 의복과 멋 부린 수염, 왕관까지도 일부 계승했다. 이들은 바빌론인이 하던 대로 왕을 정원사로, 그가 다스리는 땅을 낙원으로 묘사하며 평화와 번영을 노래했다. 아시리아의 한 왕은 본인의 업적을 이렇게 자랑했다. "나는 대大자브강(티그리스강의 지류-편집자 주)에서부터 산봉우리를 뚫어 운하를 파고 그것을 '풍요의 운하'라고 이름 지었다."

나는 티그리스강 초원에 물을 대고 인근 과수원에 온갖 과실수

CHAPTER 1

를 심었다. 내가 행군했던 땅과 산에서 발견한 씨앗과 식물을 심었다. 각종 전나무, 각종 회양나무와 싸리나무, 아몬드, 대추야자, 흑단, 자단, 올리브, 상수리나무, 위성류, 호두나무, 밤나무, 물푸레나무, 잣나무, 석류나무, 배나무, 마르멜로, 무화과나무, 포도나무를…[25]

그러나 이 시대의 글과 그림이 증언하는바, 왕은 국내의 낙원을 지키기 위해서 다른 왕국을 정복하고 그들에게 조공과 충성을 요구하는 등 강경한 대외 정책을 펼쳐야만 했다.

이집트에서와 마찬가지로 메소포타미아의 철기시대는 혼란 속에서 시작되었다. 먼저, 점점 건조해지는 기후로 인해 초목이 자라지 않게 되었다.[26] 그 결과 흑해 연안 평야에 살던 킴메르족이 캅카스산맥으로 올라갔다. 아나톨리아에서 유목과 정착을 병행하던 아람인은 메소포타미아로 들어왔고, 도리스인 등 여러 민족이 지중해 연안으로 이동했다. 바다 민족은 레반트와 이집트로 향했다. 이 대이동은 혼란과 소요, 파괴로 이어졌으며 가장 먼저 무너진 것이 우가리트, 미케네 등 주변부의 성시였다.

메소포타미아의 바빌론은 그 전신인 제국의 유령에 지나지 않았다. 이 나라는 함무라비가 죽은 뒤인 1699년부터 혼란에 휩싸여 끝내 과거의 영광을 회복하지 못했고, 이제는 히타이트, 카시트, 엘람, 아시리아에 공격당하는 처지였다. 1082년에는 기근과 아람인의 습격에 시달렸다. 1025년에는 토착민 왕이 폐위당했다. 그 시대 연대기에 따르면 중요한 종교 행진이 연달아 중단되었고 다시 기근이 들었으며 거리에 사자와 늑대와 표범이 어슬렁거렸다. 아시리아 또한 북쪽에서 내려온 아람인의 공격을 받았다.

후대 왕들이 기록하기를 그때 아시리아는 파괴와 살상, 노예화에 시달렸다.[27] 서기전 1000년이 시작될 무렵, 서아시아 지역은 온통 불길에 휩싸여 있었다.

## 중국

제국이 들어설 수 있었던 또 한 지역은 중국 화베이평야였다.[28] 40만 제곱킬로미터가 넘는 이 광대하고 비옥한 평지는 황허강의 산물이다. 남북으로는 오늘날의 베이징부터 상하이 사이에, 내륙으로는 타이항산맥과 옌산산맥까지 1,000킬로미터 넘게 걸쳐 있으며 현대 중국 영토의 약 5퍼센트를 차지한다.

한때 이 지역을 뒤덮었던 삼림이 철기시대 초입에는 대부분 농지로 개간된 상태였다. 평야의 중심부에는 위衛, 제齊 등 여러 사회가 존재했다. 그 주변부의 유역에는 진秦, 주周가 있었고, 그 바깥쪽에는 서융, 북적, 남만 등 이민족이 살았다. 흔히 우리는 중국의 유구한 제국적 역사를 우러러 이야기하지만, 사실 이 지역에는 오랫동안 조각조각 분열되고 전쟁으로 혼란스러웠던 시기가 여러 번 있었다. 오늘날의 중국 영토 또한 서기 18세기에 이르러서야 통일된 것이다.

역사상 최초로 화베이평야를 널리 아우른 통일체는 서기전 1600년경에 등장한 상商나라였다. 이 시대에 관한 1차 사료는 많지 않으나, 우리는 왕비이자 장군이었던 부호婦好의 무덤을 통해 상나라 지배층이 겨우 노예 몇 명과 민짜 청동 그릇, 다소 원시적인 옥 조각과 함께 매장되었다는 사실을 알 수 있다.[29] 갑골문에 따르면 이 세계는 악귀가 지배하는 땅과 끝없이 전쟁했다. 1200

년경 이후로는 갑골 유물이 발견되지 않는 것으로 보아 연안 국가들이 더 이상 상나라 수도에 그 귀한 공물을 보내지 않은 듯하다. 이 변화는 상나라의 쇠퇴를 나타내는 이른 징후로 추측된다. 즉 상나라는 그로부터 한 세기 넘게 서서히 쇠락하다가 1046년 무예 전투에서 주나라 동맹에 의해 무너졌다. 전투에 참가한 병사가 100만 명이었다는 기록을 보건대 이 사건은 천지개벽이었다.[30] 리비아족이 이집트를 장악했을 때나 카시트인이 바빌론을 침략했을 때와 마찬가지로 주나라가 황허강 서쪽의 깊은 유역에서 화베이평야로 진출했을 때 상나라 사람들은 큰 혼란을 겪었을 것이다.

주나라 지배층은 상나라를 전복한 사건을 '천명天命'으로 정당화했다. 그간 상나라는 부패와 음주에 빠져들었고 안보에 소홀했다. 주나라를 세운 무왕의 고문이자 유력 정치가였던 주공은 다음과 같은 정교한 논리로 건국을 합법화했다. "왕은 하늘의 아들이며 하늘의 명령을 받아 하늘 아래 세계의 중심을 다스린다."[31] 중앙의 나라 '중국中國'이라는 개념은 이렇게 탄생했다.

청동 쟁반인 사장반史墻盤에는 주나라가 10만 개의 국가를 통일하고 질서를 회복했다고 적혀 있다. "천자는 신실하고 평온하다. … 천상에서 빛나고 결백하신 상제와 수호자들은 천자에게 막중한 명령과 충만한 축복과 풍요로운 수확을 내리신다. 변방 민족과 야만인 가운데 이 궁에 나타나기를 서두르지 않는 자가 없다."[32] 이 질서가 궁극으로 지향하는 상태는 거대한 평화, '태평'이었다. 서기 11세기 북송의 학자 소백온은 이렇게 말했다. "최고의 군주가 제국의 방식으로 통치하고자 할 때 그는 하늘의 방식을 받들어 순종하는 것이다. 보통의 군주가 왕의 방식으로 통치하고자 할 때 그는 인간의 방식을 받들어 순종하는 것이다. 최악의 군주가 압제로 통치하고자 할 때 그는 땅의 방식을 받들어 순종하는 것이다. 이 셋 가운데 군주가 마땅히 받들어야 할 방식은 첫째뿐이다."[33]

철기시대 초입 중국의 정치 지형은 메소포타미아, 이집트의 상황과 여러모로 흡사했을 것이다. 즉 비옥한 대지가 인구 증가를 뒷받침했으나 (중국의 경우 인구가 약 1,000만 명에 육박했던 듯하다) 여러 도시와 왕국이 난립하며 패권을 두고 끊임없이 경쟁했다.[34] 변방의 작은 도시였던 풍호는 중국 최초의 통일국가 중 하나인 주나라로 발전하여 화베이평야를 상당히 넓게 아울렀고 천명에 입각한 제국적 이데올로기를 수립했다.

## 남아시아

또 한 군데 유력한 제국 후보지는 화베이평야로부터 숲과 산맥과 빙하를 사이에 두고 3,000킬로미터 떨어져 있는 인도-갠지스 평원이었다. 이곳에서는 수백만 년 전부터 몬순이 히말라야산맥 남쪽 비탈에 부려 놓은 빗물이 수백 갈래의 작은 강을 거쳐 인더스강, 갠지스강, 브라마푸트라강으로 흘러든 뒤 각각 아라비아해와 벵골만에 이르렀다. 이 거대한 물줄기가 만들어 낸 인도-갠지스 평원은 넓이가 250만 제곱킬로미터가 넘는 세계 최대의 곡창지대이다. 남으로는 데칸고원의 단단한 암층을 말굽 형태로 감싸고, 북으로는 힌두쿠시산맥, 히말라야산맥, 미얀마의 산고원과 맞닿아 있다. 서기 16세기에 유럽 식민주의 세력이 도착하기 전까지 이 지역을 위협한 외부 세력이라고는 중앙아시아의 아무다리야강을 따라 유목하던 민족이 거의 전부였다. 더욱이 그들은 힌두쿠시의 길고 위험한 산길을 넘어 카이바르고개를 통과해야만 남아시아 평야에 이를 수 있었다.

청동기시대에 이르러 인더스 문명, 일명 하라파 문명(서기전 3000~1300)이 인도–갠지스 평원의 서쪽 절반을 지배했다. 점토 벽돌로 지은 거대 도시 모헨조다로와 하라파는 1900년경에 쇠망했고, 그 뒤로는 이렇다 할 정치체가 전혀 나타나지 않은 채 수백 년간 공백이 이어졌던 것으로 추측된다. 대신에 이른바 인도–아리아인의 이주가 시작되어 1500년경 힌두쿠시산맥을 경유, 남하를 시작한 것으로 보인다. 이곳에는 부족사회와 군소 왕국이 모자이크처럼 산재해 있었다. 남하한 이주민은 일단 지금의 파키스탄 북부에 있는 스와트강 유역 초원을 거점으로 삼았다. 그러다 이후 수백 년에 걸쳐 인구를 늘리고 기존 정착민에 대한 영향력을 키우면서 비옥한 인도–갠지스 평원까지 진출했다.[35]

이 긴 과정은 침략보다는 이주라고 해야 정확하겠지만, 그것이 초래한 사회변동은 격심했다. 이 새 문화를 통상 '베다 문명'이라고 부른다. 산스크리트어로 쓰인 힌두교의 성전 베다$^{Veda}$가 기원한 시대라서 붙은 이름이다. 베다 시대에 제작된 채색 도기는 이집트, 메소포타미아의 미술에 한참 못 미치는 원시적인 형태였지만 문학만큼은 고대 세계 최고 수준이었다. 인도는 이 시대에 철기를 제작하기 시작했고, 사회가 카스트로 나뉘었으며, 새 왕국들이 들어섰다. 『마하바라타』 같은 서사시가 현실을 반영했다고 보면, 당시의 국제 관계는 매우 무질서했고 동맹과 동맹이 끝없이 갈등하고 전쟁했다. 이 지역은 5세기에 가서야 한 국가(판찰라 왕국)가 인근 국가에 대해 어느 정도 헤게모니를 행사하게 되었다. 또한 4세기에 가서야 인도아대륙을 넓게 아우르는 단일 제국인 마우리아가 탄생했다.

힌두 전통에서는 풍요의 신 락슈미Lakshmi와 그 남편인 정의와 평화의 신 비슈누Vishnu가 조화를 상징한다. 산스크리트어 서사시 『마하바라타』와 『라마야나Ramayana』는 평화와 조화를 향한 갈망에 큰 의미를 부여한다. 즉 부모는 자식이 성장하는 모습을 보고 싶어 하고 농부는 작물을 수확하고 싶어 하며 왕은 나라를 바로 다스리고 싶어 한다. 그러나 이 서사시들은 평화와 조화를 유지하기가 얼마나 어려운지도 함께 역설한다. 폭력의 남용을 막고자 비례 개념(데샤 다르마desha dharma)이 공표되지만 미움과 원한 앞에서는 소용없다. 중재 절차(판차야트panchayat)가 도입되지만 그것으로 갈등을 막을 수 있는 경우는 너무도 드물다. 사람들은 사절을 우습게 여기고 계속해서 전쟁만을 대비한다.

『마하바라타』에 따르면 신들이 전쟁을 말렸지만 간교한 신하들은 왕의 자존심과 걱정을 부추기는 데 능했다. 부덕한 고문 카니카는 왕에게 이렇게 조언한다. "모름지기 왕은 늘 철퇴를 치켜들고 필요할 때 내리칠 줄 알아야 하고, 늘 위업을 쌓아 나가야 한다. 자신의 모든 결함은 주의 깊게 피하면서 늘 적의 결함을 주시하고 그것을 이용해야 한다."[36] 또한 왕은 모름지기 교활한 자칼처럼 행동해야 하며 되도록 공공연한 전쟁보다는 외교나 경제력으로, 또는 적의 내부에 불화를 유도함으로써 상대를 무너뜨려야 한다. 베다에 따르면, 세상에서 가장 이상적인 정치체는 자연과 인간의 힘이 미치지 못하도록 철저히 방비한 철의 도시이다.

## 안보와 권력

국제 관계는 미덕과 부덕과 폭력의 장이다. 서기전 1000년 초입에 인간은 벌써 이를 중요한 주제로 삼아 생각하고 쓰고 그리고 조각했다. 우리가 탐색하려는 정치사의 첫째 층위인 권력 분포는 가장 먼저 자연 자원의 삼위일체에 의해 결정되었다. 아직도 세계에는 사람이 드문드문 살고 자연 장벽이 접촉 속도를 크게 저해하긴 했지만, 동지중해와 화베이평야, 인도-갠지스 평원에는 벌써 끊임없이 권력정치가 펼쳐지고 있었다. 그 밖에 빽빽한 숲과 높은 산맥, 초원에 흩어져 있던 다른 모든 사회에서도 권력정치가 작동했으며, 규모는 작았을지 몰라도 그것이 인간 삶에 미친 영향은 결코 작지 않았다.

이 책이 탐색하는 정치사의 두 번째 층위는 정치체제의 발전이다. 후기 청동기시대에는 인구가 몇천 명에 불과한 작은 도시와 마을이 점점이 존재했다. 이윽고 그중 여러 도시가 왕국으로 발전하여 인근 영토를 다스렸으니 이것이 도시국가이다. 특히 농업 중심지 네 곳(이집트, 메소포타미아, 인도-갠지스 평원, 화베이평야)은 도시국가의 밀도가 다른 곳보다 높았기 때문에 정치체 간에 문화적·상업적·군사적 접촉이 비교적 전면적으로 이루어졌다. 서로 인접한 도시국가는 대체로 문화, 종교, 정치상의 관습을 공유했기에, 바로 그런 지역에서 공통의 상징체계로 위계를 정당화하는 제국적 전통이 탄생할 수 있었다. 요컨대 이 시대 네 중심지의 정치 주역은 작은 도시국가들이었다. 그들은 지역의 패권을, 궁극적으로는 제국의 표장을 차지하기 위해 서로 경쟁했다.

국제 관계에 '자연 상태'가 있다고 가정한다면, 그 원시적인 단계에 벌써 평화를 향한 갈망과 평화를 유지하지 못하는 현실 사이의 긴장이 도드라졌다. 저 옛날의 무덤 유적과 시각예술, 시 문학이 일제히 증명하는 것이 바로 인명의 가치이고, 너무도 고된 환경에서도 살아 있는 시간을 만끽하려는 열망이며, 사랑하는 사람을 잃은 고통과 전쟁의 참상이다. 가장 원시적인 환경 속에서, 허술한 오두막이나 작은 부락에서 살아가던 사람들에게도 전쟁은 학살, 고문, 납치, 노예화를 의미했다. 그보다 발전한 국가에 속한 농부와 수공업자의 사정도 별다르지 않았다. 큰 나라에서는 전쟁이 먼 국경에서만 벌어졌을지 몰라도, 전쟁이 벌어지면 세금이 오르고 잉여 생산에 불가결한 관개시설이 방치되고 인력과 물자가 징발되기 일쑤였다.

그래서 어느 지역 어느 사회에서나 인간은 다들 조화로운 세계를 꿈꾸었다. 이 이상을 구체적으로 체현한 것이 이집트의 마트요, 중국의 천명이요, 메소포타미아의 함무라비법전, 인도의 비슈누와 락슈미이다. 국가와 지배자가 맡은 가장 중요한 일은 국내의 평화를 유지하고 국경의 안전을 책임지는 것이었다. 이상적인 정치체는 부덕한 세계에 맞서는 성역으로, 사막 속의 정원으로, 성벽을 두른 은신처로, 철의 도시로 이미지화되었다. 이 책의 다섯째 층위인 정치사의 변천이라는 관점에서 청동기시대 말기는 이미 확연한 이분법을 드러낸다. 그 시대의 이상적인 왕은 백성에게는 공평한 아버지, 그러나 외부의 위협은 두려워할 줄 모르는 투사였다.

여기서 우리는 정치사의 셋째 층위를 구성하는 중요한 측면, 즉 전쟁이 평화보다 우세한 이유에 관한 시사점을 발견한다. 역설적이게도 그 시대의 수많은 전쟁은 안보라는 목적에서 시작되었다. 국경이 유동적이었으므로 안보의 범위 또한 불분명했다. 즉 방어전과 공격전을 확실하게 구분할 수 있는 경우는 매우 드물었다. 한쪽이 보기에 정당한 방어전이 반대쪽에게는 잔혹한 공격전이었다. 가령 이집트, 아시리아, 중국의 지배자가 무질서를 질서로 대체하고자 제국을 세웠다고 주장한들 예속된 쪽의 입장은 전혀 달랐다. 국가의 안보 추구와 권력 확대 욕망은 거의 구분되지 않았다.

전쟁은 서기전 1000년 초입에도 이미 큰 이익이 되는 사업이었다. 뭇사람에겐 아니더라도 왕실 지배층에겐 분명 그러했다. 적의 도시와 사원에는 금은보화가 쌓여 있었고 적의 농지와 교역로는 큰 세금을 거둘 수 있는 수입원이었다. 그러므로 안보 추구와 물질적 욕망은 서로 밀접하게 얽혀 있었다. 국가의 흥망에도 안보와 이익에 대한 욕망이 함께 작용했다. 어떤 정치체가 경제적 발전이나 정치적 통일, 기술적 진보를 바탕으로 새롭게 떠오르면 곧 질투나 두려움에 사로잡힌 경쟁자들과의 전쟁이 시작되기 마련이었다. 반대로 힘을 잃어 가는 정치체는 포식자에게 간섭당하기 마련이었다. 이집트의 신왕국과 중국의 상나라가 그렇게 멸망했다.

마지막으로 정치사의 넷째 층위인 자연의 역할을 살펴보면, 서기전 1000년이 시작되기 바로 전에도 인류는 기후변화를 경험했다. 이로 인해 여러 사회가, 특히 스텝 등 가장 위태로운 환경에 속했던 사회가 총체적인 동요를 겪었으며 이것이 결국 대규모 이주와 충돌로 이어졌다. 두려움, 탐욕, 권력, 자연재해, 이것이 고대의 국제 관계를 결정한 인자들이다.

# 솔로몬의 공작새

서기전 1000~750년

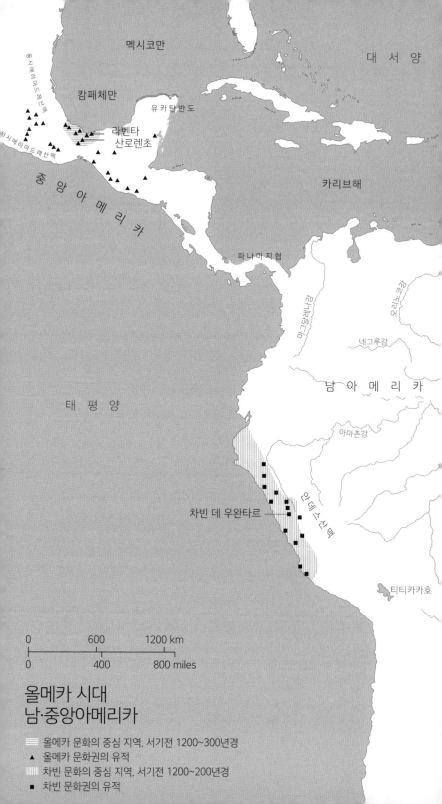

멕시코만

캄페체만

유카탄반도

대 서 양

라벤타
산로렌초

동시에라마드레산맥

카리브해

중 앙 아 메 리 카

파나마지협

태 평 양

남 아 메 리 카

마그달레나강

카우카강

네그루강

아마존강

안데스산맥

차빈 데 우완타르

티티카카호

| 0 | | 600 | | 1200 km |
| 0 | 400 | | 800 miles | |

## 올메카 시대
## 남·중앙아메리카

▤ 올메카 문화의 중심 지역, 서기전 1200~300년경
▲ 올메카 문화권의 유적
▥ 차빈 문화의 중심 지역, 서기전 1200~200년경
■ 차빈 문화권의 유적

서기전 1000년경, 세계는 아직도 텅 비어 있었다. 인간은 지구상 대부분의 지역에서 고립된 부족사회 또는 떠도는 유목사회를 이루어 살아가고 있었다. 앞 장에서 살펴본 대로 부족사회는 생명을 귀하게 여겼고, 타 부족과 공존하고자 경계를 정하고 선물을 교환하고 외교를 맺었다. 그러나 국제 관계의 자연 상태에는 평화와 전쟁이 공존했다. 역사에 최초로 등장한 왕국들은 역시 평화로운 만큼 혼란스러운 사회였다. 왕국 주민들은 과거와 다름없이 조화로운 삶을 꿈꾸었다. 왕들은 서로 만나고 편지를 교환하고 사절을 파견했다. 그러나 그들에겐 전리품을 가져올 의무도 있었다. 백성에게 이익을 가져다주는 동시에 자신의 위신을 높여야 했다. 이 시대의 인구학적·정치적 중심지는 나일강 유역, 메소포타미아, 인도-갠지스 평원, 화베이평야 네 곳이었다. 이곳에 수립된 큰 나라들 또한 조화를 갈망했고, 사람들은 마트나 락슈미에게 기도하거나 황제가 천명을 잘 받들기를 기원했다.

2장의 전반부는 새로운 천 년의 시작과 함께 이집트, 메소포타미아, 지중해 동부가 하나의 거대한 정치 경쟁의 장으로 통합되는 과정을 살핀다. 거침없이 부상하던 이집트와 아시리아의 야망이 레반트에서 맞부딪쳤다. 레반트의 수많은 약소국은 세를 규합함으로써 두 대국에 저항하려 했지만 실패했다. 이집트와 아시리아 모두 교역을 장악하고자 했다. 두 나라 모두 신이 자신들의 지배자를 선택했다고 믿었다.

이번 장의 후반부는 중국 주나라와 주변 세력의 서로 다른 정치적 구상이 충돌하는 과정, 그 결과 주나라가 패망하고 화베이 평야가 무질서 속으로 와해되는 과정을 추적한다. 끝으로 서반구에 나타난 최초의 제국 중 하나인 올메카 문명의 수수께끼와 그 안에서 토르티야라는 옥수수빵이 맡은 역할을 알아볼 것이다.

## 아시리아의 부흥

서기전 1000년, 지중해 연안은 산불 연기에 휩싸인 듯 암흑시대를 통과하고 있었다. '바다 민족'으로 알려진 지중해 북부의 침략자가 남동부 해안을 집어삼켰다. 이집트는 혼란에 빠졌고 바빌론은 붕괴하기 직전이었다. 메소포타미아의 평야 곳곳에 침입한 외부 세력은 이제 저들끼리 싸우기 시작했다. 유일하게 뿌리내린 그대로 서 있는 나라는 아시리아였다. 바로 이때가 아시리아의 기회였고 아시리아는 그것을 놓치지 않았다. 전환점은 910년. 이해에 아다드니라리 2세(911~891)는 현재의 시리아 북부에서 아람인과 맞붙어 큰 승리를 거두었다. 그때부터 아시리아는 서아시아 전역을 빠른 속도로 장악해 나갔다.

아다드니라리 2세의 연이은 승리는 그의 부친 아슈르단 2세(934~912)가 20년에 걸쳐 국내 개혁을 단행했기에 가능했다. 아슈르단은 영토를 행정구역으로 공식 편제하고, 수도 방비를 강화하고, 주요 교역로의 요새를 재건하고, 농업 생산력을 제고했다. 그는 이렇게 자부했다. "나는 기근과 허기와 가난에 못 이겨 도시를 떠났던 백성들을 다시 아시리아로 불러 모았다. 구획을 정한 땅을 쟁기로 갈아 그 어느 때보다 많은 곡식을 거두어들였다."[1]

아다드니라리 2세는 아람을 진압한 후 곧 바빌론으로 눈길을 돌렸다. 아시리아는 이번에도 우세했지만 결정적인 승리를 거두지는 못하고 바빌론과 결혼 동맹을 맺었다. 다음으로 약해진 히타이트 등 북쪽 산지의 소왕국들을 굴복시켰다. 아다드니라리의 손자 아슈르나시르팔 2세(883~859)는 여세를 몰아 지중해와 홍해까지 진출했다. 879년, 아슈르나시르팔은 새 수도 님루드의 새 궁전에서 장엄한 낙성식을 개최하여 자기 확신을 과시했다.[2] 왕궁을 짓는 데 20년간 수천 명의 인력이 투입되었다. 왕은 돌기둥에 이렇게 기록했다. "나는 열흘에 걸쳐 왕국 전역에서 찾아온 4만 7,074명의 남자와 여자, 외국에서 온 귀빈과 사절 5,000명에게 음식과 술을 대접했다. 나는 그들을 융숭하게 대우했고 무탈하게 돌려보냈다."[3] 그의 후계자는 아시리아의 점령지를 더욱 늘렸다. 9세기 말, 아시리아 제국은 메소포타미아 거의 전역 및 레반트와 아나톨리아의 큰 부분을 장악했다.[4]

아시리아가 이처럼 극적으로 부흥할 수 있었던 것은 왕위 계승을 둘러싼 내분 없이 유능한 왕이 연속해서 재위했기 때문이었다. 이들은 인구 규모를 유지하는 데 필요한 경제개혁을 실시하는 동시에 전쟁 기술을 혁신함으로써 국력을 강화했다.[5] 아시리아군은 공성구와 이동식 탑을 이용한 포위 전술을 개발했다. 전차 대신 낙타 기병대를 실험했고 철을 제련하는 기술을 발전시켰다. 대외적으로는 '속국이 되든가, 멸망하든가' 둘 중 하나를 선택하라는 공포 프로파간다를 구사했다. 아슈르나시르팔 2세의 님루드 궁전 벽에는 이렇게 새겨져 있다. "나는 젊은 남자, 늙은 남자 들을 잡아들였다. 어떤 놈은 손발을 잘랐고, 어떤 놈은 귀와 코와 입술을 잘랐다. 젊은 남자의 귀로 언덕을 쌓고 늙은 남자의 머리로 탑을 쌓았다. … 어린아이들은 불에 태웠다."[6]

그렇게 아시리아는 약탈 제국이 되었다. 정복은 조공을 늘렸고, 조공은 다시 정복을 뒷받침했다. 남아 있는 행정 기록을 보면 아시리아가 획득한 전리품에는 금, 은, 주석, 구리, 물들여 장식한 아마포 옷, 원숭이, 흑단, 회양목, 바다 동물의 엄니 등이 있었다. 어느 점령지는 제국의 속주로 편성하고 총독을 파견하여 아시리아 법으로 지배했다. 이런 지역에는 아시리아 문화가 보급되고 아시리아 세금이 매겨졌다. 다른 점령지는 속국으로 삼고 꼭두각시 왕을 통해 간접 통치했다. 이런 지역의 왕은 독자적으로 외교를 맺어선 안 되었고 조공을 바쳐야 했으며 자식을 제국 왕실에 인질로 보내야 했다.

우리는 점토판과 돌기둥에 새겨진 아시리아 왕의 연대기에서 분명한 제국적 질서를 발견한다. 그 중심에는 왕에게 명령을 내리는 최고신 아슈르가 거했다. 왕은 궁전에 거처했고 낙원 같은 정원이 궁전을 둘러쌌다. 그 주변은 거대한 성벽과 대문을 갖춘 도시였고 수공업자들이 그곳에 살았다. 또 그 주변은 농부들이 경작하는 땅으로, 이 시대 미술에는 대추야자와 곡식이 풍성히 여무는 비옥한 농지와 물고기가 가득한 강 등 이상화된 모습으로 조각되어 있다. 여기까지가 신들이 선택한 땅, '중앙의 나라'였다. 그 너머의 주변부는 신들에게 버림받고 질서가 결여된 '망가진 우주'였다.

이 망가진 우주는 실제로 불안정한 세계였다. 아시리아로서는 운 좋게도, 그 주변 나라들은 청동기시대 붕괴로부터 자못 더디게 회복했고 또 저들끼리 싸우기에 바빴다. 가령 신성한 고양이를 자신들의 상징으로 삼은 것으로 유명한 리비아계 이집트 왕조는 강력한 왕을 겨우 두 번 배출하는 데 그쳤다. 이 왕조를 세운 셰숑크 1세는 가차 없이 군사력을 휘둘렀다. 카르나크 신전의 부조에는 결박당하거나 쓰러진 적들이 채집된 곤충처럼 이름이 붙은 채 정렬해 있고 왕이 그 위로 우뚝 서 있다. 셰숑크는 오늘날의 이스라엘과 레바논의 넓은 땅을 지배했다. 티레와는 교역 조약을 맺었다. 티레 왕은 비블로스의 가장 큰 신전에 화강암으로 된 자그마한 파라오 상을 세움으로써 이집트 왕에 대한 겸양을 표현했다.[7]

그러나 셰숑크 1세가 죽은 뒤 왕위 계승 문제가 불거졌다. 오소르콘 2세(872~837)는 운이 따라 준 덕분에 왕좌에 올라 권력을 강화했다. 그는 북쪽으로 잠간 진군했을 뿐 대외 정책에는 소극적이었다. 오소르콘은 벌써부터 자신이 죽은 뒤 또 왕위를 둘러싼 분란이 생길까 봐 걱정했다. 그는 아몬 신에게 이렇게 기도했다. "나의 자식들을 내가 그들에게 물려주는 관직에 앉혀 주소서. 그래서 누구도 제 형제를 시기하지 않게 해 주소서."[8] 그러나 이집트는 결국 왕위를 둘러싼 내분에 휩싸였고, 오소르콘이 죽고 몇 년 만에 왕국이 둘로 나뉘었다. 남부는 이집트로부터 다시 독립했으며 북부의 나일강 델타마저 점차 여러 소국으로 분열했다. 시나이사막 쪽으로는 아시리아가 위험하리만치 가까워졌다.[9] 이집트는 710년경에 가서야 새 왕에 의해 통일될 터였다. 그때는 누비아에서 검은 파라오가 나타날 것이었다.

## 구약성경과 전쟁

철기시대 초기의 레반트는 오늘날과 흡사하게 정치적 책략과 야망이 맞부딪치는 장이었다. 이집트의 세숑크 1세와 오소르콘 2세는 작은 도시와 왕국이 모자이크처럼 이어진 이 땅을 탐냈다. 정치적으로 약하고, 경제적으로는 교역을 통한 부가 쌓여 있었기 때문이다. 나일강 델타의 도시 멤피스에서 출발하는 교역로 중 '바다의 길'은 동지중해 연안의 여러 도시를 거쳐 다마스쿠스에 닿았다. '왕의 대로'는 홍해, 사해, 요르단강 북부의 여러 곳을 거쳐 역시 다마스쿠스에 이르렀다가 유프라테스강과 아나톨리아까지 이어졌다.

레반트는 요르단강을 가운데 두고 동서로 나뉜다. 레반트를 서에서 동으로 횡단하면, 강우량이 풍부한 길쭉한 지중해 연안에서 시작하여 요르단강 유역을 거쳐 건조한 요르단 고원에 이른다. 북부에는 대도시 티레가 있었다. 철기시대 레반트의 티레는 서기 12세기 이탈리아의 베네치아와 비슷했다. 중세 베네치아가 안전한 석호에 자리한 채 해외에 광대한 속령(일명 '바다 국가Stato da Màr')을 거느렸던 것과 흡사하게, 티레의 페니키아인은 오늘날 레바논 해안의 안전한 섬 도시를 거점으로 지중해 전역을 하나의 교역망으로 엮었다. 이들은 지브롤터해협만큼 먼 곳에까지 속령을 두었고 삼나무와 철의 공급을 독점했다. 티레의 동쪽에는 아람 왕국이 있었다. 남쪽으로는 갈릴리호와 요르단강을 따라 뻗은 긴 땅에 이스라엘, 암몬, 유다, 에돔, 모아브가 있었다.

레반트의 왕국들은 서로 끊임없이 싸웠으니, 그것이 구약성경의 역사적 배경이다. 이스라엘은 초대 왕 사울(1043~1012) 때 레반트의 헤게모니를 거머쥐었다. 암몬에 맞서 여러 부족을 규합하고 승리한 사울은 그 맹주가 되어 통일 왕국을 건설했다. 그의 뒤를 이은 다윗(1010~970)과 솔로몬(970~931)은 이스라엘의 영토를 확장했다. 구약성경은 특히 솔로몬을 유능한 왕으로 묘사한다. 그는 모든 교역을 국가에서 장악하고자 했고, 용광로를 만들어 철을 뽑아냈으며, 해군을 가동하고 상비군을 창설했다. 그는 '바다의 길'은 물론 '왕의 대로'도 거의 대부분 통제했으며 티레 왕과는 교역 조약을 맺었다.

이 시대 교역망에 서아시아, 지중해, 홍해는 물론 인도양까지 포함되어 있었음을 보여 주는 증거가 있다. 구약성경에 따르면 "상선들은 금, 은, 상아, 원숭이, 공작새를 잔뜩 싣고 3년에 한 번씩 이스라엘 항구로 돌아왔다".[10] 구약성경은 시바의 여왕이 솔로몬의 궁전을 방문한 일도 전한다. 오늘날의 예멘에 위치한 시바가 당시 이미 인도양과 지중해 두 세계를 연결하는 중요한 교역 거점이었기에 그러한 만남이 성사되었던 것이다. 또한 솔로몬은 이집트, 모아브, 암몬, 에돔 등 여러 왕국의 공주를 아내로 삼는 방법으로 동맹을 강화했다. 하지만 그가 죽은 뒤 이스라엘은 둘로 갈라져 남반부는 유다 왕국이 되었다.

왕국의 분리 직후, 이스라엘이 새로 손잡고 레반트로 불러들인 셰숑크 1세의 이집트군이 유다를 포위했다. 890년경, 유다 왕 아사는 중심 사원에 있던 금 전부를 아람 왕에게 바치며 이스라엘과의 조약을 폐기하고 북쪽에 제2전선을 형성해 주기를 청했다. 860년경, 모아브와 암몬이 유다를 침략했다. 이어 아람까지 쳐들어오자 유다는 강화를 요청하는 수밖에 없었다.

853년, 레반트 전역이 아시리아의 공격이 임박했음을 감지했다. 이 공동의 적 앞에서 왕국 간 싸움이 중단되고 강력한 동맹이 형성되었다. 이들은 오늘날의 시리아에 위치한 카르카르에 집결하여 아시리아군을 요격했다. 바빌론, 이집트, 페르시아, 이스라엘, 아람, 그 외 10개국의 군대로 구성된 동맹이었다. 한 돌기둥 기록에 따르면 총 6만이 넘는 병사가 참전했다. 당시 서아시아 사람들에게 이 전쟁은 세계대전이나 마찬가지였을 것이다. 그러나 아마도 우수한 기병을 거느린 덕분에 아시리아가 우세했고, 패배국 대다수는 속국으로 전락했다.

그로부터 3년도 지나지 않아 아람과 이스라엘이 다시 서로에게 무기를 겨누었다. 텔단에서 출토된 평판에는 아람 왕이 선대의 패배를 어떻게 설욕했는지가 쓰여 있다. "나는 수천의 전차와 말을 끌고 온 칠십 명의 왕을 굴복시켰다."[11] 849년에는 이스라엘과 유다가 연합하여 북쪽의 힘센 아람에 맞선 뒤 결혼 동맹을 끌어냈다. 815년, 만약 아시리아가 또다시 다마스쿠스를 급습하지만 않았어도, 그래서 왕국 북쪽이 잠시 잠잠하기만 했어도 아람은 이스라엘을 완전히 무너뜨렸을 것이다. 814년, 아람은 바빌론, 엘람과 규합하여 아시리아의 재공격을 막아 냈다.[12] 그사이 유다는 에돔과 갈등하고 필리스티아에 공격당했다. 이윽고 아람과 이스라엘이 또다시 서로에게 무기를 겨누었다.

아시리아는 8세기에 들어서도 바빌론과 아람을 끊임없이 공격했지만, 제국의 군사력은 서서히 쇠하고 있었다. 원인은 왕위 계승 싸움, 속주 총독으로의 권력 분산, 군사 지도자(투르타누turtanu)의 영향력 강화에 있었다. 763년, 아시리아 왕권은 과거 어느 때보다 약했다. 그해의 일식은 불운의 징조로 해석되었다. 역병이 돌았고 반란과 무질서의 시기가 시작되었다. 기록에 따르면 바빌론이 국경 협정을 여러 번 위반했고 레반트의 속국들이 반란을 일으켰으며, 소국 아르파드의 왕 마틸루는 아시리아와의 조약을 파기하기까지 했다. 아시리아의 기록에 따르면 "이 조약을 어길 시 마틸루는 창부娼婦가 될 것"이었다.[13] 그런 저주도 제국의 쇠퇴를 막지는 못했다. 하지만 아시리아는 이번에도 운이 좋았는데, 그 어느 나라도 이 상황을 제대로 이용하지 못했기 때문이다. 아시리아는 40년간의 침체기를 통과한 끝에 다시 위대한 왕들을 배출하여 제국의 크기를 두 배로 키우고 누비아, 키프로스섬, 페르시아만까지 영토를 확장하게 된다.

## 조약과 저주

서기전 1000년 이전 지중해 세계에서 가장 눈에 띄는 사건이 바다 민족의 침략이었다면, 그다음 수 세기의 운명을 결정한 사건은 아시리아의 팽창이었다. 이집트나 바빌론에 비교하면 아시리아는 유독 무자비했던 제국으로 묘사되는 경향이 있다. 아시리아 궁전의 부조는 그러한 상상을 충실하게 뒷받침한다. 아시리아인은 전쟁 포로의 귀와 코, 팔다리를 잘랐다고 한다. 공포 프로파간다였다. 그러나 사실 다른 제국이라고 그렇게 다르지도 않았다. 이집트의 파라오 역시 적을 노예로 부리거나 신체를 절단하는 장면으로 사원 벽을 채웠다. 가령 람세스 3세가 불멸을 기원하며 지은 메디나트 하부는 실로 '공포의 신전'이라 할 만하다. 건축물 구석구석에 왕이 적을 덮치고 전장에 우뚝 선 모습이 재현되어 있다. 한 벽에서는 장군들이 승리의 증거로 적들에게서 잘라낸 손과 남성기 더미를 왕 앞에 바치기까지 한다. 제국적 통치를 지탱한 이데올로기 역시 두 나라가 다르지 않았다. 이집트와 아시리아의 왕은 신들이 부여한 임무로써 나라의 안정을 유지하고 그들에게 기도하는 자의 번영을 보장했다. 아시리아 왕은 아슈르 신의 대리였다. 그가 통치하는 곳 어디에나 평화와 안정과 정의가 실현되었다. 그가 통치하지 않는 곳은 혼돈뿐이었다.[14]

고대의 사료를 살펴보건대 이집트와 아시리아는 안보를 유지하기 위해 정복 활동을 펼쳤다. 어쨌거나 기근으로 인한 사회적 소요를 예방하는 동시에 농지에서 세금을 안정적으로 징수하려면 무엇보다도 강 유역의 농업 생산을 안전하게 보장하는 것이 중요했다. 땅이 넓고 복잡다단한 메소포타미아는 훨씬 더 어려운 환경이었다. 여러 유력 도시가 저마다 독자적인 문화 정체성을 유지하고 있었는데, 아시리아는 그 하나하나를 제압해야 했다. 이집트와 아시리아 둘 다 자연적 경계라는 지리적 이점은 누리지 못했다. 그래서 두 나라에 안보란 제국 주변부 전체를 통제해야 한다는 뜻이었다. 이집트는 주로 인구가 많은 동지중해에 집중했다. 반면에 아시리아는 사방으로 힘써야 했다. 서로는 레반트를, 북으로는 아나톨리아를, 동으로는 자그로스산맥을, 남으로는 페르시아만과 아라비아반도를 통제해야 했다.

이와 같이 세력권을 넓히는 과정에서는 안보 추구와 권력 확대 사이의 구분이 흐릿해질 수밖에 없었다. 안보는 더 이상 수도나 왕국의 경계를 방어하는 정도의 문제가 아니었다. 적을 수도로부터 최대한 멀리 떨어뜨려 놓기 위해선 영토를 넓혀야 했다. 게다가 전쟁에서 승리하면 전리품과 전쟁 노예, 속국의 막대한 조공을 통해 왕으로서 위신을 세울 수 있었다. 살마네세르 3세 시대의 유물인 '검은 오벨리스크'는 당시 아시리아의 사절단이 외국에서 얼마나 진기한 선물들을 받아 왔는지를 짐작하게 한다. "무스리에서 조공을 보내왔다. 쌍봉낙타, 물소, 코뿔소, 영양, 암코끼리, 암원숭이와 암침팬지다. 오므리의 아들 이아우아가 조공을 보내왔다. 은, 금, 금대접, 금냄비, 금양동이, 주석, 왕홀, 창이다."[15] 아시리아는 8세기 이후로는 레반트에 이르는 교역로를 통제하여 목재 공급을 독점하려고 했다.

이집트와 아시리아 모두 전형적인 공포 프로파간다를 구사했다. 그러나 인명은 귀중했고 외인의 생명도 마찬가지였다. 루브르박물관에 있는 한 부조는 아시리아의 수도나 그 인근의 노동력으로 강제 이송되고 있는 사람들을 보여 준다.[16] 현대의 전장 사진과 흡사하게 이 불운한 사람들은 소지품을 짊어진 채 뼈가 앙상한 황소가 끄는 마차에 짐을 싣고 그 위에 네 아이를 태우고 간다. 그런데 부조의 왼쪽 구석에 아시리아 남자들이 물고기와 무화과, 물을 나누어 주고 어린아이와 약한 남자 노인을 보살피는, 마치 난민 캠프처럼 보이는 장면이 묘사되어 있다. 이 부조가 표현하는 바는, 나라가 부강한 것도 중요하지만 같은 인간에게 도량을 베푸는 것도 그만큼 중요하다는 사실일 것이다.

아시리아 왕은 무력 외에도 다양한 외교 수단을 동원하여 권력을 강화했다. 아시리아의 속국은 왕자와 공주를 각각 인질과 첩으로 제국 왕실에 보내야 했다. 아시리아가 아직 확고한 우위를 주장하지 못하는 상황에서는 양국의 공주가 맞교환되었다. 그런 사례 중 하나가 아다드니라리 2세와 바빌론 왕의 조약이다. 두 나라의 국경을 확정한 이 조약은 각국 왕이 상대의 딸을 아내로 삼은 뒤 체결되었다.

평화조약은 흔히 사제가 입회한 가운데 저주의 주문과 함께 체결되었다. 나중에 조약을 파기하게 되는 아르파드 왕 마틸루는 조약 당시 이런 경고를 받았다. "이 머리는 어린 양의 머리가 아니라 마틸루의 머리이고, 그 아들들과 신하들과 그의 땅에 사는 사람들의 머리이다. 만일 마틸루가 이 조약을 위반한다면 이 어린 양의 목이 잘리듯, 그 입에 발목이 물리듯 마틸루의 머리 또한 잘릴 것이다."[17] 다른 약소국도 저들끼리 조약을 맺을 때 아시리아의 서약을 모방했다. 스피레의 돌기둥 기록에 따르면 레반트 소국의 왕인 바르가야와 마티엘은 조약을 어길 경우 다음과 같은 일이 벌어지리라고 명시했다. "이 밀랍이 불에 타 사라지듯 마티엘 또한 불에 타 사라지리라. … 이 송아지가 잘게 썰리듯 마티엘과 그의 가신들도 잘게 썰리리라."[18]

이 시대 이 지역의 권력정치를 보여 주는 가장 좋은 자료는 바로 구약성경이다. 성경은 전쟁, 동맹 관계 변화, 아시리아 같은 대국의 끝없는 위협에 관한 놀라운 역사적 기록이다. 구약성경은 이스라엘을 유일신이 선택한 고귀한 민족으로 칭송한다. 「신명기」에 따르면 이스라엘인은 "성벽이 하늘에 닿는" 큰 도시들에 살며, 정해진 운명에 따라 약속의 땅을 지배하고 농업과 교역을 통해 번영한다.[19] 바로 이것이 외부 세력에 맞서 여러 부족이 공동전선으로 뭉쳤던 사회의 이상이었다.

「판관기」는 이스라엘이 혼돈과 내란의 시기에서 벗어나는 과정을 기록하고 있다. "당시에는 이스라엘에 왕이 없었으므로 사람마다 자기 생각에 좋을 대로 하였다."[20] 이윽고 강력한 왕들이 통합을 이루었다. 「열왕기」는 사울과 다윗, 솔로몬을 무엇보다도 싸우는 왕, 불굴의 의지로 왕국을 통일하고 수호하는 왕으로 그렸다. 그러나 그 권력이 남용되고 독재화되기 시작했다. 이에 「신명기」는 좋은 왕이 갖추어야 할 아주 명확한 기준을 일일이 제시했다. "(이스라엘의) 왕은 반드시 이스라엘 사람이어야 하며 외국인이어서는 안 됩니다. 왕은 말을 많이 소유해서는 안 되며 … 자기를 위해 은과 금을 많이 쌓아 두어서도 안 됩니다. 누구든지 왕위에 오르는 사람은 … 모든 법과 규정을 충실히 지켜야 합니다."[21] 많은 아내를 두는 것도 금지되었다. 이처럼 구약성경이 규정하는 '좋은 통치'는 권위적인 군주제가 아니라, 모세 5경이라는 신성한 법으로 맺어진 연합 사회를 유한한 권력을 가진 지배자가 받드는 형태에 가까웠다.

그러나 구약성경은 국방에 관해서라면 무력 사용을 거의 제한하지 않았다. 「신명기」는 싸움을 시작하기에 앞서 일단 적에게 항복할 기회를 주라고 권한다. "어떤 성을 쳐들어갈 때는 먼저 평화적인 항복 조건을 제시하십시오. 만일 그들이 평화 제의를 받아들이고 성문을 열어 주거든, 그 성 안에 있는 백성을 노비로 삼고 여러분을 섬기게 하십시오." 그러나 적이 항복하지 않으면 "이스라엘인은 거기에 있는 남자를 모두 칼로 쳐서 죽여야" 하고, "여자들과 아이들과 가축과 그 밖에 성 안에 있는 모든 것을 전리품으로 가져도" 되었다.[22] 거룩한 전쟁이자 대량 살상인 싸움을 명령하고 있는 것이다. "여러분의 하느님 야훼는 그들을 여러분에게 넘겨주어, 그들이 멸망할 때까지 큰 혼란에 빠지게 하실 것입니다. 야훼께서 그들의 왕들을 여러분의 손에 넘기실 것이니, 여러분은 그들의 이름이 하늘 아래에서 사라지게 할 것입니다. 아무도 여러분을 당해 내지 못할 것이며 결국 여러분이 그들을 다 멸망시킬 것입니다."[23]

철기시대 초기의 세계에는 이런 종류의 침략이 결코 드물지 않았다. 『마하바라타』 등 힌두 전통의 신성한 서사시는 구약성경의 호전성을 능가하고, 고대 레반트의 명문도 비슷한 국제 관계를 증언한다. 예컨대 9세기 이스라엘 북쪽에 있던 왕국 사말의 돌기둥에는 이렇게 적혀 있다.

나는 하야 왕의 아들 킬라무와이다. 부친은 왕으로서 그 무엇도 하지 않았다. 적국 왕들이 우리 왕국을 에워쌌다. 나는 그들 사이에서 불처럼 분노했다. … 옛 왕들 밑에서 백성들은 개처럼 울부짖었다. 그러나 나는 그들의 아버지이고 어머니이고 형제였다. 나는 양의 얼굴을 본 적도 없을 남자들에게 금과 은과 소떼를 안겼다. 아마포를 본 적도 없는 이들에게 머리부터 발끝까지 아마포 옷을 입혔다.[24]

8세기 초, 오늘날의 시리아에 있던 도시국가 하마스의 왕 자쿠르는 아시리아와 맺은 국경 협정과 저주의 내용을 돌기둥에 기록했다. 여기서 그는 적들이 강력한 동맹을 맺고 하마스와 이웃 하드라크의 연합체에 도전할 때 신들이 자신을 돕는다고 말한다.

아람 왕 바하다드가 열일곱 왕과 거대 동맹을 체결했다. … 그 모든 왕이 모여 하드라크를 포위했다. 그들은 하드라크의 성벽보다 높은 벽을 세웠다. 하드라크의 해자보다 깊은 해자를 팠다. 그러나 내가 바알샤민에게 기원하니 신께서 이르셨다. 두려워하지 마라. 내가 너를 왕으로 삼았으므로 너를 포위하는 저 모든 왕에게서 너를 구하리라.[25]

두 사료의 증언 모두 구약성경이 묘사하는 레반트의 전쟁과 일맥상통하며, 특히 신이 명령한 무력 사용('성전聖戰')이 적을 물리치고 국가의 부를 보전하는 일에서 중요한 역할을 했음을 알 수 있다.

## 지중해 세계

아시리아와 이집트, 동지중해의 여러 소왕국에 관해서는 비교적 기록이 많이 남아 있지만, 이 지역의 패권 다툼에는 그 밖에 기록을 거의 남기지 않은 수수께끼 같은 행위자들도 관여했다. 북쪽의 캅카스산맥 및 흑해부터 몽골까지의 스텝은 유목민의 사냥터였다. 그곳의 중요한 사회 하나가 킴메르로, 이들은 8세기 아시리아의 기록에 처음 등장했다. 킴메르족은 목축과 농경을 병행했으며, 캅카스산맥의 고갯길을 통해 메소포타미아와 교역했고 다뉴브강을 따라 유럽 중부와도 교역했다.

킴메르족은 마구를 비롯한 승마 기술을 발전시켰고 기병 전술에 능했다. 이 중요한 지식이 아나톨리아에, 그들을 통해 간접적으로 레반트와 메소포타미아에 전파되었다.[26] 킴메르족이 캅카스산맥에서 아르메니아고원으로 남하하게 된 것은 그보다 훨씬 더 호전적인 민족인 스키타이족의 압력 때문이었다. 중앙아시아에서 유목하던 스키타이족은 9세기부터 흑해-카스피해 스텝까지 세력을 넓혔으며, 그 과정에서 킴메르족을 위협하고 여러 산악 왕국을 정복한 뒤 마침내 메소포타미아까지 진출했다. 당시 스텝 유목민의 인구는 정확히 알 수 없으나, 철기시대 초기의 이주 규모가 수십만 단위였으니 이집트와 메소포타미아 같은 농업 중심

지의 수백만 인구에 비해서는 훨씬 적었을 것으로 추정된다.[27]

    남하하는 킴메르족과 가장 먼저 맞닥뜨린 사회는 만네아 왕국과 우라르투 왕국이었다. 우라르투는 아시리아의 팽창에 대응하여 여러 부족이 연합했다가 왕국으로 발전한 사회로서, 9세기에는 흑해와 우르미아호와 유프라테스강 상류 사이의 땅을 넓게 점하고 있었다. 이 나라는 거대한 성시, 전략적으로 중요한 고갯길의 방어 시설, 관개 공학, 지하 운하로 이름을 알렸다. 우라르투 왕국의 가장 중요한 유적은 반호를 내려다보는 자리에 현무암과 점토 벽돌로 세운 거대한 성채이다. 이 나라는 수만 단위의 병력을 보유했다. 우라르투의 팽창에 가장 직접적으로 피해를 입은 나라는 이웃 프리기아였다. 프리기아의 수도는 800년에 무너졌다.[28]

    그러는 사이, 에게해 건너편에서는 그리스 세계가 암흑시대로부터 서서히 빠져나오고 있었다. 10~8세기, 에게해 연안의 인구가 빠르게 늘었다. 거대한 부흥의 서막이었다. 도리스인이 정착한 코린트와 스파르타는 인구가 1만 명에 달하는 소도시로 발전했다.[29] 그리스 반도 전역에서 새 농지가 개척되었다. 평야에서는 주로 밀을 생산했다면 구릉지대에는 올리브를 심었고 그 결과 올리브유 교역이 활발해졌다. 8세기, 그리스인은 오늘날의 시리아와 키프로스섬에 교역용 거류지를 마련했다. 상인들은 이곳을 통해 페니키아인과 그들의 거대한 시장인 티레와 접촉했다. 그리스인은 페니키아인으로부터 알파벳을 전수받았다. 미술에도 영향을 받아 종래의 소박한 기하학적 장식 대신 사자, 황소, 아름다운 옷을 입은 사람들로 도기를 장식하기 시작했다. 경제가 활성화되고 기후가 온화해진 결과 도리스인의 정착지는 그 지역 농업만으로는 지탱하기 어려울 만큼 커졌다. 이들은 넘치는 인구를 분산하고자 소아시아, 시칠리아, 이탈리아반도에 식민지를 건설했다. 그래도 그리스의 각 도시는 영토를 확보하기 위해 점점 더 치열하게 경쟁해야 했다.[30]

이 경쟁의 주된 승리자 중 하나가 바로 도시국가 스파르타이다. 8세기 말경에는 펠로폰네소스반도 남부 대부분이 스파르타의 손에 들어갔다. 이 나라의 세계관은 단순할 만큼 명료했다. 정복당한 국가의 주민은 노예로 팔리든가 아니면 농노(헬롯Helot)로 일하며 수확의 절반을 스파르타 시민에게 넘겨야 했다. 이와 달리 페리오이코이perioikoi, 즉 농노에 비해 더 많은 자유를 누리지만 결코 스파르타 시민으로 인정받을 수 없는 반자유민이 되는 경우도 있었다. 이 세계의 중심에는 스파르타 시민이 있었다. 이들은 헤라클레스의 후손을 자처한바, 그는 그리스의 최고신 제우스의 아들이자 남성성의 화신이었다. 펠로폰네소스의 영토 싸움을 감안하건대 용맹함은 그 무엇보다 중요한 가치였을 것이다. 8세기, 스파르타의 전설적인 입법자 리쿠르고스는 일련의 제도를 통해 남성의 용기를 장려했다. 그는 스파르타의 모든 남자가 싸울 줄 알고 식사를 함께하고 땅을 똑같이 나눠 가지기를 촉구했다.

스파르타는 성인 남성 시민 전체로 이루어진 총의회를 헌법(이것도 리쿠르고스가 고안했다고 한다)으로 규정했다. 총의회에서는 장로회와 다섯 명의 감독관을 선출했다. 감독관은 나라의 가장 중요한 사안을 담당했다. 두 명의 왕은 델포이 성소를 통해 신과 접촉하는 일 등 대체로 상징적인 기능을 맡았다. 델포이는 그리스 세계의 중심이었다. 각 도시의 대표가 이곳에 와서 그 유명한 '델포이의 신탁'을 받았다. 이 장소는 그리스 세계가 하나의 문화라는 인식을 상징했다. 당시 그리스인은 비록 서로 자주 싸우긴 해도 자신들은 신의 축복과 공통의 언어, 그리고 호메로스의 서사시에 기록된 공통의 역사로써 구별되는 특별한 민족이라는 생각을 키워 가고 있었다. 776년, 그리스의 도시국가들은 올림피아의 제우스 성소에 모여 각국 최고의 운동선수가 겨루는 시합을 처음으로 개최했다. 이것이 올림픽대회의 시작이다. 고대의 올림픽은 그리스 민족 전체의 힘과 공동의 정체성을 확인하고 기념하는 자리였다. 경기가 열리는 동안에는 그리스 세계 전체에 휴전이 선포되었다.

첫 올림픽이 열린 지 몇십 년 지나지 않아, 앞으로 지중해의 권력균형을 완전히 뒤엎을 도시가 이오니아해 건너편에 탄생했다. 시조 로물루스Romulus의 이름을 따서 '로마'라고 명명한 이 도시에는 겨우 몇백 명 인구가 나뭇가지를 엮어 지은 오두막에서 살아갔다. 로마 건국신화에 따르면 한 늑대가 테베레강 기슭에 버려진 쌍둥이를 발견했다. 그들은 전쟁신의 아들이었고 성인이 되자마자 살육을 시작했다. 로물루스는 분노에 사로잡혀 쌍둥이 형제 레무스를 죽였다. 로마는 건국부터가 형제 살해의 결과였다.

초기 로마는 무법자와 모사꾼의 사회였고 도시보다는 부족 사회에 가까웠다. 신화에 따르면 로물루스 일당은 이웃 사비니의 처녀들을 납치하려고 사기극을 꾸몄다. 그들은 주변 소도시와 전쟁을 벌였고, 강화를 맺으러 찾아온 사절을 죽였다. 그러나 로마는 기본적으로 도시로 발전하기에 알맞은 조건을 갖추었다. 테베레강이 도시를 보호했고 토지가 비옥했으며 중요한 교역로들이 내려다보였다. 강과 구릉과 습지라는 자연의 완충장치는 반도 남북의 세력 중심지로부터 로마를 방어해 주었다. 북부에는 에트루리아인이 살았고 남부에는 그리스인의 식민지가 넓어지고 있었다.

이와 같이 8세기에 지중해 세계와 서아시아는 모두 청동기 시대의 붕괴로부터 완전히 회복되었다. 교역이 재개되었고 새 도시가 건설되었다. 이 지역의 최강국은 아시리아 제국이었다. 아시리아는 또 하나의 대국인 이집트를 늘 주시했다. 이집트와 아시리아는 각자 상비군과 전차 부대를 앞세워 메소포타미아와 나일 강 유역의 넓은 평야에서 막강한 군사력을 행사했고 교역로를 따라 레반트에 이르렀다. 두 강대국은 그곳에서 맞부딪쳤다. 또한 두 나라는 그곳에서 페니키아인, 이스라엘·유다 왕국 등 약소 세력과 관계를 맺었다. 레반트의 약소국은 아시리아나 이집트의 침략을 거들기도 했고, 때로는 일시적으로 그들끼리 거대한 동맹을 맺어 맞서기도 했다. 아시리아와 레반트 동맹이 맞붙은 카르카르 전투가 그 예이다.

고대국가는 평화를 유지하기 위해서도 노력했다. 평화조약은 신성한 맹세와 함께 체결되었다. 그리스의 작은 도시국가들은 공통의 성소에 모였고 합동 운동경기를 개최했다. 전쟁의 파괴성을 제한하는 규칙도 마련되었다. 그러나 대체로는 무질서가 우세해서 이 지역은 성벽을 쌓은 세계로 변해 갔다. 성벽의 재료는 돌이기도 했지만, 신들이 자신을 선택하고 축복했음을 주장하는 신화이기도 했다. 교역은 날로 발전했다. 페니키아인의 티레는 여러 면에서 레반트의 베네치아 또는 뉴욕이었다. 그만큼 부유하고 외향적이고 자유로운 도시였다. 솔로몬은 홍해와 교역했다. 그러나 그런 지배층의 목표는 교역을 자유롭게 보장하는 것이 아니었다. 그들은 공급을 독점함으로써, 군대를 보내어 교역로와 자연 자원을 강탈함으로써, 또는 조공을 거두어들임으로써 교역을 장악하기를 원했다.

## 중국의 예식

서기전 1000~750년에 유라시아 서부의 운명을 결정한 가장 획기적인 사건이 아시리아의 부상이었다면, 동부에서는 주나라의 쇠퇴가 가장 중요했다. 그로 인해 화베이평야에 살던 수백만 주민의 삶이 송두리째 흔들렸기 때문이다.[31] 1046년 무예 전투에서 상나라를 무너뜨린 주나라는 곧 내부 분열에 시달렸다. 첫 왕인 무왕이 죽자마자 그 형제들이 어린 왕자에게 맞섰다. 하지만 다행히 삼촌 주공만은 충성스럽게 그를 지지한 덕분에 왕자 송은 목숨을 구하고 1042년 즉위하여 성왕이 되었다.

오늘날까지도 중국사 최고의 전략가 중 하나로 꼽히는 주공은 성왕에게 방탕과 방종을 경계하고 절제하라고 가르쳤다. 주공은 다음과 같이 말했다고 기록되어 있다. "훌륭한 왕은 그 어떤 사치스러운 안락에도 빠지지 않기에 훌륭하다. 왕은 그 안락이 씨 뿌리고 곡식 거두는 고된 노동에서 말미암은 것임을 알고, 따라서 백성이 고된 노동으로 살아가는 형편임을 안다. 나는 부모가 씨를 뿌리고 곡식을 거두며 성실히 일하는데도 그 아들들은 그 고된 노동을 알지 못한 채 안락에 취하고 속된 말을 입에 담고 방종에 빠지는 모습을 자주 보았다."[32] 성왕은 화베이평야에 대한 지배력을 강화하고 중국 중부의 평지로도 진군했다. 성왕 이래 주나라는 강건한 왕들이 다스렸다. 주나라의 새 수도 성주(낙양)는 완벽한 직사각형 땅을 높은 성벽으로 에워쌌으며 성곽 각 면에 단단히 방비한 출입문을 세 개씩 두었다.

『예기禮記』는 주나라가 왕국의 통합을 유지하기 위해서 운영한 제도를 상세히 보여 준다. 지방의 제후국은 공公·후侯·백伯·자子·남男 다섯 계급으로 나뉘었다. 왕실에는 각부 대신이 있는 한편, 각 지방에도 정부가 있었다. 하지만 최종 결정권은 왕에게 있었다. 왕은 5년에 한 번 장기 순찰에 나섰고 제후諸侯를 정기적으로 궁으로 소환했다. "제후는 다음과 같이 대우한다. 그들의 방문을 정성껏 준비하고, 소정의 선물로 환영하고, 아낌없이 대접한 뒤 환송한다."[33] 주나라 왕실은 제후를 관리하기 위해 사마司馬와 사도司徒를 두었다. 제후를 초대하는 예식은 세 명의 감사관과 사공司空, 이 총괄했다.

주나라는 외국과의 교역을 장려했다. 국경에 시장이 형성되었고 『예기』는 변경의 관문을 적당히만 단속하라고 권고했다. "상인과 외인이 도처에서 몰려오고 저 먼 땅에서도 찾아오니 부족한 자원이 없었다."[34] 주나라는 사절과 통역관을 파견하여 국외 교역을 장려했다. 성왕은 계속해서 외교에 투자하라고 지시했다. "먼 곳 사람은 말을 잘 듣게 하고, 가까운 곳 사람은 일을 잘하게 하라. 평화를 지키면서 크고 작은 여러 나라에 힘을 북돋우라."[35] 성왕처럼 평화를 추구하는 군주를 '평안의 왕寧王, 영왕'이라고 했다. 『서경書經』에도 전쟁에 관한 규칙이 적혀 있으니, 소를 훔쳐선 안 되고 담을 뛰어넘어선 안 되고 군대 내 여성 인력을 유혹해서는 안 되었다.[36]

주나라는 전차에 궁수를 배치하는 등 전쟁 기술도 혁신했다.[37] 주나라의 주적은 산둥반도의 본거지에서 저항을 이어 간 동이, 오르도스의 험윤(흉노), 지금의 산시성에 위치한 귀방, 양쯔강 중류의 초나라였다. 주나라는 적을 우스꽝스럽게 묘사했다. "동쪽 부족(동이)은 머리를 풀어 헤치고 몸에 문신을 했다. 개중에는 고기를 요리하지 않고 생으로 먹는 자들도 있었다."[38]

청동 그릇의 명문에는 이 시대에 사람들이 얼마나 맹렬히 싸웠는지가 묘사되어 있다. 서기전 1000년경 주나라 강왕은 귀방에 두 번 진격했고 동이에 8군을 파견했다. 어떤 솥에 적힌 내용을 보면 979년 강왕의 장군은 승리를 거두고 수도에 입성하면서 족쇄를 채운 족장 둘과 482점의 전리품, 남자 1만 3,081명, 전차 30대, 소 355마리와 양 38마리를 데려왔다.[39] 그러나 이 전승 행렬 직후부터 주나라는 연패의 나락에 빠졌다. 970년경 소왕은 초나라를 공격했다. 당시 초나라는 강력한 연합을 구성하여 거의 주나라 크기에 해당하는 땅을 지배하고 있었다. 주나라는 한때 초나라 사람을 조정 대신으로 발탁했으나 점차 그들의 오만함에 반감을 느끼게 되었던 듯하다. 또 청동기 제작에 필요한 광물이 초나라에 많이 매장되어 있었던 것도 충돌의 원인이었을 것이다. 이 갈등은 주와 초 사이를 완충하던 부족 중 하나가 공격이 시작되었다며 주나라에 도움을 요청하면서 마침내 전쟁으로 표면화되었다. 소왕은 처참하게 패배했다. "하늘에 혜성이 나타났다. … 하늘이 칠흑처럼 어두워지고 꿩과 토끼 들이 잔뜩 겁을 먹었다. 6군이 한수漢水에 침몰했고 왕께서 돌아가셨다."[40]

956년에 소왕의 뒤를 이은 목왕은 먼저 행정 개혁에 힘쓰고 인재 등용 체제를 마련했다. 그러다 어떤 이유에선가 험윤과 동이를 공격하기 시작했다. 기록에 따르면 이미 조공을 바치고 있는 두 나라를 적으로 돌리는 것에 대해 반대 의견이 있었다. 목왕은 전쟁에서 승리했지만 이후 험윤과 동이는 다시는 조공을 바치지 않았다. 그 뒤로 60년간 주나라는 단 두 번 큰 전쟁을 일으켰다. 예식용 청동 그릇의 명문에 따르면 6군이 출정하여 수천 마리의 말을 잡아 왔다. 전쟁 포로 몇 사람은 선왕들에게 제물로 바쳐졌다. 그러나 주나라의 조신과 백성은 이런 전쟁에, 그리고 갈수록 무거워지는 세금에 점점 신물을 느꼈다. 한 청동 그릇에는 이런 시가 적혀 있다.

갈퀴나물을 뜯자, 갈퀴나물을 뜯자.
갈퀴나물이 다시 자라고 있으니.
우리 언제 돌아가나? 우리는 언제 돌아가나?
내년 늦게나 돌아가겠지.
험윤 탓에
아내와 남편이 이별하고
험윤 탓에
편히 쉴 겨를이 없네.[41]


9세기에는 주나라에 맞선 동맹이 결성되면서 상황이 점점 더 악화되었다. 급기야 초나라는 동부 국가 36개국을 연합하여 주나라를 공격했다.[42] 그때 이후의 주나라의 연대기에는 전쟁 패배, 이민족 침략, 과도한 세금 징수로 인한 농민 반란에 관한 기록이 지루하게 이어진다. "윗사람과 아랫사람은 저들끼리 우쭐거렸고 일반 백성은 고집과 불평이 늘었다. 그리하여 왕실은 힘을 잃어 갔고 시인들은 풍자시를 지었다."[43] 왕의 권위와 사회질서는 828년 선왕이 즉위한 뒤에야 회복되었다. 이윽고 그는 외부의 위협에 주목했다. 한 청동 그릇의 명문에 따르면 "다섯째 해 셋째 달하현달이 기운 뒤였다. 왕은 먼저 토욕에서 험윤을 공격하고자 했다. 왕을 따라온 혜갑이 적들의 목을 자르고 포로에게 족쇄를 채웠다. … 왕은 혜갑에게 말 네 필과 전차를 하사했다."[44] 선왕은 제, 노 등 약소국의 왕위 계승 싸움에도 간섭했고, 조공을 바치지 않는 화이를 정벌했다. "화이는 우리에게 조공하던 나라이다. 그들은 조공과 세금과 인력과 물건을 우리에게 바칠 의무가 있다. 명령에 순종하지 않을 때는 군사를 보내어 쳐야 한다."[45]

780년, 유왕이 즉위했다. 징조는 좋지 않았다. 즉위식 직전에 수도에 큰 지진이 일었다. 예언자들은 왕조의 멸망이 다가왔음을 알렸다. 연대기에 따르면 유왕이 자식을 낳은 왕비를 폐위하자 왕비의 부친인 신후가 험윤과 손을 잡았다. 얼마 지나지 않아 유왕은 살해당했고 이민족이 수도를 침탈했다. 771년의 일이었다. 주나라의 천명은 거센 도전에 부딪혔다.

그 후 몇십 년간 주나라는 낙양을 수도로 삼았다. 제후들은 하나둘 왕에게 등을 돌렸다. 주나라는 이름만 남아 있었지 통합의 이상은 극심한 무질서 앞에 힘을 잃었다. 이후 화베이평야는 500년 넘게 여러 국가가 치열하게 경쟁하고 전쟁하는 무대가 되었으니, 이때를 춘추(771~476)·전국(476~221)시대라고 한다.

주나라 시대는 동아시아에 중요한 신기술이 확산된 때와 일치한다. 청동기 제작 기술과 함께, 마른 땅에 씨를 뿌린 뒤 물을 댄 논에 모를 옮겨 심는 농법(중국에서는 이미 수백 년 전부터 행해지고 있었다)이 한반도, 일본, 동남아시아에 점진적으로 보급되고 있었다.

이 시기 한반도에서는 고조선이 힘을 키우고 있었다. 처음에는 작은 지역 집단이 여기저기 흩어져 있었지만, 하나의 왕국으로 통합되면서 세력권도 점차 넓어져 갔다. 당시 고조선이 어떤 나라였는지는 사료가 남아 있지 않아 정확히 알 수 없지만, 일찍이 중국 고대국가들과 교류하며 성장한 것으로 보인다. 서기전 7세기경에는 제나라와 교역했다는 기록이 남아 있다.[46] 건국신화에 따르면 한반도의 정치체는 서기전 2333년에 건국된 고조선에서 시작되었다. 청동기 문화를 기반으로 했던 이 왕국에서는 비파형 동검과 고인돌 등의 유물이 출토되었다. 한반도와 함께 중국의 영향력이 가장 먼저 미친 지역은 베트남 북부였다. 홍방 왕국은 중국과 활발히 교역했고 8세기부터 청동기를 제작했다. 그 밖의 동아시아 대부분 지역은 수백 년간 석기시대에 머물렀다. 일정 규모 이상의 도시는 5세기부터야 나타났다. 그사이 인도에서는 부족과 소왕국이 서로 끝없이 싸우고 있었다. 그러나 인도-갠지스 평원의 인구는 점점 더 늘었다. 교역이 발전했고 촌락이 모여 도시를 이루었다. 국가다운 국가는 6세기에야 수립되었다. 이때 나타난 일군의 왕국을 마하자나파다스Mahajanapadas(큰 나라들)라고 한다.

아시리아와 이집트가 서아시아의 평야에서 군사력을 행사한 것과 똑같이 주나라는 전차와 대군으로 화베이평야를 지배했다. 주나라는 수백 만 농부의 생산물에서 이익을 취했고 이 경제력을 바탕으로 다시 영토 확장 전쟁을 벌였다. 서아시아 지역과 마찬가지로 중국에서도 비교적 작은 나라들은 대국에 맞서 동맹을 체결하거나(이른바 '균형 전략') 아니면 가장 강한 나라에 협력하는 방식(이른바 '편승 전략')으로 대응했다. 주나라 왕조는 자신들이 하늘의 명령에 따라 조화를 유지한다는 이론을 구상했지만, 적의 잘린 머리통을 과시하는 모습은 아시리아 지배층 못지않게 야만스러웠다. 그러나 화베이평야는 아직 아시아 나머지 지역과 연결되지 않았다. 이 지역의 자연 장벽은 교역과 기술 전파를 완전히 차단하지는 않았던 듯하나 주나라가 동남아시아와 남아시아, 중앙아시아, 한반도 등 인근 지역을 마음껏 침략하지 못하게 하는 역할은 충분히 했다.

## 올메카 문명

이번 장을 충실하게 마무리하기 위해 또 다른 열대 지역에 들어섰던 문명을 간략하게 설명하고자 한다. 중앙아메리카의 멕시코만에는 아메리카 대륙 역사의 맨 앞에 속하는 중요한 문화가 나타났다. 올메카 문명이 그것이다. 그 밖에도 서반구에는 오늘날의 페루에 속했던 차빈 문화 등 여러 사회가 있었지만 정치체의 규모는 여전히 아주 작았다. 남북아메리카의 다른 모든 지역은 여전히 수렵인이나 수렵 채집인의 삶터였다.

빽빽한 정글, 무더운 기후, 폭우, 재규어 같은 위험한 동물로 대표되는 중앙아메리카는 인간이 정착하기에 까다로운 환경이었다. 올메카 문명이 번창할 수 있었던 것은 그들이 대규모 관개 시설을 이용하여 자연을 다스리는 법을 알았기 때문이기도 하지만, 무엇보다도 자연의 변덕에 적응하면서 특수한 환경조건에 맞게 농사를 지을 줄 알았기 때문이다. 강기슭의 좁은 초지에 작물을 키우는 경우가 있었는가 하면, 숲을 태운 화전을 경작하다가 표면의 얇은 비옥토 층이 소진되면 자리를 옮기는 경우도 있었다. 농경과 함께 채집도 이루어져, 숲에서 과실과 고기를 얻고 강과 바다에서 물고기와 조개를 잡았다. 가축으로 길들인 개도 단백질 공급원이었다. 서기전 1000년경 올메카의 농부들은 콩과 감자, 옥수수를 생산했으며 농업 발전을 바탕으로 인구가 꾸준히 증가했다. 그로부터 수공업이 분화하기 시작했고 교역이 점점 활발해졌다.

그 많은 노동력이 위신을 높이는 비범한 유물을 제작하는 수공업에 투입된 것을 보면 올메카의 농업은 꽤 많은 잉여를 생산했던 듯하다. 나무로 지었던 이들의 오두막과 주거 시설은 이미 오래전에 숲에 잠식되었겠지만, 고고학자들은 이곳에서 거석으로 조각한 왕 또는 신의 머리를 다수 발굴했다. 개중에는 20톤이 넘는 것도 있었다. 또 라벤타에서는 피라미드 유적과 거대한 기둥, 모자이크로 덮은 바닥이 발견되었다. 올메카 최초의 수도는 산로렌초였으나 900년경에는 라벤타가 수도였다. 두 도시 모두 인구가 2만 명이 넘지 않았다. 올메카의 수도는 주로 종교적 중심지로 기능했고 아마 왕궁도 그곳에 있었을 것이다.[47] 두 도시는 수많은 소규모 농업 정착지를 지배했다. 산로렌초는 흑요석 교역을 독점했고, 라벤타는 옥 등 사치재가 오가는 중요한 교역 중심지가 되었다. 라벤타와 산로렌초는 다수의 작은 촌락으로 구성된 연합체의 경제적·정치적·종교적 중심지였다고 보는 것이 가장 옳을 것이다.

올메카의 도시국가들은 교역을 장악한 덕분에 권력을 확장할 수 있었음이 분명하지만, 그들이 어떤 방식으로 국제 관계를 지휘했는지는 알 수 없다. 숲이 빽빽하고 우기가 긴 환경에서는 군사력을 행사하기가 극히 어려웠을 것이다. 게다가 올메카에는 말이 없었으므로 병사가 도보로 이동해야만 했다. 이런 여러 요소를 고려한 결과, 학자들은 올메카 문명이 동반구 문명에서만큼 병력을 자주 동원하지는 않았을 것으로 추측한다. 이렇게 보면 도시를 둘러싼 성채가 발견되지 않는 것도 설명이 된다. 유라시아 대륙의 성시와 달리 라벤타는 기본적으로 열린 도시였다. 추측건대 중앙의 석조건물 주위로 목조건물이 둘러서 있고 그 주변은 점차 숲과 섞여 들었을 것이다. 이 유적에서는 외국인을 묘사한 것으로 보이는 조각도 발견되었는데, 여기에 힘의 열위는 발견되지 않는다. 그들은 왕 앞에 굴욕적으로 부복하지도 않고 전쟁 포로도 아니다.[48] 어떤 부조에는 외교가 혹은 사절이 깃발을 들고 당당히 서 있다. 또 어떤 조각은 가장 중요한 인물 주변에 외국인을 전혀 위축되지 않은 모습으로 배치했다.[49]

어린아이 또는 아이를 안은 사람을 묘사한 조각이 발견되긴 해도 올메카의 미술은 주로 남성적인 힘을 주제로 삼았다. 화난 표정의 거대한 머리통은 분명 사람들에게 겁을 주는 효과를 냈을 것이다. 왕은 지팡이를 무기처럼 든 당당한 모습으로 형상화되었다. 올메카 미술에서는 전쟁이 이집트나 아시리아 미술에서만큼 흔한 주제는 아니었지만, 이곳에서도 전사와 쓰러진 적의 모습을 새긴 조각들이 발견된다. 9세기 이후 영토가 한참 팽창하던 시기의 흔적으로는 그 특별한 거석 두상과 기념물이 널리 발견되는 동시에, 불로 굳힌 나무 창, 흑요석 창끝, 무거운 물체를 옮기는 돌판도 출토되었다.[50] 흥미롭게도 올메카 문명의 팽창기는 오늘날까지도 이 지역을 대표하는 먹거리가 처음 나타난 때와 일치한다. 토르티야가 그것이다. 학자들은 그처럼 습한 환경에서 긴 거리를 이동할 때 편하게 들고 다닐 수 있었던 최초의 음식이 바로 토르티야였다고 설명한다. 이로부터 우리는 이 문명의 대외 관계에서 전쟁이 그렇게 핵심적인 수단은 아니었을지 몰라도 분명 불가결한 일부였음을 짐작할 수 있다.

## 전쟁으로 단련된 세계

서기전 1000년 이전과 마찬가지로 그 이후인 철기시대 초기에도 세계 경제의 중심지이자 세계 정치권력의 중심지는 여전히 나일강 유역, 메소포타미아, 화베이평야였다. 즉 이 책이 탐구하는 역사의 첫 층위인 권력 분포에 아직 별다른 변화는 없었다. 주요 정치체제 또한 여전히 도시국가였다. 암흑시대 이후 곳곳에 새로운 도시국가가 형성되었다. 그중 일부는 다른 많은 도시국가를 정복하고 지배하여 제국으로 발전했다. 아시리아와 주나라가 그 예이다. 제국의 주변부(화베이평야의 주변 강 유역들, 아시리아 인근의 리비아, 레반트, 지중해 나머지 연안, 누비아, 아나톨리아, 자그로스산맥)에는 여전히 작은 도시국가가 산재했다.

이 시대에도 이상향은 물이 풍부한 들판이었다. 사람들은 곡식이 금빛으로 익어 가고 과실이 가득 맺히고 건강한 소 떼가 노니는 낙원을 꿈꾸었다. 국경 너머는 신도 법도 없는 땅이었다. 이를 아시리아인은 '망가진 우주'라고 불렀고, 이집트인은 혼돈의 힘인 이스페트로 형상화했으며, 주나라는 날고기를 먹고 몸에 문신을 한 야만인에 대해 기록했다. 황제의 임무는 주변부에 맞서 나라를 보호하는 것이었다. 이 점은 작은 나라의 왕도 마찬가지였다. 그리스 시인 호메로스는 싸우는 왕을 이상적인 왕으로 그렸다. 스파르타의 리쿠르고스는 나라 안의 모든 남자에게 싸우는 법을 익히게 했다. 구약성경은 사울과 다윗, 솔로몬을 왕국을 철저히 지킨 왕으로 칭송했다.

그러나 방어와 공격이 늘 그렇게 분명하게 구분되지는 않았고, 과거와 마찬가지로 그 불분명함이 전쟁의 주요 원인 중 하나였다. 예컨대 아다드니라리 2세는 아람이 먼저 그의 영토를 침범했기 때문에 아람을 공격했다. 그러나 이 방어전에서 승리한 후 아시리아는 레반트 지역의 다른 왕국에도 손을 뻗기 시작했다. 이와 똑같이, 이집트에 시나이사막은 일차적으로 안보를 위해 장악해야 하는 지역이었지만 이 다리만 확보하면 레반트가 손 닿는 곳에 있었다. 과거와 마찬가지로 안보란 제국의 수도를 보호하기 위해 다른 도시들을 예속시켜야 함을 뜻했다. 그래서 아시리아가 바빌론과 맞붙게 된 것이고, 주나라가 초나라 수도를 공격한 것이다. 특히 주나라 지배층은 '평화를 지킨다'는 명목을 내세우며 가차 없이 약소국을 흡수했다. 먼저 정복하지 않으면 정복당하는 세계였다. 더불어 전쟁 기술이 발전하고 있었다. 궁기병을 배치한 대규모 전차 부대 등으로 기동성이 높아졌고, 올메카군의 식량으로서 전투력 강화에 일조한 토르티야처럼 보다 일상적인 분야의 혁신도 전쟁 수행을 뒷받침했다.

교역 또한 여전히 전쟁의 한 원인이었다. 이 시대에 교역이 증가했고 교역로를 통해 문화적 교류가 점점 활성화되었음을 보여 주는 증거는 서반구와 동반구 양쪽에서 숱하게 발견된다. 그러나 그 주된 목표는 자유로운 교역이 아니라 교역 통제였다. 주나라의 사료에서는 변경의 관문에 과도한 세금을 물리지 말라는 권고가 발견되지만, 왕들은 전략적 자원의 공급을 장악하는 데 물러섬이 없었다. 이스라엘의 솔로몬은 홍해 지역과의 교역을 독점하고자 했다. 아시리아, 이집트, 그리스 도시국가 모두가 페니키아의 교역망을 접수하려고 했다. 올메카는 흑요석, 옥 등의 천연자원이 풍부한 영토를 획득하기 위해 진군했다.

국력이 강할 때는 정복지를 늘릴 수 있지만, 국력이 약해지면 정복지로 전락할 수 있었다. 험윤은 주나라가 가혹한 과세와 부패에 신음하던 때를 놓치지 않고 주나라를 공격했다. 이집트의 왕위 계승 분쟁은 누비아의 침략을 촉발했다. 아시리아에 역병이 돌고 질서가 붕괴되자 속국들이 반란을 일으켰는데, 결과적으로 그 누구도 제국의 수도를 무너뜨리지는 못했다. 약소국은 저들끼리도 싸웠고 그 과정에서 흔히 강대국의 개입을 요청했다. 성경에 등장하는 레반트의 여러 왕국이 그런 경우였다.

물론 외교라는 수단도 쓰였다. 그러나 외교의 목적은 어디까지나 자국의 안보와 위상과 권력을 유지하는 것이었지 평화를 유지하는 것이 아니었다. 강대국은 외교를 이용하여 약소국에 조공을 강제했다. 국경 협정이 어느 정도의 영토 주권을 보장한 것은 사실이다. 고대국가들은 동맹을 강화하기 위해 공주를 교환했고, 신을 증인 삼아 조약의 내용과 위반 시의 저주를 승인했다. 그러나 훌륭한 왕은 모름지기 늘 전쟁을 준비해야 했다. 세계 어느 지역에서나 평화라는 이상은 전쟁으로 단련된 사회라는 이상과 팽팽한 균형을 이루었다.

# 페르시아의 권력 재편

## 서기전 750~500년

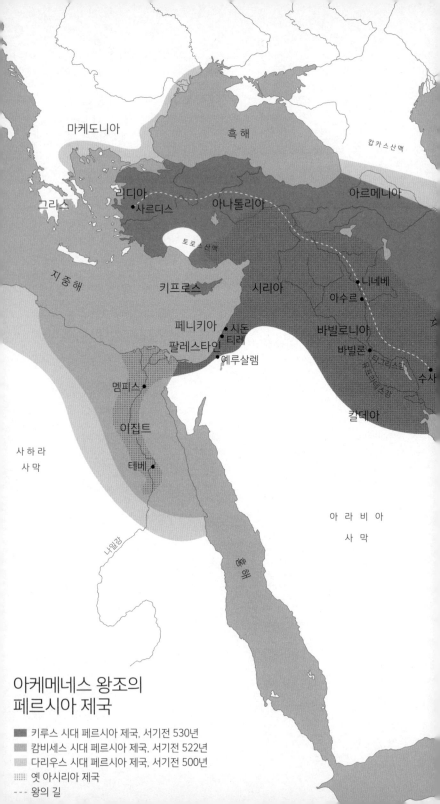

마케도니아

흑 해

캅카스 산맥

리디아

아르메니아

그리스

사르디스

아나톨리아

토로스 산맥

지 중 해

키프로스

시리아

니네베

아수르

페니키아

시돈
티레

바빌로니아

팔레스타인

예루살렘

바빌론

수사

멤피스

티그리스 강

유프라테스 강

칼데아

이집트

사 하 라
사 막

테베

아 라 비 아

사 막

나일강

홍해

# 아케메네스 왕조의
# 페르시아 제국

■ 키루스 시대 페르시아 제국, 서기전 530년
▨ 캄비세스 시대 페르시아 제국, 서기전 522년
░ 다리우스 시대 페르시아 제국, 서기전 500년
⠿ 옛 아시리아 제국
--- 왕의 길

아랄해

소그디아나

박트리아

크 괄

디아

파르티아

시아

쿠
나
헌

산
맥

•페르세폴리스

산 맥

게드로시아

인더스강

인도

르시아만

아 라 비 아 해

| 0 | 250 | 500 km |

| 0 | 200 | 400 miles |

서기전 650년, 한 왕국의 왕자가 아시리아 제국의 새 수도 니네베에 입성했다. 그의 이름은 아루쿠. 자그로스산맥 깊숙이 자리한 고원에서 왔다. 그 몇 년 전, 이웃한 더 강한 왕국 엘람이 아시리아에 쓰러졌다. 후에 아시리아 왕 아슈르바니팔은 이렇게 썼다. "아슈르, 벨, 나부와 위대한 신들의 도움으로 내가 엘람에서 거둔 위대한 승리의 소식을 듣고, 파르수마슈의 왕 쿠라슈가 조공과 함께 제 맏아들 아루쿠를 나의 도시 니네베에 볼모로 보내고 나를 주군으로 삼기를 청했다."[I] 그때 아시리아의 왕궁에 있던 어느 누구도 겨우 몇천 명이 사는 그 작은 나라가 그로부터 100년 만에 아시리아보다 훨씬 더 큰 제국을 이루리라고는 짐작하지 못했을 것이다. 이번 장은 이 놀라운 권력 재편 사건으로 시작한다. 우리는 아시리아가 전성기에 도달하고, 주변 나라들이 이 제국의 쇠퇴를 이용하고, 그중 하나인 아케메네스조 페르시아가 새 제국의 기틀을 닦은 과정을 살필 것이다.

　750~500년, 세계 인구는 꾸준히 늘었다. 철제 보습, 물레방아 등의 신기술이 동반구 전역에 확산되었다. 도시화가 본격적으로 이루어지면서 동반구 여기저기에 도시가 속속 들어섰다. 인구

가 2만 명을 넘는 곳은 드물었으나 그 정도면 수공업을 전문화하기에 충분했다. 따라서 이집트와 메소포타미아, 레반트가 이미 수백 년 전에 경험한 과정이 새 도시들에서도 진행되었다. 밀, 올리브, 쌀의 잉여생산물이 사치재, 목재, 금속과 교환되었다. 잉여가 늘고 교역이 활발해지자 문자와 주화가 도입되었고 그로부터 교역이 한층 더 발전했다.

제국 권력이 지배한 메소포타미아 외 모든 곳에는 무질서가 우세했다. 가령 지중해, 남아시아, 화베이평야에서는 마을에서 도시로 발전한 사회가 서로 격렬하게 충돌했다. 그리스에서는 도시국가끼리 싸웠고 로마는 그 이웃들과 싸웠고 레반트 소왕국은 전과 다름없이 서로 싸웠다. 인도에서는 '마하자나파다스'라고 불린 여러 나라가 각축했다. 이 시기 중국의 무질서에는 '봄과 가을의 시대'(춘추시대)라는 시적인 이름이 붙었다. 그러나 이 시기의 가장 중요한 사건은 아시리아 제국의 몰락, 그리고 아케메네스조 페르시아의 부상이었다.

## 아시리아의 전성기

아시리아는 혼란 속에서 8세기를 맞이했다. 제국 내 도시들에서 반란이 일어났고 약소국들이 조공 의무를 거부했다. 745년, 이 분란을 끝내고자 한 장군이 쿠데타를 일으켰다. 그는 스스로를 티글라트필레세르 3세(745~727)라 칭하고 왕좌에 올랐다. 그는 아시리아의 가장 심각한 문제부터 해결하고자 했다. 과거의 점령지가 이제는 지나치게 무거운 짐이 되어 있었다. 새 왕의 해법은 다시 한번 정복에서 이익을 취하는 것이었다. 티글라트필레세르 3세는 피정복민을 직접 통치하는 체제를 확립하고 그들에게 조공과 군역의 의무를 부과했다. 제국의 여러 다른 지역에서 온 병사들을 한 부대로 편성하고 군복도 통일했다. 군의 중심에는 아시리아인 정예 상비군을 두었다. 반란을 예방하기 위해 행정구역은 소규모로만 편제했다. 총독 자리에는 거세하여 왕실에 대한 충성을 확보한 관리를 임명했다. 환관은 가문을 이루어 왕조를 세울 수 없기 때문이었다. 더욱이 총독은 자주 교체되었으며 이웃 속주의 사정을 왕실에 보고해야 했다. 조사관, 밀정, 조신으로 이루어진 감시망도 따로 가동되었다.

그렇게 해서 아시리아는 유례없는 약탈적인 경제체제를 구축했다. 영토 확장은 국방 활동이기만 한 것이 아니라 제국의 부와 권력과 군사력을 강화하는 사업이었다. 티글라트필레세르 시대에 아시리아의 병력은 4만 4,000명에서 7만 2,000명으로 늘었다. 센나케리브(705~681) 때는 20만 8,000명으로 증가했고, 아슈르바니팔(668~627)은 30만 명 이상의 군사를 보유했다. 제국 중심부의 인구가 수백만 명 단위였다는 사실을 고려하면 실로 대단한 병력이었다. 또한 이로부터 짐작할 수 있듯 아시리아의 부흥에는 강력한 왕이 5대 연속으로 재위했다는 사실이 중요하게 작용했다. 아시리아는 다시 한번 거침없이 서아시아를 누볐다. 티글라트필레세르는 불과 20년 사이에 키프로스와 레반트 전역, 북으로는 프리기아, 우라르투, 킴메르, 동으로는 페르시아, 메디아, 엘람, 그리고 메소포타미아의 지배자라면 누구나 가장 탐내는 전리품, 바빌론까지 제압했다.

이처럼 빠른 팽창은 당시의 권력균형이 아시리아 쪽으로 완전히 기울었음을 뜻하는 동시에 주변 국가 대다수가 규모가 작았고 그마저 흔히 분열되었다는 사실과도 관계있다. 예컨대 723년 경 유다 왕은 이스라엘과 아람의 동맹에 위협을 느끼고 아시리아에 중재를 요청했다. 그런데 사태가 채 진정되기도 전에 또 한 나라가 끼어들었다. 이집트의 오소르콘 4세는 레반트 지역의 혼란을 이용하고자 유다인의 반란을 지원하는 동시에 아시리아에는 친선의 표시로 말 열두 마리를 보내는 약삭빠른 왕이었다. 720년, 아시리아는 밀정을 통해 킴메르족이 흑해 연안의 본거지를 떠나 소아시아 도시국가의 영토를 잠식하기 시작했다는 보고를 받았다. 이 움직임에 맞서 우라르투와 프리기아가 동맹을 맺고 아시리아에 조력을 요청했다. 그러나 아시리아는 도리어 킴메르족과 손잡고 우라르투를 공격했다. 아시리아와 킴메르 모두 캅카스산맥의 교역로를 두고 우라르투와 경쟁하던 참이었기 때문이다.

센나케리브는 즉위한 그해 705년에 다시 레반트에 군사를 보냈다. 구약성경은 예언했다. "나 여호와가 아시리아 황제와 그의 모든 군대를 보내 예루살렘을 치게 하겠다. 그들은 유프라테스강의 홍수처럼 밀어닥쳐 유다 전역을 완전히 휩쓸어 버릴 것이다. … 전쟁으로 소란을 피울 테면 피워 봐라."[2] 700년, 센나케리브는 엘람, 칼데아, 바빌론을 이기고 바빌론의 왕좌에 제 아들을 앉혔다. 8년 후, 정복당한 민족들이 반란을 일으켰다. 이제 칼데아는 엘람, 페르시아, 자그로스산맥의 여러 왕국과 함께 전보다 더 거대한 동맹을 형성하고 있었다. 센나케리브는 691년 할룰레 전투에서 그들과 맞붙었고, 기록에 따르면 무려 15만 명의 적군을 죽였다.[3] 바빌론이 불길에 휩싸였다.

센나케리브는 그로부터 10년이 지나지 않아 파라오 타하르카를 치러 이집트로 향했다. 타하르카는 누비아계 왕조의 왕이었다. 아시리아가 보기에 타하르카는 레반트를 자꾸 들쑤시는 골칫덩이였다. 아시리아군은 대도시 멤피스를 약탈하긴 했으나 파라오를 잡아들이진 못했고, 핵심 병력이 철수하고 몇 달 뒤 이집트에서 반란이 일어났다. 센나케리브는 레반트에서도 티레의 "왕이 모든 선박 교역을 징악하려고 한다"는 보고를 받고, 티레 대신 아시리아 내 도시를 교역 거점으로 정했다.[4] 이때 아시리아 앞에 그 어느 때보다 위협적인 적이 나타났다. 678년 메디아족, 킴메르족, 만네아족이 무대에 새로 등장한 스키타이족과 함께 맺은 반아시리아 동맹이었다. 하지만 676년, 동맹의 공격이 실패로 끝나자 스키타이 왕은 기회주의적으로 편을 바꾸어 딸을 아시리아 왕과 결혼시켰다.

당시 아시리아 기록에 따르면 국경 안쪽은 잠잠했다. "궁문은 평소와 다름없었다. 왕국은 언제나처럼 평화로웠다."[5] 경제도 발전했다. 센나케리브는 수도를 님루드에서 니네베로 옮겼고, 새 수도의 인구는 15만 명까지 증가했다. 니네베는 육중한 벽, 망루, 넓은 광장, 식물원과 동물원, 수로, 수공업장과 조선업장, 그리고 무엇보다도 새로 지은 궁전 두 채를 갖춘 화려한 도시였다.[6] 구약성경은 전한다. "니네베에는 없는 것이 없다. 셀 수 없이 값진 것들이 쌓여 있다."[7] 694년, 센나케리브는 "그 어느 곳도 필적할 수 없는 궁전"을 완공했다.[8] 날개 달린 수소가 출입문을 지켰고 벽에는 승전 장면이 정교하게 조각되어 있었다. 그의 손자 아슈르바니팔은 그보다 더 큰 궁전을 짓기로 했다. 그곳의 도서관은 『길가메시 서사시』 등 제국 전역의 문학적 유산 및 천문학, 의학, 외교학 서적을 소장했다. '메소포타미아 르네상스'라 할 만한 이 업적은 후에 프톨레마이오스 1세가 알렉산드리아 도서관을 짓는 데 영향을 미친다. 고고학자들은 이곳에서 크리스털 렌즈와 복잡한 수력 장치를 이용한 과학 활동의 증거도 찾아냈다. 영국박물관에 가면 아슈르바니팔의 궁전을 장식했던, 사자 사냥 장면을 묘사한 섬세하면서도 사실적인 부조를 감상할 수 있다.[9] 이 유물은 어느 기준에서 봐도 미술사의 한 사건이다. 왕과 왕비가 포도나무와 야자나무, 새가 있는 정원에서 한가롭게 쉬는 장면은 극적인 성격은 덜할지 몰라도 깊은 상징성을 내포하고 있으니, 구석의 나뭇가지에 적의 머리가 대롱대롱 매달려 있다.[10]

668년에 즉위한 아슈르바니팔은 부친의 이집트 정복 사업을 완수하기로 작정하고 이집트를 순식간에 꼭두각시 국가로 내려앉혔다. 2년 후에는 메디아, 페르시아, 파르티아를 제압했다. 스키타이와 킴메르는 저들끼리 맞붙이는 전략으로 저지했다. 그러나 650년경 아시리아는 일련의 사건 속에서 쇠퇴기에 접어들고 있었다. 인구 증가로 인해 이미 농업 자원이 부족해진 서아시아에 심각한 가뭄이 겹쳤다. 남아 있는 기도문을 보면 아슈르바니팔은 신에게 식량 인플레이션을 해결해 달라고 요청했다. 그러는 사이 이집트와 바빌론은 점점 더 거세게 저항했다. 이 무렵 아람, 엘람, 메디아, 이집트, 아랍 부족들이 거대한 동맹을 맺었다. 아슈르바니팔의 친형제인 바빌론 왕까지 이 동맹에 은밀히 가담했다. "그는 겉으로는 우애로운 말을 늘어놓으면서 안으로는 살상을 계획했다."[11]

아슈르바니팔은 이번 위협도 막아 냈으나 그가 죽은 627년에 아시리아 전역이 혼란에 빠졌다. 이듬해에는 바빌론이 스키타이와 메디아의 지원하에 반란을 일으켰다. 메디아의 유능한 왕 키악사레스는 권력 공백을 틈타 자그로스산맥에 자리한 왕국 대부분을 정복했고 바빌론과는 결혼 동맹을 체결했다. 이 동맹은 612년에 니네베를 파괴했다. 605년에는 카르케미시 전투에서 아시리아와 이집트의 연합군을 격퇴했다. 그리고 585년에는 할리스 전투에서 아나톨리아의 부유한 왕국 리디아를 제압했다. 이 연이은 승리의 최대 수혜자는 메디아로, 이제 메소포타미아 동부는 메디아 제국의 땅이었다.

그러나 메디아는 그보다 훨씬 더 막강한 제국의 도약대 역할을 했다. 우리는 페르시아가 메디아를 제압한 과정을 정확히는 알 수 없지만, 자그로스산맥에 위치한 페르시아의 본거지는 메디아 땅의 동쪽 주변부가 내려다보이는 천연의 성채였다.[12] 이 고원은 여러 면에서 유리했다. 농사지을 평지가 넓어 인구를 수만 명 규모로 유지할 수 있었고 석회암 벼랑이 자연의 성벽을 형성했으며 강이 흘렀고 기후가 온화했고 여러 교역로와 거리가 가까웠다. 하지만 이처럼 전략적으로 유리한 위치를 빼면 장차 제국이 될 것을 암시하는 강점은 딱히 없는 나라였다. 페르시아의 초기 세 명의 왕은 아시리아의, 뒤이어 메디아의 신하에 불과했다.

그러다 세 번째 왕인 캄비세스 1세(580~559) 때 페르시아의 영향력이 눈에 띄게 커졌다. 그리스 역사가 헤로도토스에 따르면 캄비세스는 리디아 공주와 메디아 공주를 아내로 맞았다. 이 메디아 공주가 낳은 아들 키루스 2세(559~530)가 메디아 쪽 조부에게 도전했다. 그 무렵 메디아는 이미 제국의 분열을 겪고 있었다. 헤로도토스에 따르면 궁정은 음모에 휘말리고 국경에서는 군사 충돌이 발생했다.[13] 553년, 페르시아가 본격적으로 메디아에 맞섰다. 이에 메디아는 군사를 보내 징벌하려 했지만 메디아군은 내부 반란을 겪고 결국 페르시아군에 괴멸당했다. 이 패배는 서아시아 전역에 파장을 일으켰다. 바빌론인은 키루스 2세의 이후 행보를 공포 속에서 지켜보았다. 『나보니두스 연대기<sup>Nabonidus Chronicle</sup>』가 전하기를 위대한 신 "벨께서 나타나지 않으셨고"[14] 페르시아군이 메소포타미아로 쏟아져 들어와 바빌론을 포위했다. 539년, 바빌론에 있던 "모든 사람의 머리통이 잘려 나갔다".[15]

## 페르시아의 권력 승계

새 제국 아케메네스 왕조 페르시아가 탄생했다.[16] 키루스 2세가 이 정도로 득세할 수 있었던 것은 역시 인근 지역의 약세 덕분이었다. 동쪽 고원에 자리한 페르시아의 근거지는 수많은 산악 군소국의 침략에 비교적 안전했다. 반면에 서쪽의 메디아 제국은 병력이 지나치게 분산되었고 사방이 시끄러웠다. 메디아가 힘을 잃자 그때부터 키루스 2세는 이 제국의 자원을 흡수하여 메소포타미아의 도시를 하나하나 정복할 수 있었다. 이런저런 동맹이 페르시아를 막아선 한편, 그리스 역사가 크세노폰의 키루스 전기에 따르면 카두시인, 사카인, 박트리아인, 히르카니아인 등 여러 민족이 페르시아에 협력했다.[17]

페르시아는 여러 왕국으로 분열되어 갈등하던 지역에서 옛 제국의 질서를 회복해 나갔다. 키루스 2세의 군사작전에 관한 많은 기록이 증언하건대 그는 결정적인 순간마다 강력한 리더십을 보여 주었다. 539년, 바빌론의 성벽을 무너뜨리는 데 실패한 키루스는 유프라테스강의 물줄기를 다른 데로 돌려 수위를 낮춘 뒤 강바닥을 걸어서 도시로 입성했다. 546년, 리디아 기병대와 맞선 팀브라 전투에서는 낙타를 풀어 말들을 혼란스럽게 함으로써 적을 무력화했다. 키루스의 군사는 공성탑에서 석유를 채운 폭탄을 발포했고, 공학자를 동원하여 요새를 해체했으며, 발 빠른 기병대를 이용한 기습 공격을 실험했다.

페르시아의 팽창은 넓은 도량으로 설명되는 면도 있다. 키루스는 투항자에게 관대한 편이었다. 예컨대 그는 메디아 왕의 목숨을 살려 주었다. 바빌론에서 발견된 점토 원통의 명문에 따르면 피정복민에게 토착 신을 계속 섬길 수 있게 허락했다. 그러나 그에겐 잔인한 면도 분명 있었다. 리디아 왕이 페르시아의 신하로서 왕위를 유지하라는 제안을 거부하고 그리스 도시국가에 용병을 요청하자 키루스는 그를 산 채로 불태우라고 명했던 것으로 보이는데, 최후의 순간에 목숨은 살려 주었을 가능성도 있다. 키루스가 사망한 530년에 페르시아는 동서로는 에게해부터 인더스강까지, 남북으로는 캅카스산맥부터 누비아사막까지 지배했다. 리더십과 행운과 도량을 모두 갖춘 지배자가 남긴 유산이었다.

이처럼 거대한 제국을 유지하는 일의 관건은 효율성이었다. 즉 이익은 최대화하고 희생은 최소화해야 했다. 아시리아와 마찬가지로 페르시아는 제국을 효율적으로 통합하는 체제를 마련했다. 키루스 2세가 이렇게 말했다. "내 편에게 부를 허락하면 그들이 내 보물을 더욱 안전하게 지켜 줄 것이다."[18] 속주는 사트라프 Satrap라고 불린 총독이 다스렸다. 다리우스 1세(522~486) 시대에 총독의 수는 36명이었고 그들의 임무는 일정량의 조공을 거두는 것이었다. 정복지의 기존 왕이 총독에 임명되기도 했고, 그런 경우엔 흔히 현지 정치 세력이 그들을 보좌했다. 그들은 제국에 복무하는 대가로 속주 땅 일부를 할당받았고 딸을 페르시아 귀족과 결혼시켰다. 예를 들어 페니키아의 도시국가들은 539년에 함락당

한 뒤 페르시아의 속국이 되었다. 페니키아인은 조공을 바치고 총
독에게 복종하고 전쟁에 선박을 댄다는 조건하에 계속해서 독자
적으로 주화를 발행할 수 있었다. 또 525년에 이집트를 무너뜨린
페르시아는 현지 족장들과 손잡고 그들에게 속주 통치를 맡겼다.

이집트를 정복한 캄비세스 2세(530~522)는 현지 정권의 고위
관리였던 우드야호레스네트를 고문으로 채용했다. 그는 페르시
아인에게 이집트 사람의 마음과 충성을 얻는 방법을 가르쳐 주었
다. 가령 캄비세스는 이집트의 신성한 소가 죽자 그 장례를 주관
했다. 이집트의 한 사원 벽에는 자신을 '질서의 회복자'로 기록했
다. 페르시아 왕들은 제국 전역의 새 시민에게 자애로운 지배자로
보이길 바랐으며 이 목적에서도 종교적 프로파간다가 긴요한 역
할을 했다. 일찍이 키루스 2세는 소아시아 지역에서 전투를 치를
때, 밀레투스 근처 아폴론 신전의 제사장을 매수하여 주민들에게
투항을 호소하게 했다. 또 그가 바빌론에 배포한 '키루스 원통'에
는 바빌론인의 신들이 그들 왕을 버렸고 대신에 키루스를 도시의
해방자로 선택했다는 주장이 새겨져 있었다. 키루스는 바빌론에
억류되어 있던 유대인을 석방했고, 바빌론인이 빼앗았던 그들의
성스러운 금 그릇을 되찾아 주고 예루살렘 대성전의 재건을 명령
했다.

종교적 프로파간다를 독보적으로 잘 구사한 왕은 다리우스
1세였다. 에게해에 진군했을 당시 그는 (그리스인의 성지인) 델로스
섬에 군대를 상륙시키는 대신 그 섬의 수호신인 아폴론의 금조
상을 세우라고 명령했다. 유다에 가서는 그 지역의 법을 성문화
하라고 시켰는데, 학자들은 이 사업이 유대인의 율법 편찬에 기
여한 것으로 본다.[19] 그는 이집트에 가서도 외지인 관리가 참고

할 수 있게 현지 법을 성문화하라고 지시했다. 521년 반란을 진압하기 위해 멤피스에 입성했을 때는 마침 주민들이 신성한 아피스 황소의 죽음을 슬퍼하고 있었다. 다리우스는 새 황소를 가져오는 자에게 막대한 양의 은을 하사하겠다고 약속함으로써 발 빠르게 그 상황을 이용했다. 한 돌기둥에는 매의 형상을 한 신 호루스 앞에 무릎 꿇은 자신의 모습을 새기기까지 했다. 페르시아는 정복지의 신전과 사제를 중요하게 여겼다. 그들은 페르시아의 지배를 정당화해 줄 수 있는 존재였고, 나아가 서아시아라는 농경 사회에서 세금을 징수하고 자원을 비축하는 데 없어서는 안 될 존재였다.

고고학 증거에 따르면 페르시아 제국 전역에 정착지가 늘어났으니, 이는 그 시기에 경제가 발전했음을 의미한다.[20] 도로망과 기발한 전령 조직이 구축되어 오늘날의 파키스탄까지 닿았다. "세상에서 페르시아의 전령보다 빨리 이동하는 것은 없었다."[21] 페르시아는 외국에 주기적으로 선물을 보내는 대가로, 자그로스산맥의 왕들로부터는 양모 등의 재화를 공급받았고 아랍 부족들로부터는 사막의 대상 교역로를 보호받았다. 510년, 다리우스 1세는 나일강과 홍해를 잇는 운하를 건설하고자 새 수도 페르세폴리스에서 건축가 회담을 개최했다. 계획은 성공적으로 완수되었다. 운하 전체에 왕의 모습을 새긴 거대한 돌기둥이 세워졌다. "이집트를 출발한 배가 이 운하를 거쳐 페르시아에 이르게 되었으니 내가 바라던 대로다."[22] 또 다리우스는 나일강에서 출발하여 인도양을 다녀오는 해상 탐험을 조직했고 무게의 기본 단위를 도입했으며, '왕의 길'을 연장했고 프로파간다가 아니라 교역 발전을 위해 주화 사용을 장려했다. 교역이 늘면 곧 세금이 늘었고, 세금은 다시 더 많은 교역을 장악하는 데 쓰였다. 이 모든 사업이 하나의 거대한 관료 체제하에 운영되었다. 페르시아의 행정 기구는 제국 안에서 쓰이는 그 많은 다양한 언어를 다 감당했다. 구약성경이 전하기를, 페르시아의 칙령은 왕의 사트라프와 전 속주의 총독과 제 민족의 관리에게 보내기 위해 "각 지방과 민족의 말"로 번역되었다.[23] 이 모든 위업은 다름 아니라 아케메네스 왕조가 200년 가까이 거의 끊임없이 강력한 왕을 배출했기에 가능한 일이었다.

제국이 수립되고 한 세기가 넘도록 페르시아 안팎에는 경쟁자라 부를 만한 세력이 전혀 없었다. 이 정도로 권력이 집중된 단일국가는 그전 역사에 없었다. 이집트마저 합병한 페르시아는 어림잡아도 세계 농지의 3분의 1, 세계 인구의 4분의 1을 지배했다. 이 광대한 영토에는 무기와 도구를 제작하는 데 필요한 철과 건축 및 선박 건조에 필요한 목재가 풍부했다. 나아가 속주와 총독 체제, 선진적인 운송망, 앞서 말한 변방 사회와의 교류 등 효율적인 통치 기술이 그러한 풍부한 자원의 활용 가능성을 극대화했다.

페르시아는 이집트를 더 강고히 지배했다는 점에서나 레반트 및 남아시아 입구의 교역 국가들을 제국 안으로 더욱 긴밀하게 통합했다는 점에서나 옛 제국 아시리아를 넘어섰다. 사실 아시리아도 그러한 주요 거점을 장악하려고 노력했다. 그들은 페니키아인의 티레, 목재가 풍부한 아나톨리아, 메소포타미아 동부의 교역망을 거듭 공략했고 이집트에서는 눈을 뗀 적이 없었다.[24] 일찍이 716년에 사르곤 2세는 이렇게 자부했다. "나는 단단히 봉인되어 있던 이집트의 항구를 열었고 아시리아인과 이집트인이 서로 섞여 교역하게 했다."[25] 아시리아인이 다진 기반 위에 페르시아인이 위대한 제국을 세운 것이다.

## 혼돈의 지중해

페르시아 제국의 변방을 위협한 나라 가운데 가장 수수께끼 같은 세력은 스키타이족이었다. 그들은 7세기에 흑해-카스피해 스텝으로부터 서아시아 중심부를 뚫고 내려왔고, 니네베를 약탈했으며, 이집트의 국경까지 어지럽힌 바 있었다. 튼튼한 말을 타고 다니고 온몸에 문신을 한 스키타이 군대는 공포의 대상이었다. 무장은 가벼웠어도 다방면에 능했다.[26] 메소포타미아에 들어온 스키타이족은 소규모 용병 부대로 활동하다가 서서히 현지에 동화되었다. 6세기 전후로는 흑해-카스피해 스텝의 기후가 점점 온화해지면서 남하 압력이 감소했다.[27] 그때부터 스키타이족은 본거지를 벗어나지 않고 이따금 전리품을 취할 목적으로 발칸산맥과 아르메니아고원을 급습했다. 스키타이의 지배층은 전략적으로 유리한 위치에서 목축, 농업, 채금, 노예무역, 그 외 다양한 상업 활동을 통해 막대한 부를 축적했다. 그들은 멀리 서유럽과 중국과도 교역했다.[28]

고고학자들은 우크라이나 빌스크에서 스키타이의 거대한 목조 요새 유적을 발굴했다. 그러나 스키타이족이 제아무리 특별한 보물을 보유하고 큰 요새를 지었다 할지라도 페르시아 같은 나라에 비하면 부를 축적하는 데 근본적인 한계가 있었다. 메소포타미아의 관개지 1헥타르가 다섯 사람분 식량을 생산했다면, 흑해 북부 스텝의 경작지 1헥타르는 겨우 한두 사람분을 생산했고 더 위쪽의 목초지에서는 한 사람분 식량을 거두는 데 수 헥타르가 필요했다.[29] 살아가기엔 충분했어도 번성하기엔 부족한 환경이었다. 6세기의 한 그리스 여행자는 스키타이족이 관절염 등 이런저런 질병에 시달리고 있더라고 썼다.[30] 결과적으로 스키타이의 인구는 100만 혹은 200만 명을 넘을 수가 없었다. 페르시아가 국력을 유지하는 동안은 스키타이의 위협을 어렵지 않게 잠재울 수 있었다.

그리스의 도시국가들은 스키타이와 페르시아의 그늘 속에서도 계속해서 발전했고 인구도 꾸준히 늘었다. 그들은 빠른 속도로 삼림을 올리브 농원과 포도밭으로 개간했다. 『일리아드』의 한 영웅은 그리스야말로 이상적인 세계라고 노래했다. 그리스는 "널 따란 강기슭에 포도나무가 탐스럽고 곡식 여무는 들판이 아름다운 땅"이었다.[31] 8세기 시인 헤시오도스 또한 『노동과 나날Works and Days』에서 농부의 평화로운 삶을 다음과 같이 이상화했다.

참된 정의를 행하는 사람에겐 기근도 재앙도 결코 일어날 수 없다. 그들은 근심 없이 정성껏 밭을 경작한다. 땅은 그들에게 먹을 것을 한껏 내놓고 참나무의 꼭대기에는 도토리가, 몸통에는 벌이 커 간다. 털이 풍성한 양들은 양모를 주고, 그들 부모가 그러했듯 여자들은 자식을 낳는다. 이들은 좋은 것을 누리며 계속 번성하고, 땅이 열매를 맺어 주니 배를 타고 돌아다닐 일이 없다.[32]

그 반대편에는 어리석게도 재산을 늘리려다 전쟁과 굶주림, 질병과 기근에 시달리는 암울한 삶이 있다.

사람은 이웃에 사는 부자가 서둘러 땅을 갈고 씨를 뿌리고 제 앞가림을 잘하는 것 같으면 자신도 그렇게 하려고 한다. 이웃이 재산을 모으느라 바쁘면 자기도 다투어 그렇게 한다. 이런 경쟁도 사람에게 유익하다. 도공은 도공 때문에, 수공인은 수공인 때문에 성이 나고, 거지는 거지를, 음유시인은 음유시인을 질투한다.[33]

그리스 세계의 경쟁과 불화에는 공간적 협소함이라는 원인이 크게 작용했고 이를 가리키는 '스테노코리아stenocoria'(협소한 공간)라는 단어까지 있었다. 즉 인구는 늘어나는데 식량을 생산할 만한 땅이 충분하지 않은 것이 문제였다. 맬서스의 『인구론』이 세상에 나오기 2,300년 전인 서기전 6세기에 그리스 철학자들이 인구가 과밀한 사회는 결코 제대로 통치할 수 없다고 주장한 까닭 중 하나도 여기에 있다. 공간적 협소함은 끊임없는 이주와 엄청난 교역 압력을 낳았다. 그리스인은 지중해와 흑해 연안의 평야를 촘촘히 채워 나갔다. 교역은 새로운 지배계급을 낳고 도시국가의 정치체제를 바꾸었다. 부유한 교역 거점에서부터 쿠데타가 일어나 전통적인 지배층을 끌어내렸다. 657년경 코린트에서 유력한 군사지도자 키프셀루스가 왕정을 폐지했다. 그는 델포이의 신탁을 명분으로 삼았고 정의 구현을 약속함으로써 시민의 지지를 얻었다. 비슷한 시기에 시키온에서는 오르타고라스라는 장군이 왕위를 없앴다. 그 직후 메가라에서는 테아게네스가 부자들의 소 떼를 살육하는 방법으로 빈자들의 지지를 얻어 권력을 장악했다. 632년경 아테네에서는 올림피아제전의 레슬링 챔피언인 킬론이 반란을 일으켰다.[34] 그리스 사람들은 이 새로운 권력자를 참주(티라노이tyrannoi)라고 불렀으니 그것이 '독재자tyrant'의 어원이다.

그리스 세계는 공통의 신과 신탁, 서사시, 언어를 바탕으로 집단 정체감을 형성했다. 인근 도시 간에 협력을 공식화하는 조약을 맺기도 했다. 그 이른 사례 중 하나가 델포이 성소를 보호하기 위해 결성된 '인보鄰保동맹'으로, 참여국 간에 갈등이 발생하면 그 것을 중재할 의회가 구성되었다. 하지만 이보다 더 폭넓게 나타난 현상은, 도시 간 전쟁에서 영웅이 해낸 위업을 시인들이 그리스인 공통의 언어로 칭송한 것이다. 티르타이오스는 일명 '스파르타 신경'으로 불리는 시에서 "전사는 무훈을 세우면서 싸우는 법을 배운다"고 선언했다.[35] 파로스의 아르킬로코스는 "낙소스군의 밀집 방진에 기꺼이 뛰어드는" 용감한 군인들을 찬양했다.[36] 한 시인은 다음과 같이 충고했다. "젊은이여, 언제 용기를 보여 줄 텐가? 전혈에 젖은 조국의 땅에서 초라한 평화 속에 빈둥거리는 이들이여, 부끄럽지도 않은가?"[37] 알카이오스는 이렇게 경고했다. "이 도시를 세운 재료는 아름다운 지붕을 인 집이 아니고, 퇴색하지 않는 돌벽이 아니고, 배가 다니는 운하와 잔교도 아니라, 강인한 남자들이다."[38]

그 "강인한 남자들"은 싸우기도 많이 싸웠다. 메세니아 전쟁 (743~724, 685~668)에서는 스파르타가 승리하여 메세니아만 연안의 비옥한 평야를 차지했다. 렐란토스 전쟁(710~650?)에서는 유보이아섬 중앙의 비옥한 평야를 두고 여러 도시가 싸웠다. 멜리악 전쟁(690~670?)에서는 이오니아의 도시들이 맞붙었다. '1차 성전'(595~585)에서는 인보동맹이 약속을 배반한 도시 키르하를 무너뜨렸다. 헤로도토스 등 그리스 역사가는 영토 확장을 세 종류로 구분했다. 군사 정복, 식민지화, 집주集住가 그것이다. 이 중 '집주'(시노이키스모스synoikismos)는 도시가 인근 정착지를 통합하는, 이를테면 제국주의의 축소판이다. 아테네는 그런 식으로 아티카를 흡수했다.

서기전 7세기 초부터 200년간 그리스 세계는 코린트와 스파르타가 지배했다. 코린트는 키프셀루스와 페리안드로스가 통치한 70년간(657~587) 상업과 산업의 중심지로 우뚝 섰다. 두 참주는 도기 생산을 장려했고, 아드리아해와 이오니아해에 교역소를 세움으로써 수출을 촉진했으며 배가 에게해와 이오니아해를 뭍으로 오갈 수 있도록 이 지협<sup>地峽</sup>에 선로를 놓았다. 6세기 초, 코린트는 올림피아제전에 맞서는 '이스트미아제전'을 열고 여기에 작은 도시들을 초대하여 자국의 완력을 과시했다. 525년, 코린트는 주적 스파르타와 동맹을 맺었다. 코린트가 그리스 최초로 대형 전함인 3단 노선을 건조한 해상 강국이었다면, 스파르타는 강도 높은 군사 훈련과 숙련된 보병, 밀집 방진을 바탕으로 한 육지의 최강자였다. 그러다 6세기 말에 이르러 코린트의 운이 다하자 다른 한 도시가 재빠르게 코린트의 교역을 잠식하고 산업 중심지로 발돋움했다. 아테네였다.

원래 아테네는 에게해 항로를 이용하기 좋은 위치 덕분에 코린트의 교역 붐에 편승하고 있었다. 아테네 인구는 700년에 약 1만 명이었던 것이 다음 200년간 2만 명으로 증가했다.<sup>39</sup> 이 기간에 아테네는 코린트의 그늘 속에서 차분하게 꽤 방대한 식민지망을 구축했다. 아테네의 통화는 코린트의 통화에 연동했고, 두 나라는 경쟁하는 동시에 매우 활발하게 교역했다. 이윽고 6세기 초반, 솔론이라는 인기 많은 새 지도자가 아테네를 위대한 국가로 이끌었다. 노련한 중상주의자였던 솔론은 이웃한 살라미스섬을 정복함으로써 사로니코스만에 해상 세력권을 구축했다. 또한 투자 환경을 개선함으로써 도기 산업의 주도권을 코린트에서 아테네로 점점 옮겨 왔다. 처음에 아테네인은 형상을 어둡게, 배경을 밝게 처리하는 코린트의 흑화식 채색을 모방했지만, 그것을 점점 발전시키다가 이윽고 형상을 밝게 처리하는 적화식을 도예의 새로운 기준으로 확립했다.

코린트의 수출 경제가 저물고 아테네가 그리스 해상의 새로운 권력자로 떠올랐다. 5세기 초에 권력을 잡은 대중주의 정치가 테미스토클레스는 새로 발견한 큰 은광산의 수익으로 전함을 강화하고 아티카의 피레우스항을 아테네까지 긴 장벽으로 연결하여 방비하도록 국민을 설득했다. 또 감세 조치를 통해 외국의 숙련공과 상인을 아테네로 끌어들였다. 후에 아테네의 정치가 페리클레스는 이 팽창기를 칭송하며 이렇게 말했다. "모든 바다와 모든 땅에 우리의 진취적인 정신이 새겨졌다." 또한 "해상의 힘이 으뜸이다."라는 그의 신조는 오늘날까지 그리스 해군의 모토로 남았다.[40]

서기전 6세기에 그리스인은 지중해 무역을 두고 페니키아인과 한참 치열하게 경쟁하고 있었다. 페니키아인은 오래전부터 지중해의 여러 교역로를 장악했고 메소포타미아와 이집트에 금속과 목재를 공급하는 중요한 역할을 담당했다. 호메로스에 따르면 페니키아인은 그리스인과 달리 특별한 조직 체계가 없었고, 무력을 사용하기보다는 평화로운 방법으로 시장을 개척하는 편이었다. 헤시오도스는 그들에게 가장 중요한 것은 교역이지 식민화가 아니라고 썼다.

페니키아의 교역 지배권은 양쪽의 압력에 시달리게 되었다. 동쪽에서는 아시아 내륙이, 서쪽에서는 지중해 세력이 그들을 압박했다.[41] 하지만 페르시아 제국은 어디까지나 육상 권력이었고,

교역 관문인 레반트와 소아시아에서 이미 충분히 이익을 얻고 있었다. 그리스 도시국가들은 그보다 훨씬 더 공격적이었다. 그리스인은 점점 더 격렬하게 페니키아에 도전했다. 그들에겐 해적질이 용감한 행위로 통할 정도였다. 그리스 상인은 7세기에 이미 시칠리아와의 교역에서 우위를 차지했고, 페니키아인에게 대항하는 세력이라면 누구에게든 협조했다. 가령 697년 아시리아가 세금에 불만을 품고 반란을 일으킨 타르수스 지역 상인을 진압했을 때 그리스인은 아시리아를 지원했다. (타르수스에 대해서는 알려진 바가 많지 않으며, 그 위치조차 정확히 알 수 없다. 하지만 페니키아의 세력권 내에 있던 도시임은 거의 확실하다.)[42] 539년에 페르시아가 레반트에 있는 페니키아인의 도시들을 정복했을 때, 그리스인은 빠른 속도로 그 공백을 메우며 동지중해 교역을 장악했다. 서지중해에서는 페니키아인이 영향력을 유지하고 계속해서 번성했다. 그 당시 서지중해 권력의 중심은 카르타고로, 우리는 고대사에서 가장 유명한 전쟁 중 하나에서 그 이름을 보게 된다.

이윽고 6세기에 그리스 세계는 암흑시대로부터 완전히 회복했다. 아낙시만드로스, 피타고라스 등 그리스 문화가 처음으로 배태한 저명한 철학자와 수학자가 바로 이 시기의 인물이다. 또 이때가 그리스 미술의 태동기인 아르카익 시기(700~480)로, 소박한 기하학 패턴의 도기 장식이 아름답게 채색한 조형적 디자인으로 발전했다. 조각에서는 신비로운 분위기로 잘 알려진 코레kore(옷을 입은 젊은 여자)와 쿠로스kouros(옷을 입지 않은 젊은 남자)가 제작되었다. 건축에서는 코린트의 아폴론 신전 등 간결한 도리스양식의 대표 석조 사원들이 이때 처음 지어졌다.

아르카익 양식은 교역을 통해, 또 그리스 식민지의 영향력을 통해 이오니아해 건너편 사람들에게 활발히 수용되었다. 특히 에트루리아에서 인기가 많아, 실물 크기의 인물상을 특징으로 하는 이 지역 테라코타 석관에 그리스 조각의 영향이 짙게 나타난다. 에트루리아는 이탈리아 중부 구릉지대에 위치한 열두 마을의 연합체였다. 이들은 1년에 한 번 볼툼나 신전에서 의회를 열고 연합 대표자를 선출했다. 이들은 포강 유역까지 영역을 넓혔고 멀리는 에스파냐에까지 식민지를 건설했다.

그리스와 에트루리아는 서로 활발하게 교역했지만(후자는 아테네의 중요한 도기 판매 시장이었다) 코린트와 아테네가 그랬듯이 곧 식민지와 상업을 두고 격렬하게 경쟁하는 관계가 되었다. 급기야 에트루리아는 그리스제 무기를 그리스인에게 겨누기 시작했다. 540년, 카르타고와 에트루리아 연합군은 코르시카섬의 알라리아 근처에서 그리스 해군과 맞붙어 이 섬을 식민화하려던 그리스인을 쫓아냈다. 에트루리아는 북쪽의 갈리아인과도 교류했다. 2015년, 프랑스의 켈트 시대 유적에서 발견된 에트루리아인과 그리스인의 공예품은 당시 이들이 얼마나 광범위하게 교류했는지를 보여 준다.[43] 그러나 이 경우에도 역시 교역은 마찰로 이어졌다. 에트루리아의 부를 탐낸 인수브리 같은 부족이 알프스를 넘어 이탈리아 북부에 정착했다.

이러한 갈등의 맥락에서 로마의 초기 역사는 비교적 비중이 낮았다. 전설적인 첫 왕이 죽고 200년 사이에 로마는 인구 약 3만 명의 도시로 발전했다. 그 시기 내내 로마인은 원래의 정치체제를 거의 그대로 유지했으니, 남성 시민이 원로원을 선출하고 원로원이 왕을 지명했다. 로마의 왕은 제사장이고 판사이고 군사 지도자였다.

로마가 치른 최초의 전쟁들은 사소하기 짝이 없었고, 흔히 가축 절도 사건이 원인이었다. 두 번째 왕의 군사는 겨우 1,800명이었다. 이 초기 전쟁들에서 로마가 승리한 이유는 지리적으로 유리한 위치 외에는 딱히 없는 듯하다. 어쨌든 이웃 마을들을 정복하기 시작한 로마는 정복지 주민을 로마로 이주시키고 그들의 군사를 로마군으로 흡수했다. 이렇게 로마가 싸움에서 이길 때마다 권력균형이 바뀌었고, 그로 인해 다시 또 전쟁이 벌어졌다. 공격전일 때도 있고 방어전일 때도 있었다. 가령 역사가 리비우스에 따르면 이웃 도시 피데나이는 로마가 힘을 휘두를 때까지 기다리지 않고 먼저 예방전을 개시했다. 로마는 경쟁국 간의 분열을 도모하기도 했다. 로마 왕 루시우스 타르퀴니우스 수페르부스 (534~510)는 한 신성한 숲에서 이웃한 지역 지도자들의 평화 회의를 주최했다. 이 회의 중에 그는 참가자 한 사람의 천막에 무기를 심어 다른 참가자들의 분노를 사게 했다.

그러나 로마는 힘을 점점 키워 가면서 과거에 비해 품위 있는 면모를 보여 주었다. 세르비우스 툴리우스(579~535)는 이웃 도시들의 귀족을 설득하여 '조화와 숭배의 공동체'를 조직했다. 라틴인과 싸워 연승을 거둔 루시우스 타르퀴니우스 프리스쿠스 (579~535)는 새로 세운 디아나 신전에 옛 적들의 참배를 허락했다. 테베레강 동편 기슭의 라틴인 정착지를 정복하고 나자 로마인의 시야에 다음 상대, 에트루리아가 들어왔다. 역사가 리비우스의 기록에서 한 라틴인 지도자는 이렇게 경고한다. "이들은 뭍에서도 강하지만 바다에서는 막강하다."[44] 그러나 이제 로마인은 정면 대결을 원하지 않았다. 타르퀴니우스 수페르부스는 에트루리아와 조약까지 체결했고, 그 지역 숙련공을 로마의 큰 사업에 불러

모으고자 했다. 카피톨리노 언덕에 거대한 유피테르 신전을 짓는 일이었다. 그때 얼마나 많은 숙련공이 몰려왔는지, 로마 시민들이 기반 시설과 이민자에 드는 막대한 비용에 불만을 품고 왕을 끌어내리기에 이르렀다. 509년, 타르퀴니우스 수페르부스의 새 사원이 축성된 그해에 로마는 공화국이 되었다.

6세기 말에 로마는 테베레강 연안 평야에서 가장 큰 도시 중 하나였다. 그간의 인구 증가로 인해 이른바 '포메리움<sup>pomerium</sup>'이라고 하는 성역이 이때 한 번 확장되어 1세기까지 바뀌지 않았다. 로마는 그간 오스티아 항구를 획득했고 테베레강에 다리를 놓았으며 역사 최초의 아파트 단지인 인술라<sup>insula</sup>를 지었고, 특히 세계사 최초의 지하 하수도 중 하나인 클로아카 막시마<sup>Cloaca Maxima</sup>('가장 큰 하수구')를 건설했다.

그러나 이렇게 발전하긴 했어도 로마는 여전히 인근 지역에나 영향력을 행사하는 작은 나라였다. 앞선 250년간의 권력정치를 돌아보건대 패권은 여전히 아시리아, 페르시아 등 서아시아의 대제국이 쥐고 있었다. 헤시오도스를 비롯한 많은 사람이 안정을 갈구했지만, 동지중해는 여전히 하나의 거대한 경기장이었다. 고질적인 공간 부족, 상업적 동기, 야심만만한 참주의 등장 등 모든 요인이 토지, 교역, 위신, 권력을 차지하려는 경쟁을 뜨겁게 부채질했다.


## 인더스강 너머


538년, 페르시아 키루스 2세의 군대가 인더스강에 도착했다. 와서 보니 그 강 너머로는 파편화되고 혼란스러운 정치적 지형이 펼쳐져 있었다. 인도에서도 여러 도시국가가 토지와 교역과 영향력을 차지하기 위해 싸우고 있었던 것이다. 고대 불교의 사료에 열여섯 개의 '큰 나라'(마하자나파다스)로 기록된 이 도시들은 군주제는 물론 공화제까지 실험한바, 이 지역의 공화국을 산스크리트어로 '가나 상가gana-sangha'라고 했다. 문자 그대로는 '평등한 의회'라는 뜻이다. 6세기에는 경쟁자가 넷으로 압축됐다. 코살라, 마가다, 바트사, 아반티였다. 그리고 이 중 아반티와 마가다가 최종 대결을 벌이게 되었다. 불교 사료에 따르면 더 먼 옛날에 아반티가 마가다를 정복했지만 마가다 주민이 외세에 맞서 새로운 토착 왕조를 세웠다. 두 나라는 6세기 내내 아슬아슬하게 권력균형을 유지했다. 한때는 상당히 우호적인 관계였다. 아반티 왕 찬다 프라디오타가 병에 걸리자 마가다 왕 빔비사라가 자신의 의사를 보낸 일화는 유명하다. 그러나 490년경, 빔비사라의 야심만만한 아들이 부왕을 죽인 후 아반티의 동맹들을 공격하기 시작했다.

정확히 어떤 과정을 거쳐 그렇게 되었는지 우리는 알 수 없으나, 서기전 5세기 중반 인도-갠지스 평원의 최강자는 마가다였다. 이 거대한 도시국가는 갠지스강 중류라는 유리한 위치에 자리했는데, 사료에 따르면 주변을 둘러싼 다섯 개의 구릉이 도시를 보호했고 그 사이사이의 골짜기는 성벽으로 방비했다. 만인의 왕국과 그것이 실현하는 안정은 이 시대 대다수 저작에 중요한 개념으로 다루어진다. 『앙굿따라 니까야Anguttara Nikaya, 增一阿含經』는 십육 대국의 성격을 다음과 같이 요약했다. "천상의 행복에 비하면 인간의 왕국은 곤궁하다."[45] 정의로운 왕이라는 개념도 십분 강조되었다. 좋은 왕이란 인정이 많고, 백성의 방패이자 보호자이고, 병사의 생명을 아끼고, 봉신을 지키고, 짐승과 새의 운명까지 살피는 자였다. "왕은 부유하다. 재산과 땅이 많고 보물과 보고가 가득하다. 그는 강하다. 그의 명령에 복종하는 네 사단의 병사가 있다. 왕의 고문은 현명하고 유능하고 총명하여 과거, 현재, 미래의 이익을 헤아릴 줄 안다."[46]

그 북동쪽의 대륙에서도 주나라가 쇠퇴한 뒤 처절한 권력 싸움이 계속되고 있었다. 서기전 4세기의 철학자 맹자는 이렇게 썼다. "세계가 무너지고 부패했다. 올바른 원칙이 소멸되고 말았다. 다시금 고집스러운 논의와 포학한 행위가 만연했다. 신하가 왕을 죽이고 아들이 아버지를 살해하는 사건이 벌어지고 있다."[47] 이 사태를 직접 경험한 사람 중 하나가 노나라 왕실의 고문이자 위대한 현자였던 공자(551~479)이다. 노나라는 한때 화베이평야 중심부를 지배할 정도로 강했다. 그러나 사방에 적들이 나타났고 특히 700년경에 발생한 조정의 소요가 치명적인 결과로 이어졌다. 이웃한 한 나라가 이 기회를 놓치지 않았으니, 소금 교역으로 부를 쌓고 주나라 왕의 위임을 받아 이민족을 토벌하던 제나라였다. 주나라가 상징적으로 인가하는 이 '패자覇者' 지위가 642년에는 다시 노나라의 다른 이웃인 송나라로 옮겨 갔다. 10년 후, 이번에는 진晉나라가 패자가 되어 초나라를 공격했다. 다음에는 진秦나라가, 그다음엔 초나라가 패자가 되어 저마다 왕국 간 평화를 회복하고 공동의 적인 이민족을 제압하겠다고 약속했다. 이즈음 주나라의 위상은 기껏해야 이렇게 끝없이 싸우는 나라들의 야심에 명목뿐인 정당성을 부여하는 정도로 축소되어 있었다.

공자는 젊은 시절에 그의 나라가 큰 전쟁에 대비하는 과정을 목도했다. 머리카락을 짧게 치고 몸에 문신을 한 이민족 오나라가 초나라에 맞서려던 때였다. 오나라는 뛰어난 금속 가공술을 바탕으로 힘을 키운 나라로, 후에 중국에서 가장 유명한 사상가 중 하나로 꼽히게 되는 손무(544~496)가 이 나라의 군사고문이었다. 공자의 지적 대척점에 있었던 손무는 군사적 전략·전술, 특히 밀정과 책략을 중요하게 생각했다. 그는 다섯 번의 중요한 싸움을 승리로 이끄는 등 혁혁한 공을 세웠고, 오나라는 짧은 기간에 패자로 등극했다. 그러다 또 다른 도전자 월나라가 득세하는 과정을 공자는 그의 생애 막바지에 목격했다.

연대기가 증언하듯이 춘추시대(771~476)에는 어느 한 나라도 오랜 평화를 누리지 못했다. 국경 어느 한쪽이 잠잠하면 거의 반드시 다른 쪽에 전운이 감돌기 시작했다. 그러나 사실 이 시기는 분열의 시대인 만큼 통합의 시대였다.[48] 연대기 기록에 따르면 7세기에는 148개 국가가 난립했던 것이 6세기 들어 18개로 줄었다. 인도에서와 마찬가지로 중국에도 더 큰 규모의 도시국가들이 나타나 주변 정착지를 흡수하고 수공업을 전문화할 능력을 갖추었다. 청동 그릇, 철제 도구, 비단 등의 생산이 발전하면서 교역이 더욱 중요해졌고, 상업 발전에 발맞추어 처음에는 조개껍데기 화폐가, 이어 진짜 주화가 도입되었다. 중국 최초의 경제학자 중 한 사람인 범려는 왕들에게 농업과 상업을 두루 장려하라고 조언했다. 이 시대에 거대한 규모로 발전한 도시들에는 거대한 사원 단지, 왕궁, 철기 작업장, 육중한 성벽, 그리고 마차 아홉 대가 나란히 지나갈 수 있는 넓은 도로가 있었다.[49] 사람들은 가장 유력한 왕에게 봉사하기 위해 치열하게 경쟁했다. 고문, 숙련공, 군인, 심지어 궁정 대신까지도 자신의 지식과 기량을 왕에게 쓰임받고자 갖은 노력을 다했다. 큰 나라들은 전선에 수십만 단위의 군사를 배치했다. 동남아시아로부터 수입한 석궁 등 혁신적인 군사기술이 빠른 속도로 보급되었다.

춘추시대는 전쟁으로 점철된 시대였고 각 나라는 언제든 자국 젊은이들의 목숨을 희생시킬 태세를 갖춘 듯했지만, 한편으로는 외교가 극히 활발한 시대였다. 약소국은 현실적 이익을 좇아 이 동맹 저 동맹을 오갔다. 연대기에는 수백 건의 조약, 상호 방문, 국제회담이 기록되어 있으며, 강대국은 그러한 외교 활동을 통해 약소국에 제 의지를 관철했다. 가령 진晉의 정공은 회담을 주최하여 다음과 같은 협정을 체결했다. "어떤 가문도 병기를 축적해서는 안 된다. 어떤 마을도 100자 길이의 벽을 세울 수 없다."[50] 하지만 진나라 자신은 이 약속에 얽매이지 않았다. 패자 지위를 인정하기 위한 회의도 열렸다. 667년 제나라는 "군주를 옹위하고 이민족을 격퇴하기" 위해 중요한 회의를 소집했다.[51] 656년, 제나라는 다시 한번 회의를 소집했는데, 이번에는 초나라의 부상을 견제하고 주왕을 모욕하는 행위를 제재하기 위해서였다. 반대로 패자에 도전하기 위한 회의도 열렸다. 가령 598년에 진나라는 자신의 패자 지위를 빼앗은 초나라에 맞서 동맹을 꾸리고자 기, 송, 채, 정, 위, 거를 한자리에 모았다.

그러나 이러한 국제회담과 조약은 안보 목적을 훨씬 넘어서는 때가 많았다. 651년, 일곱 나라가 규구에 모여 체결한 조약에는 다음과 같은 항목이 들어 있다. "강에 제방을 쌓지 않는다. 투기를 목적으로 곡식을 저장하지 않는다. 왕위 계승자를 교체하지 않는다. 소실을 정부로 삼지 않는다. 여자를 국사에 관여시키지 않는다."[52] 554년의 한 회담은 왕을 보호하고, 반란이 발생하거나 기근이 들었을 때 서로 원조하고, 도망자를 송환하고, 곡물 교역의 장벽을 없애고, 전매로 교역 시장을 왜곡하지 않을 것을 규정했다. 그와 함께 사절을 보호하는 규칙이 마련되었고, 신들이 이 약속을 감독하게 했다. 이 조약은 다음과 같은 선언으로 마무리된다. "언덕과 강의 신, 돌아가신 왕과 대공의 영, 우리 일곱 부족과 열두 나라의 조상께서 그 이행을 감시해 주시리라. 만일 어느 한쪽이라도 약속을 어긴다면, 모든 것을 꿰뚫어 보시는 신들께서 그를 벌하시어 제 민족에게 버림받고 목숨을 잃고 후사가 끊기게 되리라."[53] 이처럼 지독한 불이익은 메소포타미아 지역에서 조약을 맺을 때 행한 맹세를 떠올리게 한다. 고대 중국에서 조약을 승인한 방법은 참가자들이 손바닥을 베고 그 피에 포도주를 섞은 다음 황소, 양, 또는 백마의 머리통에 손을 얹고 그 동물을 제물로 바치는 것이었다. 각국은 맹부盟府라는 왕궁의 특별한 장소에 조약 문서를 소중히 보관했다.

이러한 외교적 노력에 대한 회의적인 시각은 동시대의 기록인 『춘추春秋』에서부터 뚜렷하게 나타난다. 익명의 저자들이 쓴 이 연대기는 조약이 강대국의 도구임을, 즉 무력을 문서로 표현한 것일 뿐임을 분명히 밝힌다. 힘센 나라는 "이런 식으로 작은 나라들을 소란을 피우지 않고 대국에 봉사하게 함으로써 스스로를 유지하고 몰락을 피하"며, "무법한 자들을 계속 두려움에 떨게 하고 자신이 가진 힘을 과시"한다.[54] 천명의 권위가 다해 무질서가 우세했던 춘추시대는 오늘날까지 널리 읽히는 일군의 저술가를 배태했다. 그중 하나가 7세기 제나라 환공의 재상이었던 관중이다. 그는 왕에게 경계를 늦추지 말고 국방비를 아끼지 말라고 조언했다. "세상에 사랑이 넘친다는 이야기가 들리면 군사는 싸울 생각을 하지 않는다. … 궁술과 전차술에 능하고 배짱과 힘이 좋은 기사들이 외국으로 빠져나간다. 그래서야 어떻게 적의 공격을 피할 수 있겠는가?" 또한 왕이 나라를 훌륭하게 통치하지 않으면 군사력을 유지할 수 없다. "하늘과 땅은 좋은 날과 궂은 날을 번갈아 주신다. … 지나치게 공격적인 군주는 시든 낙엽처럼 떨어지기 마련이다." 권력의 기반은 결국 번영에 있다. "영토를 방어하려면 성벽이 튼튼해야 한다. 성벽을 지키려면 병력이 충분해야 한다. 병력을 유지하려면 사람이 많아야 한다. 인구를 유지하려면 곡식이 충분해야 한다." 관중은 퇴폐를 경계하고, 궁정의 위엄을 지키고, 법을 공평하게 행사하라고 경고했다. "법은 백성의 힘을 이용하기 위한 수단이다."[55]

공자 역시 정부가 현명하게 행동해야 한다고 역설했다. 그는 『논어論語』에서 수사적으로 물었다. "정부를 운영하는 데 살상이 필요한 이유가 대체 무엇인가?" 공자는 군사력이 필요함을 인정하면서도 그 힘을 효과적으로 사용하려면 교육이 선행되어야 한다고 여겼던 것으로 보인다. "무지한 백성을 전쟁에 내보내는 것은 그들을 아예 내버리는 것과 다르지 않다." 공자의 이상은 결국 조화였지만, 그 조화에 이르자면 위계가 바로 서야 했다. 나라 사이의 위계, 또 나라 안에서의 위계가 확실해야 했으니 "군주는 군주답고 신하는 신하다워야 한다. 아버지는 아버지답고 아들은 아들다워야 한다".[56] 도가道家의 시조인 노자는 폭력 자체를 싫어했다. "군대가 있는 곳에 가시덤불이 자란다."[57] 그러나 그 역시 방어전의 필요성은 암묵적으로 인정했다. 노자는 무력을 신중하게, 적당히 사용하라고 권고했다. 즉 폭력은 일정한 목적으로 제한하여 동원해야 한다. 폭력 자체를 즐겨선 안 되며, 승리가 결정되는 순간 폭력 행사를 멈추어야 한다. 그보다 더 좋은 방법은 저항 없이 순탄하게 이익을 실현하는 것이다. "하늘 아래 물보다 부드럽고 온순한 것이 없다. 그러나 물이 단단하게 버티는 것들을 공격하기 시작하면 그 어떤 것도 이겨 낼 수 없다. 물의 길을 바꿀 방법이 없기 때문이다. 온순한 것이 꼿꼿한 것을 이기고 부드러운 것이 단단해진다는 사실은 모두가 잘 알면서 그 누구도 활용하지 않는다."⁵⁸

실제 전투에 관한 통찰을 담은 『손자병법孫子兵法』으로 유명한 손무 역시 동시대의 공자, 노자와 똑같은 전제하에 사고했다. 즉 그의 책은 주로 국제 전쟁을 논하지만 그 도입부에서 가장 강조하는 것은 국가 내부의 힘이다. 전쟁에서 승리하기 위한 일곱 가지 조건 가운데 실전과 직결된 것은 마지막 셋뿐이다. 가장 결정적인 조건은 지도자의 자질과 "백성이 왕에게 완벽하게 협조하도록 이끄는 도덕률"을 왕이 얼마나 잘 아느냐 하는 것이다.⁵⁹ 다음으로 중요한 것은 권력균형과 경제 자원으로, 장기전은 피해야 옳으며 정복은 이익으로 이어져야만 한다. "군대가 가까이 있으면 물가가 오른다. 물가가 오르면 백성의 재산이 바닥난다."⁶⁰

유라시아 대륙 동부에서는 남아시아와 화베이평야가 여전히 서로 떨어진, 별개의 각축장이었다. 그러나 양쪽 다 무질서에 시달리고 있었다. 이 시대 인도 역사는 마하자나파다스 간 싸움으로, 중국 역사는 주나라가 인가하는 패권을 둘러싼 전쟁으로 특징지어진다. 지중해, 서아시아와 마찬가지로 이곳에서도 전쟁은 경제 경쟁, 기술 경쟁과 맞물려 진행되었다. 그러나 지중해, 서아시아에서 그러했듯 평화를 유지하고자 뭉친 나라들도 있었다. 우리는 인도 불교와 중국 철학(관중, 손무, 공자, 노자)의 저작에서 질서 회구와 하드 파워에 대한 집착을 동시에 발견한다. 평화와 안정이 무너지면 농부는 농사를 짓지 못했다. 농업 생산량이 감소하면 왕의 지위 역시 약화되기 마련이었다. 평화를 유지하는 데는 좋은 통치가 중요하지만, 싸우려는 의지도 똑같이 중요했다. 이웃끼리 싸웠을 때 어떤 결과를 감수해야 할지 모두가 아는 상황에서도 기꺼이 싸울 줄 알아야 했다.

## 조화와 무질서

서기전 750~500년, 페르시아의 아케메네스 왕조는 그때까지의 역사에 없었던 거대한 제국을 세웠다. 이집트, 메소포타미아, 레반트를 그만큼 확고하게 지배한 단일 군주는 페르시아 왕이 처음이었다. 정치적 위력과 위신 면에서 당시 세계의 중심은 서아시아였다.

메소포타미아 변방의 작은 왕국이 그처럼 원대한 정치적 경륜에 착수할 수 있었던 이유는 무엇보다 아시리아가 법과 관습, 제도, 경제체제, 교역망, 기반 시설 등 제국의 뼈대는 그대로 남겨놓은 채 힘을 잃었다는 사실에 있었다. 그것은 젊고 호기로운 왕위 도전자가 늙어 가는 제국을 강제로 탈취한 사건이었다. 그러나 아케메네스조 초기 왕들은 군사적으로는 잔인했을지 몰라도 교역을 장려하고 소프트 파워를 활용하고 조화를 통치의 원칙으로 삼을 때의 이로움을 잘 알았다. 그들은 페르시아 왕조의 독자성을 강조하는 동시에 메소포타미아 지역의 제국 전통을 흡수했다. 또한 제국 전체를 넓은 도량과 정의로써 다스리고자 했다.

페르시아가 동반구 한복판에 역사상 최초로 강력한 정치적 통합을 실현했다면, 그 외 모든 지역, 특히 지중해와 인도-갠지스 평원, 화베이평야는 치열한 경쟁의 장이었다. 제국의 국경 너머에서는 무질서를 밑거름 삼아 정치와 외교에 관한 신선한 논쟁이 싹텄다. 그중에는 실용적인, 나아가 냉소적인 관점을 취한 지식인들도 있었다. 그리스 시인 헤시오도스는 사람이 이웃을 시기하는 것은 인간 본성이라고 보았다. 중국 정치가 관중은 나라는 경계를 늦추어선 안 되며 군대를 방치하면 쇠망한다고 주장했다. 손무도 같은 의견이었다. 왕은 경제적 번영을 우선시해야 하고 그러기 위해선 백성을 공평하게 다스려야 하지만, 전투 준비를 게을리해서도 안 되었다. 이에 비해 공자와 노자, 인도 불교의 저술가들은 비교적 이상적인 관점에서 조화의 추구를 강조했다.

그런데 이들이 국제정치에서 조화가 실현될 가능성을 각자 어느 정도까지 믿었든 간에, 농촌 지역의 평화를 유지하는 일의 중요성은 모든 사상가가 인정하는 바였다. 그 시대에도 여전히 농업 생산량이 권력의 핵심 속성이었던 것이다. 농지는 식량을 뜻했고 식량은 인구 증가를 뜻했으며 인구 증가는 병력 증가를 뜻했다. 자급자족할 능력이 없는 도시국가는 교역이나 식민화를 통해 어렵게 식량을 확보해야 했다. 비옥한 농지가 충분하지 않았던 그리스 도시국가는 그 때문에 서로 싸웠고 지중해 전역에 식민지를 세웠다. 아시리아 제국은 가뭄이 한 원인이 되어 페르시아에 무너졌다. 요컨대 자연은 전과 다름없이 국제 관계의 결정적인 인자였다.

물론 전쟁은 다른 이유로도 벌어졌다. 특히 교역이 갈등의 주된 원천이었다. 상업은 정치체 간의 거리를 좁혀 주기도 하지만 그러다 결국 충돌하게도 한다. 또 군사적으로나 정치적으로 힘이 약해지면 포식자의 공격이 시작되기 마련이었다. 반대로 힘이 강해졌을 때도 마찬가지로 전쟁에 휘말릴 수 있었다. 정복은 결코

한 번으로 끝나지 않았기 때문이다. 페르시아가 깨달았듯이 정복한 것을 지키려면 결국 또 전투를 치러야만 했다. 많은 경우, 최선의 방어는 공격이었다.

정치체들은 문화와 종교의 힘으로 화합을 도모했지만 여기에도 한계는 있었다. 중국, 인도, 에게해 인근 국가는 언어와 관습, 예식을 공유하는 경우가 많았고, 나아가 같은 신을 믿는 국가들은 국제조약이나 회담에 임할 때 그 공통의 신에게 맹세하는 절차를 두었다. 중국의 도시국가들은 경건한 의식과 함께 외교문서를 맹부에 보관했다. 그러나 많은 사상가가 그런 약속의 실행 가능성을 의심했고, 그보다는 군사적 완력을 훨씬 더 믿을 만한 안보 수단으로 보았다. 평화 회담이라는 외교적 장치가 실상은 강한 나라가 약한 나라에 영향력을 행사하기 위해 강제로 동의를 얻어 내는 수단이기 일쑤였다. 아무리 입으로는 고상한 이상과 공동의 가치, 함께 물려받은 유산을 노래한들 동반구 전역에서 외교의 장은 기회주의와 편의주의로 끓어넘치는 가마솥이었다. 각국은 기회주의적으로 동맹을 맺었다가 해체하기를 끝없이 반복하면서 실리를 추구했다. 서기전 750년부터 500년 사이, 동반구 전역의 이상은 조화였을지 모르나 그 현실은 대체로 무질서 그 자체였다.

CHAPTER 4

# 황금과 철

서기전 500~250년

아테네국립고고학박물관에는 서기전 5세기 후반에 만들어진 수수한 화병이 전시되어 있다. 흰 몸통을 섬세한 검은 선과 채색 음영으로 장식한 유물이다.[1] 장식의 중심에는 의자에 앉은 여자와 무기를 든 남자가 그려져 있다. 아마도 부부일 것이다. 남자는 아름다운 여자를 다정하게 바라본다. 여자는 자기 쪽으로 투구를 내민 남편의 발등에 한 발을 얹은 채 미소 짓는다. 남편이 떠나지 않기를 바라는 것이다. 그러나 이것은 이별의 장면, 아니 사별의 장면이다. 이 화병은 무덤에서 발견된 유물로, 전사자에게 바쳐졌을 것으로 추정된다. 고대 그리스는 군인 사회였다. 그렇지만 펠로폰네소스 전쟁(431~404) 직전 시대에 이 화병에 그림을 그린 사람은 다음과 같이 주장하고 있다. 사회가 아무리 전쟁에 익숙해질지라도 사람은 가족이 죽고 가정이 파괴되는 참사에 결코 익숙해지지 않는다. 그것이 조국 수호라는 신성한 의무 때문이라 할지라도.

많은 역사서가 펠로폰네소스 전쟁을 서양 군사 문화의 근간으로 여기고, 무질서 및 권력균형에 대한 집착을 그 특징으로 규정한다. 이 해석의 전제는 한 나라의 부상이 곧 다른 나라들엔 위협이 된다는 것이다. 그런데 앞으로 밝히겠지만 이러한 집착은 고대 그리스에만 나타난 것이 아니다. 중국, 인도 등 아시아 문명도 제국적 조화라는 이상이 무질서로 와해되는 시기에는 똑같은 강박에 시달렸다.

서기전 500년경의 세계에는 하나의 대제국이 있었다. 아케메네스조 페르시아는 바빌론부터 아시리아, 메디아로 이어져 온 제국의 전통 위에서 전례 없는 규모의 영토를 지배했다. 페르시아는 이집트와 메소포타미아라는 비옥한 땅의 관개농업 경제를 지배했고 동서로는 중앙아시아부터 지중해까지, 남북으로는 인도양부터 흑해-카스피해 스텝에 걸친 교역로를 장악했다. 이 제국이 알렉산드로스 대왕(336~323)에 의해 멸망한 뒤 서아시아 지역은 900년도 더 지난 서기 7세기에 이르러서야 이슬람 세력에 의해 다시 하나의 나라로 통일된다.

알렉산드로스가 세상을 떠난 323년부터 100년간 지중해와 남아시아, 화베이평야는 도시국가의 전쟁터였다. 국가 간 외교는 변화난측했다. 연합체가 꾸려졌다 해체되고, 평화조약이 맺어졌다가 깨졌다. 이 소란 속에서 유라시아의 질서가 서서히 재편되었다. 알렉산드로스가 남긴 제국은 경합하던 나라 중 프톨레마이오스 왕조와 셀레우코스 왕조가 넘겨받았고, 지중해 서부는 로마가, 인도는 마우리아 왕조가, 중국은 한漢나라가 장악했다. 세계의 겉모습 또한 변화했다. 이 시기 유럽과 중국, 동남아시아, 중앙아메리카의 늘어나는 인구는 천연림을 대거 농지로 바꾸어 놓았다.

## 페르시아의 몰락

522년, 이집트에서 연승을 거둔 페르시아의 캄비세스 2세는 알 수 없는 정황 속에서 사망했다. 왕의 사후에 어떤 소요가 뒤따랐는지는 더욱 불분명하다. 다만 한 찬탈자가 빈민의 세금을 삭감하겠다는 공약 등으로 지지를 모아 반년 넘게 제국을 지배했다는 사실은 분명하다. 이에 특권을 위협받고 제국의 몰락 위험을 감지한 소수의 귀족 가문 연합은 다리우스라는 젊은 군인의 쿠데타를 지원했다.

바로 그때가 페르시아의 역사적 전환점이었다. 다리우스 1세 (522~486)가 즉위한 뒤 바빌론, 엘람, 아시리아, 이집트, 파르티아, 박트리아에서 반란이 일어났다. 놀랍게도 다리우스는 그 전부를 이겨 냈다. 바빌론은 오랜 포위 공격에 버티다가 다시 무릎을 꿇었다. 그 외의 반란은 페르시아가 박트리아 왕국으로 진군하면서 진압되었다. 페르시아군은 내처 힌두쿠시산맥을 넘어 515년 인더스강에 이르렀다. 그로부터 2년 만에 다리우스는 서쪽으로 진군했다. 페르시아군은 배다리로 보스포루스해협을 건넜고 스키타이족을 흑해-카스피해 스텝 깊숙한 곳까지 밀어냈다. 이렇게 북쪽 국경을 강화한 다리우스는 곧 남쪽으로 방향을 틀어 이오니아의 그리스계 도시국가들을 힘으로 굴복시켰다.

그러나 이오니아에서의 승리는 오래가지 않았다. 그리스 섬 및 본토의 도시들이 형제국의 저항을 지원했다. 페르시아의 팽창을 저지하기 위해서이기도 했고, 교역에 차질이 생겨서이기도 했고, 또 그즈음 페르시아 왕이 그리스에서 가장 미움받는 인물이기 때문이기도 했다. 몇몇 귀족과 지식인을 예외로 하면 그리스인 대부분은 다리우스 1세를 방종하고 교활한 폭군으로 여겼다. 499년, 소아시아의 여러 도시가 그리스 본토 병력의 지원을 받아 들고일어났으니 이것이 이오니아 반란이다. 페르시아는 강경하게 대응했다. 이오니아 연합군은 498년 에페수스 전투에서 패퇴한 뒤 다시 힘을 찾았다가 4년 후 라데 전투에서 괴멸당했다. 반란은 끝났다. 그러나 다리우스는 그 배후마저 타진해야 함을 깨달았다.

그 결과, 페르시아가 치른 유일한 국경 분쟁은 아니나 가장 많은 기록을 남긴 국경 분쟁, 즉 대부분의 역사서에 '페르시아 전쟁'(499~449)으로 등장하는 싸움이 시작되었다. 491년, 다리우스는 그리스에 사절을 파견하여 복속의 상징인 물과 흙을 요구했다. 여러 도시가 페르시아에 항복했지만 두 나라만은 거절했다. 스파르타와 아테네였다. 스파르타는 페르시아 사절을 우물에 던지고 그 안에서 물과 흙을 가져가라고 했다. 반년 후, 보복 원정이 시작되었다. 페르시아군은 아테네 근처 마라톤만에 상륙했으나, 아테네군을 중심으로 한 그리스군은 상륙 지점 위쪽의 약간 높은 지대에 자리를 잡고 있다가 페르시아군에 큰 승리를 거두었다.

다리우스는 다시 한번 그리스를 침략하려 했지만 486년에 사망했다. 이집트인과 바빌론인이 페르시아의 지배에 맞서 반란을 일으켰다. 새 왕이 된 다리우스의 아들 크세르크세스(486~465)는 즉시 반란을 진압했고 곧이어 부왕을 능욕한 저 뻔뻔한 그리스인을 벌할 준비에 착수했다. 마침내 480년, 페르시아 대군은 북쪽 뭍으로부터 그리스를 공략하기 시작했다. 그리스인은 바다와 산 사이의 좁은 평야인 테르모필레에서 적을 저지하고자 했다. 그러나 레오니다스 왕이 이끄는 그리스 연합군과 소수의 스파르타 창병은 유리한 지리 조건에서도 적의 발을 겨우 사흘밖에 묶지 못했다. 전환점은 몇 주 후에 찾아왔다. 아테네군을 중심으로 한 그리스 해군이 살라미스해협에서 페르시아 함대를 격파한 것이다. 이듬해, 페르시아군은 육지에서는 플라타이아이에서 결정적으로 패배했고 바다에서는 미칼레 전투에서 패배했다.

그리스와의 전쟁은 끝났지만 페르시아군의 싸움은 그것으로 끝나지 않았다. 소아시아 전역에서 다시 반란이 들끓기 시작했다. 470년대와 460년대에는 키프로스와 이집트에서 봉기가 일어났고, 델로스동맹(아테네가 제창한 반페르시아 동맹)이 그것을 지원했다. 이렇게 이어지던 충돌은 449년 페르시아와 아테네가 칼리아스 화약을 맺으면서 공식적으로 끝났다. 그리스인은 소아시아 지역의 독립을 얻어 냈고, 에게해는 완충지대가 되었다. 페르시아는 아테네 및 델로스동맹이 이집트와 키프로스 문제에 개입하지 않는 한 그리스를 침략하지 않기로 했다.

그리스 저술가들은 5세기에 페르시아가 숱한 갈등에 시달린 이유를 제국의 쇠퇴에서 찾았다. 페르시아 궁정이 음모에 휩싸인 것도 그 때문이라고 했다. 그러나 이 설명으로는 부족하다. 궁정이 불안하기로는 과거나 그때나 비슷했다. 도처에서 소요가 발생하긴 했지만 과거보다 딱히 더 심각한 것도 아니었다. 5세기 말에는 물가가 오르고 이율이 높아지고 조세 저항이 발생했다는 증거가 있지만, 행정 기록을 보면 제국의 상업은 여전히 활황이었다.[2] 무엇보다 페르시아는 여전히 군사 대국이었다. 가령 460년의 파프레미스 전투에서는 수십만 병사가 이집트의 반란을 제압했다.

페르시아 왕은 민완한 전략가들이었다. 예컨대 아테네 주축의 동맹과 스파르타 주축의 동맹이 펠로폰네소스 전쟁으로 맞붙자, 페르시아는 이 상황을 이용하여 그리스 국가끼리 싸움을 붙였다. 413년에는 스파르타에 사절단을 보내어 반아테네 동맹을 체결했다. 409년에는 소아시아와 이집트, 제국 동부의 반란을 무력으로 진압했다. 마지막으로 387년에는 기진맥진한 그리스를 상대로 칼리아스 평화조약의 개정을 밀어붙인 결과 소아시아 지역을 다시 완전히 지배하게 되었다.

4세기 전반, 아르타크세르크세스 2세(404~359)와 아르타크세르크세스 3세(359~338)는 이집트를 페르시아 제국 안에 묶어 두겠다는 그 집요한 목표에 막대한 자원을 쏟아부었다. 343년, 아르타크세르크세스 3세는 이집트에 33만 대군을 보내어 마지막 현지인 파라오를 끌어내리고 멤피스 성벽을 파괴함으로써 이집트의 저항을 최종적으로 분쇄했다.

이처럼 페르시아는 나약하거나 무능하기는커녕 무척 정력적인 왕들이 계속 통치했다. 4세기 중반에 페르시아는 단연 무적의 제국이었다. 광대한 농업경제를 지배했고 다수의 교역 관문을 장악했다. 제국 재정에 도움이 되는 곳이라면 어디에서나 상업 발전을 장려했고, 그 일환으로 왕의 길을 새롭게 정비하고 나일강 델타와 홍해 사이에 운하를 운영했다. 군사 규모 역시 여전히 압도적이었다. 페르시아가 전에 보지 못한 거대한 위험을 곧 마주하게 될 조짐은 그 어디에도 없었다.

## 알렉산드로스 대왕

역설적이게도 바로 이처럼 너무도 막강했던 것이 멸망의 이유였을 것이다. 다리우스 3세(336~332)는 그리스 북부의 마케도니아에 새로 재위한 젊은 왕이 얼마나 야심만만한지, 얼마나 큰 위협이 될지 미처 알아보지 못했다. 그것이 다리우스 3세의 치명적인 실수였다.

두 나라의 갈등은 그전부터 오랫동안 서서히 끓어오르고 있었다. 알렉산드로스의 부친인 필리포스 2세(350~336)는 그리스 반도의 넓은 지역을 정복했고 헬레스폰트(오늘날의 다르다넬스해협) 쪽으로도 국경을 넓혔다. 341년, 다리우스 3세의 부친 아르타크세르크세스 3세는 아테네의 요청으로 마케도니아를 저지하는 데 도움을 주었다. 340년에 필리포스가 헬레스폰트에 접근하자 아르타크세르크세스는 속주들에 용병과 무기를 갖추라고 명령했다. 그 시점에는 그 누구도 마케도니아의 승리에 돈을 걸지 않았을 것이다. 그간 뛰어난 군사 지도력을 보여 주었던 아르타크세르크세스는 필리포스의 군대를 쉽게 격퇴했다.

그러나 338년에 아르타크세르크세스가 암살당했다. 그해에 필리포스는 아테네동맹을 격파했고 페르시아 궁정의 혼란을 최대한 활용할 기회를 잡았다. 그는 빠르게 움직였다. 337년 봄, 필리포스는 페르시아에 맞서 그리스인의 힘을 규합하고 소아시아의 동포를 해방하고자 코린트동맹을 결성했다. 가을, 필리포스는 헬레스폰트 건너편에 장군 둘을 보내 교두보를 짓게 했다. 336년 봄, 두 장군의 1만 군사가 이오니아해 연안 남쪽으로 내려가 마그네시아까지 진군했다. 소아시아 전체가 전운에 뒤덮이고 있었다.

그해 여름, 마케도니아군은 페르시아 용병 부대와 처음으로 교전했다. 칼과 칼이 맞부딪치는 그때, 에게해 건너편에서 뜻밖의 소식이 들려왔다. 필리포스 왕이 암살당한 것이다. 당시 겨우 스물세 살이었던 알렉산드로스는 반란과 소요에 직면했다. 그러나 그는 이런 장애들을 보기 좋게 극복하고 계속해서 페르시아와의 결전을 준비해 나갔다. 이 놀라운 박력은 그가 왕자 시절에 받은 훈련, 아리스토텔레스 등 최고의 교사들에게서 받은 교육, 그리고 16세부터 전투를 지휘하며 쌓은 경험에서 비롯된 것이었다.

334년, 알렉산드로스는 헬레스폰트를 건넜다. 다리우스는 그때까지도 소아시아의 방어를 그리스계 용병에게만 맡기고 있었다. 그들은 트로이 근처 그라니코스강 기슭의 진흙땅에서 마케도니아군에 패배했다. 알렉산드로스가 이 지역 도시를 하나하나 접수하는 동안 페르시아의 총독들은 속수무책이었다. 소아시아를 장악한 알렉산드로스는 이제 차근차근 레반트와 이집트, 메소포타미아로 진군했고, 331년 가을 가우가멜라 전투에서 다리우스가 직접 이끄는 페르시아군에 결정적인 승리를 거두었다. 이로써 페르시아 제국의 심장부가 열렸고 마케도니아군은 그리로 들어갔다. 328년 알렉산드로스의 군대는 페르시아 최후의 군대를 분쇄했다. 다시 한번, 변두리 소국이 메소포타미아를 차지했다.

지금도 역사학자들은 마케도니아가 승리할 수 있었던 이유를 두고 논쟁한다. 알렉산드로스가 다리우스 3세보다 더 큰 제국을 통치하게 된 것은 애초에 키루스 2세가 페르시아 제국을 세운 사건만큼 있을 법하지 않은 일이었다. 마케도니아군이 페르시아에 들어가 왕실의 막대한 보물을 발견했다는 사실을 보건대 제국은 그때까지도 충분히 많은 자원을 비축하고 있었다. 다리우스가 수백 명의 개인 요리사와 (향수를 뿌려 주는) 수십 명의 몸시중을 전장에 대동한 것을 보고 적들은 당황했다지만, 어쨌든 그는 최후의 전투에서도 수십만 군사를 이끌었다. 그러나 다리우스가 저지른 가장 큰 실수는 뭐니 뭐니 해도 마케도니아인이 헬레스폰트해협 (다르다넬스해협의 옛이름-편집자 주)을 건너와 거점을 확보하게 놔둔 것, 그리고 소아시아 방어를 용병에게 맡긴 것이었다. 그는 더 신속하게 제국의 대규모 정규군을 움직여 알렉산드로스를 저지했어야 옳았다.

알렉산드로스는 페르시아군이 수세로 돌아선 시점부터 뛰어난 군사 지도력을 발휘했다. 그는 최전선에서 군을 이끌며 사기를 고취했고, 유능한 장군들을 참모로 기용했고, 자신의 이미지를 반신반인半神半人으로 정교하게 구축했으며, 군의 모든 승리를 왕의 성취로 내세우는 프로파간다를 구사했다. 부왕이 물려준 군사가 그를 뒷받침했다. 마케도니아군은 막강한 팔랑크스 부대를 비롯하여 정예 기병대와 군사공학 전문가를 보유했다. 그러나 알렉산드로스의 정치력은 군사적 수완만큼 대단하지 않았다. 그가 323년 바빌론에서 서른두 살의 나이로 사망하자 그의 명성과 제국 양쪽에 금이 가기 시작했다. 그는 정복지의 지배를 강화하는 데 소홀했고 페르시아의 제국 행정을 본인의 새로운 체제로 전환하지 못했다. 피정복민의 충성심을 얻기 위해 노력하지도 않았다. 알렉산드로스의 전기를 쓴 그리스의 플루타르코스는 그가 페르시아식 호사에 정신이 팔렸고 군부와 사이가 틀어졌으며 점점 거만한 폭군으로 변했다고 썼다. 무엇보다도 알렉산드로스는 제때에 후계자를 지명하지 않았다. 죽음을 앞둔 병상에서 "가장 강한 자"가 제국을 물려받아야 한다고 중얼거렸을 뿐이다.

## 페르시아의 제국적 전통

알렉산드로스는 페르시아의 강력한 제국 전통에 온통 사로잡혔다. 특히 수도 페르세폴리스가 깊은 인상을 남겼다. 이 도시의 건축에는 제국을 영원히 지배하겠다는 페르시아인의 꿈이 눈부시게 형상화되어 있었다. 육중한 성벽 안쪽으로 먼저 첫 번째 내궁 및 사람 머리에 날개를 단 위협적인 황소상 두 쌍이 지키는

'만국의 문'이 나타났다. 이 문을 지나면 두 번째 내궁과 함께 거대한 기둥이 떠받친 아파다나(대회장)가 우뚝 서 있었다. 이 건물은 기단 높이가 3미터에 이르렀고 부조에는 페르시아 창병과 스키타이, 파르티아, 이오니아 등 제국 전역에서 공물을 들고 온 사절단의 모습이 빼곡하게 새겨져 있었다. 행렬을 위한 넓은 계단을 올라 한 쌍의 청동 문을 지나면 마침내 대접견실이 나타났다. 20미터가 넘는 높이의 기둥 36개가 천장을 받쳤고, 사각형 요철로 구획한 천장 역시 호화롭게 장식되어 있었다. 아파다나 뒤편의 출입이 제한된 구역에는 왕궁과 규방, 그리고 무엇보다도 왕실 보고가 감춰져 있었다. 알렉산드로스는 그곳의 황금을 전부 가져가기 위해 낙타를 1,000마리나 써야 했다.

페르세폴리스는 왕궁인 동시에 사원이었다. 페르시아 왕은 하늘의 축복을 받아 세계를 통치했다. 이 관념을 가장 잘 보여 주는 유물이 아르타크세르크세스 2세의 바위 무덤 전면을 장식한 조각이다. 부조 맨 위에는 아후라마즈다<sup>Ahura Mazdah</sup> 신이 있고, 그 아래 연단에 왕이 서 있으며, 다시 그 아래로 신하들이 두 단을 이루어 연단을 떠받치고 있다. 베히스툰산의 바위 부조에는 아후라마즈다의 두 날개 밑에서 왕위에 등극한 다리우스 1세가 아홉 명의 포박당한 선왕들을 심문하고 있다. 다리우스는 이 장면 아래에 옛 지배자들의 잘못으로 인해 파괴되었던 세계의 질서를 자신이 아후라마즈다의 은총과 도움으로 회복하고 백성의 행복을 지켰다고 썼다.

페르시아는 바빌론과 아시리아의 제국 전통을 상당 부분 그대로 유지했다. 고대 문학 『길가메시 서사시』와 함무라비법전이 계속해서 널리 읽혔다. 아후라마즈다를 묘사하는 데 아시리아의 신 아슈르의 도상을 차용하기까지 했다. 인구와 경제도 여전히 메소포타미아에 집중되어 있었다. 우리는 예술과 건축, 기반 시설, 농업, 관료제, 제국 조직 등 페르시아의 모든 측면에서 과거의 영향력을 확인할 수 있다. 제국 전역에 분포한 왕실 병참지와 수비대는 앞 시대에 주요 도시를 연결했던 바로 그 길과 그 경로로 서로서로 연결되어 있었다.

아시리아가 영토를 총독과 속주 체제로 편제한 것과 똑같이 페르시아도 영토를 속주로 나누어 다스렸다. 페르시아의 총독인 사트라프는 관할지의 징세, 치안, 사법을 책임졌고, 그 밖에도 국경 밖의 변화를 감시하고 왕실에 보고할 만한 일은 전부 보고할 의무를 지녔다. 또 피정복 지역의 사절이 그들을 찾아왔다. 가령 소아시아 남서부의 크산토스에서 발견된 4세기 초의 프리즈 유물에는 총독 혹은 그에 준하는 현지인이 화려한 양산 아래 앉아 그리스 사절을 질책하는 모습이 새겨져 있다.[3] 물론 피점령지의 사절은 '왕들의 왕'도 주기적으로 알현하여 충성을 맹세하고 공물을 바쳐야 했다. 우리는 헤로도토스, 투키디데스, 크세노폰 등 그리스 역사가의 저술에서 이 시대의 다양한 외교 활동을 확인할 수 있다. 페르시아 왕은 멀게는 인도까지 이곳저곳에 사절을 파견했다. 지배를 받아들이는 민족은 자비롭게 대우하고 저항하는 자들은 무자비하게 다스리는 것, 이것이 제국의 전략이었다. 다리우스 1세는 자신의 묘비명에 이렇게 공포했다. "협조하는 자에겐 협조한 만큼 내가 포상한다."[4] 키루스 2세를 이상적인 왕으로 그린 크세노폰의 전기에 따르면 페르시아의 원칙은 다음과 같았다. "우리가 추구하는 바는 두 가지이다. 땅을 가진 자들을 우리가 지배하는 것, 그리고 그들이 그 땅에 계속 머무르게 하는 것이다. 땅에 사람이 줄면 생산물도 줄기 때문이다."[5]

　　페르시아인은 속주에 소요가 발생하면 일단 총독으로 하여금 질서를 회복하게 했다. 이오니아 반란 진압 건도 그들에게는 그렇게 정의를 되찾은 경우였다. 총독 마르도니우스가 부과한 협정에 따라 이오니아 도시들은 페르시아가 임명한 인기 없는 참주 대신 민주 선거로 지도자를 뽑고, 다시는 서로 싸우지 않기로 맹세하고, 상호 교역을 증진하기로 했다. 그러나 또 한편으로는 국경 분쟁에서 페르시아의 중재를 받아들일 의무, 공통의 법을 따를 의무, 장벽을 허물 의무를 지게 되었다. 페르시아가 원한 것은 페르시아가 감독하는 '자치 정부'였다. 에게해 건너편 도시국가들에 사절을 파견하여 물과 흙을 요구했을 때도 페르시아는 바로 그런 관계를 구상했을 것이다. 그러나 스파르타와 아테네가 요구에 불응하자 페르시아는 그리스를 방어하기 위해 결성된 동맹에 분열을 일으키기로 했고, 실제로 곧 그렇게 했다. 그리스 중부와 남부에 이르는 관문인 테살리아가 다리우스 왕에게 전령을 보내어 제휴를 제안했다. 아르고스와 테베도 곧 합류했다.

　　페르시아가 활용한 가장 효과적인 외교 수단 중 하나는 돈이었다. 페르시아 전쟁이 끝나 가면서 결국 이 갈등의 최대 수혜자는 아테네임이 분명해지고 있었다. 이에 아르타크세르크세스 1세는 델로스동맹에 속하지 않은 스파르타와 손잡고자 했다. 또 456년에는 메가바조스라는 관리에게 스파르타를 매수하여 아테네의 키프로스·이집트 원조를 저지하라고 명령했다. 449년, 아테네의 장군 칼리아스는 페르시아에 가서 50년간의 갈등을 공식적으로 끝내고 돌아왔으나, 협상으로 얻어 낸 이권이 불충분하다는 평가와 함께 뇌물 수수 의혹을 받았다.[6] 페르시아는 처음에는 스파르타 해군에 자금을 댔다가, 스파르타가 아르타크세르크세스 2세에 맞선 반란을 지원하자 다시 아테네를 원조하는 식으로 분할통치 정책을 폈다. 395년에는 (로도스 출신 그리스인인) 티모크라테스라는 중개인을 그리스에 보냈다. 그의 임무는 아테네, 테베, 코린트, 아르고스의 정치인에게 황금을 뿌려 반스파르타 동맹을 맺게 하는 것이었다.

페르시아는 '특별한 관계'를 맺자며 그리스 도시들을 유인했다. 그 근거로 조상이 같다는 정서적 공감대를 내세울 때도 있었고, 공동의 이익이라는 실용적인 논리를 펼 때도 있었다. 하지만 때에 따라서는 그리스의 외교 때문에 페르시아가 갈팡질팡했다. 예컨대 425년 페르시아 왕은 스파르타 사절단을 만난 뒤 보낸 답장에 앞으로는 그리스인들이 한목소리로 발언하길 바란다고 썼다. "왕은 그들이 무엇을 원하는지를 이해할 수 없었다. 그 많은 대사가 찾아와 저마다 다른 이야기를 전했기 때문이다."[7]

## 그리스, 재앙 속으로 행군하다

"무도하다!" 그리스인은 페르시아의 황금에 넘어간 외교가들을 그렇게 평결했다. 아테네의 한 희극 작가는 이름난 대중주의 정치가 에피크라테스가 아테네의 이익보다도 페르시아의 사치품에 정신이 팔렸다고 조롱했다. 티마고라스라는 사절은 황금에 더해 그리스인의 검소한 생활방식에 어긋나는 페르시아식 침대까지 들고 돌아왔다가 결국 사형을 당했다. 그리스의 많은 지식인이 무엇보다도 그리스의 분열을 두고 고심했다. 헤로도토스는 모든 그리스인이 혈족 관계임을 강조하면서 미개한 페르시아인에 맞서 공동전선을 펴자고 주장했다. 그러나 사실 그리스는 단 한 번도 통일된 적 없는 세계였다. 상업으로 번성하여 그리스 전역과 연결되어 있던 아테네마저도 극히 토착주의적인 태도를 취할 때가 많았다. 아테네에 온 이민자 중 많은 수가 추방당하거나 재산을 몰수당했고 목숨을 잃기까지 했다.

그리스의 내적 긴장은 펠로폰네소스 전쟁에서 정점에 다다랐다. 아테네의 역사가 투키디데스(460~400)에 따르면 이 전쟁은 전례 없는 비극, 재앙으로의 행군이었다. "그리스 전역은 어떤 세력들이 어떻게 규합해도 별 도리가 없는 혼란스러운 상황이었다. … 아테네와 스파르타는 전쟁을 위해 잠시 동맹을 맺었으나 이내 불화를 일으키고 각자 동맹을 모아 서로에게 무기를 겨누었다."[8] 아리스토파네스의 희극 『리시스트라테Lysistáte』(411)에서 그리스 여자들은 펠로폰네소스 전쟁을 멈추고자 섹스 파업을 벌인다. 『평화Peace』(421)에서는 한 아테네 농부가 전쟁을 끝내야 한다는 생각에 거대한 쇠똥구리를 타고 하늘로 날아올라 전쟁의 신 폴레모스가 우리에 가둬 둔 평화의 신 이리니를 풀어 준다. 창이 포도나무 버팀목으로 변하고, 갑옷의 가슴받이가 그릇이 되고, 진군나팔이 무화과의 무게를 다는 저울이 된다. 에우리피데스의 비극 『트로이의 여자들The Women of Troy』(415)은 그리스인이 자초한 학살과 빈곤을 비판하는 이야기이다. 정치가 데모스테네스는 펠로폰네소스 전쟁으로 인해 아테네가 멸망할 뻔한 경험을 하고도 그리스 세계가 마케도니아라는 새로운 세력의 위협을 좌시하고만 있다고 호통했다. 영토를 빼앗기고 교역이 위축되는데도 그처럼 조직적으로 대응하지 않고 전쟁을 회피하는 것은 "아둔한 행위"였다.[9]

많은 그리스인이 통합과 평화를 갈망했으나 지식인 대다수는 평화라는 상태가 과연 실현될 수나 있는지에 대해 회의적인 입장을 고수했다. 아테네의 철학자 플라톤(424~348)에 따르면 인간은 서로 기대어 살아가는 존재이며 조화로운 도시에서 평화롭고 건강하게 공존하다가 천수를 누리고 죽을 수 있으나 탐욕과 시기에 눈이 멀어 그런 이점을 보지 못한다. 그들은 내분에 시달리는 '열병' 걸린 도시에서 살아간다. 조화로운 도시를 건설하는 유일한 방법은 모든 시민을 필요한 만큼 교육하고 군인으로 길러내는 것, 그리고 무엇보다 평화라는 가치를 정치적 정당성의 토대로 삼는 것이다. "그리스인이라면 그리스를 파괴해선 안 된다."[10]

아리스토텔레스(384~322)도 스승 플라톤과 같은 견해를 취했지만 그는 훨씬 더 현실적인 입장에서 정치가들에게 권력균형에 주시하라고 조언했다. "정치가는 다른 나라의 군사력이 제 나라의 것과 비슷한지 다른지를 알아야 한다. 그 사실이 두 나라의 상대적인 힘에 영향을 끼칠 수 있기 때문이다."[11] 아리스토텔레스는 자유를 지키기 위해 전쟁을 불사해야 할 때가 많다고 보았다. 나아가 평화를 지키기 위해 전쟁을 벌여야 하는 모순에 대해서도 이야기했다. 요컨대 인간은 여유를 누리기 위해 바쁘게 일하고 평화를 지키기 위해 전쟁을 치른다는 것이다. 권력균형에의 집착은 헤로도토스의 역사 기술에도 나타난다. "페르시아의 권력이 꾸준히 강해지고 있었다. 이에 크로이소스 왕의 고민이 깊어졌다. 그는 너무 늦기 전에 손쓴다면 페르시아의 팽창을 저지할 수 있을지 알고 싶었다."[12]

투키디데스도 펠로폰네소스 전쟁의 원인을 이와 흡사한 관점에서 설명했다. 그에 따르면 인간 본성을 결정하는 핵심 요소는 두려움, 명예, 자기 이익이지만 국제정치를 결정하는 가장 근본적인 요소는 권력균형이다. 투키디데스의 유명한 단언대로 "아테네가 힘을 키웠고 그로 인해 스파르타가 두려움을 키웠기에 전쟁을 피할 길이 없었다".[13] 투키디데스는 그 밖의 약소 세력이 이 전쟁에서 어떤 역할을 맡았는지에 대해서도 기록했다. 전쟁의 방아쇠를 당긴 것은 에피담노스라는 작은 촌락이었다. 이곳에서 분쟁을 일으킨 두 세력 중 한쪽이 케르키라를 끌어들였고, 케르키라는 아테네에 도움을 요청했다. 반대파는 코린트에 도움을 요청했고, 코린트는 동맹인 스파르타에, 스파르타는 페르시아에 지원을 요청했다.

투키디데스는 국제 관계에서 법, 중재, 정의가 가지는 한계도 밝혔다. 중재를 통해 분쟁을 해결하는 경우도 많았으나 케르키라와 코린트는 중재 조건에 합의하지 못했다. 그들은 스파르타와 아테네의 의회에 나가 긴 연설을 했다. 그 내용에서 알 수 있듯이 조약은 각 당사자가 과거와 현재의 사건에 비추어 이를 어떻게 해석하느냐에 따라 그 유효성과 정당성이 달라지기 십상이었다. "스파르타인은 과거의 조약이 파기되었다고 결정했으며, 동맹의 연설에 설득되어서라기보다는 아테네가 앞으로 세력을 더 확장할 것을 우려하여 전쟁을 선포하기로 했다. 실제로 아테네는 이미 그리스 세계에서 가장 큰 세력이었기 때문이다."[14] 투키디데스는 과거 어느 때에나 약자가 강자에게 굴복하는 것이 세계의 자연스러운 질서였다는 회의적인 결론에 도달했지만 또 다음과 같이 주장했다. "바로 이것이 지도자의 의무이다. 제 자신의 이익만이 아니라 다른 모든 사람의 이익을 도모하는 것. 나아가 다른 사람들이 자신에게 부여하는 그 모든 명예에 화답하여 전체의 이익을 특별히 고려하는 것."[15]

그리스 세계의 항구적인 긴장은 또 한편으로 다채로운 외교적 실험을 촉진했다. 군주와 참주 대신 대중 대의代議에 기초한 의회가 수립되자, 각 도시는 가장 말 잘하는 연설가를 외국 의회에 보내어 의견을 개진하는 외교술을 활용했다. 투키디데스는 그런 웅변가가 아테네와 스파르타의 의회에서 제 도시의 이익을 열성적으로 변호하는 장면, 이어 두 나라 고위 정치가가 그 주장에 대한 의회의 대응을 이끌어 나가는 장면을 거듭 묘사했다. 이보다 더 전형적인 종류의 외교가도 있었다. 전령은 매우 제한된 협상권을 위임받았던 반면에 정식 사절은 의회가 정한 범위 내에서 협상을 체결할 권한을 가졌다. 또 프록세노스proxenos라고 해서 자국에서 다른 나라의 이익을 대변하는 일종의 명예 영사가 있었다. 이들은 해당 국가의 사절을 도와 협상을 진행하거나 식량과 배편을 제공하는 대가로 그 나라로부터 공식적으로 보호받거나 수입·수출품에 대한 감세 혜택을 받았다. 프록세노스는 평범한 시민이 맡아 했지만 개중에는 이름난 장군도 있었고 때로는 왕이나 시인도 있었다.[16] 아테네의 아크로폴리스미술관에는 이 '공인된 벗'의 활약을 묘사한 여러 점의 부조가 있는데, 그중 하나는 두 도시의 수호신이 그 사이를 중재하는 프록세노스의 몸에 엄숙하게 손을 얹은 상징적인 모습을 담고 있다.[17] 이 시대에 조약을 맺을 때는 그 의무를 다할 것을 신 앞에 맹세한 다음 조약의 내용을 돌에 새겨 시민이 읽을 수 있게 했다. 그러나 투키디데스가 말한 대로 사람들이 신전을 채 나서기도 전에 조약이 위반되는 경우가 비일비재했다.

　　더 광범위한 외교 수단으로, 강대국을 중심으로 결성하는 동맹이 있었다. 아테네가 제창한 델로스동맹, 이에 맞서 스파르타를 중심으로 뭉친 펠로폰네소스동맹, 마케도니아의 코린트동맹 등

이 그 예이다. 약소국은 주도국에 세금을 내고 병력을 제공하는 대가로 안보를 보장받았다. 또 아테네와 스파르타 모두 동맹국에 자신들에게 협조적인 정권을 세우고 자신들과 유사한 정치체제를 이식하고자 했다. 흥미롭게도 안보동맹 다음으로 동맹을 추진한 가장 이른 시도 중 하나는 페르시아 총독 마르도니우스가 이오니아 반란의 여파 속에서 소아시아 지역 그리스계 도시의 공조를 모색한 것이다. 반대로 강대국을 견제하고자 동맹을 맺는 경우도 있었다. 가령 5세기 초 그리스 도시들은 페르시아의 침략을 막기 위해 동맹을 맺었다.

비교적 작은 동맹은 고도의 통일체를 이루기도 했다. 예컨대 아르카디아동맹(370~230)에 들어가려면 도시의 자율성을 상당 부분 포기하고, 민주정체에 합의하고, 동맹의 수도로 건설된 메갈로폴리스의 협의회에 대표를 파견하고, 공통의 외교·안보 노선을 따르는 등의 조건을 받아들여야 했다. 아카이아동맹(281~146)은 그보다 더 나아가 거의 연방 정부에 가까운 정치체를 이루었다. 에페이로스동맹(300~170?)도 연방 체제를 구축하여 정기 협의회, 단일한 징세 법규와 통화를 두었고 개인의 이동권을 보장했으며 역사에서 가장 일찌감치 여성에게 시민권을 부여했다.

페르시아 전쟁과 펠로폰네소스 전쟁 동안 수많은 평화조약이 체결되었고 또 그만큼 많은 조약이 파기되었다. 칼리아스 화약은 겨우 2년간 유효했다. 446년, 스파르타와 아테네는 30년 화약을 체결하여 그리스 세계 대부분을 두 나라의 세력권으로 분할하기로 했다. 이 조약은 4년 만에 깨졌다. 421년에는 열일곱 개 도시가 니키아스 화약으로 펠로폰네소스 전쟁을 부분적으로나마 종결했다. 50년간 지키기로 한 이 조약은 6년 만에 완전히 무의미해졌다. 387년 페르시아와 이오니아 지역이 맺은 안탈키다스 화약은 '공통의 평화'라는 개념을 도입하면서, 스파르타의 패권하에 모든 도시국가의 독립을 보장한다는 원칙을 천명했다. 그러나 잘 알려진 대로 371년의 한 평화 회담에서 아테네 사절 아우토클레스는 다음과 같이 스파르타를 비난했다. "당신들 스파르타인은 늘 '도시의 독립성을 지켜야 한다'고 주장하지만 실상 도시들의 독립성을 해치는 가장 큰 장애물은 스파르타이다. 당신들이 동맹 도시에 요구하는 첫 조건이 다름 아니라 스파르타가 이끄는 대로 따르라는 것 아닌가? 이것이 어떻게 독립과 양립할 수 있는가?"[18] 이어 테베 대표 에파미논다스도 평화를 실현하기 위해서는 먼저 스파르타가 그 자신이 지배하고 있는 촌락들을 해방해야 한다고 주장했다. 이 회담은 결국 전쟁으로 귀결되었다. 그렇지만 363년과 338년에도 다시 '공통의 평화'를 위한 노력이 이루어졌다. 후자는 마케도니아의 팽창에 대한 대응이었다.

그리스에서 평화라는 개념은 자유로운 교역과 긴밀히 연결되어 있었다. 평화의 중요성을 일찌감치 역설한 그리스인 중 하나가 역사가 크세노폰이었다.

다른 교역 도시의 상인들은 상품과 상품을 교환한다. 그들의 주화가 국경 밖에서는 통하지 않기 때문이다. 반면에 우리는 물건과 농산물이 풍부하여 외국 상인의 수요를 채우고도 남는 데다 그들이 그들 상품과 우리 상품을 맞바꾸지 않겠다고 하는 경우에도 은을 주고 교역할 수 있기 때문에 우리와 교역하는 편이 더 유리할 것이다. 은은 다른 어느 시장에서든 아테네에서 받은 값보다 더 비싸게 쳐 주기 때문이다.[19]

안탈키다스 화약에서도 자유로운 교역이 중요하게 다루어졌다. 물론 그 이전에 체결된 칼리아스 화약도 "모든 세력이 마음 놓고 바다를 오갈 수 있도록" 보장하고자 했다.[20] 알렉산드로스 대왕은 페르시아 백성에게 다음과 같은 칙령을 내렸다고 한다. "나는 그대들의 땅에 번영을 가져오고자 하며, 페르시아의 도로를 완전한 평화 속에서 교역과 상업에 사용해 보려고 한다. 그렇게 해서 그리스인이 와서 페르시아인과 교역하고 페르시아인이 가서 그리스인과 교역할 수 있었으면 한다."[21] 그러나 그리스가 공통의 상업적 이익을 위해 전쟁을 멈춘 적은 별로 없었다.

## 로마, 제국으로의 첫걸음을 내딛다

323년 알렉산드로스 대왕의 사망과 함께 동지중해와 서아시아는 혼란 속으로 곤두박질했다. 마케도니아의 장군들이 왕위를 둘러싸고 전쟁을 일으키면서 옛 제국의 영토가 크게 넷으로 나뉘었다. 많은 피를 흘린 뒤 결국 안티고노스 왕조가 마케도니아 본토를, 아탈로스 왕조가 소아시아를, 프톨레마이오스 왕조가 이집트를, 셀레우코스 왕조가 메소포타미아를 차지했다. 이로써 통일 시대가 끝나고 여러 지역의 질서가 공존하는 시대가 시작되었다. 306년, 먼저 안티고노스가 알렉산드로스의 후계자를 자처하며 스스로 왕위에 올랐다. 그는 아들 데메트리오스와 함께 레반트와 소아시아, 키프로스섬, 펠로폰네소스반도 일부를 장악했다. 그러나 그것으로 만족할 수 없었다. 궁극의 전리품은 역시 바빌론이었다. 알렉산드로스를 비롯하여 메소포타미아의 모든 성공한 지배자가 그러했듯 안티고노스는 바빌론 정복을 간절히 원했다.

거의 그렇게 될 뻔했다. 그러나 안티고노스는 301년 입소스 전투에서 경쟁국 연합에 패퇴하고 사망했다. 상대는 데메트리오스가 이끄는 안티고노스 세력을 레반트와 소아시아에서 몰아냈다. 281년에는 그중 셀레우코스 왕이 서아시아를 단독으로 장악했다. 그러나 그는 헬레스폰트를 건너 마케도니아까지 흡수하고자 전쟁을 준비하던 중에 암살당했다. 그의 아들 안티오코스 1세는 다른 누구보다 이집트의 프톨레마이오스 2세라는 대단한 야심가와 치열하게 경쟁해야 했다. 수백 년 전의 역사가 반복되고 있었으니, 이집트 왕과 메소포타미아의 왕이 또다시 레반트 지역을 두고 다투었다. 알렉산드로스의 후계 왕조 간에 벌어진 이 전쟁은 100년 이상 이어지다가 결국 로마라는 새로운 강대국에 의해 종결된다.

로마는 서기전 3세기에 차츰 서지중해의 일인자로 부상했다. 테베레강 기슭의 작은 도시가 수백 년간 숱한 전쟁을 거치며 대국으로 성장하고 있었다. 로마는 에트루리아와의 싸움에서 연달아 승리한 뒤 만만치 않은 위협에 직면했다. 갈리아인 수십만 명이 알프스산맥을 넘어 오늘날의 프랑스, 에스파냐, 발칸반도로 들어오던 때였다. 387년, 로마는 거의 섬멸당할 뻔했다. 갈리아인의 지도자 브렌누스는 로마를 점령했다가 뇌물을 받고 철수했다. 하지만 로마를 위협하는 세력은 그뿐이 아니었다. 북쪽에서는 볼스키와 에트루리아가 여전히 로마의 헤게모니에 저항하고 있었다. 남쪽에서는 그리스의 상업 도시인 시라쿠사, 타렌툼과 원래 페니키아의 식민지로 세워졌던 카르타고 등(각각 당시 인구가 10만 명이 넘었다)이 로마와 경쟁했다. 348년, 카르타고는 로마에 사르데냐와 북아프리카에 접근하지 못하게 하는 굴욕적인 조약을 강요했다. 303년에는 타렌툼이 로마의 이오니아해 접근을 제한하는 조약을 강요했다.

그러나 지중해의 권력균형은 서서히 바뀌고 있었다. 3세기 초, 로마는 삼니움인, 갈리아인, 에트루리아인 연합체와의 전쟁에서 거듭 승리하면서 이탈리아반도 대부분을 실질적으로 장악했다. 최후의 대규모 저항은 280년 에페이로스의 왕 피로스가 타렌툼을 도우려고 이오니아해를 건너왔을 때였다. 그는 노련한 장군이었고 로마인이 본 적 없는 전투 코끼리 20마리를 데려왔으나 로마의 끝없는 인해 전술 앞에서 판도를 뒤집지는 못했다. 그는 이렇게 말했다. "로마와 싸워 또 한 번 승리한다 해도 우리는 패망하고 말리라."[22]

264년, 시칠리아섬의 도시 메시나가 시라쿠사와의 갈등 국면에서 로마에 원조를 요청했다. 카르타고는 이 요청을 조약 위반으로 간주하고 메시나부터 점령했고, 로마는 이에 대응하는 수밖에 없었다. 바로 이 연속된 사건이 포에니 전쟁(264~146)의 서막이었다. 서지중해의 지배권을 두고 100년 넘게 이어진 이 싸움을 통해 로마는 유럽의 최강자로 등극했다. 포에니 전쟁의 후반부 전개를 상세히 기록한 그리스 역사가 폴리비오스는 이 전쟁의 근본 원인을 다음과 같이 설명했다.

로마는 카르타고가 리비아를 넘어 이베리아반도 이곳저곳까지 흡수하는 것을 목도했다. 나아가 카르타고는 사르데냐와 티레니아해의 모든 섬을 지배하고 있었다. 로마는 그런 카르타고가 시칠리아까지 손에 넣는다면 너무도 막강하고 위험한 세력과 이웃하게 될 것이고, 결국엔 그들이 이탈리아반도를 사방에

서 에워싸고 그 연안 전체를 호령하는 위치를 점하리라는 불안에 사로잡히기 시작했다.[23]

서지중해에서 로마가 벌이던 권력 싸움과 동지중해·서아시아에서 알렉산드로스의 후계 왕조들이 벌이던 세력 싸움은 애초에 서로 무관했다. 양상이 바뀌기 시작한 것은 피로스 왕이 이오니아해를 건넜을 때, 이어 273년 이집트의 프톨레마이오스 2세가 이웃 카르타고를 견제하고자 로마와 동맹을 체결했을 때였다. 하지만 이집트는 1차 포에니 전쟁(264~241) 중에 편을 바꾸어 카르타고에 자금을 댔다.

서기전 500년부터 250년까지, 지중해와 서아시아와 북아프리카는 서서히, 그러나 끊임없이 하나의 거대한 권력정치의 각축장으로 통합되었다. 맨 처음 이 격변을 촉발한 사건은 아케메네스조 페르시아가 에게해 서쪽과 이집트에서 일으킨 전쟁이었다. 페르시아는 하드 파워와 금권을 동시에 휘둘렀다. 이 두 힘은 아시리아와 바빌론의 제국 전통에서 물려받은 조공 질서의 산물이자 옛 강국들의 선례를 따라 교역을 장악하는 데 힘쓴 결과였다. 4세기 중반 한때는 알렉산드로스 대왕이 그보다도 큰 제국을 영원히 지배할 것처럼 보이기도 했다. 이 대제국은 그가 죽은 뒤 정치적으로는 분열했으나 경쟁과 교역, 여행을 통해 변함없이 긴밀하게 연결되었다. 그사이 로마는 아드리아해의 교역을 장악하는 데 점점 더 큰 관심을 쏟았고, 결국 이후 수백 년간 그리스 및 동지중해 전체를 정복하게 된다.

당대의 저술가들은 우리에게 이 흥미로운 외교의 장에 관해 많은 정보를 전한다. 그들의 글을 읽으면 공화국과 군주국, 민주제와 과두제가 권력에 집착한다는 점에서는 그리 다르지 않았음을 분명히 알 수 있다. 물론 복지, 자유로운 무역, 국제 협력의 중요성을 강조한 사상가도 있었지만 그런 이들 또한 권력균형을 유지하는 문제를 매우 중요하게 생각했다. 투키디데스는 펠로폰네소스 전쟁사를 쓰면서 두 세력이 한곳에서 같은 이익을 추구할때 발생하는 비극적인 딜레마에 대해 탐구했다. 폴리비오스는 포에니 전쟁의 원인에 대해 쓰면서 군소 세력 간 갈등이 흔히 대국간 전쟁으로 비화하는 과정, 상업적 야심이 초래하는 위태로운 결과에 대해 논했다. 크세노폰은 다음과 같은 결론에 도달했다. "그러므로 불화와 분노가 전쟁을 낳고, 탐욕이 자애를 짓누르고, 질투가 미움을 맺는다."[24]

## 마우리아 제국

페르시아의 국경 너머, 인더스강 동편에도 서서히 새로운 제국이 들어서고 있었다. 이미 326년에 알렉산드로스의 군대가 전사 20만 명에 전투 코끼리 3,000마리로 이루어졌다는 난다 군대와의 충돌을 피해 베아스강 앞에서 발길을 멈춘 바 있었다.[25]

난다 왕국은 그 몇십 년 전에 마하파드마 난다(345~321)가 세운 나라였다. 마하파드마('큰 부를 지배하는 자'라는 뜻의 이름)는 빔비사라가 세운 마가다 왕국을 접수했다. 마하파드마가 권력을 쥐었을무렵 마가다는 이미 갠지스강 중류의 넓은 평야를 다스리고 있었다. 마하파드마는 왕국의 경계를 힌두쿠시산맥·데칸고원의 남쪽기슭까지 넓혔다. 그러나 난다의 승리는 오래가지 못했다. 마하파드마의 후손은 찬드라굽타 마우리아(324~298) 앞에 무릎을 꿇었다. 그는 인도에 제국다운 제국, 그때까지의 세계사에서 가장 큰 나라 중 하나를 세우게 된다.

찬드라굽타가 난다 왕국을 무너뜨릴 만큼 세력을 키운 과정에 대해서는 알려진 바가 거의 없다. 아마도 이 왕실에 대한 반감이 널리 퍼져 있었던 것을 이용하여 게릴라식 전투를 벌였던 듯하고 현직 장군들에게는 뇌물을 주었다고 한다. 난다 왕국을 장악한 찬드라굽타는 알렉산드로스의 꿈을 이어 인도를 정복하려는 셀레우코스 1세를 막기 위해 서쪽으로 진군했다. 두 나라는 2년간 전쟁을 치른 뒤 303년에 평화조약과 혼인 동맹을 맺었다. 셀레우코스는 찬드라굽타에게 전투 코끼리 500마리(2년 뒤 입소스 전투에서 안티고노스를 물리치는 데 중요한 역할을 했다)를 선물받고, 그 답례로 아시아의 남부, 중부, 서부를 잇는 교차로인 힌두쿠시산맥의 고갯길을 양보했다. 마우리아 왕은 곧 새로운 대로(그랜드 트렁크 로드)를 건설하기 시작하고 그 길에 경비대를 배치했다. 그때부터 남아시아와 서아시아의 교역이 활발해졌다. 찬드라굽타의 아들 빈두사라(298~273)는 영토를 남으로 확장하고 타밀인, 촐라 왕국과 동맹을 맺었다. 그의 아들 아소카(268~232)가 왕위에 오를 무렵, 마우리아 제국은 자그로스산맥부터 브라마푸트라강까지 넓은 영토를 지배하고 있었다.

아소카왕의 긴 재위 동안 마우리아 제국 주민은 대체로 평화를 누렸다. 이 놀라운 업적에는 왕실 고문이자 오늘날에도 많은 사람이 읽는 국가 통치에 관한 논문 「아르타샤스트라Arthashastra」의 저자인 카우틸랴의 역할이 상당히 컸다. 그 유명한 '만다라' 이론도 그의 작품이었다. 여러 동심원으로 이루어진 이 지정학적 체계에 따르면 이웃 나라를 견제하는 가장 효과적인 방법은 그 나라 반대편의 이웃과 동맹을 맺는 것이다. 그러나 카우틸랴는 무엇보다도 국내 사회의 안정을 유지하는 것이 중요하다고 역설했다. "현명한 왕이 다스리는 나라에서는 가난하고 비참한 백성마저 행복하고 풍요롭게 살아갈 수 있다." 그 이유인즉 "국력이 힘이고 그 목적은 행복에 있기 때문"이다.[26] 땅은 경작해야 하고 맹수는 물리쳐야 하며 음모자는 제거해야 하고 보화는 쌓아올려야 한다. 강한 왕은 정복에 나설 수 있지만 약한 왕은 마땅히 평화를 도모해야 한다. 「아르타샤스트라」에는 평화조약을 체결하는 방법이 여럿 적혀 있다. 불가에서 또는 코끼리의 어깨 위에서 맹세하기도 했고, 왕실의 어린이나 성인을 볼모로 보내기도 했다(저자는 볼모를 받는 입장에서는 왕자보다 공주가 더 성가신 존재라고 했다). 그러나 카우틸랴는 어떤 형식을 통해 약속하든 간에 평화조약은 새롭게 부상하는 세력에 의해 위반되기 마련이라고 경고했다.

그러나 아소카왕은 이처럼 군소 정치체 간의 무질서에 초점을 맞추는 현실주의적인 전쟁 문화를 거부하고, 대신에 하나의 대국과 그 밑의 위계질서를 전제하는 입장을 선택했다. 칼링가 왕국의 끈질긴 저항을 분쇄한 뒤 불교에 귀의한 아소카는 폭력을 거부하고 백성을 자애롭게 다스리는 통치를 옹호했다. 그는 불교에서 정법正法을 상징하는 존재인 전륜성왕(차크라바르틴, '세계 곳곳으로 바퀴를 굴리는 자')이 되었다. 불교는 서기전 5세기 인도 북부에서 태동한 후 남아시아 전역에 널리 보급되었고, 보편적 진리와 조화를 강조하는 그 교의가 이제는 황제를 정당화하는 편리한 방편이 되었다. 마우리아 제국 전역에 아소카왕의 불교적 칙령을 새긴 돌기둥이 세워졌다. "과거의 왕들은 유람을 즐기러 다녔다. 나의 의무는 만인이 행복하게 살아가게 하는 것이다."[27] 이 '바위 칙령'의 열세 번째 항목은 도덕적인 정복을 강조한다. 아소카왕은 이를 실천하기 위해 사절('두타스dutas')을 제국 전역은 물론 멀리 스리랑카, 그리스, 이집트까지 파견하여 불법佛法을 설파하고 병원을 세우고 정원을 조성했다. 그러나 그의 조화 원칙도 여전히 하드 파워를 바탕으로 했다. 아소카왕은 병사 60만 명의 탄탄한 군사력을 보유했고, 속주의 상황을 면밀히 감시하기 위해 밀정과 밀사(풀리사니스pulisanis)로 이루어진 거대한 정보망을 계속 가동했다. 네 속주는 각각 왕자이자 총독인 '쿠마라kumara'가 맡아 질서를 유지하고 세금을 징수했다.

마우리아 제국의 심장은 오늘날의 파트나 근처에 있던 수도 파탈리푸트라로, 인구가 5,000만에서 6,000만 명에 달했다. 이곳에 머물렀던 그리스 외교가 메가스테네스에 따르면 파탈리푸트라의 장려한 목조 왕궁에 견줄 만한 곳은 페르시아의 대도시들뿐이었다. 마우리아의 수도는 정치, 문화, 과학의 중심지였다. 원주율을 소수점 네 자리까지 계산한 수학자 겸 천문학자인 아리아바타 등 많은 지식인이 파탈리푸트라를 찾아왔다. 빈두사라 마우리아는 셀레우코스의 안티오코스 1세에게 달콤한 포도주와 말린 무화과, 그리고 철학자 한 명을 달라고 청했다. 마우리아 시대에는 현대 역사가가 어리둥절해할 만큼 갑작스럽게 예술이 발전했다. 겨우 100년 사이에 원시적인 점토 조형 대신 정교한 석조물이 제작되었으니 아소카왕의 기둥머리(페르시아의 영향이 뚜렷하게 보인다)나 관능적인 야크시 신상이 그 예이다. 마우리아의 도시들은 문화와 과학이 융용하는, 세계의 새로운 도가니였다. 인도 불교는 승려들의 걸음과 함께 그리스와 동남아시아로 전파되었다. 이제 세계의 중심은 서아시아가 아니라 인도였다.

## 전국시대

인도가 아소카왕 치하에서 평화를 누리던 때, 중국의 상황은 전혀 달랐다. 이 시대 중국의 역사는 처절한 투쟁으로 점철되었다. 주나라가 천명을 저버린 8세기 이래 화베이평야는 도시국가들, 또 그보다 약간 더 큰 왕국들이 주도권을 다투는 격동의 장이었다. 형식적으로는 아직 주나라 왕이 있었지만 그 지위는 명목뿐이었고, 실질적으로는 다른 지배자들에게 완전히 의존하고 있었다. 수많은 외교 회담이 개최되었다. 군비 축소를 논하기 위해서, 전쟁의 규칙을 정하기 위해서, 때로는 평화조약을 맺기 위해서 등 목적은 여러 가지였다. 그러나 그런 외교 노력은 결실을 맺기보다 수포로 돌아갈 때가 더 많았다. 482년 황지 회담에 관한 기록에 따르면, "아직 회담이 진행 중이고 오나라의 새로운 지위를 인정하는 의식이 끝나기도 전에, 월나라 왕 구천이 오나라에 침입하여 수도를 포위하고 전국을 약탈했다는 소식이 전해졌다. 오나라 왕 부차는 회담이 끝날 때까지 이 일을 비밀에 부치려고 전령을 죽였지만 정보가 새어 나갔고 부차는 서둘러 귀국해야만 했다."[28]

중국의 5~3세기는 '전쟁하는 시대'라는 이름이 붙을 만큼 여러 나라가 끝없이 싸운 시대였지만, 사실 나라 수는 14개에서 7개로 줄었고 결국에는 단 한 나라만 남았다. 전국시대(476~221)는 진晉나라가 위魏, 조趙, 한韓으로 분열하면서 시작되었다. 화베이평야 나머지는 초楚, 진秦, 제齊, 연燕으로 나뉘었고 그 중심에는 이제 거의 무시해도 좋을 만큼 무력해진 주나라가 있었다. 여기까지가 질서 있는 세계였다. 그 너머에는 이민족이 살았다. 한반도에는 고조선이, 북쪽에는 유목민 흉노가, 서쪽에는 강족 등의 산악민이 살았고, 남쪽으로는 파촉, 야랑, 전, 그리고 월나라 내 여러 부족 연합이 홍하紅河 너머까지 퍼져 있었다.

진晉의 분열을 가장 먼저 이용한 나라는 위였다. 기록에 따르면, 위의 제후 문후는 약삭빠르게 조와 한을 맞붙였고, 406년 흉노의 한 부족을 침탈했다. 그러나 조는 그보다도 한 수 위였다. 흉노의 궁기병을 흡수한 조는 산악 전투에서 맥을 못 추는 전차 부대들을 쉽게 제압할 수 있었다. 354년, 조는 계릉 전투에서 위를 산산이 무너뜨렸다. 그러나 그 무렵엔 이미 또 다른 강력한 도전자가 무대에 올라 있었다. 진秦의 효공(361~338)이었다. 진은 많은 면에서 다른 나라보다 유리했다. 지리적인 면에서 볼 때 웨이허강 유역의 본거지는 산길을 통해야만 접근할 수 있어 중원으로부터 안전했다. 이 방벽 뒤편에서 진은 납세와 공역을 대가로 토지 소유를 인정하고, 인구 과밀 지역의 농부를 다른 지역으로 분산하거나 효율적인 관개시설을 구축하는 등의 방법으로 탄탄한 농업경제를 일구었다. 기록에 따르면 "그리하여 이 산길 안쪽에는 비옥한 평야가 조성되었고 더 이상 흉년이 들지 않았다"고 한다. 그렇게 진나라는 부유해지고 강력해졌다.[29] 군사 면에서는 역시 흉노의 영향을 받은 경장기병이 큰 힘을 발휘했다. 진의 군대는 소단위로 편성되었고 한가족 또는 한 촌락이 한 부대를 구성하는 경우가 많았다. 260년, 진나라와 조나라는 양쪽이 비슷하게 약 50만 병력으로 장평에서 맞붙었다. 이 격전이자 결전의 결과, 조나라의 수십만 군사가 사망했다. 이제는 누구도 진을 막을 수 없었다. 221년, 중국에 제국 진나라가 탄생했다.

진이 전국시대를 마감하고 중국을 통일했을 당시 중국 인구는 약 4,000만 명이었다. 거듭되는 전쟁으로 인해 인구 증가 속도가 더뎌지는 등 피해가 막심했다. 그러나 기술 분야만큼은 눈부시게 진보했다. 세계 다른 지역들과 마찬가지로 중국에서도 철이 점점 더 널리 쓰이기 시작했다. 농업에는 돌려짓기 농법과 비료가 도입되었고 봉건적 토지 소유제가 시작되어 가족 세습이 어느 정도 가능해졌다. 도시 규모가 커졌다. 이 시대 최대 도시는 제나라의 수도 임치였다. 한 목격자는 인구가 35만이 넘는 이 도시에 대해 이렇게 묘사했다. "사람들이 함께 소매를 들어올리면 하늘이 전부 가려졌고, 함께 땀을 훔치면 비가 내리는 듯 보였다."[30] 바깥쪽으로는 높은 성벽과 탑이 도시를 보호했고, 안쪽에는 폭 20미터가 넘는 대로가 격자망처럼 교차했다. 이런 큰 도시의 중심에는 시장이 형성되기 마련이었다. 사람들은 전통적인 주곡 외에도 가구, 철제 도구, 비단, 또 빼놓을 수 없는 옥까지 점점 다양한 종류의 상품을 사고팔았다. 그렇게 해서 떠오른 상업 거물 중 한 사람인 여불위는 금권으로 진의 재상 자리에까지 올랐다.

왕실의 고문들은 교역 발전에 발맞추어 교역을 통제할 방법을 강구했다. 진의 유명한 고문 상앙은 국가 통치의 기본은 어디까지나 "농업을 장려하고 상업은 억누르는" 것이라고 주장했다.[31] 반면에 유가儒家는 각국이 저마다 특수한 산물을 생산하면 새로운 종류의 정치적 조화가 실현되리라고 보았다. 경제학자 데이비드 리카도의 비교우위론이 세상에 나오기 2,000년 전에 한 유학자는 다음과 같이 말했다. "북해안에는 발 빠른 말과 잘 짖는 개가 많다. … 남해안에서는 크고 작은 새의 깃털과 코끼리의 엄니, 코뿔소의 가죽, 구리, 작은 깃털과 큰 깃털, 진사가 나고 … 동해안에서는 염료가 되는 자줏빛 식물과 하얀 비단, 물고기, 소금이 나며 … 서해안에서는 각종 가죽과 무늬 있는 야크 꼬리가 난다."[32]

맹자는 국경의 관문에서 세금을 매기지 않으면 외국 상인과 여행자가 많이 찾아올 것이라고 했다. 또 『예기』에서는 통관세를 줄여야만 머나먼 지역에서도 상인들이 찾아와 "나라에 부족한 자원이 없을 것"이라고 했다.[33]

다만 중국과 다른 대륙 간의 교역은 미미한 수준에 머물러 있었다. 인도와 서아시아, 지중해가 사치재를 사고팔며 서로 연결되었던 반면, 중국은 아직 이 교역망에 들어가지 않았거나 기껏해야 변두리였다. 그러나 중국은 미지의 땅을 개척하기 시작했다. 진나라는 316년에 파촉을 무너뜨렸고 2년 후에는 서융 마지막 부족의 저항을 진압했다. 연나라는 300년에 한반도의 고조선을 침략했다. 257년에는 멸망한 파촉의 군주 툭판이 베트남 북부에 어우락이라는 나라를 건설했다.

전국시대에는 단일한 통일국가가 없었기에 오히려 다양한 사상이 역동적으로 전개될 수 있었다. 그 결과가 '100개의 사상유파'(제자백가諸子百家)이다. 지식인들은 이 왕궁 저 왕궁을 돌아다녔다. 보수를 두둑이 주는 왕이 아무래도 인기가 많았다. 중국 사상가들은 국가 통치, 외교, 전쟁과 평화에 관해 열띠고 수준 높은 논쟁을 벌였다. 특히 이 지역의 격심한 정세는 법질서를 촉구하는 사상을 낳았다. 상앙, 한비자 등 이른바 '법가法家'는 왕권이 약할 때는 인간의 이기적인 본능으로 인해 혼란이 발생하기 마련이며 권력 없이는 평화도 없다고 주장했다. 상앙이 말하기를, "대개 사람들은 전쟁을 싫어한다. 그러나 사람들로 하여금 전쟁을 좋아하게 만드는 바로 그자가 패권을 차지한다."[34] 한비자에 따르면, "먼 옛날 사람들은 도덕적이고 덕망 있는 사람으로 이름나려고 애썼다. 그다음 시대 사람들은 현명하고 슬기로운 사람으로 이름나려고 애썼다. 지금 사람들은 정력적이고 강력한 사람이라는 명성을 얻으려고 애쓴다. … 교통으로 닿을 수 있는 모든 곳에서 사람들이 찾아와 충성을 맹세한다. 이는 진의 덕성이 아니라 진의 강한 군사력이 만들어 낸 결과이다. 강한 자는 다른 이들이 궁정으로 찾아온다. 약한 자는 다른 이의 궁정을 찾아간다."[35]

주나라가 권위를 완전히 상실하고 다른 제후들이 더 이상 패자 지위를 요구하지도 않는 상황에서 정치학자들은 국가 간 관계를 조정할 방법을 모색했다. 현실론자는 이른바 '수평적 동맹', 즉 약자가 강자 곁에 서서 그 힘을 이용하기를 주장했다. 반면에 약자들이 규합하여 강자에 맞서는 '수직적 동맹'을 강조하는 이들도 있었다. 유가 중에서도 여러 학자가 현실론을 받아들였다. 가령 순자는 싸움을 피할 수 없다고 생각했다. 그는 인간이 탐욕과 육욕, 호전성을 타고나기에 본질적으로 악한 존재라고 보았다. 그러나 이렇게 현실주의를 인정하면서도 유가는 결국 왕의 도덕성을 강조했다. 순자는 한 장군에게 이렇게 말했다. "당신은 계략이 중요하다, 급습이 중요하다 하지만 그런 것은 힘 약한 군주에게나 어울리는 문제입니다. 왕에게 가장 중요한 것은 백성의 지지를 얻는 능력입니다."[36]

그러나 철학자와 현자가 아무리 현명한 조언을 내놓아도 현실은 거의 달라지지 않았다. 이 시대 연대기는 전쟁과 위반된 조약을 열거한 목록이나 다름없다. 그 안에 묘사된 전국시대는 춘추시대보다 더 어지러운 세상이었다.

사절들이 어찌나 급히 길을 달리는지 마차의 바퀴통이 서로 맞부딪칠 정도이다. 서로 친분이 있는 나라들은 동맹을 맺고, 서로 내통하는 대신들은 교활한 책동을 능숙하게 포장한다. 법전이 엄연히 존재하지만 많은 사람이 잘못된 행동을 한다. 공식 문서가 넘쳐 나지만 그 내용은 애매하다. 수백의 가정이 빈곤에 시달린다. 학자들은 이상한 옷을 차려입고 논쟁하지만 전쟁은 끊이지 않는다.[37]

## 국력과 행복

서기전 500~250년, 세계의 동반구는 대체로 정치적 분열에 시달렸다. 화베이평야에는 여러 나라가 각기 힘으로 세력을 통일하려고 경쟁하는 전국시대가 이어졌다. 아케메네스조 페르시아와 알렉산드로스 대왕의 제국은 안으로부터 붕괴했다. 그 결과, 인구가 밀집한 인도-갠지스 평원의 마우리아 왕조가 세계 정치 지도의 중심이자 동아시아와 서아시아를 잇는 중요한 통로가 되었다.

정치체제도 서서히 변화했다. 작은 정치체와 광대한 제국 사이의 중간 규모 국가가 점점 늘었다. 알렉산드로스의 사망 후 동지중해에서는 셀레우코스 왕국과 아탈로스 왕국이 소아시아를 차지했고 프톨레마이오스 왕조가 이집트를, 안티고노스 왕조가 마케도니아를 계승하여 통치했다. 서지중해는 카르타고와 신흥 로마가 양분했다. 중국에서는 '전쟁하는 나라'가 일곱으로 줄었다가 결국 한 나라, 진만 남았다. 한반도는 고조선 왕국이 지배했다.

정치사상 측면에서 보면, 페르시아는 메소포타미아의 제국 전통을 온전히 계승했고 알렉산드로스 역시 짧디짧은 통치 기간에 그 전통을 잇고자 큰돈을 썼다. 중국 주나라 지배층이 천명 이데올로기를 내세웠던 것과 흡사하게 페르시아 왕실은 자신들이 신의 승인하에 시민의 행복을 증진한다는 믿음으로 지배를 정당화했다. 이를 위해서는 제국 내의 조화를 유지하는 것만큼 국경의 안보를 유지하는 것이 중요했다. 페르시아가 이오니아 반란을 진압하고 내처 그리스 세계에 개입한 일련의 사건이 그들에게는 바로 그 정의와 질서를 회복하기 위한 노력이었다. 그사이에 인도는 두 가지 사상을 토대로 독자적인 제국 전통을 수립했다. 아소카왕은 불교를 받아들이고 전륜성왕으로서 세계인의 행복을 증진할 의무를 자임했다. 재상 카우틸랴의 「아르타샤스트라」는 이웃 나라는 분열시켜 지배하라는 현실주의적 전략으로 유명하지만, 그 바탕에는 현명하고 공정한 지배자가 뭇사람의 행복을 추구해야 한다는 원칙이 깔려 있었다.

이 평화로운 제국들 너머, 전화戰火로 뒤덮인 땅에서도 사람들은 정치의 본질에 대해 고찰했다. 그리스와 중국 모두에서 평화주의가 점점 목소리를 얻었다. 크세노폰, 순자 같은 지식인은 국가 간 협력을 촉진하기 위해서는 교역이 필수적이라고 주장했다. 투키디데스, 한비자 같은 이들은 좀 더 비관적인 입장에서 인간의 이기적이고 기회주의적인 본성이 모든 혼란의 원인이라고 보았다. 물론 현실 세계에서 사람이 전쟁을 일으키는 이유는 권력균형 변화, 인접한 세력권 간의 긴장, 교역 경쟁 등 여러 가지였다. 민족주의, 불신, 적개심 같은 유사 이래의 오래된 원인은 말할 것도 없었다.

하지만 인간은 외교에도 줄곧 막대한 힘을 쏟았다. 그리고 그러한 노력의 대가에 대해 회의론과 이상론이 제각각 극단까지 펼쳐졌다. 국제회담은 나라 간 이견을 조정하는 자리로 기획되었으나 많은 사람이 그 진의를 의심했다. 국가들은 동맹이라는 형식으로 국제 관계를 공식화했다. 어떤 것은 자생적으로 형성되어 공동의 기구를 두었던 반면, 어떤 것은 이름만 동맹이지 가장 힘센한 나라의 이익에 복무하는 패권 기구였다. 페르시아는 금을 뿌리거나 특별한 협력 관계를 제안하는 방법으로 그리스 도시국가의반발을 가라앉히는 동시에 그들의 통합을 저지했다. 지중해 도시국가에 수립되기 시작한 시민 의회는 전쟁과 평화에 관한 결정에발언권을 행사했다. 그들은 가장 호전적인 군주에게도 지지 않을만큼 무자비하고 공격적인 성향을 자주 드러냈다.

## CHAPTER 5

# 세계는 고삐 풀린 전차

서기전 250~1년

아일랜드

발트족

게르만족

슬라브족

스키타이족

갈리아인
(골족)

다키아족

로마

켈트이베리아족

이베리아족

카르타고

셀레우코스 왕국

마우레타니아

이집트
프톨레마이오스 왕조

베르베르족

리비아족

아랍족

시바

에티오피아인

반투족

대 서 양

## 서기전 250년경의
## 동반구

▓▓▓ 서기전 220년경의 진나라
■■■ 서기전 200년경의 전한

흉노

강족

위
연
조
제
진
초

티베트족

마우리아 왕조

촐라 왕조

태 평 양

인 도 양

500    1000    1500 km
500         1000 miles

전국시대의 왕국들이 화베이평야의 주인 자리를 두고 싸운 것과 똑같이 로마와 카르타고, 그리고 알렉산드로스 제국의 잔여 세력은 지중해의 교역 및 그 연안의 비옥한 농지를 두고 경쟁했다. 쌍둥이처럼 흡사했던 이 양대 경쟁으로부터 두 제국이 출현했다. 한 제국과 로마 제국이다. 서기전 마지막 세기 말, 두 나라의 인구는 각각 5,000만 명이 넘었다. 이탈리아반도 자체는 화베이평야만 한 거대한 농업 중심지가 되기 어려웠으나 로마는 시칠리아, 에스파냐 등지로부터 식량을 끌어올 수 있었다. 배로 오가기로 치면 그런 해외 속주는 중국이 뭍으로 오갔던 지역보다 딱히 멀지도 않았다. 상호 연결성과 경제적 번영이라는 측면에서 볼 때, 한나라에 황허강과 양쯔강 주변 평야가 있었다면 로마에는 지중해가 있었다.

지금까지 학자들은 여러 가지 이론으로 로마와 한나라의 부상을 설명해 왔다. 확실한 사실은 두 나라 모두 처음에는 비교적 작은 주변부 세력이었다가 막상막하의 전투에서 승리한 뒤 정복지를 점점 늘려 나갔다는 것이다. 서기전 2세기 초에 이르면, 로마는 육지와 해상 양쪽에서 막강한 힘을 휘둘렀고, 한나라는 누구도 대적할 수 없는 규모의 보병대와 전차 부대, 진지와 요새를 보유하고 있었다. 이윽고 두 나라는 방어전에서 공격전으로 전략을 바꾸었다. 로마가 카르타고와 맞붙은 2차 포에니 전쟁(218~201)은 살아남느냐 사라지느냐를 결정하는 처절한 싸움이었지만 그 후의 에스파냐와 북알프스 원정은 달랐다. 한나라는 주변 경쟁 세력에 도전받는 동안에는 북쪽 유목 민족과 우호적인 관계를 추구했으나, 중국 내륙을 평정한 후로는 북부에 대해서도 공격 태세로 돌아섰다. 이제는 중국 바깥의 교역로를 장악하는 것이 훨씬 더 중요한 사안으로 떠올랐기 때문이다.

로마와 한나라가 동반구의 양 모서리를 지배했던 것과 대조적으로 그 사이 모든 지역은 정치적으로 훨씬 더 불안정했다. 이집트는 프톨레마이오스 왕조 시대에 인구가 1,000만 명 밑으로 감소하는 등 국력이 쇠하고 있었다. 서기전 3세기 중반, 서아시아에는 셀레우코스 왕국의 약세를 틈타 과거 아케메네스조 페르시아의 동부 속주였던 지역에 파르티아 제국이 들어섰다. 그러나 파르티아는 농업 침체와 그에 따른 인구 부족으로 군사력이 쇠퇴할 수밖에 없었다. 인도-갠지스 평원은 아소카왕 사후에 마우리아 제국이 급격히 쇠퇴하면서 무질서에 휩싸였다. 같은 시기 중앙아시아에서는 토너먼트식의 치열한 세력 다툼이 이어졌으니, 한나라에 의해 서쪽으로 밀려난 흉노가 월지와 충돌했다. 이는 생사를 가르는 싸움인 동시에 중국, 지중해, 인도양을 잇는 실크로드의 부를 차지하기 위한 싸움이었다. 그 과정에서 한때 융성했던 박트리아 왕국이 무너졌고, 장차 중앙아시아와 남아시아에서 중요한 역할을 맡을 쿠샨 왕조가 부상했다.

## 중국 왕조 간의 투쟁

진秦나라는 260년 장평 전투에서 조나라에 승리를 거두며 기나긴 소모전에 종지부를 찍었다. 이 시대 연대기에 따르면 진은 15세 이상 남성 국민 전체를 전쟁에 동원했다. 또 포로 수만 명을 산 채로 땅에 묻었다. 이 무자비함에 놀란 조, 위, 한이 세력을 모았으나 별 소용이 없었다. 진나라는 256년에 주의 마지막 왕을 퇴위시켰고 조나라를 최종적으로 분쇄하기 위한 원정에 나섰다. 251년, 진의 강력했던 왕 소양(306~251)의 죽음과 그에 이은 궁정 투쟁으로 인해 중국의 나머지 지역은 짧은 휴식기를 누렸다. 그러다 230년에 소양왕의 손자가 다시금 10년짜리 전쟁을 시작했으니, 이것이 '진의 통일 전쟁'이다. 쇠약해진 한이 가장 먼저 항복했다. 이어 조, 위, 초, 제도 전부 항복했다. 221년, 진나라 왕 영정이 스스로 황제가 되었다. 중국 역사 최초의 제국이 탄생했다.

진은 제국이 되기 위해 막대한 비용을 치렀다. 후대의 연대기에 기록된 내용이 사실이라면 진은 끊임없이 학살을 저지르며 세력을 확장했다.[1] 수만 명 단위의 군대가 서로 맞붙었고 농지가 황폐화되었다. 도시가 불탔으며 무수한 민간인이 목숨을 잃었다. 진나라는 입지적으로도 유리했다. 이들의 본거지는 침입하기 어려웠던 데다 농지와 철광산이 두루 풍부했다. 진의 무기에서 승리의 비결을 찾는 학자도 있으나 근거가 확실하진 않다. 그보다는 외교 전략을 통해 도미노 효과를 누렸다는 사실이 더 중요하다. 중국의 역사가 사마천(145~86)에 따르면 진은 먼 나라와는 친선을 도모하고 가까운 나라는 공격하는 전략을 취했다. 카우틸랴의 만다라 이론이 연상되는 대목이다. 진은 가장 먼저 제나라에 유화

정책을 펼침으로써 더 가까이에 있는, 과거보다 약해진 한과 조를 무너뜨리는 데 집중하고자 했다. 실제로 두 나라를 쉽게 제압하고 그들의 영토와 자원을 흡수하고 나자, 위를 무너뜨리기가 더 쉬워졌다. 이 합병의 결과 중국의 권력균형은 진나라와 초나라의 대결로 압축되었다.

영정, 그러니까 진의 첫 황제 진시황(221~210)은 점령한 영토의 통합을 위해 여러 가지 개혁을 추진했다. 그는 옛 왕국들의 영토를 행정구역으로 편제하고 그 책임자를 직접 임명했다. 북방의 유목민 흉노의 습격에 대비하여 높은 성벽을 쌓고, 중원의 남북 교류를 촉진하기 위해 영거 운하를 건설하고, 총합 수백 킬로미터의 도로를 닦는 등 기반 시설 건설에 힘썼다. 또 문자를 통일하여 제국 전역에서 하나의 문자로 공문서를 작성하게 했으며 도량형, 화폐, 심지어 수레바퀴의 폭까지 표준화하여 상업을 촉진했다. 그러나 또 한편으로 진시황은 제국 지배라는 목표를 위해 법가사상을 강요했다. 법가는 유가와 달리 도덕성보다는 힘과 법과 질서를 우선시했다. 법가 이외의 사상을 견지한 학자 수백 명이 산 채로 불태워졌다. 일단 이런 이유에서라도 진 제국은 후대에 가서 줄곧 부당하고 잔인한 나라로 묘사될 수밖에 없었다. 한나라의 유학자 가의는 『진나라의 과오에 대하여(과진론過秦論)』에 이렇게 썼다. "진은 나라를 어질고 의롭게 다스리지 못했고, 전쟁에서 싸우는 힘과 전쟁으로 얻은 것을 유지하는 힘은 다름을 깨닫지 못했다. … 진의 몰락은 그저 시간문제였다."[2]

진시황은 흙을 구워 만든 군대의 호위 속에 저승으로 떠났고 3년 후 제국도 그 뒤를 따랐다. 황제 사후의 권력 공백을 두려워한 궁정 조신들은 그의 죽음을 몇 달이나 비밀에 부쳤다. 그들은 매일 아침 그를 꼼꼼히 단장했고, 사마천의 기록이 사실이라면 그 냄새를 가리려고 시신 주변에 썩은 생선을 가득 담은 수레를 두었다. 이 섬뜩한 연극은 그들이 원하는 후계자가 권력을 계승한 뒤에야 끝났다. 그러나 곧 드러난 대로, 진의 두 번째 황제는 선왕의 과업을 이어받아 새 제국을 통합하고 지배력을 강화할 능력이 없었다. 진의 군대는 남북으로 2,500킬로미터나 뻗어 있는 넓은 땅에 늘 과잉 산개되어<sup>overstretch</sup> 있었고, 그로 인해 곳곳에서 반란이 일어나고 병사들이 모반을 일으켰다. 그러나 새 황제의 분노를 살까 두려워 그 누구도 감히 그에게 문제의 심각성을 알리지 못했다. 결국 207년, 궁지에 몰린 군부는 황제에게 자결을 요구했다. 그러나 때는 늦었다. 진 왕조는 몰락했다.

그 즉시 초나라와 한나라가 빈 영토의 주인 자리에 도전했다. 승세는 남부에 넓은 세력 기반을 둔 초나라로 기우는 듯했다. 그런데 그때 초의 군장 항우가 거의 명목만 남아 있던 왕을 살해했다. 그러잖아도 잔혹한 통치로 오명을 쌓던 초는 이 사건으로 더욱 심각한 소요에 직면했고, 다른 다섯 나라가 한나라 편에 섰다. 그때부터 한의 지도자 유방은 초의 폭정에 맞선 정당한 전쟁을 표방했다. 205년, 유방은 56만 대군을 이끌고 팽성 전투에 임했으나 패배했다. 그로부터 약 1년 후, 초와 한은 웨이허강을 사이에 두고 대치했다. 한나라군은 모래주머니로 댐을 쌓아 강의 수위를 낮추었다가 초나라군이 강을 건너올 때 물길을 트는 절묘한 군략을 구사했다. 5만에 가까운 초나라 병사가 익사했다. "유방은 100번의 전투에서 100번 패배했으나 단 한 번 결정적인 승리로 왕이 되었다."[3] 204년 가을, 한은 초의 수도를 침탈했다. 2년 후에는 지치고 굶주리고 무기도 부족한 적의 마지막 군대를 분쇄했다.

## 제국 한나라

중국의 두 번째 제국 한 왕조는 400년간 존속했다. 수많은 역사가가 바로 이 시기를 중국이 폭정과 억압에서 제국적 조화로 이행한 획기적인 순간으로 평가했다. 그러나 우리는 그렇게 평가한 이들 중 다수가 유학자였고 한나라가 유가를 통치 이념으로 채택했다는 사실을 염두에 두어야 한다. 더불어, 최근 연구에서 밝혀지고 있듯 유방(한고조, 202~195)은 진의 강력한 집권 체제와 주의 느슨한 분권 체제 사이에서 적절한 균형점을 찾아냈다고 보는 것이 옳다. 그는 제국의 3분의 1은 진나라 때처럼 관할구역으로 편제하여 직접 통치했고, 나머지 3분의 2는 주나라 때처럼 제후에게 통치를 위임했다. 나라가 바뀐 뒤 세금이 전보다 줄었고 병사들은 고향으로 돌아갔으며 법 집행이 덜 가혹해졌다.

유방이 죽은 뒤 황후가 유약한 세 황제 대신 섭정하는 불안정한 정국이 잠깐 이어졌으나 이후 100년은 유능한 세 황제가 비교적 안정적으로 나라를 다스렸다. 먼저 문제(180~157)는 정치체제 개혁에 힘썼다. 신분에 관계없이 실력 위주로 관리를 등용하는 그의 정책은 한 제국의 주요한 특징이 되었다. 경제(156~141)는 제후국의 반란을 진압하는 데 주력했다. 한 황제의 권력은 무제(141~87) 대에 정점에 이르렀다. 이를 가장 잘 보여 주는 것이 동중서(179~104)의 사상이다. 그가 확립한 유교적 제국론은 새로운 동시에 실은 전혀 새롭지 않은 이론이었다. "천자가 하늘의 명령을 받들고, 귀족은 천자의 명령을 받든다. 아들은 아버지의 명령을, 아내는 남편의 명령을 받든다. 그때에 하늘과 인간은 하나가 될 것이다."**4** 동중서는 황제를 맨 꼭대기에 두는 이 엄격한 위계

질서를 통해서만이 인간의 타고난 사악함과 탐욕으로 인해 나라가 다시 혼란에 빠지는 것을 막을 수 있다고 주장했다.

동중서에 따르면, 황제의 정당성은 안정과 번영을 보장하는 능력에 달렸다. 실수를 저질렀을 때는 스스로를 비판해야 한다. 여기까지는 무제가 열성적으로 받아들일 만한 논리였다. 동중서가 내처 그 어떤 왕조도 우주의 순환을 거슬러 영원히 존속할 순 없다고 주장하자 무제는 그를 감옥에 가두고 사형까지 선고했다. 그러나 이 황제의 권력이 그의 생전에 조금이라도 줄어들 가능성은 없었다고 봐야 한다. 중국 인구는 숱한 전쟁의 피해에서 벗어나 약 5,000만 명까지 빠르게 늘고 있었다. 인구 증가는 농지 개간, 초대형 관개공사, 소도시와 시장의 발전, 비단 방직 등의 수공업 붐으로 이어졌다. 수도 장안에는 무려 40만 명이 살았다. 제국은 끊임없이 영토를 확장했고 한나라군은 한반도, 베트남, 톈산산맥까지 공략했다. 이제 세계에서 가장 강력한 제국은 한나라였다.

한 황제들은 부를 과시했다. 연대기에 따르면 한나라의 궁전은 과거 그 어떤 나라에서도 볼 수 없었던 화려함을 자랑했다. 그곳은 자수로 장식한 비단과 복잡다단한 의전으로 이루어진 수수께끼 같은 소우주였다. 장대한 사원이 건축되었다. 청동, 옥, 유약을 바른 도자기, 금 등 공예품은 한층 더 정교해졌다. 이 시대 평민의 무덤에서 발견되는 수수한 점토 조각상과 그들이 지어 부른 시와 노래는 저 절묘하고 고상한 감각의 세계를 공유하고자 하는 욕망을, 그러나 결코 그럴 수 없으리라는 체념을 분명히 보여 준다. 이런 의미에서 한나라 때의 시는 고대 이집트에서 지어진 시와 실로 흡사하다. 그사이 2,000년 세월이 흘렀건만 농부들은 여전히 벼룩이 들끓는 축축한 헛간에서 살아가는 짧디짧은 삶을 한

탄했다.[5]

농민의 삶은 점점 더 어려워지기만 했다. 한나라의 초기 황제들은 소규모 자작농을 지원했으나, 점차 대지주가 농업을 독점하고 도시에 식량을 공급했다. 황제의 고문 조조는 그로부터 대두된 심각한 불평등에 대해 다음과 같이 논평했다. "대상들은 상품을 매점하여 두 배의 수익을 얻고 소상들은 시장의 노점에 줄지어 앉아 물건을 사고판다. 그들은 불필요한 사치품을 거래하며 도시에서 편히 살아간다. … 정작 본인들은 평생 농사 한번 짓지 않고 그 아내들도 누에를 짓거나 비단을 짜지 않는데도 늘 무늬를 수놓은 화려한 옷을 입고 늘 좋은 곡물과 고기를 먹는다. 그들은 농사의 어려움을 겪지도 않고 막대한 이익을 챙긴다." 이와 대조적으로 농부의 삶은 고되기 짝이 없었다. "봄에는 땅을 갈고 여름에는 김을 매고 가을에는 곡식을 수확하고 겨울에는 곡식을 비축한다. 덤불과 나무를 잘라 불을 때고 나라에는 부역의 의무를 진다."[6]

이 부역 중 하나는 군역이었다. 국내의 전쟁은 끝났다지만 황제들은 계속해서 국외의 적들과 전쟁을 벌이고 있었다. 이 상황을 애처롭게 노래한 시가 있다.

내 나이 열다섯에 전투에 나섰다가
여든이 되어서야 귀향하게 되었다.
집으로 돌아가는 길에 동네 사람 몇을 마주쳤다.
"내 가족 중 누가 살아 있는가?"
"당신 집은 저기, 저 끝에 보이는
소나무, 회양나무, 잡목 덤불에 덮인 곳이오."

개가 드나들던 구멍으로 토끼가 드나들고,

집의 들보에서 꿩이 날아올랐다.[7]

한나라의 제국적 질서는 다섯 개의 동심원으로 상징화되었다. 첫째 원은 황제가 거하는 곳이다. 둘째 원은 한나라의 세력 기반인 화베이평야와 그 주변이다. 셋째 원은 한이 직접 지배하는 군현과 속주이다. 넷째 원은 독립성은 얼마간 남아 있지만 '전속국'의 감시를 받는 제후국이다. 이 넷째 원은 마지막 원의 위협으로부터 안쪽 세계를 보호하는 완충지대이기도 했다. 다섯째 원은 이민족, 다시 말해 '그 밖의 모두'였다.

한나라는 때때로 선물과 경제적 이권을 제시하며 이민족들에게 접근했다. 그러나 평화적으로 굴복하지 않는 상대에게는 대규모 군대를 앞세워 접근했다. 한나라는 이민족과 이민족을 맞붙이는 오래된 전략을 십분 활용했다. 제국에 복속하는 나라는 조공을 바치고 대행령의 감시를 받았다. 한나라는 스스로의 힘을 잘 알고 있었다. 서기전 2세기 후반, 장건 같은 탐험가는 저 멀리 메소포타미아와 인더스강 유역에 이르렀다. 여행마저도 장건의 견문을 넓혀 주지는 못했던 모양인지, 그는 중국 밖 이민족의 "열등한 추장들"을 거듭 비웃었다.

중국 내에서는 황제의 위상이 하늘을 찌를 듯 높아졌다. 학자들은 권력 집중화의 필연적인 귀결을 우려했다. 동중서는 중앙정부의 절대 권력과 문화의 균일성을 강조했지만, 유학을 내세워 권력 남용을 정당화할 위험과 사악한 관리가 벼슬을 이용하여 사적 이익을 추구할 위험에 대해 경고한 이들도 있었다. 이 시대의 사상을 집대성한 유안의 『회남자淮南子』는 권력의 견제와 균형, 그리고 정신의 자유를 강조한다. 진정한 뿌리로 돌아가기 위해서는 수백, 수천 가지 문제를 극복해야 하며, 그런 의미에서 균일한 문화보다는 다양한 문화가 바람직하다. 그러나 이 논쟁은 곧 또 다른 시급한 쟁점으로 옮겨 갔다. 국경 너머에서 질서를 유지할 방법이 필요했다.

한 제국은 건국된 순간부터 침략에 시달렸다. 초기 황제들은 국내 사안에 집중하고자 국외의 위협은 평화로운 방법으로 잠재우는 쪽을 택했다. 가장 위협적인 외부 세력은 북쪽 국경을 들쑤시는 유목민 흉노였다. 초기 황제들은 경제적 이권과 결혼 동맹으로 그들을 회유했다. 가령 문제는 최소 네 명의 공주를 흉노의 군사 지도자와 결혼시켰다. 그는 이 유화정책의 근거를 163년경의 칙령에 다음과 같이 명시했다.

우리가 영리하지 못한 까닭에 우리의 도덕이 먼 지역에까지 영향을 미치지 못했다. 그런 탓에 국경 밖 나라들이 때때로 불안해하고 불만을 품었다. 그래서 우리는 도로 위에 바퀴 자국이 지워질세라 거듭거듭 사절을 파견하여 흉노에 우리의 뜻을 알리고자 했다. 이제 흉노는 고대의 방침을 되찾았다. 땅과 곡식을 관장하는 우리네 신들의 평화를 간구하게 되었고 … 근래에는 세계의 선한 사람들을 지키기 위해 우리와 형제 관계를 맺게 되었다.[8]

이처럼 한의 초기 황제들은 제국적 조화라는 유교적 이상을 실용 외교의 형태로 구현하고 있었다.

대흉노 회유 전략에 이견이 없었을 리 없다. 유학자 가의는 위대한 제국이 이민족의 요구에 굴복하는 일은 결코 용납할 수 없다고 주장했다. 그는 흉노가 "한편으로는 건방지고 오만한 데 다 또 한편으로는 침략과 약탈을 자행하니, 그들이 우리를 극도로 업신여긴다는 뜻이 아니면 무엇인가?"라고 맹비난했다. "흉노 인구는 중국의 한 지역 인구에도 미치지 못한다."[9] 가의의 의견은 묵살되었지만 논쟁은 계속되었다. 그로부터 30년 후, 왕회는 좀 더 효과적으로 의견을 개진했다. 잘 알려진 대로 그는 무신 한안국과의 논쟁에서 정예부대로 흉노의 본거지를 치자고 건의했다. 그는 흉노가 약속을 위반하고 있으며 수시로 국경을 습격하여 백성을 괴롭힌다고 규탄했다. 안보를 확립하려면 저들을 힘으로 완전히 굴복시켜야만 했다. 반면에 한안국은 그런 공격적인 전략은 결코 통하지 않으리라고 보았다. 한곳에 정주하지 않는 유목민은 예속시키기 어렵고, 무엇보다 지금 전쟁을 일으키면 다섯 세대 동안 이어져 온 유익한 경제협력이 중단되고 해당 지역의 농업이 황폐화될 것이기 때문이었다.

이번에는 왕회가 이겼다. 참을 만큼 참았다고 판단한 무제는 일련의 보복 원정을 단행했다. 한나라는 유교에 입각한 평화로운 유화책을 포기하고 그보다 훨씬 더 냉정한 견지에서 제국의 팽창하는 권력에 대해 인식하기 시작했다. 제국의 군사력은 40만 명에서 60만 명으로 불어나 있었다. 특히 그간 기병을 강화한 덕분에 이제는 장거리 공격전이 충분히 가능했다. 그럼에도 한나라는 대흉노 원정에서 애초의 목표를 달성하지 못했다. 그러나 무제의 야심은 북쪽 국경에 한정되지 않았다. 그는 중앙아시아로 이어지는 교역로, 특히 중요한 말 공급로이자 흉노가 다른 세력과 동맹을 맺을 가능성을 차단할 수 있는 요충지인 허시저우랑河西走廊, Hexi

Corridor을 장악하고자 했다. 그는 한반도 및 대륙 남동부의 남월(쌀과 진주 등 사치재의 공급원)도 합병했다. 한나라군은 하이난섬을 정복하고 타이완섬을 탐사했다. 유교가 힘을 잃고 현실주의가 부상하는 과정은 경제 논쟁에서도 그대로 재현되었다. 재무 관료 상홍양은 『소금과 철에 관하여(염철론鹽鐵論)』에서 이민족과의 전쟁을 재정적으로 뒷받침한다는 이유에서 국가의 전매를 옹호했다. 그는 유학자들의 거친 의복과 해진 신발을 보라며 그들을 조롱했다. "이제 저들은 아무것도 아닌 것을 대단한 것으로 내보이고 비어 있는 것을 차 있다고 말한다."[10]

문제 대에서 무제 대까지 100년간, 제국의 맨 안쪽 두 원에 속한 이들은 비교적 평화롭고 조화롭고 풍요롭게 살았다. '비교적' 그러했다 함은 그때도 여전히 수많은 젊은 남자가 변경에 가서 군역을 치렀기 때문이다. 무제 사후부터 100년 동안, 왕조는 존속했으나 지방 귀족 간 경쟁이 치열해졌다. 서기전 1세기 중반, 원제는 제국의 영향력을 중앙아시아로까지 확대했으나 그 배경에는 국내의 불안정한 상황, 즉 불평등 심화, 사회 동요, 황제의 권력을 위협하는 궁정 음모 등이 있었다. 서기전 1년, 애제의 사망은 끔찍한 왕위 계승 싸움으로 이어졌다. 이후 30년간의 혼란 끝에 제국 한나라는 같은 이름의 새로운 나라로 명맥을 잇는다. 유라시아에서는 이 후한後漢이 여전히 가장 큰 국가였다.

## 이주의 연쇄 반응

한나라 여행가들이 목격한 가장 위협적인 사회는 단연 흉노였다. 이들의 세력 기반은 몽골 중앙에 위치한 오르콘강 유역이었다. 이곳은 주변 산맥이 외부의 침입을 막아 주고, 안쪽으로는 강과 얼마간의 삼림, 무엇보다 드넓은 초지가 있었다. 그런 까닭에 오르콘강 유역의 주인이 되면 몽골고원의 군소 사회를 어렵잖게 제압할 수 있었다. 흉노가 주변 민족을 흡수하고 나자 남쪽으로 끝없는 평야와 중국 제국이 시야에 들어왔다.

이 유목 민족의 기원에 대해서는 알려진 바가 많지 않다. 이들은 서기전 3세기부터 오르콘강 유역과 중국 국경 사이에 존재하는 부족 대다수를 하나의 사회로 통합해 나갔다. 2세기에는 강력한 왕이 등장하여 100만에서 200만에 달하는 인구를 지배하고 다부진 몽골산 말을 모는 수십만 기병을 거느렸다.[11] 왕의 무덤에서 발견된 화려한 금 세공품과 섬세한 옥 조각은 이들이 얼마나 부유했는지를 보여 준다. 이 사회의 경제적 기반은 몽골 평야의 목축 및 남부 농촌의 세금이었다.

권력균형은 어느 모로 보나 중국으로 기울어 있었다. 그러나 흉노는 기습에 능했다. 조조는 중국의 말이 "산과 언덕을 오르내리고 강을 건너는 능력에서" 흉노의 말을 대적할 수 없더라고 불평했다. "좁고 구불구불한 길을 달리거나 활을 쏘면서 달리는 능력에서 중국 기병은 저들에 대적할 수 없다. 바람과 비, 피로와 굶주림과 목마름을 겪으면서도 굴하지 않는 흉노를 중국인은 대적할 수 없다."[12] 결국 이것이 중국이 흉노를 속국으로 삼는 데 100년 이상이 걸린 이유였다.

중국이 흉노에 가한 압력과 그로부터 촉발된 격변은 인도아대륙과 지중해에서까지 감지되었다. 동쪽이 중국에 막힌 흉노는 방향을 틀어 서쪽으로 움직였다. 흉노의 원정은 중앙아시아를 공포에 몰아넣었고, 그 결과 중앙아시아의 유목 민족은 서아시아와 남아시아로 들어가 여러 왕국을 멸망시켰다. 가령 흉노와 이웃하던 월지는 서기전 180년경 대이동을 시작했다(흉노는 월지 왕의 해골을 술잔으로 썼다고 한다). 이들이 오손의 땅으로 쏟아져 들어가자 오손은 흉노와 동맹을 맺었다. 오손에도 막힌 월지는 이번에는 일리강을 따라 중앙아시아로 내려갔다. 한나라 탐험가 장건은 이때 대흉노 동맹을 체결할 임무를 띠고 아무다리야강 기슭에 있던 월지를 방문했다. 그의 기록은 당시 월지가 어떤 혼란을 겪고 있었는지 생생하게 보여 준다.[13]

145년, 월지는 박트리아의 수도를 불태웠다. 당시 중앙아시아 지역에서 가장 부유한 왕국 중 하나였던 박트리아는 원래 셀레우코스 왕국으로부터 독립한 나라였지만 유목민의 유입이라는 공동의 위협 앞에서 옛 종주국과 동맹을 체결했다.[14] 박트리아의 경제적 기반은 아무다리야강과 페르가나분지의 비옥한 유역이었다. 그리스의 역사가 디오도로스 시켈로스는 이 나라의 요새들이 높은 곳에 우뚝 서서 동아시아, 남아시아, 중앙아시아를 연결하는 교역로를 내려다보았다고 전한다.[15] 그리스에서 기원한 박트리아의 예술과 문화는 인도 조각 및 불교 미술 전반에 큰 영향을 끼쳤다. 박트리아가 맡았던 문화의 도가니 역할은 나라가 멸망한 뒤에도 이어졌으니, 100년 후 월지로부터 발전한 쿠샨 제국이 그 역할을 이어받았다.

박트리아까지 무너지자 이제 힌두쿠시산맥의 고갯길만 넘으면 인도-갠지스 평원이라는 막대한 부의 땅이었다. 게다가 인도를 침략하기에 그보다 마침맞은 때가 없었다. 마우리아 제국이 232년 아소카왕이 죽은 뒤 걷잡을 수 없는 혼란에 빠져들었기 때문이다. 먼저 카슈미르 지역의 왕국들이 독립을 되찾았고 이어 다른 지역도 각각 독립을 선언했다. 결국 인도의 정치 지도는 서로 싸우는 나라들로 어지럽게 나뉘었다. 고대 도시 마가다를 중심으로 수립된 슝가 왕국은 갠지스강 하류와 브라마푸트라를 지배했다. 데칸고원에는 사타바하나 왕조가 들어섰고, 아대륙 남부에는 칼링가 왕국과 판디아 왕국이 등장했다.

이 여러 왕국의 관계를 증언하는 당대의 희귀한 사료 중 하나가 하티굼파 비문, 즉 서기전 2세기 칼링가의 한 왕이 아소카 왕의 '바위 칙령'이 마주보이는 자리에 새긴 문구이다. 그 안에는 『마하바라타』의 세계와 흡사한 세계가, 전투 코끼리와 전차와 약탈이 난무하며 한 세상을 끝장내는 싸움이 묘사되어 있다. 어렴풋하게나마 확인되는 이 전쟁의 한 원인은 종교였다. 슝가 왕조를 세운 푸샤미트라 왕이 자이나교를 수호하겠다는 명목으로 원정에 나서서 불교 승려들을 살해한 것이다.

그 외에도 드물게나마 오늘날까지 전해지는 사료가 있다. 타밀의 이름 높은 시인 티루발루바르는 동포의 연민을 강조하면서 내부 갈등 때문에 외부의 공격에 취약해질 가능성을 경고했다.

내부의 충돌은 작은 씨앗이지만
그로부터 거대한 가지가 자라난다.[16]

티루발루바르는 전쟁 대신 교역과 산업, 농업 생산성을 이용하여 적을 압도해야 한다고도 주장했다. 그러므로 왕에게 요구되는 가장 중요한 자질은 활력과 도덕심, 지혜와 도량이었다. 이 시대의 또 다른 사료인 힌두교 법전 『마누법전Manusmriti』은 공감과 평화주의를 요청하면서도 다음과 같이 권력균형의 원리를 현실적으로 설명한다. "왕이 자신의 군대가 강하고 왕국이 풍요롭다고 믿을 때, 그리고 적은 그 반대 상황일 때, 그는 얼마든지 적에게 전쟁을 선포할 수 있다."[17]

토착 왕국 간의 갈등도 쓰라렸지만, 그보다 더 뼈아픈 것은 이민족의 공격이었다. 헤로도토스가 5세기 그리스를 묘사했을 때와 흡사하게 인도의 저술가들은 인도가 통일을 유지하지 못했다고 아쉬워하고 지배층이 적과 손을 잡는다고 개탄했다. 그러나 인도를 침략하는 세력은 맹렬한 저항에 부딪혔다. 월지는 중앙아시아와 인도-갠지스 평원 양쪽에서 넓은 지역을 장악하기까지 100년 동안 전쟁을 치렀다. 서기 30년, 월지는 마침내 쿠샨 제국의 탄생을 공표했다.

서기전 마지막 250년간 유라시아 동부에서 벌어진 가장 중요한 사건은 한 제국의 부상과 마우리아 제국의 몰락이었다. 진과 초를 제압하고 권력을 거머쥔 한나라는 처음에는 평화와 조화를 약속했다. 그러나 권력을 키워 가는 과정에서 제국의 대외 전략이 방어전에서 공격전으로 바뀌었다. 한나라는 영토 확장 전쟁을 통해, 그와 더불어 탐사와 교역, 문화적 소프트 파워를 통해 세력권을 한반도, 동남아시아, 몽골, 중앙아시아까지 넓혔다. 그리고 한나라가 촉발한 중앙아시아 유목 민족의 대이동은 마우리아 제국의 멸망에 일조했다.

## 파르티아의 혼성 제국

장건이 무너져 가는 박트리아 왕국과 한나라 사이에 동맹을 체결하려다 실패하자, 무제는 또 다른 나라를 끌어들여 흉노에 맞서려고 했다. 121년, 한나라 사절단이 파르티아에 도착했다. 이 시대에 가장 세계주의적이었던 제국 파르티아에는 그리스인, 페르시아인 등 다양한 민족이 거주했으며 그들 모두가 아케메네스조 페르시아, 메디아, 아시리아 때보다 더 자유롭게 살아가고 있었다. 파르티아의 영토 안에는 불교, 유대교, 조로아스터교가 공존했다. 왕궁 건축은 그리스, 페르시아, 중앙아시아 유목사회의 영향을 골고루 반영했다. 파르티아의 왕자들은 그리스 철학을 배우는 동시에 함무라비법전을 암기했다. 관용은 제국이 번영하는 데 반드시 필요한 덕목이었다. 그리스인은 알렉산드로스 대왕 시대부터 동쪽의 여러 도시로 이주하여 살아가고 있었는데, 우리는 파르티아 지배층이 주화에 '그리스인의 벗'이라는 문구를 넣었다는 사실에서 이들이 유력한 그리스 상인 계급의 반란을 무척 경계했음을 알 수 있다.

서아시아에 등장한 여러 강력한 왕국과 마찬가지로 파르티아도 처음에는 대국의 주변부에 있던 작은 반半유목 부족이었다. 서기전 238년, 파르니라는 부족이 카스피해 동남쪽의 코페트다크 산맥을 넘어와 셀레우코스 왕국에서 떨어져 나온 속주를 접수했다. 이들은 먼저 박트리아와 손잡고 셀레우코스 왕국을 축출하려고 하다가 이내 동맹에 등을 돌렸다. 운명은 파르니 편이었다. 셀레우코스와 박트리아는 각각 다른 적에게 위협받고 있었다. 그사이에 파르니인, 즉 이제 파르티아인은 농업을 통해 군건한 세력 기반을 확보했고, 그 힘을 바탕으로 강력한 궁기병을 육성했다. 전속력으로 달리는 말 위에서 몸을 돌려 뒤쫓아 오는 적을 맞히는 일명 '파르티아 궁술'에 적들은 좀처럼 적응하지 못했다.

미트리다테스 1세(165~132)는 새로 획득한 영토에서 지배력을 강화하고 메소포타미아까지 정복했다. 셀레우코스 왕국은 그리 쉽게 무너지지 않았으나 파르티아는 뜻밖의 기회를 이용했다. 월지를 피해 밀려오는 스키타이족을 막지 않고 토로스산맥 동남쪽으로 길을 터 주며 스키타이 병력을 서쪽으로 유도한 것이다. 이 영리한 한 수로 파르티아는 제자리를 지킬 수 있었다. 100년경, 미트리다테스 2세(124~91)는 이제 파르티아인도 베히스툰산 명예의 전당에 입성할 때가 되었다고 판단했다. 우리는 다리우스 1세의 부조 근처에서 파르티아 왕이 말을 타고 네 제후 위로 솟아오르는 모습을 볼 수 있다. 페르시아 왕과 아시리아 왕이 그러했듯 파르티아 왕은 이제 스스로를 '왕들의 왕'이라고 불렀다.

다리우스 1세가 서아시아에서 사자처럼 군림했다면 파르티아 왕은 양 떼를 지키는 개에 가까웠다. 파르티아의 속국은 상당한 자율성을 누렸다. 또 두 개의 왕실 고문단과 강력한 군장들이 왕권을 견제했다. 아마도 이것이 파르티아 제국이 역사적으로 과소평가되어 온 이유인 듯하다. 힘겨운 도전을 이겨 내며 무려 400년 넘게 존속한 제국임에도 파르티아는 특유의 세계주의로 인해 오히려 후대의 상상력에 별 인상을 남기지 못했다. 아시리아의 공포 프로파간다, 이집트의 강력한 문화적 상징이 파르티아에는 없었고 심지어 신화마저 없었다. 이 제국의 유산이라면 다른 제국들의 유산을 간직한 것이었다. 파르티아는 역사상 가장 통합주의적인 제국이었다.

이에 더해, 과거에 그리스인의 견해가 페르시아의 이미지에 악영향을 끼친 것과 흡사하게 파르티아의 역사적 저평가에는 로마인의 저술이 한몫했다. 가령 로마 정치가 루키우스 코르넬리우스 렌툴루스 크루스는 파르티아인은 온화한 기후 때문에 기질적으로 유약하고 퇴폐적이라고 주장했다. 철학자 세네카는 파르티아 왕이 공포로써 통치한다고 썼다. 이러한 비방이 그다지 놀랍지 않은 이유는 파르티아가 지중해와 아시아의 상업을 중개하는 상황이 로마에는 탐탁지 않았기 때문이다. 두 나라는 서기전 96년에 공식적으로 관계를 맺었으나 첫 단추부터 잘못 꿰어졌다. 로마 장군 루키우스 코르넬리우스 술라는 파르티아 대사를 접견하는 자리에서 본인이 상석을 차지하고 손님에게는 작은 나라의 사절에게나 어울리는 자리를 내주었다. 이 굴욕적인 처우에 대해 전해 들은 파르티아 왕은 저 불운한 사절을 처형했다. 이처럼 불안하게 시작된 두 나라의 관계는 갈수록 나빠지기만 했다.

## 이탈리아를 둘러싼 싸움

로마군은 동쪽으로 진군하기에 훨씬 앞서, 본토 인근에서 역사적인 전투를 치렀다. 서기전 3세기 초반, 로마는 남쪽 끝부터 아르노강까지 이탈리아반도 거의 전역을 장악했다. 알프스산맥과 아펜니노산맥 사이를 흐르는 포강 유역의 비옥한 평야만은 아직 갈리아인의 땅이었다. 그사이 카르타고는 코르시카섬, 사르데냐섬에 이어 시칠리아섬으로까지 세력권을 확장하고 있었다. 로마는 양쪽에서 협공당할 위험을 무릅쓰고 조치를 취하기로 했다. 서기전 264년, 로마는 카르타고가 시칠리아의 지역 분쟁에 개입했다는 이유로 전쟁을 선포했다. 이는 엄청난 도박이었다. 로마는 육상에서는 전투 능력을 입증했지만 해전에는 경험이 전혀 없었던 데다 상대는 카르타고 해군이었다. 그러나 로마는 불과 몇 년 만에 카르타고를 상대할 만한 해군력을 갖추었다. 포에니 전쟁에 관한 한 가장 좋은 사료인 폴리비오스의 저작은 배를 만들어 본 적 없는 이들이 어떻게 100척의 전함을 건조하고 노를 저어 본 적 없는 이들이 어떻게 마른 땅에서 노 젓기를 훈련했는지 전한다.[18] 로마군은 적함의 선수에 현수교를 걸치는 전술로 시작부터 상대의 허를 찔렀다. 로마 보병은 그 다리를 통해 카르타고의 전함으로 수월하게 돌진했고, 그때부터 싸움은 해상전이 아니라 배 위의 육상전이었다.

양측 모두가 많은 전함을 잃고 자원 부족에 시달리다가 결국 241년에 정전이 선포되었다. 카르타고는 시칠리아에서 철수하고 거액의 배상금을 물었다. 이후 로마는 카르타고의 약세를 틈타 코르시카와 사르데냐까지 접수했다. 바로 이 세 섬이 로마가 해외에 건설하기 시작한 제국의 첫 속주였다. 그러는 사이, 반도 반대편의 아드리아해에서는 일리리아인이 로마의 교역 이익을 위협하고 있었다. 229년, 일리리아에 보낸 사절이 살해당하자 로마 원로원은 기습을 명령했다. 그러나 로마는 그리스의 도움을 받은 뒤에야 일라리아와 조약을 맺고 아드리아해를 넓게 장악할 수 있었다. 225년, 이번에는 본토가 들끓었다. 로마의 지배에 불만을 품은 세력들이 포강 유역의 갈리아인과 규합한 것이다. 폴리비오스에 따르면, 그간 세대가 바뀌면서 로마가 안겨 준 패배의 쓴맛을 잊은 갈리아의 지배층은 무모한 투지에 충만하여 평화 상태를 뒤엎고 남으로 진군했다. 갈리아인은 3년간의 혈전 끝에 물러났다. 그러나 로마는 무슨 저주에라도 걸린 듯했다. 갈리아와 전쟁을 끝내자마자, 이번에는 카르타고의 한 젊은 장군이 로마의 심장부를 직격할 막강한 군대를 집결하고 있다는 소식이 날아왔다.

장군의 이름은 한니발이었다. 그는 1차 포에니 전쟁의 패배와 수모를 되갚겠다고 벼르고 있었다. 218년, 한니발의 대군은 에스파냐를 출발하여, 믿을 수 없게도 알프스산맥을 넘어왔다. 전쟁 초반, 한니발은 반도 갈리아인의 지원에 힘입어 로마군을 거듭 분쇄했고 특히 215년 칸나에에서 대승을 거두었다. 한니발은 탁월한 전술과 정교한 전투 기술을 바탕으로 15년 동안 이탈리아반도 전역을 마음껏 들쑤셨다. 그러나 최후의 일격을 날리는 데는 끝내 실패했다. 211년, 한니발은 로마시의 성벽이 보이는 곳까지 진군했으나 곧 돌아 나와야 했다. 그는 거기까지였다.

이 전쟁은 로마의 막대한 인적·재정적 자원을 한계점까지 시험했다. 지난날의 동맹들은 로마를 적극적으로 배신하거나, 아니면 소극적으로 중립 노선을 취했다. 로마의 통화는 여러 차례 평가절하되었다. 그런데도 원로원은 어떻게든 끊임없이 병력을 충원했다. 마침내 형세가 바뀌기 시작한 것은 칸나에 전투 이후 로마가 새로운 전략을 도입하면서였다. 이들은 한니발군과 정면으로 맞붙는 대신 변칙적인 지구전으로 상대를 서서히 지치게 하고 보급과 원군을 차단하기로 했다. 이에 따라 로마는 시칠리아를 재탈환하고 카르타고군의 가장 중요한 뒷배경인 에스파냐를 봉쇄하기 위해 군대를 파병했다. 이탈리아반도가 여전히 지지부진한 교착상태에 빠져 있고 카르타고의 원로원도 이 전쟁의 비용과 성과에 대해 점점 회의를 느끼던 와중에, 로마군에도 스키피오라는 젊은 명장이 등장하여 206년 일리파 전투에서 에스파냐의 카르타고 세력을 섬멸했다.

이듬해, 원로원은 이 전쟁에 종지부를 찍을 작전을 승인했다. 204년 봄, 스키피오의 군대는 시칠리아에서 북아프리카로 건너가, 그곳에 교두보를 건설한 뒤 카르타고 주변을 초토화하기 시작했다. 궁지에 몰린 카르타고 원로원은 이탈리아반도에 있던 한니발을 소환했다. 202년, 강화 협상이 상호 비난 속에서 무산된 후, 두 군대는 자마에서 야전을 치렀다. 그러나 이번에는 저 불패자 장군과 전투 코끼리 80마리를 보유한 카르타고군이 결정적으로 패배했다. 로마는 2차 포에니 전쟁의 승리로 서지중해의 독보적인 강국이 되었고 그 지역의 모든 자원을 손에 넣었다.

그러나 이 승리를 위해 로마는 엄청난 대가를 치렀다. 2차 포에니 전쟁 동안 로마 전체 남성 인구의 3분의 1이 징병되었고 그중 거의 10만 명이 사망했다. 전쟁으로 남편을 잃은 많은 여성은 군대의 삯바느질거리로 입에 풀칠하거나 도시에서 매춘을 하는 등 극심한 빈곤에 시달렸다. 국가 경제에도 큰 구멍이 뚫렸다. 여전히 농업이 경제의 중추인 상황에서, 카르타고와의 전투를 회피하는 정책으로 인해 무수한 농가가 황폐화되었다. 214년, 칸나에 참사의 여파 속에서 원로원은 고아와 과부, 미혼 여성까지도 재산을 헌납하여 전쟁 자금을 대야 한다고 결정했다. 이때의 로마는 장려한 개선문과 대리석 광장의 도시가 아니었다. 시민들이 해외 전쟁에서 거둔 전리품에 탐닉하던 때가 아니었다. 이때의 로마는 이가 들끓는 공동주택 단지와 비좁은 골목과 불결한 빈민굴의 도시였다. 사람들은 기근에 시달리고 사랑하는 이를 잃은 슬픔에 잠겨 있었다.

이러한 사정을 배경에 두면, 로마가 2차 포에니 전쟁이 끝나고 겨우 5년 만에 에스파냐, 발칸반도, 레반트 지역에서 새로운 전쟁을 일으킨 이유를 우리는 쉽게 짐작할 수가 없다. 로마인은 그런 상황을 감내할 의지를 어디에서 끌어냈을까? 폴리비오스의 글을 보건대 로마인은 그저 그래야만 한다고 생각했던 듯하다.

로마인의 세계관은 황량했다. 그들이 이웃을 정복하든가, 아니면 이웃이 그들을 정복하든가 둘 중 하나였다.[19] 로마는 전쟁과 전쟁 사이에 조약 체결을 통해서나 세력권 설정을 통해 현 상태를 유지하고자 했으나, 로마의 국력이 강해지고 이웃 세력이 이에 대응하는 상황에서 전쟁은 그저 예정된 미래였다. 투키디데스가 펠로폰네소스 전쟁의 근본 원인으로 아테네의 부상을 지목했던 것과 같은 이치였다. 긴장이 전쟁으로 번지기까지는 권력균형의 문제만이 아니라 적개심도 한 원인으로 작용했다. 한니발과 갈리아인은 앞 세대의 패배와 수모를 되갚고, 그때 체결된 지독한 강화조약을 로마에 그대로 되돌려주고 싶어 했다. 그러니 로마로서는 멸망하지 않으려면 계속해서 팽창하는 수밖에 없었다. 그들은 그렇게 믿었다.

이 불안감이 로마 특유의 전사 숭배 문화를 낳았다. 로마의 이상적인 시민은 '싸우는 농부'였다. 전설의 킨키나투스는 밭을 갈다가 도시를 구했다고 하고, 2세기 로마의 인기 정치가 카토는 원정에서 돌아오면 올리브나무를 가꾸고 햄을 절였다. 이와 마찬가지로 로마의 이상적인 여자는 가정에 헌신하고, 아들을 훌륭하게 키우고, 소박한 옷을 입고 비싼 장식은 삼가는 데서 자부심을 느끼는 금욕적인 사람이었다. 동시대 그리스 조각가들은 젊은 남성의 누드나 관능적인 아프로디테를 주제로 삼았지만 로마인은 달랐다. 이들이 조각한 것은 거북스러울 정도로 심각한 얼굴의 거물 정치인들이었다. 그것은 도시 로마의 권력을 의인화한 것에 다름 아니었다. 폴리비오스 같은 저술가는 로마가 저 두려움 모르는 도시 스파르타를 계승한 나라라고 썼다. 로마의 전사는 스파르타의 전사와 마찬가지로 애국과 정의라는 대의만을 위해 싸운다고 했다. 로마인들은 상대가 먼저 터무니없이 처신했다면 전쟁을 통해 국익을 수호하는 것 말고는 선택지가 없다고 여겼다.

로마인은 그와 같이 정의를 추구하기 위해 어떻게 해서든 신들을 제 편으로 삼고자 했다. 그들은 동물을 죽인 뒤 그 내장에서 징조를 찾아냈다. 가령 로마가 1차 포에니 전쟁에서 겪은 최악의 패배 중 하나는 그 전투를 이끈 장군이 불길한 징조를 감히 묵살한 탓이라고들 했다. 전쟁의 정당성을 확보하는 일도 유피테르를 모시는 성직자가 도맡았다. 로마는 이 '전령 사제'를 대사로 파견하여 상대에게 불만 사항을 전달했다. 그러고도 문제가 해결되지 않으면 사제는 국경 너머로 피를 적신 투창을 던지는 의례로 전쟁을 선포했다. 대다수 고대 사회에서 그랬듯이 로마인에게 전쟁은 '성전聖戰'과 거의 동의어였다.

여기까지가 로마인이 이상화한 그림이다. 그러나 그들은 서기전 2세기를 통과하면서 점차 전혀 다른 현실에 직면하게 되었다. 가령 '옳은' 결정으로 승인받으려고 저 신성한 의례를 조작하는 일이 발생했는데, 그런 결정의 배경에는 흔히 정의의 원칙이 아니라 보다 세속적인 목적이 있었다. 예를 들어 1차 포에니 전쟁에는 이 싸움을 열렬히 부추긴 집단이 있었으니, 이른바 '캄파니아 세력'이라고 하여 시칠리아섬의 비옥한 땅에 눈독을 들여 오던 이탈리아 남부의 거상 무리였다.[20] 로마 공화정이라는 극도로 경쟁적인 사회에서 장군 자리에 오르려는 이들은 승리가 가져다주는 명예와 부가 정치력의 바탕이 될 수 있다는 사실을 너무도 잘 알았다.

전쟁은 로마 사회를 깊은 곳에서부터 바꾸어 놓았다. 전통적인 농부-전사의 이상과 그것이 대변하던 가치는 점점 의미를 잃었다. 원정 기간이 갈수록 길어지고 박봉의 군 복무 기간도 점점 길어지면서 농부로서 밭을 돌볼 시간은 줄기만 했다. 게다가 이제 로마의 농부는 해외 속주에서 들여오는 값싼 곡물과 경쟁할 방법이 없었고, 부유층의 드넓은 사유지에서 일하는 노예 부대와도 경쟁할 방법이 없었다. 그 부가 다름 아니라 로마를 위해 자신의 칼과 자신의 피로 얻어 낸 것임에도. 부자들은 빚에 시달리는 가난한 시민의 농지를 헐값에 손에 넣었고, 농촌의 수많은 젊은 남성이 궁핍과 환멸을 견디다 못해 도시로 향했다.

## 루비콘강을 건너다

서기전 146년은 로마의 권력 장악 과정에서 결정적인 한 해였다. 이해에 로마군은 코린트와 카르타고의 도시들을 초토화했다. 카토가 입버릇처럼 말하던 "카르타고는 멸망해야 한다"는 염원이 마침내 실현된 것이다.[21] 이 정복 활동은 지중해 전역에 충격파를 일으키며 로마의 패권을 예고했다. 로마시에는 전리품이 다시, 그러나 전과는 비교할 수 없는 규모로 쏟아져 들어왔다. 카토가 강조하던 검소의 미덕은 옛이야기가 되었다. "목구멍부터 사타구니까지 전부 뱃살인 저런 몸뚱이로 어떻게 국가에 봉사할수 있단 말인가?" 카토는 한 부유한 상인을 보고 이렇게 한탄했지만 과연 그 말이 누구의 귀에 들렸을까 싶다.[22] 전쟁, 자기희생, 피를 숭상하던 문화가 포도주, 여자, 이윤을 즐기는 문화에 자리를 내주었다. 승리의 보상이 저토록 대단하고 또 저토록 불평등하게 배분되는 것이라면, 로마를 위해 싸운다는 신성한 의무 따위는 더 이상 설득력이 없었다.

133년에 대중주의 정치가 티베리우스 그라쿠스가 역사의 흐름을 거슬러 빈민에게 토지를 재분배하려다가 결국 지지자 수백 명과 함께 몰살당한 사건에 대해 역사가 벨레이우스 파테르쿨루스는 이렇게 논평했다. "바로 이 사건으로부터 로마는 피의 내란과 칼의 전횡에 휩싸이기 시작했다."[23] 107년에는 또 다른 구제책이 실험되었다. 원래 로마에서 최하층 빈민은 징병에서 제외되었다. 집정관 가이우스 마리우스는 빈곤으로 인해 점차 흔들리고 있던 사회질서를 수호하고자, 빈민을 병력에 포함하고 그들에게 급료는 물론 먼 속주의 토지까지 주기로 했다.

이처럼 전쟁은 과열된 가마 같은 로마의 사회질서가 그 증기를 배출할 수 있는 안전밸브가 되어 갔다. 그러나 그것으로 문제가 다 해결되진 않았다. 로마가 급격히 부유해지자 그간 인력으로 로마군을 뒷받침해 온 이웃 도시들이 질투에 사로잡혔다. 이제 그들은 로마의 정식 시민이 되겠다고, 로마인이 누리는 모든 혜택을 자신들도 누리겠다고 요구했다. 그 결과가 이른바 동맹시 전쟁(91~88)으로, 수천 명이 목숨을 잃은 끝에 동맹 도시들의 권리가 인정되었다. 이렇게 로마의 지위는 밖이 아니라 안으로부터 위협받고 있었다.

로마 장군들은 내란으로 폭발하는 내부 압력을 완화하기 위해 해외에서 새로운 전쟁을 벌였다. 하지만 그 효과도 잠시뿐, 결국 벌어질 일이 벌어졌다. 82년, 해외 원정을 성공적으로 마치고 돌아온 루키우스 코르넬리우스 술라는 수도를 향해 행군한 뒤 자신의 병사들에게 토지를 달라고 원로원에 요구했다. 원로원이 이를 거부하자 술라의 노련한 군대는 바리케이드를 친 콜리나 관문 바로 앞에서 수만 명의 로마 시민을 처형했다. 최종 승자는 술라였다. 로마의 공화정 시대가 끝났다. 독재관에 임명된 술라는 공포 통치를 시작했다. 시인 베르길리우스는 이렇게 한탄했다.

전쟁이 얼마나 잦으며 죄의 종류는 또 얼마나 다양한가!
쟁기는 팽개쳐지고 들판은 황폐해졌다. …
사악한 마르스 신이 모든 것을 멋대로 휘두르니,
세상은 고삐 풀린 전차로다.[24]

78년에 술라가 죽은 뒤에도 새로운 군부 세력들이 나타나 선례를 따랐다. 로마의 혼돈은 깊어져만 갔다. 특히 율리우스 카이사르와 폼페이우스의 각축전은 기성 정치를 압도했다. 두 인물 모두 국외 원정(각각 갈리아와 아시아)을 통해 막대한 부를 축적했고 그 금권을 이용하여 지지 세력을 규합하고 출세의 야심을 키워나갔다. 마침내 카이사르가 군대를 이끌고 루비콘강을 건너왔을 때, 전면전이 시작되었다. 이 내전(49~45)은 지중해 전역을 집어삼켰다. 폼페이우스군이 결정적으로 패배하고 폼페이우스 본인까지 살해당한 뒤, 원로원은 카이사르를 종신 독재관에 임명했다.

카이사르는 잠시나마 로마에 안정을 가져다주었고 절실하게 필요했던 개혁을 추진했다. 시인 티불루스는 그 시대 로마인이 얼마나 소박한 시골 생활로 돌아가고 싶어 했는지를 다음과 같이 대변한다. "영웅은 아버지가 되고 나면 노년의 무기력에 항복하여 허름한 농가로 물러난다. 아버지는 양 떼를 몰고, 그 아들은 어린 양 떼를 몰고, 아내는 남편이 돌아와 지친 수족을 풀 수 있도록 물을 데운다. 그러니 나는 흰머리가 희끗희끗 비칠 때까지 살았으면…."[25] 그러나 44년, 카이사르는 옛 원로원 동료들에게 살해당했다. 로마의 자유를 되찾기 위해 그랬노라는 암살자 측 주장은 거의 통하지 않았다. 카이사르의 옛 부관인 마르쿠스 안토니우스와 카이사르의 양아들이자 상속자인 옥타비아누스(당시 10대였다)는 복수를 다짐했다. 지중해가 다시 한번 내란(44~31)에 휩싸였다. 두 사람은 암살자를 처단한 다음 이내 서로를 적으로 돌렸다. 옥타비아누스는 아직 어리고 전쟁 경험도 없었으나 정치 연설에 능했고 무엇보다 겁이 없었다. 승리는 오직 한 사람의 몫이었다.

100년간 정치적 혼란과 내란을 겪은 로마인은 그 무엇보다 평화를 가져다줄 강력한 지도자를 원하기 시작했다. 전제정체로의 이행에 끝끝내 반대한 이들도 있었으나, 대다수 로마인은 실리를 선택했다. 공화정 전통의 권리와 자유는 사실상 오래전부터 효력을 잃은 상태였기 때문이다. 그리하여 옥타비아누스가 최종 승자가 되었을 때, 시민들은 조심스럽게 안도의 한숨을 내쉬었다. 시인 호라티우스는 단언했다. "(아우구스투스) 카이사르가 국가를 수호하는 동안에는 내란도, 전쟁도, 천벌도 검을 들어 불운한 마을들을 들쑤시며 평화를 무너뜨릴 순 없으리라."[26] 27년, 원로원은 더는 부정할 수 없는 현실 앞에서 결국 옥타비아누스를 '프린켑스princeps'(제일인자)로 인정하고 그를 '아우구스투스'(존엄자)로 선포했다. 이는 그에게 로마인을 고난에서 구할 의무, 그리고 근본적이고 항구적인 평화의 시대 '팍스 로마나Pax Romana'를 개시할 의무를 안기는 명령이기도 했다.

놀랍게도 로마는 100년간 내전을 치르고도 멸망하지 않았을 뿐더러 그사이 더욱 큰 나라가 되었다. 물론 이런 일이 로마에만 있었던 것은 아니다. 중국의 한나라, 메소포타미아의 옛 제국 등도 영토는 넓어지고 정치체제는 서서히 부식되는 모순적인 과정을 경험했다. 로마에서나 어디에서나 이 두 방향의 변화는 서로를 강화하기까지 했다. 그러나 로마는 오늘날 우리에게 격동의 자세한 내막을 들려주는 최초의 정치체라는 점에서 특별하다. 우리에겐 공화정을 옹호한 당대의 대표적인 연설가인 키케로의 편지와 연설이 남아 있고, 카이사르가 갈리아 원정과 내란 중에 직접 쓴 역사서도 있다.

그 밖의 사료를 포함하여 이 시대의 기록에 아주 분명히 드러나는 사실은 내란이 정점으로 치닫는 와중에도 로마는 단 한 번도 외부의 적에 위협받지 않았다는 것이다. 로마 권력의 신경중추인 이탈리아반도에서는 그 어떤 직접적인 위협도 감지되지 않았다. 오히려 로마는 갈리아 지방과 알프스의 관문, 나아가 지중해 연안 거의 전체를 장악했다. 헬베티족 등 알프스 이북의 부족이 반도로 내려오기 시작했으나, 387년에 로마를 침탈하고 2차 포에니 전쟁 중에는 한니발에 협조한 갈리아인에 비하면 위협 축에도 들지 않았다. 그들은 낡디낡은 방식으로 싸운 반면, 로마군은 혁혁하게 진보한 무기와 전술, 군사공학, 보급망을 보유했다. 카이사르가 헬베티족을 쫓아내고 다음 상대인 갈리아인과 맞붙었을 때, 이 싸움은 최고의 지휘관이 이끄는 전쟁 기계와 용감하나 구심점이 없는 게릴라 전사의 불공평한 대결이었다.

로마가 3세기 중반부터 유지해 온 해군력도 중요한 역할을 했다. 로마군은 수백 척의 전함을 이용하여 곡물 운송을 보호하고 해적을 소탕하고 항만도시를 공격하고 원정군을 수송했다. 2차 포에니 전쟁에서 카르타고가 패배한 뒤로는 그 어떤 세력도 로마의 원정 병력에 대적할 능력이 없었다. 이제 지중해 전역이 사실상 로마의 호수였다. 실로 로마인의 '마레 노스트룸mare nostrum'(우리

바다)이었다.

또 하나 중요한 사실은 이 시기에 동지중해의 주요 세력은 저들끼리 싸우느라 바빴다는 것이다. 프톨레마이오스조 이집트는 여전히 셀레우코스 왕국과 싸우고 있었고, 셀레우코스는 파르티아와, 파르티아는 소아시아의 폰토스 왕국과, 폰토스는 셀레우코스와 갈등하고 있었다. 그렇다 하더라도 에게해를 건너간 로마군은 이 나라들이 결코 만만찮은 상대임을 깨달았다. 그래도 결국에는 로마가 승리하여 유프라테스강에 제국의 동쪽 경계를 그었다. 하지만 이 위업에 대해 엄중히 경고하는 사람들이 있었다. 가령 키케로는 이렇게 말했다. "외국의 민족들이 우리 로마인을 얼마나 미워하는지 말로 표현하기 어려울 정도이다. 근래에 우리의 총독, 우리가 보낸 병사들이 지나치게 탐욕을 부리고 피해를 입힌 탓이다."[27]

로마 공화국은 전쟁 기계였다. 이 나라는 스파르타의 호전성을 닮았을 뿐 아니라 스파르타를 비롯한 그리스 여러 도시로부터 문화적 영감과 권력 상징물, 군사기술을 배웠다. 한나라와 마찬가지로 로마도 건국 초기에는 방어전을 치르다가, 점차 그 승리에 자신감을 얻어 외국 정복에 착수했다. 로마인은 자신들의 팽창주의 전쟁이 신들의 명령이라고, 혹은 최소한 신들이 돕는 일이라고 말했지만, 실제로는 그보다 훨씬 세속적인 이익이 그들을 추동했다. 즉 로마는 나라의 위신 때문에, 집정관과 장군 개인의 야심 때문에, 교역과 식량 보급을 장악하려는 욕망 때문에 전쟁을 벌였다. 군인이자 역사가 셈프로니우스 아셀리오는 이를 다음과 같이 요약했다. "로마는 어떤 종류의 전쟁이든 신들과 원로원의 축복으로 정당화할 수 있었다."[28]

## 장건과 헤로도토스의 세계

서기 0년경, 세계 정치 지도의 중심은 유라시아 양 모서리의 한나라와 로마 제국이었다. 그 사이에는 비교적 작은 제국인 파르티아와 쿠샨, 유목민 연합체인 흉노 등이 분포했다. 그 밖의 동반구 대부분 지역에는 전과 다름없이 작은 부족과 도시국가가 산재해 있었다. 북아프리카에서는 로마가 카르타고, 이집트를 비롯해 누미디아, 마우레타니아 같은 약소 왕국을 지배했다. 그 아래쪽 대륙은 여전히 반투 등 부족사회의 땅으로, 이곳에서는 부족이 이동할 때 다른 부족과의 갈등과 전쟁이 발생했다. 유라시아 북부는 여전히 유랑민과 유목민의 땅이었다. 농부들은 더 좋은 농지를 찾아서, 유목민은 목축과 약탈을 목적으로 이동했다. 고고학계에서 발굴한 흔적을 보건대 이 지역 사람들은 영양부족과 폭력에 시달리며 힘겹게 살아갔다. 그런데 유라시아 북부는 대체로 농사짓기에 부적당하고 부를 축적하기에 불리한 조건이긴 했어도 한편으로는 지역과 지역을 연결하는 중요한 통로였다. 지중해 도시국가들이 제해권을 바탕으로 자원이 풍부한 지역에 식민지를 건설했던 것과 흡사하게, 흉노 등 유목 민족은 말의 기동력을 이용하여 넓은 평원을 누비며 큰 평야 주변의 자원이 풍부한 지역들을 공략했다.

이 시대에 동반구는 교역과 상인을 통해서 느슨하나마 단일한 경제적·문화적 교류의 장으로 점차 통합되고 있었다. 물론 진정한 의미의 대륙 간 교역은 아니었다. 상품은 도시와 도시를 오가는 정도였고 교역량도 얼마 안 되었다. 그러나 그 과정에서 아이디어가 널리까지 전파되었다. 장건과 그 앞 시대 헤로도토스는

(우리 시대 저널리즘에 비하면 이들의 저작은 너무나 느리게 유통되었어도) 역사 최초의 영향력 있는 국제통신원이었다. 그리스의 지리학자 아낙시만드로스, 헤카타이오스, 히파르코스 등이 제작한 지도는 사람들이 수 세기에 걸쳐 동반구를 점점 더 정밀하게 파악해 나간 과정을 보여 준다.

여러 사료 중에서도 장건과 헤로도토스의 책이 유독 우리의 흥미를 끄는 이유가 있다. 두 저자는 국제정치에 인간의 얼굴을 부여한다. 물론 그들은 각국의 힘과 경제적 번영, 군사적 강점과 약점을 평가하기 위해, 또 왕과 외교가의 은밀한 계획을 밝히기 위해 책을 썼다. 그러나 그들은 또 자신이 목격한 사람과 문화와 장소를, 그 놀라운 경험을 생생하게 묘사했다. 장건은 약탈 사회의 원천적인 폭력성, 성벽의 규모, 궁수의 실력을 서술했지만 그와 함께 복숭아의 맛과 인간 해골을 술잔으로 쓰는 관습에 대해서도 설명했다. 헤로도토스 역시 페르시아 전쟁 기간의 권력균형에 관해 기술했지만 그와 함께 전투 현장에 남은 부서진 뼈, 사람들이 겪은 질병과 고난, 전쟁 노예가 될까 봐 끊임없이 두려워하는 상황, 실제로 노예가 된 이들의 끔찍한 삶에 관해서도 기록했다. 가령 스키타이족은 노예의 눈을 멀게 했고 말젖을 더 많이 얻어 내려고 노예에게 말의 음부에 공기를 불어넣게 했다. 장건과 헤로도토스 시대에 인간의 삶은 엄혹했고 끝없는 전쟁은 삶을 더욱더 힘들게 했다. 그나마 평화와 조화, 번영이라는 이상에 가까워 보였던 장소는 정치적으로 안정된 시기의 제국 심장부, 즉 국경 전쟁으로부터 멀리 떨어져 있고 약탈자, 해적, 노예 도둑이 침입할 수 없는 그곳뿐이었다.

대다수 인간은 시골의 소박하고 평화로운 삶을 이상향으로 생각했다. 동중서 같은 유학자만이 아니라 키케로, 카토 등 로마의 정치가도 그런 목가적인 삶을 찬양했다. 앞선 모든 제국의 왕조와 마찬가지로 한나라는 그들의 영토를 우주의 중심으로 여겼다. 외교란 일차적으로 국경 밖의 이민족을 길들이기 위한 수단이었다. 그러나 외교의 방법에 대해서는 의견이 갈렸다. 유학자들은 평화로운 외교를 옹호한 반면, 점점 목소리를 키워 가던 현실론자들은 무력 정치를 주장했다. 인도에서도 똑같은 논쟁이 있었다. 티루발루바르가 교역의 이익을 강조할 때 『마누법전』은 강한 왕에겐 약한 왕을 공격할 권리가 있다고 주장했다.

한나라에서는 현실파의 주장이 관철되었다. 세력이 커질수록 야심도 커졌으니, 한나라는 군사적 우위, 자원 부족, 교역로를 장악하려는 욕망, 미개한 이민족에게 패배할지 모른다는 공포 등을 추진력 삼아 정복 활동에 착수하여 동남아시아와 중앙아시아에 이르렀다. 이와 마찬가지로 로마 공화국은 자신들이 벌이는 전쟁은 정당하다고, 나아가 신들의 명령에 따른 것이라고 믿었다. 그러나 이탈리아반도에 이어 지중해까지 평정하고 나자 사정이 달라졌다. 로마인의 눈앞에는 더 정복해야 할 땅이 펼쳐졌고, 수도의 인구 증가로 인해 밀을 수입해야 하는 상황이었으며, 상인들은 이익을 위해 기꺼이 원정을 지원했다.

장건과 헤로도토스의 세계 너머, 저 멀리 서반구의 정치 지도는 자연의 힘에 의해 끊임없이 유동하고 있었다. 예컨대 중앙아메리카의 올메카 문명이 무너진 데에는 지진, 물길의 변화, 홍수 등 여러 요소가 작용했다. 하지만 그다음에 무슨 일이 일어났는지 우리는 알기 어렵다. 저 빽빽한 열대우림 밑에는 과연 무엇이 묻혀 있을까? 지금으로서는 상상만 할 수 있을 뿐이다.

다만 지금까지 발굴된 유적을 토대로 추측하건대 서반구의 정치 지형은 빠르게 변화하고 있었다. 새로운 도시국가들이 출현했고, 유라시아에서처럼 도시가 주변 촌락을 흡수하는 '집주'가 진행되었다. 정치체의 규모는 작았다. 예컨대 사포텍 문화의 중심지였던 몬테 알반의 인구는 서기전 1세기경 약 1만 명이었다. 멕시코 남부의 아토약강 유역 언덕 꼭대기에는 지금도 사포텍의 유적이 남아 있고, 그 비탈에서는 관개를 위해 만든 흙댐의 흔적이 발견된다. 도기, 옥, 보석 등의 유물은 아메리카 대륙에도 교역로가 존재했음을 증명한다. 또한 지금의 멕시코시티 근처에는 몬테 알반보다 훨씬 큰 도시 테오티우아칸이 있었다. 이곳의 문화는 주변의 넓고 비옥한 고원과 주요 교역로를 바탕으로 발전했다. 유카탄에는 마야 문명의 토대가 될 도시국가들이 출현했다. 남아메리카에는 안데스산맥을 따라 도시가 띠처럼 늘어서 있었고, 이로부터 차빈(900~200)과 모체(1~800) 등 우리에겐 수수께끼로 남은 문화가 탄생했다. 서반구의 그 외 지역에는 유목민이 드문드문 살아가고 있었다.

　　서반구 역사를 겨우 몇 단락으로 설명하고 끝내는 것이 불공평하다고 느껴질 수도 있다. 그러나 역사의 이 시점까지 서반구에는 비교적 작은 규모의 사회만이 존재했고 그 정치사를 짐작케 하는 증거가 거의 남아 있지 않다.

## CHAPTER 6

# 야만인이 몰려온다

서기 1~250년

서기 0년의 세계에서 가장 넓고 강력한 제국은 여전히 한과 로마였다. 당시 두 나라의 인구는 각각 6,000만 명에 육박했다. 로마 제국의 세력 기반은 지중해의 교역과 농업이었다. 로마는 방어하기 위해 팽창했다. 남으로는 사하라사막까지, 동으로는 메소포타미아까지, 북으로는 흑해, 다뉴브강, 라인강 연안과 스코틀랜드 하일랜드까지가 로마 영토였다. 로마인은 탄탄한 행정조직과 육해군의 기동성을 바탕으로, 또 교역의 막대한 이익을 미끼로 제국을 통합했다. 그 심장부인 이탈리아반도는 역사에 '팍스 로마나'로 기록된 공전의 안정기에 접어들었다.

아우구스투스(서기전 27~서기 14)가 황제에 즉위하고 200년간, 수도 로마에 심각한 폭력 사태가 발생한 해는 단 8년이었다. 그 기간에 로마는 속국의 조공과 속주의 식량, 황금, 사치재를 마음껏 누렸다. 로마인의 세계는 수도, 제국, 바바리쿰barbaricum(야만인의 땅), 이렇게 세 영역으로 이루어졌다. 트라야누스 황제의 기념주를 나선형으로 타고 오르는 승전 장면처럼, 로마는 앞으로도 계속 승승장구할 것만 같았다. 그러나 당대의 저작에 따르면 바로 이 대단한 성공이 국력 쇠퇴와 도덕적 해이를 불러왔다. 3세기에 이르면 변경에서는 점차 이민족 용병이 로마군을 대신했고 국내에는 소요가 끊이지 않았다. 평화의 시대가 저물고 있었다.

중국 한나라의 사정도 비슷했다. 내란의 시기가 끝나고, 광무제(25~57)로부터 시작된 화베이평야의 안정기가 100년 동안 이어졌다. 광무제와 그다음 황제들은 군벌을 해체하고 노예제를 폐지하는 등 일련의 개혁을 추진하여 국민의 지지를 얻었다. 마침 유목민의 위협이 약화되던 때였다. 그러다 그들이 다시 힘을 키우면서 한의 황금시대도 막을 내렸다. 이제 한 황제들은 군사적 긴축정책을 채택하여 실크로드의 전진기지에서 철수했고 로마와 비슷하게 이민족 용병에게 국방을 맡겼다. 한편 그간 엄청난 권력을 축적한 귀족이 수많은 농민의 땅까지 빼앗았다. 그 결과는 대규모 반란이었다. 220년, 한 왕조의 마지막 황제가 폐위되고 제국은 소멸했다.

로마 제국과 한 제국의 그늘에 자리한 군소 국가는 저마다 다양한 방식으로 생존을 꾀했다. 때로는 이웃 제국에 순응하는 쪽을 택했고, 때로는 끈질기게 저항했다. 두 대제국 사이에 펼쳐진 드넓은 유라시아 땅에서는 동과 서를 연결하는 교역로, 즉 실크로드를 차지하기 위한 경쟁이 치열하게 전개되었다. 쿠샨 제국, 파르티아 제국, 흉노 연합국이 이 지역의 비옥한 농지와 교역 거점을 두고 싸웠고 그 과정에서 한나라와 로마의 힘을 빌리기도 했다.

## 황금 당나귀의 주인

서기전 13년, 아우구스투스 황제가 에스파냐와 갈리아 원정을 마치고 로마로 돌아왔다. 원로원은 그의 귀환을 기념하여 '아라 파키스 아우구스타에'Ara Pacis Augustae'(아우구스투스 평화의 제단)를 짓기로 했다. 이 제단의 한쪽 벽에는 평화의 신 팍스가 무릎에 두 아이를 앉히고 꽃과 곡식, 가축에 둘러싸인 모습이 조각되어 있으니, 이것이 아우구스투스가 국민에게 약속한 지상낙원이었다. 반대편 벽에는 로마를 의인화한 것으로 추정되는 여성 전사가 적에게서 거둬들인 무기 더미 위에 앉아 로마 시민에게 '평화는 전쟁에서 승리함으로써만 얻을 수 있다'는 황제의 가장 중요한 원칙 하나를 일깨운다. 이렇게 로마는 전승을 밑거름 삼아 번영의 시대에 들어서고 있었다. 새로운 제국 전통이 탄생했다.

아우구스투스는 자신들이 선택받은 민족이라는 로마인의 믿음을 이어 나가고자 했다. 역사가 리비우스는 그의 후원하에 그 유명한 『로마 건국사Ab Urbe Condita Libri』를 쓰기 시작했다. 시인 베르길리우스는 황제의 의뢰로 로마의 신화적 기원을 찬양하는 애국적인 서사시 「아이네이스Aeneis」를 썼다. 여기서 신들의 왕 유피테르는 로마의 미래를 다음과 같이 선언한다.

젊은 로물루스가

왕좌에 올라 마르스의 벽을 쌓고,

그것을 제 이름으로 부르고 백성을 로마인이라고 부르리라.

나는 공간도 끝없고 시간도 끝없는

무한한 제국을 이들에게 선사하노라.[1]


아우구스투스 시대에 로마는 점차 트래버틴travertine과 대리석으로 치장한 메트로폴리스로 변신했다. 황제는 새 포럼과 율리우스 카이사르를 기념하는 사원을 건축했고 전쟁의 신 마르스를 모시는 신전을 지어 그 안을 전리품으로 채웠다. 이렇게 수도를 화려하게 꾸미는 과정에서 도시 빈민은 눈엣가시였다. 그는 무상으로 보급하던 구호 식량을 줄였다. 퇴역병과 가난한 젊은이에게는 로마를 떠나 다른 곳에서 운을 시험하기를 권했다. 아우구스투스는 역사상 전례 없는 많은 식민지를 건설했다. 그것이 제국 당국에는 수도의 인구 과밀과 빈곤 문제를 밖으로 돌릴 수 있는 기회였다.

베르길리우스는 "무한한" 제국을 노래했지만 사실 아우구스투스의 대외 전략은 비교적 온건했다. 그는 로마 병력을 50만 명에서 30만 명으로 감축했고 라인강, 다뉴브강, 유프라테스강, 사하라사막 등 자연의 방어선을 따라 제국의 경계를 확정했으며 국경을 그 이상으로 넓혀서는 안 된다고 단언했다.[2] 또 대외 정책에서는 강함과 부드러움, 압박과 회유를 적절히 조합하고자 했다. 그는 이렇게 자부했다. "나는 아드리아해 인근부터 토스카나까지의 알프스 지역을 평정했다. 그 어떤 민족과 부당한 전쟁 한 번 치르지 않고 그렇게 했다."

나는 라인강 하구에서 배를 띄워 바다를 통해 동쪽 킴브리족의 국경에 이르렀다. 그때까지 뭍으로나 바다로나 어떤 로마인도 이르지 못한 곳이었다. 킴브리족, 카리데스족, 셈노네스족 등 그 지역의 게르만족이 나에게 사절을 보내어 로마인과 친교를 맺기를 바랐다.[3]

그런가 하면 로마식 평화에 반대하는 이들에 대해서는 무자비한 보복 원정을 단행했다. "나의 명령과 후원을 받은 두 군단이

… 에티오피아에, 그리고 '행복의 땅' 아라비아에 이르러 각각 적군을 분쇄했다."[4]

당대 사람들은 아우구스투스를 지혜와 무용을 겸비한 반신반인으로 묘사했다. 원로원 의원, 집정관, 법무관 등 원래 자유선거를 통해 선출되었던 관직에 이제는 황제의 승인이 필요했다. 이른바 '원로원 속주'에는 여전히 원로원이 총독을 임명했으나, 제국의 가장 넓은 부분을 차지하는 '황제 속주'는 황제가 선택한 총독이 다스렸다. 속국은 그리 많지 않았다. 아우구스투스는 가능한 한 자신이 제국 전역을 직접 통치하기를 원했다. 로마군은 주로 국경에 주둔했다. 국경에는 요새가 설치되었고 확장된 도로망은 곳곳을 연결했다. 패배한 부족의 지배자는 황제에게 복속하는 수밖에 없었다. 그들은 황제의 관대한 처분에 화답하여 배상금과 정기적인 세금을 납부했고 로마법을 받아들였으며 흔히 자식을 볼모로 보내었다.

아우구스투스는 강대국과는 안정적인 관계를 맺고자 했다. 그래서 파르티아와는 평화 협정을 맺었고 쉴 새 없이 외국 대사를 접견했다. "인도 왕은 나에게 사절을 자주 보냈다. … 바스타르나이족, 스키타이족, 사르마티아족 … 또 알바니아와 이베리아와 메디아의 왕들이 사절을 보내어 우리와 친교를 맺고자 했다. … 오로데스의 아들인 파르티아 왕 프라테스는 전쟁에서 패배하지도 않았는데 제 아들과 손자 모두를 나에게 보내 그들을 보증 삼아 우리와 친교를 맺고자 했다."[5] 아우구스투스는 비밀 정보망을 가동하여 국외의 상황을 면밀히 파악했다. 또한 국가 기록 보관소는 있었으나 외무를 담당하는 별도의 부처나 제도는 없었다. 중요한 결정은 황제가 직접 내렸고, 그 나머지는 원로원이 처리했다.

물론 로마의 평화가 모두의 평화일 수는 없었다. 역사가 타키투스(54~120)는 칼레도니아의 부족장 칼가쿠스가 로마 침략군과의 전투를 앞두고 했다는 말을 전하면서, 그와 비슷한 많은 이들에게 제국의 지배가 얼마나 큰 위협이었는가를 설명한다. (칼레도니아는 로마인이 브리타니아 속주 북쪽, 즉 현재의 스코틀랜드 땅을 칭하던 이름이다.—편집자 주)

사람이 제 자식과 일족을 가장 아끼는 것은 자연이 정한 바이다. 그런데도 로마인은 우리의 아이들을 억지로 데려가 다른 곳에서 노예살이를 시킨다. 우리의 아내와 자매는 그들에게 폭행을 당하거나, 아니면 친선과 환대의 이름 아래 능욕당한다. 그들은 우리의 물자와 재산을 조공으로 빼앗고 우리의 수확물로 제 곡창을 채운다. 무엇보다 우리 자신의 손과 몸이, 채찍질과 모욕 속에서 숲과 습지를 개간하느라 지쳐 간다.[6]

그 외에도 얼마나 많은 사회가 저항했던지 로마군은 쉴 틈이 없었다. 한 병사는 이렇게 불평했다. "우리가 늘 채찍질과 부상에 시달리는 걸 하늘은 아실 테지! 겨울은 혹독하고 여름은 분주하고 전쟁은 잔혹하고 평화는 무익하다."[7] 아우구스투스가 죽자 독일 쪽 국경에서 당장 반란이 일어났다.

첫 황제의 유산이 그 뒤 황제들에게는 무거운 짐이었다. 2대 황제 티베리우스(14~37)는 돌발 홍수, 라인강 수비대의 반란, 근위대의 권력 장악, 식량 가격 상승, 마케도니아와 시리아 지역의 조세 저항에 맞부딪쳤다. 평화로웠던 제국이 점점 소란스러워졌다. 근위대는 황제를 보호하는 군대이자 이탈리아반도의 유일한 대규모 병력이었다. 타키투스의 기록에 따르면, 31년 근위대장을 중심으로 한 음모가 밝혀지자 "이제 살육에 눈이 먼 황제는 세야누스와 공모한 죄로 체포한 자를 전원 처형하라고 명령했다. 그건 대학살이었다. 남녀노소와 신분을 가리지 않고 살해당한 시신이 여기저기 널브러져 있거나 무더기로 쌓여 있었다. … 공포가 연민을 마비시킨 것이다."[8] 타키투스는 관용과 정의를 거듭 강조했고 동시대의 또 다른 저명한 역사가 수에토니우스 등도 마찬가지였다. 그러나 이들은 대다수의 황제가 권력을 남용하는 현실을 통탄해야만 했다.

원로원은 점점 더 많은 이주민이 로마 시민권을 얻고 정치적 영향력을 행사하는 데 불만을 품었다. "우리가 왜 저 범죄자 무리 같은 외국인을 떼로 받아들이고 얼마 안 남은 우리 귀족 계급의 앞날을 스스로 막아서야 하는가?"[9] 상황은 악화되기만 했다. 3대 황제 칼리굴라(37~41)의 암살 사건은 로마의 제위 계승에 문제적 선례를 남겼다. 근위대가 그의 삼촌 클라우디우스(41~53)를 황제로 추대하려 칼리굴라를 살해했고, 새 황제는 이들의 '충성'에 넉넉하게 답례했다. 5대 황제 네로(54~68) 때는 로마가 불길에 휩싸였다. 문자 그대로 큰불이 도시를 절반 넘게 집어삼킨 동시에 비유적으로는 점점 더 해괴하고 권위적으로 변해 가는 황제의 행동으로 인해 일대 반란이 일어났다. 사람들은 그를 이렇게 비난했다. "새로 수입된 방종 탓에 유구한 도덕이 땅에 떨어졌다! 사람을 타락하게 만드는 경박한 모든 것이 수도로 흘러들어온다. 외래의 영향력이 우리의 젊은 남자들을 타락시켜 게으름뱅이, 체조 선수, 변태로 만든다."[10]

네로가 사망한 68년부터 필리푸스 아라브스가 사망한 249

년까지, 로마 황제의 평균 재위 기간은 고작 6년이었다. 트라야누스(98~117), 하드리아누스(117~138) 같은 유능한 지배자가 없었던 것은 아니다. 하지만 트라야누스마저도 제국의 자원과 병력을 과잉 산개하는 과오를 범했다. 그는 다키아(오늘날 루마니아의 일부), 파르티아, 아라비아에 원정을 단행했다가 그 비용을 치르느라 통화를 평가절하해야 했다. 그다음 황제 하드리아누스는 어쩔 수 없이 메소포타미아에서 철군했고 세금을 낮추었으며 현지인 병력의 비중을 높였다. 그는 그런 자신의 노력 덕분에 로마가 번영을 회복했다고 자부했다. 가령 루브르박물관에는 전쟁의 신 마르스로 묘사된 하드리아누스를 사랑의 신 베누스가 껴안는 모습의 대리석 조각상이 전시되어 있다.[11] 그러나 그 정도 노력으로는 부족했다. 이후 마르쿠스 아우렐리우스(161~180) 같은 황제는 자원과 군사력을 통제하고 점점 시끄러워지는 국경 분쟁을 진압하고자 했다. 그러나 다른 황제들은 더 무책임하고 무모했다. 가령 카라칼라(198~217)는 세계를 정복하겠다는 과대망상에 사로잡혔다.

그리스 출신 역사가이자 원로원 의원이었던 카시우스 디오는 서기 2세기 후반에서 3세기 초반 로마인이 경험한 소란과 폭력과 억압에 대해 그 누구보다 생생한 이야기를 들려준다. 그는 지배층의 권력 남용과 부패, 제국의 금고에 황금을 축적하기 위해 그들이 벌이는 전쟁을 강력히 규탄했다. 로마의 지배는 이제 그 잔인한 실상을 만천하에 드러냈다. 예컨대 셉티미우스 세베루스(193~211) 황제는 영국에서 발생한 반란에 다음과 같은 명령으로 대응했다. "그 누구도 파멸을 피하지 못하게 하고 그 누구도, 어머니의 자궁에 있는 태아까지도 우리의 손아귀에서 빠져나가지 못하게 하라."[12] 그러나 세베루스는 끝없는 원정이 황제의 인기를 잠식할 수 있다는 것도 알았다. 디오가 기록하기를, "그는 자신의 즉위 10주년을 맞이하여 식량을 보급받는 빈민 모두와 근위대의 병사에게 자신이 재위한 햇수만큼 금화를 하사했다".[13]

　　다른 황제들은 그보다 덜 영리했다. 카라칼라는 대중에게 즐길거리를 제공하겠다고 전쟁과 검투사 경기에 돈을 퍼부었다가 통화를 평가절하해야 했고, 세원을 늘리려고 제국 내 비노예 남성 전원에게 로마 시민권을 부여하기까지 했다. "그는 부유한 자유민이나 시민을 감독으로 임명하여 그 사람 돈까지 경기에 쓰고 싶어 했다. 또 하층민 곡예사처럼 경기장으로 내려가서 채찍을 휘두르며 관중에게 경례하고 금화를 구걸했다."[14] 카시우스 디오는 사회질서의 붕괴도 강하게 비판한다. 지배층은 공포통치를 자행했고, 이탈리아의 농촌에는 무장한 패거리가 출몰했으며, 황제의 궁전은 연회로 법석거렸다. 디오에 따르면 어떤 황제는 "음탕하기가 도를 넘어서 수술로 몸에 여자 성기를 만들어 넣고 싶어" 했다.[15] 징조는 좋지 않았다. 신들은 로마에 엄중히 경고했다. "너의 궁전은 피에 젖어 멸망하리라."[16]

　　그런데 로마 제국은 이 무질서와 타락 속에서도 살아남았다. 일단 대외적 측면에서, 그 누구도 로마의 군사력에 대적할 수 없었기 때문이다. 엇비슷하게 힘을 겨룰 만한 이웃은 단 하나, 파르티아였다. 그러나 파르티아는 아르메니아와 레반트의 식민지를 위협하는 정도에 그쳤다. 로마 제국의 변방에는 주로 부족이 살았다. 독일과 스코틀랜드의 부족은 각각 삼림과 산악 지대에서의 게릴라전술로 로마군을 괴롭혔으나 지원군이 도착하는 족족 진압당했다. 타키투스의 글에서 로마의 한 장군은 다음과 같은 말로 병사들을 안심시킨다. "게르만족은 가슴받이도, 투구도 쓰지 않는다. 방패도 허술하다. … 창 비슷한 것이 있으나 맨 앞 열에서 끝나고, 그 외에는 끝에 불을 붙이거나 짧은 칼을 단 곤봉이 전부이다. 신체적으로는 막강해 보이고 실제로 짧은 돌격에는 능하다. 그러나 이들은 아픔을 참지 못한다."[17]

무엇보다도 로마군은 원거리 전투에서 타의 추종을 불허했다. 그 유명한 도로망, 지중해를 장악한 해군, 라인강과 다뉴브강 등을 순찰하던 갤리선 덕분이었다. 전성기 로마의 포장도로는 총길이가 8만 킬로미터를 넘었고 함대당 전함이 1,000척 이상이었다. 로마인은 지중해와 흑해에 수십 개의 항구를 지었고 그보다 수는 훨씬 적지만 북해 연안에까지 항구를 두었다. 그들은 부족과 부족을 맞붙이는 데도 능했다. 한쪽에는 교역을 허용하고 다른 쪽은 배제한다든가, 한쪽은 로마인의 친구로 선언하고 다른 쪽은 적으로 돌리는 식이었다.

로마 제국이 살아남은 이유를 내부에서 찾자면, 지배층이 국민의 감정을 효과적으로 달랬다는 데 있다. 수도 로마의 100만 인구는 심각한 불평등을 경험하고 있었다. 부자들이 언덕에 화려한 빌라를 세울 때 빈민들은 빽빽한 미로 같은 공동주택 단지에 살았고 캄캄한 골목골목은 거지, 범죄자, 매춘부의 소굴이었다. 당시 수도 인구의 3분의 1이 노예였던 것으로 추정된다.[18] 시민이 하루 노동으로 버는 돈은 약 4세스테르티우스였다. 시민이 상류층인 에퀴테스가 되려면 재산이 40만 세스테르티우스는 되어야 했다. 지주는 어마어마한 부를 쌓을 수 있었다. 가령 마르쿠스 안토니우스 팔라스라는 사람은 재산이 3억 세스테르티우스가 넘었다고 한다.[19] 대다수 시민은 가난을 운명으로 받아들여야만 했다. 베르길리우스, 세네카 등 많은 저술가가 고된 노동을 찬양했다.

대중적인 시와 연극에서는 가난이라는 운명이 유머로 승화되기도 했다. 2세기의 그리스 출신 소설가 루키우스 아풀레이우스가 쓴 『황금 당나귀The Golden Ass』에서 당나귀는 이렇게 말한다. "나는 추워서 죽을 것 같았어요. 하지만 그건 주인도 마찬가지였지요. 그는 너무도 가난해서 짚을 살 수도 없고 작디작은 이불 하나 살 수 없었답니다."[20] 가난한 시민의 애환을 달래기 위해 정기적으로 열린 행사가 바로 검투사 경기, 전차 경주 같은 볼거리였다. 로마의 콜로세움도 이때 지어졌다. 황제들은 키르쿠스 막시무스Circus Maximus를 재단장하고 거대한 공중목욕탕을 세우는 등 다양한 대형 토목 사업을 진행했다. 그들은 속주로부터 식량을 안정적으로 공급받기 위해 자신이 할 수 있는 일을 다 했다. 극단적인 경우에는 군사력으로 질서를 되찾았다. 카시우스 디오에 따르면 "숱한 사람이 숱한 반란을 일으켰고 개중에는 중대한 사태에 이른 것도 있었으나 결국엔 전부 진압되었다".[21] 로마 제국은 사회적 불평등이 어디까지 용인될 수 있는지 그 한계를 시험하고 있었다.

## 바바리쿰을 다스리다

로마 제국의 국경 너머는 바바리쿰, 즉 '바바리안'(야만인)의 땅이었다. 이 변방에서 살아가던 이들은 제국에 대해 양가적인 태도를 보였다. 로마의 군사적 지배에 가장 격렬하게 맞선 사회마저도 로마가 제공하는 경제적 이익은 환영했다. 가령 칼레도니아의 부족은 산악 요새에서 로마군에 끝까지 저항했으나 그 지도자의 무덤에는 로마의 물건이 가득했다. 게르만 부족은 쉬지 않고 로마인과 싸웠다. 예컨대 라인강 하류 북안의 프리지아인은 로마 징세관을 교수형에 처하고 포학한 총독에 맞서 반란을 일으켰다. 그러나 다른 쪽에서는 프리지아의 일부 가문을 비롯한 여러 게르만 부족이 로마군에 용병을 공급하고 있었다.

다키아족은 로마의 북쪽 변방에 자리한 비교적 큰 세력 중 하나였다. 처음에 로마인은 돈을 써서 이들이 다뉴브강을 건너오는 것을 막았다. 그러나 제국 내부가 점점 혼란스러워지자 다키아의 진취적인 왕들이 국경을 넘어 로마 영토를 들쑤시기 시작했다. 이윽고 시작된 반격은 무시무시했다. 로마군은 다키아군을 제압했고 왕을 끝까지 찾아내 살해했으며 105년에는 왕국 자체를 흡수했다. 그 후에도 다키아족은 그 지역의 풍부한 금광을 이용하려고 밀려 올라오는 로마인에게 끈질기게 저항했다. 결국 코모두스(180~192) 황제는 어쩔 수 없이 다키아족에게 더 많은 자율성을 부여했다.

이러한 변방 부족의 태도에는 여러 인자가 영향을 끼쳤다. 정치 조직 면에서 볼 때 부족은 씨족 단위로 분열했다가도 강력한 왕의 지배하에 다시 통합되기를 반복했다. 대다수의 부족은 안정되어야 번영하는 소작농 사회였다. 그러나 이들은 투사적 기질로도 잘 알려져 있었다. 젊은이와 노인이 함께, 남자와 여자가 함께 전장에 나가는 이들이었다. 부족사회의 안보는 예나 그때나 영원한 유동 상태에 있었다. 이 지역의 온화한 기후와 늘어나는 부에 이끌려 동쪽에서 새로 유입되는 이주민은 기존 정주민에게 점점 더 큰 압력으로 작용했다.

로마가 이런 변경을 수비하는 데 늘 충분한 병력을 투입할 수 있었던 것은 아니다. '리메스limes, 경계'라는 제국의 방어 체계는 인력 부족으로 인해 제 기능을 못 하는 경우가 많았다. 그럴 때 제국은 외교정책을 더 적극적으로 활용했다. 로마는 교역을 촉진하거나 지배층에 특권을 부여함으로써 변방 민족이 스스로 제국에 복속하도록 유도했다. 가령 국경 인근의 부족은 로마의 트리부타리tributarii가 될 수 있었다. 이들은 세금과 군역의 의무를 지는 대신 로마의 시장을 이용할 권리 및 로마군에게 어느 정도 보호받을 권리를 가졌다. 어떤 부족은 제국 안까지 들어와 땅을 할당받고 그 대가로 병력을 제공하는 라이티laeti가 되었다. 로마와 가장 관계가 좋은 부족은 포에데라티foederati가 되었다. 이들은 용병으로 복무하는 대신 기존의 지배 체제 그대로 제국 안에 정착할 수 있었고 보조금까지 받았다.

영국과 라인강, 다뉴브강 연안의 부족들이 로마와의 관계에 관해 쓴 기록은 전혀 남아 있지 않다. 참조할 만한 글은 타키투스, 카시우스 디오 등 로마 역사가의 것이다. 이와 달리 그리스, 레반트, 이집트 지역에 관해서는 현지인의 사료가 남아 있다. 이 시대 그리스 지식인은 둘로 분열했다. 한쪽은 자국민이 로마의 지배에 순응하기를 바랐다. 역사가 할리카르나소스의 디오니시오스와 지리학자 스트라보 모두 로마가 그리스를 소아시아의 경쟁국으로부터, 해적으로부터, 흑해 연안을 배회하는 유목민으로부터 지켜 준다고 주장했다. 철학자 아리스티데스는 로마 제국 내의 이동의 자유를 높이 평가했다. 반대쪽은 로마를 그리 좋아하지 않았다. 지리학자 파우사니아스는 로마에 정복당한 이후 "그리스가 더할 나위 없이 약해져만 갔다"고 주장했다.[22] 그는 도시국가들은 자유를 잃었는데 그 지도자들은 앞다투어 제국의 지배층에 합류하고 있다고 개탄했다. "모든 범죄 가운데 가장 몹쓸 범죄는 사적 이익을 위해 고향과 동포를 배신하는 것이다."[23] 또한 파우사니아스는 로마인의 약탈, 코린트 등 대도시의 황폐화, 총독의 횡포에 관해 기록했다.

총독의 횡포는 1세기 이집트의 그리스인 철학자 필론이 가장 강하게 비판한 문제 중 하나였다. 「플라쿠스에 반대한다Against Flaccus」라는 그의 논문에는 이집트의 로마 총독이 대중을 선동하여 유대인을 공격한 사건이 묘사되어 있다. 그러나 로마 제국 점령기의 서아시아에 관한 가장 생생한 기록은 예수 그리스도의 이야기일 것이다. 신약성경이 전하는 예수의 평화적 저항과 수난과 십자가형은 이후 2,000년에 걸쳐 많은 이들에게 제국적 억압을 상징하는 사건으로 해석되었다. 사도 요한은 로마인이 와서 유대인의 땅과 영혼을 다 빼앗았다고 개탄했다. 그러나 이 복음서 저자가 더더욱 혹독하게 비판한 대상은 다름 아니라 정복자에게 협조한 많은 유대인, 특히 로마 총독 폰티우스 필라투스(본디오 빌라도)가 예수를 범죄자 바라바와 함께 재판에 회부했을 때 거짓말에 속고 뇌물에 넘어간 이들이었다. 당대의 유대계 역사가인 그리스의 필론과 로마의 플라비우스 요세푸스 두 사람 모두 필라투스가 속주를 포학하게 다스리고 유대인의 관습을 멸시한 탓에 그 지역에 소요가 발생했다는 일련의 정황을 전하는 바, 이것이 신약성경의 역사적 배경이다. 하지만 이미 로마인의 관점을 받아들인 두 사람은 로마의 유대인 지배가 신의 뜻이라고 주장했다.

로마 제국의 전성기는 2세기 초반 트라야누스 황제 때였다. 로마는 그때까지의 세계 역사에서 가장 막강한 제국 중 하나였다. 육지 면적으로 따지자면 한나라와 아케메네스조 페르시아의 영토가 더 넓었을 것이다. 그러나 로마는 북해에서 시작하여 지중해를 지나 흑해, 홍해 북부에 이르는 광대한 바다도 지배했다. 나아가 제국 통치 면에서도 로마가 더 위대했다고 말할 수 있다. 로마는 새 땅을 정복하는 데 그치지 않고 그 땅을 제국 안에 온전히 통합했다. 그 수단은 엄격한 행정, 통일된 규격, 지배층의 공용어, 해상 운송, 그리고 그 오랜 세월을 견디고 지금까지 남아 있는 항구와 도로, 다리와 수로가 입증하는 놀라운 공학 기술이었다. 바다와 육지를 합치면 로마는 지금까지의 세계사를 통틀어 가장 거대한 제국 중 하나였다.

## 실크로드를 따라서

유프라테스강과 힌두쿠시산맥 사이의 넓은 땅을 지배한 세계주의 제국 파르티아는 로마의 거의 유일한 맞수였다. 가령 타키투스는 로마와 파르티아를 '가장 위대한 두 제국'이라고 일컬었는가 하면, 폼페이우스 트로구스는 세계가 로마 땅과 파르티아 땅으로 이분된다고 상상했다. 그러나 파르티아는 위협을 느끼고 있었다. 로마가 파르티아와 맺으려는 관계의 성격은 명확했다. 파르티아는 강국으로 대접받아 마땅하지만 그래도 로마보다는 열등한 나라라는 것이었다. 지금은 바티칸미술관에 놓여 있는 저 유명한 프리마 포르타의 아우구스투스 대리석 조각상은 그 가슴받이 부분을 자세히 보면 겁에 질린 파르티아 병사가 과거의 전쟁에서 로마군으로부터 빼앗았던 군기를 반납하는 장면이 묘사되어 있다. 파르티아 왕은 자신의 후계자가 로마 혈통이 되도록 제 아들들을 아우구스투스 황제에게 볼모로 보내기까지 했다.

이 평화는 오래가지 않았다. 두 대국은 상대의 전진이 곧 나의 퇴보를 뜻하는 지정학적 제로섬게임에 얽혀들었다. 게임의 장소는 두 제국을 완충하던 아르메니아였다. 유프라테스강의 국경에서도 긴장이 끊이지 않았다. 처음에 로마의 야심은 강의 서안에서 멈추었다. 그러나 115년, 트라야누스 황제가 유프라테스강을 건넜다. 타키투스에 따르면 로마의 동방 원정은 대대로 황제의 국내에서의 위신을 강화하는 수단이었다. 트라야누스는 자신의 전쟁을 알렉산드로스 대왕의 페르시아 정복에 빗대기까지 했다. 그러나 사실 이 전쟁은 일차적으로 파르티아 쪽에서 아르메니아 왕을 교체하며 도발한 것이었다. 또 로마가 다른 원정에 나섰다가 계획을 확대한 결과이기도 했다. 트라야누스는 원래 다키아를 향했는데, 그곳의 황금을 손에 넣고 나자 캅카스산맥과 서아시아 지역의 교역에도 욕심이 난 것이었다. 그러나 파르티아는 로마의 침입에 격렬하게 대항했고, 트라야누스의 후계자 하드리아누스는 메소포타미아에서 물러날 수밖에 없었다. 198년, 셉티미우스 세베루스가 다시 파르티아로 향했다. 그는 수도 크테시폰을 침탈하고 메소포타미아 북부를 합병했다. 217년, 파르티아와 로마가 또 한 번 격렬하게 충돌할 참이었다. 카라칼라 황제가 아나톨리아 고원에서 메소포타미아로 내려가고 있었다. 그때, 황제가 볼일을 보던 중에 암살당하고 원정은 무산되었다. 로마는 강화를 요청해야 했다.

이제 쇠약해질 대로 쇠약해진 파르티아 제국은 옛 아케메네스 왕조의 심장부 페르세폴리스 유적에서 겨우 2킬로미터 떨어진 곳의 작디작은 속국에 의해 무너졌다. 이 나라의 왕 아르다시르 1세는 224년 크테시폰에서 아시리아와 페르시아의 전통을 따라 스스로 '왕들의 왕'에 등극했다. 새로운 제국이 탄생했다. 사산조 페르시아는 7세기에 이슬람 제국이 탄생할 때까지 서아시아와 중앙아시아의 넓은 지역을 지배했다.

파르티아는 눈에 띄게 쇠퇴하는 와중에도 여전히 중요한 교역 거점으로서 지중해와 아시아의 상업을 연결했다. 그리스 태생의 로마 관리이자 역사가 헤로디아누스는 3세기 초의 교역 활황을 설명하면서 생산 전문화가 정치적 긴장을 완화할 수 있다고 주장했다. "파르티아는 향신료와 아름다운 직물을 생산하고 로마는 금속 제품과 수공품을 생산하기 때문에, 그러한 상품이 더는 부족하지 않아 상인이 밀수하지 않을 것이다. 하나의 절대적인 권위 아래 세계가 통합될 때, 두 민족 모두가 그런 상품을 함께 향유할 수 있을 것이다."[24] 그러나 현실은 이론만큼 간단하지 않았다. 한나라와 로마의 사료에 따르면 파르티아인은 아시아 상업의 중개자 역할을 포기할 생각이 없었다. 97년, 한나라 사절은 페르시아만을 건너 로마에 이르고자 파르티아 궁정에 인허를 요청했다. 그러자 파르티아 측은 여행길이 너무나 험할 것이라며 그를 말렸다고 한다. "그 거대한 바다에 나가면 사람들은 조국을 생각하다 향수병에 걸리고 그러다 죽기까지 합니다."[25] 한나라인은 그것이 속임수임을 잘 알았던 듯하다. 중국 측 기록에는 "로마 황제는 늘 우리에게 사절을 보내고 싶어 했으나 중국산 비단의 교역을 장악하려는 파르티아가 그 경로를 막아섰다."라고 쓰여 있다.[26]

실크로드를 독점하려는 파르티아의 공작 외에도 로마 경제를 위협하는 문제가 있었다. 여러 저술가가 동방무역의 적자가 심각하다고 걱정했다. 가이우스 플리니우스 세쿤두스는 로마 여자들이 동방의 호사품을 너무나 좋아하는 탓에 제국이 큰돈을 쓰고 있다고 썼다. "해마다 우리 제국에서 인도로 흘러 나가는 돈이

5억 5,000만 세스테르티우스나 된다."²⁷ 타키투스는 여자들의 낭비로 인해 너무 많은 돈이 적국으로 들어간다고 경고했다. 그러나 이 문제를 해결하기 위해 선택된 방안은 부유층의 소비를 규제하는 것이 아니라 교역을 상악하는 것이었다. 먼저 로마는 차별관세를 회피하고자 팔미라, 페트라 등 레반트 지역의 집산지를 접수하고자 했다. 또한 홍해를 통하는 해상무역을 장려하여 아라비아반도와 인도는 물론 중국과도 더 활발히 교역하고자 했다. 중국과의 교역은 대체로 간접적으로 이루어졌으나 166년에는 로마도 중국에 사절을 보냈던 것으로 추측된다. 하지만 그때까지도 중국은 별다른 감흥을 느끼지 못했다. "그들이 가져온 공물은 값지지도 진귀하지도 않았다."²⁸

## 쿠샨 제국

로마와 중국의 육상 교역은 파르티아가 가로막았지만 로마와 인도는 바닷길을 통해 점점 더 활발하게 교역했다. 아우구스투스 시대에는 상선이 매년 출범하여 인도아대륙 서해안의 여러 항구에 도착했다. 1세기의 한 상인은 알렉산드리아의 항구를 떠나, 로마 전함이 해적을 감시하는 홍해를 거쳐, 인도양의 위험한 연안을 따라 항해하는 그 길고 고단한 여정을 자세히 기록했다.²⁹ 이에 따르면 남아시아 연안의 항구 대다수는 도시국가나 소왕국에 속했으며, 그런 세력은 지정 항만, 공인 도선사, 세관, 해적 순찰대, 해당 지역에 대한 역사적인 영유권 주장 등 다양한 방법을 동원하여 교역을 장악하고자 했다. 유향 같은 값비싼 향신료의 경우, "왕의 허가 없이는 공개적으로도, 은밀하게도 배에 실을 수 없었다. 허가 없이 한 톨이라도 실었다가는 그 항구를 떠날 수 없었다."[30] 항구는 강을 통해 배후지와 연결되었으며 그리로 황금과 보석, 직물, 향신료가 운반되었다. 더 원시적인 부족과 거래하는 시장도 정기적으로 열렸다. "그들은 아내와 자식까지 대동하여 큰 꾸러미와 포도잎 따위로 짠 바구니를 이고 지고 나타났다. … 그들은 바구니를 풀어 깔개로 쓰고, 그렇게 며칠씩 잔치를 벌인 뒤 내륙으로 돌아갔다."[31] 또한 저자는 "알렉산드로스 대왕의 원정 흔적이 오래된 사원, 보루, 큰 우물 등으로 남아 있었다"고 적었다.[32]

인도 내륙과 중앙아시아는 전과 다름없이 무력이 충돌하는 위험한 땅이었다. 남인도는 사타바하나, 크샤하라타, 판디아, 촐라 등의 왕국으로 나뉘어 있었다. 북인도에서는 월지로부터 시작된 쿠샨 제국이 파르티아의 쇠퇴를 틈타 더욱 팽창하고 있었다. 『후한서後漢書』는 이렇게 증언한다. "그때 월지가 파르티아를 내쫓고 카불을 차지했다."[33] 수십만 규모의 기병을 보유한 월지는 이 지역의 최강자였다.

월지는 인도-갠지스 평원의 왕국을 차례차례 정복했다. 우리는 2세기 초 인도의 불교도 시인 아슈바고샤의 전기에서 당시 월지의 영향력을 확인할 수 있다. 이상적인 세계는 "평화로운 나라, 왕이 장수하고 풍년이 이어지고 기쁨이 넘치는 나라, 그 많은 재난이 다 비껴가는 나라"였다.[34] 그러나 그때 월지가 나타나 조공을 요구했다. 어느 왕은 그 나라 총 재산의 세 배를 요구받았다. 그 인자한 불교도 왕은 적에게 항복했다. "무엇을 요구하든 다 들어주겠다. 왜 당신들이 여기까지 나타나 이 나라 백성이 고통받고 궁핍에 시달려야만 하는가?"[35] 그러나 이 왕국은 결국 멸망당했다.

아마도 로마인은 이 세상에 위대한 황제는 로마 황제와 파르티아 황제 둘뿐이라고 생각했을 것이다. 그러나 쿠샨 황제는 자기도 그 반열에 든다고 믿었다. 쿠샨 군주들은 주화의 문구로 로마 황제를 모방한 '아우구스투스'를 썼을 뿐만 아니라, 메소포타미아와 중국의 전통까지 가져와 '왕들의 왕', '하늘의 아들'을 자처했다. 전설에 따르면 위대한 황제 카니슈카(127~163)는 초자연적인 능력으로 사악한 왕을 물리쳤다고 한다. 라바탁 비문에는 "위대한 구원자, 쿠샨의 카니슈카, 정의롭고 공평한 절대자, 경배해야 할 신, 나나 신과 모든 신이 왕으로 정한 자"라는 찬양의 문구가 새겨져 있다.[36] 마투라 비문에는 그가 "참된 법을 굳건히 지켰다"고 적혀 있다.[37] 쿠샨 황제들은 특히 대규모 치수 사업을 자랑으로 삼았다. 가령 페르가나분지의 사마르칸트에는 독보적인 규모의 댐이 건설되어 도시의 용수 공급을 조절했다.

쿠샨은 영토를 속주로 나누어 통치했지만 아케메네스조 페르시아에 비하면 그렇게 엄격한 체제는 아니었던 듯하다. 그래도 쿠샨을 방문한 중국인은 이 제국의 국력과 재력에 감탄했다. 이 지역에는 이렇다 할 금광이 전혀 없었는데도 어마어마한 양의 금화가 주조되었다. 이를 설명할 유일한 방법은 쿠샨이 파르티아, 로마 등과의 교역에서 막대한 흑자를 냈다는 것뿐이다. 남아시아의 평야 및 중앙아시아 오아시스의 광대한 농업경제도 제국의 중요한 세력 기반이었다. 나아가 전성기의 쿠샨 제국은 남아시아와 메소포타미아에서 타림분지를 거쳐 멀리 시베리아까지 이어지는 중요한 대상로와 아덴만의 주요 항구를 장악했다. 400년 전에 마우리아 왕조의 아소카왕이 그랬듯이 카니슈카는 불교를 제국의 공식 종교로 채택했고, 그로써 자신이 저마다 다른 언어를 쓰는 수백 개 부족을 정의롭게 통치한다고 정당화했다.

쿠샨 왕조는 고대의 '그레이트 게임'이라 할 만한 전략전의 한 주역으로 떠올라 중앙아시아의 비옥한 고원과 교역로를 두고 로마, 파르티아, 흉노, 중국과 경쟁했다. 서기 50년경, 쿠샨과 파르티아는 자그로스산맥 동쪽의 초지를 두고 싸웠다. 카시우스 디오에 따르면 쿠샨은 로마와 동맹을 체결했다. "이미 여러 차례 교섭을 시도한 인도 사람들이 마침내 친교의 조약을 맺고 당시까지 로마인이 본 적 없는 호랑이 등의 선물을 보내왔다."[38] 쿠샨인은 중국과도 협정을 체결했다. 이 약속은 오래가지 않았다. 중국 측이 왕실 간 결혼을 거부하고 대규모 군대를 앞세워 중앙아시아에 진출하자 쿠샨은 전쟁을 선포했다. 그러나 쿠샨은 패배했고 굴욕적인 조건을 요구받았다. 쿠샨은 흉노와 손잡고 복수에 나섰다. 하지만 사산 왕조가 파르티아 제국을 전복하자 쿠샨 황제 바수데바 1세는 다시 중국과 동맹을 맺고자 했다. 그는 중국의 비위를 맞추려고 자신의 이름을 중국어로 새긴 주화까지 발행했다. 이것은 명백한 망조였다. 235년경 바수데바가 사망한 뒤 쿠샨의 영토는 둘로 나뉘었고, 이어 그보다 더 작은 왕국들로 분열했다.

쿠샨 제국이 무대에서 퇴장한 뒤에도 남아시아, 중앙아시아, 서아시아, 지중해, 중국은 과거 어느 때보다 서로 연결되어 있었다. 일찍이 그리스의 영향을 흡수했던 남아시아는 이제 로마 문화에 관심을 보였다. 역으로 로마 시민들은 아시아제 호사품에 빠져들었다. 유라시아 전역이 교역과 문화, 여행을 통해 긴밀히 연결되었다. 권력정치도 똑같이 그러했다. 중국, 로마, 파르티아, 쿠샨, 인도는 서로서로 외교를 맺었다. 하지만 그렇다고 전쟁이 멈춘 것은 아니었다. 실크로드를 따라, 힌두쿠시산맥과 톈산산맥을 넘어 더 많은 물건이 오갈수록 교역을 장악하기 위한 경쟁은 더욱 치열해졌다.

## 옥문관을 닫다

파르티아, 쿠샨과 더불어 중앙아시아의 주인 자리를 다툰 또 하나의 강대국은 한이었다. 한나라인은 자신들이 '중앙의 나라'라는 전통적인 관념을 고수했다. 또 앞서 살펴보았듯 제국 땅을 중심으로 동심원이 겹쳐 있는 형태의 세계 질서를 구상했다. 황제의 임무는 이민족의 위협을 막고 중원의 평화를 유지하는 것이었다. 그러나 서기전 1세기 말, 그 평화는 안으로부터 위협받고 있었다.

서기전 1년 애제가 사망한 뒤 한 제국은 왕위 계승 문제로 혼란에 휩싸였고 이것이 가난한 농민의 분노를 더욱 부채질했다. 이때 왕망이라는 군사 지도자가 특별한 공약으로 인기를 모았다. "부자는 개와 말에게 배가 터지도록 곡물과 채소를 먹이는데 … 빈민은 그 작은 그릇도 채우지 못하고, 궁핍한 나머지 범죄를 저지른다."[39] 그는 전면적인 개혁을 제안했다. 고모이자 죽은 황제의 황후가 섭정하던 시대를 끝낸 왕망은 곧 노예제 폐지, 농지 국유화를 실시하고 기반 시설 건설에 착수했다. 또 식량 가격 상승을 억제하고자 시장 감독관을 두어 물건이 쌀 때는 사들이고 비쌀 때는 팔게 했다.[40] 그러나 왕망의 급진적인 개혁은 큰 홍수와 기근으로 인해, 그리고 그의 명백한 제위 찬탈에 반대하는 세력에 막혀 중단되었다. 반역자와 도적이 적미군 같은 무장 세력으로 진화하고 있었다.

한편 황가의 또 다른 후손 유수는 이 혼란을 기회로 삼았다.

그는 왕망과의 싸움에서 결정적인 순간을 포착하여 군사 지도력을 증명했고 이 승리를 발판으로 화베이평야를 넓게 장악했다. 25년, 그는 한 왕조를 재건하고 황제가 되었으니, 이 나라가 이른바 '후한'이고 그가 광무제이다. 새 황제는 제국을 상징하는 색으로 불과 활력을 뜻하는 붉은색을 새로 채택했다. 그는 가능한 모든 방법을 동원하여 천명의 적통으로서 자신의 정당성을 선전했다. 아우구스투스가 그랬듯이 광무제도 중요한 저술가를 길러 냈다. 그중 하나인 역사가 반고는 후한 왕조가 "제국적 규율을 확대했다"고 평가했다.[41] 그는 중앙집권제의 필요성을 효과적으로 논증했고 동중서의 유교적 제국론을 되살렸다. 하지만 광무제는 국민의 분노를 누그러뜨리지 않고서는 권력을 유지할 수 없다고 판단하여 왕망의 대중주의 정책 중 일부를 받아들였다. 그는 노예제 폐지 정책을 이어 나갔고 궁정 귀족의 수를 줄였으며 토지를 빈민에게 재분배하고 농민의 군역 의무를 없앴다.

마지막 항목, 즉 군역 철폐라는 눈에 띄는 개혁의 목표는 무엇보다 국내의 무장 세력을 제거함으로써 내란을 방지하려는 것이었다. 그러나 결과적으로 이 개혁은 한의 대외 정책에 심각한 영향을 미쳤다. 이제 한나라군은 황제의 근위대 2,400명과 각 3,500명으로 이루어진 5군이 전부였다. 제국 주변에는 그보다 훨씬 큰 병력을 보유한 나라가 한둘이 아니었다. 이에 한나라는 범죄자를 징병하고 비한족을 모병함으로써 군사력을 확보하기로 했다.[42] 이민족과 이민족을 맞붙이는 유구한 전략이 이 시대에 와서는 국가 안보의 중추가 된 것이다. 이러한 상황에서 반고는 국외 원정을 자제하라고 권고했다. "산과 골짜기가 저들과 우리를 갈라놓고 사막이 그들을 막아 준다. 하늘과 땅께서 이 방법으로

안과 밖을 나누신 것이다. … 저들과 협정을 체결해 봐야 선물을 허비하고 기만을 감내하게 될 뿐이다. 저들을 공격해 봐야 우리의 군사를 소모하고 습격을 도발하게 될 뿐이다."[43]

이로부터 이어진 한의 군사적 긴축은 마침 이민족의 세력이 약했던 때와 겹쳤다. 24년에만 해도 흉노는 왕망과의 전쟁에서 유수를 지원한 데 대한 보상을 요구하며 조공 의무를 거부했다. 그러나 흉노는 곧 왕위 계승 문제로 인해 남북으로 분열되었고, 50년 남흉노가 조공 의무를 받아들이고 한나라에 왕자를 보내면서 한과 북흉노 사이의 완충국을 자처했다. 이제 북흉노는 제국을 위협할 힘이 없었을뿐더러 한이 지원하는 오환, 선비 등 인근 유목 민족에게 위협당하는 처지였다. 한나라 군부는 점점 교만해졌다. "한나라군 한 명을 흉노군 다섯이 상대하는 이유는 그들의 칼날이 무디고 석궁이 쓸모없기 때문이다."[44] 황실 고문 조조는 흉노를 "저 광대한 들판을 날아다니는 새, 뛰어다니는 맹수"일 뿐이라고 했다.[45] 이 자만은 오래가지 못했다.

광무제를 이어 명제(57~75)가 즉위할 무렵, 북흉노는 점점 공격적인 태도를 드러내고 있었다. 그들은 한나라의 국경 교역소를 습격하고 허술한 수비대를 공격했다. 북흉노에 밀려 남흉노 주민이 대거 국경을 넘어오자 한나라는 곧 돈을 주어 그들을 돌려보냈다. 이윽고 한은 도발을 일삼는 북흉노에 보복 원정을 시작했다. 장제(75~88)는 군사를 중앙아시아 깊숙이 보내어 흉노 문제를 최종적으로 해결하기로 했다. 장군 반초는 쿠샨 제국 및 인근 군소 왕국의 도움을 받아 '서역' 대부분을 평정하는 데 성공했다. 흉노가 기근에까지 시달리게 되자 그 나라의 많은 지배자가 국경에 와서 항복했다. 한의 기록에 따르면, "우리의 군사력과 부에 경외심과 욕심을 느낀 모든 나라 지배자가 그 지역의 진기한 산물을 조공하고 아들을 볼모로 보내었다. 그들은 맨머리를 드러내고 동방을 향해 무릎을 꿇고는 천자에게 충성을 맹세했다."[46] 한은 서역의 조공 현황을 감독하는 도호부를 부활시켰다.[47] 지배자가 의무를 다하지 못하는 경우에는 그의 권위를 박탈하고 새 꼭두각시에게 제국의 공식 휘장을 하사했다.

명제와 장제 때가 한나라의 전성기였다. 국내가 다시 안정되었고 세율은 낮게 억제되었으며 농민 대다수가 징병을 면했다. 장제는 가축 전염병 위기를 무사히 넘겼다. 젊은 가장에게는 세금을 감면해 주고 출산한 모든 여성에게 식량을 무상 배급하고 자식을 부양하지 못하는 부모에게 보조금을 지원하는 등의 새로운 사회보장제도도 실험했다. 79년에는 아마도 정의로운 통치자라는 명성을 확고히 하려는 목적에서 제국 전역의 저명한 학자를 '백호관 회의'에 불러 모았다. 그 결과물인 『백호통의白虎通義』는 유학에 입각한 새로운 통치론 선언으로, 궁정 예식과 제국의 사회정의, 법률, 행정 등을 다루고 있다. 외교 면에서도 한은 국가 간 관계에 일정한 예식을 도입함으로써, 또 사절들을 맞이할 때는 장대한 의례를 선보이고 그들에게 점점 더 호화로운 선물을 안김으로써 제국의 유교적 조화 원칙을 널리 보급했다.

그러나 이 번영의 시대는 짧았다. 비무장 정책은 결국 오래갈 수 없었다. 이민족을 불신한 관리들이 국경 수비대를 확충할 것을 주장했다. 이민족 지배층에게 주는 보조금이 감당할 수 없을 정도로 늘고 있었다. 북흉노가 쇠퇴하자 남흉노, 선비, 오환과 협력할 필요도 줄어들었다. 보조금을 줄였더니 그들이 제국 내 농촌을 약탈하기 시작했다. 94년, 남흉노는 공식적으로 북흉노와 손잡고 한나라를 적으로 돌렸다.

그사이 또 다른 인근 세력이 이 혼돈을 이용하려고 했다. 화베이평야 서쪽에 살던 유목 민족인 강족이었다. 양국의 긴장은 104년 전쟁으로 비화했다. 이에 깜짝 놀란 한 황실은 "고갯길 동편"의 안보만이라도 사수하고자 변경 수비대를 대거 철수했다. 당대의 한 지식인은 이로 인해 발생할 지정학적 도미노 효과를 경고했다. "양주를 잃으면 삼보三輔가 국경에 인접하게 된다. 삼보의 백성이 후퇴하면 홍농이 국경이 된다. 홍농의 주민이 후퇴하면 낙양이 국경이 된다. 이런 식으로 계속하다가는 동해의 끝이 국경이 될 것이다."[48]

한나라는 바로 이렇게 몰락하기 시작했다. 안제(106~125)는 국경 안팎의 소요에 시달리던 끝에 쇄국주의를 선택했다. 그는 중국과 중앙아시아를 잇는 실크로드의 가장 중요한 관문인 옥문관을 폐쇄하고 그 서쪽 민족들에게 조공을 받지 않기로 했다. 더 이상 그러한 종속 관계를 유지할 수가 없어서였다. 안제는 탐욕스럽고 무능한 황제로 악명이 높았다. 그 시대 연대기에는 그가 "치세하는 동안 자애를 잃어 갔다"고 적혀 있다. 그는 농민에게 토지를 재분배하고 빈민에게 구호 식량을 배급하던 제도부터 폐지했다. 지주 가문이 다시 세력을 키우기 시작했다. 『사민월령四民月令』에서 저자 최식은 궁정 조신이 토지를 조직적으로 독점하고, 세금을 늘리려는 황제의 욕망 때문에 지방 관리가 소작농의 농지를 몰수하고 있는 현실을 개탄했다. 부유한 지주는 그렇게 땅을 잃은 소작농을 마음껏 착취할 수 있었다. 농촌이 얼마나 불안해졌는지 지주들이 거처를 방비하고 호위병을 고용해야 할 정도였다.[49] 안제 이후 대에는 오두미도의 난, 황건의 난 등 대규모 반란이 발생했다.

이 시대의 한 대중적인 시는 다음과 같이 덧없고 서글픈 세계를 묘사한다.

> 계절과 계절은 거침없이 흘러가고
> 인간의 수명은 아침 이슬과 같다.
> 삶은 잠깐 머물렀다 가는 여행,
> 사람 목숨은 쇠나 돌처럼 단단하지 않다.
> …
> 신선이 되고 싶어 약을 먹지만
> 독약에 목숨을 잃는 사람이 많다.
> 그럴 바에야 좋은 술과
> 흰 비단으로 지은 옷이나 입지.[50]

강족과의 전쟁이 상황을 더욱 어렵게 만들었다. "강족은 한 해도 거르지 않고 우리 변경을 침입하고, 교역이 필요할 때나 우리에게 복속한다."[51] 기록에 따르면 수십만 명이 다치거나 죽었고 많은 농지를 빼앗겼으며 제국 경제가 큰 타격을 입었다. 이에 관리들은 강족이 거주하는 땅에 대한 영유권을 포기하자고 제안했으니, 한나라가 더는 변경에 영향력을 행사할 수 없다는 현실을 암묵적으로 인정한 것이었다. 이제 지배층은 불안정한 서부 영토에는 대체로 관심을 잃었고 대신 농업이 발달한 동부에 과거 어느 때보다 큰 관심을 보였다. 제국 경제의 무게중심은 화베이평야에서 양쯔강 유역으로 이동하고 있었고, 그에 따라 서부 변방은 더욱 먼 변방이 되어 갔다.[52]

한 궁정은 주로 거농 가문 출신의 학자 겸 관리로 구성되었다. "진한 시대 이래로 문신은 산둥山東에서, 무신은 산시山西에서 난다."라는 말도 있었다.[53] 조정의 문신은 강력한 군대를 거느린 군부에 영향력을 빼앗길까 두려워했고, 그런 이유에서 소프트 파워를 활용하고 전쟁은 대리전으로 돌리는 오래된 정책을 계속 선호했다. 한 조신은 황제에게 이렇게 말했다. "병주와 양주 사람, 흉노족, 동호, 황중 사람, 서쪽의 강족은 하늘 아래에서 가장 용감하게 싸우고 사람들이 가장 두려워하는 이들입니다. 그 모두가 황제 폐하의 명령을 받들어 이빨과 발톱처럼 싸우는 것입니다."[54] 어떤 관리는 강족의 영토에 부모 자식 간의 도리에 관한 책을 배포했다.

동쪽의 심장부에 사는 유순한 사람들은 서부 민족의 거친 권력정치에 효과적으로 대처하지 못했다. 그러나 그들이 변경을 수비하는 데는 소극적이었을지 몰라도 국내의 소요가 심각해지고 쿠데타 시도가 점점 늘면서는 대규모 군대를 조직하여 대처하지 않을 수 없었다. 궁정이 파벌 싸움으로 분열하자 군대도 그와 똑같이 분열했다. 중국은 더 이상 통치가 불가능한 상태에 이르렀다. 190년경의 한 제국 전역은 수 세기 전의 춘추전국시대를 방불케 하는 싸움터였다. 수십만 병력이 충돌하는 큰 싸움이 이어졌다. 강력한 군벌들은 처음에는 조정의 문신을, 다음에는 황제를 괴롭혔다. 220년, 한의 마지막 황제는 10년 넘게 군부의 꼭두각시 노릇을 하다 폐위당했다. 헌제(189~220)는 그나마 운이 좋아 여생을 평화롭게 보낼 수 있었다. 그러나 제국은 그보다 불행했다. 한은 촉, 오, 위 세 왕국으로 갈라졌다. 3세기 중국의 내분은 수백만 명의 목숨을 앗아 갔다.

한 제국의 침몰은 동아시아 전역에 파문을 일으켰다. 한반도의 고구려는 한의 감시에서 벗어날 기회를 잡았다. 서기전 1세기 후반에 사냥을 하던 부족들의 연합체로 출발한 이 국가는 그 얼마 전인 고국천왕(179~197) 대에 왕권을 강화한 참이었다. 고대 한반도의 기록을 편찬한 역사서 『삼국사기三國史記』에는 고국천왕이 유능한 장군이자 정의로운 지배자였다고 기록되어 있다. 전설에 따르면, 지나는 길에 가난한 마을을 발견한 왕은 자기 옷을 그들에게 나누어 주었고 이어 식량 보조 제도를 마련했다고 한다. 고구려는 한나라와 자주 충돌했다. 그 일차적인 원인은 고구려 영토가 압록강 유역에 걸쳐 있어 한나라와의 사이에 자연 장벽이 전혀 없었던 것, 그리고 두 나라가 만주 지방의 초지를 두고 끊임없이 경쟁했다는 것에 있었다. 한 제국이 붕괴하자 고구려는 잠시나마 팽창했다가 새로 들어선 위나라에 밀려 다시 후퇴했다.

그사이 일본에서는 국가가 서서히 수립되고 있었다. 중국의 사료에 따르면 1세기에 왜(고대에 중국에서 일본을 칭하던 이름이다)의 땅에는 수백 개의 소국이 산재했지만 230년이면 야마타이 왕국이 열도를 통일한 상태였다. 한나라가 사라지자 일본의 군주는 위나라에 교섭을 시도했고, 위는 전통적인 조공의 형식을 취하여 "위의 친선 왕국 왜"라는 호칭과 자줏빛의 특별한 휘장을 하사했다. 이 리본은 한나라가 동남아시아의 왕들에게 정당성을 부여할 때 쓰던 것이기도 했다. 예를 들어 중국은 현재의 베트남 지역을 지배하던 왕을 금전적으로 지원하고 군사적으로 보호했다. 41년경 쯩 자매가 중국의 패권에 맞서 반란을 일으키자, 한은 베트남에 '복파장군伏波將軍, wave calming general'과 2만 군사를 파견했다. "장군은 들르는 모든 곳에 성읍을 통치하는 군과 현을 수립했다."[55] 그러나 상대는 빽빽한 숲에 숨어 게릴라전을 펼치면서 계속해서 중국 측 요새를 공략했고, 결국 한나라는 교역과 외교를 활용하는 간접 통치 정책으로 회귀했다.[56] 한이 멸망한 뒤에는 오나라가 같은 방침을 채택했다.

한 제국이 멸망한 뒤에도 중국의 문화적·경제적 영향력은 여전히 막강했다. 한과 로마, 이 두 제국의 몰락 과정에는 놀라울 만큼 비슷한 점이 발견된다. 둘 모두 처음에는 제국 체제를 통해 본토의 안보를 유지했으나, 시간이 지나면서 사회의 불평등이 심각해지고 지배층이 타락했다. 제국의 중심이 허약해지는 동안에도 영토는 더욱 팽창했다. 그 결과, 병력이 과잉 산개되었다. 하드리아누스가 메소포타미아에서 로마군을 철수하고 한나라가 거의 같은 시점에 옥문관을 닫은 것은 결코 우연이 아닐 것이다.

## 극단의 세계

아우구스투스와 광무제의 제국은 양극단의 세계였다. 그때까지의 역사상 교역과 탐험이 가장 활발한 시대였다. 상인과 사절이 가장 먼 곳에 이르렀다. 97년에 중국 사절은 로마로 향하다가 파르티아에 발이 묶였지만, 166년이면 로마 사절이 중국 황제에게 선물을 바치는 임무를 띠고 동쪽으로 향하여 지금의 베트남 땅에 도착했을 때였다.

로마, 파르티아, 쿠샨, 한, 이 모든 제국이 그 나름의 방식으로 평화와 조화를 약속했다. 실제로 로마와 한은 몇십 년간 안정기를 누렸다. 그러나 그때마저도 평화는 언제나 상대적인 개념이었다. 국경에서는 폭력 사태가 끊이지 않았다. 어쨌든 그러한 종류의 평화는 식량 공급과 사치재 교역, 국가 전매를 장악한 중앙의 소수 지배층에게 가장 큰 이익을 안겼다. 로마 제국은 인구의 약 15퍼센트가 노예였던 것으로 추정된다.[57] 한나라는 인구의 1~2퍼센트만이 노예였으나 도시에서는 그 비율이 더 높았고 농부의 삶은 그보다 딱히 많지도 않았다. 부족사회 역시 노예를 보유했으며 정주 사회의 주민들은 그들에게 잡혀가 노예로 전락할까 봐 두려워했다.

그러므로 정치적 안정기에 제국 수도에 살지 않는 이상 대다수 인간은 한시도 마음을 놓을 수 없었고 거의 언제나 궁핍했다. 겨우 곡물과 콩 한 줌으로 하루를 나기 일쑤였고 기름, 과일, 채소는 특별한 날에 가끔 먹는 정도였다.[58] 영양부족과 질병이 만연했고 인구가 밀집한 대도시에서는 그 정도가 더욱 심했다. 당시 2세 이하 영아 사망률은 50퍼센트였다.[59] 결국 제국이라는 체제의 핵심은 작은 수도의 특권을 넓은 주변 영토의 특권 위에 두는 것, 그리고 부유한 지배층 소수의 이익을 가난하고 힘없는 다수의 이익 위에 두는 것이었다.

# 제국의 위기

서기 250~500년

프리지아족

슬라브족

카티족

스키타이

마르코만니족

동고트족

서고트족

로마

비잔티움

사산 왕조

베르베르족

리비아족

힘야르족

반투족

대 서 양

서기 250년경의
동반구

서기 220년경의 후한

선비

흉노

위

뤄양(낙양) ●

백제

티베트족

샨 왕조

촉

오

태 평 양

카족

바카타카 왕조

팔라바 왕조

부남

인 도 양

500    1000   1500 km

500         1000 miles

서기 400년경, 중국의 시인 도연명은 다음과 같은 이상향을 노래
했다.

철 따라 부드러운 남풍 불어오고,

바람이 소용돌이치며 옷깃을 연다.

사람들 만나기를 멈추고 한가로움을 즐기며

누웠다가 일어나 책을 읽고 거문고를 뜯는다.

텃밭에는 채소가 넉넉하게 자라고

묵은 곡식이 아직 남아 있다.[1]

한편 4~5세기에 유라시아 반대편 끝, 로마의 속주 갈리아에
살던 팔라디우스 루틸리우스 타우루스 아이밀리아누스라는 지주
는 초보 농부를 위한 안내서를 쓰기로 했다. 그런 책이 있으면 도
연명이 묘사한 것과도 비슷한 태평한 낙원, 즉 우물이 마르지 않
고 들판은 푸르르고 날씨는 따뜻하며 과수원에 열매가 가득 열리
고 도로는 튼튼한 멋진 세상을 만들 수 있다고 생각해서였다.[2] 이
처럼 인간은 자연과 조화하는 삶이라는 꿈을 1,000년이 넘도록

거의 그대로 간직하고 있었다.

그러나 도연명과 팔라디우스의 아르카디아적 이상은 모두 정치적으로 붕괴하던 사회의 한복판에서 구상되었다. 서기 250~500년, 유라시아 전역은 제국의 쇠퇴기를 통과하고 있었다. 서로마 제국에는 이민족이 들끓었다. 동로마 제국의 경우, 수도 콘스탄티노플은 옛 제국의 영화를 얼마간 누렸지만 로마 제국의 위대했던 첫 200년은 끝내 재현하지 못했다. 중국에서는 한나라 이후 분열된 왕국들에도 이민족이 들끓었다. 남아시아의 굽타 제국은 전성기를 그리 오래 누리지 못했다. 사산조 페르시아는 눈에 띌 만큼 예외적이었으나 5세기 말에 이르면 이 제국 역시 쇠퇴한다. 유라시아 나머지 지역도 전쟁과 외교의 각축장이었다. 부남, 판디아 왕국, 고구려, 야마토 왕국 등의 군소 국가 및 유목민, 유랑민 사회는 살아남기 위해서, 또 지배하기 위해서 서로 싸우고 손잡기를 반복했다.

## 게르만의 민족 대이동

3~5세기에 로마와 중국이라는 세계의 두 거대한 중심은 내부의 분열과 외부의 이주 압력에 무릎을 꿇었다. 최후의 일격은 유라시아의 심장부인 몽골·중앙아시아의 평야와 유역에서 비롯되었다. 이곳은 흉노 및 그 친척뻘인 훈족의 땅이었다. 유전자와 문화를 공유하는 이 유목민 사회의 중심부에는 말을 타고 소 떼를 유목하는 여러 부족 연합체가 있었다. 주변부에는 유목과 교역을 병행하면서 농업 사회와 교류하던 사회들이 있었다. 그러나 정주민이 보기에 이들은 다리가 휘고 거칠고 미개한, 혹독한 기후에

단련된 짐승일 뿐이었다. 중국 관리들은 그들에게 불안을 느끼면서 기록했다. "저들은 비바람과 피로와 배고픔과 목마름에도 잘 버틴다."[3] 당연한 말이지만 훈족은 스스로를 전혀 다르게 생각했다. 북인도에서 발견된 비문은 한 훈족 지도자를 넘치도록 찬양한다. "그의 용맹함은 … 무엇보다 진실된 것이었으며 대지는 정의롭게 통치되었다."[4]

. 3세기, 유목하는 부족과 농사짓는 국가 사이의 관계가 심각하게 어그러졌다. 그 원인 중 하나는 환경 변화였다. 몽골과 중앙아시아의 기후가 열악해지자 흉노와 훈족은 최초의 근거지를 떠날 수밖에 없었다. 식물학적 증거를 보면 중앙아시아의 스텝은 242~293년에 점점 말라 갔다.[5] 흉노, 선비, 황허강 유역의 중국인은 대략 이 시기부터 점점 더 자주 충돌했다. 311년 흉노 군대가 중국의 수도 낙양을 침탈했고, 거의 비슷한 시점에 훈족은 볼가강 기슭을 떠났다. 우리는 훈족을 유난히 잔혹하고 전투적이던 민족으로 상상하는 경향이 있지만, 이들의 4,000킬로미터 여정은 극도로 위험하고 고단했다. 370년, 훈족은 돈강을 건넜다. 몇 년 후에는 다뉴브강에 다다랐고 그곳에 살던 고트족과 충돌했다. 고트족이 서쪽으로 이동하자 제국의 국경(리메스limes)에 위치한 다른 여러 게르만계 사회가 혼란에 빠졌다. 이들은 리메스를 침범하여 제국 안쪽으로 도망쳤다. 밀라노 주교 암브로시우스는 이 대격동을 다음과 같이 기술했다. "훈족이 알란족을 덮치자 알란족이 고트족을, 고트족이 타이팔리족과 사르마티아족을 덮쳤다."[6]

발트해 연안의 게르만 부족은 훈족과 마찬가지로 기후변화 때문에, 또 인구 과밀 때문에 이동하기 시작하여 엘베강과 라인강 사이 평원으로, 내처 흑해 연안까지 밀려 내려갔다. 발트해 지역은 이미 수백 년 전부터 교역과 이주를 중개하던 땅이었지만, 이 시기의 인구 이동은 과거 어느 때보다 크고 혼란스러웠다. 고트족을 예로 들면, 이들은 유틀란트반도(오늘날의 덴마크 본토)에서 기원했다. 그러다 1세기 전후로 엘베강 유역에 정착하면서 그곳에 살던 기존 부족과 충돌했고, 350년경에는 다뉴브강 유역까지 남하하면서 로마군과 충돌했다. 고트족은 점차 로마 내 제위 계승 문제에 휩쓸렸고 그 과정에서 수천 명이 목숨을 잃었다. 영토와 지배권을 둘러싼 고트족의 내부 갈등도 치열했다. 엎친 데 덮친 격으로 기근이 들었고 훈족의 습격이 끊이지 않았다. 결국 고트족은 다뉴브강을 넘어 로마 제국을 침범했다. 이제 이들의 운명은 지역 통치자에게 넘어갔다. 로마인은 식량을 주는 대신 고트족 어린이를 노예로 삼았다. 405년, 고트족은 더는 참지 못하고 땅과 권리를 요구하기 위해 로마로 진군했다.

또 다른 게르만 부족인 반달족도 비슷한 고난을 겪었다. 이들은 2세기에 발트해를 건너와 이미 그곳에 살고 있던 부족들과 곧 충돌했다. 270년경에는 다뉴브강에 이르렀지만, 강을 건너지는 않기로 로마와 협정을 맺었다. 고트족이 나타나자 반달족은 로마에 이주를 요청했으나 거절당했다. 고트족과 훈족 양쪽의 공격에 반달족은 서쪽으로 향하여 다뉴브강을 따라 오늘날의 슬로바키아, 오스트리아, 스위스에 이르렀다. 406년, 훈족의 계속되는 압박에 라인강까지 밀려난 반달족은 그곳의 프랑크족과 충돌했고 연이은 전투로 수만 명의 병력을 잃었다. 409년, 반달족은 피레네산맥을 넘어 에스파냐로 들어갔으나 곧 서고트족이 그들의 정착지를 위협했다. 429년, 반달족은 결국 지브롤터해협을 건너 아프리카로 향했고 그곳에서 로마군, 베르베르족을 물리치고 반달 왕국을 건설했다.

반달, 고트, 부르군트, 색슨 등 여러 부족이 서유럽과 남유럽의 온화한 농지를 향해 길고 고되고 위험한 여행을 감행했다. 역사에 '게르만족 대이동Völkerwanderung'으로 기록된 이 사건은 비교적 짧고 굵게 끝나는 군사적 원정과는 달랐다. 기후변화와 빈곤 문제, 안보와 부에 대한 갈망이 함께 작용한 장기간의 이주 위기였다. 각 부족은 이주한 땅에 사는 기존 부족과 싸울 수밖에 없었고, 끝에 가서는 로마군과 싸워야 했다. 게르만 이민족의 병력은 수만 명 단위였다. 가령 로마 제국의 중심부에 이른 훈족은 약 6만 명이었다. 그러나 아무리 로마의 기강이 내부로부터 무너지고 있었다 해도 이 제국은 아직 그 정도 병력에 무너질 나라가 아니었다.

## 로마의 몰락

248년 4월, 수십만 로마 시민이 콜로세움과 키르쿠스 막시무스에 모였다. 연회가 펼쳐졌다. 빈민도 빵을 나누어 받았다. '영원한 로마Romae Aeternae', '새로운 세기Saeculum Novum'와 같은 문구를 담은 기념주화가 발행되었다. 로마력에 따르면 그때로부터 정확히 1,000년 전에 로마가 세워졌다. 수많은 개선문이 지난 1,000년의 영광을 입증했다. 물론 로마의 천년제를 즐긴 사람 중에는 제국이 앞으로도 계속 개선문을 세울 수 있을지 의심하는 사람도 많았을 것이다. 당시 로마는 다섯 황제가 1년을 채 지배하지 못한 혼란기가 막 끝난 참이었다. 수도 로마에서는 지하 카타콤에 숨어야 했던 과거에서 벗어나 점점 세력을 넓히는 기독교도와 로마 이교도 간의 갈등이 심각했다. 250년, 새 황제 데키우스는 모든 시민에게 로마의 신들에게 기도를 올릴 것을 명령했다. 불길하게도 이 칙령이 선포된 후 전염병이 돌기 시작하여, 절정기에는 로마에서 하루 5,000명이 사망했다.

그 얼마 전에 카르타고 주교가 된 신학자 키프리아누스는 세계 질서의 변동에 대해서 썼다.[7] 이제는 오직 하늘만이 인간을 역병과 박해에서 구원할 수 있었다. 한편 제국 국경에서 긴급 사태가 전해져 왔다. 천년제 당시 황제였던 필리푸스 아라브스는 북쪽 국경을 수호하는 데 집중하기 위해 동방의 사산 제국과 굴욕적인 평화조약을 맺어 아르메니아 지역의 모든 영유권을 포기하고 막대한 배상금을 물었다. 5세기 말 비잔틴 제국의 역사가 조시무스는 이 시기의 로마를 혼란스럽고 무능한 나라로 특징지었다. "황제들은 국가를 보호할 능력이 없었던 데다 로마의 성벽을 등한시했다. 이를 목도한 고트족, 스키타이족, 부르군트족, 카르피족은 이제 속수무책으로 열린 유럽의 도시들을 다시 한번 휩쓸었다. 그 사이 다른 쪽에서는 사산 왕조가 아시아를 침략했다."[8]

로마가 사산 제국과의 굴욕적인 조약으로 힘의 한계를 드러냈다손 치더라도, 로마의 군사력은 여전히 고트족을 비롯한 게르만 부족보다 강력했다. 로마의 북쪽 국경은 강력한 자연 장벽인 큰 강들, 수백 년 전부터 건설된 요새와 도로와 공급망, 강과 바다를 순찰하는 전함이 방비하고 있었다. 총 30만 명이 넘는 로마 육군은 그 어떤 이민족도 보유하지 못한 무기와 포술, 공학 기술을 보유하고 있었다.

다시 말해 이제 로마의 문제는 군사력이 아니라 정치력이었다. 몇몇 황제는 일시적으로나마 제국 내부의 분열 세력을 진압했지만, 천년제 이후 100년간 로마 황제의 평균 재위 기간은 고작

3년이었다. 293년, 디오클레티아누스(284~305)는 제국 권위의 위기를 타파하고자 제국을 나누어 통치할 지배자 셋을 임명했다. 그의 통치는 로마 제국의 고질적인 딜레마를 상징적으로 보여 준다. 로마는 끝없는 군사적 야심을 추구했다. 그 과정에서 요새를 재정비하고 군대를 보강하고 외국 원정을 단행했다. 외국에서 찾아온 사절은 옛 페르시아의 예법대로 황제 앞에서 바닥에 납작 엎드려야 했다. 디오클레티아누스는 이렇게 공포했다. "인류의 수호자인 우리는 정의의 중재를 주장하며, 그로써 사람들이 스스로는 이루지 못하는 숙원의 방안을 우리의 통찰력으로 실행하여 만인 보편의 개선을 이룩할 수 있을 것이다."9 이처럼 로마는 가장 순수한 형태의 제국주의를 표방하고 있었다.

그러나 제국 내부에서는 가파른 물가 상승으로 인한 사회적 소요가 황제를 괴롭혔다. 이에 디오클레티아누스는 부유한 투기꾼에게 비난의 화살을 돌리는 대중주의 전술을 꾀하기도 했다. "그들 한 명 한 명은 인류 전체를 행복하게 할 수 있을 만큼 막대한 재산을 소유했으면서도 세금을 줄이려 하고, 얻을 수 있는 이익을 끝까지 얻어 낸다. 우리 모두가 가진 인간성의 논리는 그들의 탐욕에 한계를 두라고 촉구한다."10 그러나 현실적으로 더 영향력이 컸던 결정은 통화를 평가절하하고, 상품 가격 상한제를 도입하고, 군사 원정 비용을 확충하기 위해 세금을 늘린 것이었다. 제국 전역에서 조세 저항이 발생했다.

로마는 또다시 한바탕 내란을 치른 후에야 콘스탄티누스(306~337)라는 위대한 황제 아래 정치력을 회복하고 개혁을 단행함으로써 위기에서 벗어날 수 있었다. 콘스탄티누스는 인플레이션 위기를 해결하고자 솔리두스solidus라는 새로운 금화를 발행했다. 313년에는 기독교도와 이교도 간의 종교 분쟁을 종식하고자 밀라노 칙령을 공표하여 종교의 자유를 보장했다. 황제 본인은 임종에 이르러서야 기독교로 개종했지만, 그가 내린 칙령은 로마 제국이 기독교도 박해를 공식적으로 중단하고 기독교 신앙을 채택하게 된 시점으로 기록된다. 또 하나, 제국의 앞날에 장기적인 영향을 미치게 된 황제의 결정은 전략적 위치에 있는 비잔티움으로 수도를 옮긴 것이었다. 330년 콘스탄티누스는 이 그리스의 옛 도시를 콘스탄티노플이라는 이름으로 재건했다. 그의 천도 목적은 부유하지만 반항적인 동부 속주를 더 강력하게 장악하는 것, 그리고 제국 권위를 다시 중앙화하는 것이었다.[11]

이러한 노력에도 4세기에 로마 제국은 점점 더 분열되었다. 제국이 동서로 분할되어 로마와 콘스탄티노플의 두 황제가 경쟁 구도를 형성했다. 북쪽 국경만큼은 계속 빈틈없이 방어되었다. 이민족이 라인강을 넘어와 알프스 고갯길을 장악하거나 다뉴브강을 건너와 헝가리분지를 장악할 경우 그들이 이탈리아반도에 이르는 것은 시간문제임이 명백했기 때문이다. 그러나 로마는 싸움에 지쳐 갔다. 콘스탄티누스나 발렌티니아누스 1세(364~375) 등 외국과의 전쟁에서 대승을 거둔 황제도 있었지만, 정규군 레기온과 용병대 포에데라티 모두 점점 더 이민족 인력에 의존하며 오합지졸로 변해 갔다. 제국은 금으로 적을 회유했다. 속주에 소요가 발생하여 교역과 농업을 저해했고, 그 와중에도 대도시의 부자들은 마치 내일이 없는 것처럼 사치를 부렸다. 그 결과는 가혹한 징세, 그리고 조세 저항이었다. 설상가상으로 흉년과 기근이 몇 년이나 이어지자, 로마는 돌이킬 수 없는 위기에 빠졌다.

356년, 알라마니로 알려진 게르만계 부족 연합이 로마를 본격적으로 침략했다. 이에 로마는 그 이웃인 프랑크계 살리족에게 그들이 정착해 살던 스헬더강 인근 영토를 하사하고 그들을 포에데라티로 인정했다. 363년, 로마는 사산 제국과의 평화를 회복하기 위해 새로운 조약을 맺고 매년 금을 지불하기로 했다. 이때 원로원은 신탁집인 『시빌라의 서』까지 참고하여 결정을 내렸다. "로마가 아시아 속국에서 부를 거두어들일 때, 아시아는 그 세 배를 로마로부터 거두어 가고 로마의 저주받은 오만함을 그대로 돌려주리라. 또한 로마가 아시아 사람들을 이탈리아로 끌고 올 때, 그 스무 배의 이탈리아 사람이 아시아에 끌려가 무일푼의 노예로 살 것이다."[12] 몇 년 후, 상상할 수 있는 최악의 순간에 내란이 발생했다.

훈족이 흑해-카스피해 스텝에 나타난 뒤, 그곳에 살던 고트족은 다뉴브강 건너 남쪽 기슭에 정착하게 해 달라고 로마에 간청하는 수밖에 없었다. 그러나 당시 로마의 군인이자 역사가인 암미아누스가 "외국 사절이 찾아와 유랑 중인 민족을 제국 내 강기슭에 받아들여 달라고 탄원했을 때 이 일은 두려움보다도 즐거움을 자아냈다."[13]라고 쓴 데서 알 수 있듯이, 로마 지배층은 상황의 심각성을 인지하지 못했다. 로마가 이민족의 요청을 거절하면서 또 한 번 시작된 국경 전쟁은 382년에 가서야 끝났고, 그 결과 고트족은 다뉴브강 남안에 정착할 권리를 얻은 대가로 포에데라티로 복무하기로 했다. 그러나 상황은 계속해서 악화되고 있었다. 연대기 저자 프로스페르는 이렇게 썼다. "야만인의 소요라는 거센 폭풍이 이탈리아를 뒤덮었다."[14]

395년 테오도시우스 1세가 죽은 뒤 로마 제국은 공식적으로 동서로 분할되었다. 이때부터 세상에는 로마를 수도로 하는 서로마 제국과 콘스탄티노플을 수도로 하는 동로마 제국, 이렇게 두 개의 로마 제국이 존재했다. 둘로 나뉘긴 했지만 제국은 최소한 겉으로는 오랜 기간 이어 온 제국적 위신을 유지했다. 주화에는 전과 마찬가지로 황제가 적을 죽이는 모습이 새겨졌다. 다만 주화의 재질이 값싼 구리로 바뀌었다. 전과 마찬가지로 개선문들이 세워졌으나 그 장식은 옛 개선문의 조각을 베껴 썼다. 지금도 우리는 이스탄불에 서 있는 오벨리스크의 밑동에서 테오도시우스가 무릎 꿇은 야만인을 거만하게 내려다보는 모습을 볼 수 있다. 콘스탄티누스와 테오도시우스는 대외 관계에 관한 법률과 의전을 만들어 팍스 로마나 전통을 이었다. 4세기 말의 정치가 퀸투스 아우렐리우스 심마쿠스 같은 작가는 황제가 평화 회담에 참석하면서 상대 야만인을 위협하기 위해 거대한 군기를 든 기병대를 거느린 모습을 묘사했다.

그러나 이 시대 로마 황제들은 직접 움직이기보다는 전권대사 등 외교관을 파견하고 현지의 언어와 문화에 정통한 사절을 활용했다. 공식적으로는 여전히 원로원이 외국 사절을 맞고 전쟁 재원인 세금을 결정했다. 그러다 4세기 초 디오클레티아누스 이후 로마 황제는 제국 정부 안에 고위급 자문단인 '신성 자문회'를 두고 조언을 들었다. 하지만 외교 활동은 테오도시우스 1세 이후 점점 유명무실해져, 과거와 달리 면밀히 검토하여 조약을 체결하는 일도 없었다.[15]

406년 말, 서로마 제국의 북쪽 국경이 무너지면서 갈리아 북부에 알라마니족, 반달족, 수에비족이 쏟아져 들어왔다. 로마가 영국에 있던 병력을 대륙에 급히 투입하자 색슨족은 영국을 자유롭게 습격할 수 있었다. 연대기 저자 히다티우스가 쓰기를, "검과

기근, 역병과 야수, 이 네 가지 재앙이 세계 전역을 들쑤셨다".[16]
그러나 그것으로 끝이 아니었다. 지난 382년에 다뉴브강 근처에
정착했던 서고트족은, 408년 갈리아에서 제국군으로 싸우던 부족
병사의 가족들이 충성심을 의심받고 학살당한 사건을 보복하기
위해 이탈리아를 침략했다. 황실은 로마로 내려오는 서고트군을
막대한 공물과 높은 작위를 주어 회유하려 했으나 실패했다. 서고
트족은 로마를 오래 포위했다. "아무도 구하러 오지 않았고 식량
은 바닥났으며 기근은 예상대로 전염병으로 이어졌다. 사방에 시
체가 가득했다."[17] 마침내 수도의 노예들이 성문을 열었다.

　　410년, 로마는 800년 만에 처음으로 외국군 앞에 무너졌다.
수도의 인구는 포위전 동안 절반이 줄어 50만 명으로 감소했다.
로마의 역사가이자 신학자 히에로니무스는 이렇게 한탄했다. "온
세상에서 가장 밝았던 빛이 꺼지고 그 머리가 로마 제국에서 잘
려 나갔다."[18] 서고트족은 전리품을 챙겨 곧 수도를 떠났지만, 마
지막 몇십 년간 서로마 제국의 영토는 훈족, 게르만계 부족, 자국
군부의 전쟁터였다. 476년, 이민족 출신 장군 플라비우스 오도아
케르가 황제 로물루스 아우구스툴루스를 폐위했다. 오도아케르
는 동로마 제국 황제를 위해 거병했다고 주장했으나 그가 이끈
군대가 곧 그를 이탈리아 왕으로 추대했다. 서로마 제국은 마침내
몰락했다.

　　반면에 아드리아해 건너편의 동로마 제국은 다뉴브강부터
홍해에 이르는 거대한 영토와 권력을 유지하고 있었다. 수도 콘스
탄티노플의 인구는 약 50만 명이었는데 이탈리아반도에서 난민
이 대거 건너오자 그 수가 더 늘었다. 콘스탄티노플의 건축은 이
미 로마에 필적하는 수준으로, 왕궁과 교회, 경기장, 저수조와 수

로, 목욕탕, 그리고 로마의 포럼 양식으로 지은 중앙 광장(아우구스타이온)을 갖추고 있었으며, 이 모든 것을 거대한 성벽이 둘러싸고 있었다.

로마 제국사의 분수령이 된 476년, 동로마 제국의 황제는 제논(474~491)이었다. 그는 과거의 영광을 지키기 위해 할 수 있는 일을 다 했다. 사절을 맞이할 때는 자주색 예복을 입고 높은 왕좌에 앉았고, 주화에는 왕관을 쓴 채 적군을 창으로 찌르는 자신의 모습을 새겼다. 그러나 서로마 제국의 혼란에 대해서는 겉치레와 실용주의가 뒤섞인 태도를 보였다. 군사적으로 개입할 능력이 없었던 황제는 오도아케르에게 가장 높은 작위인 총독 칭호를 주고 그를 통해 권위를 행사하고자 했다. 그러다 그가 황제와의 종신 관계를 끊고 이탈리아 왕이 되자 이번에는 고트족 왕 테오도리쿠스를 비슷한 방식으로 포섭했고 결국 그가 493년 오도아케르를 처단했다.

한편 482년 제논은 제국 안에서 점점 악화되고 있는 기독교 분파 간 갈등을 해결해야 했다. 각 지도층을 중재하려고 했으나 실패한 시도인 황제의 '일치령'(헤노티콘)은 "황제 카이사르 제논, 신심이 깊고 승리를 이끌며 위풍당당하고 존엄하며 언제나 영예로운 아우구스투스"라는 거창한 호칭과 별칭의 팡파르로 시작하지만, 끝에 가서는 거의 애걸하듯 평화와 통합을 요청한다. "우리 주권의 기원과 구성, 그 위력과 불굴의 방어력만이 유일한 권리이고 참된 신앙이다."[19] 이때 시작된 황제와 교회의 대립은 이후 100년간 이어진다. 494년, 교황 젤라시오는 제논 다음으로 제위에 오른 황제 아나스타시우스(491~518)에게 교황권의 우위를 소리 높여 주장했다. 그는 제논에게 보내는 편지에서도 이렇게 설명했다. "이 세상에는 그 대부분을 통치하는 아우구스투스 황제가 있고, 주교의 신성한 권위와 왕의 권력이 있습니다. 그중 주교들이 진 짐이 특히 더 무거운 이유는 그들이 속세의 왕들에 대해서까지도 신의 심판을 위해 명세를 기록해야 하기 때문입니다."[20] 황제는 교황의 주장을 조용히 묵살했다. 그리고 계속해서 주교를 외교에 활용하고 제국의 안보에 집중하는 실용주의 노선을 선택했다.

아나스타시우스는 제국 동쪽 국경을 다시 강화했고 수도를 육상 공격으로부터 보호하기 위해 마르마라해부터 흑해까지 성벽을 쌓았다. 서방의 이런저런 게르만족 왕에게 제국 작위를 하사하는 외교술도 계속 활용했으니, 누구에겐 총독 칭호를, 누구에겐 명예 집정관 칭호를 주었고, 또 누구에겐 '공공 오락 대신tribuni voluptatum'이라는 자리까지 주었다. 주교이자 역사가인 투르의 그레고리우스는 507년 고트족을 물리친 프랑크족 왕 클로비스가 집정관에 임명되는 모습을 다음과 같이 기록했다.

황제 아나스타시우스가 집정관 칭호를 수여하겠다는 서한이 클로비스에게 도착했다. 그는 자주색 튜닉과 군복을 입고 성 마르티노 교회에 섰고 스스로 왕관을 썼다. 그런 다음 말을 타고 달려 나가 본인이 직접 거기 있는 사람들에게 금화와 은화를 뿌렸다. … 그날부터 그는 집정관 또는 아우구스투스로 불렸다.[21]

클로비스의 명예 집정관 임명을 비롯한 이 시기의 사건들은 서유럽 역사에 새롭고 중요한 변화가 시작되었음을 의미한다. 기독교도 왕들은 로마 제국의 위대한 과거를 얼마라도 재현하기를 꿈꾸었고 가장 걸출한 지배자인 율리우스 카이사르, 아우구스투스 등을 계승하고자 했다. 유럽의 정치 질서는 계속해서 진화했지만, 로마의 제국적 문화와 전설, 영웅, 상징 또한 그대로 유지되었다.

## 이민족의 반란

중국에서는 한 제국이 멸망한 220년부터 이어진 소요와 전쟁, 학살로 인해 수천만 명이 목숨을 잃었다. 모든 전통적 가치가 의심의 대상이 되었다. '대나무 숲의 일곱 현자'(죽림칠현竹林七賢)는 시대의 슬픔에서 도피할 방법으로 음주, 개인주의, 자유연애, 동성애를 제시했다.

이 시기 중국의 정치 지도에는 크게 세 왕국이 존재했다. 화베이평야 대부분을 지배한 것은 위나라였다. 이 지역의 권력은 한 왕조에서 군벌인 조씨 가문으로 이양되었으나, 잘 알려진 대로 이들은 황제가 된다는 것은 "화로 위에서 삶아지는 것과도 같다"며 천명을 거부했다. 남으로는 양쯔강 양안을 중심으로 한 오나라가 홍하 유역에 길게 펼쳐진 영토를 지배했는데, 이 지역은 통일되지 않은 채 혼란기를 이어 갔다. 촉나라는 쓰촨분지에 도읍(오늘날의 청두)을 정하고 양쯔강 중상류 유역을 지배했다. 지리와 기후가 달랐던 세 나라는 시장에서 상보적인 관계를 맺은 덕분에 교역을 통해 긴밀한 관계를 유지할 수 있었다. 촉은 관개공사에 큰돈을 투자했고, 면화 재배를 발전시켰으며, 중앙아시아와 사치재를 교역했다. 오나라는 농업경제를 발전시켰고, 수공업을 특화하여 녹색 유약을 바른 자기 등을 생산했고, 한반도와 인도를 오가는 상선을 운영했다. 두 나라에 비하면 위나라는 상황이 좋지 않았다. 기후변화, 가뭄, 인구 감소의 타격이 컸고, 그로 인해 남부에서 밀을 수입해야 하는 처지였다. 이러한 기근 위협 속에서 위나라는 저돌적이고 야심만만한 성격을 띠었다.

교역은 활발했지만 위, 촉, 오 세 나라는 이해관계가 서로 충돌해서, 양쯔강과 황허강 사이 평야는 전쟁의 무대가 되었다. 촉과 오는 일찌감치 동맹을 맺었으나 양쯔강의 교역 거점인 형주(징저우)를 둘러싸고 갈등을 빚기 시작했다. 촉나라는 위나라의 내부 혼란을 이용하여 6년에 걸쳐 매번 수십만 명 규모로 다섯 번의 원정을 단행했다. 촉은 선비족과 강족에게 뇌물을 주어 제2전선까지 설치했다. 그러나 위는 무너지지 않고 반격에 나섰으며 263년 적국 촉의 수도를 점령했다.

그러나 위나라는 그해에 군장 사마염에 의해 멸망했다. 그는 자신의 나라를 제국으로 칭하는 데 거리낌이 없었다. 위나라를 차지한 때부터 한나라의 치욕을 되갚겠다고 선언했으니, 이는 자신이 천명을 받들겠다는 뜻이었다. 266년, 그는 무제로 등극했고 서진 왕조가 공식적으로 시작되었다. 이제 그의 관심은 오나라에 쏠렸다. 14세기에 쓰인 중국 문학사의 고전 『삼국지연의三國志演義』는 그 과정을 이렇게 묘사한다. "한나라의 마을과 성벽이 새로운 주인을 찾았고, 오나라의 구릉과 하천도 곧 그렇게 된다."²² 사마염은 오나라의 정당성을 무너뜨리는 데 전념했다. 고문들은 황제에게 빠르게 움직이라고 권고했다. "이제 손화의 폭정이 극도의 폭력과 잔인성을 띠고 있습니다. 싸움 한 번 치르지 않고 그를 무너뜨릴 수 있는 기회입니다. 만약 그가 물러나고 유능한 군주가 왕위에 오른다면 황제께서 남부 땅을 점령하기가 매우 어려워질 것입니다."[23] 사마염의 군대는 7년간 함대를 구축한 뒤 양쯔강을 건너 오의 수도를 공격했다고 전해진다. 280년, 오나라는 서진에 항복했다.

이후 서진은 삼국의 영토 대부분을 다시 통일했다고 하나 실제로는 명목상으로만 그러했다. 사마염은 단 한 번도 황제다운 권력을 행사하지 못했으며 지방 제후들에게 기대어 영토를 통치했다. 다음 황제는 지배력을 완전히 상실했다. 연대기에 따르면 서진은 내분과 우박, 지진과 화재, 배금주의에 시달렸다. 메뚜기 떼가 창궐하여 벼농사를 망치기도 했다. 한 관리가 백성들이 충해로 인해 풀로 끼니를 때우고 있다고 알리자 황제는 무심하게 대꾸했다. "고기죽을 끓여 먹으면 될 것을?"[24] 이 시기의 저자들은 서진 황제들의 퇴폐와 부도덕을 맹비난했다. 정치가 변곤은 "공자의 의식과 가르침을 무시하고 훼손하는 것보다 큰 죄는 없다."라고 개탄했다.[25]

서진의 멸망은 사마 일가의 여러 인물이 왕위를 놓고 경쟁한 '팔왕의 난'(291~306)으로 시작되었다. 한편으로는 국경 너머에서도 먹구름이 몰려오고 있었다. 화베이평야 서쪽, 오늘날 산시성의 고원에서 삼국 시대에 카리스마 있는 지배자가 나타나 선비계 여러 부족을 통합했다. 이들은 화베이평야를 습격하는 것으로는 만족하지 못했고 완전한 정복을 목표로 삼았다. "나는 옛사람들이 변경에 사는 자들을 습격하고 약탈하는 것을 보았다. 물론 이득은 있었으나 그렇게 얻은 전리품은 우리 쪽의 인명 피해에 비할 바가 못 되었고, 또다시 습격과 전투를 위해 병사를 모아야만 했다. 그러면 수백 가정이 불행해진다. 이런 것은 장기적인 전술이 될 수 없다."[26]

선비족은 이미 열려 있는 문을 밀어젖힌 것이나 다름없었다. 자원을 탕진한 중국 제후들은 내부 권력 투쟁에서 이기기 위해 또다시 이민족의 힘을 빌렸다. 촉나라는 강족에게 손을 벌렸다가 304년 수도 청두를 내준 바 있었다. 이제 서진에서는 한 군부 역적이 흉노족에게 접근했다. 흉노족은 결혼 동맹 및 왕손 볼모를 통해 중국 황실과 관계를 맺어 오고 있었다. 그런 볼모 생활을 경험한 흉노의 유연은 서진의 혼란을 틈타 본인이 황제에 등극했다. 그는 전조라는 새 국가를 수립한 뒤 낙양과 장안 같은 대도시로 진군했고, 서진의 황제를 생포하여 자신의 하인으로 삼았다.

흉노족은 중국에 대격동을 일으켰다. 수만 명의 이민족 병력이 화베이평야를 들쑤셨다. "화살이 빗방울처럼 쏟아지고 불길이 하늘을 메웠다."[27] 서진 쪽에서도 70만 명이나 되는 병력을 동원했으며, 기록에 따르면 시체를 쌓은 언덕 하나마다 10만 명이 묻혔다고 한다. 화베이평야는 기근과 질병, 인구 감소에 시달렸다. 서진은 위기를 타개하고자 선비족에게 대공代公, 대왕代王 작위를 주며 힘을 청했다. 그러나 때는 너무 늦었다. 선비족은 이 혼란을 이용해 310년 스스로 왕국을 세웠다.

이른바 이 '다섯 오랑캐의 반란'(304~316)은 중국의 정치 지형을 완전히 뒤바꾸었다. 서진의 영토는 황허강 남쪽으로 축소되었으며, 이 나라를 동진이라고 불렀다. 드넓은 화베이평야를 장악한 이민족들은 계속해서 끊임없이 지방 제후와 싸우고 또 그들끼리 싸웠다. 340년, 선비족의 한 군장은 20만 명을 학살했다. 354년 동진의 선비족 원정에서 4만 명이 사망했다. 383년, 동진과 강족(후진)의 전쟁은 총 70만 명의 사상자를 낳았다. 그 밖에도 수많은 비극이 벌어졌다.

동진과 후진이 소모전을 치르는 사이, 선비족은 다시 한번 지배력을 강화하여 황허강 중류부터 황해까지 영토를 확장했다. 399년, 선비족의 부족 회의에서 지도자 탁발규를 북위의 황제 도무제로 추대했다. 이 새로운 이민족 왕조는 과거 중국의 위대했던 왕조들과 똑같은 위상을 누리길 원했다. 도무제는 선언했다. "높은 하늘에서 명령이 내려왔다. 나는 사람들에게 평화를 가져다주고자 한다. 나는 하늘의 뜻을 받들어 벌을 내렸다. 나는 유현을 죽였고 유위진을 처단했으며 모용족과 강화를 맺고 하의 땅을 평정했다. … 하늘과 땅의 신들께서 위 황실에 큰 축복을 내리시고 사방을 영원히 평화롭게 하시기를."[28] 도무제는 조정 고문에게 공식적으로 조언을 듣는 전통과 약소국으로부터 공물과 인질을 받는 제국적 전통을 이어받았다. 또한 후진, 동진, 유연족에 각각 외교가를 파견했다.

북위는 100년 넘게 황허강 이북을 다스렸다. 초기 황제들은 황허강 이남과 북방에서 계속되고 있는 전쟁에 거리를 두었다. 종교적으로는 불교를 수용했고, 정책적으로는 중국화 노선을 채택했다. 북위 황실은 갈수록 화려함을 더했으며, 유목민 양식과 중국 양식을 혼합한 윈강석굴 등 기념비적인 사원을 건축했다. 또 과거 제국 왕조의 방식대로 국경 수호를 변방 부족에게 위임했는데, 이 정책은 과거와 마찬가지로 야심 많은 장군들에게 세력 확장의 기회가 되었다. 600년경 북위는 이미 분열하고 있었다.

그사이 동진은 세력을 회복하여 황허강 남안에서 지배력을 강화하고 있었다. 이 나라에서 황제는 군벌의 꼭두각시였다. 동진의 장군들은 이민족의 위협을 구실 삼아 끊임없이 전쟁을 일으키는 방식으로 자신들의 위상을 강화했다. 이처럼 남부 지역에는 전쟁의 위협이 끊이지 않았지만 경제만큼은 발전했다. 동진의 지배력은 명목상의 통일 국가를 유지할 정도로는 강했으나 영토를 실질적으로 지배할 만큼 막강하지는 않았다. 이러한 상황이 오히려 개인 사업과 교역, 농업 혁신을 용이하게 했다. 동진의 수도 건강은 예술과 상업의 중심지로 발돋움하여 멀리 인도양 지역과도 교류했다. 이 시대에는 곡식을 빻는 이동식 제분기, 기계식 인형극이 발명되었다. 글을 쓰는 용도의 종이가 널리 보급되어 예술로서의 서예가 발전했다. 또 사도온 같은 위대한 시인이 등장했다.

> 건강 쪽을 바라보노라면
> 작은 강이 물결을 거슬러 흐른다.
> 앞에서는 아들들이 아버지들을 죽이고
> 뒤에서는 아우들이 형들을 죽인다.

이 시구는 동진에서 가장 강력했던 장군 유유가 막 나라를 장악한 시점인 420년경에 쓰였다. 동진의 시대는 끝났다. 영토는 둘로, 다시 넷으로 갈라졌다. 중국의 중심부는 581년에 가서야 다시 통일된다. 바로 이러한 배경에서 불국정토 사상이 큰 인기를 끌었다. 신도들은 깨달음을 통해 슬픔의 세계에서 벗어나 새가 가득한 평화와 풍요의 낙원에 닿을 수 있었다. 불국정토의 도피주의는 중국 역사의 쇠퇴기와 맞물린다. 3세기부터 6세기까지 중국은 제국 질서가 아니라 폭력적인 무질서에 지배당했다. 서진과 동진 같은 왕조마저도 국력이 강하지 못하여 양쯔강과 황허강 사이 중심부를 지배하는 데 어려움을 겪었다.

## 사산조 페르시아

중국과 로마가 동시에 쇠퇴한 이 시기에 그 여파는 유라시아 곳곳에서 감지되었다. 실크로드의 한 상인은 이렇게 썼다. "중국 본토에서 하루하루 좋은 소식 대신 나쁜 소식이 들려오고 있다. 나는 이곳 고장姑臧에 발이 묶여 있다. 이곳을 출발하는 대상을 찾아볼 수가 없다."[29] 또 다른 상인도 놀라운 소식을 들었다. "마지막 황제가 기근 때문에 낙양을 떠나면서 왕궁에 불을 지르고 도시를 파괴했다고 한다. 낙양은 더 이상 존재하지 않는다. … 그곳에 있던 인도인과 소그드인은 전부 굶어 죽었다."[30] 실크로드 반대편 끝, 팔레스타인에서도 히에로니무스가 로마 약탈 사건을 이와 비슷한 언어로 묘사했다.

> 전 세계를 정복하여 탄생한 로마가 멸망했다고 하면, 열국의 어머니인 이 나라가 열국의 무덤이 되었다고 하면 누가 믿을까? 동방 전역의 해안과 이집트와 아프리카가, 그곳에 있던 제국의 도시들이 남자 노예와 여자 노예로 가득하다고 하면, 한때 고귀했고 모든 종류의 부를 소유했으나 이제 빈민으로 전락한 사람들이 이곳 신성한 베들레헴으로 매일 도망쳐 오고 있다고 하면 누가 믿을까?[31]

중국과 로마를 제외하면 유라시아 땅에서 가장 큰 나라였던 사산조 페르시아 입장에서 두 대국의 몰락은 기회인 동시에 위기였다. 사산의 목표는 전 왕조인 파르티아보다 더 강하고 더 부유한 나라를 만드는 것이었다. 프로파간다 제작자들은 파르티아인의 부패와 폭정, 무능을 고발하는 한편 새로 들어선 왕조가 자비롭고 농업 발전에 힘쓰고 교역로를 강도로부터 안전하게 보호한다고 상찬했다.[32]

아케메네스조 페르시아의 전통을 이어받은 사산조의 왕은 조로아스터교의 신 아후라마즈다가 자신을 '왕들의 왕'(샤한샤shah-anshah)으로 승인했다고 주장했다. 아케메네스조의 왕실 매장지인 나크시 에 로스탐Naqsh-e Rostam의 절벽 표면에는 사산의 첫 왕인 아르다시르 1세(224~242)가 말에 탄 채 파르티아의 마지막 왕을 짓밟고 있는 모습이 부조로 새겨져 있다. 여기에는 "이분이 마즈다를 섬기는 아르다시르 왕, 신들이 내려보내신 페르시아의 샤한샤이시다."라는 메시지가 페르시아어, 파르티아어, 그리스어로 각각 쓰여 있어, 사산이 여러 민족을 지배한 혼성 제국이었음을 분명히 보여 준다. 과거 파르티아가 그랬듯 초기의 사산 제국은 제국 내의 다양한 민족을 통합하고자 관용 정책을 채택했다. 그러나 나라의 힘이 강해질수록 사산은 점점 더 강경한 태도로 기울었다.

240년, 아르다시르의 아들인 샤푸르 1세(240~270)는 로마의 약세를 이용하여 시리아를 침략했다. 과거의 패배를 설욕한 왕은 이렇게 말했다.

우리가 막 제국을 세웠을 때 고르디아누스 황제가 로마 전역에서 병사를 일으켜 고트족과 게르만족의 영토로부터 바빌로니아로 진군했다. … 고르디아누스 황제는 살해당했고 로마군은 박멸당했다. 이에 로마인은 필리푸스를 황제로 추대했다. 필리푸스 황제는 우리와의 관계를 개선하러 왔고 50만 데나르를 내고 포로들을 데려갔으며 우리의 속국이 되었다. … 그런데 황제가

다시 거짓말을 하고 아르메니아에 문제를 일으켰다. 이에 우리
는 로마 제국을 공격하여 바르발리소스에서 6만 로마군을 격파
했으며 시리아와 그 인근을 남김없이 불태우고 유린하고 강탈
했다.[33]

샤푸르 1세의 연이은 승리는 사산 왕조가 로마를 제압하기
시작했다는 증거였다. 271년, 두 나라는 아르메니아 대부분 지역
을 사산이 지배하기로 합의했지만 그것으로는 충분하지 않았다.
315년, 샤푸르 2세(309~379)가 아르메니아를 침략하여 "선조의 땅
이었던 곳을 수복"했다. 그는 조로아스터교를 사산 왕조의 공식
종교로 채택했다. 유대인, 기독교도, 불교도에 대한 탄압이 시작
되었다. 종교 탄압은 왕실의 위신을 강화하는 방법인 동시에 기독
교 국가로 변모한 로마 제국을 괴롭히는 책략이었다. 이에 로마는
"우리의 임무는 저 악독한 민족을 쓸어 내는 것이다. 저들의 칼에
서 우리 혈족의 피가 아직 마르지 않았다"며 복수에 나섰다.[34] 그
러나 이 싸움에서도 사산이 승리했다. 로마의 위협이 줄어들자 사
산은 동방으로 관심을 돌렸다. 샤푸르 2세는 중앙아시아로 수차
례 군사를 보냈고 그 결과 훈족과의 갈등이 시작되었다. 사산은
훈족의 세력을 저지하기 위해 선비족에게 사절을 보내고 길들인
코끼리를 선물하는 등 그들과 우호를 다지려고 했다.

5세기 이후 사산 제국은 제국의 북쪽과 동쪽 국경에서 점점
더 자주 훈족과 충돌했다. 이윽고 훈족을 제압한 사산 제국은 이
기회를 이용하여 그동안 훈족의 침략에 더 심각한 피해를 입고
있던 동로마 제국으로부터 이권을 얻어 내고자 했다. 그러나 군
사적으로는 훈족보다 동로마 제국이 더 강력한 적이었다. 바흐람

5세(420~438)는 동로마 제국 내 조로아스터교도의 권리와 사산 제국 내 기독교도의 권리를 함께 인정하는 조약에 만족해야만 했다. 두 제국은 445년에 다시 조약을 맺었다. 이번에는 아나톨리아의 동쪽 고갯길을 통해 침략을 시도하는 훈족을 사산이 저지하고 그 비용을 로마가 치르기로 했다.

전성기의 사산 제국은 유프라테스강부터 힌두쿠시산맥까지, 아랄해부터 인도양까지 뻗어 있었다. 중국의 사절도 사산의 발전 상에 깊은 인상을 받았다. 그들의 보고에 따르면 수도 크테시폰에는 10만여 가구가 거주했다. 또한 제국의 영토는 "땅이 매우 평탄하고 금, 은, 산호, 호박, 최고급 진주, 유리그릇과 잔이 생산된다. 크리스털, 다이아몬드, 철, 구리, 진사, 수은 같은 광물과 다마스크, 자수, 면, 카펫과 태피스트리 같은 상품이 생산된다. 기후가 매우 더워 사람들이 가정에서 얼음을 사용했다".[35] 외빈을 맞이하는 예식도 화려했다. 사산 왕조는 벽돌을 재료로 거대한 아치형 궁전을 건축했다. 그 무게가 얼마나 무거운지 건물을 받치는 벽이 요새에 버금갈 정도로 육중했다. 이 제국의 건축과 미술에는 바로 그와 같은 강건한 이미지가 도드라졌다. 사산 왕들은 아케메네스조 페르시아의 전통에 따라 영웅적인 승리의 장면을 부조로 묘사하고 용감한 전사의 모습을 상으로 조각했다. 하지만 또 한편으로는 태피스트리와 보석류, 유약을 바른 타일, 프레스코화, 시와 음악 등 화려하고 섬세한 예술도 함께 발전시켰다.

사산은 육지의 실크로드와 바다의 실크로드 양쪽의 교역을 장악하고자 공격적인 정책을 추진했다. 홍해와 페르시아만을 인도양으로 연결하는 바브엘만데브해협, 호르무즈해협 등 전략적으로 중요한 길목에 항구와 거주지를 건설했다. 로마와 중국 내의 혼란으로 교역이 위축되긴 했어도, 실크로드의 상인들은 계속해서 이집트, 레반트, 인도, 동남아시아 시장에 상품을 공급했다.

사산 땅을 밟은 상인과 사절은 국경 속주를 통치하고 감시하는 귀족(마르즈반)에게 입국을 신고해야 했다. 이 마르즈반을 비롯한 군사 귀족층이 사산 제국의 핵심 군력인 중장기병을 이끌었다. 사산은 엄격한 계층 사회였다. 조로아스터교의 교리서인 『덴카르드Denkard』는 이렇게 경고했다. "신민들이 전통적인 직업이 아닌 일에 종사하는 것을 허용할 때 국가가 쇠퇴하기 시작한다는 것을 기억하라."[36] 실제로 5세기 말 사산 사회는 흔들리고 있었다. 사회 불평등이 심화되자 마즈닥이라는 급진적인 설교가가 토지 개혁, 빈민 구제, 성직자 특권 폐지를 골자로 한 사회혁명을 주장하며 지지층을 넓혔다. 한편으로는 왕실과 귀족 간의 긴장, 특히 마르즈반 사이의 갈등이 물리적 충돌로 비화했다. 458년, 황위 찬탈에 나선 귀족 세력은 숙적 에프탈족을 스스로 제국 안으로 불러들였다. 475년, 사산은 에프탈족에게 조공을 바치는 처지가 되었다. 이제 "혼돈과 기근이 만연하였고 여자들은 모두의 것이었다".[37]

## 굽타 제국

사산 제국의 인더스강 국경에서 동쪽으로 약 40일간 걸어가면 나오는 갠지스강 유역에 작은 왕국이 있었다. 이곳이 굽타 제국의 본거지이다. 이 나라의 초기 역사에 대한 기록은 많지 않으나, 초대 왕 찬드라굽타(320~335)가 강국 마가다의 공주와 혼인했다는 사실에서 이 시기 굽타의 위상을 짐작할 수 있다. 찬드라굽타는 정복과 동맹을 통해 갠지스강 유역의 소왕국들을 통합해 나갔다. 또 사산 왕과 마찬가지로 '왕들의 왕'(마하라자디라자maharajadhi-raja)을 자임했다. 굽타는 60년 만에 인더스강부터 벵골만에 이르는 넓은 땅을 장악했다. 마우리아 왕조 이후 수백 년 만에 등장한 강력한 토착민 왕국이었다. 대외적으로는 쿠샨 제국의 쇠퇴와 분열이, 대내적으로는 찬드라굽타의 왕권이 아들 사무드라굽타(335~380)에게 순조롭게 계승되었다는 점이 왕국의 성장에 유리하게 작용했다.

사무드라굽타 또한 유능한 전략가이자 군사 지도자였다. 근처 여러 왕국은 혼인 동맹을 통해, 또는 아슈바메다 의식을 통해 굽타 왕조와 주종 관계를 맺었다.[38] 말을 거부하는 나라에는 곧 전투 코끼리, 중무장한 기병, 습기에 강한 철제 활을 쓰는 궁수, 강력한 무기를 갖춘 수군이 파병되었다. 굽타는 갠지스강과 바다를 통해 막강한 군사력을 휘둘렀고,[39] 군소국과 부족사회가 모자이크처럼 밀집해 있던 인도 북부를 빠른 속도로 병합했다. 또한 아대륙 남부 데칸고원의 강국 바카타카 왕국과는 이 시기 내내 동맹을 유지하며 그 힘을 제국 확장에 이용했다.

굽타의 중심부는 왕이 직접 다스렸고 내각과 의회(사바)가 왕을 보좌했다.[40] 봉신들은 굽타 왕실에 조공을 바치고 아들을 볼모로 보냈다. 삼림 부족이나 북부 산악 왕국과의 관계는 그만큼 공식적이지는 않았다. 굽타 왕조는 다시 한번 카우틸랴의 고전 「아르타샤스트라」를 외교 지침으로 삼았다. 이 가르침을 이어받은 학자 카만다카는 정치는 본질적으로 무질서하므로 가장 이상적인 통치 형태는 부계 독재(니티사라)라고 주장했다. 그에 따르면 훌륭한 왕은 언제나 국익을 우선시해야 하고, 신식 군대를 운영하면서도 그 때문에 국고를 소진하거나 농업을 소홀히 해서는 안 되며, 외국과의 동맹에 큰 기대를 걸어선 안 된다. 또 그는 회유(사마)나 매수(다나), 알력(베다) 같은 전략이 모두 수포로 돌아갔을 때만 무력을 사용해야 한다며 정당한 전쟁의 범위를 결정했다.

굽타의 통치 체제는 「아르타샤스트라」 및 아소카왕 칙령으로 구체화된 마우리아 왕조의 통치 체제를 적극적으로 이어받았다. 왕은 마땅히 법치(단다니티)를 수호하고 분노(크로다)와 부당한 징벌, 임의적인 재산 압류를 경계해야 했다. 좀 더 개인적인 자질로는 미술, 음악, 과학, 궁술(다누르베다)에 능해야 하고, 주색과 도박에 빠지지 말아야 했다. 굽타의 비문들은 왕이 지혜롭고 침착하고 자비롭고 온유하고 신중한 전사여야 한다고 강조한다. 굽타의 제국 위계에서 가장 높은 곳에는 신들이, 그 밑에는 법이 있고 왕은 그다음 순위이긴 했지만, 현실에서는 왕의 위엄이 누구에게나 분명히 느껴졌다. 굽타의 주화에는 왕이 호랑이나 인간을 죽이는 모습이 새겨졌다. 바위 조각에는 세상의 사방에서 승리하는 '디그비자야'(정복자)의 모습으로 새겨졌다.

굽타 시대는 문화와 학문의 찬란한 개화기였다. 조각가들은 그리스와 아시아 미술의 영향 아래 관능미 넘치는 작품을 제작했다. 철학자 바츠야야나는 성애론 『카마수트라Kama Sutra』를 편찬했다. 과학자들은 지구가 둥글다는 가설을 세웠다. 수학자들은 오늘날 우리가 쓰는 숫자 체계를 개발했다. 굽타 왕실의 '아홉 개의 보석'으로 일컬어진 그 시대의 학자, 예술가 중 한 사람인 극작가 칼리다사는 우리에게 이 왕실이 얼마나 화려하고 관능적인 장소였는지를 직접 보여 준다. 5세기 초 중국의 승려 법현 등 인도를 찾아온 이국의 여행자들은 굽타를 가득 채운 부와 호사, 그리고 이곳 사람들의 선심에 깜짝 놀랐다.[41]

그러나 굽타의 지혜롭고 존엄한 왕들은 곧 에프탈족의 도전에 맞부딪혔다. 이들은 이미 과거 박트리아 왕국의 기반이었던 아무다리야강 유역과 페르가나 분지의 부유한 교역 도시 및 농업지대를 장악하고 있었다. 이 지역은 에프탈족의 보호 아래 상품과 문화를 교환하고 교류하는 중심지로 발전했고, 종교적으로는 불교 사원과 학교가 수많은 순례자를 이곳으로 불러 모았다.[42] 이윽고 힌두쿠시산맥을 통과하는 대상 교역로를 누가 독점할 것인가를 두고 굽타와 에프탈족의 갈등이 시작되었다. 두 세력은 연이어 대규모 전쟁을 치렀고 그로 인해 굽타 제국의 북서부가 황폐화되었다.

처음에는 굽타가 우세했다. "왕은 자신의 정복 계획을 완수했다. … 그는 이제 평화를 지키는 일에 몰두할 수 있다. 검 대신 피리를 들고 비슈누와 그의 반려 락슈미께 경배할 수 있다."[43] 그러나 승리에는 대가가 따랐다. 이제 굽타 지배층은 카만다카의 통치론을 고수할 처지가 아니었다. 군비 지출 때문에 국고가 바닥났고 늘어난 세금 항목 때문에 경제성장이 불가능해졌다. 5세기 말, 국내 경제가 쇠퇴하고 국경 왕국에서 소요가 일어나고, 에프탈족의 위협이 재개되면서 굽타 제국은 결국 무릎을 꿇었다. 그 결과 에프탈족은 짧게나마 중앙아시아와 북인도를 넓게 지배했다.

## 부처를 위해 짐승을 죽이다

멸망하기 전까지 굽타 제국은 수 세기 전부터 가동되고 있던 교역 체계의 중심지 역할을 담당했다. 힌두쿠시산맥의 고갯길을 통해서는 사산 왕조 등 중앙아시아 지역과 교역했고, 인도양을 통해서는 중국, 동남아시아, 스리랑카, 아라비아반도, 동아프리카, 동로마 제국과 교역했다. 교역이 활발해지자 전통적인 권력 중심지 외에도 여러 도시와 왕국이 성장했다.[44] 그중 하나가 부남 왕국으로, 한 비문에는 메콩삼각주에서 출현했다고 하여 '진흙의 땅'으로 기록되기도 했고,[45] 중국 사료에는 이곳 항구들이 남중국해와 인도양을 잇는다고 하여 동방과 서방이 만나는 곳으로 설명되어 있다. 부남의 항구에는 동남아시아 제도의 수많은 섬을 자유자재로 항해하는 말레이시아 뱃사람들이 드나들었다.[46] 그들의 배에는 보석과 진주, 백단유, 고무, 향신료가 실려 있었다. 3세기 부남 왕국은 동진에 공물을 바쳤던 것으로 보인다. 두 나라는 서로 빈번히 외교 사절을 보냈고 특히 부남이 동진에 훈련한 코끼리를 대량으로 공급했다. 또한 중국 기록에 따르면 부남은 오늘날의 미얀마와 라오스 지역에 있던 다섯 군소국의 종주국이었다.

　동남아시아를 찾아온 중국인들은 부남 외에도 오늘날의 인도네시아에 있던 타루마, 말레이시아의 랑카수카 같은 왕국에서 진귀한 상품이 풍부하게 생산되는 데 감탄했다. 각 왕국은 서로 다른 종류의 물건을 특화 생산하고 있었지만, 교역과 해로를 장악하기 위한 경쟁은 치열하기 짝이 없었다. 이는 남아시아 지역에서도 마찬가지였다. 굽타는 교역을 장악하는 데 전력을 다했다. 굽타 멸망 이후에는 다른 왕국 간의 경쟁이 계속되었다. 인도 동남부 해안의 판디아 왕국과 스리랑카는 포크해협의 교역을 두고 싸웠다. 스리랑카의 풍부한 천연자원은 전쟁을 일으키기에 충분한 이유였다. 판디아 왕국은 429년에 스리랑카를 공격하여 이 섬나라를 지배했다. 445년 다시 자유를 되찾은 스리랑카에서는 민족주의 정서가 고조되었다. 이 시기에 쓰인 스리랑카의 역사적·종교적 서사시 『마하밤사Mahavamsa』는 침략자를 처단하는 일을 야수를 죽이는 일에 비유했다. 그 내용에 따르면 스리랑카인이 독립 주권을 수호하는 것은 다름 아닌 부처의 의지였다. "믿지 않는 자와 부덕한 자는 짐승보다 나을 것이 없다. 그러나 그대는 여러 방면에서 부처의 가르침을 드높일 것이다. 그러니 마음의 근심을 내버려라, 인간의 지배자여!"[47]

불교는 이 시기에 동북아시아에 전파되었고, 교역과 이주의 범위도 마찬가지로 넓어졌다. 중국의 제국적 영광이 사그라들자 만주, 한반도, 동중국해, 일본 열도에 야심만만한 군소 왕국이 여럿 등장했다. 선비족의 연은 천명을 받들겠다고 선언했다. 한반도 남부에는 백제와 신라가 있었다. 일본에는 야마토 왕국이 열도에서 가장 큰 섬인 혼슈의 대부분을 지배했다. 야마토의 왕은 본거지를 옮겨 다니며 나라를 다스렸고, 정식 군주보다는 아직 부족 연합체의 수장에 가까웠다.

그러나 이 시대 동북아시아에 가장 강력했던 정치체는 한반도의 고구려 왕국으로, 300년경에는 경쟁 세력들을 누르고 만주 평야를 장악하고 있었다. 종교적으로는 불교를 받아들였고 예술에서는 중국과 북방 유목민의 영향을 받았다.[48] 고구려는 군인 사회였다. 이 왕국은 인근의 선비족, 신라, 백제와 수 세기 동안 외교와 전쟁 양쪽을 통해 경쟁했다. 이 경쟁이 어느 정도 규모였는지를 우리는 광개토대왕릉비를 통해 알 수 있다. 광개토대왕(391~412)은 한반도의 백제·신라와 유목민을 제압하고 만주에 요새망을 건설했으며 주변 약소국을 속국으로 삼았다. 그는 단 10년 동안 열 번이 넘는 대규모 전투를 치렀다.[49]

서아시아에서도 그와 비슷한 지역 경쟁이 홍해를 두고 벌어졌다. 서로마 제국은 5세기 후반에 끝내 멸망했고 동로마 제국은 과거 로마 제국과 같은 영향력을 발휘하지 못했다. 이 공백을 틈타 두 교역 국가가 두각을 나타냈다. 오늘날의 예멘에 있던 유대인 왕국 힘야르와 에티오피아의 기독교도 왕국 악숨이다. 힘야르는 유향이 나는 것으로 유명했던 하드라마우트와 사바(시바) 등 인근 국가를 이미 제압했다. 악숨은 상아, 코끼리, 면화를 수출하여 부를 쌓은 왕국이었다. 3세기 사산의 선지자 마니가 로마, 사산, 중국과 더불어 악숨을 그 시대의 네 강국으로 꼽을 정도였다. 악숨은 콘스탄티노플과 좋은 관계를 유지하면서 동로마 제국의 화려한 관행을 모방했다. 악숨을 방문한 한 비잔틴 사람은 악숨 왕이 코끼리 네 마리가 끄는 황금 전차 위에서 손님을 맞이하더라고 기록했다. 4세기 중엽에 제작된 비석에는 악숨의 에자나 왕이 인근 국가들을 제압하고 '왕들의 왕'이 되었다고 기록하고 있다. "나는 그들의 왕을 복속시킨 뒤 그들 영토에 대해 공물을 바치고 해로와 육로를 평화롭게 유지하라고 명령했다."⁵⁰ 힘야르에 보낸 기독교도 사절들이 살해당하자 악숨 왕은 성전을 선언하며 선조의 땅을 되찾고자 했다. 또 누비아에 보낸 사절이 강탈당하고 복속 요구를 거절당하자 누비아에 대해서도 원정을 단행했다.

## 제국의 해체와 민족의 혼성

서기 250~500년의 시간은 일단 제국의 위기로 요약된다. 지중해와 서유럽, 중국에서 각각 제국이 무너졌다. 로마와 한나라의 몰락은 시간 차는 있으나 놀라울 만큼 비슷한 성격을 띠었다. 두 정치체 모두 내부에서부터 힘을 잃기 시작했다. 즉 변방에는 수비대와 요새가 있었지만 국내 사회는 갈수록 양극화되었다. 그 결과 국경을 지킬 재정이 바닥나고 이민족의 이주를 막을 수 없게 되자 그 단단해 보이던 외피들도 허물어지기 시작했다. 이민족을 제국에 받아들인 뒤에도 외부의 압력은 커지기만 했다. 그 원인은 손만 뻗으면 닿을 만한 거리에 있는 거대한 부, 그리고 환경 변화와 대규모 이주였다. 끝내 국경이 무너지고 대격동이 시작되었다.

한나라와 로마의 쇠퇴는 권력균형의 변화에 따른 결과가 아니었다. 즉 강력하고 부유한 나라의 권력이 야심 차게 등장한 새로운 정치체로 넘어간 경우가 아니었다. 두 나라 모두 황권이 흔들렸고 그로부터 무질서, 빈곤, 기근, 인구 감소가 발생했다. 지금으로 치면 워싱턴에 외세가 침략하여 그곳 시민을 멕시코로 이주시킨다거나 베이징에 비슷한 일이 일어나 수백만 인구가 한반도로 피신하는 것과 같은 일이 벌어졌다. 한나라와 로마 제국의 운명은 오늘의 이민족 침략자가 내일의 시민이 되는 역사의 흔한 사례였다.

이 시기의 민족 혼성은 결코 순조롭게 이루어지지 않았다. 민족 이동에는 피비린내 나는 사건이 수반될 때가 많았다. 그러나 옛 문명의 흡수력이 매우 강력했던 것도 사실이다. 중국을 침략한 이민족들은 제국 전통에 따라 천명을 받아들였고, 프랑크족의 클로비스 왕은 로마 집정관의 자주색 복식을 적극적으로 따랐다. 서아시아와 남아시아 지역의 비교적 전통이 짧은 제국에서도 비슷한 일이 일어났다. 사산조 페르시아는 아케메네스조의 제국 전통을 채택했고 과거 왕들의 모습이 새겨진 바위 옆에 제 모습을 새겼다. 굽타 제국 또한 카우틸랴와 아소카의 가르침을 이어받았다.

이 시대에는 또 한 가지 중요한 지정학적 변화가 일어났다.

인도양과 스텝이 여러 민족을 잇는 도관으로서 그 중요성을 더욱 높여 갔다. 인도양을 통한 교역은 물론 그 전에도 존재했지만, 이 시대부터는 교역을 통한 상호 연결성이 더 강력하고 지속적인 성격을 띠었다. 굽타 제국은 서아시아와 동남아시아를 연결하는 접면이었다. 동남아시아에는 교역을 중심으로 하는 새로운 왕국들이 등장했다. 카스피해와 북해 위쪽의 스텝도 마찬가지였다. 스키타이족 등 유목 부족은 오래전부터 이 초원을 고속도로처럼 누볐지만 훈족이라는 새로운 세력은 그 어느 때보다 빠른 속도와 큰 규모로 이 길을 통해 이동했다. 실크로드는 사산 왕조가 서아시아와 페르시아를 재통일한 뒤 활기를 되찾았고 이제는 동방과 서방을 잇는 삼중 교역로 중 가운데 길을 담당했다. 그 아래로는 믈라카해협부터 호르무즈해협, 바브엘만데브해협으로 이어지는 인도양 교역망이 있었고, 그 위로는 스텝의 교역망이 있었다. 사람들은 교역을 통해, 또 정복을 통해 동반구라는 거대한 세계에 대해 더 많은 것을 알게 되었다. 그리고 그 앎을 더더욱 확장하고자 하는 열망은 시간이 지날수록 커져만 갔다.

## CHAPTER 8

# 예언자의 이름으로

서기 500~750년

북 해

발 트 해

프 랑 크
왕 국

마자르

다뉴브강

불가르족

대 서 양

로마

콘스탄티노플

우마이야 왕조

비 잔 틴
제 국

코르도바

페스

루스탐 왕조

지 중 해

이드리스 왕조

아글라브 왕조

트리폴리

푸

이집

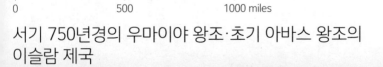

| 0 | | 500 | | 1000 km |
|---|---|---|---|---|

| 0 | | 500 | | 1000 miles |
|---|---|---|---|---|

서기 750년경의 우마이야 왕조·초기 아바스 왕조의
이슬람 제국

흑해

카스피해

아랄해

부하라 • • 사마르칸트

• 안티오크

• 니샤푸르

• 다마스쿠스 • 바그다드

• 이스파한

유프라테스강

• 예루살렘

페르시아만

• 메디나

• 메카

홍해

아라비아해

아덴만

서로마 제국, 중국의 한나라와 진나라, 굽타 제국이 각각 멸망하거나 쇠퇴하고 동로마 제국과 사산조 페르시아는 어렵게 살아남았다. 동반구에서는 이처럼 여러 원인이 중첩되어 제국의 위기와 정치 분열의 시대가 계속되었고 군소 세력 간의 경쟁이 심화되었다. 그러나 이와 동시에 스텝을 경유한 유목 민족의 이동은 유럽과 아시아가 점점 더 밀접하게 연결될 미래를 예고했다. 특히 6~8세기에 이 추세가 더욱 강화된 데는 새롭게 부상한 강국의 역할이 컸다. 이슬람 칼리프국이었다.

이번에도 강대국 변방의 한 약소국이 갑자기 두각을 드러냈다. 애초에 이 세력의 군대는 무자헤딘이라고 부르는 전사 몇백 명이 전부였으나, 거의 한 세기 만에 거대한 영토를 정복했다. 과거 그 어떤 대제국보다 빠른 속도로, 서쪽의 피레네산맥에서 동쪽의 고비사막에 이르는 역사상 가장 큰 제국이 수립되었다. 군대가 새 땅을 정복하면 곧 사절과 상인이 따라왔다. 이슬람 칼리프국의 외교망은 거의 동반구 전역에 걸쳐 있었다. 상업망 또한 실크로드, 지중해, 인도양 대부분을 아울렀다.

이슬람 칼리프국이 극적으로 부상한 시기에 다른 지역에서도 큰 사건들이 벌어졌다. 사산과 동로마(비잔틴) 제국은 앞날이 어두워졌다. 반면에 서유럽에서는 프랑크 왕국이, 중국에서는 당나라가 새롭게 떠올랐다. 기존 강대국인 사산과 비잔틴이 이 시기에 드러낸 가장 눈에 띄는 특징은 아랍발 위협 앞에서도 '서로 협력하지 않았다'는 것이다. 또 하나, 세 신흥 세력(이슬람, 프랑크, 당)이 이민족 정체성을 빠르게 포기하고 옛 문화의 전통과 장식을 채택했다는 사실도 놀랍다. 당나라는 천명을 받들었고, 프랑크 왕국은 로마의 유산을 계승했으며, 이슬람의 지배층은 황량한 아라비아사막을 떠나 레반트 지역의 호화로운 고대 도시들에 정착했다. 오래된 제국적 관습이 새로운 주인을 만났다.

## 칼리프국의 탄생

497년, 아라비아반도의 도시 메카에서 이 지역의 저명인사가 세상을 떠났다. 그의 이름은 하심 이븐 압드 마나프. 그는 멀리 콘스탄티노플, 시리아, 에티오피아에 상품을 팔던 대상인인 한편, 자신의 본거지에서는 자선 사업가이기도 하여 여행자에게 음식을 제공하고 부족 간 갈등을 중재했다. 그가 속한 부족은 바로 이러한 상업적 요령과 이타적 연민을 바탕으로 홍해, 대상 교역로, 수원이 모두 가까운 유리한 입지의 도시 메카를 지배하고 아라비아반도의 교역을 장악할 수 있었다.

하심이 죽은 뒤, 쿠라이시족은 이러한 높은 위상을 유지하기 위해 상업 경쟁과 종교 갈등으로 분열하고 있던 이웃 부족들 간에 조화를 도모했다. 그들은 1년에 한 번씩 정전 협정을 맺고, 공동의 의식으로 뭉치는 훔(공동체)을 수립하자고 제안했다. 또한 일정한 요금을 받고 우물을 이용할 수 있게 하는 일라프(협정) 체제를 주창했다. 쿠라이시족의 신전인 카바는 '하람'(성소)으로 지정되어 여행자들에게 안전한 쉴 곳을 제공했고 그곳의 성직자는 갈등을 중재했다. 하지만 이 모든 권력정치는 비교적 작은 규모에 불과했다. 메카를 비롯한 아라비아반도의 도시들은 여전히 인구가 몇천 명에 지나지 않았다.

그렇지만 메카가 작은 권력이나마 이 지역의 패권을 차지하자 견제가 시작되었다. 570년, 기독교 왕국 예멘의 왕은 비잔틴을 등에 업고 메카를 공격했다. 공격 자체는 실패로 돌아갔으나 이후 쿠라이시족은 전염병, 내부 경쟁, 부족 간에 벌어진 피자르 전쟁(580~590) 등으로 그 지배력을 시험당했다. 이들은 정의를 수호하고 협력 관계를 유지하고자 '고결한 자들의 동맹'을 구축했다. 바로 이러한 혼란 속에서 하심 이븐 압드 마나프의 증손자이며 상인인 무함마드(570~632)가 유일신 알라와 단일 공동체 움마를 설파하기 시작했다.

무함마드는 심각하게 분열된 사회를 종교를 통해 통합하고자 했다. 그러나 메카의 지배 계층은 무함마드를 위험인물로 판단하고 그의 영향력을 폭력으로 저지하려고 했다. 무함마드의 지지자들은 에티오피아로 도피하여 기독교도 왕이 제공한 피난처에 머물렀다. 무함마드 본인도 암살 위협을 모면한 뒤인 622년에 추종자들과 함께 메디나로 피신했다. 그는 바로 이 사막의 소도시를 근거지로 새로운 종교를 전파했다. 메디나에서 서로 싸우던 부족들이 이슬람교의 가르침을 받아들였고, 모든 이슬람교도 간의 평화와 비교도에 대한 관용을 명하는 규약이 정립되었다. 신자의 수가 늘고 늘어 마침내 631년, 무함마드는 1만 병력을 이끌고 메카에 입성할 수 있었다. 메카 점령이 이 선지자의 마지막 승리였다. 그는 632년에 사망했다.

무함마드의 뒤를 이은 1대 칼리프(상속자)는 그와 혈연관계가 없는 사람 중 최초의 이슬람 개종자이자 그의 장인인 아부 바크르였다. 그는 리다 전쟁(632~633)을 통해 아랍의 대다수 부족을 예속시켰다. 또한 이집트, 시리아, 메소포타미아 등 비잔틴과 사산 제국에 속하는 지역을 공격하여 이슬람 세계와도 이미 긴밀히 연결되어 있는 교역로들을 장악하고자 했다. 이 임무는 2대 칼리프 우마르(634~644)가 완수했다. 그는 크테시폰, 바스라, 다마스쿠스, 알레포, 예루살렘, 알렉산드리아 등 여러 대도시를 정복하고 사산 제국을 분쇄했다.

초기 칼리프가 채택한 제국 이데올로기는 근처 다른 여러 제국의 초기 이념과 비슷한 양상을 띠었다. 즉 그 원칙은 신자에게는 자비를 베풀고, 불신자이더라도 굴종하는 자는 보호하고, 반대로 저항하는 자에게는 징벌을 내리는 것이었다. 우마르는 후대 칼리프들에게 근신하고, 법을 준수하고, 빈민을 도우라고 권고했다. 그는 전령을 시켜 시민들에게 그들의 권리에 관한 포고문을 큰 소리로 읽어 주게 했고 행정법원을 설치하여 부패한 관리에 대한 소송 건들을 상세히 조사하게 했다. 그는 복종하는 비교도에게는 안전을 보장하겠다고 약속했다. 이 협정의 구체적인 항목 중 하나는 다음과 같았다. "비이슬람교도의 거처는 낮아야만 한다. 그래야 집을 나설 때마다 몸을 구부리며 그들의 낮은 지위를 기억할 것이다."[1] 하지만 이슬람교도 입장에서는 기독교도와 유대인이 이슬람교도에게 부과되는 주요 세금인 자카트는 내지 않고 혜택을 누리는 것이 불만스러웠다.

그 무렵, 성직자들은 신자들 사이에서 구전으로 전해 내려오던 무함마드의 계시와 가르침을 글로 정리하여 쿠란을 편찬했다. 이 경전은 이슬람교의 보편적인 소망을 다음과 같이 명시했다. "하늘과 땅의 모든 것이 알라께 속한다. 모든 것은 그에게로 돌아간다."[2] 좋은 삶이란 신에게 헌신하는 삶이다. "좋은 것을 가지려는 마음은 사람을 미혹하게 한다. 여자, 아이, 수북한 금은보화, 무늬가 아름다운 말, 가축, 농지…. 이것들은 이승의 즐거움일 수는 있으나 알라께서는 사람이 돌아가기에 가장 좋은 곳을 마련해 놓으셨다."[3] 움마 내의 최고 가치는 정의이다. "다른 사람의 부를 부당하게 낭비하지 마라. … 사람을 죽이지 마라. … 악의와 부정으로 이런 일을 행하는 자에겐 우리가 반드시 불의 벌을 내리리라."[4] 움마 밖의 적대적인 불신자는 예속의 대상이었다. "그들이 후퇴하지도 않고 평화를 요청하지도 않고 싸움을 피하지도 않는다면 보이는 족족 그들을 잡아 죽여야 한다."[5]

무함마드가 생전에 예상했을 일은 아니지만, 이슬람 군대는 그가 죽은 지 10년 만에 힌두쿠시산맥, 캅카스산맥, 아틀라스산맥까지 진출했다. 그러나 그러한 정복 활동으로 인한 부담(그리고 전리품)은 움마의 분열을 가져와 결국 내란을 촉발했다. 전선은 유프라테스강에 그어졌다. 강의 동쪽에 사는 시아파와 서쪽의 수니파가 맞붙었다. 승리는 수니파 우마이야 가문에 돌아갔고, 이로부터 661년 새로운 칼리프국이 탄생했다. 이슬람 세계의 권력 중심이 메카에서 다마스쿠스가 있는 레반트 지역으로 이동했다. 우마이야 왕조는 통치를 효율화하기 위해 아미르(총독)를 임명하고 디반(내각)을 구성하고 단일 통화를 도입하고 아랍어를 공용어로 채택했다. 노예제가 폐지되었고 토지가 재분배되었다. 왕들은 이슬람 세계에서 가장 신성한 두 도시인 다마스쿠스와 예루살렘에 각각 대모스크와 바위 돔이라는 위대한 건축물을 세워 이 나라의 영광됨과 독실한 신심을 눈에 보이는 형태로 드러냈다.

우마이야 왕조는 계속해서 제국을 확장하는 데 전념했다. 그 목적은 여러 가지였다. 왕국의 위신을 강화하려는 것이기도 했고, 국내 부족들의 호전적인 에너지를 나라 밖으로 돌리려는 것이기도 했으며, 지중해를 통하는 비잔틴의 교역로를 장악하려는 것이기도 했다. 특히 마지막 목적을 위해 우마이야의 초대 칼리프 무아위야는 해군을 창설했다. 그러나 이 군대는 주로 기독교도로 유지되었고, 그로 인해 제국 내에 반감이 널리 형성되었다. 가령, 배를 타는 해군은 "통나무 속 벌레와 같다. 배가 뒤집히면 모두 물에 빠져 죽는다."라고 비아냥거린 사람도 있었다.[6] 그러나 무아위야의 선택은 옳았다. 8세기 중엽의 전성기 때 우마이야 칼리프국은 세계 인구의 3분의 1을 다스렸고 그 영토는 동서로는 대서양에서 인더스강까지, 남북으로는 캅카스산맥에서 바브엘만데브해협까지 뻗어 있었다.

## 불가능한 평화

8세기 시리아의 기독교도 수사이자 칼리프 궁정의 점성가였던 에데사의 테오필루스는 이슬람 제국의 팽창 시대에 지중해 연안 주민들이 어떤 고통을 겪었는가를 꽤 독특한 관점에서 서술했다. 가령 무아위야의 원정에 대해 그는 "저 야만인 세력이 영토 전체로 퍼져 나가 … 금과 노예와 값비싼 의복을 거두어들였다. … 충분히 거두었다 싶으면 배에 인간 전리품을 싣고 떠났다. 이 얼마나 끔찍하고 슬픈 장면인가! 아버지와 자식이, 어머니와 딸이, 형제와 형제가 생이별당해 누구는 알렉산드리아로, 누구는 시리아로 보내졌다."라고 썼다.[7]

　　그런데 이 저자의 기록이 특별히 중요하다고 하는 이유는 그가 우마이야의 침략을 강하게 비판한 것만큼 비잔틴의 어리석음도 예리하게 지적했기 때문이다.[8] 그는 우마이야 칼리프국의 득세가 상당 부분 그 적들의 무능함 때문이었음을, 특히 기존의 두 강대국 비잔틴과 사산이 이슬람의 위협 앞에서 공조하지 못했기 때문이었음을 간파했다. 다시 말해 우리가 칼리프국이 우위를 점하게 된 과정을 제대로 이해하려면 비잔틴과 사산이 수백 년 동안 반목하면서 동지중해와 서아시아의 정치 상황을 어떻게 바꾸어 놓았는가를 짚어야 한다.

　　비잔틴과 사산 제국이 서로를 불신하고 견제하느라 그 많은 에너지를 소모할 수밖에 없었던 주요 원인 중 하나는 두 나라의 세력권이 아르메니아와 캅카스산맥에서 겹쳤다는 데 있다. 이 지역은 두 나라 사이의 완충지대였을 뿐 아니라 중앙아시아 스텝 유목민과의 경계이기도 했다. 비잔틴과 사산은 바짝 경계를 늦추지 않고 있다가 어느 한쪽이 국경 방어 시설을 보강할 때마다 격렬하게 충돌했다. 요새 강화가 그저 북방 유목민의 공격을 예방하기 위한 방책이었어도 상대 쪽에서는 균형을 무너뜨리려는 수작으로 의심했다. 예를 들어 비잔틴의 유스티니아누스 대제(527~565)는 즉위한 첫해에 장군 한 명에게 메소포타미아 북부 국경에 새 요새를 건설하라고 명령했다. "그는 서둘러 황제의 결정을 행동에 옮기기 시작했고, 수많은 직공이 투입된 까닭에 요새가 벌써 상당한 높이로 솟아오르고 있었다. 그러나 페르시아인(사산인)이 당장 공사를 중지하라며 말이 아니라 행동으로까지 위협하면서 그 이상 공사가 진행되지 못했다."[9] 편지와 사절을 보내도 소용없었다. 전면전이 시작되었다.

마찰이 일어난 곳은 북부의 아르메니아-메소포타미아 쪽 국경만이 아니었다. 522년, 비잔틴을 등에 업은 기독교도 왕국 악숨이 홍해 입구에 위치한 유대인 왕국 힘야르를 침략하자 힘야르는 사산에 원조를 요청했다. 아라비아반도 북부에서도 가산 왕국과 라흐미 왕국이 두 제국의 대리전을 벌였다. 비단 무역도 분쟁의 원인이었다. 531년 유스티니아누스는 아랍 왕국들에 홍해를 통해 동방과 직접 교역하라고 부추기며 육지의 실크로드를 장악한 사산을 우회하려고 했다. 또 기독교도 수사들이 중국에서 밀반입한 누에와 기술로 비잔틴 내에 비단 산업을 구축하려고도 했다.

532년, 유스티니아누스와 호스로 1세(531~579) 간에 영구 평화조약이 체결되었다. 북방 이민족의 압력에 시달리던 비잔틴은 사산에 금화 44만 개를 지불했다. 그 비싼 평화는 10년도 지속되지 않았다. 두 나라는 562년에 다시 50년 기한의 평화조약을 통해 아르메니아에 요새를 일절 구축하지 않고, 두 제국 사이에 비무장지대를 설치하기로 합의했다. 그리고 앞으로 발생하는 분쟁에 대해서는 두 나라의 지위가 동등하다는 조건하에 타협하고, 외교관 면책특권을 도입하고, 변경에 양국 간 교역 기지를 지정하기로 했다. 10년 후 두 제국은 또다시 전쟁에 돌입했다. 591년에 다시 한 번 무기한 조약이 체결되었으나 11년 후 또 전쟁이 발발했다. 이때 사산군은 콘스탄티노플 성벽까지 도달했지만 그때부터 비잔틴 황제 헤라클리우스(610~641)의 반격이 시작되었다. 이에 사산군은 티그리스강 기슭까지 밀려났다가 결국 628년 강화를 요청했다.

두 제국은 끝없는 전쟁으로 국력을 소모했고 국경을 지키는 데 변방 왕국들의 힘을 빌려야 했다. 이슬람 칼리프국에는 이 상황이 기회였다. 비잔틴과 사산은 무함마드 이래 칼리프들이 영토를 확장하기 시작한 뒤에도 서로 싸웠다. 637년, 이슬람군이 크테시폰으로 진군했다. 14년 후, 사산 제국이 무너졌다. 674년, 콘스탄티노플의 성문 앞에 이슬람군의 깃발이 나부끼고 있었다.

## 세계의 두 빛

칼리프국이 위세를 떨치기 전, 비잔틴과 사산 제국은 각각 자신들이야말로 세계의 중심이고 참된 신앙의 수호자라고 믿었다. 지정학적 관점에서 보면 비잔틴은 그에 앞선 로마 제국과 마찬가지로 태생부터 육상 제국이자 해상 제국이었다. 이 나라는 거대한 땅을 지배했을 뿐 아니라 지중해와 흑해를 넓게 장악하고 있었다. 인구는 약 4,000만 명이었던 것으로 추정된다. 콘스탄티노플에만 50만 명이 살았다. 537년, 유스티니아누스 대제가 자신의 위신을 높이기 위해 진행한 사업 중 하나로 이 도시의 가장 유명한 랜드마크인 하기아 소피아(신성한 지혜의 교회)가 완공되었다. 그러나 이 대성당이 문을 연 직후, 비잔틴 제국은 이교도 사상의 마지막 남은 흔적을 지우려는 목적에서 아테네의 신플라톤 아카데미를 폐쇄했다.

'잠을 자지 않는 황제'로 유명했던 유스티니아누스는 정교 기독교를 제국의 유일한 신앙으로 확립하는 데 몰두했다. 루브르 박물관에 소장된 상아판 부조에는 승리를 거둔 황제가 종마에 걸

터앉아 패배한 야만인을 제압하는 장면이 묘사되어 있다.[10] 말굽 밑에는 공물을 바치러 온 아시아인들이 몸을 굽실거리며 황제에게 코끼리의 엄니와 호랑이를 선물하고 있다. 황제 앞의 한쪽 가슴을 드러낸 여자는 지구를 의인화한 인물로, 한 손은 간청의 의미로 황제의 발을 붙잡고, 한 손에는 과일을 들고 있다. 이 모든 일을 예수 그리스도와 날개 달린 천사 둘이 지켜보고 있다. 이 조각 작품이 전하는 메시지는 분명하다. 세계를 그리스도에게 예속시키는 것이야말로 황제의 사명이라는 것이다.

유스티니아누스는 바로 이 같은 목적을 위해 532년 『로마법대전Corpus Juris Civilis』을 편찬했다. 이에 따르면 황제는 신앙의 적들을 정복하도록 신의 은총을 받았다. 가령 이 법전의 시행과 함께 유대교 성전 신축이 금지되었다. 비잔틴 지식인들은 고대의 정치가, 장군, 왕, 황제는 물론 구약성경에 나오는 지배자들까지 전거로 삼아 이상적인 황제의 자질에 대해 논했다. 이 시대에 저술된 『정치학Peri Politikes Epistemes』에서는 현명한 철학자-왕을 이상적인 황제로 보았다. "시대의 풍요와 가난은 우주의 순환에 따른 결과이지 우리가 정할 수 있는 일이 아니다. ⋯ 하지만 정의와 부정, 좋은 정부와 나쁜 정부는 우리가 정할 수 있는 일이다."[11]

비잔틴 사람들은 로마의 후계자임을 자처했을 뿐 아니라 기독교도로서는 자신들이 로마의 이교도 황제보다 더 영광스러운 자리를 차지하리라고 믿었다. 6세기 말 황제 마우리키우스는 전쟁 교본인 『스트라테기콘Strategikon』에 비잔틴의 세계관을 명시했다. 여기에는 비잔틴 사람들이 수도만이 아니라 제국의 주요 도시와 레반트, 이집트 지역의 상업 거점을 보호하는 데 얼마나 주력했는가가 기록되어 있다. 그들은 완충지대를 확보하고 동지중해로의 관문을 장악하는 데 힘을 쏟았다. 『스트라테기콘』은 "실로 이례적인 기회나 이득이 발생하지 않는 이상" 늘 단단히 방어하고 단속하고 몸을 숨기는 경계 전략을 강조했다.[12] 이 점에서 특히 중요한 요소가 콘스탄티노플 및 주요 교역로를 방어하는 해군이었다.

『스트라테기콘』에는 머리색이 밝고 신을 믿지 않는 '사악한' 사산인에 대한 조롱도 기록되어 있는데, 한편으로 이는 그들이 가진 군사적 위력에 대한 경고이기도 했다. 로마와 중국과 마찬가지로 비잔틴에도 그러한 외국인을 상대하는 부서가 있었다. 6세기 이후, 콘스탄티노플을 찾아온 사절은 마르마라해에 면한 대궁전의 중심에 있는 팔각형의 금빛 접견실인 크리소트리클리노스Chrysotriklinos, 金三座殿에서 예식을 치렀다. 『스트라테기콘』에는 그 장면이 이렇게 묘사되어 있다. "커튼이 양옆으로 거두어지면서 그 안쪽이 공개되었고, 금빛 건물의 연회장이 빛으로 반짝였다. 그때 아바르족 테르가지스가 고개를 들어 신성한 머리띠를 두르고 빛나는 황제의 얼굴을 바라보았다. 그는 세 차례 엎드려 절한 뒤 땅에 꼼짝 않고 있었다. 나머지 아바르족들도 두려워하며 그와 똑같이 얼굴을 바닥에 대었다."[13]

사산인은 자신들이 비잔틴인과 동급이라고 생각했다. 호스로 1세는 532년의 평화조약에서 자신을 다음과 같이 설명했다. "신성하고 선량한 평화의 아버지, 덕왕 호스로, 상서롭고 경건하고 인자한 '왕들의 왕', 신들이 큰 행운과 거대한 왕국을 주신 자, 신의 형상대로 만들어진 거인 중의 거인."[14] 그는 유스티니아누스를 형제라고 불렀고 두 제국을 세계를 비추는 두 개의 빛, '서방의 달과 동방의 해'로 일컬었다.

실제로 호스로는 사산 제국의 가장 강력한 지배자 중 한 사람으로 평가된다. 제국의 공식 종교는 여전히 조로아스터교였지만 그는 종교 관용 정책을 펼쳤고 유스티니아누스의 정교 강압을 견디지 못하고 도망 온 비잔틴 이교도를 환대했다. 그는 학자들을 한자리에 모아 여러 종교와 정치체제 각각의 가치를 논하게 했다. 호스로가 후원하던 곤디샤푸르대학은 제국으로 이주한 외국 석학들도 받아들임으로써 그 당시 세계에서 가장 중요한 교육 시설로 발돋움했다. 또한 호스로는 메소포타미아 지역의 관개시설을 정비했고 국경에 요새를 설치했으며 수도를 아름답게 꾸몄다. 그는 크테시폰의 새 궁전 탁 카스라의 넓은 아치형 회장에서 외국 귀빈을 맞이했다. 하지만 장기적인 측면에서 더욱 중요했던 그의 업적은 하급 귀족에게 땅을 주고 그들을 기병으로 편성한 것이다. 호스로는 이 개혁을 통해 상급 귀족의 지위를 약화시킬 생각이었지만, 그로써 새롭게 형성된 강력한 이익집단이 후대 황제들의 권력에 도전하게 되었다.

사산 제국은 호스로 시대 이후 몇십 년간 계속해서 국경을 넓혔지만, 제국이 커질수록 왕위 계승 문제, 과도한 징세, 종교 분쟁(기독교로 개종한 왕까지 있었다), 전염병 등이 점점 더 심각해졌다. 이에 더해 비잔틴이 새롭게 떠오른 돌궐 카간국과 동맹을 맺음으로써 사산의 몰락을 앞당겼다. 중국 북부에서 기원한 유목민 연합체인 돌궐은 스텝의 다른 여러 부족을 제압하고 중앙아시아와 실크로드를 장악했다. 비잔틴은 569년 돌궐에 사절단을 보내어 두 나라가 사산의 중개 없이 직접 교역할 것을 제안했다. 이때 돌궐을 방문한 제마르코스는 돌궐족의 모습에 깊은 인상을 받았다. 그 중에서도 칸은 자수로 장식한 비단옷을 입고 금으로 만든 왕좌에 앉아 금으로 만든 공작과 은으로 만든 여러 동물에 둘러싸여 있었다.

이렇게 외교 관계를 시작한 두 나라는 마침내 사산에 대항하는 연합을 맺었다. 하지만 돌궐이 사산 제국의 국경을 끊임없이 습격함으로써 비잔틴 제국을 도왔던 한편으로, 그들의 등장으로 인해 아바르족 등 유목민 사회가 더 서쪽으로 이동하게 되면서 비잔틴 제국의 국경 또한 불안해졌다.

그러나 7세기 초, 이 두 강대국이 결국 아라비아사막의 부족 세력에 패배하리라고는 그 누구도 예상하지 못했을 것이다. 비잔틴과 사산은 두 나라끼리 싸우느라 병력을 소모하긴 했지만 여전히 막강한 군대를 보유하고 있었다. 두 나라는 문화적으로도, 경제적으로도 대국이었다. 이슬람 군대는 젊고 열정적이었을진 몰라도 아직 분열되어 있었다. 이슬람 지배층은 강력한 기병을 보유했지만 그건 비잔틴과 사산도 마찬가지였다. 두 나라의 치명적인 실수는 칼리프국이 아직 약소했을 시점에 이 세력을 제대로 견제하지 않은 것이었다. 다시 한번 도미노 효과가 시작되었다. 이슬람군은 제국 변경의 소도시를 하나둘 병합한 뒤 이 새로운 자원을 바탕으로 더 안쪽의 대도시를 공략했다. 이렇게 적이 점점 더 가까이 다가오는데도 비잔틴과 사산은 서로 손잡지 않았다. 게다가 내부 분열도 심각했다. 가령 비잔틴령 이집트에서는 콥트파 기독교도들이 콘스탄티노플의 엄혹한 정교주의에 대항하여 이슬람군을 적극적으로 지원했다. 사산에서는 그 모든 인자가 총체적으로 작용하여 제국의 멸망을 가져왔다. 비잔틴 제국은 전보다 훨씬 축소되긴 했지만 강력한 해군력과 유럽의 군사 지원 덕분에 멸망을 피했다.

## 서유럽과 동유럽

비잔틴 제국의 국경 너머 유럽 땅은 여전히 작은 왕국들로 나뉘어 있었다. 서로마 제국 몰락의 한 원인이었던 게르만족 대이동 이후 여러 이민족이 로마의 예전 속주에 정착했다. 하지만 이들 사회도 새로운 기회를 찾아 유입되는 인구와 약탈자 때문에 쉽게 안정되지 않았다. 이 시기 이슬람 칼리프국에 대적할 만한 세력이 서유럽에는 존재하지 않았다. 8세기 초, 우마이야 칼리프국은 원래 비잔틴 제국령이던 북아프리카 대부분 지역을 장악하고 지브롤터해협까지 진출했다. 이제 이슬람군은 유럽의 입구에 서 있었다.

711년, 겨우 2,000~3,000명 규모의 이슬람 군대가 해협을 건너 이베리아반도에 닿았다. 그곳에는 망해 가는 서고트 왕국이 있었다. 8세기 중엽 이슬람 지배기에 한 기독교도가 편찬한 『모사라베 연대기Mozarabic Chronicle』는 이베리아반도를 잠식한 종교 분쟁, 전염병, 바스크인 봉기, 왕위 계승 분쟁에 대해 기록하고 있다. 717년 이슬람 군대는 처음으로 피레네산맥을 넘어 서유럽 해안평야를 덮쳤다. 그들이 도착했을 때의 서유럽은 인구밀도가 희박했고 소규모 목조 부락이 여기저기 흩어져 있었으며, 인구가 훨씬 더 많았던 로마 시대에 개간한 농지는 다시 숲으로 돌아가고 있었다.

로마의 옛 속주 갈리아의 대부분 지역이 이제는 프랑크족의 땅이었다. 프랑크 왕국은 클로비스 시대(481~511)에 하나로 통일되었다가 그의 사후에 네 아들이 나눠 가졌다. 투르의 그레고리우스는 이때를 부덕과 살상과 약탈의 시대로 묘사했다. "나라 안의 모든 사람이 타락하고 악행만을 즐길 때 우리가 무엇을 할 수 있을까? 누구도 왕을 두려워하지 않고, 누구도 왕 아래 공작과 백작을 공경하지 않는다."[15]

　이른바 '메로빙거 왕조'로 불리는 프랑크 왕국의 첫 시대는 8세기 초에 그 명맥이 다했다. 이로부터 이어진 무질서 상태는 칼 마르텔이라는 궁정 관리가 권력을 장악하는 데 완벽한 명목을 제공했다. 때마침 우마이야군이 서유럽에 나타난 사건도 새 왕조가 정당성을 확보하는 데 일조했다. 프랑크 왕국이 이슬람군에 맞서 기독교 세계를 수호하는 구도가 형성되었기 때문이다. 732년, 마르텔은 투르푸아티에 전투에서 이슬람군을 격파함으로써 위신을 드높였다. 그의 아들 소ᴠ피핀도 이슬람군을 저지하고 왕국의 영토를 다뉴브강까지 확장했다. 교황은 교회를 보호한 그의 공로를 인정하여 메로빙거 왕조 대신 새 왕조가 들어서는 데 찬성했다. "왕다운 권력 없이 왕으로 남은 자보다 권력을 가진 자가 왕으로 불리는 것이 낫다."[16] 그리하여 751년, 카롤링거 왕조가 탄생했다.

　왕실은 좀처럼 통일되지 않는 나라를 하나로 통합하고자 했다. 그들은 공통의 관습을 장려하고 통치 체계를 표준화함으로써 프랑크족 공통의 정체성을 확립하려고 했다. 하지만 그보다 더 중요한 노력은 로마 제국의 유산을 되살린 것이었다. 6세기 이래 프랑크 왕들은 '존엄한 황제'(임페라토르 아우구스투스)라는 옛 칭호를 채택했고 주화에 황제의 월계관을 새겼다. 또한 비잔틴 제국과의 외교에 힘쓰며 황제의 충직한 아들을 자처했다. 클로비스는 프랑크 왕국의 민법을 성문화하는 사업에 로마계 법학자를 참여시켜 로마 제국의 법령을 적극 반영했다.

　민족의 화합을 도모하고 왕위의 정당성을 강화하는 데 가장 중요했던 또 하나의 수단은 기독교였다. 투르의 그레고리우스를 비롯한 고위 성직자들이 설교를 통해 프랑크족 정체성을 강조하는 역할을 맡았다. 왕은 스스로를 하느님의 반려로 묘사했다. 메로빙거 왕조 시대의 미사에는 다음과 같은 기도문이 들어 있었다. "당신의 종인 우리 왕들께서 당신 능력의 승리를 아름답게 장식하게 하시고, 그리하여 당신 수하의 군주들이 언제나 그들의 의무를 다하게 하고 모든 왕국 중에 우뚝 서게 해 주시옵소서."[17] 프랑크 왕 중에 처음으로 기독교로 개종한 클로비스는 아키텐과 부르고뉴 정복을 성전으로 생각했다. 그의 아들 킬데베르트는 주교들의 유대인 강제 개종을 지지했다. 8세기 프랑크 왕들은 스스로를 '렉스 데이 그라티아Rex Dei Gratia', 곧 '신의 은총을 받은 왕'이라고 불렀다. 그들은 왕국의 세력권을 넓히고자 동쪽과 북쪽 국경 너머로 포교단을 보냈다. 프리지아에는 교회를 세웠고, 색슨족 땅에는 성직자를 파견했다. 성 빌리브로르도, 성 보니파시오 같은 인물들이 개인적으로는 어떤 열망을 품었는지 몰라도 그들이 이끄는 포교 활동은 점차 정복과 구별하기 어려워졌다. 기독교는 점점 전쟁을 일으키기 위한 구실로 이용되었다. 개종을 거부하는 사회는 무자비한 벌을 받았다.

이는 초기 기독교와 확연히 구별되는 양상이었다. 애초에 기독교에서는 부당한 일이라도 평화적으로 해결할 것을 촉구했고 신자들이 압제에 고통받는 것 또한 하느님의 뜻이라고 믿었다.[18] 3세기 알렉산드리아의 신학자 클레멘스는 기독교도를 무기 없는 군대에 비유하며 평화를 추구하는 종족임을 강조했다. 카르타고 주교 키프리아누스는 적을 사랑하라고 권고했다.[19] 세속 권력이 없었던 시대에 기독교 세계관은 이러했다. 그러나 정치 지배층이 기독교를 채택하자마자 폭력을 해석하는 방식이 달라졌다. 312년

두 로마 황제가 로마시 근처에서 맞부딪쳤을 때, 동로마의 콘스탄티누스는 신이 자신의 승리를 바라신다는 말로 군사를 독려했다. 5세기 초, 대표적인 교부 성 아우구스티누스는 신께서 왕들에게 검을 내리셨으며 그 무기의 용도는 바로 기독교적 평화를 수호하는 것이라고 했다.[20] 비잔틴 시대에는 종교가 군사 원정을 정당화하는 데 자주 이용되었다. 가령 전쟁 교본인『스트라테기콘』에는 황제가 신의 비호 아래 군사를 지휘한다고 쓰여 있다. 비잔틴인의 종교적 열의는 갈수록 단호해지기만 했다. 9세기 말에 이르면 레오 6세는 기독교 세계를 수호하기 위해서라면 '악마의 계략'을 이용하는 것도 정당하다고 했다.[21]

칼리프국이 남쪽에서 점점 근접해 오던 시점에 동쪽에도 서유럽을 위협하는 세력이 나타났다. 과거 훈족과 마찬가지로 카스피해 동쪽 스텝에서 기원한 아바르족은 흑해 북쪽 평야에 정착한 뒤 그곳을 거점으로 아나톨리아, 발칸반도, 서유럽을 침략했다. 아바르족은 훈족과 마찬가지로 기습 공격에 뛰어났으며, 등자를 도입하여 기병이 더 안정적으로 말을 몰 수 있게 하고 짧은 각궁으로 파괴력을 강화했다. 하지만 아바르 기병은 훈족에 비하면 규모가 훨씬 작았고 체계도 적군에 비해 허술한 편이었다.

6세기 말 비잔틴 제국은 아바르족에게 자금을 대어 게피드족, 불가르족 등 다뉴브강 기슭의 유목민 연합을 대신 상대하게 했다. 하지만 그것으로는 혼란이 끝나지 않았다. 설상가상으로 아바르족이 서쪽으로 이동하자 그간 비잔틴이 다시 장악하려고 고투하던 이탈리아반도가 혼란에 휩싸였다. 애초에 랑고바르드족은 아바르족을 도와 게피드족을 물리쳤으나 이윽고 아바르족의 군사력에 점점 위협을 느끼게 되었고 결국 이탈리아 북부로 내려와 대부분 비잔틴에 속하는 땅을 점령했다. 아바르족은 583년 비잔틴 제국으로부터 금화 12만 개에 황금 침대와 코끼리 한 마리를 받아 냈다. 그러나 그 정도로는 아바르족의 야심이 채워지지 않았다. 이들은 626년 사산 제국과 손잡고 콘스탄티노플을 포위했다. 그러나 이듬해 헤라클리우스 황제가 반격에 나서 아바르족의 팽창을 저지하기 시작했다.

비잔틴은 부득불 아바르족 대신 불가르족을 지원했다. 이에 아바르족은 슬라브족과 연합하려고 했으나 통하지 않았다. 아바르족이 떠난 발칸 북동부 지역의 슬라브계 부족을 불가르족이 흡수했고 680년에는 새로운 칸국이 탄생했다. 불가르 칸국은 비잔틴으로부터 다뉴브강 남쪽 기슭에 정착할 권리를 얻어 냈고 매년 금화도 받아 냈다. 705년, 불가르의 칸 테르벨은 유스티니아누스 2세가 황위를 되찾는 과정에 도움을 준 대가로 카이사르(차르) 칭호를 받았고 황제의 딸과 혼인했다. 그러나 두 나라의 관계는 여전히 팽팽했다. 그러다 717~718년 이슬람군이 수도를 포위했을 때 비잔틴은 불가르족의 지원으로 멸망을 면했다. 야만인 테르벨이 유럽 기독교 세계의 구원자로 떠오르는 순간이었다.

서로마 제국의 몰락 이후 150년이 지나도록 유럽은 분열되어 있었다. 에스파냐는 우마이야 칼리프국에 합병되었고 그 후 수백 년간 이슬람의 지배를 받게 된다. 서유럽 해안평야는 피레네산맥이라는 결정적인 자연 장벽 덕분에 이슬람 세력의 침입을 막을 수 있었다. 이 지역에서는 프랑크족이 패권을 차지했다. 비잔틴인이 보기엔 야만인인 게르만계 프랑크족은 로마 제국의 후계자를 자처하기 시작했다. 다뉴브강 또한 이 시기 유럽의 중요한 단층선이었다. 그 동쪽으로는 아바르족, 불가르족 등 공격적인 민족들이 있었다. 하지만 이들은 서유럽에 비해 농사짓기 어려운 자연조건 때문에 인구가 충분하지 않았으며, 흑해 북부 스텝으로부터 이주민과 침략자가 끊임없이 밀려든 탓에 사회가 훨씬 더 불안정했다.

## 갑옷 입은 농부

중국에서는 4세기 초 서진의 멸망과 함께 시작된 정치적·사회적 격변이 200년이 지나도록 계속되고 있었다. 그사이에 일어난 가장 중요한 변화는 경제 중심지가 중국 제2의 곡창지대가 된 양쯔강 이남으로 이동한 것이었다. 중국 문명의 오랜 중심지였던 화베이평야는 흉노족, 선비족 같은 이민족에게 완전히 넘어갔다.

프랑크족이 로마 문화와 거리가 멀었던 것과 똑같이 북방 유목민에게 중국 문화는 낯설기 짝이 없었다. 그러나 프랑크족이 옛 로마 제국의 영광을 스스로 이어받고 기독교로 개종했던 것과 똑같이, 중국의 이민족 또한 과거 한족 제국의 전통과 문화를 자진해서 받아들였다. 너도나도 앞다투어 호화로운 사원을 지었고 성대한 왕궁 의례를 집전했으며 급기야는 양쯔강 이남으로 후퇴한 중국 토착민을 낮잡아 보기 시작했다. "저들의 땅은 늘 축축하여 학질과 해충이 끊이지 않는다. 개구리와 두꺼비가 같은 굴에 살고, 사람과 새가 같은 집에 산다."[22] 반대로 북부 이민족 사회를 방문한 중국인들은 그곳 도시들의 발전상에 부득불 깊은 인상을 받았다. 한 여행자는 이렇게 썼다.

진송 시대 이후 낙양은 황폐한 땅으로만 여겨졌고, 우리는 양쯔강 이북으로는 죄다 야만인이라고 말한다. 그러나 최근 내가 낙양에 다녀와 보니 북부의 평야에는 의관을 갖추어 입은 선비들과 그 가문이 의례와 의전을 훌륭하게 행하며 살고 있더라. 내가 만난 그 위엄한 인물들을 묘사할 말을 난 도저히 찾지 못하겠다.[23]

중국의 민족 구성은 시간이 흐르면서 철저히 바뀌었다. 중국 북부로 내려온 북방 이민족이 그곳의 한족과 섞였고, 남부로 내려간 한족은 그곳의 이민족과 섞였다. 그 과정에서 전통적인 유교 질서는 이 시기부터 널리 보급되기 시작한 불교와 도교에 의해 침식되고 수정되었다.

이 시기 중국은 문화적으로 발전했다. 그러나 정치적으로는 분열하고 불화했다. "사람들은 밭을 갈러 나갈 때도 갑옷을 입어야 했다"는 기록이 전해진다.[24] 6세기 말, 중국의 정치권력은 남진, 북제, 북주 이렇게 세 나라로 분할되어 있었다. 그중 가장 강하고 큰 나라는 선비족이 세운 북주로, 몽골고원의 스텝부터 메콩강 상류에 이르는 넓은 땅을 다스렸다. 이는 전략적으로 엄청나게 유리한 입지였다. 가령 북주는 중국 동부로 연결되는 모든 계곡을 장악할 수 있었다. 또 등자 등 중앙아시아 유목민 사회에서 시작된 중요한 군사 분야 혁신을 누구보다 먼저 접하고 활용할 수 있었다.[25] 쓰촨의 산악 지대 사람들로부터는 급류가 많은 강에서 전쟁을 치르는 데 필요한 선박 건조술과 항해술을 배울 수 있었다.

이제 다시 한번 패권을 다투는 큰 전쟁의 기운이 감돌았다. 577년, 북주는 50만 명이 넘는 군사력으로 북제를 멸망시켰다. 588년에는 마찬가지로 대규모 군사를 동원하여 육지와 해상 양쪽을 통해 양쯔강 이남의 남진을 공격했다. 이때 북주는 공격을 개시하기에 앞서 남진 지배층이 퇴폐와 범법을 일삼으며 천명을 저버렸다는 내용의 소책자를 널리 배포했다. 이 주장은 북주군이 곧 승리를 거둠으로써 사실로 입증되었다. 220년 한나라가 멸망한 뒤 350여 년 만에 처음으로 단일 군주가 다시 중국 본토를 지배하게 되었다. 북주가 세운 새 제국의 이름은 수였다. 비록 존속기간은 짧았지만 수나라는 중국의 재통일에 중요한 역할을 했다. 수나라의 기원은 북방 이민족이었지만 이들은 한 제국의 영광을 복원하기를 꿈꾸었다. 이제 하늘은 그들에게 긴 평화의 시대를 열어젖힐 것을 명했다.

## 당나라

그러나 하늘은 역시 선비족에서 기원한 새 왕조가 탄생하여 제국적 권위를 확립하기까지 30년을 더 기다려야 했다. 수나라는 국경 전쟁과 국내 반란에 시달리다 618년 돌궐과 손잡은 당나라에 의해 멸망했다. 중국은 짧게나마 다시 내란의 소용돌이에 휩싸였으나 신생 왕조는 운이 좋았다. 첫 황제인 고조의 아들 가운데 유능하고 노련한 전사가 다른 두 형제를 죽이고 왕위를 차지했다. 2대 황제 태종(626~649)은 수십만 군사를 소집하여 혼란스러운 상황을 정리했다. "지금의 재앙은 그럭저럭 평화를 누리던 변방에서부터 시작되었다. 그 평화가 군주를 빈둥거리게 하고 전쟁은 잊게 하였다. 우리는 너희에게 못을 파라, 정원을 지으라 하지 않는 대신 너희가 궁술을 연마하는 데 힘쓰기를 원한다."[26] 그로부터 5년이 지나지 않아 황제는 나라 안의 반란을 잠재우고 국경을 다시 안정시켰다.

새 왕조의 앞날이 밝아지자 태종은 나라를 평화롭게 통치하는 방법에 관심을 쏟기 시작했다. 무엇보다 자신의 정당성을 강화하는 것이 급선무였다. 그는 오래된 유교 전통에 따라 공식적으로 천명을 받들었다. 당나라의 상징으로는 나무를 채택했다. 황제의 지혜가 그 뿌리로부터 가지(후손)로 이어질 때 가지들은 점점 강해지되 너무 무거워지지는 않으리라는 뜻이었다. 또 황제가 마땅히 갖추어야 할 덕목으로 연민과 자애, 관용, 전통 존중, 신중함 등을 강조했다. 태종은 좋은 통치를 장려하는 데 힘썼고 이 주제로 두 개의 시론 『제범帝範』과 『정관정요貞觀政要』를 집필했다. 그는 다른 무엇보다도 군사력을 과잉 산개시켜서는 안 된다고 역설했다. "전쟁을 일삼는 나라는 아무리 크고 안전할지라도 결국 쇠퇴하고 국민을 위험에 빠뜨린다."[27] 그리고 그런 호전성을 누그러뜨리려면 문화와 교육을 통해 시민 의식과 관용 정신을 고취해야 한다고 주장했다.

618년부터 683년까지 당 제국은 완벽한 평화까지는 아니었을지라도 상대적인 안정기를 누렸다. 인구가 5,000만~6,000만 명까지 늘어 처음으로 한나라 시대 수준을 회복했다. 도교, 조로아스터교, 기독교, 이슬람교 등 유교가 아닌 종교와 사상에 대해서도 대체로 관용적인 분위기였다. 태종 본인이 전사자를 기리는 불교 예식에 참여했고 불교 사원 건설을 명했다. 농업 면에서는 죄수들을 변방 개간 사업에 투입하고 새로운 양수 시설과 더 효율적인 형태의 쟁기 등 기술 혁신을 활용하는 방법이 생산력을 향상시켰다. 그에 따라 비단, 철, 도기의 생산량도 늘었다. 한 사관이 "쌀, 잡곡, 직물은 공급이 많아 가격이 계속 떨어졌다"고 기록한 것을 보면 잉여생산물까지 있었던 듯하다.[28] 사람들이 도시로 몰려들었다. 수도 장안은 인구가 30만 명에 달했다. 한 실크로드 상인은 이렇게 말했다. "장안은 상인들의 천국이다. 이곳 시장에는 상인 조합 200곳이 매점 3,000개를 연다. 과실수와 호수가 도시를 아름답게 장식하고 있다."[29] 당나라 사람들은 옛 로마인처럼 도시를 격자형으로 설계했고 수도를 비롯한 공공 설비를 갖추는 데 심혈을 기울였다. 이러한 도시들이 목판인쇄 같은 새로운 발명품, 새로운 의술이 널리 전파되는 데 중요한 역할을 했고 무엇보다 교역을 활성화했다.

당나라의 초기 황제들은 실크로드 교역을 장려했다. 중앙아시아의 교역로를 널리 장악하고 있던 돌궐과 '평화로운 거래'를 성사시키려는 노력은 대체로 성공하지 못했지만 말이다. 동남아시아와의 교역, 인도양 연안과의 해상 교역도 장려되었다. 왕실은 "해상 교역으로 1년에 관세 수입을 100만 민緡 이상 거두어들이는 관리에게 더 높은 관직을 주겠다"고 선언했다.[30] 또한 해상 무역에 매기는 세율을 낮추었고 교역 국가를 확보하기 위해 공식 사절을 파견했다. 여러 나라가 당나라의 요청으로 수도 장안에 상설 공관을 설치했고 중국 왕실로부터 보조금까지 받았다. 이러한 노력은 그만한 결실을 거두었던 것으로 보인다. 한 시인이 읊기를, "만국에서 배들이 속속 도착하고, 모두 앞다투어 공물과 비단을 바치려고 한다."라고 하였다.[31] 하지만 당대 중국은 어디까지나 육상 세력이었다. 가령 태종은 큰 바다를 처음 보았을 때 그 격렬한 파도에 잔뜩 겁을 먹었다. 그런 다음 바다는 수도를 보호하는 해자일 뿐이라고 치부했다. 당나라의 이름난 지도 제작자 가탐은 멀리 페르시아만에 이르는 바닷길을 기록했다고 하나 지금 남아 있는 자료는 대부분 중국 주변과 실크로드의 국가들, 육상을 통한 서아시아와의 교역에 관한 것이다.

이 시대에 동아시아의 많은 국가가 교역 관계를 통해, 또 동아시아를 가장 넓게 아우르는 종교로 자리 잡은 불교를 통해 서로 연결되어 있었던 것은 사실이다. 그러나 한편으로는 교역을 장악하기 위한, 전략적으로 중요한 도시를 차지하기 위한, 천연자원을 확보하기 위한 경쟁이 끊이지 않았다. 이에 따라 중국은 외국에 대해 하드 파워와 소프트 파워를 함께 구사하는 특징적인 모습을 보였다. 돌궐과 손잡을 필요가 사라지자 당 왕조는 무력으로 그들을 나라 밖으로 몰아냈다. 하지만 돌궐의 지배층은 그간 당나라에 완벽히 동화되어 당 태종을 그들의 칸으로 추대하기까지 했다. 돌궐이 오르콘강에 세운 비석에는 다음과 같은 내용이 새겨져 있다. "우리 귀족의 아들은 중국인의 농노가 되었고 순결한 딸은 노예가 되었다. 그들은 입발림과 뇌물로 먼 곳에 사는 민족들을 그들 가까이로 끌어당겼다."[32] 서부에서는 선비족의 또 다른 갈래인 투족이 세운 토욕혼도 중국을 위협하고 있었다. 처음에 당나라는 혼인 동맹을 제안하며 국경 습격을 중단해 달라고 요청했다. 토욕혼이 이를 거부하자 당 황제는 티베트 왕국에 접근했다. 티베트 왕은 당나라 공주를 왕비로 맞이하는 대가로 당의 열렬한 동맹국이 되어 토욕혼 정벌에 군사 수만 명을 보냈다.

동부에서는 한반도의 고구려가 당과 경쟁하고 있었다. 태종은 한 차례 대규모 원정을 단행한 뒤 고구려의 국경을 거듭 공격하고 교역을 방해하고 신라를 지원했다. 결국 고구려는 668년, 신라-당 연합군에 의해 멸망했다. 그 결과 한반도의 일부 영토가 당의 보호령이 되어 '안동도호부'의 통치를 받았다. 하지만 신라는 이를 받아들이지 않고 나당 전쟁을 일으켰다. 당은 20만 군대를 동원해 신라를 공격했지만, 결국 패하고 물러났다.

한편 일본에서는 여전히 여러 가문이 서로 경쟁하는 가운데 야마토 정부가 일본을 제국으로 통일하기 위해 분투하고 있었다. 일본은 불교와 중국의 도시 계획을 수입했고 자애로운 황제라는 유교적 개념을 받아들여, 604년 이를 바탕으로 한 십칠조 헌법을 공표했다. 쇼토쿠 태자는 국내에서 선정을 베푸는 한편 대외적으로도 중국과 외교를 맺었다. 그는 공식 서한을 통해 두 나라의 긴밀한 관계에 기뻐하면서 일본을 '태양이 떠오르는 나라', 중국을 '태양이 지는 나라'로 묘사했는데, 이를 읽은 중국 황제는 두 나라를 동등하게 여기는 것은 터무니없는 모욕이라고 여겼다.

당나라는 인도 아대륙의 왕국들과도 접촉했다. 불교는 인도에서 기원한 종교지만 자신들이야말로 불교의 가장 중요한 수호자라고 생각한 당나라 사람들은 고명한 승려들을 영입하여 영향력을 확대하려고 했다. 하지만 이 정책이 늘 효과적인 것은 아니었다. 가령 648년 북인도의 힌두교 성직자들은 당나라 사절 왕현책이 찾아오자, 그로 인해 이 지역에 불교가 흥성하고 힌두교의 위상이 약화될 것을 우려하여 이들을 감옥에 가두었다. 왕현책은 티베트로 도망친 후 그곳에서 군사를 모아 당을 모욕한 자들에 대해 보복 원정을 단행했다. 이 일로 티베트 왕은 당나라로부터 작위, 화려하게 염색한 비단, 누에 알, 제지 기술자를 선물받았다. 어쨌든 당나라는 일시적으로 퇴짜를 맞은 뒤에도 인도에 계속해서 사절을 보냈다.

태종이 죽은 649년, 당나라의 기세가 꺾이기 시작했다. 왕위 계승 투쟁이 벌어졌고, 이후 황제들은 건국 초기의 위업을 재현하지 못했다. 이윽고 서쪽 지평에 이슬람 칼리프국이 모습을 드러내면서 중국에 드리운 먹구름이 더욱 짙어졌다. 651년 칼리프국에서 보낸 첫 사절이 당나라에 도착했다. 일설에 따르면 그는 황제를 이슬람교로 개종시키려고 했다. 이후에도 당 황제는 4년에 한 번씩 이슬람 사절단을 맞아야 했다. 그러나 아직 더한 치욕이 남아 있었다.

중앙아시아 국가들은 이슬람 칼리프국의 팽창에 위협을 느끼고 당나라에 도움을 청했으나 당의 군사력은 이미 바닥나 있었다. 이슬람군은 실크로드의 국가들을 차례로 굴복시키며 거침없이 동진했다. 751년, 페르가나분지에서 벌어진 탈라스강 전투에서 이슬람군은 당나라군을 분쇄했다. 당나라 초기의 세계주의 정책은 이로써 폐기되었다.

이슬람 칼리프국이 중앙아시아로 진출하자 동반구 양극단 사이에 강력한 지정학적 유대가 형성되었다. 대륙을 가로지르는 움직임은 강대국들의 치열한 경쟁 속에서 꾸준히 확대되었으며 유럽과 아프리카, 아시아는 교역과 외교 양면에서 점점 더 활발하게 교류했다. 그러나 동반구를 괴롭힌 격렬한 충돌은 저 멀리 발길이 닿지 않는 곳, 아니 아직 유럽과 아시아에는 알려지지도 않고 상상되지도 않았던 미지의 세계에서도 똑같이 벌어지고 있었다. 올메카 문명이 사라지고 수 세기가 지난 지금, 다시 서반구로 눈을 돌릴 때가 왔다.

## 창을 던지는 올빼미

미국 오하이오주 로스 카운티의 한 공원에는 오랫동안 미스터리로 여겨졌던 돔 형태의 무덤들이 있다. 고고학자들이 이곳을 발견했을 때 그 안에는 현재의 캐나다 국경에서 생산된 구리, 북아메리카 동해안에서 온 상어 이빨과 운모, 애팔래치아산맥에서 온 흑요석과 곰 이빨, 멕시코만에서 온 조가비가 들어 있었다. 이 매장지는 이른바 우드랜드 문화에 속한 것으로 밝혀졌다. 5세기 북아메리카 사람들은 작은 마을 주변에 나무 울타리를 치고 살았고 전쟁 무기로는 활을 사용했다. 이렇게 북아메리카 역사 최초로 상당한 인구 규모의 계급사회가 형성되어 대륙을 넓게 아우르는 교역망을 이용했다.

북아메리카는 인구밀도가 여전히 낮았고 5세기 말에는 기후 변화로 인해 발전에 제동이 걸렸다. 그러나 멕시코만 이남에서는 전혀 다른 양상이 펼쳐졌다. 현재의 멕시코에는 군데군데 정착지가 많았고 그중 큰 곳은 인구가 수만 명에 달했다. 이런 지역의 정치적·종교적 중심을 이루는 도시에는 거대한 석조 피라미드가 세워졌다. 가령 오늘날의 멕시코시티 근처 테오티우아칸의 광장 한가운데에는 높이 70미터가 넘는 태양 피라미드가 서 있었다. 이 도시는 4세기에 벌써 인구가 12만 명에 달했고 다수의 신전과 왕의 성채, 넓은 도로, 공동주택 단지, 큰 유수지를 갖추고 있었다. 남아 있는 놀라운 건축·예술 작품을 보면 테오티우아칸이 얼마나 번성하고 강성한 도시였는지를 짐작할 수 있다. 그 토대는 활발한 농경과 상업, 그리고 정복 활동이었다.

테오티우아칸을 중심으로 그 주변에는 마치 거미줄처럼 여러 소도시와 마을이 분포되어 있었다. 중심부의 도시는 그러한 주변부를 장악하고 병력과 생산물을 공급받았다. 그러나 이 세력의 야심은 그보다 더 넓게 뻗어 나갔다. 테오티우아칸의 상인들은 이미 오래전부터 남쪽과 동쪽으로 진출하여 유카탄반도에 있는 부유한 도시들에 이르렀으며 그중 가장 중요한 거점에는 일종의 상공회의소까지 설치했다.[33] 바로 이 도시들을 일컬어 마야 문명이라고 한다. 이들은 공통의 상형문자와 달력, 건축양식, 종교, 그리고 목숨을 건 공놀이 의식으로 연결되어 있었다.

마야 문명에는 수십 개의 도시국가가 존재했다. 이러한 세력은 치수 능력에 사활이 걸려 있었다. 유카탄반도는 주기적으로 건기가 찾아왔기에 큰 유수지가 있는 곳에서만 농업이 발전할 수 있었다. 도시는 그 주변에 위성도시를 거느렸다. 도시에 종속된 주민들은 종교 축제에 동원되었고 카카오, 흑요석, 밝은 빛깔의 깃털 같은 귀중한 상품을 파탄(공물)으로 바쳐야 했다.[34] 사람들은 돌기둥으로 도시의 경계를 표시했고 그 안에 신전을 세웠다. 마야인은 전사였다. 이들의 예술과 문화, 종교는 강건한 힘을 찬양했다. 무서운 신들과 전사로서의 왕의 이미지가 신전을 장식했다. 가령 티칼에서 출토된 한 장식판에는 쓰러진 적을 짓밟는 왕의 모습이 새겨져 있다.[35]

4세기 말, 테오티우아칸은 마야 지역에 상인 대신 군사를 보냈다. 폭풍의 신께서 왕(고고학자들은 이 인물을 '창 던지는 올빼미'라고 부른다)에게 도시의 권력과 위신을 유카탄까지 확대하라고 명하셨기 때문이었다. '창 던지는 올빼미' 왕은 도시를 하나하나 무력으로 정복하고 자신의 친척을 그 자리에 앉혔다. 티칼에서는 왕을 처형한 뒤 본인의 아들을 왕에 봉했다. 테오티우아칸은 투창기(아틀라틀) 등 적보다 더 강한 무기를 보유했고, 마야의 정치체들은 그들끼리 불화하고 있었다.[36] 테오티우아칸은 이후 150년 넘게 유카탄반도에 어두운 그림자를 드리웠다. 그러다 550년경 기근과 내부 분열로 인해 그 기세가 꺾이기 시작한 것으로 보인다.

이때의 권력 공백을 틈타 마야 도시들이 다시 한번 패권 경쟁에 돌입했다. 철제 무기가 없었던 마야에서 병사들은 돌촉 화살, 창, 곤봉으로 싸웠고, 솜과 암염으로 채운 원시적인 갑옷을 입었다. 전쟁에서 패하면 군사는 학살당했고 장군은 신들께 제물로 바쳐졌다. 이 무렵부터 도시들은 요새를 짓는 데 돈을 쓰기 시작했다.[37] 그러나 승리자 쪽에서 유수지에 독을 풀면 도시를 통째로 버리는 수밖에 없었다. 7세기 초 유카탄반도에서 가장 강력한 세력은 칼라크물과 티칼이었다. 두 도시는 오래전부터 교역과 외교, 왕의 방문, 공통 예식을 통해 교류하던 관계였다. 그러나 파시온강을 통한 교역과 세력권이 중첩되는 소도시들을 둘러싸고 경쟁하기 시작했고 결국 전쟁에 돌입했다. 8세기 중엽, 최소 세 차례의 대전 끝에 티칼이 승리를 차지했다.

　　마야 문명은 이런 전쟁을 겪고도 9세기까지 살아남았다가 우리가 알지 못하는 이유로 갑자기 멸망했다. 짐작건대 인구 압력 때문에 땅을 혹사하여 지력을 소진한 데다 기후변화가 겹쳤던 것 같다. 정확한 원인이 무엇이었든 간에 마야인은 상당히 빠른 속도로 도시와 그 주변 정착지를 버리고 작은 촌락 사회로 회귀했다. 10세기에 이르면 이들의 위대했던 피라미드 건축물은 다시 숲으로 뒤덮이고 만다.

## CHAPTER 9

# 희망과 재앙 사이의 땅

## 서기 750~1000년

데인족

색슨족

슬라브족

불가르족

• 아헨

바이에른

아바르족

프랑크족

하자르족

아키텐

불가리아

돌귈

• 콘스탄티노플

비잔틴 제국

• 코르도바

지중해

• 다마스쿠스

우마이야 왕조

우마이야 왕조

리비아족

• 메디나

• 메카

홍해

가나 왕국

악숨 왕국

반투족

대 서 양

서기 750년경의
동반구

돌궐 카간국

거란

발해

장안 ●
당

신라

야마토

티베트

팔라 왕조

자라트
라티하라 왕조
찰루키아 왕조
라슈트라쿠타 왕조

팔라바 왕조

아누라다푸라

라보
(롭브리)

참파
크메르 제국

태 평 양

인 도 양

믈라카해협

스리위자야

순다해협

500  1000  1500 km

500  1000 miles

# 프랑크 왕국의 분할
## 843년 베르됭 조약

독일인
루트비히

대머리왕
카롤루스

로타리우스

스폴레토 (로타리우스가 획득)

0　　　　100　　　　400 k
0　　　　100　　　　200 mile

# 프랑크 왕국의 분할
## 855년

로타리우스 2세의 왕국

독일인
루트비히의 왕국

브르타뉴

대머리왕
카롤루스의 왕국

프로방스의
카롤루스의
왕국

황제
루도비코 2세의
왕국

(루도비코 2세가 획득)

0　　　　100　　　　400
0　　　　100　　　　200 mi

중국 뤄양(낙양)의 박물관에는 당나라 왕실 무덤을 장식했던 귀한 유물 컬렉션이 있다. 장난스러운 모습의 이 작은 테라코타 인형 중에는 우아한 무용수와 난폭한 전사도 있지만 짐을 잔뜩 실은 낙타 위에 올라앉은 부유한 상인도 있다. 낙타는 실크로드를 가로지르는 힘겨운 여행에 자주 나섰을 것이다. 이 장식품이 제작된 8세기 후반은 예술만이 아니라 교역 면에서도 황금기다. 중국을 방문한 여행자들이 남긴 기록에 따르면 북적이는 상업 거점들은 먼 나라 상인들을 불러모으며 현대의 메트로폴리스처럼 번성했다. "요정의 나라처럼 진주와 옥으로" 빛났으며 "짙은 푸른색의 맑은 하늘에 수천 개의 등이 불을 밝혔다".[1]

그러나 교역은 당나라 황제만의 관심사가 아니었다. 프랑크 왕과 비잔틴 황제도, 우마이야 왕조와 아바스 왕조의 칼리프도 모두 교역을 장려했다. 아바스 칼리프국의 기록 등 여러 사료가 이 시기 유라시아 횡단 교역의 발전상을 증명한다. 9세기 페르시아의 역사학자 알타바리는 이렇게 썼다. "티그리스강은 우리가 멀리 중국과도 교역하게 해 주고 바다에서 나는 모든 것과 메소포타미아의 식량을 가져다준다. 유프라테스강은 시리아, 락까, 그 주변에서 나는 모든 것을 우리에게 실어다 준다."² 10세기 아랍의 지리학자 알마크디시도 이렇게 썼다. "이집트와 중국의 대상이 사막길로 찾아온다. 중국에서 나는 각종 상품은 바다를 통해, 그리스와 모술의 물건은 티그리스강을 통해 들어온다."³

알타바리와 알마크디시 같은 세계주의자들은 교역이 얼마나 이롭고 먼 외국이 얼마나 경탄스러운지를 강조했다. 이들처럼 각지를 유랑하는 학자나 탐험가, 상인에게는 말 그대로 세계가 점점 더 넓어지고 있었다. 10세기 페르시아 학자 아부 자이드 알시라피에 따르면 "현대의 발견 가운데 과거에는 짐작하지도 못했던 것 하나는 중국과 인도의 바다와 이어진 대양이 지중해와도 연결되어 있다는 사실이다".⁴ 이 사실을 바탕으로 8~9세기에는 이븐 코르다드베의 『왕국들의 도로망』, 중국 서부 내륙을 자세히 기록한 것으로 유명한 가탐의 거대한 지도 등 인도양과 중국행 육로를 설명하는 새로운 지도와 백과사전이 제작되었다.

이슬람교의 초기 신자들은 상인 계층이었다. 이 종교는 고리대금업은 금지했어도 교역을 통해 이익을 추구하는 것은 금지하지 않았다. 이슬람 상인들은 점점 더 먼 지역과 거래했으며, 그러한 상업 활동을 뒷받침하기 위해 고도의 인프라를 구축하기 시작했다. 당시 기록에 따르면 상인이 현금을 들고 다니지 않아도 되게끔 외상 거래나 환어음(수프타자suftajahs)이 널리 쓰였다. 여러 명의 투자자가 교역 이익을 기대하고 상인에게 자본을 위탁하는 합자계약(키라드qirad)도 나타났다.⁵ 칼리프국은 교역장(푼두크funduqs), 휴게소, 운송을 중계하는 역참을 설치했으며 고대의 '왕의 대로'나 '왕의 길'과 흡사한 도로망을 구축하기 위해 다리를 건설했다. 이교도와 거래하는 것도 문제가 되지 않았다. 아바스 칼리프국은 프랑크 왕국, 비잔틴 제국, 당나라, 그 밖에 수많은 약소 왕국과 거래하며 이익을 취했다. 비잔틴은 이에 발맞추어 관세를 인하하고 상선 구축에 보조금을 지원했다.[6] 샤를마뉴 대제의 프랑크 왕실은 이슬람의 이국적인 상품이나 서아시아 전역에서 아헨의 왕립 학교로 공급되는 고대 그리스·로마의 저작에 감탄을 금치 못했으며, 이를 토대로 역사에 '카롤링거 르네상스'로 기록되는 고전 부흥기까지 누렸다.

세계는 분명 점점 더 연결되고 있었지만 이를 방해하는 정치적 장벽은 사라지지 않았다. 아부 자이드 알시라피의 기록에 따르면 실크로드에는 요새가 즐비했다. 그 목적은 골짜기와 강, 항구를 장악하고 통제하는 것이었다. 덕분에 상인들은 도적의 노략으로부터 안전했지만 대신 세금을 내고 허가를 받아야 했다. 톈산산맥 동쪽, 당나라에 속하는 실크로드에서는 수비대가 길을 막아선 채 상인들에게 허가증을 발부했다.[7] 어느 시점에 당나라는 '피부색이 어두운 종족'과의 교역을 금지했는데, 이는 무엇보다 중앙아시아 국가들을 견제하려는 조치였다.[8] 교역 활동은 강대국 간의 전쟁은 물론 각국의 정치적 내분에도 영향을 받았다. 알시라피는 당나라의 몰락에 대해 이렇게 서술했다. "중국과 무역하던 상선이 운항을 멈추었고 그 나라 자체가 무너졌다. 중국인은 무역상들에게 부당한 세금을 물리고 그들의 재산을 무력으로 압수했다."[9]

사치재 교역과 그에 동반된 세계주의가 전체 인구 중 극히 일부만이 누리는 호사였다는 사실도 중요하다. 하지만 이 시기에는 사회 전체가 행운을 누리기도 했다. 유럽에서는 기후가 온화해졌다. 철제 편자, 무거운 쟁기, 말 목사리 같은 새로운 발명품 덕에 농사짓기가 조금은 편해졌다. 그러나 인간의 삶은 여전히 황무지에서 하루하루 살아남아야 하는 투쟁이었다. 중세 독일에서 유랑하던 한 은둔자는 "밤을 보내야 하는 곳마다 나무를 베었고 … 수많은 야수가 제 당나귀를 잡아먹지 못하도록 둥글게 울타리를 쳤다".[10] 북프랑스의 한 수도원장은 나라가 무법천지가 될 판이라고 경고했다. "샤를 왕의 땅에서는 약탈을 해도 처벌받지 않는다. 폭력과 강탈보다 확실하고 변치 않는 것이 없다."[11] 수도사들의 연대기에서도 이와 비슷한 절망적인 사회상이 발견된다. 당시 인구가 증가하던 모든 도시가 있는 힘을 다해 요새나 성벽을 쌓았다. 유럽만이 아니라 동반구 거의 전체의 상황이 그러했다.

## 풍족한 물자와 정직한 백성

734년, 당나라 현종(712~756)은 야마토 왕에게 그쪽에서 보낸 외교관 세 사람이 고국으로 돌아가지 못하게 된 상황을 편지로 알렸다. 배가 폭풍우에 항로를 이탈하여 지금의 베트남에 있던 참파 왕국의 해안으로 밀려갔으며, 사절들은 그곳에서 강도를 당하고 노예로 팔려 간 것이었다. 황제는 위로의 말을 전했다. "임읍 등 그 지역에 있는 나라들은 우리에게 공물을 바칩니다. 나는 그들 왕을 통해서 일본 사절을 한 명이라도 발견하는 대로 도호부로 이송할 것을 안남(하노이) 도호부에 지시해 두었습니다. 또 사절이 돌아오면 위로해 주고 고국으로 돌려보낼 것을 지시해 두었습니다."[12]

이처럼 외교는 여전히 위험한 활동이었다. 또한 우리는 저 편지에서 황제의 아량이 우월감에서 비롯된 것임을 알 수 있다. 중국은 일본에 대해서만 이러한 이중적인 태도를 보인 것이 아니었다. 가령 현종은 돌궐의 카간을 자신의 '아들'이라 칭했고, 티베트 왕이 강화를 제안했을 때 그가 자신을 동급으로 생각한다는 이유로 퇴짜를 놓았다. 당 황제는 우위를 중요시했고, 60만 명 이상의 군사력을 무기로 그 우위를 지켜 낼 수 있었다.

현종의 재위는 그 연호를 따서 '개원의 치'라고 불릴 정도로 확신과 평화와 번영이 넘치던 시대였다.[13] 황제가 북적이는 수도 안에 조성한 정원에는 제국 전역에서 수집한 이색적인 새와 동물이 살았으니, 이 평화로운 공간은 당 제국이 실현한 자연의 조화를 상징했다. 또 이 시대는 중국 예술의 고전기였다. 현종은 중국 최초의 오페라 학교인 이원梨園을 열었고 시인 이백, 화가 주방과 장훤 등을 후원했다. 이들은 황실의 영광과 기품을 찬양하는 걸작으로 황제의 성원에 보답했다. 장인들은 아시아의 다양한 기법과 양식을 혼합하여 테라코타, 금, 옥, 비단으로 세련되고 화려한 작품을 제작했다.

현종 본인은 통치의 예술가가 되고자 했다. 전통을 숭앙하는 유교 정신을 견지하긴 했지만 도교 신자였던 현종은 제국의 법을 더 공평하게 개혁하고자 법가와 유가를 배제했다. 또한 나라의 곡창을 다시 채우기 위해 농업을 장려하고, 국내외 교역을 촉진하기 위해 양쯔강과 황허강을 연결하는 대운하에 새 수문을 놓는 등 다양한 정책을 추진했다. 당대의 역사가는 다음과 같이 기록했다. "황허강이 맑고 고요하다. 나라가 평화와 조화를 누리고 있다. 물자가 풍부하고 백성은 정직하다. 안시 같은 세력들이 당에 복종하고 황제의 통치를 받아들였다. … 모든 곳에 풍년이 들었고 사람들은 풍족해졌다. 한창때의 젊은 남자들이 무기를 들지 않았다. 누구도 길에 떨어진 남의 물건을 주워 가지 않았다."[14]

여러모로 당나라는 여전히 전성기를 누리고 있었던 것으로 보인다. 그러나 현실은 그 화려한 외관과는 거의 무관했다. 자연 재해로 인해 곡창이 텅 비었고, 기근과 전쟁으로 인해 황제는 수도의 그 많은 인구를 떠나게 해야 했다. 당나라의 위대한 시인 두보는 이렇게 썼다. "부자의 집 안에는 술과 고기가 남아도는데 거리에는 얼어붙은 시체가 즐비하다."[15] 중국 북동부에서 반란이 일어나자 황제는 서쪽 국경을 지키던 군사를 그리로 파견했다. 서쪽 국가들은 이 기회를 놓치지 않았다. 티베트는 평화조약을 파기했고, 위구르는 지금의 몽골 지역에서 지배력을 강화했으며, 유목민 연합체인 거란은 중국 영토를 공격했다. 군사력이 바닥난 당나라는 751년 탈라스강 전투에서 이슬람군에도 대패했다.

그러나 그것으로 끝이 아니었다. 군장 안녹산이 북부의 궁핍한 상황을 이용하여 반란을 일으켰다. 중국 역사에서 가장 잔혹한 폭력 사태 중 하나인 이 반란으로 인해 수천만 명이 사망했다. 두보는 이렇게 썼다. "모든 백성이 활을 들고 허리에 활통을 찼다. 그들이 슬퍼하는 소리가 구름에까지 닿는다."[16] 결국 현종은 756년에 퇴위당했다. 그의 뒤를 이은 황제들은 얼마간 안정을 회복했으나 그 과정에서 위구르와 칼리프국 용병의 힘을 빌려 티베트를 견제해야만 했다. 758년, 아랍과 페르시아의 해적이 쳐들어와 광저우시를 불태웠고, 이때 무너진 항구는 50년이 지나도록 재건되지 못했다. 762년 훗날 덕종이 되는 왕자가 동맹을 요청하러 위구르를 방문했을 때 그들은 그에게 춤을 춰 보라며 망신을 주었다.

이런 일을 겪고 황제가 된 덕종(779~805)은 위구르와의 관계부터 재고했다. 그는 전략가들을 초빙했다. 어떤 이는 티베트와 동맹을 맺어 위구르를 막아 내야 한다고 주장했지만, 어떤 이는 티베트가 주적이니 그들을 쳐야 한다고 주장했다. 한 장군은 황제에게 이렇게 조언했다. "티베트는 약할 때는 동맹을 요청하지만 강할 때는 침략하는 민족입니다. 그런 그들이 지금 우리 영토를 깊숙이 침범하고서 조약을 맺자고 하니 이는 우리를 속이려는 간계입니다."[17] 황제는 협상하는 쪽을 택했다. 이에 티베트는 당 황제가 자신들을 '신하'라고 칭하는 한 협상은 불가능하다고 응답했다. 결국 티베트의 뜻이 관철되어 783년에 두 나라 간의 동맹이 체결되었다. 그 이듬해 당나라에서 반란이 일어나자 티베트는 군사를 보내어 장안의 치안에 힘을 보탰다. 그러나 장안이 평화를 되찾자마자 당나라와 티베트 간에 다시 긴장이 고조되었다. 이번에 당 황제는 위구르, 칼리프국과 삼국 동맹을 맺어 티베트를 견제하는 쪽을 선택했다. 황실 고문은 이렇게 조언했다. "제가 생각하기에 가장 좋은 방법은 황제께서 북쪽의 위구르, 남쪽의 윈난, 서쪽의 아랍 제국·인도와 협력 관계를 맺는 것입니다. 그렇게 하면 티베트를 고립시킬 수 있습니다."[18] 789년 그러한 동맹이 체결되었으나 오래가지는 못했다. 제국의 서부는 점점 더 불안해지기만 했다.

당나라는 내부적으로도 분열했다. 덕종이 빈민을 구제하기 위해 실시한 일련의 재정 개혁은 오히려 문제를 더 악화시켰다. 가구원 수를 기준으로 세금을 매겼던 기존 징세 제도는 농촌 이탈을 촉진했지만, 사람 수 대신 가족의 부와 자산을 기준으로 하는 새로운 세법 또한 사회 양극화를 더욱 부추겼다. 덕종이 죽은 뒤에도 당나라는 계속해서 경제정책에 실패하고 부패와 불안정에 시달렸다. 황실은 소금세 등 여러 세금을 폐지했으나 그 때문에 더욱 빠르게 권력을 상실했다. 여기에 기후변화까지 덮쳤다.

시인 잠삼이 "저 넓은 사막에 수천 척 두께의 얼음이 쌓였다"고 쓴 대로 이례적으로 추운 날씨가 길게 이어져 흉년이 들었고, 북방 유목민과의 충돌이 다시 시작되었다.[19] 선종(846~859)은 잠시나마 질서를 회복했으나 그 뒤로는 다시 경제적 쇠퇴와 정치적 분열이 계속되었다. 거부를 쥔 지주들이 세금을 내지 않고 버티자 희종(873~888)은 소금세를 부활시켰다. 그러나 그 결과는 밀수와 범죄였고 소요는 더욱 악화되었다. 907년 마지막 황제가 찬탈자에게 독살당했을 때 당나라는 이미 이름뿐인 나라였다.

당의 몰락 이후 수십 년간 이어진 무질서한 시기를 '오대십국' 시대(907~960)라고 부른다. 실제로는 그보다도 많은 수의 세력이 경쟁했고 그중 20년 이상 존속한 왕조는 드물었다. 전쟁이 끊이지 않았으며 화염방사기, 참마검 같은 무기가 개발되었다. 특히 북부의 인구 감소가 심각했다. 도시들이 황폐해졌고, 운하를 통한 식량 공급이 중단되었다. 이제 중국은 외부의 침략에 속수무책이었다. 티베트, 위구르, 거란이 각각 당나라의 옛 땅을 큼직하게 잠식했다. 게다가 중국 내에 세워진 후한, 후당, 후진 등도 중앙아시아 출신 세력가가 세운 나라들이었다. 저술가 왕인유는 이들 왕국이 서로 싸우다가 이민족에게 넘어간 과정을 기록했다. 그에 따르면, 후진은 "지배력을 잃었고 그사이 조정의 앞잡이들이 나라를 팔아넘겼다. 용맹한 전사와 군대가 하릴없이 항복했고 평민은 차례차례 살육당했다. … 태초 이래 최악의 혼란이었다."[20]

이 시기 중국 주변에서 가장 위협적인 세력은 단연 몽골·만주 스텝에서 기원한 유목민 연합체 거란이었다. 907년 거란의 야율아보기가 칸의 지위에 오르고, 916년 요나라를 세운 뒤 태조(916~926)로 즉위했다. 그는 중국인의 퇴폐와 반란을 비웃었고 중국 왕을 '아들'이라 부르며 자신에게 직접 찾아와 영토를 바치기를 요구했다. 그는 중국 사신에게 이렇게 말했다. "중국의 내 아들이 그런 어려움을 겪게 되었다는 것을 나는 잘 알고 있었다. 하지만 그자가 궁궐에 2,000명의 여자와 1,000명의 악사를 두고 주색에 빠져 있다는 것도 익히 들어 알고 있었다. 그는 백성에게 아무런 관심이 없었다."²¹ 태조가 죽은 926년, 요나라는 남쪽으로 황허강까지 영토를 넓혔다.

동아시아의 권력균형은 짧은 기간이나마 북부로 기울어 만주 지역의 평야와 산지가 권력정치의 장이 되었다. 요나라는 황해와 보하이만을 따라 형성된 연안 평야에서 황허강 이남의 군소 왕국들과 충돌했다. 954년, 후주는 요를 중심으로 한 연합군과 고평 전투에서 맞붙었다. 기록에 따르면 북부 연합군은 적을 과소평가했고 강한 남풍 속에서 전투를 감행했다. 북군은 이 싸움에서 결정적으로 패배한 뒤 남진을 포기했다. 그 직후인 960년 후주의 한 장군이 중국 역사에서 가장 혁혁한 상업 발전을 이루게 되는 송나라를 세웠다. 요는 황허강 이북에서 지배력을 이어 나갔으나 송나라 또한 태조(960~976)와 태종(939~997) 대에 황허강 이남에서 다른 왕국을 몰아내며 영토를 확장했다. 979년, 송이 황허강 유역에 걸쳐 있는 후한의 후계 북한을 공격하자 요가 방어하러 나섰다. 요와 송의 경쟁은 이후로도 150년간 이어졌다.

그사이 한반도에서는 8세기 초에 당과의 종속 관계를 끊은 뒤 이 지역의 최강자로 군림하던 신라가 935년 고구려의 후손을 자처하는 새 왕국 고려에 멸망했다. 신라는 이미 오래전부터 정치적으로 쇠퇴하고 있었다. 고려의 건국으로 한반도의 국가 건설은 새로운 단계에 진입했다. 고려의 한반도 통일은 오늘날까지도 통일된 한반도의 이상으로 여겨진다. 고려 태조(918~943)는 부유한 상인 가문 출신으로, 자신의 지배력을 유지할 방법을 구체적으로 구상했다. 그가 채택한 통치 원리는 불교를 장려하고 사법 정의를 수호하고 세금을 줄이고 비판을 수용하고 나라의 독립을 지키는 것이었다.

태조는 나라 안팎에서 발생할 수 있는 위협에 늘 촉각을 곤두세웠다. 그는 죽기 직전에 이렇게 말했다. "내가 염려하는 것은 후대 왕들이 정념과 탐욕에 몸을 내맡기고 통치 원리를 포기하지 않을까 하는 것뿐이다." 그리고 "우리 나라는 야만국들과 경계를 맞대고 있으니 늘 그들의 침략 위험을 경계하라"고 경고했다.[22] 그가 예언한 그 위험은 이윽고 현실이 되었다. 애초에 고려와 요나라 사이에는 유목민 여진이 자리하고 있었고, 두 나라는 여진의 습격에 맞서 군사동맹을 체결했다. 그러다 991년 요나라가 여진에 대승을 거둔 뒤 압록강을 사이에 두고 고려와 직접 대치하게 되자 두 나라 모두 상대의 영토에 거점을 마련할 필요를 느꼈다. 요의 한 장군은 다음과 같이 고려 침략을 정당화했다. "너희 나라가 사람들의 필요를 보살피지 않기에 우리가 하늘을 대신하여 엄숙히 벌을 내리는 것이다."[23]

## 부처의 전사들

9세기 동남아시아에서는 여러 새로운 왕조가 등장했으니, 이 시대에 형성된 국경과 문화의 흔적이 지금의 캄보디아, 베트남, 인도네시아, 미얀마에 남아 있다. 이 지역은 강과 산이 많은 지리적 특성상 육상 교류가 활발하지 않았지만, 그 대신 바다를 통한 교류가 충분히 발달하여 서로 물건을 사고팔았고 힌두교와 불교라는 공통의 종교가 보급되었으며 사원과 궁전에는 공통의 예술 언어가 쓰였다. 이 지역의 또 하나 중요한 지리적 특성은 중국과 인도 사이에 위치한다는 것이었다. 동남아시아는 두 대국의 해상무역을 중개하는 통로로, 전략적으로 매우 중요한 지역이었다. 그중에서도 가장 중요한 뱃길인 믈라카해협과 순다해협에는 큰 교역항들이 들어섰고, 이를 바탕으로 말레이시아와 수마트라, 자바 등지에 왕국이 등장했다.

교역과 종교, 사회 발전은 갈등과 충돌의 원인이 되기도 했다. 7세기 말, 믈라카해협과 순다해협을 양옆에 낀 전략적 요충지인 수마트라섬에 스리위자야 왕국이 들어섰다. 두 해협을 통하는 교역을 장악하려고 한 최초의 국가였다.[24] 스리위자야는 중국의 비위를 맞추려고 조공 사절을 보내어 후추, 거북, 진주, 상아를 철, 도기, 비단과 바꾸어 왔다. 또 북인도의 팔라 왕국에는 불교 사원을 지어 주겠다고 하고, 남인도의 도시에 있는 사원들에는 금을 기부하겠다고 제안했다. 스리위자야 왕은 이슬람 칼리프국에도 접근하여 교역을 청하며 "나에게 이슬람에 대해 알려 주고 그 법도를 가르쳐 줄 사람을 보내 달라"고 부탁했다.[25] 스리위자야는 교역을 독점하려 아예 말레이반도를 점령했고 지금의 캄보디아와 베트남에 있는 크메르와 참파의 교역 도시들을 공격했다. 중국 측 기록에 따르면 스리위자야는 감시와 징세를 목적으로 상선들을 강제로 믈라카해협에 정박시켰다.

교역을 둘러싼 경쟁은 종교 경쟁의 형태로도 나타났다. 7세기 말 스리위자야 왕은 부처의 가르침에 따라 영적 깨달음을 위한 여행(시다야트라siddhayatra)에 나섰다. 그러나 그 실제적인 목적은 교역 도시의 정복을 위한 것이었다. 스리위자야군은 말레이반도의 힌두교 신전을 파괴한 뒤 그 자리에 불교 사원을 세웠다. 애초에 스리위자야는 동맹을 통해 자바섬에 영향력을 행사했으나, 9세기에 이르러 두 섬나라는 지역 패권을 둘러싸고 점점 더 적대적인 관계로 돌아섰고 다음 세기까지 갈등을 이어 갔다.

한편 9세기 초 대륙의 캄보디아 지역에서는 자야바르만 2세(802~835)가 스리위자야의 위협에 맞서 크메르 제국을 통일했다. 그는 적의 전함이 닿기 어려운 북부로 정치적 중심지를 옮겼고, 그 과정에서 소왕국 라보를 서쪽 변경을 완충하는 꼭두각시 국가로 흡수했다. 그 후 200년간 크메르는 제국의 국경을 꾸준히 넓히고 국부를 쌓았다. 10세기 말에는 왕위를 노리는 세력 간에 내란이 발생했는데 그 여파가 멀리 인도에까지 미칠 정도였다.

하지만 동남아시아 각국은 전쟁을 벌이는 한편으로 외교적으로도 활발하게 서로 접촉하고 교류했다. 왕들은 종교를 활용하여 영향력을 키우면서 각지에 사원과 기념비를 세우고 성직자를 사절로 파견했다. 더욱이 왕국 간에 전쟁이 완전히 멈춘 적은 거의 없었지만 전투 병력은 겨우 몇천 명에 불과했다. 이는 동시대 중국이나 인도에서 벌어진 대규모 전투보다는 현대 유럽의 전투 규모에 가까웠다. 이러한 상황은 이 시기 동남아시아에 처음으로 군주 국가가 출현하게 된 원인인 동시에 그 결과다. 신생 왕국에 가장 중요한 것은 지위였다. 가령 자바의 왕은 '우주의 구원자'이자 '불교의 수호자'였다. 스리위자야의 왕은 또 그쪽대로 '대양과 섬들의 왕'을 자처했는데, 한 비문에는 이렇게 새겨져 있다. "스리위자야의 왕께 승리 있기를. 그 다스림의 영광을 이웃 통치자들이 숭배하고, 종교 가운데 가장 훌륭한 종교를 공고히 하고자 우주의 창조자께서 창조하신 자여."²⁶ 그러나 사실 세계 정치 지도에서 볼 때 동남아시아는 인도와 중국의 세력권이 서로 겹치는 무질서한 변방일 뿐이었다.

## 인도의 네 왕국 시대

"이 군주는 신성한 구애의 마음을 가졌다. 그가 타인의 가치를 알아보는 사람이라서다. 그의 자부심은 거짓 없는 겸손 밑에 감추어져 있다."²⁷ 이는 8세기 인도의 극작가 바바부티가 『마하비라차리타Mahaviracharita』(어느 영웅의 업적)에서 한 왕의 훌륭한 자질을 설명하는 대목이다. 고대 서사시의 전통을 따른 이 희곡은 힌두교의 신 라마의 초기 생애를 다루면서, 사제 계급 브라만이 수호하는 이상적인 정의와, 타락한 왕과 그를 부추기는 사악한 승려들이 일으킨 악행 사이의 쟁투를 그린다. 바바부티의 작품은 그 누구도 빠져나갈 수 없는, 심지어 여자와 어린아이마저도 피할 수 없는 세상의 잔혹성을 파헤친다.

바바부티가 살던 시대에 인도 인구는 약 6,000만 명이었던 것으로 추정된다. 이들은 주로 인도-갠지스 평원에 살았고, 세계의 다른 지역과 흡사하게 그 대다수가 농촌에서 농사를 지었다. 지금도 남아 있는 이 시대의 수많은 '영웅석'은 당시 사람들이 얼마나 힘겹게 살아갔는지를 짐작케 한다. 공동체에 기여한 사람을 기리는 이 기념비들에는 목숨을 바쳐 마을을 지킨 전사, 강도로부터 가족을 보호한 남자, 소 떼를 잡아먹으려는 표범을 해치운 농부 등이 기록되어 있다. 그러나 시간이 흐르면서 해안을 따라 교역 도시가 형성되었고, 인도 내륙에서 생산되는 풍부한 물자가 이곳을 통해 멀리 유럽과 중국에까지 수출되었다.

하지만 도시 사람, 시골 사람 가리지 않고 모든 인도인의 삶에 그림자를 드리운 큰 사건이 있었다. 팔라 왕국, 라슈트라쿠타 왕국, 프라티하라 왕국, 이슬람 칼리프국, 이 네 나라가 북부의 비옥한 평원을 차지하기 위해 벌인 전쟁이 그것이다. 이 싸움은 국제 전쟁인 동시에 종교 경쟁이었다. 칼리프국은 당연히 이슬람 국가였고, 팔라는 불교 국가, 프라티하라는 힌두교 국가, 라슈트라쿠타는 자이나교 국가였다. 이 네 나라는 각자의 세력권을 지키면서 어느 한쪽이 결정적으로, 영원히 패권을 차지하지 못하게 서로 견제했던 것 같다. 팔라는 가장 많은 전투 코끼리와 전함을, 라슈트라쿠타는 가장 많은 보병을, 프라티하라는 가장 뛰어난 기병을 보유하고 있었다.

팔라 왕조는 750년경 갠지스강의 가장 중요한 지류인 파드마강의 기슭, 오늘날의 방글라데시 지역에서 출현했다. 이곳의 부족장 연합은 고팔라 왕에게 팔라(수호자) 칭호를 부여하고 이로써 이 지역의 혼란기가 수습되기를 바랐다. 이 사건이 비문에는 다음과 같이 적혀 있다. "물고기 사이에 벌어지는 것과 비슷하게 나라에서 벌어지고 있는 사태를 끝내고자, 사람들은 왕들의 머리 가운데 가장 높은 보석인 영광스러운 고팔라로 하여금 운명의 신 락슈미의 손을 잡게 했다."[28] 또 다른 비문은 고팔라가 주변 부족과 국가에 맞서 "전투 코끼리를 풀었다"고 찬양했다.[29] 이처럼 팔라는 국내 안정만큼 대외 정복을 중요시한 나라였다.

팔라 왕조와 거의 동시에 출현한 라슈트라쿠타는 데칸고원부터 인도 남해안에 걸쳐 넓은 땅을 지배했다. 왕국의 창시자 단티두르가는 마하다나<sup>mahadana</sup>(큰 선물)라는 의례를 정립했다. 이는 왕이 신성한 우주의 황금 자궁에서 태어난 것을 기념하여 그의 몸무게에 해당하는 금괴를 가난한 자들에게 나누어 주는 행사였다. 인도-갠지스 평원 북서부에서는 훈족의 후예인 나가바타가 칼리프군을 막아 내고 "이 땅을 재앙으로부터 구한 뒤" 프라티하라 왕국을 세웠다.³⁰ 칼리프국은 이때 한발 물러서긴 했지만, 아라비아해 연안의 평야들, 산악 지대의 길목들을 장악한 데 이어 7세기 말에는 인더스강 기슭까지 세력을 넓혔고 그때부터 계속해서 북인도를 공략했다. 불경자에게 신의 말씀을 전하기 위해서이기도 했지만, 이 지역의 풍부한 산물에 더해 실크로드부터 카라코람 고갯길을 통해 인도양에 이르는 상품까지 농업적·상업적으로 얻을 것이 많았기 때문이다.

네 나라의 싸움은 거의 200년간 계속되었다. 가장 먼저 팔라의 왕 다르마팔라가 북부의 불교 성지를 둘러싸고 성전을 시작했다. 그러나 사실 그에게 가장 중요했던 목표물은 인도-갠지스 평원 한중간에 있는 부유한 교역 도시 카나우지였다. 다르마팔라는 프라티하라와 라슈트라쿠타를 모두 격퇴한 뒤 800년경 두르바르 durbar(제국 의회)에서 패권을 인정받고 갠지스강 중류에 꼭두각시 왕을 앉혔다. "그가 눈썹을 아름답게 움직이는 동작으로써 카냐굽자(카나우지) 왕을 임명하자, 마츠야, 마드라, 쿠루, 야두, 야바나, 아반티, 간다라, 키라의 왕들이 왕관을 떨며 공손하게 절하여 그를 왕으로 인정했고, 판찰라의 장로들은 기뻐하며 황금 대관 항아리를 들어 올렸다."³¹

그러나 다르마팔라는 이 지역을 지켜 내지 못했다. 겉으로는 굴종하던 왕들이 곧 반란을 일으켰고 프라티하라를 끌어들여 팔라군을 격퇴했다. 이어 라슈트라쿠타가 다시 팔라와 프라티하라를 제압했다. 850년경에는 프라티하라의 왕 미히라 보자가 반격에 나섰다. 프라티하라는 약 60년간 인도아대륙 북서부에서 영향력을 유지했으나 이윽고 아랍족과 손잡은 라슈트라쿠타에 밀려났다. 그러나 9세기 말에서 10세기 초에는 세 왕국 모두 내부 분열에 휩싸이기 시작했다. 그 정확한 원인은 알 수 없으나, 칼리프국에서 파생된 가즈나 왕국이 이 상황을 즉시 이용했다. 1018년, 카나우지는 인도 토착 왕조가 아니라 이슬람 왕조인 가즈나의 마흐무드(998~1030)에게 포위당했다.

북인도를 둘러싼 이 긴 싸움에서 네 나라는 자국의 문화적·종교적 영향력을 넓히는 데도 크게 힘썼다. 팔라가 세운 불교 사원은 교육 중심지가 되었다. 라슈트라쿠타의 수도 마냐케타에는 수학자 마하비라, 시인 스리 폰나, 아디카비 팜파 등 걸출한 자이나교도 지식인들이 모여들었다. 프라티하라는 오늘날의 경이로운 힌두교 사원 단지를 건설했으니, 가령 오늘날의 라자스탄주에 자리한 오시안 유적은 인도 예술사에서 발견되는 가장 정교한 조각으로 장식되어 있다.

네 나라는 서로 갈등하는 와중에도 경제적으로는 교역 관계를 맺었고 특히 사치재 품목에서 서로 매우 상보적인 관계에 있었다. 예술 작품을 제작하고 전쟁을 치르고 장엄한 왕실을 유지하는 등 이 모든 활동에 필요한 돈은 교역과 토지, 소금과 광물에 매기는 무거운 세금으로 충당되었다. 결정적인 증거는 없지만 그러한 무거운 부담은 분명 평범한 사람들, 각지의 수공업자와 영세 농민의 몫이었을 것이다.

## 아바스 왕조의 권력 승계

714년경 우마이야의 칼리프 알왈리드 1세(705~715)는 새로운 궁전 도시를 건설하기 시작했다. 건설 부지로 선정된 곳은 특이하게도 수도 다마스쿠스에서 이틀이나 걸리는 데다 물도 부족한 안자르라는 곳이었다. 이 새로운 도시는 거대한 주랑과 넓은 광장, 정교한 대리석 조각으로 채워졌다. 칼리프는 시와 포도주, 여자에게 둘러싸여 평화롭게 살아가려고 이 외딴곳에 궁전을 지었다. 알왈리드 때부터 우마이야의 칼리프들은 자신의 뜻에 불복하는 자를 결코 용납하지 않았다. 이들은 자신이 예언자 무함마드와 동급임을 주장하며 이슬람의 전통적인 정치론을 뒤흔들었다.[32] 이슬람교 내의 다른 종파는 물론 완전히 다른 종교까지도 관용하던 태도가 일종의 전체주의 앞에 힘을 잃고 있었다.

그런데 현실은 이 새로운 원칙과 전혀 일치하지 않았다. 우마이야 왕조는 쇠락하고 있었다. 페르시아 지역의 속국들은 조로아스터교 탄압, 아랍 이주민 유입, 수비대를 유지하기 위한 가혹한 과세에 줄곧 시달리고 있었고, 아랍인 외 민족의 정치 참여를 배제하는 인종 우월주의가 심화되고 있었다. 719년, 중앙아시아의 외딴 분지에서 시아파를 주축으로 하는 저항 세력인 하시미야가 출현했다. 무함마드가 속해 있던 바누 하심 부족의 후예를 자처한 이들은 우마이야 지배층의 부도덕함을 비난하고 이들의 폭정을 끝내겠다고 약속했다. 이들은 시아파 교리에 조로아스터교 요소를 가미했고, 유대인, 수니파 이슬람교도, 기독교도에 대해서도 유화적인 태도를 보였다. 하시미야 운동은 페르시아와 메소포타미아에 널리 퍼져 있던 반감을 연료 삼아 들불처럼 번져 나갔다.

마침내 743년 칼리프국의 본거지인 시리아에서 내란이 발생했다. 다마스쿠스 근처에서 칼리프가 살해당했다. 정복자는 그의 머리통을 "창에 꽂고 포도주를 뿌린 뒤 도시를 돌게 하여 '이것이 포도주를 즐기는 자의 머리통'임을 알리라"고 명령했다.[33] 낙타 수천 마리가 동원되어 왕실의 보물을 실어 갔다.[34] 에데사의 테오필루스에 따르면, "사람들은 구타당했고 재산은 약탈당했으며 여자들은 남편 앞에서 겁탈당했다".[35] 반군은 계속해서 세를 불리며 메소포타미아 평야에 이르렀다. '검은 옷을 입은 사람들'로도 불린 하시미야 세력은 무함마드의 막내 삼촌 아바스의 후손이라고 하는 유력한 시아파 부족과 동맹을 맺고 있었고, 이들로부터 새로운 아바스 칼리프국이 탄생하게 된다.

749년 서아시아에 지진이 발생하여 여러 도시가 무너지는 사건이 있었다. 연대기 저자들이 보기에 이 재난의 메시지는 분명 '무질서의 시기가 다시 시작되었다'는 것이었다. 이 혼란에 무너진 것은 나라 안의 도시만이 아니었다. 에데사의 테오필루스는 "목격자들이 말하기를 메소포타미아에서 땅이 2마일이나 갈라졌고 그 틈에서 아주 흠 없는, 노새 같은 짐승이 하나 올라와 사람 음성으로, 사막의 한 민족이 아랍인에 대한 공격을 선언했다"고 전한다.[36] 도처에서 전쟁이 벌어지고 피가 흘렀다. 750년, 오늘날의 이라크 북부에 있는 자브에서 10만여 병력의 우마이야군과 시아파를 주축으로 한 반군이 맞붙었다. 그리고 이 전투에서 승리한 아바스 족장 아부 알아바스 앗사파흐(750~754)가 아바스 왕조의 첫 칼리프로 등극했다.

우마이야 왕조의 몰락 이후 학자, 법률가, 성직자는 이슬람 사회의 질서를 어떻게 유지해야 하는가를 두고 열띤 논쟁을 벌였다. 쿠란과 선지자의 말씀을 중심으로 법을 만들어야 하고, 믿는 자의 공동체 움마를 보전해야 하며, 이슬람교를 계속 전파해야 한다는 데는 모두가 동의했다. 그러나 그 원칙들을 구체적으로 어떻게 실행에 옮겨야 하는지에 대해서는 거의 모두가 다른 목소리를 냈다.

이 시대에 나타난 개념 가운데 가장 오래 힘을 발휘한 것은 세계를 이슬람과 비이슬람 둘로 나누어 '비이슬람 사회는 모두 전쟁의 집(다르 알하르브Dar al-Harb)에 속한다'고 보는 세계관이다. 당시의 이름난 법학자 아부 하니파가 처음 주장한 이 개념과 그 함의를 그의 제자인 알샤이바니가 『국제법 입문』에서 더욱 상세히 발전시켰다. 그는 '전쟁의 집'의 불경자를 상대로 지하드를 수행하는 것이 옳은가 아닌가를 따지진 않았다. 그의 관심사는 지하드를 수행하는 옳은 방법이었다. 그에 따르면 이슬람교를 받아들이지 않는 사람은 모든 수단을 동원하여 죽이고 약탈하고 노예화하는 것이 옳았고, 다만 특수한 경우에 한하여 여자와 어린이, 노인에게는 자비를 보일 수 있었다.[37] 하지만 또 한편으로 그는 얼마간 실용주의적인 태도도 내비쳤다. 특정한 상황에서는 다르 알하르브 사람들과 평화조약을 교섭할 수 있고, 그쪽 상인과 사절에게 안전 통행증을 발급하여 상거래를 진행할 수도 있었다.

이 정치사상은 11세기에 가서 한 번 더 강화되었다. 이슬람권에서 쓰인 정의, 정치, 전쟁에 관한 가장 종합적인 저작 중 하나인 『정부 법령』의 저자 알마와르디는 다른 무엇보다 방어를 강조했다. 그에 따르면 칼리프의 최우선 의무는 평화의 집(다르 알이슬람Dar al-Islam)에 거하는 신자들의 땅과 이슬람 성소를 보호하는 것이었다. "지도자 없는 민족은 무질서가 군림할 시 아무것도 누릴 수 없으며, 무지한 자들이 이끄는 한 결코 지도자를 세울 수 없다."[38] 이렇게 이슬람 내부의 질서를 확립했다면 칼리프의 그다음 의무는 지하드에 힘을 쏟는 것이었다. 알샤이바니와 알마와르디 두 사람 모두 전쟁의 집에 사는 이들에게도 조공과 평화를 맞바꿀 기회를 주어야 한다고 주장했다. 그러면 그들의 땅이 '화해의 집'(다르 알술Dar al-Sulh)으로 바뀐다고 했다. "그들이 바칠 것을 바치는 동안엔 지하드를 멈추어야 한다."[39] 그러나 반항하는 이들에 대해서는 무슨 수를 써서든 "그들의 집을 약탈해도 되고, 밤낮으로 싸우고 태워 그들에게 해를 입혀도" 되었다.[40] 다만 이때도 여자와 어린이는 죽여선 안 되고 노예로 삼아야 했다.

아바스 왕조는 선지자 무함마드에 대한 충성을 상징하고자 검은색을 국가의 공식 색으로 정했다. 군기에 검은색을 썼음은 물론 전령이 입는 상의에도 검은색을 지정했다. 100년 전 무함마드가 결정적인 승리를 거두고 메카에 입성했을 때 그의 군대가 검은색 깃발을 들었다는 이유에서였다. 아바스의 주화에는 칼리프가 '믿는 자들의 군주'이며 '신의 종'으로 묘사되었다. 새 칼리프는 맹세를 통해 즉위했다. 예를 들어 어느 칼리프는 이렇게 맹세했다. "종교와 정의는 올바른 길로만 가야 하고 모든 무슬림의 권리가 보호되어야 하며 이교도 적은 정벌되어야 한다. … 신은 그분의 자비와 지혜로써 인간으로 하여금 지도자를 찾아 헤매지 않게 하셨다. 신은 인간에게 자신을 믿게 하시고 선지자의 후손이 되게 함으로써 영광을 주셨다."[41] 또 다른 칼리프는 이렇게 선언했다. "알라께서 나를 믿는 자의 지도자(아미르 알무미닌Amir al-Mu'minin)가 되게 하시고 나를 칼리프로 세우셨다면 그가 증인이 되어 주시리라.

또한 그가 나를 칼리프로 세우셨다면 내가 그의 말씀과 삶의 길을 따를 것이고, 나의 시민들에게 그것을 전파할 것이며, 내 마음대로 사람을 죽이거나 건물을 파괴하지 않을 것이며, 사람의 집이나 그들의 조국을 강탈하지 않을 것이며, 신중하게 결정을 내릴 것이다."[42]

아바스의 초기 칼리프는 권력을 다시 중앙화하는 동시에 이슬람 제국을 확장했다. 이들은 우마이야의 안일했던 통치를 강하게 비판하면서도 과거의 행정제도 가운데 디반divan(내각), 카디qadis(샤리아 법정의 판관) 같은 가장 유효했던 방식은 이어받았고, 와지르wazir(수석 고문) 같은 혁신적인 관직을 새로 창설했다. 제국은 메소포타미아, 시리아, 이집트, 이란 서부 등 칼리프가 직접 통치하는 주요 속주와 아르메니아, 북아프리카, 중앙아시아 등지의 주변 속주로 이루어졌다. 주요 속주에는 주로 왕족의 일원이 총독으로 임명되었고 총독이 자주 교체되었으며 칼리프에게 직접 보고하는 일종의 첩보 기관인 바리드barid가 총독을 감시했다. 주변 속주에는 군사 지휘자가 총독으로 파견되었다.

762년, 아바스의 두 번째 칼리프 알만수르(754~775)는 새로 건설한 바그다드로 수도를 옮기고 그 공식 명칭을 마디나트 알살람(평화의 도시)으로 정했다. 알만수르 대에 바그다드는 예술과 과학, 철학의 중심지로 발전했다. 칼리프는 콘스탄티노플에 사절을 파견하여 그리스 철학자들의 저작을 구해 와 '지혜의 집'으로 이름 붙인 자신의 서재에 소장했다. 아바스의 전성기를 이끈 인물은 우리에게 『천일야화』의 등장인물로 잘 알려진 하룬 알라시드(786~809)로, 이야기 자체는 허구이지만 후대 사람들은 그가 다스리던 때를 이슬람 문명의 황금기로 추억하고 묘사했다. 물론 당대의 궁정 시인들도 그를 넘치도록 찬양했다.

> 하룬을 통하여 빛이 모든 지역에 쏟아지고
> 그 행위의 정의로움이 똑바른 길을 내었으니
> 그는 신의 요구를 받들어 일을 명하는 지도자이시다. …
> 사람의 눈은 그 얼굴의 빛을 감당할 수가 없구나.[43]

이러한 찬사가 모두 진심에서 우러나지는 않았을 것이다. 알타바리가 곁눈으로 목격한 바로는 "시인이 찬가를 부르면 그가 상을 넉넉히 내렸다".[44]

하룬은 왕자 시절에 비잔틴 제국을 상대로 전쟁을 치르며 귀중한 교훈을 얻었다. 그래서 그가 칼리프가 되고 가장 먼저 한 일은 비잔틴 쪽 국경을 강화하고 자신의 말을 거스르는 변경 속주 총독들을 참수하는 것이었다.[45] 이렇게 경계를 늦추지 않았건만, 또 왕조가 수립된 지 얼마 되지도 않았건만 아바스 칼리프국은 하룬 대에 벌써 힘을 잃기 시작했다. 시리아, 이집트, 페르시아에서 소요가 끊이지 않았다. 에스파냐의 코르도바 토후국은 우마이야 최후의 전초지로 남아 있었다. 788년에는 모로코에 이드리스 토후국이 수립되었고, 793년에는 이라크의 총독이 독립했다. 아바스는 질서를 되찾기 위해 5만 명 규모의 군사를 파견해야 했다. 하룬이 죽은 뒤에는 혼란이 더욱 깊어졌다. 813년경의 바그다드는 그야말로 무법천지였다. 알타바리에 따르면 통제를 벗어난 병사들이 "떼를 지어 아무에게나 가서 그 아들을 빼앗는데도 그들을 막을 방법이 없었다. 그런 자들을 통제할 수 있는 관권이 없었다. … 바로 그들이 관권을 쥐락펴락했기 때문이다."[46] 820년에 이르기까지 아바스 칼리프국은 시리아 및 중앙아시아의 많은 지역에서 지배력을 잃었다.

칼리프국의 국고는 9세기에 절반으로 감소했다.[47] 가장 큰 원인은 비잔틴 제국과의 전쟁이었다. 그러나 메소포타미아의 농업 생산을 등한시한 것, 이집트와 동쪽 속주들에서 세금을 제대로 거두어들이지 못한 것 또한 문제였다. 칼리프는 수입이 줄어드는 만큼 새로운 세금을 징수하려 했고, 그러면 그만큼 더 큰 소요가 발생했다. 칼리프국은 점점 더 군부의 힘에 의존했으며, 그 대가로 그들에게 토지를 내주어야 했다.

869년, 페르시아만의 바스라에서 대규모 노예 반란이 발생했다. 그간 칼리프국은 많은 노예를 수입하여 인프라 건설 사업과 농업, 보병대에 투입하고 있었다. 이른바 잔즈 반란이라고 불리는 이 사건은 수십만 명의 인명 피해를 낳았다. 젊은 남자들은 노예의 노예가 되었고 여자들은 그들의 첩이 되었다. 한 목격자는 이렇게 증언했다. "사람들이 '신은 알라뿐이다!'라고 외치며 칼에 쓰러지는 소리가 들렸다." 바스라의 반란군 지도자는 "회중 모스크를 불태웠다. 그는 닻줄부터 다리까지 항구를 불태웠다. 불은 사람과 동물과 상품과 재화를, 제 앞의 모든 것을 집어삼켰다. … 반란군은 돈이 있는 사람은 고문하여 돈을 빼앗은 뒤 죽였고, 가난한 사람은 바로 죽였다."[48] 잔즈 반란은 14년 동안이나 계속되다가 사그라들었다.

그사이에도 아바스 칼리프국은 계속 분열했다. 868년부터 905년까지 이집트 및 레반트 대부분 지역을 툴룬 왕조가 장악했다. 909년경에는 알제리에서 파티마 왕조가 팽창하기 시작했다. 930년대에는 부와이 왕조가 '페르시아 및 메소포타미아 일부를 지배하기 시작했고 945년에는 바그다드까지 차지했다. 이렇게 이슬람 세계가 스스로 분열하고 있을 때, 중앙아시아 스텝에서 또하나의 작은 변방 세력이 역사의 전면에 등장할 준비를 갖추고 있었다.

## 지옥굴에 빠진 유럽

아바스 칼리프국의 전성기 인구는 5,000만 명이 넘었다. 바그다드는 이 시대에 세상에서 가장 큰 도시로 인구가 100만 명이 넘었다.[49] 반면에 샤를마뉴 대제 치하 프랑크 왕국의 인구는 약 2,000만 명, 비잔틴 제국은 약 1,000만 명, 불가리아 제국은 약 200만 명이었고, 우마이야조 에스파냐는 그보다 적었다.[50] 이 시대 유럽에서는 코르도바, 세비야, 팔레르모, 이탈리아반도의 도시국가들, 쾰른, 마인츠, 레겐스부르크, 파리, 런던 등 부유한 상업도시가 느린 속도로 나마 형성되고 있었다. 인구가 2만 명이 넘는도시는 십여 개에 지나지 않았고, 이슬람 도시인 팔레르모와 코르도바, 비잔틴의 수도 콘스탄티노플만이 25만 명이 넘는 인구를보유하고 있었다.

북유럽과 서유럽은 8세기 말부터 9세기 초 사이에 잠시나마강대국 권력정치의 중심지가 되었다. 이 시기에 일어난 사건 가운데 가장 오래 영향력을 미친 것은 로마 제국의 몰락 이후 처음으로 서유럽에 진정한 의미의 제국이 건설된 것이었다. 프랑크 왕국의 샤를마뉴(768~814)는 프리지아족, 색슨족, 바이에른족, 아바르족, 랑고바르드족을 모두 제압했다. 800년 크리스마스에는 교황이 그를 '로마인의 황제'로 대관함으로써 프랑크 왕국의 지위를 공인했다. 역사에 '신성 로마 제국'으로 기록된 이 나라는 샤를마뉴가 물려받은 카롤링거 왕조의 유산 위에 세워졌다. 그는 인근의 그 어떤 나라보다 넓은 영토를 지배하면서 풍부한 경제적 자원과 병력으로 남쪽과 동쪽의 적을 상대할 수 있었다. 군사적으로는 강력한 기병을 갖추었다. 중세 기사의 조상 격인 프랑크의 중장기병은 급습 전술로 보병대를 제압하는 데 효과적이었을 뿐만 아니라, 적의 도시 주변을 포위하여 굶주림 끝에 항복하게 하는 전술에도 유용했다.[51]

하지만 강력한 기병을 보유한 나라가 또 있었다. 이 시대에 프랑크 왕국과 더불어 중요한 정치체였던 불가르 칸국이다. 샤를마뉴 대제에 비하면 남아 있는 기록이 훨씬 적기는 해도 칸 크룸 (795~814)은 프랑크의 공격에 아바르족이 위축되고 비잔틴이 아바스와의 갈등으로 힘을 소진한 상황을 이용하여 동유럽을 넓게 지배했던 것으로 보인다. 이 시대 유럽에 등장한 또 하나의 주요 세력은 756년 우마이야의 속주였던 에스파냐 지역에 아바스 왕조를 부정하며 세운 코르도바 토후국이었다.

프랑크, 불가르, 아랍, 비잔틴의 경쟁은 이교도와 기독교도와 이슬람교도의 싸움이었지만 종교를 초월한 동맹을 낳기도 했다. 프랑크 왕국은 기독교 세계의 수호자라는 명성을 자랑스럽게 여기는 나라이면서도 코르도바에 맞서 아바스 칼리프국과 손잡는 데에 별문제를 느끼지 않았다. 샤를마뉴는 편지에서 하룬 알라시드를 '형제'라고 칭했다. 하룬도 그에게 아불아바스라는 이름의 코끼리, 사냥개, 말, 최고급 철로 만든 검을 선물했다. 프랑크와 아바스는 비잔틴이라는 또 하나의 공동의 적이 있었다. 774년 이탈리아의 랑고바르드 왕국을 정복한 뒤 프랑크는 아직도 이탈리아반도에서 영토 확장을 꾀하던 비잔틴과 직접 부딪치게 되었다. 비잔틴은 아드리아해에 나타난 프랑크 해군에 위협을 느꼈고 특히 교황이 프랑크 왕을 지지하고 황제로까지 추대한 데에 불만을 품었다.

프랑크와 비잔틴은 아드리아해를 두고 경쟁하면서 관계가 급격히 악화되었다. 특히 베네치아는 점점 자치도시 성격이 강해지고 있긴 했으나 공식적으로는 아직 비잔틴 영토였으며, 그 입지가 전략적으로 중요하다는 사실은 이미 분명했다. 샤를마뉴의 딸은 비잔틴 황태자와 약혼했지만 그 뒤로도 아헨 궁정에 머물렀다.[52] 대제는 불가르의 칸 크룸에게 사절을 보내 아바르족을 함께 공격하자고 제안했고, 아바르족에게 무기를 판매하지 못하게 금지령을 내렸다. "상인들은 무기나 가슴받이를 유통할 수 없다."[53] 아바르족을 제압한 칸 크룸은 기병대를 남쪽으로 보내 비잔틴 제국을 공격했다. 그는 비잔틴군을 격퇴했고 황제를 죽인 뒤 그의 해골을 술잔으로 썼다. 궁지에 몰린 비잔틴은 크룸이 콘스탄티노플을 점령하기 직전에 강화를 요청했고 그로부터 수년간 두 왕실 사이에 사절단이 오가다 마침내 815년에 평화조약이 체결되었다. 이후 두 나라는 국경을 확정하기 위한 공동 사절단까지 구성했다.

이 시기 유럽의 외교는 주로 고위 성직자가 담당했다. 이들의 주요 임무는 군주의 편지를 낭독하는 일이었지 교섭이 아니었다. 두 나라 외교관은 아헨에서 콘스탄티노플까지, 혹은 그 반대 방향으로 50일간 위험천만한 길을 여행했다. 지친 몸으로 목적지에 도착했지만 환영받지 못하는 때도 있었다. 한 사절은 비잔틴 주교의 인색한 대접에 이렇게 한탄했다. "성경에 하느님은 사랑이시라고 쓰여 있건만 그는 그 은총을 조금도 받지 못했다."[54]

상대국의 모습에 압도당한 사절들도 있었다. 샤를마뉴 궁정의 관리이자 그의 전기작가였던 아인하르트는 외국 사절들이 황제의 요리사를 황제로 착각하고 그 앞에 공손하게 엎드렸다고 기록했다.[55] 그는 샤를마뉴와 사절의 공식 접견을 다음과 같이 묘사했다.

> 황제께서는 보석과 금으로 몸을 감싸고 떠오를 때의 태양처럼 빛나셨다. 그의 주변에는 하늘의 기사인 듯한 세 젊은 남자, 황제의 아들들이 서 있었으니 이때부터 그들이 왕국을 함께 다스리게 되었다. 황제의 딸들과 그 어머니는 지혜와 미모로, 또 진주로 몸을 장식하고 있었다. 교회 지도자들도 더할 나위 없는 위엄과 덕을, 수도원장들은 남다른 혈통과 고귀함을 갖추었다. 귀족들은 마치 길갈의 진영에 나타난 여호수아 같았다. 병사들은 사마리아에서 시리아인과 아시리아인을 몰아낸 그 군대 같았다.[56]

샤를마뉴와 칸 크룸은 814년에 각각 사망했고, 아바스 칼리프국은 하룬 알라시드 사후에 계속 분열했다. 비잔틴은 이 휴식기가 길게 이어지기를 바랐다. 그러나 얼마 안 가 북아프리카의 이슬람군이 시칠리아의 속령을 거듭 공격하며 비잔틴을 강하게 압박했다.[57] 이에 비잔틴은 840년 코르도바 토후국에 사절을 보내 이들 침입자와 아바스족에 대항하기 위해 동맹 맺기를 제안하고 레반트의 옛 영토를 수복하라고 촉구했다. 그동안 불가르족은 주로 샤를마뉴의 후계자인 경건왕 루트비히와 싸우다가 830년대에 이르러 다시 발칸반도의 국경에서 비잔틴을 압박하기 시작했다. 반면에 카롤링거 왕조의 프랑크 왕국은 비잔틴 세력권을 잠식할 힘을 점점 잃어 갔다. 840년 경건왕 루트비히의 사망 후 내란이 발생한 데다, 이 내란을 마무리 지은 베르됭 조약(843)으로 제국이 서프랑크, 중프랑크, 동프랑크 세 나라로 분할되었기 때문이다.

유럽은 다시 한번 무질서의 늪에 빠졌다. 지배층은 권위를 지키려고 애썼지만 실패했다. 끔찍한 상황이 전개되었다. 예컨대 10세기 초에 아바스의 사절로서 유럽을 방문한 이븐 파들란은 이 지역이 나무와 과실, 꿀은 넘치지만 춥고 폭력적이고 더러운 지옥굴이라고 기록했다.[58] 서유럽은 9세기 초부터 바이킹족의 침략에 시달리기 시작했다. 서프랑크 생베르탱 수도원의 연대기에 따르면, 841년 "덴마크 해적들이 해협을 따라 내려와 루앙을 공격했다. 그들은 불과 검으로 마을을 약탈했고 수도사와 마을 사람을 포로로 삼거나 죽였다."[59] 그러나 이것으로 끝이 아니었다. 845년 바이킹족의 함대는 생베르탱 수도원을 파괴한 뒤 센강을 거슬러 올라가 파리를 공격했다. 그해에 크산텐 수도원의 연대기에는 이렇게 적혔다. "저 야만족이 이곳저곳에서 기독교도를 덮쳤다. 게으른 왕 샤를은 그들에게 골을 떠나는 조건으로 금은 수천 파운드를 주기로 했고 그들은 그렇게 했다. 하지만 성인들의 수도원이 대다수 파괴되었고 많은 기독교도가 포로로 끌려갔다."[60] 그 와중에도 국내 군벌들은 서로 끝없이 싸우며 "약탈, 방화, 강간, 신전 모독, 신성 모독 행위로" 신민들을 괴롭혔다.[61]

이러한 배경에서 많은 기독교도가 서기 1000년에 '최후의 심판'이 도래하리라고 믿었다. 잉글랜드의 한 수도사는 이렇게 썼다. "그때에는 왕들의 폭정, 관리들의 부정과 강탈, 그들의 교활하고 부당한 판단과 계략이 끝장나리라. 그때에는 현세에서 즐거워하고 기뻐하던 자들이 신음하고 한탄하게 되리라."[62]

그러나 영원한 구원과 정죄는 없었다. 11세기 들어 유럽은 여전히 로마 제국의 몰락으로부터 회복하는 중이었다. 여전히 정치적으로 분열되었고 경제적으로 낙후했으며 인구는 적었다. 그러나 이 시대의 지정학적 지도에는 현대인의 눈에 익숙한 질서가 갑자기 윤곽을 드러냈다. 이제 유럽 대륙은 독일 지역의 신성 로마 제국, 잉글랜드·프랑스·폴란드·헝가리 왕국, 그리고 마치 영원히 양극 관계로 존속할 것 같던 로마 교황청과 비잔틴 제국으로 편성되어 있었다.

## 거울 같은 역사: 두 번째 천 년

우리는 지금까지 네 장에 걸쳐 서기 첫 1,000년의 역사를 알아보았다. 서기전과 마찬가지로 주로 동반구에 초점을 맞추어, 다섯 가지 층위(권력 분포, 정치체제, 전쟁과 평화 등 정치체 간 접촉과 교류, 환경과의 상호작용, 정치사상)에서 세계 정치사의 전개를 탐색했다.

서기 첫 1,000년 동안에도 권력은 대체로 인구 규모에 따라 결정되었다. 인구는 일손을 뜻했다. 일손은 농부, 장인, 병사를 뜻했다. 숫자가 중요했다. 하지만 사회가 권력을 효율적으로 확대하는 데는 인구 외에 다른 여러 인자도 작용했다. 가령 기동성이 있어야만 대규모 교역, 자원 활용, 정복이 가능했다. 이 방면으로는 로마인이 최고였다. 로마 제국은 독보적인 육상 교통 역량(예를 들면 표준화된 도로와 운송망, 기동성이 뛰어난 군사 조직)을 토대로 지역과 지역을 빠르게 연결했다. 로마는 해상에서도 강력한 해군과 대규모 상선대를 운영했다.

세금을 내는 많은 인구부터 통합된 경제, 막강한 군사력, 효율적인 행정 체계, 유능한 지도자까지 이 모든 것을 갖춘 정치체가 강대국이 되었다. 세계 정치사의 첫 지도는 풍부한 물, 비옥한 토양, 온화한 기후라는 천연자원의 삼위일체가 결정했던 반면, 이제 그것만으론 충분하지 않았다. 가령 이집트와 메소포타미아는 더 이상 독립적인 정치체를 배태하지 못했을뿐더러 인구도 거의 증가하지 않았다. 화베이평야는 여전히 중국의 중요한 곡창지대이긴 했지만 그 이북의 고원과 그 이남의 구릉이 평야에 못지않게 중요해졌다. 남아시아의 권력 중심지는 인도-갠지스 평원에서 점차 확장되어 북쪽의 교역로와 남쪽의 해안 도시를 포함하게 되었다.

서기 첫 1,000년의 정치 질서는 일련의 제국이 주도했다. 그러한 제국들의 인구는 많게는 1,000만 명에 이르렀다. 그중 가장 크고 강력했던 제국 로마는 지중해를 장악했고 알프스 이북 유럽의 넓은 땅을 지배했다. 로마 제국은 탄생했을 때 한 번, 그리고 몰락했을 때 다시 한번 동반구의 정치 지도를 바꾸어 놓았다. 이와 비슷하게 중국에서는 제국 한이 3세기에 몰락한 뒤 거의 400년간 정치적 분열이 이어졌다. 두 제국이 무너진 뒤의 권력 공백은 그전에는 '야만인'으로 불렸던 주변부 민족이 채웠다. 중국에서는 강족, 선비족, 흉노족이, 유럽에서는 게르만족이 새로운 나라를 세웠다.

로마와 중국 사이의 광대한 땅에도 중요한 정치체들이 존재했다. 서아시아에서는 파르티아 제국, 사산조 페르시아, 우마이야 칼리프국, 아바스 칼리프국이 순서대로 나타났다. 남아시아의 북서부 인더스강 유역은 쿠샨 제국 등 여러 제국이 연이어 지배했다. 남부 데칸고원에는 라슈트라쿠타 왕국 등이 수립되었다. 북동부 갠지스강 중하류에는 그 어떤 정치체보다 넓은 영토를 지배한 굽타 제국 등이 있었다.

그러나 10세기에 접어들어 동반구의 제국적 질서(당나라, 아바스조, 카롤링거조, 비잔틴)가 붕괴하기 시작했다. 이 시기만큼은 그 어느 곳에도 거대한 제국이 들어설 수 없는 듯했다. 마치 원심력 같은 것이 작용하는 듯 힘이 분산되었다. 전 세계에서, 그러니까 마야 문명의 요람인 유카탄반도부터 유럽과 서아시아 전체, 일본 열도에 이르는 모든 지역이 격변의 시기를 통과하고 있었다.

전쟁은 몇 가지 반복되는 원인에서 시작되었다. 그중 가장 명백한 이유는 그 나라에 전쟁할 만한 권력과 야심이 있어서였다. 가령 7세기 중국의 당 태종은 자신의 힘을 믿고 사방에서 정복 전쟁을 벌였다. 중앙아메리카의 테오티우아칸은 권력균형이 이미 자신들 쪽으로 확실히 기울었음을 간파하고는 마야의 본거지를 잠식해 들어갔다. 그런데 많은 경우 이러한 정복 전쟁은 정의라는 명분으로 치장되었다. 가령 3세기 사산조 페르시아의 왕들은 과거의 악행을 보복하고 선조들의 땅을 수복하고자 로마를 공격했다고 설명했다. 팍스 로마나의 기본 원칙, 즉 자신들의 정복은 미개한 땅에 평화와 번영을 가져다준다는 믿음은 로마 외에도 여러 제국이 비슷하게 가지고 있었다. 나아가 중국에서는 원래 화베이 평야의 정치체가 이민족 정복을 정당화하는 데 사용했던 천명天命 개념을 선비족 등 이민족 자신들이 적극 활용했다.

역으로, 정치체의 권력이 약해질 때도 전쟁이 쉽게 일어났다. 기성 지배층 또는 신흥 세력이 국내의 반란과 소요를 진압하려고 외세를 끌어들였다가 오히려 더욱 큰 혼란에 빠지는 경우가 있었다. 5세기에 에프탈족과 손잡았던 사산 제국과 8세기 말 티베트의 힘을 빌렸던 당나라가 그러했다. 병력을 과잉 산개한 탓에 제국이 안에서부터 무너진 경우도 있었다. 가령 9세기 말 아바스 칼리프국이 국고와 국력을 소진하자 북아프리카, 페르시아, 레반트에 새로운 왕조가 등장했다. 환경 변화로 인해 궁지에 몰린 사람들이 전쟁을 일으키는 경우도 있었다. 가장 대표적인 사례가 기후변화 때문에 본거지를 떠나 이동한 흉노족과 훈족이 전쟁과 이주의 연쇄반응을 일으켜 결국 476년 서로마 제국이 게르만족에 의해 멸망한 사건이다.

전쟁이 벌어진 또 하나의 주요 원인은 오늘날 국제 관계 연구자들이 말하는 '안보 딜레마'와 비슷하다. 어떤 나라가 안보를 강화하기 위해 행동을 취하면 그 이웃도 함께 움직이게 되고, 그러면 긴장이 쌓이고 쌓이다 결국 전쟁이 시작된다. 흔히 영토와 세력권의 경계가 불분명했던 시대에 최선의 안보란 가능한 한 적을 국가 중심으로부터 멀찍이 밀어내는 것이었다. 그래서 화베이 평야의 국가들은 한반도, 북부와 서부 고원, 남부의 구릉에 있는 국가들과 끊임없이 마찰했다. 로마, 비잔틴과 파르티아, 사산이 아르메니아고원과 메소포타미아 북부 평야를 두고 경쟁한 것도 같은 이유에서였다.

중요한 교역로를 장악하고 그 수익을 차지하려는 욕망도 전쟁의 한 원인이었다. 가령 중앙아시아의 패권을 둘러싼 영원한 난투는 본질적으로 유라시아 땅덩이를 길게 가로지르는 실크로드의 부를 독점하려는 경쟁이었다. 육상 교역의 문제를 우회하기 위해서도 장거리 해상 교역이 발전할 수밖에 없었는데, 그로 인해 주요 바닷길인 인도양 또한 전쟁의 무대가 되었다. 가령 사산 제국과 스리위자야 왕국은 각각 인도양 양 끝에 있는 전략적인 길목을 장악하고자 애썼다.

　마지막으로 종교라는 원인이 있었다. 종교가 다르다고 해서 친교나 협력 관계를 전혀 맺지 않은 것은 아니지만 힌두교, 불교, 유교, 도교, 기독교, 이슬람교 등 모든 종교와 신념은 반드시 성전을 일으켰다. 불교 국가 스리위자야의 왕들은 7세기 말의 정복 전쟁을 '시다야트라'(영의 깨달음)라고 일컬었다. 동아프리카의 기독교 왕국 악숨은 아라비아반도의 유대교 왕국 힘야르에 사절을 보냈다가 그들이 살해당하자 성전을 일으켰다. 8세기 카롤링거조 프랑크 왕국은 십자가 아래 군사를 모아 남쪽의 이슬람 세력과 동쪽의 이교도 세력을 공격했다. 같은 신을 믿는 이들도 서로 싸웠다. 8세기에 아바스 왕조는 다른 무엇보다도 우마이야조가 참된 이슬람교도가 아니라는 이유를 내세우며 권력을 탈취했다. 이와 비슷한 시기에 교황청은 랑고바르드 왕국과 비잔틴 왕국의 개입을 막고 권위를 지키기 위해 프랑크 왕국의 힘을 빌렸다.

　서기 첫 1,000년에도 사람들은 언제나 평화를 열망했다. 그러나 그들이 세계 정치를 사고하는 데는 감정이나 환상이 끼어들 틈이 없었다. 국가 간, 문화 간, 지역 간 관계는 평화롭기보다는 적대적이었다. 이슬람 학자들은 믿는 자의 공동체 '움마'와 믿지 않는 자의 영역인 '전쟁의 집'을 매우 분명하게 구분했다. 신약성경의 교리는 그에 비해서는 훨씬 덜 호전적이었다. 그렇지만 이미 4세기부터 비잔틴의 대다수 신학자는 기독교 국가의 왕에겐 이교도의 공격을 힘으로 물리쳐 백성을 보호할 의무가 있다고 주장했다. 굽타의 대학자 카만다카는 그 어떤 동맹도 오래가지 않을 것이니 왕은 그것을 늘 경계해야 한다고 충고했다. 당 태종은 백성이 느긋하게 지내면서 전쟁을 잊게 놔두면 나라가 약해지고 위험해진다고 경고했다. 중국 역사상 가장 위대한 지배자 중 한 사람인 태종은 미래의 지도자를 위해 또 한 가지 지혜로운 충고를 남겼다. 역사를 철저히 공부하라. "역사는 왕조의 흥망을 알려 주는 거울이다."[63]

# 몽골 제국의 팽창

서기 1000~1250년

아이슬란드

노르웨이

스웨덴

스코틀랜드

덴마크

키예프 공국

불가르족

잉글랜드

폴란드

노르망디

프랑스

헝가리

하자르족

불가리아

나폴리

코로도바
토후국

파티마

비잔틴 제국

●알레포

●바그다드
부예

가

파티마

베르베르족

리비아족

투아레그족

아랍인

가나

하우사족

에티오피아

반투

대 서 양

서기 1000년경의
동반구

거란

조

카이펑 •

북송

팔라

파간

하리푼차이

찰루키아

참파

촐라

크메르

아누라다푸라

말레이

고려

일본

태 평 양

스리위자야

순다

인 도 양

말레이

믈라카 •

500   1000   1500 km

500   1000 miles

서기 974년, 송나라의 첫 황제는 해군 관함식에 행차하여 전함 수백 척의 모의 전투를 지켜보았다. 제국의 함대는 투석기를 장착하고 철로 보강한 갤리선(일명 '바다매')과 정박이 가능한 범선으로 이루어져 있었다.[1] 이후 100년간 송은 세계 최강의 해군력을 구축했다. 송 해군은 전함 1만 3,500척을 보유했고 전투에 폭약을 사용했다. 이들은 베트남과 한반도에 대규모 원정을 단행했고 지금의 필리핀에 기지를 설치했으며 멀리 호르무즈해협까지 오갈 정도로 뛰어난 항해술을 구사했다.[2] 이 놀라운 군사력을 뒷받침한 것은 한편으로는 국내의 막강한 경제력과 산업 역량이었고, 또 한편으로는 그 힘을 활용하여 이민족이든 해적이든 중국의 이익을 위협하는 모든 외부 세력을 진압하겠다는 분명한 목표 의식이었다.[3]

　　새로운 천 년이 밝아 오는 이때, 세계적으로 영향력을 행사할 수 있는 유일한 강대국이 있다면 아마 중국이었을 것이다. 그러나 그런 일은 일어나지 않았다. 송나라는 심각한 분열을 겪었고, 그 강력한 해군은 바다가 아니라 주로 강에 배치되어 국내의 소요를 진압하는 데 그쳤다. 이 시대에 중국이 마주한 가장 큰 문제는 북방 이민족의 침입이었다. 12세기에는 여진이, 13세기에는 몽골족이 중국을 위협했다.

중국 경제의 발전은 몽골족의 침략에 완전히 멈추었다가 150년 후 명대에 이르러서야 다시 궤도에 올랐다.[4] 바로 이 공백기가 동반구의 권력균형을 결정적으로 바꿔 놓았다. 몽골족은 이슬람 세력과 동유럽 왕국도 공격했으나 훈족과는 달리 빈 너머까지 진출하지는 않았다. 만약 몽골족이 계속 서쪽으로 팽창했다면, 당시 서유럽에서 진행되고 있던 농업 혁신, 교역 확대, 상업 도시 발전, 왕국 건설 등 모든 변화가 완전히 물거품이 되었을지도 모른다.

우리는 몽골 제국이 서진을 멈춘 이유를 정확히 알 순 없지만, 유럽의 군사력보다는 지리적 여건과 역사적 우연이 더 크게 작용한 듯하다. 이유야 어쨌든 눈앞까지 닥쳤던 전멸의 위험에서 벗어난 유럽 각국은 이제 군사, 경제, 금융의 패권을 차지하고자 과거 어느 때보다 치열하게 경쟁했다. 여기에는 왕국과 공국은 물론 점점 세력과 자신감을 키워 가던 도시국가(그 대표적인 예가 '베네치아'이다)도 뛰어들었다. 이들의 야심과 공격성은 유럽 바깥의 다른 각축장에도 이르렀다. 이교도에 맞선 여러 종류의 십자군 전쟁이 그 예이다. 하지만 그중 가장 중요했던 성지 탈환 십자군마저도 병력이 몇천 명을 넘은 때가 단 한 번도 없었다. 십자군 대열에는 기사만이 아니라 순수한 신앙심에서, 또는 한몫 잡으려는 욕심에서 싸우러 나선 사람도 많았는데 이들의 병참과 통솔 체계는 하나같이 허술했다. 이때의 유럽은 아직 세계를 주름잡는 정복자가 아니었다.

## 송나라

954년의 고평 전투는 유목민 세력을 북부에 묶어 두고 남부의 통일을 가능케 했다. 960년, 송 왕조는 자신들이 천명을 받았다고 선언했다. 첫 황제 태조(960~976)는 유학의 가르침대로 조화를 회복하겠다는 약속와 함께 다음과 같이 백성을 안심시켰다. "우리의 본보기는 한 치 사심 없는 하늘과 땅이다."[5] 그러나 이후 100년간 송나라는 이후 그들의 패권을 인정하지 않으려는 주변 국가와 개인 세력을 진압하느라 긴 싸움을 치러야 했다.

태조는 지배력 강화라는 급선무를 위해 수십만 병력의 군대부터 조직했다. 그를 적대시하는 군벌에는 단 두 가지 선택지가 주어졌다. 황제의 압도적인 병력에 맞서거나, 아니면 다 내려놓고 권력의 중심에서 멀리 떨어진 어디 시골 영지로 물러나는 것이었다. 반면에 충성을 지킨 장군에게는 지방 태수 자리가 주어졌다. 점차 문치주의가 확립되었고, 그 과정에서 정부가 3성 6부 체제로 재편되었다. 3성은 행정을 총괄하는 중서성, 왕명을 출납하는 문하성, 정책을 집행하는 상서성이다. 상서성 산하의 6부(이부, 호부, 병부, 형부, 공부, 예부)는 각각 인사, 재정, 전쟁, 사법, 공공사업, 의례를 맡아보았다. 그중 예부는 대외 관계, 궁정 예식, 과거 시험을 감독하고 불교·도교 승려를 관리했다. 정부의 모든 관원은 황제에게 복종할 것, 농촌을 약탈하지 않고 민간인을 괴롭히지 않을 것을 맹세했다.

국내가 점차 통합되자 안보의 주안점은 거란의 요나라, 티베트계의 서하 등 북방 주요 세력에 맞서 국경을 수호하는 문제로 옮겨 갔다. 1005년, 송과 요는 '전연의 맹약'을 체결했다. 이때 명시되기로는 양측이 서로를 동등한 국가로 인정했으나, 요는 송이 매년 '선물'하는 비단과 은을 '공물'로 여겼다. 또한 얼마 후 송 궁정에서는 서하의 습격을 어떻게 해결할 것인가를 두고 논쟁이 벌어졌다. 주화파는 현실적인 이유에서라도 유화책을 견지하기를 주장했다.[6] "우리의 장군들은 변변치 않고 병사들은 둔하다. 그러니 저들이 안에서부터 분열하기를 기다렸다가 대대적인 공격을 감행하는 것이 옳다."[7]

유화책에 반대한 주전파는 전연의 맹약을 근거로 들었다. 이들은 이 굴욕적인 조약으로 사실상 북방을 요나라에 내어 준 탓에 한나라나 당나라와 같은 위력을 송은 결코 행사하지 못하게 되었다고 비판했다. "우리 군사는 짐짐 늙어 가는데 적은 하루하루 강해지고 있다."[8] 범중엄은 "우리는 너무 오래 평화를 지켰다. 이제 백성은 싸우는 법도 모르고 쉽게 겁먹는다."라고 평가했고, 또 다른 관리는 "서하가 감히 송에 맞서려는 것은 우리의 큰 적인 요나라로부터 지원을 확보했기 때문"이라고 추측했다.[9] 그러나 결국 황제는 외교를 선택하여 다시 한번 차, 은, 비단 등의 '선물'로 평화를 사기로 했다. 그는 이로써 "100년간 평화로운 관계가 유지될 것"이라고 약속했다.[10]

실제로 송은 번영기에 접어들었다. 황제들은 화베이평야와 양쯔강 이남의 비옥한 농업 지대 양쪽에서 지배력을 강화했다. 신종(1067~1085)은 식량 재분배, 물가 억제, 연금제도, 고아 구제, 노역 폐지 등을 내용으로 하는 이른바 '신법新法'을 실시하여 초기 형태의 복지국가를 실현했다. 삶의 여건이 전보다 나아졌다. 나라가 다시 안정되고 동남아시아의 생산성 높은 쌀 품종이 수입되고 철과 비단 등의 산업이 빠르게 발전한 이 시기에, 중국의 1인당 경제 생산은 두 배 증가한 것으로 추측된다. 나라 안팎에서 교역이 활발해졌다. 1087년, 중국 남동부의 천주에 새로운 교역청이 설치되었고 이후 이 도시는 중국 해상무역의 가장 중요한 집산지가 되었다.

송나라는 그 시대 최대의 경제 강국으로 발전했다. 적국마저도 송으로부터 지대한 영향을 받았다. 요 지배층은 송의 풍요로운 경제와 세련된 문화를 어떻게든 닮고자 했다. 군사적 균형 또한 달라졌다. 송나라군은 979년부터 1041년 사이에 세 배 가까이 늘어 최대 125만 명에 달했다. 송나라 사람들은 화약 제조술을 발전시켜 폭약을 장착한 투석기를 발명했다. 황제는 석탄과 함께 화약의 주재료인 유황, 초석의 수출을 금지했다. 또 중앙아시아산 군마 의존도를 낮추고자 보마법保馬法이라는 말 육성책을 실시했다. 송나라는 순종하지 않는 이웃과는 교역을 중단하는 등 대외 관계에 군사력과 경제력을 두루 동원했다.

그러나 이 안정기는 오래가지 않았다. 송나라는 강력한 무기를 갖춘 대군으로도 끝내 외부의 주적들을 진압하지 못했다. 서하와는 평화조약을 맺었으나 그것으로 국경을 확정하지는 못하여 계속해서 충돌했다.[11] 남쪽에서는 참파 왕국과 손잡고 베트남의 리 왕국(대월)을 정벌하고자 했으나, 병력을 소모하기만 하다가 결국 1077년에 퇴각했다. 이러한 군사 원정과 서하, 요에 매해 보내던 '선물'이 제국 경제에 구멍을 냈다. 한 고위 관리는 이렇게 걱정했다. "국고 수입의 8, 9할이 군에 쓰인다. 우리에게 군사는 많을지 몰라도 국고는 바닥났다."[12] 1074~1076년 제국 북부에 기근이 들면서 상황이 더욱 심각해졌다.

제국은 빠르게, 연쇄적으로 퇴보하기 시작했다. 1085년에 여

덟 살의 나이로 제위에 오른 철종은 서하에 대해 강경책을 폈다. 1100년에 그 뒤를 이은 휘종은 예술에 심취하여 황제로서의 의무에는 소홀했다고 한다. 휘종이 시와 그림에 푹 빠져 있던 1125년, 여진이 요의 지배에 맞섰다. 이때 휘종은 여진의 반란을 지원했으나, 여진은 요를 멸망시킨 뒤 송의 수도를 기습적으로 공격했다. 이에 휘종은 스스로 퇴위하고 아들을 즉위시켰지만, 1127년에는 두 사람 모두 붙잡혀 만주에 있는 여진의 수도로 끌려갔다.

여진이 송을 그토록 빠르게, 압도적으로 제압할 수 있었던 데는 송의 무사안일과 무능, 그리고 여진의 뛰어난 기병이라는 두 가지 원인이 있었다. 송나라군은 뛰어난 보병과 대포와 전함으로도 여진의 기병을 막아 내지 못했다. 송의 한 장군은 후에 이렇게 설명했다. "여진이 승리한 이유는 우리의 보병이 그들의 중갑 기병에 맞서야 했기 때문이다."[13] 이제 여진이 건설한 금나라는 화베이평야에서 지배력을 강화했고, 송의 잔여 세력은 양쯔강으로 내려가 남송이라는 이름으로 왕조의 명맥을 유지했다. 1141년, 두 나라는 조약을 통해 국경을 확정했다. 그 대가로 송은 막대한 양의 은과 비단을 매년 금나라에 조공하기로 했다. 그로부터 한동안은 두 제국 모두 번영을 누렸다. 북쪽이 금에 막힌 송나라는 바다에서 길을 찾았다. 송은 다시 해군을 보강했고 새 항구들을 열었으며 해상 탐험을 장려했다.

바로 이때, 몽골의 위협이 시작되었다. 이들의 근거지는 수백 년 전 흉노의 터전이던 오르콘강 유역이었다. 1130년, 몽골의 부족 연합인 카마그 몽골과 금나라가 처음으로 충돌했다. 두 나라는 1147년에 조약을 맺고 금이 몽골에 조공을 바치기로 했다. 이 평화는 곧 끝났고, 이번에는 충돌 끝에 몽골이 후퇴했다. 그러나 기후변화가 모든 것을 바꿔 놓았다. 이례적으로 서늘한 여름이 이어지면서 인구가 격감하자 몽골은 다시 남진에 박차를 가했다. 1206년, 몽골의 부족들은 세계사에서 가장 전설적인 지도자 중 한 사람인 칭기즈칸('세계의 군주', 1206~1227)을 중심으로 강력한 연합국가를 수립했다. 그는 하늘신 텡그리가 성전을 명령했다는 프로파간다를 구사하면서 세계를 통일하고 과거의 핍박을 되갚기를 주장했다.

1207년에 중국을 공격한 몽골군의 수는 겨우 15만 명이었고, 그 전부가 작지만 다부진 말을 탄 기병이었다. 그럼에도 이들은 번개 같은 기동력과 각궁의 파괴력, 전략적으로 중요한 고갯길을 차지하기 위해서라면 병력 수천쯤은 희생시키는 결단력을 바탕으로, 또 적군의 분열에도 힘입어 금나라를 잠식했다. 1234년, 금은 몽골-송 연합군의 최후의 일격에 무너졌다. 금의 시인 원호문은 이렇게 한탄했다. "시체가 길가에 널브러져 있고, 포로들은 반송장처럼 걷고 … 이제 우리의 혼은 꺾였도다."[14] 몽골은 그 즉시 금의 영토를 발판 삼아 송을 공격하기 시작했다.

송은 격렬하게 저항했다. 그러나 몽골군은 수십 년간 전쟁을 이어 가면서 중국 변경의 황폐화된 지방을 차근차근 접수했다. 또 송의 화약 무기와 공성구에도 점차 적응하면서 그들 자신도 그런 무기와 기술을 활용하게 되었다. 마침내 1276년, 몽골군은 남송의 수도 임안(항저우)을 점령했다. 몽골 측 연대기에 따르면 "주요 대신들이 그간의 적의를 잊고 우리에게 굴복했다".[15] 중국은 몽골과의 전쟁에서 수천만 인구를 잃었다. 이 지역의 인구와 농업 생산량은 그로부터 거의 3세기가 지나서야 예전 수준으로 회복되었다.[16] 이와 더불어, 장기적인 관점에서 몽골의 중국 침략이 가지

는 중대한 지정학적 의미는 송대에 널리 확산되고 있던 세계주의
가 그 뿌리부터 잘려 나갔다는 것이다.

## 이교도 정벌

변방에서 나타나 중국 본토를 점령한 유목민 세력은 몽골 이
전에도 있었다. 그러나 몽골은 중국만이 아니라 멀리 페르시아만
과 지중해까지 동시에 정복할 뜻을 품었다는 점에서 그전 어떤
세력과도 달랐다. 12세기에 처음 원정에 나설 때만 해도 그 계기
는 기후변화와 금나라의 약세였으나, 승리와 전리품의 달콤함을
알게 된 몽골족은 천신 텡그리의 명령에 따라 그들을 더욱 부강
한 제국으로 이끌겠다는 칭기즈칸의 약속을 굳게 믿기 시작했다.
그의 후계자들은 세계 정복의 야심을 숨기려고도 하지 않았다. 칭
기즈칸의 손자 귀위크칸(1246~1248)은 1246년에 교황 인노첸시오
4세에게 보내는 서한에서 자신을 "모든 인간의 황제"라고 칭했다.

> 해 뜨는 곳에서 해 지는 곳까지 모든 땅이 나에게 복속했다. 이
> 것이 신의 뜻에 반하는 일이라면 내가 어찌 이룰 수 있었겠는
> 가? 이제 그대는 진실한 마음으로 "폐하께 복종하고 폐하를 섬
> 기겠습니다."라고 말해야 할 것이다. 뭇 제후의 우두머리인 교
> 황 그대가 당장 우리를 섬기고 모시라![17]

몽골의 지배층은 '대해' 즉 대서양까지 유라시아를 완전히
정복할 생각이었다. 이들은 1237~1241년에 동유럽을 들쑤시며
인구의 절반을 죽였다. 유럽 다른 지역 도시들에 충격적인 소식이

전해졌다. 헝가리 왕국의 성직자 아풀리아의 로제르는 이렇게 기록했다. "그들은 남녀 할 것 없이 사람들을 교회로 끌고 들어가 끔찍하게 욕보인 뒤 그 자리에서 죽였다. … 그들은 그저 재미로 아버지 앞에서 딸을, 남편 앞에서 아내를 강간했다."[18] 그러나 몽골은 등장했을 때만큼이나 빠르게 유럽에서 퇴장했다. 이번에도 문제는 기후변화였던 것 같다. 강우량 증가로 인해 유럽의 스텝이 질퍽질퍽해지자 몽골 기병의 기동력이 떨어지고 말이 먹을 풀도 준 것이다. 또 유럽 원정군은 중국 쪽에 비해 규모가 작았고 먼 거리 때문에 공성구도 가져가지 못한 탓에 요새처럼 방비한 유럽 도시들을 공략하는 데 시간이 더 오래 걸렸다. 거기에다 칭기즈칸의 후계자 오고타이칸이 갑자기 사망하면서 유럽에 있던 많은 장군이 새 지도자를 선출하러 몽골로 돌아가야 했다. 이렇게 서유럽은 몽골의 침략을 면했다. 만일 그때 몽골군이 발길을 돌리지 않았다면 역사가 어떻게 전개되었을지는 지금까지도 흥미로운 질문으로 남아 있다.

어쨌든 13세기 중반 유럽의 정치 지형은 근본적으로 400년 전 샤를마뉴의 아들들이 제국을 분할했을 때만큼 분열되고 다극화된 상태로 남아 있었다. 11세기 초 유럽의 정치 지도에서 가장 눈에 띄는 여섯 국가는 독일 지역을 중심으로 유럽을 지배한 신성 로마 제국, 비잔틴 제국, 그리고 프랑스·잉글랜드·폴란드·헝가리 왕국이었는데, 이 왕국들은 나중에 등장할 왕국과는 많이 달랐다. 아직 그 어떤 곳도 강력한 중앙집권 체제를 갖추지 못했고 국경조차 그리 명확하지 않았다. 이 시대의 왕국은 과거와 마찬가지로 공작령, 백작령, 자유도시에 심지어 주교령까지 섞여 있는 느슨한 복합체에 불과했다. 그리고 교황청이 있었다. 이 정치체는 교황의 종교적 권위에 따라 때로는 어마어마한 정치적 영향력을 행사했다.

911년, 동프랑크 왕국을 지배하던 카롤링거 왕조의 마지막 황제가 후사 없이 사망하자, 각 지방 지배자가 모여 후계자를 선출했다. 이 나라가 바로 신성 로마 제국이다. 이때부터 수 세기 동안 신성 로마 제국의 황제는 오토 왕조, 잘리어 왕조, 호엔슈타우펜 왕조 등으로 이어지는 단일한 게르만 왕조의 후보자 중에서 투표로 선출되었다. 10세기 오토 왕조는 '제위의 이전translatio imperii' 개념으로 신성 로마 제국 황제에게 권위를 부여했다. 이 세상에 제국적 권위는 단 하나이며 그것이 로마에서 시작하여 비잔틴으로, 다시 프랑크로, 또다시 독일로 넘어왔다는 설명이었다. 그래서 그들은 '독일인의 왕'이라는 호칭, '로마인의 황제'라는 호칭, 그리고 고대에 황제를 부르던 '존엄한 황제'(임페라토르 아우구스투스)라는 경칭을 모두 사용했다.[19] 황제에게 기독교도의 후광을 입히는 것은 포교자의 몫이었다. 가령 수녀이자 역사가인 간더스하임의 흐로츠비트는 오토 1세를 "거룩한 교회에 안정과 평화가 자리할 수 있게 이교도를 정복하고 그리스도를 섬기게 한" 새로운 다윗 왕으로 묘사했다.[20]

그러나 기독교적 평화라는 얇디얇은 위장막 아래에서 오토 왕조는 더없이 세속적인 군사적 팽창주의를 추구했다. 신성 로마 제국에는 자연적 경계나 일정한 국경이 없었다. 라인강에 걸친 서쪽에서는 로렌이나 저지대의 속령을 두고 제국과 프랑스가 충돌했다. 남쪽으로는 알프스산맥에 걸친 바이에른 공국의 브레너 고갯길을 통해야 이탈리아로 넘어갈 수 있었다. 북쪽과 동쪽의 열린 평야에서는 신성 로마 제국과 덴마크, 폴란드, 헝가리가 서로서로 끊임없이 싸웠다. 오토 왕조는 군소 제후의 약세를 이용하여 그들의 영토를 흡수하기를 서슴지 않았다. 가령 951년, 오토 1세는 랑고바르드 왕국에 포로로 잡혀 있던 아델라이데를 풀어 준 뒤 그 김에 스스로 이탈리아 왕이 되었다. 10년 뒤, 그의 부재를 틈타 왕위 찬탈이 일어나자, 교황은 "신에 대한 사랑으로 … 왕께서 교황과 로마교회를 폭군의 송곳니로부터 구하고 우리를 다시 건강하고 자유롭게 해 주시기를"[21] 간청했다. 이때 오토 1세가 "자신의 이익은 생각지 않고 군대를 모아 당장 이탈리아로 달려왔다"고 칭송한 이탈리아 성직자 리우트프란드는 그 충성심을 인정받아 황제에 의해 주교로 임명되었다.[22] 오토 1세는 교황으로부터 신성 로마 제국의 지위를 공식적으로 인정받는 것으로 그 자신의 보상도 확실히 챙겼다.

이후 70년간 신성 로마 제국 황제들은 제 뜻대로 교황을 임명하고 파면했다. 그러나 교황청 또한 쇄신을 통해 점차 과거의 특권과 위상을 상당 부분 되찾았고 1076년에는 신성 로마 제국의 하인리히 4세를 파문함으로써 제국 내부에 반란을 일으킬 정도로 강력해졌다. 그러나 교황과 황제가 가장 격렬하게 대립한 문제는 역시 성직자 서임권이었다. 1122년, 두 세력은 마침내 보름스 협약을 체결하여 서임의 세속적 권한은 황제에게, 종교적 권한은 교황에게 귀속되는 것으로 문제를 정리했다. 그러나 황제를 비롯한 세속 지배층과 교황의 대립은 중세 내내 계속됐고, 이는 그러잖아도 만연하던 정치적 분열과 불안을 더욱 악화시키기만 했다.

이처럼 독일계 국가가 세력을 키울 수 있었던 데는 프랑스가 노르만족의 습격에 시달렸다는 이유가 있었다. 프랑스는 10세기 이전부터 북서부 해안에 노르만족의 정착을 허용했고, 그들의 이름을 따서 이 지역이 '노르망디'로 불리게 되었다. 그러나 다른 노르만 세력은 여전히 서유럽의 해안 지역을 들쑤셨다. 이들은 특유의 긴 배인 랑스킵을 타고 발트해를 통해 강을 거슬러 올라 마을, 농장, 수도원을 약탈했다. 프랑스는 이어 잉글랜드의 강력한 앙주(플랜태저넷) 왕조와도 갈등을 빚었다. 이 시대에 잉글랜드는 프랑스의 서해안을 넓게 지배했고, 이 지역 영주들은 그때그때 사정에 따라 두 나라 사이에서 편을 오갔다. 1190년, 프랑스의 필리프 2세는 잉글랜드의 사자왕 리처드와 동맹을 맺었으나이 약속은 곧 파기되었고, 양국 군대는 1214년 지금의 프랑스 북부에 있는 부빈에서 맞붙었다. 이 전투에서 승리한 프랑스는 마침내 노르망디와 브르타뉴에서 지배력을 강화하기 시작했다. 루이 9세(1226~1270)가 중앙집권화 조치를 단행하면서 권력균형이 점차 이동하기 시작했다. 1250년경 유럽에서 가장 인구가 많고 경제적·군사적으로 가장 강력한 나라는 프랑스였다. 루이 9세는 '하느님의 지상 대리인'을 자처했다.

이로써 상대적인 안정기에 접어든 유럽은 다시 번영을 구가하고, 로마 제국이 몰락한 후 처음으로 국경 너머 먼 땅에까지 영향력을 행사하게 된다. 사람들은 점차 진정한 기독교적 평화를 염원했다. 수도원과 교회와 도시에서부터 원시적인 형태의 평화주의 운동이 시작되어 '신의 평화'를, 그게 아니면 '신의 휴전'이라도 실현하고자 했다. 그 대표적인 예가 프랑스의 클뤼니 수도원이 주최한 일련의 평화 집회였다. "기독교인은 다른 기독교인을 죽여서는 안 된다. 기독교인을 죽이는 것은 그리스도의 피를 흘리는 것이나 마찬가지이기 때문이다."²³ 여러 왕과 황제가 이 생각을 옹호했지만 그렇다고 해서 유럽 기독교도 간의 전쟁이 멈춘 것은 아니었다.

이 시기의 더욱 중요한 변화는 이슬람 세계의 분열과 함께 외부로부터의 위협이 감소했다는 것이다. 기독교 세력은 반격의 기회를 얻었다. 1095년, 교황 우르바노 2세의 주창으로 예루살렘을 탈환하기 위한 성전이 시작되었으니, 이것이 제1차 십자군 전쟁이다. 1095년부터 1271년까지 최소 아홉 차례에 걸쳐 원정대가 성지를 향했다. 그런데 십자군이 무척 허술한 오합지졸이었음에도 상대가 즉각 반격에 나서지 않았다는 사실에서 우리는 당시 이슬람 세계의 정치가 얼마나 허약했는가를 알 수 있다. 제1차 십자군은 험난한 과정 끝에 예루살렘을 정복했고(1099) 그 후 거의 100년간 그곳을 지배했다. 신의 승리는 묵시록적 폭력과 함께 실현되었다. 십자군의 교목이었던 아길레르의 레몽은 이렇게 기록했다. "참수는 그나마 자비로운 죽음이었다. 다른 이들은 탑에서 쏟아져 내리는 화살에 꿰뚫려 죽거나 오랫동안 고문당하다가 불길 속에서 타 죽었다."[24] 예루살렘에 살던 수천 명의 이슬람교도와 유대인이 학살당했다.

이 시대에는 기후가 온화해지고, 철제 농기구가 점점 널리 쓰이고, 윤작법이 도입되면서 농업 생산량이 늘었고 이것이 꾸준한 경제성장을 뒷받침했다. 이른바 '중세 성기High Middle Ages'라고 불리는 이 시기에는 로마 제국의 전성기 이후 처음으로 잉여 농산물을 바탕으로 수공업이 발달하고 장거리 교역이 늘고 대도시가 형성되었다. 특히 상업적으로 중요했던 도시들은 자치권을 누리기 시작했으며, 그럴수록 명예와 번영을 차지하기 위한 경쟁은 더욱 치열해졌다. 경제성장은 인구 증가로 이어졌다. 13세기 유럽 인구는 중국, 인도, 서아시아와 비슷한 수준인 6,000만 명에 달했다.[25] 인구 증가는 또 인구 이동으로 이어졌다. 도시의 인구 과밀과 토지 부족 문제로 인해 서유럽·북유럽의 많은 젊은 남성이 십자군에 합류하여(이처럼 십자군은 종교적 동기와 경제적 동기가 한데 엮인 모험이었다) 대륙 동쪽의 더 황량한 땅으로 향했다.

## 다뉴브강 너머

1237~1241년에 서유럽은 헝가리, 불가리아, 키예프 공국이라는 완충지대 덕분에 몽골군의 침략을 면할 수 있었다. 이렇게 동유럽이 황폐해지고 인구가 급감하는 사이에 독일의 제후, 발트해의 독일기사단(튜턴기사단) 등도 이익을 누렸다. 하지만 중유럽에서 인구가 새로 유입되고 다뉴브강, 비스와강, 드네프르강을 통한 교역이 활발해지면서 동유럽도 예전 모습을 되찾았다. 피아스트 왕조 시대 폴란드는 전쟁의 피해를 극복하고 헝가리 왕국과 더불어 가장 중요한 가톨릭 국가로 자리매김했다. 헝가리는 풍부한 금과 소금 매장량 덕분에, 그리고 신성 로마 제국, 아드리아해 연안, 흑해 연안 간의 교역을 상당 부분 장악한 덕분에 부를 축적할 수 있었다. 무역도시 노브고로드에서 발전한 키예프 공국은 몽골족이 물러간 후 드네프르강을 통한 발트해와 흑해 간 교역을 토대로 번영을 이어 나갔다. 또 그처럼 콘스탄티노플과 지속적으로 교류하는 과정에서 과거 흑해 연안의 불가리아 제국이 그랬던 것과 흡사하게 동방정교를 국교로 채택하게 되었다. 동유럽 국가는 그들끼리 끊임없이 경쟁했음은 물론 쿠만족, 페체네그족 등 인근 유목사회와, 특히 남쪽의 강대국인 비잔틴 제국과 치열하게 경합했다.

11세기 초 유럽에서 가장 큰 도시는 여전히 콘스탄티노플이었다. 이곳은 유라시아를 널리 아우르는 거대한 교역망의 정중앙이었다. 콘스탄티노플의 육중한 성벽은 아홉 번 포위당했으나 끝내 무너지지 않았다. 비잔틴 제국은 10세기부터 활기를 되찾고있었다. 칼라브리아, 키오스, 펠로폰네소스, 아테네, 키프로스 등제국의 경제적 영향력이 미치는 모든 땅에 외관은 수수하지만 내부는 모자이크와 벽화로 화려하게 장식한 동방정교 교회와 수도원을 지었다. 보스포루스해협, 메시나해협, 오트란토해협, 다뉴브강 델타 등 전략적 요충지이자 관문에는 요새 같은 항구를 촘촘히 건설하고 막대한 세금을 거두어들였다. 제국 북쪽의 세력과는교역 조약을 체결하여 모피와 금속을 수입했고, 흑해에서는 곡물교역을 장악하는 데 힘썼다.[26] 비잔틴은 이 거대한 상업 제국을보호하기 위해 대규모의 갤리선 함대를 운용하고, 아나톨리아에요새 장벽을 건설하여 남쪽 국경을 지키고, 북쪽 국경에 인접한국가와 민족들 간의 분열을 획책했다.

10세기 비잔틴 제국의 콘스탄티누스 7세는 『제국 경영론De Administrando Imperio』에서 자신의 아들에게 무력에 기대지 말고 지혜를 발휘할 것, 페체네그족과 손잡고 불가르족, 키예프 공국, 투르크족을 견제할 것, 제국 제해권의 핵심인 '그리스인의 불'이라는화공 무기를 그들에겐 절대로 팔지 말 것을 강조했다.[27] 그러나제국의 안보는 늘 위태로웠다. 페체네그족은 불가르족과 손잡았고, 노르만족은 이오니아해를 장악하여 제국을 위협했다. 1047년의 내란은 페체네그족의 공격을 끌어냈다. 점점 제국을 위협하던아나톨리아 지역의 셀주크투르크는 1071년 만지케르트 전투에서비잔틴군에 결정적인 패배를 안겼다. 1081년에 즉위한 알렉시우스 1세(1081~1118)의 딸 안나 콤네나는 황제가 "제국을 변변하게 방어할 능력도 없이 사방이 야만인에 둘러싸인 불행한 형국"이었다고 기록했다.[28]

알렉시우스 1세로부터 시작된 콤네노스 왕조는 결국 질서를 회복했지만 그 과정에서 막대한 대가를 치러야 했다. 황제는 국내의 소요를 수습하느라 해군을 등한시했다가 그로 인해 과거엔 속국이었으나 이제는 경제 강국으로 부상한 베네치아에 지원을 요청해야 했다. 비잔틴 제국의 연대기 저자 니케타스 코니아테스는 해군에 투자를 게을리한 탓에 베네치아의 위상이 강화되었고 제국의 교역이 감소했으며 그로 인해 국고 지출이 더욱 심각해졌다고 썼다.[29] 얕은 석호가 보호하는 지형의 베네치아 공화국은 혼란스러운 이탈리아반도와는 거리를 두고자 했고 바다로 눈길을 돌렸다. 1082년, 노르만이 이오니아해를 침략했을 때 베네치아는 비잔틴을 지원하고 그 대가로 제국 전역에서 세금 없이 교역할 권리를 얻어 냈다.

콘스탄티노플은 12세기 들어 다시 번영을 누렸다. 비잔틴 사람들은 과거와 마찬가지로 서유럽인을 내려다보았고 동방정교가 우월하다고 믿었으며 전처럼 교역을 직접 장악하지는 못해도 베네치아 상인들이 제국 경제를 얼마간 뒷받침해 주는 데 만족했다.[30] 그러나 군사 면에서는 서유럽과 동맹을 추진해야 할 정도로 허약했다. 1095년 피아첸차 공의회에 참석한 비잔틴 사절이 동방 기독교인의 고난을 호소하며 도움을 청하고 몇 달 뒤, 교황 우르바노 2세는 제1차 십자군 원정을 촉구했다. 그러나 비잔틴 제국과 서유럽 사이에는 늘 깊은 불신이 존재했다. 비잔틴인의 눈에 서유럽인은 여전히 야만인이었고, 서유럽인의 눈에 비잔틴인은

게으르고 고압적이고 교활한 족속이었다.[31]

　12세기 후반, 지중해 해상 권력의 균형은 완전히 서유럽으로 넘어가 있었다. 1180년 시점에 비잔틴 제국이 동원할 수 있었던 선박은 겨우 30척이었던 반면, 베네치아는 100척 이상이었다. 1204년, 비잔틴과 서유럽 간의 불신에 베네치아의 상업적·정치적 야심이 결합하여 콘스탄티노플 점령이라는 사건이 발생했다. 원래 성지 원정을 위해 동쪽으로 향하던 베네치아, 프랑스, 저지대 국가의 연합군은 콘스탄티노플을 약탈하고 플랑드르 지역의 한 백작을 황제로 세웠다. 그러나 지방 지배자들이 새 황제를 인정하지 않으면서 제국은 분열했다. 남은 교역권은 거의 전적으로 베네치아가 차지했다.

## 불경자를 멸하는 자

　콘스탄티노플 동쪽으로는 과거의 이슬람 칼리프국, 사산조 페르시아처럼 오래도록 세력을 떨칠 만한 강대국이 없었다. 11세기, 중국과 유럽 사이의 광대한 땅은 대체로 분열된 상태였고, 크게 네 국가가 패권을 두고 경쟁하고 있었다. 오늘날의 아프가니스탄에 세력 기반을 둔 가즈나, 이란 지역의 부와이, 아나톨리아의 셀주크, 이집트의 파티마였다. 아바스의 수도 바그다드는 여전히 문화와 학문의 중요한 중심지였으나 이 왕국은 사실상 부와이와 셀주크에 의해 차례차례 점령당했다. 두 나라는 아바스에 꼭두각시 왕을 세우고 칼리프국의 후광을 이용했다.

　셀주크인은 원래 카스피해와 아랄해 사이 평야에 살던 투르크계 부족 연합의 일원이었다. 이들은 950년경 이슬람교로 개종했고, 아직 인구가 1만 명이 채 안 되던 1034년에 본거지를 떠나 험난한 이주길에 올랐다. 13세기 시리아의 연대기 저자 바르 헤브라이우스에 따르면 "사람과 가축이 먹을 식량이 부족했기 때문에 어쩔 수 없이 새 땅을 찾아 나선" 것이었다.[32] 셀주크인은 먼저 (지금의 이란과 아프가니스탄에 위치한) 호라산 인근에 평화롭게 정착할 생각으로 가즈나의 술탄에게 탄원서를 보냈다. "술탄께서 보시기에 적절하다면 저희를 신하로 받아 주십시오. … 저희는 달리 갈 곳이 없습니다." 그러나 술탄의 고문이 경고했다. "저들은 원래 목동 무리에 지나지 않았으나 지금은 영토를 지배하는 군대입니다."[33] 이에 술탄은 셀주크인을 몰아내고자 했으나 가즈나는 오히려 패배했다. 셀주크인은 처음의 계획을 관철했을 뿐 아니라 1036년에는 대상 교역의 거점인 메르브까지 쉽게 손에 넣었다.

셀주크인은 곧 가진 것 이상을 바라게 되었다. 1040년, 이들은 과도한 징세와 종교 탄압으로 인해 이미 쇠약해져 있던 가즈나 제국을 무너뜨렸다. 가즈나의 느릿한 군사는 셀주크의 발 빠른 기병 앞에 속수무책이었다. 1055년에는 부와이의 공격으로 궁지에 몰린 아바스는 셀주크에 지원을 요청했다. 셀주크는 즉시 바그다드에서 부와이군을 몰아낸 뒤 그 도시를 자기들이 차지했는데, 명목상으로는 아바스의 주권을 인정했다. 1071년, 셀주크는 만지케르트 전투에서 비잔틴 제국에 대승을 거두고 아나톨리아 대부분 지역을 차지했다. 이때부터 셀주크는 저 옛날 아케메네스조 페르시아의 후예를 자처하고 사산조 페르시아의 신성한 권리를 계승했다고 주장했다. 또한 세계 지배를 꿈꾸었는데, 만지케르트 전투를 승리로 이끈 술탄의 후손 킬리지 아르슬란 2세가 사용한 길디긴 칭호가 이 사실을 잘 보여 준다.

위대한 술탄, 신성한 샤한샤(왕들의 왕), 아랍과 페르시아의 술탄 중의 술탄, 뭇 민족의 주인, 세계와 종교의 위인, 이슬람교와 이슬람교도의 기둥, 왕과 술탄의 위인, 법의 수호자, 불경자와 다신론자를 멸하는 자, 믿음의 전사들을 돕는 자, 알라의 나라를 수호하는 자, 알라의 종들을 보호하는 자, 룸·아르메니아·프랑크·시리아의 술탄.[34]

아나톨리아를 정복한 셀주크는 레반트의 파티마 왕국과 정면으로 맞부딪히게 되었다. 오늘날의 튀니지에서 기원한 파티마는 종교적으로는 시아파였고 민족적으로는 베르베르족이 대다수였다. 10세기 후반, 이들은 수니파의 팽창을 저지하겠다는 목표 하에 권력 거점을 이집트로 옮겼다.[35] 파티마 왕은 정치 권력자인 동시에 종교 지도자였다. 즉 그들은 칼리프 칭호만이 아니라 이맘(시아파의 지도자), 마흐디(세계의 종말 직전에 정의를 회복할 구원자)라는 칭호도 사용했다. 파티마의 한 시인은 이렇게 노래했다. "세상이 당신과 당신 왕국의 것입니다. 마흐디여, 당신의 제국은 젊습니다. 시간은 제국의 노예입니다."[36] 파티마군은 과거 파라오의 군대가 그러했듯 이집트에서 출발하여 시나이사막을 건너 레반트로, 그리고 메소포타미아로까지 진군했다. 그러나 아바스는 끈질기게 저항했고, 파티마는 아나톨리아에서부터 팽창하던 셀주크에 반격당하기 시작했다.

1076년, 다마스쿠스를 점령한 셀주크가 이집트 깊숙한 곳까지 진군했다. 카이로의 한 유대인 상인은 경악했다. "그들은 푸스타트(카이로)에 들어와 강도와 살인, 강간을 자행했고 저장고를 약탈했다."[37] 13세기 초 아랍의 역사가 이븐 알아시르가 기록하기를 "술탄국 간 전쟁이 끊이지 않았고 부패가 만연했다. 재산이 약탈당하고 유혈이 낭자하고 토지가 황폐화되고 촌락이 불탔다."[38] 파티마는 셀주크를 저지하기 위해 당시 아나톨리아를 통과해 예루살렘에 근접하고 있던 제1차 십자군을 이용했다. 1098년, 파티마는 십자군에 레반트를 나눠 가지자고 제안했다. 시리아 지역은 프랑크에 내주고 팔레스타인은 파티마가 가지겠다는 계획이었다. 이 제안은 수포로 돌아갔지만, 이 무렵 셀주크의 위협은 이미 예전 같지 않았다. 왕위 계승 문제로 인해 왕국이 아나톨리아의 룸 술탄국과 중앙아시아의 호라즘 왕국으로 쪼개진 탓이었다.

그러나 파티마 역시 내분에 휩싸였다. 그간 셀주크, 십자군, 북아프리카 부족 등과 싸우느라 지배력이 약화된 데다 국내에서는 부유한 지주들이 세력을 키우고 있었다. 결국 1171년, 살라흐 앗딘이라는 야심만만한 고관이 파티마 왕조를 무너뜨리고 아이유브 왕조를 세웠다. 그는 셀주크 룸 술탄국을 다시 아나톨리아로 밀어냈고 십자군으로부터 예루살렘을 탈환했다. 이후 사자왕 리처드가 이끄는 새로운 십자군은 아르수프 전투에서 아이유브군에 대승을 거두었으나 예루살렘 재정복이라는 목표는 이루지 못했다. 그로부터 1년 반 후, 살라딘은 사망했고 리처드 왕은 본국에서 왕위 찬탈이 일어날 것을 염려해 성지를 포기했다. 결국 이 이슬람 국가들에 최후의 일격을 날린 것은 몽골족이었다. 1258년, 몽골이 바그다드를 침탈했다. 이슬람 세계는 와해되었다.

"술탄들은 저들끼리 싸우다가 나라를 프랑크족에게 점령당했다." 이븐 알아시르가 기록한 11세기 후반 서아시아 이슬람 세계의 상황이다.[39] 9세기에 아바스 칼리프국이 분열한 후로 그 어떤 단일한 세력도 이집트, 레반트, 메소포타미아, 페르시아를 동시에 지배하지 못했다. 이집트와 메소포타미아의 관개시설은 방치되었고 지배층은 주로 교역에 집중했다. 그러나 이들의 동지중해 교역은 아드리아해의 안전한 석호 안에 자리한 베네치아에 의해 서서히 잠식되어 갔다. 이렇게 분열된 이슬람 세계는 16세기에 오스만 제국의 셀림 1세와 술레이만 대제 같은 강력한 술탄이 등장하고서야 어느 정도 다시 통합될 터였다.

## 힌두의 관문

1000~1250년 인도아대륙은 예술과 건축, 과학, 문학 분야에서 눈부신 발전을 구가했다. 막강한 경제력을 바탕으로 풍요로운 생활을 영위하던 사회 지배층에게는 일단 그러했다. 인도의 배는 먼 나라와 교역하며 이국의 값비싼 상품을 수입했다. 강력한 상인 길드와 면세 상업 지구가 형성되었고 왕실은 대외 교역을 감시하는 관리를 두었다.[40] "정원에는 포도며 강연장이며 맑은 물이 흐르는 샘과 음수대가 누구나 즐길 수 있도록 마련되어 있었다." 이렇게 인도는 중앙아시아의 지루하고 건조한 소도시들과는 달랐다.[41]

그러나 이 시대 인도에서는 십여 개 왕국이 패권을 두고 경쟁하고 있었다. 여러 문헌이 공통적으로 증언하는 바, 인도는 조각조각 나뉘어 서로 불화하는 세계, 밀정이 활약하는 무대였다. 어제의 동지가 오늘의 적이었고, 왕들은 야심이 지나쳤으며, 동포끼리 살육을 자행했다. "왕권은 마치 가시 돋친 덩굴처럼 단란한 가족을 파괴한다." 카슈미르의 작은 왕국을 지배한 왕이 남긴 말이다.[42] 힌두 사회에는 부유한 카스트와 빈곤한 카스트 간의 계급 갈등이 심각했으며 지배 계층에 대한 불만이 만연했다. 카슈미르의 왕은 이렇게도 적었다. "게는 제 아비를 죽이고 작은 벌은 제어미를 죽이지만 은혜를 모르는 카야스타는 부자가 되고 나면 부모를 다 죽인다. 상인이 호랑이와 다른 점은 얼굴이 기름으로 번들거리고 말재주가 좋고 몸가짐은 미천하다는 것뿐이다. …… 매춘부와 카야스타와 대상인은 태생적으로 교활하다. 인간의 기운은 잠든 뱀의 기운과 같아서 분노하기 전까지는 그 본모습을 알 수 없다."[43]

인도 동남부의 힌두 왕국 촐라는 아시아에서 가장 유력한 교역 국가 중 하나로 발전했다. 촐라는 농업 생산량을 늘리기 위해 관개시설을 크게 확충하는 동시에 수백 척 규모의 함대를 구축하여 교역과 군사 원정 양쪽에 활용했다. 10세기 말, 한 상인에게서 스리랑카의 내홍에 관해 전해 들은 촐라 왕실은 스리랑카 원정에 착수하여 불교 사원을 파괴하고 현지 지배자를 포섭하고 삼림을 개간하고 새로운 정착지를 건설하는 등 이 지역을 반식민지로 삼았다.[44] 또 1025년경에는 인도양 교역의 최대 경쟁자였던 스리위자야 왕국을 침략했다. 이 동남아시아 원정의 주요한 목적 하나는 끄라지협을 장악하는 것으로, 말레이반도에서 가장 폭이 좁은 이 지역은 "시라프와 오만의 선박이 중국 선박과 만나는 가장 큰 집결항"이었다.[45]

아대륙 내에서는 촐라와 그 영향력에서 벗어나려는 판디아 제후 동맹이 대치 중이었다. 판디아가 조공 의무를 거부하자 촐라는 이들의 고대 대관식장을 파괴했으나, 이로 인해 판디아의 저항은 오히려 더 격렬해졌다. 판디아는 스리랑카에서 촐라에 맞서고 있던 제후들과 "촐라의 공포"였던 찰루키아 왕국에 지원을 요청했다.[46] 찰루키아와 촐라, 두 힌두 왕국은 수십 년 전부터 데칸 고원의 비옥한 유역과 교역로를 두고 충돌하고 있었다. 찰루키아 왕 비크라마디티야 6세(1076~1126)의 업적을 칭송한 서사시 『비크라만카데바카리타Vikramankadevacarita』에 따르면 "촐라는 다시금 의기양양하고 오만해져" 이웃 나라들을 위협했다.[47] 촐라에 대한 회유책이 수포로 돌아가고 두 나라 사이에 전쟁이 시작되었다. 그러나 승자는 찰루키아였다. 패배한 촐라는 강화를 요청하기 위해 찰루키아 왕에게 사절을 보내어 혼인 동맹을 제안해야 했다.

인도아대륙 내의 분열이 북방 세력에는 침략의 기회였고 실제로 그들은 인도로 내려와 이익을 취했다. 이 시대에 인도를 방문한 중국, 이슬람 사람들은 각 왕국의 군사 규모에 놀라고 또 인도 북부와 중앙아시아를 연결하는 주요 경로의 '요새 목걸이', 이른바 '힌두의 관문들'에 감탄했다.[48] 그러나 11세기 말에는 그 막강한 군사력, 촘촘한 요새도 새롭게 밀려오는 적을 저지하기엔 역부족이었다. 인도인은 호라산 지역 구르 왕국의 군장들을 "말의 군주"라 부르며 두려워했고, 이슬람 신앙과 관련해서는 그들을 "소고기를 먹는 야만인"이라고도 불렀다.[49] 인도 북부의 왕국과 부족사회는 구르인을 모든 힌두교도의 공적으로 규정하며 격렬하게 저항했다.

그러나 찰루키아 같은 큰 왕국들은 충돌 지역에서 지리적으로 한참 떨어져 있었고 전쟁 초기에는 거의 협력하지 않았다. 구르 왕국의 발 빠른 궁기병 부대는 북부 군소 왕국의 보병대를 사정없이 짓밟았다. 1175~1186년, 인도 북부의 국가들은 구르군의 공격에 병력을 소진하고 점차 저항하기를 포기했다. 이렇게 힌두의 관문이 활짝 열리자 점점 더 많은 구르인이 남하했다. 1198년 델리에 세워진 거대한 모스크는 이슬람 세력의 인도 지배를 상징적으로 알렸다.

## 해상의 맹

유라시아 대륙에서는 여러 유목민 세력과 부족사회가 수세기에 걸쳐 군사적·문화적으로 성장했다. 그러나 비잔틴과 송나라는 옛 제국들이 수립한 외교 전통을 상당 부분 고수하고 있었다. 즉 두 제국 모두 '야만인' 또는 '이민족'을 상대하는 관청을 그대로 두었는데, 그 주된 기능은 외국에서 사절이 찾아오면 의전에 따라 그들을 대접하는 정도에 지나지 않았다. 사절의 역할도 과거와 마찬가지로 문서나 구두로 지배층 간에 메시지를 배달하는 것이었다. 그러나 이 시대에 외교의 범위는 전보다 확연히 넓어졌고, 특히 실크로드를 따라 대륙과 대륙이 교류했다. 가장 눈에 띄는 사례가 1078년 비잔틴 제국의 미카엘 7세가 반셀주크 동맹을 체결하고자 송나라에 사절을 파견한 일이다. 하지만 송나라 왕실은 비잔틴이 조공을 보내왔다고만 생각했다. "그들은 과거에 우리에게 공물을 바치지 않았으나, 원풍 4년 10월에 처음으로 '멸력이령개살'이 대수령인 '이시도령시맹판' 편에 안장을 댄 말과 도검, 진주를 공물로 보내왔다."[50] 그래도 비잔틴은 1091년에 다시한번 송나라에 사절을 파견했다.

중세 유럽에서 외교는 과거와 마찬가지로 주로 성직자와 학자(당시 두 집단은 서로 거의 구분되지 않았다)가 담당했다. 국가 간 분쟁을 평화롭게 해결하는 데도 이들의 활약이 컸다. 가령 13세기 초 아시시의 성 프란치스코는 기독교 사회 내의 관용과 평화를 설파했으며, 1219년에는 아이유브 술탄을 기독교도로 개종시키는 방법으로 십자군 전쟁을 종식하려고 몸소 카이로를 방문했다.

이 시대에는 교황청 또한 그 종교적·정치적 권위를 강화하는 데 외교를 적극적으로 이용하기 시작했다. 교황의 주요 외교 전략은 물론 평화 회담을 주최하는 것이었지만, 공동의 적을 찾아내어 그에 맞선 동맹을 구축하는 방법도 자주 쓰였다. 교황이 지목한 대표적인 두 표적이 바로 11세기 중반부터 이탈리아를 공격하기 시작해 교황청의 안보를 위협하던 노르만족, 그리고 신성 로마 제국의 황제였다. 가령 레오 9세(1049~1054)는 노르만족에 대해서는 "가장 사악한 민족"이라고 언급했고, 신성 로마 제국에 대해서는 그 손아귀에서 기독교도를 해방해야 한다고 주장했다.[51] 그레고리우스 7세(1073~1085)는 교회를 "그리스도의 군단"이라고 표현하면서, 교황의 이익을 수호할 "성 베드로 민병대"를 유럽 전역에서 모집하기도 했다. 1177년, 베네치아는 신성 로마 제국, 교황청 및 북이탈리아 도시국가, 노르만족의 시칠리아 왕국 간의 해묵은 갈등을 해결하고자 대규모 평화 회담을 주최했다. 북부 도시 국가들은 1183년 콘스탄츠에서 열린 후속 회담에서 자율성을 인정받고 제국의 지배에서 벗어났다.

그러나 유럽의 가장 큰 공적은 역시 이슬람이었다. 우르바노 2세는 1095년 클레르몽 공의회를 소집하여 레반트 지역 이슬람인에게 함께 맞서기를 호소했으니, 이것이 이후 거의 200년간 이어질 성전의 시작이었다. "여러분은 그동안 세계가 오래도록 거대한 무질서에 빠져 있는 것을 보았습니다. 하느님의 아들들이여, 여러분은 그 어느 때보다 굳게, 우리 안의 평화를 지키고 교회의 권리를 수호하겠다고 약속했지만 여러분에게 중요한 할 일이 하나 남아 있습니다. 동방의 형제들이 여러분의 도움을 간곡히 기다리고 있으며 … 여러분이 다들 들은 대로 투르크족과 아랍인이 그들을 공격하고 있기 때문입니다."[52]

십자군 원정이라는 다국적 사업은 이 시대 외교의 기폭제였다. 빌라르두앵의 조프루아의 기록에 따르면 제4차 십자군 원정(1202~1204)을 이끈 귀족들은 먼저 수아송에 모여 회의를 연 다음, 협상 전권을 가진 사절을 파견하여 베네치아에 지원을 요청했다. 베네치아에 도착한 십자군 사절단은 먼저 공화국 총독에게, 이어 평의회에서, 마지막으로 산마르코 광장의 국민의회에서 의견을 피력했다. 고대 그리스 세계에서 케르키라와 코린트의 대표가 스파르타와 아테네의 의회에 나가 연설했다고 하는 투키디데스의 기록이 떠오르는 대목이다. 이 사절단의 일원이었던 조프루아가 쓰기를, 그들이 받은 명령은 "(베네치아인의) 발치에 엎드린 채 성지 원정을 돕겠다는 약속을 받아 내기 전까지는 일어나지 않는" 것이었다.[53] 이에 베네치아는 십자군을 지원하기로 합의했지만, 그렇다고 십자군의 적들과 해 오던 교역을 중단하지는 않았다.

여기에서 알 수 있듯 중세 유럽인의 외교적 결정에는 원칙 못지않게 실리가 중요하게 작용했다. 정치적 동맹이든 상업적 조약이든 국가 간 약속은 자유롭게 체결된 만큼이나 자유롭게 파기되었으며, '상황'이 모든 것을 좌우했다. 가령 1096년, 우르바노 2세는 노르망디 공국이 제1차 십자군에 참전할 수 있도록 노르만족 편에서 강화 협상을 추진했다. 1150년경 클뤼니 수도원의 원장은 제2차 십자군 원정(1147~1149)에 실패한 비잔틴의 "무능한 지배자"를 함께 처단할 수 있도록 신성 로마 제국과 시칠리아 왕국 간에 강화를 주재했다. 이탈리아인 역시 대체로 비잔틴인을 경멸했던 듯하나, 1170년대에 신성 로마 제국의 프리드리히 1세가 북부 도시들을 공격하자 허겁지겁 비잔틴에 지원을 요청했다. 그런가 하면 비잔틴은 1204년에 십자군이 콘스탄티노플을 점령하자 그들을 추방하기 위해 주적 셀주크와 적극적으로 손잡고자 했다. 1220년에는 베네치아도 셀주크와 교역 조약을 체결하여 각국의 상선·상인과 재산권을 상호 보호하기로 했다.[54]

기독교 세계가 마주한 또 하나의 거대한 공적은 몽골족이었다. 이때도 유럽은 단일한 입장을 보이지 않았다. 일부 십자군은 몽골군을 이슬람에 함께 맞설 동맹으로 여겼다. 몽골군이 동유럽을 잔혹하게 짓밟고 있다는 소식이 전해지는 와중에도 교황 호노리우스 3세(1218~1227)는 그들을 이슬람 세력에 맞설 잠재적인 동맹으로 생각했다. 베네치아는 몽골과 교역 조약을 체결했으며, 일설에 따르면 프랑스는 몽골을 이용하여 신성 로마 제국을 공격하려고 했다.[55] 그러나 1241년 몽골군이 헝가리 왕국을 초토화하자, 교황 인노첸시오 4세는 "몽골족을 막기 위해" 공동 전선을 구축하기를 주장했다. 1245년, 교황은 유럽 고위급 회의를 준비하는 과정에서 프란치스코회 수사 플라노 카르피니의 조반니를 막대한 선물과 함께 몽골 칸의 궁정에 보냈다. 그의 임무는 칸의 향후 계획을 알아내는 것, 그리고 기독교 신앙을 설명하고 평화를 촉구하는 교황의 서한 두 통을 전달하는 것이었다. 편지의 요지는, 온 세상은 본래적인 친화성으로 연결되어 있고 모든 인간은 마땅히 그리스도의 가르침에 따라 "신을 경외하며 조화롭게 살아가야 한다"는 것이었다.[56] 귀위크칸은 교황과 유럽 제후들이 진정으로 평화를 원한다면 그들이 자신에게 충성을 바치러 와야 할 것이라고 답했다. 1248년에는 몽골이 서유럽에 처음으로 사절 두 사람을 파견했다. 그들이 로마에 도착하여 전한 간명한 메시지는 '칸은 신들의 명령에 따라 온 세상을 지배한다'는 것이었다. 그럼에도 유럽은 몽골과 외교를 맺기 위해 계속 노력했다. 이후 몇 년간 프랑스의 루이 9세는 몽골에 재차 사절을 파견하여 십자군 원정 지원을 요청했고 제노바 공화국은 몽골이 장악한 흑해 교역에 자신들을 참여시켜 주기를 요청했다.

유라시아의 반대편 끝 중국에서도 외교는 그때그때 피아가 바뀌는 기회주의의 장이었다. 송은 티베트, 서하, 금은 물론 몽골과도 한시적으로나마 동맹을 체결했다. 목적은 여러 가지였다. 다른 나라들이 서로 손잡고 송에 대항하지 못하도록 분열을 획책하는 동맹도 있었고, 제국의 과잉 산개된 병력을 재편할 때까지 시간을 벌기 위한 휴전 협정도 있었다. 특히 송의 외교관 동관은 '해상의 맹海上之盟'이라고 하여 조약을 비밀리에 체결하는 외교 전략을 내세웠다.

유럽과 마찬가지로 송 또한 흔히 학자와 지식인을 사절로 임명했지만 그 선택이 늘 효과적이진 않았다. 일례로 1075년에 송은 박학다문한 학자 심괄을 투입하여 요나라와 담판을 짓고자 했다. 두 나라는 국경을 확정하는 문제를 두고 몇 년간 지지부진하게 논의 중이었다. 지리학자가 해당 지역의 자세한 지도를 새로 그리고, 학자들이 역사적 선례와 법적인 근거를 찾아내도 별 진전이 없었다.[57] 심괄과 그의 조수들은 다시 또 몇 달 동안 황실 기록 보관소를 뒤져 송나라 측 주장을 뒷받침하는 새로운 증거를 모으고 상대를 설득할 논리를 완벽하게 준비했다. 그러나 그들이 마침내 요나라 왕을 알현했을 때, 왕은 분노하며 그들의 의견을 대번에 일축했다.[58]

1140년대에 송과 금의 관계는 그보다도 복잡했다고 전해진다. 두 나라는 황허강을 경계로 삼기로 약속했으나 이 조약은 1년도 가지 못했다. 양국의 강경파가 저마다 조약 조건이 굴욕적이라며 다시 전쟁을 일으킨 것이다. 송나라 황제는 이 전쟁을 통해 군부 세력이 지나치게 강해질 것을 염려하여 재상 진회를 통해 금과 강화를 맺기로 했다. 진회는 송 궁정의 대표적인 주화파였고 과거에 금나라에서 볼모로 지낸 적이 있어 금과 관계가 돈독한 인물이었다. 진회는 먼저 전쟁을 일으킨 장군들을 체포하고 처형했는데, 이는 자국군의 지도부를 스스로 제거함으로써 이후 협상에서 금나라에 우위를 보장하는 패착이었다. 결국 1141년의 소흥화의紹興和議에서 양국의 국경은 전보다 훨씬 남쪽으로 내려온 양쯔강 인근으로 정해졌고 송은 막대한 배상금을 물어야 했으며 이제 '약소한' 국가로 불리게 되었다.[59] '매국노' 진회를 향한 비난이 공공연하게 쏟아졌고, 이 일화는 중세 이후 언제나 중국인의 애국심을 고취하는 데 쓰였다.[60] 송의 수도였던 항저우에는 진회에게 희생당한 장군의 무덤 앞에 무릎 꿇은 진회 상이 있는데, 지금도 시민들은 그 앞을 지나갈 때마다 동상에 침을 뱉는다고 한다.

## 왜 유럽이었을까?

1000~1250년의 가장 중요한 정치적 사건은 몽골족의 팽창이었다. 앞선 시대에 스키타이족, 훈족이 그랬듯이 몽골족은 탁월한 기동성을 바탕으로 몽골고원부터 동유럽까지의 광대한 초원을 고속도로처럼 누볐다. 옛 유목민 세력이 그러했듯이 이들은 무엇보다 기후변화라는 요인 때문에 전쟁에 나섰다. 이례적으로 서

늘한 여름이 이어지면서 본거지를 떠날 수밖에 없었던 것이다. 몽골족의 침략은 각 지역의 권력균형을 완전히 바꾸어 놓았다. 아시아의 정치와 경제는 긴 침체기에 빠진 반면, 그때까지 딱히 두각을 드러내지 않았던 서유럽은 이후 순조롭게 발전할 수 있었다.

판도를 바꾼 것은 무엇보다 지리였다. 당시 서유럽과 중국은 어느 쪽이나 정치적으로 분열되어 있었다. 중국은 남송, 금, 서하로, 서유럽은 프랑스와 신성 로마 제국, 그 밖에 여러 군소국으로 나뉘어 있었다. 두 지역 모두 몽골이라는 공통의 적 앞에서 단결하지 못했으며 그 결과 몽골은 주변부 국가부터 차례차례 쓰러뜨리고 그 자원을 흡수하며 중심부로 접근했다. 서유럽과 중국이 유일하게 달랐던 점이라면 몽골 본거지와의 물리적 거리였다. 오르콘강 유역에서 화베이평야까지는 약 1,500킬로미터, 서유럽의 가장 가까운 변경까지는 약 6,500킬로미터이다. 그래서 몽골은 동쪽에서만큼 서쪽에서 위력을 발휘하지 못했다. 몽골군이 칸의 장례를 마친 뒤 다시 서유럽을 공략하러 가지 않은 이유도 그것으로 설명되는 것 같다. 더불어 이슬람 세계가 분열되고 있던 까닭에 예전과 달리 남쪽 변경의 안보를 걱정하지 않아도 되었던 서유럽은 서기 1000년경부터 시동을 건 발전을 집중적으로 이어 나갈 수 있었다. 이 '행운'의 휴식기는 결국 유럽 역사에서 지극히 중요한 의미를 가지게 된다.

# 어둠 속에 웅크리다

서기 1250~1500년

아이슬란드

핀란드

노르웨이

스웨덴

노브고로드

키예프 공국

스코틀랜드

덴마크

얼스터

독일기사단

잉글랜드

신성
로마
제국

폴란드

프랑스

헝가리

하자르

제노바 · 피사

불가리아

카스티야

라틴 제국

· 니케아

그라나다

예루살렘 ·

아바스

아이유브

오

리비아

아랍

투아레그

말리

하우사

에티오피아

베냉

반투

킬와

대 서 양

서기 1250년경의
동반구

■ 신성 로마 제국
░ 몽골 제국

몽골 제국

• 델리

델리 술탄국

말와

아이누

고려

일본

남송

태평양

베트남

촐라

크메르

말레이

스리위자야

인도양

500    1000    1500 km

500          1000 miles

서기 1330년, 이탈리아의 시인이자 사상가 페트라르카는 약속했다. "이 깊은 망각의 잠이 영원히 이어지지는 않으리라. 어둠이 걷히고 나면 우리의 손자들은 과거 순수했던 광휘를 되찾을 수 있으리라."[1] 이 문장이 쓰인 시점에 유럽은 주춤거리는 걸음으로나마 새로운 지적 탐구의 시대에 진입하고 있었다. 수도원 필경사가 열심히 필사한 고대의 문학·철학 저작이 점차 널리 유통되기 시작했다. 이슬람 학자들이 보전해 온 고대의 과학·수학 문헌이 그들의 새로운 사상과 함께 서방으로 돌아왔다. 단테, 지오토 같은 예술 분야의 천재는 걸출하고 혁신적인 대작을 내놓았다. 이 시대의 유럽은 경제사적으로도 직물 제작, 철 생산, 곡물 제분 등에서 굵직한 발전을 이루었다. 교역 면에서도 해운이 발달하고 금융의 도구와 조직이 고도화되면서 혁명적인 변화를 경험하고 있었다.

그러나 '어둠'은 페트라르카가 우려했던 대로 여전히 거기에 있었다. 그는 저 글을 쓴 직후에 로마로 거처를 옮겼는데, 그때의 로마는 옛 제국의 대리석 잔재만 수북한 초라한 도시였다. 외세의 침략, 도적의 노략, 교황의 무관심으로 인해 인구가 3만 5,000명까지 줄었다. 로마의 재건은 15세기에야 다시 시작되어서, 페트라르카 시대에는 아직 웅장한 돔도, 근사한 광장도 없었다. 13세기 말부터는 소빙기가 시작되면서 유럽 전역의 기후가 점점 춥고 혹독해졌다. 그 결과 식량 생산량이 감소하고 기근이 이어졌으며 그 때문에 사람들은 질병에 더욱 취약해졌다. 1347~1351년, 유럽 인구의 40퍼센트 이상이 '흑사병'으로 사망했다.

유라시아의 반대편 끝에서도 14세기는 힘겨운 시기였다. 중국에도 소빙기로 인한 기후변화와 전염병이 덮쳤다. 경제적으로는 몽골 침략의 여파가 100년 넘게 이어졌다.[2] 중국 전역이 궁핍과 사회적 소요, 전쟁에 시달렸다. 특히 화약 무기가 갈수록 보편화되면서 전쟁의 파괴력이 증대했다. 중국에서 처음 발명된 이 혁명적인 무기는 곧 인도아대륙으로, 서아시아로, 유럽으로 전파되어 전쟁사의 새로운 시대를 열었다.

1250~1500년, 세계의 외교, 정치, 통치는 질서 회복을 향한 열망과 전쟁이라는 현실 양쪽에 의해 결정되었다. 유럽과 중국에는 새로운 제국 왕조가 등장했고 서아시아, 중앙아시아, 인도에 각각 새 제국이 건설되었다. 중앙아메리카와 남아메리카에서는 수백 년 전 마야 문명이 멸망한 후 처음으로 눈에 띄는 세력이 등장했다. 이 시대는 여러 면에서 '부활'의 시대였다.

## 만인의 평화

1250년대 초, 파리 시민은 고딕 양식의 노트르담대성당에서, 그 멋진 장미창으로 쏟아져 들어오는 주님의 빛 속에서 그를 찬양했다. 물론 주님의 빛은 이 성스러운 도시의 성벽 너머, 전쟁과 가난과 악마가 들끓는 세계에도 똑같이 내리비치고 있음을 그들은 잘 알았다. 파리는 프랑스라는 부국의 눈부신 수도였지만, 그 나라의 왕과 귀족은 지금 이집트에서 십자군 전쟁을 치르고 있었다. 수도 주변에는 도적 떼가 들끓었다. 작곡가 페로탱은 노트르담대성당을 위한 미사곡에 "열방의 백성들, 어둠 속에 웅크리고"라는 가사를 썼다. 세속의 음유시인 기로 리키에 또한 사회의 높으신 분들이 육신의 욕망을 버리지 못해 폭력과 광기에 빠진다고 한탄했고 영원한 지복과 평화의 세계는 오직 헌신적인 사랑에서 탄생하리라고 노래했다.[3] 노트르담대성당 근처에서 활동한 '만물박사' 알베르투스 마그누스는 교회의 대의를 위한 희생이야말로 가장 높은 덕이며 기독교 세계는 결코 무너져서는 안 된다고 주장하면서 지상에 평화가 깃들 날을 기다렸다.

13세기 중반에는 여러 성직자가 마그누스와 비슷한 노선을 따랐다. 예컨대 겐트의 헨리는 기독교도 지배층끼리 싸워서는 안 되며 불경자에 대항하기 위해서라면 서로 힘을 합칠 수 있다고 말했다.[4] 한편 보베의 뱅상은 기독교 세계의 통합과 평화는 "검이 아닌 사랑으로 승리하신" 그리스도의 모범을 따라 이루어야 한다고 설파했다.[5] 이탈리아의 신학자 토마스 아퀴나스(1225~1274)는 그 중간 입장을 택하여, 왕은 자기 왕국을 수호하기 위해 싸울 수 있지만 그 동기는 반드시 정의를 향한 열망이어야 한다고 주장했다. 그가 보기에 평화롭고 고결한 삶이라는 공동선을 드높이기에 가장 적합한 통치 체제는 군주제였다. 그러나 왕의 권위는 자연법에 의해 견제되고 자연법은 신의 영원법에서 유래한다. 인간은 태생적으로 사회적 동물이며 공동선을 희구하고 압제에 맞섬으로써 촌락에서의 지루한 삶을 초월하고자 한다는 것이 아퀴나스의 굳은 믿음이었다.

그렇다면 누가 왕이 되어야 하는가? 피렌체의 시인이자 정치가 단테 알리기에리(1265~1321)는 세계제정사상theory of universal monarchy을 세웠다. 정치 논문「제정론De Monarchia」에서 단테는 왕국 간 다툼과 신성 로마 제국과 교황 간 갈등을 끝내려면 세속의 가장 높은 권위는 황제에게, 종교적 권위는 교황청에 귀속해야 한다고 썼다. 같은 시대 프랑스의 정치사상가 피에르 뒤부아는 세계제정사상에는 동의하면서도 그러한 자리에는 프랑스 국왕이 더 자격 있다고 믿었다. 대주교 에지디우스 로마누스는 가장 높은 정치권력은 마땅히 교황에게 있다는 교황청의 오래된 입장을 지지했다. 반면에 파도바의 마르실리우스는 신성 로마 제국 편에 서는 한편, 황제는 민주적 투표를 통해 선출해야 한다고 주장했다. 영국 철학자 오컴의 윌리엄은 여기서 한 발 더 나아가, 교황이든 황제든 공정하게 지배하지 않는 자는 폐위할 수 있으며 기독교도가 노예로 전락하지 않으려면 교회를 자유롭게 비판할 수 있어야 한다고 주장했다. 이 시대 유럽인이 얼마나 필사적으로 정의로운 통치자를 바랐는가는 그 누구보다 페트라르카가 잘 보여 준다. 그는 먼저 대중주의 정치가 콜라 디 리엔조에게, 다음에는 교황에게, 결국엔 황제에게 이탈리아에 평화를 가져다 달라고 호소했다. 요컨대 통합과 정의와 평화가 필요하다는 데는 모두가 한뜻이었으나 결국 누가 그러한 가치를 보증해야 옳은가에 대해서는 각자 의견이 너무나 달랐다.

외교야말로 평화를 실현하고 유지하는 최선의 방법이라고 생각한 사상가도 소수이지만 존재했다. 15세기 프랑스의 법학자 베르나르 뒤 로지에는 이렇게 강조했다. "외교가의 임무는 평화이다. 외교가는 공공선을 위해 힘쓴다. … 외교가는 다수의 복지를 위해 활동한다는 점에서 신성한 직업이다."[6] 그보다는 더 현실적으로 사고한 외교가 필리프 드 코민은 외교 회담이 겉치레와 뒷거래만을 부추기는 활동이라고 비판했다. 어떤 회담에서는 "머리를 쓰든 뭘 해서든 반대편 사람을 자기편으로 꾀어내는 일이 거의 매일같이 벌어졌다. … 사람들은 거래가 판을 치는 그 자리를 '시장'이라고 불렀다."[7] 베네치아의 외교가 에르몰라오 바르바로는 그보다 더 직설적이었다. 그가 생각하는 외교가의 역할은 만인의 평화라는 대의를 실현하는 것이 아니라, "자국의 권력을 보전하고 강화하기에 가장 좋은 방법을 실행하고 말하고 제안하고 궁리하는 것"이었다.[8] 프랑스의 루이 11세는 사절들에게 이렇게 지시했다. "그쪽에서 거짓말을 하면 그대는 반드시 더 많은 거짓을 말하라."[9]

그러나 이 시대에는 각국의 정치와 경제가 점점 더 긴밀히 연결되었고 그에 따라 전문 외교가 집단의 활약이 눈에 띄게 중요해지고 있었다. 대다수는 특정한 임무를 띠고 파견되었지만, 상주 외교관도 임명되기 시작했다. 이들의 활동 목표는 정보를 수집하고 동맹을 맺고 경쟁국의 외교 동태를 살피는 것, 그럼으로써 자국의 정치적·경제적 이익을 도모하는 것이었다. 이처럼 외교가 확대되자 국가 간에 공식적으로 오간 서신을 관리·보관하는 체계가 마련되고, 외교 절차 및 외교가 처우와 관련한 관행이 생겨났다. 가령 베네치아는 일찍이 1339년에 외국사절을 조금이라도 방해하거나 자극하면 그 대가가 "쉬지 않고 세계를 돌아다니는" 자국 사절에게 돌아간다는 것, 그러니 외교관의 면책특권을 보장하는 것이 베네치아의 이익을 도모하는 최선의 방법임을 깨달았다.

외교 협력을 통한 것이든 만인의 군주가 힘으로 실현한 것이든, 평화와 안정은 곧 이익으로 이어졌다. 14~15세기에 이를 가장 잘 보여 준 나라는 이탈리아였다. 교역이 발전했고, 이를 더욱 촉진하기 위해 반도에 밀집한 여러 도시와 국가 간에 수백 건의 '특별 협약'이 체결되었다. 15세기 초 베네치아 총독 톰마소 모체니고는 이탈리아를 평화로운 낙원으로 만들자고 주장하기까지 했다. 그는 시민들에게 이렇게 호소했다. "여러분이 전 세계에 물건을 공급하고 있습니다. 우리는 평화롭게 살아갑시다. 그러면 우리 도시는 금과 은, 공예품이 풍부해지고 항해와 교역이 증가하고 귀족과 가문과 부유한 시민과 인구가 늘 것입니다."[10] 그러나 교역은 이익만이 아니라 갈등도 낳았다. 밀라노와 피렌체는 견직물 생산을 두고 마찰을 빚었다. 피렌체는 옷감 염색에 쓰는 백반 생산을 독점하려고 교황을 압박하여 이슬람 국가로부터의 백반 수입을 금지하게 했다. 밀라노는 알프스의 고트하르트 고갯길을 통한 플랑드르 지역과의 직물 교역을 장악하려고 했다. 그런가 하면 밀라노는 포강 유역을 두고 베네치아와 충돌했고, 이에 베네치아는 피렌체와 동맹을 맺었다. 이윽고 밀라노가 다시 내란에 휩싸이고 베네치아의 힘이 지나치게 커지자 피렌체가 밀라노 편으로 돌아섰다. 그러자 베네치아는 나폴리와 동맹을 맺었다. 전쟁이 계속되자 교황청의 개입이 점점 늘었다. 당시 교황청은 아비뇽에서 대립교황이 선출되었던 분열기를 끝내고 이탈리아반도에서 정치력을 회복하는 데 힘쓰고 있었다.

1454년, 밀라노와 피렌체는 로디 화약을 통해 현재의 관계를 유지하고 서로의 내정에 간섭하지 않기로 했다. 그로부터 몇 달 후, 밀라노와 피렌체를 비롯해 그간 서로 싸우던 도시국가들이 교황의 제안을 받아들여 모든 전쟁을 멈추고 '이탈리아 동맹'을 결성했다. 물론 정치체 간의 오랜 경쟁 관계와 지배층의 개인적인 야심 때문에 긴장과 갈등은 계속되었다. 하지만 조약에 근거한 국제 질서라는 이상이 아니라 권력균형에 대한 실용적인 이해가 이 안정기를 이어 나갔다. 피렌체의 거물 정치인 로렌초 데 메디치는 이를 다음과 같이 표현했다. "나는 만인의 동맹 따위에는 관심이 없다. 내가 믿는 것은 필요하면 언제든 맺어졌다 깨지는 조약이 아니라 인간의 마음과 욕망이다."[11] 그의 믿음은 어느 정도 증명되었다. 이탈리아반도에는 15세기 말까지 비교적 평화로운 시기가 이어졌다.

투르크족이 아드리아해를 건너오지 않는 한, 그리고 알프스 이북의 대국들(특히 프랑스와 신성 로마 제국)이 남쪽에 신경 쓰지 못하는 동안 이탈리아반도는 여러 나라로 분열된 그 상태로도 살아남을 수 있었다. 그사이 북쪽에서는 프랑스와 잉글랜드가 계속 싸우고 있었다. 14~15세기에 걸친 이 일련의 전쟁을 '백년 전쟁'(1337~1453)이라고 부른다. 애초에 두 나라의 왕위 계승과 통치권을 둘러싸고 시작된 이 싸움은 각자 동맹을 확보하면서 에스파냐, 포르투갈, 스코틀랜드, 플랑드르, 독일로까지 확산되었고 여러 나라가 대리전을 치렀다. 1415년, 잉글랜드는 아쟁쿠르 전투에서 프랑스의 막강한 기병대를 장궁병으로 무력화하고 부유한 반자치국인 부르고뉴 공국과도 동맹을 맺음으로써 프랑스 북부를 넓게 차지하게 되었다. 그러나 얼마 안 가 유능한 헨리 5세가 사망하고(그의 후계자는 아직 갓난아이였다) 잉글랜드의 지배에 대한 프랑스인의 불만이 커지면서 상황이 반전되기 시작했다.

프랑스는 잔 다르크가 활약한 오를레앙 포위전(1429)의 승리 이후 서서히 반격에 나섰다. 1435년, 프랑스는 아라스 회담에서 전쟁에 지친 부르고뉴 공국으로 하여금 잉글랜드와의 동맹을 파기하게 하는 굵직한 외교적 성과를 거두었다. 백년 전쟁은 1453년에 마지막 전투가 벌어졌지만 공식적으로는 1475년에 두 나라 왕이 프랑스 북부 피퀴니에서 직접 만나 강화조약을 체결하면서야 끝이 났다. 이 만남은 솜강 위에 특별히 설치한 나무다리 위에서 이루어졌다. 두 나라의 왕과 수행단은 암살 위험에 대비하여 "사자 우리를 만들 때 쓰는 단단한 나무 격자망"을 사이에 두고 만났다.[12]

백년 전쟁에서 패한 잉글랜드는 노르만 왕조와 앙주 왕조로부터 물려받은 유럽 본토의 속령을 거의 다 잃었다. 칼레만은 예외였는데, 이마저도 1558년에 프랑스로 넘어갔다. 잉글랜드는 오랜 전쟁으로 인한 재정 부담과 패배의 굴욕 속에서 내전까지 치렀다. 두 가문이 왕위를 두고 싸운 이른바 장미 전쟁(1455~1485)이었다. 반면에 프랑스는 왕권을 크게 확장하면서, 대체로 봉건제 질서하의 느슨한 영토 집합체였던 나라에서 벗어나 근대적인 중앙집권 국가로 발돋움하기 시작했다. 1477년에는 부르고뉴 공국과의 전투에서 공작을 살해하고 영토를 탈환했다. 국내의 봉건 영주들이 광기 전쟁(1485~1488) 등으로 자치권을 되찾으려고 저항하기도 했지만, 프랑스는 마침내 유럽의 강대국으로 자리매김했다. 그리고 이 대단한 자기 확신을 바탕으로 독일, 에스파냐, 스코틀랜드의 내정에 간섭했다. 1494년, 프랑스는 이탈리아와 전쟁을 시작하여 60년 넘게 싸웠다.

프랑스 대 이탈리아의 전쟁에는 합스부르크가의 신성 로마 제국도 참전했다. 합스부르크가는 13세기 말부터 오스트리아 공국을 지배한 유력 가문으로, 1437년에는 당시 황제인 룩셈부르크가 지기스문트의 외동딸과 정략결혼을 성사시켰고 이를 발판으로 3년 후 황제를 배출했다. 그러나 합스부르크가의 황제가 교황에게 공식적으로 인정받고 로마에서 대관식을 치른 것은 1452년 프리드리히 3세 때였다.

합스부르크가는 전쟁이 아니라 결혼을 통해 권력을 확장했다. 이 가문의 비공식 모토는 "전쟁은 남들의 일. 행복한 오스트리아여, 그대는 결혼을 하라."였다. 프리드리히 3세도 1452년에 포르투갈 공주와 결혼했고 상대가 가져온 막대한 지참금을 무기로 권력을 다졌다. 그가 이룬 가장 중요한 업적은 아들 막시밀리안을 부르고뉴 마지막 공작의 딸이자 상속자인 마리와 결혼시킨 것이었다. 상속법에 따라 공국 자체는 프랑스가 차지했지만, 저지대에 있는 부유한 속령은 1477년에 상속자를 따라 막시밀리안에게 귀속되었다. 프랑스는 이에 반발했지만, 1493년 결국 합스부르크가의 소유권을 인정할 수밖에 없었다. 그러나 불만은 앙금처럼 남았고, 프랑스와 신성 로마 제국의 대립은 이후 300년간 숱한 전쟁으로 비화된다.

합스부르크가의 황제 막시밀리안 1세는 1486년에 부친의 제위를 물려받으며 별처럼 떠올랐다. 그는 새로운 클로비스와 샤를마뉴와 아우구스투스를 모두 자처했다. 그가 주요 교역로를 장악하자 거물 은행업자 야코프 푸거가 그와 손잡았다. 푸거는 이권을 보장받는 대가로 황제의 정치적 경륜에 자금을 댔으며, 특히 제국을 손자에게 순조롭게 상속하는 작업을 후원했다. 1519년 사망 당시 막시밀리안은 은행업자들에게 막대한 빚을 남겼지만 유럽에서 가장 부유한 지역의 땅도 함께 남겼다.

15세기 말, 유럽 질서의 두 중심은 프랑스와 합스부르크가였다. 변방에는 여러 약소국가가 있었다. 이베리아반도의 기독교도는 이슬람교도에 맞서 수백 년간 끌어 온 국토회복운동을 1492년 그라나다 토후국 수복과 함께 마무리했다. 승리의 주역은 카스티야 왕국과 아라곤 왕국이었다. 1469년, 두 나라는 결혼을 통해 통일 왕국을 수립한 뒤 포르투갈 땅을 제외한 반도 전역을 지배했다. 포르투갈은 15세기 초부터 점차 대서양·서아프리카 진출에 초점을 맞추고 있었다. 이 나라의 대담한 탐험가들은 지도 제작술, 항해술, 조선술의 혁신에 힘입어 마데이라제도와 아조레스제도를 포르투갈 영토로 삼았고 1488년에는 아프리카 최남단까지 항해하여 희망봉에 닿았다. 포르투갈의 영토 확장에 경쟁심을 느끼고 동방과 직접 연결되는 항로를 개척하고자 한 에스파냐 군주들은 1492년 제노바 출신 탐험가 크리스토퍼 콜럼버스의 항해를 후원했다. 제국적 야심이 경쟁할 새로운 각축장이, 그리고 전대미문의 부의 미래가 눈앞에 다가오고 있었다.

동유럽에서는 여러 왕국이 스텝 유목민의 침략으로부터 서유럽을 완충하고 있었다. 각국은 넓은 영토를 지배했지만 인구가 500만을 넘는 나라는 하나도 없었다.[13] 국가 간 교역은 활발했으나, 내륙의 풍부한 천연자원을 바탕으로 한 교역을 너도나도 장악하려고 했던 까닭에 갈등이 심각했다. 이렇게 분열된 동유럽은 인구가 더 많고 기술 발전도 앞선 서유럽 국가를 위협하지 못했다.

이 시기 동유럽에서 가장 강력한 정치체는 폴란드 왕국이었다. 이 나라는 오랜 분열 끝에 1320년 피아스트 왕조가 들어서며 하나로 통일되었다. 폴란드 왕은 가톨릭교도라는 단일한 국민 정체성을 장려했고, 세임이라는 강력한 의회 제도를 통해 왕과 귀족의 공존을 실현했다. 훗날 이 왕조는 나무로 지은 원시적인 나라에서 시작하여 돌로 지은 근대적인 국가로 발전했다는 점에서 로마 제국에 비견되기까지 했다.

피아스트 왕조는 1370년에 끝났고, 폴란드의 왕위는 유럽 최후의 이교도 국가였던 리투아니아 대공국을 점령한 야기에우워 왕조로 계승되었다. 이제 완전히 기독교도 국가가 된 폴란드-리투아니아 군합국은 15세기 들어 발트해와 흑해 사이의 최대 권력이 되었다. 이 나라 왕은 보헤미아와 헝가리의 왕위까지 계승했다. 그러나 폴란드-리투아니아는 합스부르크가의 세력권에 깊이 침투했음에도 그들에게 위협다운 위험은 되지 못했다. 오히려 동쪽에서 다가오는 공격적이고 야심만만한 모스크바 대공국에 점점 위협당하는 처지였다.

13세기 몽골군에 침략당한 후 키예프 공국에서 갈라져 나온 제후국 중 하나였던 모스크바 대공국은 계속해서 몽골에 조공을 바치는 봉신이었다가 1480년에야 '타타르의 멍에'를 벗었다. 이때 공국을 다스린 이반 3세(1462~1505)는 영토를 세 배로 확장하며 장차 러시아 제국이 될 나라의 기틀을 다졌다. 그는 비잔틴 제국 마지막 황제의 조카와 결혼함으로써 모스크바가 비잔틴 제국을 계승한 '세 번째 로마'임을 주장할 수 있게 되었다. 그는 차르, 즉 카이사르라는 칭호를 채택하며 분명한 메시지를 내보냈다. 서유럽에서 로마 황제로 불리는 그 누구에게도 뒤지지 않는 권력자가 여기에 있다는 메시지를.

## 오스만 제국의 부상

1258년, 투르크족 기병 몇백 명이 중앙아시아에서 아나톨리아로 건너와 몽골군의 잇따른 침략으로 황폐해진 셀주크 룸 술탄 국에 충성을 맹세한 뒤 영토 북서부에 정착했다. 그러다 룸 술탄국이 십여 개의 소국으로 분열하자 이들도 독립을 선언했다. 오스만(1299~1323)이 세운 이 나라가 세계사에서 가장 위대한 제국 중 하나인 오스만 제국이다.

오스만은 사방이 육지로 둘러싸인 본거지에서 먼저 부르사 등 인근의 부유한 해안 도시를 노렸다. 초반에는 주변의 약한 세력을 쉽게 정복할 수 있었으나 곧 비잔틴이라는 대국이 앞을 막아섰다. 비잔틴 제국과 그 수도는 1204년 제4차 십자군 원정 중에 약탈당하고 서유럽에 지배당한 뒤 다시는 과거의 영광을 되찾지 못하고 있었다. 13세기 중반에 비잔틴 제국에 다시 들어선 팔라이올로고스 왕조는 세르비아인, 불가르족과의 소모전, 내부 갈등, 전염병 유행, 인플레이션 등에 시달리고 있었다.

오스만의 압박에 비잔틴인은 변경의 요새를 하나하나 포기하는 수밖에 없었다. 1345년, 오스만이 다르다넬스해협을 건너 유럽으로 들어왔다. 1355년, 궁지에 몰린 비잔틴의 요한네스 5세는 로마 교황에게 이교도를 축출해 달라고 호소했다. 1387년, 테살로니키가 함락되었다. 1389년, 오스만 기병대는 대포라는 무기와 예니체리라는 정예 보병에 힘입어 코소보까지 진군했다. 오스만이 아드리아해를 장악했을 때, 베네치아와 제노바는 그 와중에도 각각 사절을 파견하여 흑해 교역에서 곡물을 가장 낮은 가격에 수입할 권리를 협상했다. 오스만은 잠시 내전에 휘말리기도 했으나, 유럽인은 그들을 몰아낼 이 결정적인 기회를 활용하지 못했다. 오스만은 다시 정복 활동에 나섰다. 1450년, 콘스탄티노플은 오스만의 땅에 둘러싸였다. 이 '빨간 사과'를 차지하는 것은 그저 시간문제였다. 1453년 6월, 긴 포위전 끝에 술탄 메흐메드 2세 (1444~1481)는 하기아 소피아에서 첫 금요 예배를 올렸다. 돔을 얹은 이 비잔틴 양식의 성당이 모스크로 바뀌었다.

교황은 경고했다. "헝가리인을 돕지 않는 독일인, 그대들은 프랑스인의 도움을 기대하지 마십시오. 독일인을 돕지 않는 프랑스인, 그대들은 에스파냐인의 도움을 기대할 수 없습니다. … 메흐메드가 동방을 정복하더니 이제 서방까지 정복하려고 합니다."[14] 베네치아는 오스만 해군과 맞붙어 갈리폴리 근처에서 소소한 승리를 거두었다. 그러나 그 후 알바니아와 보스니아 지역에서 벌어진 육상 전투에서는 오스만이 족족 승리했다.

이제 메흐메드 2세는 스스로를 로마 황제로 칭했다. 그는 자신을 알렉산드로스 대왕과 율리우스 카이사르에 빗대었고, 『일리아드』를 번역하게 했으며, 트로이에 있는 아킬레우스의 무덤을 방문했다. 또 유럽의 학자와 예술가를 자신의 궁정에 초청했다. 그중 한 사람인 베네치아 화가 젠틸레 벨리니가 그의 초상화를 그리기도 했다. 메흐메드 2세는 로마 법과 비잔틴 법을 두루 참고하여 법전을 편찬했다. 제국에 세금을 납부하면 이교도에게도 얼마간의 자치권을 보장하는 밀레트 제도를 마련했다. 동방정교의 총대주교를 새로 임명했다. 그리고 유럽인이 흑해와 동지중해에서 계속 교역하도록 허가했다. 요컨대 그는 비잔틴 제국의 유산을 파괴하지 않았다. 그는 더 많은 것을 원했다. 오스만의 프로파간다 제작자들은 제국의 다음 전리품은 바로 로마이며, 로마를 정복한 뒤에는 '금발인'이 사는 모든 땅을 침략하겠다고 공표했다.[15]

1470년, 그리스 해역에 나가 있던 베네치아 갤리선의 한 지휘관은 무시무시한 광경을 목도했다. "바다 전체가 마치 숲 같았다. 소문으로만 들어서는 믿기 어려웠으나 눈으로 본 그것은 실로 기가 막혔다!"[16] 그 '숲'은 메흐메드 2세의 함대였다. 그는 이스탄불의 항구 골든 혼에 조선소를 짓고 갤리선 100여 대를 비밀리에 건조했다. 배에는 이탈리아와 헝가리의 기술자가 주조한 대포를 장착했다. 오스만은 어느새 베네치아를 비롯한 서방 기독교도 국가에 버금가는 해군력을 갖추고 있었다. 그리스 역사가 미카엘 크리토불로스는 술탄의 의도를 정확하게 읽었다. "그는 해군력의 중요성을 알았고, 이탈리아가 대규모 해군을 바탕으로 바다를 장악하고 에게해의 모든 섬을 지배한다는 사실을 알았으며, 그로 인해 자신의 영토, 즉 아시아와 유럽 양쪽의 연안이 적잖은 피해를 입고 있다는 사실을 알았기에 그러한 조치를 취한 것이다."[17] 1499년, 존치오 전투에서 오스만 해군은 유럽 전쟁사상 처음으로 선상 대포를 사용하여 베네치아를 물리쳤다.[18] 이제 베네치아는 아드리아해 동부 연안의 방어를 헝가리에 맡겨야 하는 처지였다. 1502년, 베네치아는 휴전협정에 서명함으로써 오스만이 새로 차지한 모든 영토를 인정했다. 이제 이탈리아는 정말로 오스만이 딱 먹기 좋게 익은 과일이었다.

　　앞서 베네치아는 제2전선을 구축하여 오스만의 전력을 분산하고 했다. 베네치아 의회는 1463년과 1471년, 오스만 영토 동쪽에서 제국과 가장 가까이 마찰하고 있던 백양 왕조에 사절을 파견했다. 그러나 두 번 다 거부당했다. 이 나라는 14~15세기 중앙아시아의 유목민 세력이 분열하고 약화되는 과정에서 형성된 부족연합 중 하나였다. 1227년 칭기즈칸이 사망하고 몇십 년 뒤 몽골 제국은 네 개의 한국汗國으로 나뉘었다. 중국에 들어선 원나라는 1386년까지 이어졌고, 킵차크한국은 시베리아와 흑해–카스피해 스텝을 지배하다가 15세기 중반부터 몰락하기 시작했으며, 차가타이한국과 일한국은 각각 중앙아시아와 페르시아 지역에 수립되었다가 몽골–투르크계 지도자 티무르(1370~1405)에게 패배했다. 티무르는 약 30년간 레반트와 힌두쿠시산맥 사이의 넓은 영토를 지배했다. 그 자신은 적을 두려움에 떨게 하는 전사였으나 그의 제국은 결코 아케메네스조나 사산조 페르시아만큼 발전하지 못했고 그만큼 오래가지도 못했다. 발 빠른 기병을 앞세워 상대를 순식간에 무너뜨려 나가는 유목민 특유의 전투 방식이 15세기부터는 화약 무기를 갖춘 정주 사회를 공략하기엔 역부족으로 드러나기 시작했다. 그런 이유에서 백양 왕조는 1473년, 오스만의 총포와 대포에 수천 명 규모의 기병을 잃고 패배했다.

## 힌두 왕 중의 술탄

서유럽은 오스만 제국, 모스크바 대공국 등 중간 지대의 정치체 덕분에 유라시아 중심부에서 시작되는 격렬한 공격에 안전할 수 있었다. 하지만 인도아대륙은 사정이 달라서, 이 지역은 500년 넘게 이슬람 세력에 지배당하게 된다. 12세기 말, 호라산의 구르 왕조가 남하하여 인도 북부를 넓게 정복했다. 구르의 왕은 1193년에 본거지로 돌아오면서 인도 속령 통치를 자신의 최측근인 노예 출신 지휘관 쿠트브 우딘 아이바크에게 맡겼다. 1206년에 주군이 사망하자 아이바크는 구르와의 주종 관계를 끊고 델리 술탄국을 세운 뒤 요새와 모스크 건설로 지배력을 강화했다.

인도의 힌두 왕국 대다수는 보병과 전투 코끼리로 이루어진 대규모 군사를 보유했지만 말이 없었던 데다 서로 힘을 합치지도 못했다. 그렇게 굼뜨고 분열된 병력으로는 이슬람 기병의 번개 같은 공격과 습격을 막아 낼 수 없었다. 14세기 초에 이르면 델리 술탄국은 인도-갠지스 평원을 확실히 장악했고, 그 남쪽에 있던 주요 왕국은 이미 술탄국에 합병되었거나 간접적으로 지배받는 상황이었다. 델리 술탄국은 남부의 왕국을 하나하나 접수하면서 막대한 양의 금, 진주, 보석, 인력을 조공으로 확보했다. 술탄은 즐길 거리로도 정치를 했다. 가령 시인에게 옛이야기를 다시 쓰게 했으니, 그런 작품에는 인도인이 사랑하는 인물들과 선지자 무함마드의 가족이 함께 등장했다.[19]

그러나 술탄국의 이슬람적 요소는 당연히 긴장의 원인이 되었다. 특히 초기의 지배층이 세금을 대폭 인상하고 이슬람교도에게만 교역권을 보장하고 힌두교 사원을 파괴하면서 갈등이 깊어졌다. 최악의 사례로 무함마드 빈 투글루크(1325~1351)는 술탄국수도를 델리에서 데칸고원으로 이전하라고 지시했고, 히말라야산맥을 넘어 중국을 공격하라는 실행 불가능한 명령을 내렸는가 하면, 지나친 세금 인상으로 숱한 반란을 불렀다.

바로 이러한 배경에서 14세기 중반 데칸고원에 비자야나가르 왕국이 수립되었다. 이 새로운 정치 세력은 인도 남반부를 널리 지배하여 흔히 제국으로 불리지만, 실제로는 다소 느슨한 연합체였다. 그러나 그 토대인 군사력만큼은 막강했다. 이 왕국은 다른 약소 왕국과 자주 충돌했는데, 승리를 거둔 뒤에는 상대의 요새와 영토를 몰수하지 않는 대가로 북쪽의 이슬람 세력에 맞설 보병 지원군을 요구했다.[20] 비자야나가르는 델리 술탄국과 계속 전쟁을 치렀다. 때로는 전투 규모가 수십만 명이나 되었다. 그러나 둘 중 어느 쪽도 상대에게 결정타를 날리지 못했다.

중국, 유럽, 이슬람에서 인도를 찾아온 사람들은 비자야나가르의 수도에 압도당했다. 인도 카르나타카주 함피에 가면 지금도 그 유적을 볼 수 있다. 한 페르시아인은 1440년대에 이렇게 말했다. "눈으로 본 것 중 이 같은 도시가 없으며 귀로 들은 것 중에도 달리 비견할 곳이 없다."[21] 그는 특히 왕이 가진 재력과 1만 2,000명의 아내, 그리고 수도의 30만 주민 가운데 왕의 행렬 앞에 열렬히 부복하는 사람이 많다는 사실에 놀랐다.[22] 도시의 주요 건물에는 다른 힌두 왕국 및 술탄국의 건축양식이 두루 차용되었다. 높은 연단 위에 세운 왕궁의 각 면은 왕의 군사와 전쟁 포로, 사냥대회, 무용수, 외국인의 모습을 조각한 부조로 장식되었다. 왕궁 주변으로는 시장, 코끼리 사육장, 방벽, 수조, 사원이 들어서 있었다. 또 그 주변으로는 더 많은 사원과 요새가 자리했고, 수도의 절충주의 건축양식은 제국 전역에 동일하게 적용되었다.

비자야나가르의 문장은 검과 초승달을 마주한 멧돼지였다. 누가 보아도 북쪽의 이슬람 세력에 대한 저항을 뜻하지만, 이 왕조는 적으로부터 건설적인 영향도 함께 받았다. 비자야나가르 왕은 델리 술탄국의 풍습과 예술, 병법을 요소요소 수용했을 뿐 아니라 "힌두 왕 중의 술탄"이라는 칭호까지 사용했다.[23] 그러나 법률과 사회구조 면에서 비자야나가르는 어디까지나 힌두 왕국이었다. 이 사회는 성직자 브라만이 맨 위에 군림하는 카스트에 따라 철저히 계층화되어 있었다. 비자야나가르에서 이상적인 왕 개념은 다른 많은 사회와 다르지 않았다. "왕위에 오른 왕은 언제나 법을 생각하면서 통치해야 한다." "적의 행동을 힘으로 진압해야 하고, 모든 백성에게 자애로워야 하며 모두를 보호해야 한다."[24]

비자야나가르 왕은 교역이 군사적으로도 얼마나 중요한 문제인지 늘 염두에 두고 있었다. 델리 술탄국이 일차적으로 육상 세력이었다면 비자야나가르는 인도양을 통해서도 세력을 구축하고자 했다. 가령 인도 서해안의 고아 등 전략적으로 중요한 항구를 뚫고자 했고, 스리랑카를 침범하려고 했다. 더 평화적인 방법으로는 해상 교역을 통해 중국은 물론 알렉산드리아, 예멘 등 이슬람권 거점과도 관계를 강화하고자 했다. 비자야나가르를 방문한 한 포르투갈인은 이 나라 왕이 델리 술탄국에 맞서려고 호르무즈해협 인근 이슬람 국가에서 말을 수입하더라고 썼다.[25] 수도에 있는 하자라 라마 사원의 중앙 연단에는 이슬람 상인이 왕에게 말을 파는 장면이 조각되어 있다.[26] 후에 비자야나가르의 한 왕은 이렇게 말했다. "모름지기 왕은 나라에 있는 항구를 발전시키고 그럼으로써 상업을 장려해야 한다. 그래야 말, 코끼리, 보석, 백단유, 진주 등 다양한 상품을 자유롭게 수입할 수 있다. 코끼리와 준마를 수입하는 먼 외국의 상인과는 선물과 넉넉한 수익을 챙겨 주며 가까이 지내는 것이 좋다. 그러면 그런 상품이 적에게 넘어가는 일이 없을 것이다."[27]

## 명나라 그늘의 아시아

1272년, 몽골의 위대한 지도자 쿠빌라이는 중국을 점령하고 그 국민에게 이렇게 공표했다. "우리는 전 세계를 다스리라는 위엄한 명령을 당당히 받들었다. 오직 우리만이 이 수많은 나라에 평화를 가져왔다. … 우리의 노고는 이어지다가도 끊어지지만 우리의 도는 하늘과 인간을 하나로 잇는다."[28] 이 선언과 함께 수립된 새 왕조는 가장 높은 권력을 의미하는 '대원'을 국호로 삼았다.

그러나 이 나라 왕들은 과거 중국을 지배한 제국들의 위신을 흉내 내는 데 몰두하고만 있었다.

이 혼종 제국은 아무래도 어색했다. 쿠빌라이칸은 유교 논리에 따라 제국 행정을 재편하고 오늘날의 베이징 근처에 새 수도를 건설했지만, 또 자신의 사적인 공간은 시베리아산 모피로 장식했고 아들들은 전처럼 왕궁 옆에 천막을 세워 살게 했다.[29] 원나라가 얼마나 '중국화'에 힘썼든 간에 결국 그들은 박해자였다. 원나라 사회는 세 계급으로 나뉘었다. 맨 위는 몽골인, 중간은 서방에서 이주한 이슬람교도, 맨 밑은 중국 한인이었다. 농민은 관개 시설 정비를 통해 이익을 누리긴 했지만, 전보다 무거운 세금으로 군사 원정 자금을 충당한 것 또한 그들이었다.

원나라는 그렇게 추진한 원정에서 여러 번 패배했다. 몽골의 말은 산과 밀림이 많은 동남아시아 지형에 맞지 않았고, 스텝을 누비던 전사가 바다에서도 잘 싸울 순 없었다. 두 차례에 걸쳐 바다 건너 일본으로 향한 대규모 원정대는 다시 돌아오지 못했다. 조공을 바치지 않는 자바를 응징하러 간 1,000척 규모의 함대마저 잠깐 적을 위협하는 데 그쳤다. 1279년, 원나라는 심각한 재정난에 빠졌다. 게다가 국가가 농민 봉기를 잔혹하게 진압하고 이슬람교도의 양 도축 의식을 금지하자 국민의 불만이 점점 커졌다. 당대의 유명한 화가 정사초는 중국 사회의 전통을 뿌리째 뽑아버린 이민족 왕을 뿌리 없는 난초로 표현하며 그들의 지배에 반대했다.[30]

이와 같은 사회 곳곳의 반발에 원 왕조가 취한 대응책은 절반은 성공, 절반은 실패했다. 원나라 지배층은 유교에 입각한 프로파간다를 더욱 활발히 유포하고 과거제를 부활시키고 곡식 창고를 지었다. 원대에는 문화가 발전했는데, 여기에는 서방과의 적극적인 교류가 한몫했다. 하지만 평민은 여전히 무거운 세금과 인플레이션, 차별과 기근에 시달렸다. 설상가상으로 14세기 말에는 이례적으로 추운 날씨가 여러 번 길게 이어졌다.[31] 왕위 계승 문제, 중국 북서쪽 한국과의 경쟁으로 인해 원 왕조는 권력을 유지하기가 점점 더 어려워졌다. 쿠빌라이가 원을 건국한 지 80년 만에 전국 규모의 반란이 일어났다. 이 홍건적의 난을 이끈 군장들이 세력을 얻으면서 원나라의 천명은 힘을 잃어 갔다.

원나라가 멸망한 자리에서 두 명의 강력한 지도자가 세를 양분했다. 그중 하나인 주원장은 농촌의 고아 출신에서 홍건적 지도층으로 빠르게 부상한 인물이었다. 1363년, 두 경쟁자의 결전에서 주원장은 화공선을 앞세워 승리했다. 5년 후, 그는 홍무제(1368~1398)라는 칭호를 택하고 자신이 천명을 받들었음을 선언했다. 국호는 '밝음'을 의미하는 '명'이었다. 명나라는 이후 250년 넘게 중국을 지배하게 된다. 궁핍한 삶이 어떤 것인지 잘 알았던 홍무제는 농민에게 토지를 분배하고, 관료 체제를 정비하여 세금을 낮추고, 군대가 식량을 직접 조달하게 하는 한편, 관개망을 보수하고, 국민을 더 잘 보호하는 방향으로 법률을 정비했다. 그리고 제국 남쪽의 비옥한 땅에 식민지를 세웠다.

그러나 15세기 중국은 새 왕조가 들어선 뒤에도 여전히 혼란스러웠다. 초대 황제 홍무제는 수단과 방법을 가리지 않고 중앙 집권화를 단행했고 자신에게 대적할 가능성이 있는 인물 수만 명을 처형했다. 그로 인해 지배 계층의 불만이 커졌고, 홍무제 사후에 잠시나마 내란이 발생했으며, 여기서 승리하여 권력을 쥔 영락제(1402~1424)는 자신의 호위대와 군부에 과도한 권력을 부여했다. 중국 전역의 경제는 중앙에서 빈틈없이 장악했지만 식량 수급만큼은 까다로운 문제로 남았다. 정부는 식량이 부족한 지방에 잉여생산물을 바로 공급하기도 했지만, 잉여생산물을 자유 시장에서 판매하도록 허가했다. 그 결과는 기근, 급격한 세율 변동, 반체제 폭동이었다. 그래도 대규모의 외세 침략이나 내란은 없었던 덕분에 명대 중국의 인구는 1393년 6,500만 명에서 1500년 1억 2,500만 명으로 증가했다.

명의 첫 황제는 대외 교역을 장려했다. 그는 "나라의 필요를 채우고 먼 곳의 백성이 찾아오게 하고자 국경 지대에서의 상호 교역을 허가"한 해상 교역청 세 곳을 설치했다.[32] 중국은 자급자족이 가능한 나라였기에 국제 교역에서 우위를 점했다. 인근 이민족은 황제가 원하는 것이면 무엇이든 구해 오기를 요구받았고, 실제로 명나라 관리가 감독하는 지정된 육해 교역청을 통해 황실에 각종 상품을 공급했다. 그뿐 아니라 인근의 많은 나라가 조공 형태로도 상품을 공급해야 했다. 조공을 바치러 온 사절은 정해진 숙소에 머무르며 일반 시민과의 접촉을 차단당했다. 때로는 여러 나라에서 찾아온 사절이 수백 명에 이르러, 그들을 수용하는 도시가 사람뿐만 아니라 낙타며 말이며 코끼리를 먹이느라 식량 부족에 시달렸다.[33] 중국을 방문한 사절에게 가장 중요한 절차는 황제 앞에 머리를 조아리는 고두례였다. 그들은 이 의식을 치르려면 몇 주나 기다려야 했고, 운이 나쁘면 의식을 제대로 치르지 못했다는 이유로 두들겨 맞았다.

그러나 명의 교역 정책은 갈수록 까다로워졌다. 명 황실은 티베트 등 유목 민족과 인접한 북서쪽 국경을 자주 폐쇄했다. 1424년 홍희제(1424~1425)는 중국의 차와 티베트의 말을 맞바꾸는 국경 교역은 물론 중국의 금과 베트남의 진주를 맞바꾸는 교역까지 금지하면서 제국의 선단을 불태우라고 명령했다. 그는 "제국의 안위는 바다 위가 아니라 장성 안에 있다"고 선언했다.[34]

그다음 선덕제(1425~1435) 때는 잠시 정책이 또 바뀌었다. 영락제의 뜻을 받든 그는 1430년 대규모 함대를 파견하여 해상 교역로의 안보를 다시 강화했다. "내가 환관 정화와 왕경홍을 파견하는 것은 상대 나라들이 하늘의 뜻을 받들고 제 백성을 잘 이끌게 함으로써 모두가 평화의 복을 오래 누리게 하기 위함이다."[35] 이 결정의 이유가 군사적 목적이었든 순전히 이데올로기적 목적이었든, 황제의 결정 한 번에 인구가 1억 명에 이르는 국가의 교역 관계가 뒤집힐 수 있었던 것이다.

명 제국은 교역만이 아니라 정복 활동으로도 부와 권력을 축적했다. 100만 명에 가까운 세계 최대 규모의 상비군을 보유한 명나라는 역대 왕조의 국경 너머까지 영토를 확장했다. 몽골의 잔여세력을 토벌하여 만주와 내몽골 상당 부분을 합병했고, 현재의 윈난성에 해당하는 남부 지역의 왕국들을 정복했다. 그리고 새롭게 장악한 남부의 권력 기반에서 더 남쪽으로 진출하여 1406년에는 베트남을 속주로 삼았다. 명나라가 북쪽으로 진격한 데에는 안보 등 여러 목적이 있었던 반면, 동남아시아 정복은 순전히 영토 확장이 목적이었다.

이처럼 15세기 초 명나라는 중국의 과거 어느 왕조보다 강력한 제해권을 행사했다. 해군 제독 정화는 1405~1433년에 인도양을 일곱 차례나 항해했고 아프리카의 뿔과 홍해까지 탐험했다.[36] 정화의 함대와 관련한 해도나 항해일지는 대부분 사라지고 없지만, 이들이 자바와 수마트라에 군사적으로 개입하여 명의 식민지를 지켜 냈다는 증거가 남아 있다. 스리랑카에 있던 코테 왕국도 정화의 군대에 의해 멸망했다고 추측된다. 명나라의 대신 양영은 코테의 주민을 유해한 역병, 여자든 아이든 할 것 없이 근절해야 할 하찮은 해충이라고 일컬었다. 그러나 당시 명 해군의 활약은 정화만의 것으로 요약될 수 없다. 가령 명나라는 1400년에는 일본을 위협했고 1406년에는 한반도 연해에서 해적과 교전했다.

명대 중국은 15세기 내내 동아시아를 지배했다. 그 그늘에 있던 나라 중 하나가 인구 700만 명의 고려였다. 13세기, 고려는 저항 끝에 원나라에 복속했다. 그 후 원이 멸망하면서 잠시 자치권을 획득했고 명나라 사절이 한반도 영유권을 주장하자 국경에 군사를 보내기까지 했으나 결국 명 황실에 조공을 바치게 되었다. 하지만 고려는 원과 마찰하던 시기에 내부 분열까지 겪으며 쇠퇴했고, 결국 새 왕조가 수립되었다. 고대 왕국 고조선에서 국호를 딴 조선은 인구의 약 40%가 노비인 신분제 사회를 정당화하기 위해 유학을 통치 이념으로 삼았다.[37] 위대한 왕 세종(1418~1450)은 국가의 안보를 성공적으로 강화했다. 그는 명나라에는 친화 정책을 채택하는 한편, 일본의 쓰시마섬을 공격하여 전략적 교역로를 위협하던 해적을 소탕했다.

세종이 군사적으로 개입한 시기의 일본열도는 봉건영주 간 세력 다툼에 휩싸여 있었다. 이들의 최종 목표는 허수아비에 불과한 황제 덴노天皇에게 최고 군사 지도자인 쇼군將軍으로 인정받는 것이었다. '쇼군'은 '정이대장군', 즉 오랑캐를 정벌하는 대장군을 뜻하는 이름으로, 일본의 실질적인 왕이었다. 이 시대를 배경으로 한 고전 서사시 「타이헤이키太平記」에서 한 덴노는 이렇게 말한다. "사해가 어수선하고 전쟁의 불길로 하늘이 어둡다. 법의 힘으로 전쟁광을 물리칠 수 없다면 언제 평화가 돌아오겠는가?"[38] 쇼군은 13세기 초부터 열도 대부분 지역을 통치했고 내정 안정을 도모하고자 일본 최초의 법전을 공포했다. 그러나 조화는 여전히 머나면 이상이었다.

몽골군은 1274년과 1281년에 일본을 공격하려 했으나 두 차례 모두 태풍에 섬멸당했다. 이 사건을 계기로 일본은 스스로를 신들이 선택한 땅으로, 가미카제라는 성스러운 바람이 보호하는 나라로 여기게 되었고 그 땅을 지배하는 덴노는 태양신의 천명을 위임받은 존재로 숭배되었다.[39] 이들은 몽골인과 조선인을 개라고 불렀다. 14세기의 정치사상가 기타바타케 지카후사는 일본이 중국, 인도 등 다른 불교도 국가를 이끄는 영적 지도자라고 주장했다. 사실 이 시기 일본에 불교가 빠르게 전파된 데에는 끝없는 전쟁으로 인한 피로감이 한몫했다. 국내의 권력 다툼, 몽골과 중국 등 외세의 위협, 방어 비용 누적으로 인해 농민 봉기가 일어났고 유혈 사태가 계속되었다. 그러나 경제 면에서는 도시와 도시, 지역과 지역이 앞다투어 발전하며 예술, 산업, 군사 기술 분야에서 중요한 혁신을 일구어 냈다. 1500년, 일본의 인구는 1,000만 명에 이르렀다.

13~15세기 동남아시아는 대체로 몇몇 국가가 나누어 지배하는 형국이었다. 지금의 베트남 땅은 안남 왕국과 참파 왕국이, 캄보디아는 크메르 제국이 지배했고, 타이에는 수코타이 왕국에 이어 아유타야 왕국이 들어섰다. 말레이제도에서 오랫동안 교역을 장악했던 스리위자야 왕국의 지위는 싱가사리 왕국으로, 다시 마자파힛 왕국으로 넘어갔다. 이 나라들은 상호 의존도가 매우 높았고 중국의 침략이라는 공통의 위협에 시달렸음에도 정치적으

로 서로 협력하는 일이 드물었다. 이 시대 동남아시아에서는 전략적 외교와 물리적 충돌이 정신없이 계속되었다. 중국의 반복적인 베트남 정벌이 가장 큰 사건이었다면, 그다음으로 눈에 띄는 사건은 내부 갈등으로 인한 크메르 제국의 몰락, 그리고 크메르의 속국이었던 수코타이 왕국의 부상이었다.

경제적으로는 동남아시아의 많은 나라가 생산성 높은 쌀과 그 잉여생산물을 토대로 계속 번성했다. 지역 간 교역, 특히 사치재 교환이 성행했고 그와 더불어 외교 활동이 활발히 전개되었다. 마자파힛의 한 시인은 제국이 앙코르, 아유타야, 안남, 참파, 그 외 여섯 개의 작은 왕국과 긴밀히 협력하고 있다고 기뻐했다. 부가 증가하자 도시가 발전했으며, 지배층은 앙코르와트 같은 거대한 사원 단지를 건설하여 자신의 위엄을 널리 알리고자 했다.

## 혼돈의 아프리카

아프리카의 인구는 14세기에도 5,000만 명이 채 안 되었다. 그중 대다수가 지중해, 인도양, 기니만에 면한 연안 지역에 거주했다. 그러나 아프리카는 이제 중요한 정치적 변화의 한가운데에 있었다. 철제 농기구, 관개 기술, 신종 작물이 확산되면서 농업 생산력이 서서히 증가했다. 농사와 목축을 병행하는 도시들도 나타났다. 얼마 안 되는 잉여생산물은 주로 지역 시장에서 거래되었으나, 금·상아·노예의 수요가 늘어나자 장거리 교역도 활발해졌다. 사하라 이남 아프리카에는 크게 두 개의 교역망이 있었다. 하나는 홍해·인도양 연안으로 이어졌고 또 하나는 사하라사막을 넘어 지중해로 연결되었다.

먼저 홍해·인도양에 면한 동아프리카 해안에는 내륙 왕국들이 건설한 교역 도시가 늘어서 있었다. 특히 아프리카의 뿔 지역에는 이파트, 와르상갈리 등 작은 술탄국들의 항구가 포진했다. 이들은 교역에서 우위를 차지하려고 서로 치열하게 경쟁했지만 13~14세기에는 에티오피아라는 기독교도 국가에 맞서 협력해야 하는 처지였다. 왕들의 왕과 성경 속 군주 솔로몬과 시바의 여왕의 후손을 자처한 에티오피아 솔로몬 왕조는 아프리카 내륙과 해외 시장 간의 교역을 장악하고자, 또 술탄국을 속국화하고자 원정을 단행했다. 에티오피아는 멀리 콘스탄티노플과 로마에까지 사절을 파견했다.[40]

뿔 밑으로 내려가면 모가디슈, 몸바사, 잔지바르, 킬와, 소팔라 등 스와힐리인의 교역 도시가 십여 개 늘어서 있었다. 그중에서도 킬와는 14세기까지 다른 많은 도시를 합병했고 대륙과 마다가스카르 사이 해협을 지배했다.[41] 이슬람의 대여행가 이븐 바투타는 킬와가 세상에서 가장 아름다운 도시 중 하나라고 썼다. 그에 따르면 킬와는 당시 성행하던 노예무역에 가담했으며 쉬지 않고 내륙으로 병력을 보냈다.[42]

킬와의 군대가 향한 곳은 아프리카의 대국이었던 그레이트 짐바브웨였다. 솔로몬 왕조와 마찬가지로 이 정치체는 주변 고원에서 목축을 하던 여러 족장 사회를 통합하며 성장한 나라였다. 전성기인 1400년 전후, 거대한 성벽으로 둘러싸인 수도에 약 1만 8,000명이 살고 있었다. 그러나 지력이 인구 증가를 감당하지 못하면서 왕국은 쇠퇴했다. 짐바브웨의 교역권은 이 나라의 최대 경쟁국이었던 무타파로 넘어갔다. 이 왕국은 남아프리카 내의 금, 구리, 상아 교역을 독점했다. 무타파는 '약탈'을 뜻하고, 이 나라 왕은 스스로를 '약탈한 땅의 군주'라고 칭했다. 무타파 왕국은 잠베지강 유역과 동해안의 약소 정치체를 정복해 나갔다.[43]

남아프리카와 동아프리카는 1485년 포르투갈인이 접근하기 훨씬 전부터 중앙아프리카와 노예와 금을 거래한 것으로 보인다. 토지가 비옥한 중앙아프리카에는 수백 년간 타 지역의 인구가 모여들어 정착했다. 지금의 우간다에 속하는 비고 바야 무게니에는 흙으로 만든 요새의 유적이 남아 있는데, 아마도 이 근처가 14~15세기에 그레이트 레이크스 지역(동아프리카대지구대와 그 근처 호수를 가리키는 말. 이 지역에 위치한 나라에는 르완다, 말라위, 부룬디, 우간다, 케냐, 콩고민주공화국, 탄자니아 등이 있다.—편집자 주)을 지배한 키타라라는 느슨한 형태의 제국이었던 듯하다.[44] 키타라의 교역로는 서쪽의 콩고강까지 길게 뻗어 있었던 것 같다. 대서양 연안에서 멀지 않은 음반자콩고는 15세기에 구리, 철, 노예, 농산물 교역의 거점이었다. 이 도시를 중심으로 한 콩고 왕국은 결혼과 정복을 통해 로앙고, 동고 등 약소국가를 합병했다.[45]

사하라사막을 넘는 교역망은 지중해 소비 시장, 아랍·투아레그 대상, 사헬 지역(사막 남쪽에 띠처럼 형성된 사바나)의 문지기 역할을 한 여러 정치체, 상품의 주요 생산자였던 기니만의 여러 도시로 구성되었다. 이 중 가장 중요한 정치체는 비니인('투사'라는 뜻)의 베냉 왕국과 그 수도인 에도였다. 이 지역은 15세기 초까지 족장이 지배했고 그들이 오바(왕)를 선출했다. 그러다 내분을 겪은 뒤 15세기 중반부터는 에우아레('문제가 해결되었다'는 뜻)라는 이름의 지배자에게 권력이 집중되었다. 그는 국내를 개혁했을 뿐 아니라 영토 확장에도 힘써 기니만의 여러 교역국을 정복했다. 이후 베냉 왕국은 청동 등 금속을 다루는 뛰어난 기술로 이름을 알렸다.

사헬 지역에서는 교역 거점이자 목축에 중요한 수원지인 가오와 팀북투를 차지하기 위해 세 나라가 경쟁했다. 모시 왕국은 1400년에 팀북투를 약탈했다. 이 왕국의 수도는 '와서 공물을 바치라'는 뜻의 와가두구였고, 왕은 '세계의 왕'을 자처했다. 모시인은 송가이 제국과 맞부딪쳤다. 송가이의 근거지인 가오는 기니만, 나이저강, 북아프리카를 잇는 금, 소금, 상아, 노예 교역의 중요한 교차로였다. 1468년, 송가이의 낙타 부대가 팀북투를 접수했다. 한 이슬람 역사가에 따르면 이들은 "잔혹한 죄악을 저지르고 도시를 불태우고 많은 주민을 잔인하게 고문했다".[46] 송가이는 서쪽의 말리 제국이 멸망한 데서도 이익을 얻었다. 말리 역시 금과 소금 교역으로 번성하던 나라였다. 전성기인 14세기에는 1만 기병을 보유했고 속국의 인력으로 구성한 수만 명 규모의 보병을 아랍산 무기로 무장했다. 그러나 내부 분열, 유목민 투아레그의 습격, 모시와 송가이 왕국의 거듭되는 공격으로 인해 말리 제국은 결국 15세기에 멸망했다.

## 홍수가 밀려오는 곳

서반구는 1500년도까지도 동반구와는 무관한 독립된 세계였고 인구가 4,000만 명을 넘지 않았다.[47] 탐험가 콜럼버스가 1492년에 히스파니올라섬을 발견한 지 25년 만에 에스파냐군이 중앙아메리카에 발을 내디뎠을 때, 멕시코만 해안평야는 아즈텍 제국의 땅이었다.

이 제국의 기원은 유럽인이 도착하기 약 250년 전 이 지역에 포진하고 있던 수많은 도시국가 중 하나였다. 이곳의 멕시카인은 뛰어난 궁술로 유명했다. 처음에 그들은 도시 간 잦은 전쟁에 용병으로 고용되었고 더 큰 세력에 조공을 바쳤다. 그러다 마침내 텍스코코, 틀라코판과 동맹을 맺었고 이 막강한 군사력을 바탕으로 1430년경 아즈텍을 건설했다. 제국은 먼저 해안평야를, 이어 멕시코 고원의 교역로를 장악하고자 했으며, 그 과정에서 타라스칸이라는 강력한 왕국과 충돌했다. 두 나라는 각자 국경을 요새로 방비하고 다른 민족을 용병으로 끌어들여 수만 명 규모로 서로 맞부딪쳤다. 그러나 어느 쪽도 확실한 우위를 차지하지는 못했다.

아즈텍 제국은 군사 사회였다. 사원의 기괴한 조각에는 피가 흥건한 의식과 인신 공양 풍습이 묘사되어 있었다. 시인은 시민들에게 제국의 과거를 잊지 말라고 했다. "우리는 홍수와 화염이 밀려오는 곳으로 보내졌다. 홍수와 화염은 우리의 의무이고 운명이다."[48] 이들에게 전쟁은 태양신의 명령이었고 황제는 태양의 아들이었다. 황제는 공통의 종교와 문화를 통해 지역 간 유대를 강화했고, 속주에 총독을 임명하고 공공시설을 건설함으로써 지배력을 강화했다. 제국의 중심부는 오늘날의 멕시코시티에 자리한 테노치티틀란이었다. 얕은 호수의 섬에 건설된 이 도시는 둑길과 운하, 피라미드와 광장, 수많은 정원을 갖추었으며 인구가 10만 명이 넘었다.

15세기 말 남아메리카에서 가장 유력한 국가는 잉카 제국이었다. 13세기까지 남아메리카의 태평양 연안에는 이크마, 치무, 피쿤체 문명에 속하는 소도시가 점점이 흩어져 있었다. 이들은 고립된 도시였기 때문에 방어 체계를 거의 갖추지 않았고, 그 결과 쿠스코라는 신흥 세력의 공격에 너무도 쉽게 무너졌다. 안데스산맥 높은 곳에 자리 잡은 쿠스코는 14세기에 금과 노예를 얻기 위해 다른 도시를 습격하기 시작했다.[49] 얼마 안 가 이 습격은 잉카의 태양신을 위한 성전으로 발전했다. 점점 세력을 키워 가던 쿠스코는 주변 도시를 보호해 주는 대가로 그들에게 공물을 요구했고 그러기를 거부하는 도시는 공격했다.[50]

15세기 말이면 쿠스코는 도시에서 왕국으로, 마침내 제국으로 완전히 변모하여 안데스산맥과 태평양 연안 사이에 남북으로 5,000여 킬로미터에 달하는 길쭉한 땅을 지배하고 있었다. 아즈텍 황제가 그랬듯 잉카 황제도 태양의 아들로 숭배되었다. 그에게는 영토를 수호할 의무 및 "가난한 이들을 사랑하고 도울" 의무가 있었다.[51] 잉카인은 쿠스코를 세계의 배꼽으로 여겼다. 수도를 둘러싼 제국 영토는 크게 네 지방으로 나뉘었고, 각 지방은 다시 속주로 나뉘었다. 잉카는 동화정책을 채택하여 정복지 주민에게 잉카인의 언어, 예술, 건축 및 교역 형태의 조공을 강제했다. 선택받은 민족인 잉카인은 세금을 면제받았고, 전쟁에서 패배한 사회가 그 세금을 노역 형태로 부담했다. 제국은 그들의 노동을 이용하여 도로, 다리, 요새로 이루어진 방대한 교통망을 구축했다.[52]

아즈텍과 잉카 두 제국 모두 16세기 초 에스파냐가 파견한 소규모 군대에 전복당했다. 이들 '콩키스타도르'(정복자)는 거의 불가능해 보이는 승리를 참수 전략으로 거머쥐었다. 아즈텍의 마지막 황제 몬테수마 2세는 20만 명이 넘는 군사를 보유했던 반면, 에르난 코르테스가 이끄는 에스파냐군은 고작 600여 명이었다. 코르테스가 1519년 유카탄반도에 상륙한 뒤에도 몬테수마는 즉각 반응하지 않았다. 아마도 적이 비교적 멀리 있었다고 판단해서였을 것이고, 또 상대가 아즈텍식으로 전쟁을 선포하지 않아서였을 것이다. 코르테스는 유카탄에 거점을 마련한 뒤 먼저 약소국가를 차례차례 제압하여 그들을 병력으로 흡수했다. 그런 다음 테노치티틀란으로 향했고, 속임수를 써서 몬테수마의 궁전에 입성하여 황제를 생포했다. 황제가 사라지자 제국 전체가 그대로 무너졌다. 잉카 제국의 운명도 비슷했다. 8만여 군사를 거느린 황제 아타우알파는 1532년 프란시스코 피사로와 그의 병사 168명을 큰 위협으로 보지 않았다. 카하마르카에서 황제를 접견할 기회를 얻은 에스파냐군은 기습 공격을 감행했다. 아타우알파는 인질이 되었다가 결국 처형당했고 에스파냐군은 그 자리에 잠시 꼭두각시 황제를 앉혔다. 잉카의 저항군은 40년을 더 버텼으나 그 후 잉카 제국의 영토는 300년간 에스파냐에 지배당했다.

1250~1500년 서반구와 사하라 이남 아프리카는 여러 면에서 아시아, 유럽, 북아프리카와 별반 다르지 않았다. 어느 지역에서나 정치체는 영토, 교역, 노예, 종교를 빌미로 서로 충돌했다. 충돌의 규모가 달랐을 뿐이다. 가장 실질적인 차이는 기술적 역량의 유무였다. 중남아메리카와 중남아프리카에는 화약 무기 등 전력을 강화하는 기술도, 대양을 오갈 만한 선박을 만드는 기술도 없었다. 심지어 아메리카에는 말마저 없었다. 지금도 역사학자들은 이 기술 발전의 격차가 어디에서 연유했는가를 두고 논쟁하지만, 그 차이가 불러온 결과만큼은 명확했다. 두 대륙은 군사력이라는 하드 파워의 상대적 열위로 인해 유럽과 아시아의 침략을 막아내지 못했고 결국 대규모 식민화의 운명을 피할 수 없었다.

## 대양의 주인

13세기 중반 동유럽에는 하늘에서 뚝 떨어진 듯 몽골군이

나타나서 잔혹하고 무자비하게 맹타를 날렸다. 과거에 스텝 지역
으로부터 유럽을 공격했던 여러 세력이 그랬듯 몽골인은 유목민
의 능력을 한껏 발휘하여 말을 타고 초원을 고속도로처럼 누볐다.
그로부터 250년 뒤, 이번에는 에스파냐와 포르투갈이 대서양을,
이어 아메리카 대륙을 마음껏 누볐다. 여기에는 몇 가지 공통점
이 보인다. 에스파냐와 포르투갈은 서유럽과 지중해의 말단에 있
는 변방 세력이었다가, 대서양에 면한 지리적 여건과 빠르고 튼튼
한 캐러벨과 선진 항해술을 이용하여 바다를 고속도로처럼 이용
하기 시작했다. 몽골 기병에게 스텝이 있었다면 에스파냐와 포르
투갈의 군대에는 대서양이 있었던 셈이다. 아메리카와 아프리카
의 토착 민족이 보기에도 에스파냐와 포르투갈의 군사는 하늘에
서 뚝 떨어진 듯 나타나 모든 것을 파괴했다.

　　1500년경, 에스파냐와 포르투갈의 서반구 진출은 국제적 경
쟁과 갈등을 완전히 새로운 차원에 올려놓았다. 이 측면에서 볼
때 중국은 다시 한번 세계 역사를 바꿀 기회를 놓쳤다. 명 제국은
그 어느 나라보다 막강한 해군을 보유했고, 명 함대는 포르투갈보
다 수십 년 먼저 인도양과 아프리카 해안에 닿았다. 애초에 중국
이 정확히 어떤 목적에서 해상 진출을 추진했는지는 알 수 없으
나, 1433년 황제가 해상 활동을 금지한 뒤 중국 선박이 그때처럼
바다를 누비는 일은 다시 없었다. 중국과 유럽의 어떤 차이가 이
러한 결과를 낳았을까? 일단 정치체제가 달랐다. 명나라는 위계
적이고 중앙집권적인 대국이었던 반면, 서유럽은 서로 치열하게
경쟁하는 여러 작은 나라로 이루어져 있었다. 그러나 이 차이만으
로는 15세기의 역사적 분기점을 설명하기 어렵다. 지리적 여건도
한 인자로 작용했을 것이다. 중국이 아시아 내에 국경을 맞댄 나

라들과 경쟁했고 강, 운하, 바다의 해상운송을 토대로 거대한 국내 경제를 경영했다는 사실을 떠올리면 이 나라가 꼭 그렇게 내향적이었다고는 평가할 수 없다. 만약 명대 중국이 인도양 탐험을 멈추지 않고 아프리카와 교역하게 되었다면, 나아가 아프리카에 식민지를 세웠더라면 역사는 어떻게 달라졌을까? 이것은 물론 상상의 영역이다. 그러나 중국의 노선 변경은 이후 세계 정치에 어마어마한 영향을 미쳤다.

# 새로운 이슬람 제국 시대

## 서기 1500~1750년

핀란드

스코틀랜드
덴마크
독일기사단
• 모스크바
카잔

잉글랜드
폴란드-리투아니아
킵차크한국

보헤미아
프랑스
오스트리아
베네치아
오스만 제국
피렌체
에스파냐
오스만 제국
나폴리
오스만 제국

티

맘루크

리비아
투아레그
아랍

오

카보
베르데
말리
송가이
하우사
에티오피아
이파트
아달
와르상갈리

페르난도포섬
상투메섬
• 모가디슈

콩고
몸바사
잔지바르
킬와

대 서 양

무타파

소팔라

서기 1500년경의
동반구

카자흐

몽골 제국

모굴리스탄한국

티베트

• 델리

명

조선

일본

델리 술탄국

촐라

캄보디아

물라카

태 평 양

인 도 양

0    500    1000    1500 km

0         500         1000 miles

우리는 흔히 크리스토퍼 콜럼버스가 1492년에 아메리카를 발견한 그때 유럽의 세계 지배가 시작되었다고 생각한다. 그러나 이 장에서 곧 보게 되겠지만 16~17세기에 발생한 가장 중요한 사건은 유럽의 팽창이 아니었다. 물론 에스파냐 '정복자'는 아메리카를 침략하여 원주민 제국을 무너뜨렸다. 포르투갈과 에스파냐의 왕실은 1494년 토르데시야스 조약을 맺고 지구를 반으로 나누어 가지기까지 했다. 그러나 1750년경까지 아메리카, 아프리카, 아시아가 겪은 식민화는 그 후에 비하면 아직 미진한 수준이었다. 이 시기에 유럽이 직접 통치한 해외 속령은 기껏해야 연안 지역의 요새가 대부분이었고 그 주둔군도 몇십 명 단위였다. 그 주위로는 점차 상인과 모험가의 목조 오두막이 들어섰다. 유럽 경제는 농업과 무역, 은행업, 기술, 제조업 면에서 발전하고 있었지만 그 속도는 더디기만 했다. 네덜란드와 영국을 제외하면 임금 수준과 도시화 속도는 오히려 정체되었다.[1] 산업혁명의 눈부신 결과는 1760년대 이후에야 나타날 터였다.

　　1500년부터 1750년 사이에 세계 인구는 약 4억 명에서 7억여 명으로 늘었다. 유럽 인구는 그중 5분의 1이 채 안 되었던 반면, 절반 이상이 아시아에 살았다. 그 다수 아시아인이 경험한 가장 중요한 사건은 다름 아니라 서아시아와 남아시아에 여러 이슬람교 제국이 출현한 것이었다. 오스만 제국, 사파비 제국, 무굴 제국은 세계 인구의 4분의 1가량을 지배했다. 마찬가지로 세계 인구의 4분의 1을 보유한 중국에는 만주족이 침략하여 청나라를 건설했다. 유럽은 국내 갈등과 국제 갈등으로 인해 줄곧 혼란스러웠다. 우리에게 가장 잘 알려진 전쟁만 해도 80년 전쟁(1568~1648년), 30년 전쟁(1618~1648년), 에스파냐와 오스트리아의 왕위 계승 전쟁(1701~1713년, 1740~1748년) 등이 있다. 각 전쟁의 배경에는 영토와 종교와 상업적 이해관계가 복잡하게 얽혀 있었다.

거대한 제국 주변에 작은 왕국들이 불안하게 살아가던 이 세계는 분명 그 어느 때보다 긴밀하게 서로 연결되고 있었다. 이 사실을 보여 주는 가장 확실한 증거는 유럽, 서아시아, 중국에서 점점 더 정확하게 제작된 지구의와 지도, 그리고 먼 이국에서의 독특한 경험을 담은 여행기와 여행담이 본국 독자에게 널리 읽혔다는 사실이다. 여행과 독서를 통한 직간접적인 장거리 교류는 인쇄술 발달, 지리 탐험 후원, 그리고 무엇보다 경제적 욕망에 의해 촉진되었다. 세계의 대양에는 15세기 초 정화의 정크선 함대가 인도양을 왕복하기 훨씬 전부터 그와 비슷하게 화기를 갖춘 선박이 금, 향신료, 노예를 싣고 항해하고 있었다. 그러나 이제는 그 어떤 황제도 내향적인 태도로 해상 활동을 저지하지 않았다. 유럽 각국은 해상무역을 독점하려고 경쟁했다. 상인들의 모험은 점점 더 대담해졌다. 이들은 근대 자본주의의 출현을 이끌었던 동시에 그 새로운 경제체제가 배태한 합자회사, 주식시장, 다양한 금융 상품을 이용하여 힘을 키웠다. 유럽은 분명 이 시기에 장차 세계를 지배할 힘을 축적하기 시작했다. 그러나 세계 패권에 이르는 길에는 유럽보다 훨씬 더 막강한 세력들이 아직 자리를 지키고 있었다.

## 오스만 제국

15세기까지만 해도 오스만의 술탄은 누구와 맞붙든 스스로를 약세로 쳤다. 그러다 1453년 콘스탄티노플을 점령하고부터는 스스로를 최소한 신성 로마 제국 황제에 버금가는 권력자로 여기며 세계 정복을 꿈꾸기 시작했다.[2] 16세기 초, 셀림 1세(1512~1520)는 선대의 꿈을 현실로 옮기기로 했다.

콘스탄티노플에서 바라보았을 때 가장 중요한 권력 각축장은 서아시아, 흑해, 지중해였다. 그중 서아시아에서 오스만의 관심을 끈 것은 레반트와 홍해의 교역, 성지인 예루살렘과 메디나, 메카, 그리고 페르시아 땅에 들어선 시아파 제국 사파비였다. 셀림 1세는 사파비 왕에게 보내는 편지에서 자신을 수니파의 수호자로 일컬으며 상대가 폭정과 박해를 일삼고 무엇보다 음주를 즐긴다고 비난했다. 그는 메소포타미아에 6만 대군을 보냈다. 오스만군은 찰디란 전투(1514)에서 이동식 대포와 수석식 소총을 앞세워 사파비군을 제압했다. 셀림 1세는 사파비 왕조를 완전히 정복하지는 못했으나 레반트 및 메소포타미아 북부는 장악했다. 또 이 승리를 발판으로 제국을 동쪽으로 더 확장했다. 오스만의 영토는 북으로는 아르메니아에, 남으로는 이집트와 홍해에 이르렀다.

셀림 1세의 후계자는 아버지보다도 위대한 정복자가 되는 '대제' 술레이만 1세(1520~1566)였다. 발칸반도와 흑해 서안 대부분은 이미 제국의 세력권이었다. 그러나 술레이만은 헝가리에 내전이 발생한 상황을 이용하여 다뉴브강 교역 전체와 발트국과의 육상 교역 일부를 장악하고 있던 헝가리를 공격했다. 모하치 전투(1526)에서 오스만의 화약 무기는 헝가리의 구식 기병을 압도했다. 오스만이 헝가리 왕과 최소 1만 5,000명의 군사를 살해하고 수도를 불태우며 압승했다는 소식에 유럽 전체가 공황에 빠졌다. 1529년, 술레이만은 신성 로마 제국의 중앙인 빈의 성문 앞에 섰다. 그러나 빈을 정복하는 데는 실패했다. 그 이유는 일차적으로 악천후 때문으로, 오스만군은 거대한 공성포를 거의 동원하지 못했고 여타 군수품도 부족했다. 신성 로마 제국의 황제는 포위전이 끝난 뒤에야 제국 동부의 방어를 강화하기 시작했다.

그사이 술레이만은 지중해로 눈길을 돌렸다. "이 전갈(기독교도)들의 배가 바다를 차지하고 있다면, 베네치아 총독과 교황과 프랑스, 에스파냐 왕의 깃발이 트라키아 해안에 펄럭인다면, 그것은 우리가 참고 있기 때문이다. 나는 아주 강하고 큰 해군을 원한다."[3] 이는 셀림 1세가 했던 말이지만, 이를 행동으로 옮긴 것은 술레이만이었다. 오스만은 해군을 대폭 강화함으로써 육상에서만이 아니라 해상에서도 적을 두렵게 하는 군사력을 갖추었고, 프레베자 해전(1538)과 제르바섬 해전(1560)에서 주요 기독교도 국가의 연합 함대를 격파했다. 오스만은 불과 20여 년 만에 지중해에서 가장 강력한 해군을 보유하게 되었다.

오스만 제국은 술레이만의 긴 재위 기간 동안 전성기를 맞았다. 오스만을 방문한 유럽 사절들은 이스탄불의 아름다움에 넋을 잃었다.[4] 그 자신이 시인이었던 술레이만은 마흔 개나 되는 문화 협회를 후원했다. 그는 이스탄불에 그 유명한 쉴레이마니예 모스크를 짓게 했고 도서관, 병원, 학교, 공중목욕탕 건설에 자금을 댔다. 제국의 보고寶庫에는 전리품, 공물, 교역 세금, 방직업과 무기 산업으로 번 재산이 가득했다. 그런데 갤리선을 건조하고 인력을 투입하려면, 정예 보병대인 예니체리를 유지하려면, 식민지와 왕궁에 노동력을 공급하려면, 또 물론 부자들의 하렘을 채우려면 제국 밖에서 수십만 명의 노예를 조달해야 했다.[5] 그 방법은 다양했다. 발칸국들의 기독교도로부터는 '피의 세금', 즉 어린 남성을 징집했다. 군장들은 흑해 연안의 스텝에서 노예를 '수확'했고, 대상은 사하라 이남 아프리카에서 노예를 구입했다. 북아프리카 노예 시장에서는 해적이 지중해와 대서양에서 나포하거나 멀리 아일랜드와 아이슬란드 땅까지 습격하여 생포한 남녀노소의 기독교도가 거래되고 있었다. 해적이 얼마나 적극적으로 노예를 사고 팔았는지 "알제에는 기독교도가 비처럼 쏟아진다"는 말까지 있었다.[6]

오스만 제국은 영원할 것 같았다. 궁정의 고문들은 술탄이 정의롭게 다스리는 한 그의 백성은 번영하고 그들의 힘이 다시 술탄의 권력을 뒷받침하리라는 선순환적인 통치론을 구상했다. 그러나 실제로는 술레이만이 사망한 지 몇십 년 만에 권력의 한계가 드러났다. 오스만 제국은 이후 17세기 내내 인플레이션과 통화 평가절하의 여파에 시달렸다. 다만 직물 등 제조업은 계속 발전했다.[7] 17세기 말에 이르면, 새로 술탄이 된 자는 모든 형제를 처형하여 왕권을 확립하던 관습으로 인해 술탄이 바뀔 때마다 내란과 쿠데타가 발생하고 사회가 크게 흔들렸다. 또한 이 혼란을 틈타 예니체리가 왕위 계승을 좌지우지하고 대신을 임명하는 등 술탄 권력을 점점 더 약화시켰다. 오스만 제국의 전성기는 이렇게 저물었다.

오스만은 사파비 제국을 무너뜨리는 데 실패한 뒤로 계속해서 동쪽에 많은 병력을 배치해야 했다. 북으로는 러시아가 팽창하면서 흑해 연안을 방어하는 데 차질이 생겼다. 바다에서는 '항해 시대'를 개척하고 있는 유럽과의 경쟁에서 뒤처지기 시작했다. 이미 레판토 해전(1571)에서 제해권의 역전이 명백히 드러났다. 이 싸움에서 유럽군은 오스만 해군과 같은 규모의 함대에 두 배 많은 대포를 장착하고 나타났다. 오스만의 갤리선은 지중해의 협소한 만이나 해협에서는 여전히 우세했지만, 항해용 범선에서는 기술로나 규모로나 결코 유럽의 발전 속도를 따라가지 못했다. 오스만은 16세기에 인도양을 몇 차례 탐험했고 1565년에는 수마트라의 아체 술탄국까지 이르렀으나, 점점 규모를 키워 동방으로 진출하는 유럽의 상선과 함선을 막아설 능력은 없었다.

1683년, 오스만 육군은 다시 한번 빈을 포위했다. 그러나 이번에는 신성 로마 제국과 폴란드-리투아니아의 기병, 포병이 결집하여 오스만군을 분쇄하고 빈을 구해 냈다. 17세기 말에는 기독교 국가 동맹이 오스만의 국경을 발칸반도까지 밀어냈고, 이때 오스만은 건국 이래 처음으로 큰 땅을 잃었다. 더욱 큰 위기는 1703년 예니체리가 새 술탄을 끌어내리고 그의 형제를 즉위시켰을 때였다. 다행히도 그렇게 왕이 된 아흐메드 3세(1703~1730)가 이후 사태를 진정시켰다. 이제 오스만은 서유럽을 위협하지는 못했으나 지중해와 서아시아 지역에서는 여전히 단연 가장 강력한 국가였다. 가령 1717년에는 베네치아의 그리스 속령 대부분을 빼앗았고 1724년에는 점점 쇠퇴하던 사파비 제국의 아르메니아 영토와 캅카스산맥 남쪽 땅을 잠시나마 합병했다.

## 사파비 제국

　전성기의 사파비 제국은 흑해부터 힌두쿠시산맥까지 펼쳐진 넓은 영토에 인구 5,000만 명을 지배했다. 이 나라 역시 처음에는 메소포타미아와 페르시아 변방의 약소국이었다. 1501년 이스마일이라는 종교 지도자가 키질바시('붉은 머리'라는 뜻의 이름으로 캅카스산맥의 시아파 전사 부족 연합)의 왕(샤)이 되었다. 왕권을 확립한 이스마일 1세(1501~1524)는 시아파의 한 종단인 열두 이맘파를 국교로 채택했다. "사람들이 한 마디라도 반항의 말을 내뱉는다면 나는 신의 도우심으로 검을 뽑아 그 누구도 산 채로 두지 않을 것이다."[8] 하지만 이와 동시에 이스마일은 키루스, 다리우스, 호스로, 알렉산드로스 등 고대의 위대한 지배자를 모범으로 삼았다. 그는 '샤한샤'(왕들의 왕)는 물론 몽골의 칸 호칭과 인도의 존칭 '바하두르'(용맹한 전사)까지 사용했다. 바꿔 말하면 그의 제국에 페르시아인, 몽골인, 투르크인, 우즈베크인이 다 있었다는 뜻이다.[9] 그러나 사파비 제국의 샤는 무엇보다도 '지상에 드리운 알라의 그림자'인 반신반인의 존재였고, 수피즘 내 신비주의 종파인 사파비야의 영적 지도자(이 집단의 이름이 국호가 되었다)였으며, 세상의 종말을 알리러 나타날 구원자 마흐디의 지상 대리인이었다.[10]

　사파비 왕조는 몽골-투르크계 제국 티무르가 쇠퇴하면서 부상했고, 1501년에 아르메니아 땅을, 1504년까지 페르시아 대부분을, 1511년에는 우즈베키스탄 일부를 차지했다. 1514년, 사파비는 마침내 오스만과 본격적으로 충돌했다. 그것은 시아파와 수니파 간의 성전이었을 뿐 아니라 1,000년 전 비잔틴 제국과 사산조 페르시아가 서로 가지려고 했던 바로 그 거대한 영토, 즉 캅카스산맥과 메소포타미아를 둘러싼 전쟁이었다. 그러나 수만 병사가 맞붙은 찰디란 전투에서 사파비는 오스만에 패했다. 오스만은 메소포타미아 대부분 지역을 차지했고 사파비의 수도 타브리즈를 약탈했다. 1555년, 한층 열세에 몰린 사파비는 굴욕적인 조건의 아마시아 화약을 받아들여야 했다. 이로써 오스만은 페르시아만을 이용할 수 있게 되었고 두 나라 사이에 널찍한 완충지대를 설정했으며 사파비 제국의 가장 중요한 성지인 나자프와 카르발라를 접수했다.

그러나 사파비 왕조는 아바스 1세(1588~1629) 대에 이르러 초기의 패배를 설욕했다. 사파비는 오스만이 무라드 3세의 사망(1595) 후 내란을 겪는 상황을 이용하여 상대를 메소포타미아에서 몰아내고 1623년에는 바그다드를 수복했다. 이 쾌거는 국내 개혁의 결과이기도 했다. 아바스 1세는 키질바시 군벌을 해체한 뒤 그들이 가졌던 권력을 새롭게 배분했고 유럽의 신식 무기를 갖춘 한층 전문적인 군대를 육성했다. 또한 그는 이 새로운 정권과 군대에 캅카스 지역의 노예를 중용했다. 1614년 조지아에서 반란이 발생하자, 아바스 1세는 가차 없이 진압에 나서 수만 명을 학살하고 또 그만큼 많은 포로를 페르시아 지역으로 이주시켰다. 그는 조지아 왕의 아들들을 궁형에 처했고 왕의 모친은 기독교 신앙을 포기하지 않는다는 이유로 고문 끝에 살해했다. 조지아 왕의 눈에서는 "나일강처럼 끝없는 눈물"이 흘러내렸다.[11]

사파비는 제국 동쪽에 새롭게 떠오르는 또 다른 이슬람 세력인 무굴 제국과는 외교를 통해 긴밀한 관계를 맺었다. 일찍이 1544년에 사파비 샤는 무굴 황제 후마윤이 퇴위당하자 그에게 피난처를 제공하고 환영 연주회를 열어 주었다. 그곳에는 "상냥하고 얌전하며 봉사에 능숙한 미녀들이 낙원의 처녀처럼 곳곳마다 서 있었다"고 한다. 하지만 후마윤이 열두 이맘파로 개종하기를 거부하자 샤는 그를 처형하려고도 했다.[12] 두 나라의 관계는 아바스 1세가 무굴에 빼앗겼던 교역로를 되찾으려 하면서 악화되었다. 게다가 우즈베크의 제후들이 무굴에 동맹을 제안하면서 긴장이 더욱 고조되었다. "샤 자한 왕자께서 데칸고원 이북으로 진출하신다면 우리도 서둘러 움직이겠습니다. … 승리하신 뒤에는 저희에게 호라산을 주시고, 제국이 원하는 땅을 전부 취하고 남은 곳을 넘겨주십시오." 그러나 우즈베크의 계획은 실패했다.[13] 1622년, 아바스 1세는 무굴을 제압하고 가장 중요한 지역을 전리품으로 차지했다. 오늘날의 아프가니스탄에 위치한 전략적 요새이자 교역 도시 칸다하르였다.

아바스 1세는 전리품과 교역 세금, 비단 제조업을 바탕으로 제국의 새 수도 이스파한을 화려하게 장식했다. 알리콰프 궁전 등 새 수도의 건설 사업은 사파비조 미술과 건축에 황금시대를 열었다. 사파비 국민에게 이스파한은 이슬람 세계의 중심이자 세계 무역의 중심지였고 "세계 동서남북으로 뻗은 제국의 주인, 그 어떤 힘과 권세로도 그 명령을 거역할 수 없는 위대한 왕"이 거하는 곳이었다.[14] 그러나 제국의 영화는 아바스 1세가 사망한 직후부터 사그라들기 시작했다. 그 한 원인은, 황족 가운데 샤의 경쟁자가 될 만한 인물은 모두 눈을 멀게 하는 관습이 있었음에도 새로운 샤가 즉위할 때면 거의 매번 왕위 계승 투쟁이 벌어진 데 있었다. 또 하나의 원인은 제국이 농업을 등한시한 데 있었다. 사파비의 도시들은 국제 교역 의존도가 지나치게 높았다. 아바스 1세의 총신이자 그의 연대기를 기록한 이스칸다르 베그는 제국 지배층이 농업보다 교역 관리와 비단 수출을 우선시했고 금괴 반출도 금지했다고 썼다.[15] 제국의 중요한 수입원은 비단 무역이었는데, 오스만이 레반트를 장악하고 유럽인이 인도양과 페르시아만으로 점점 활발히 진출하면서 비단 수출에 차질이 생겼다. 17세기부터는 잉글랜드 상인들이 벵골만에서 유럽으로 비단을 직접 수입하여 사파비의 독점을 우회하기 시작했다. 오스만과 달리 근해를 통제할 해군조차 없었던 사파비는 자국의 교역 이익을 지켜 내지 못했다.

　　그러나 무엇보다도 큰 위협은 북쪽에서 빠르게 팽창하던 러시아였다. 16세기 전반부터 직접 관계를 맺기 시작한 두 나라는 공통의 적인 오스만에 대항해서는 동맹을 체결했다가도 캅카스의 영토와 교역을 두고 갈등하기를 반복하고 있었다. 1722~1723년, 사파비는 내부적으로 약화되는 동시에 외부적으로도 사방이 적에 둘러싸였고, 오스만과 러시아 양쪽에 크게 패배했다. 두 나라는 콘스탄티노플 조약을 체결하여 자기들끼리 사파비를 분할했다. 사파비의 투르크계 군장 나디르 칸은 마지막 샤를 폐위한 뒤 처음에는 섭정으로, 1736년부터는 본인이 새 왕조(아프샤르 왕조)의 샤로서 페르시아 땅을 통치했다. 그는 짧게나마 옛 제국의 영토를 수복했고 무굴 제국을 침략하여 델리를 약탈하기까지 했다. 그러나 1747년에 나디르가 암살당한 뒤 페르시아 지역은 다시 한번 무질서 속으로 와해되었다.

## 무굴 제국

　　무굴 제국은 사파비와 마찬가지로 16세기 초 중앙아시아에서 기원했다. 이들은 1505년 전후에 카이바르고개를 넘어 인도-갠지스 평원으로 진출했다. 델리 술탄국은 일단 이들의 침입에 저항했으나 다른 쪽 국경에도 분쟁이 발생한 탓에 결국 무너졌다. 공식적으로 무굴 왕조를 세운 것은 1526년 바부르(1526~1530)였지만, 왕국을 진정한 제국으로 발전시킨 것은 그의 손자인 아크바르(1556~1605)였다. 그는 뛰어난 군사 지도자였다. 무굴의 무기와 기술은 남아시아의 다른 군대보다 나을 것이 없었지만, 아크바르는 벵골 술탄국에 결정적인 승리를 거둔 파니파트 전투(1556) 등 여러 싸움에서 천재적인 전술로 상대를 제압했다.

아크바르는 자신이 칭기즈칸의 후예임을 자랑스럽게 내세웠다. 그는 오스만과 사파비의 황제들이 그랬듯 샤한샤 칭호를 사용했고, 특히 사파비의 샤와 마찬가지로 자신이 '지상에 드리운 알라의 그림자'라고 선언했다. 나아가 '신에게서 뻗어 나오는 빛'을 자처했는데, 이는 수천만 명에 이르는 제국 내 힌두교도와 불교도에게 익숙한 개념이었다. 황제는 이슬람교도이면서도 모든 종교의 통치자를 자임했다. 아크바르는 힌두교와 불교의 다르마dharma, 법 개념을 통치의 근본원리로 수용했고, 힌두 고전인『마하바라타』와「아르타샤스트라」의 번역을 후원했으며, 약소 힌두 왕국의 지배층을 무굴 귀족으로 흡수했다. 또 이슬람교도, 힌두교도, 불교도, 조로아스터교도, 기독교도 철학자가 함께 모여 신앙을 논하는 자리를 마련했고, 그 결과를 바탕으로 딘이일라히Din-i Ilahi('신의 종교')라는 혼성적인 교리와 술이쿨 원칙Sulh-i kul('종교적 관용을 통한 만인의 조화')을 정립하고 공표했다.

1595년, 아크바르의 대신 아부 알파즐은 황제의 치세를 기록한 공식 연대기인『아크바르나마Akbarnama』를 탈고했다. 이 책은 플라톤, 아리스토텔레스, 알렉산드로스 대왕부터『마하바라타』

와 힌두교 기도문까지 인용하며 아크바르의 공적을 칭송했다. 결론부에는 미래의 군주를 위한 중요한 조언이 담겨 있었으니, 그에 따르면 인도라는 다채로운 사회(저자는 이 땅을 '거대한 시장'이라고 표현했다)가 번영하려면 무엇보다도 사회 안정을 지킬 줄 아는 현명한 왕이 필요했다. 인간은 이기적이고 근시안적이며 저 자신의 이익만을 추구하기에, 왕 없이는 질풍 같은 충돌만이 끝없이 이어질 것이었다. "인간이 뛰어난 이유는 이성이라는 보석이 있기 때문이다."[16] 왕은 권력을 키우려는 욕망에 사로잡혀선 안 되었다. 그보다는 정의를 수호하고 백성의 종교를 존중하고 간신배를 경계하고 공적을 치하할 의무가 있었다. 또 제국군은 강력하게 유지하는 한편 인근 국가가 무력을 동원하지 못하게 막아야 하며, 사생활에서는 엽색과 도박을 삼가야 했다.[17] 아부 알파즐은 이렇게 정리했다. "모든 불화의 원인은 사람들이 자국의 중요한 일은 등한시하고 나라 밖에 관심을 쏟는 것에 있다."[18]

아크바르가 도입한 가장 핵심적인 개혁 정책 중 하나는 만사브다르mansabdar 체제였다. 이는 황제가 소유한 땅에서 발생하는 수입을 군 지휘관과 행정 관료에게 지급함으로써 그들의 충성과 노고를 공식적으로 확보하는 제도였다. 군사 개혁도 중요했다. 무굴은 유럽과 오스만의 군인과 군사공학 전문가를 초빙하여 화승총과 대포로 제국군을 혁신했다. 무굴군은 이 혁명적인 변화에 힘입어 인도아대륙의 여러 약소 왕국을 정복했다. 이 시기에 우즈베크와 네덜란드의 사절은 무굴군이 인더스강 유역을 정벌하며 각 지역 지배자를 참수하고 촌락의 여자와 아동을 노예로 사들이더라고 전했다.[19] 또한 아크바르는 교역로를 보호하고자 힌두쿠시산맥과 히말라야산맥의 고갯길에 요새를 지었고 서아시아, 아프리카, 동아시아로 연결되는 교역 관문인 구자라트와 벵골의 항구를 빈틈없이 장악했다. 아크바르가 사망한 1605년에 무굴 제국은 남쪽 땅끝을 제외한 인도 전체와 오늘날의 파키스탄과 방글라데시에 이르는 넓은 영토를 지배했다.

무굴은 화약의 주재료인 초석을 비롯하여 소금, 직물을 국가 독점으로 생산했다. 아크바르는 라호르의 숄과 아그라의 양탄자가 페르시아산 상품과 경쟁할 수 있도록 국민에게 국산품을 구입하라고 명령했다.[20] 제국은 막대한 양의 직물, 담배, 차 등을 수출했고 거기서 벌어들인 금괴가 제국으로 대량 유입되었다. 그러나 이러한 수출을 주로 외국인이 장악했다는 문제가 있었다. 연안의 교역 도시에 정착한 잉글랜드나 포르투갈의 상인들은 지역 총독에게 비용을 지불하고 그 대가로 교역을 허가받고 활동을 보호받았다.

유럽 상인 중심의 교역은 결국 마찰을 일으켰다. 1686년, 잉글랜드 상인들이 남아시아·동아시아 지역 무역을 위해 국가의 칙허를 받아 설립한 동인도회사는 무굴 제국으로부터 교역 특권을 얻어 내려고 했다. 잉글랜드 선박은 연안을 봉쇄하여 메카 순례단의 출항을 막았다. 이에 무굴의 아우랑제브(1658~1707) 황제는 뭄바이에 있는 동인도회사 본부에 함대를 파견했다. 1689년, 잉글랜드인은 어쩔 수 없이 항복하고 제국에 막대한 배상금을 지불했다. 이후 유럽인들은 면화를 확보할 새로운 방법으로 인도아대륙의 동해안을 개발하기 시작했고, 미얀마 지역의 아라칸 왕국을 부추겨 무굴 세력권인 갠지스강 델타와 벵골만을 공략하게 했다. 이에 아우랑제브 황제는 유럽식 전함 300척을 건조했으나 결국에는 항구를 보호하기 위해 네덜란드·잉글랜드 세력에 지원을 요청해야만 했다. 두 세력은 포르투갈을 제치고 입지를 강화할 기회를 얻은 것이다. 무굴의 한 대신은 이렇게 인정했다. "유럽의 배 한 척이 무굴의 배 20척을 격파할 것이다."[21] 무굴 제국은 육상에서는 17세기 내내 승승장구했지만 해상에서는 기술과 무기가 더 발전한 유럽 전함에 늘 속수무책이었다.

1707년, 아우랑제브가 사망한 후 왕위 계승 투쟁과 내란이 발생했다. 그 원인 중 하나는 아크바르 대 이후 줄곧 강경해진 종교 정책으로, 제국은 국민의 다수를 차지하는 힌두교도와 마찰을 빚고 있었다. 그사이 동인도회사는 제국에 대한 영향력을 키워 이제는 1년에 겨우 몇천 루피를 내고 면세 교역권을 누리는 중이었다. 이들은 점점 부와 권력을 쌓았고 그 손해는 제국 정부가 부담했다. 그러는 사이 북부의 육상 방어가 허술해지자 1739년 페르시아 지역의 나디르 샤가 무굴을 침략했다. 상대는 수석식 소총과 대포로 무장한 보병, 선회포로 무장한 기병으로 무굴군을 압도했다. 수도 델리가 약탈당했다. 무굴 궁정의 한 조신은 이렇게 썼다. "백성이 눈물 흘리는 가운데 강탈이 시작되었다. 모든 가문이 몰락했다. 많은 사람이 독을 삼켰고 많은 사람이 칼로 자결했다. … 수백 년간 쌓아 온 재물의 주인이 한순간에 바뀌었다."[22] 코끼리 700마리, 낙타 4,000마리, 말 1만 2,000마리가 동원되어 무굴 황제의 보물을 실어 갔다.[23]

## 하나 된 우주

명나라가 지배한 16세기 중국은 대체로 평화로웠다. 경제가 활성화되었고 인구가 급증했다. 1406년에 짓기 시작한 베이징의 자금성이 마침내 완공되었다. 이곳을 찾아온 외국 사절은 황제를 알현하기에 앞서 먼저 사흘간 예부의 감독하에 의례를 연습해야 했다. 그런 뒤 자금성의 정문인 오문을 통과하고 거대한 광장을 몇 개나 가로지르고 태화문을 넘어서면 비단옷을 입은 예부의 환관들이 그들을 맞이했다. 이어 40개의 계단을 오르면, 그곳이 자금성에서 가장 큰 건물인 태화전이었다. 사절은 금과 옥, 비단을 두르고 용좌에 앉은 황제 앞에 네 번 머리를 조아려야 했다.

명 황제는 유럽인이 처음 찾아왔을 때 교역은 금지했지만 그들의 강력한 대포에 큰 관심을 보였다. 그래서 중국에서는 '붉은 머리 오랑캐紅毛夷의 대포'를 본뜬 홍이포紅夷砲 수천 문이 제작되었다.[24] 정덕제(1505~1521)는 방종한 생활로 비난받긴 했으나 포르투갈에 맞서 믈라카 술탄국과 동맹을 맺었다. 1521년, 명나라 해군은 오늘날의 홍콩에 가까운 툰먼에서 포르투갈의 소규모 함대를 격파했다. 중국 시장에 진입하는 데 실패한 포르투갈은 그 대신 일본인 해적들에게 대포와 후장식 선회포(불랑기)를 공급하며 중국을 공격하게 했다. 중국의 연안 방어는 허술했다. 해적은 항구를 약탈하고, 대운하를 거슬러 올라가며 주변을 노략하고, 수비대가 주둔한 주요 도시를 포위했다. 결국 명나라는 어쩔 수 없이 포르투갈인과 손잡았다. 1554년에는 포르투갈 상인의 거류지로 마카오를 개방했다.

그사이 북쪽에서는 몽골과 여진이 남진 기회를 포착하고 동맹을 맺었다. 1550년, 몽골 기병은 베이징 근교까지 도달해 교역권을 요구했다. 명나라는 그들을 격퇴하긴 했으나 말과 비단을 맞바꾸는 교역을 허가해야 했다. 황제는 만리장성 재건을 명령했다. 이때 대폭 강화된 성벽이 오늘날까지 남아 있다. 해적을 막기 위한 연안 방어 시설도 보강되었다. 그러나 또 다른 문제가 생겼다. 1592년, 15만여 명의 일본군이 한반도를 침략하여 이후 7년간 전쟁을 벌였다. 명나라는 이 전쟁(임진왜란)에 개입하느라 또 한 번 국고를 크게 지출했다. 게다가 제국의 남부와 북부에서 동시에 반란이 발생했다. 황실은 이 반란도 진압했지만, 만력제(1572~1620)는 정사에서 손을 뗐다. 황제의 직무 유기로 인한 권력 공백은 당파 싸움을 불러일으켰고 군대의 지휘 체계도 무너지기 시작했다.

이윽고 명 제국 북부에서 사상 최대의 반란이 시작되었다. 그동안 변경 지역의 농민은 여진의 습격에, 탈영한 자국군의 괴롭힘에, 도적 떼의 약탈에 시달렸다.[25] 한편 여진은 추운 날씨가 길게 이어지자 400년 전 몽골족이 그랬듯 본거지를 떠나 남으로 밀려 내려왔다. 여진의 지도자 누르하치(1616~1626)는 이 싸움이 명 황실에 맞선 성전임을 처음부터 분명히 밝혔다.[26] 1618년, 그는 명나라의 억압과 영토 침해를 '일곱 가지 큰 원한七大恨'이라는 문서로 정리하여 공식적으로 비난했다. 이 글은 어느 모로 보나 명나라를 향한 선전포고였다. 훗날 누르하치는 이 공격을 다음과 같이 정당화했다. "명의 만력제는 정치에 무지했다. 그는 내정을 돌보지 않았다. 그래서 하늘이 그를 벌하고 그의 영토 중 황허강 동안을 나에게 내리셨다. 하늘이 나를 택하여 땅을 내렸으니, 그 뜻에 따라 이 나라를 다스리지 않는다면 내가 벌을 받았으리라."[27] 1635년, 누르하치의 아들 홍타이지(1626~1643)는 멸칭인 '여진'을 금지하고 '만주'를 새 이름으로 선택함으로써, 또한 '대청'을 국호로 정함으로써(1636) 새롭게 떠오른 자국의 권세를 공식화했다.

추운 날씨는 중국 본토에서도 기근을 일으켰다. 대운하가 마르자 도시에 식량이 부족해졌다.[28] 설상가상으로 유난히 강력한 태풍으로 피해가 연달아 발생했다. 이제 반란은 전국으로 번졌고, 그 지도층은 인구의 대다수인 농민에게 친화적인 정부를 수립하고자 했다. 당황한 명나라 관리들은 만주족을 끌어들여 반란을 진압하려고 했다. 이에 당당히 만리장성을 넘어온 만주족은 황실군이 아니라 반란군에 합류했다.[29] 황실군은 송금 전투(1641~1642)에서 결정적으로 패배했고 명의 마지막 황제는 1644년 자금성의 붉은 성벽 아래 과일나무에 스스로 목을 맸다. 다시 한번 이민족 왕조가 천명을 이어받았다. 이 새로운 나라의 이름은 청이었다.

청나라를 건설한 만주족은 지체 없이 중국의 제국 전통을 받아들였다. 이들은 명의 관료 체제를 그대로 흡수했고 중요한 기반 시설을 보존했으며 고전의 가르침을 장려했다. 종교적으로는 불교를 후원했고 다시 한번 유교적 이상을 제국 통치의 원리로 삼았다. 누르하치는 이렇게 말했다. "악인은 하늘의 미움을 사므로 그들의 나라는 쇠퇴하기 마련이나, 선인은 하늘의 축복을 받아 그들의 나라가 번영한다."[30] 그렇긴 해도 청나라 초기 황제들은 완전한 '중국화'를 거부했다. 만주족 전사는 한족 여자와 결혼해선 안 되었고 농사를 지어서도 안 되었다. 반면에 사냥은 만주족 정체성을 표현하는 행위로 장려되었다. 만주족 전통의 무속 의식도 계속 행해졌다.

청의 대외 정책을 살피면, 순치제(1644~1661)가 조공 전통을 되살린 결과 멀리 베트남의 안남 왕국, 일본 남부의 류큐 제도, 티베트에서까지 사절이 찾아왔다. "이제 우주가 하나의 명령으로 통합되었다. 사해가 일가가 되고 만국 백성이 나의 자식이 되었다."[31] 그러나 실제로는 전혀 그렇지 않았다. 남쪽에서는 군벌이 윈난성, 광둥성, 푸젠성을 지배하고 있었다. 북쪽으로는 영토를 동쪽으로 확장하던 러시아가 만주에까지 이르러 청나라군과 충돌했고, 몽골계인 중가르가 중앙아시아의 교역로와 불교 중심지 티베트를 두고 청과 경쟁했다.

강희제(1661~1722)는 외부의 위협을 효과적으로 제압하며 제국의 안보를 강화했다. 그는 강과 산 등 오랫동안 중국을 보호해 온 자연적 경계에만 의존할 수 없다고 생각하고 팽창을 통해 방어하는 전략을 선택했다. "류큐로 동남을, 조선으로 동북을, 몽골로 서북을, 베트남으로 남을 방어하라."[32] 강희제는 먼저 러시아와 국경 조약을 체결했다. 이어 할하 몽골과 중가르의 반목을 틈타 중가르를 공격했다. 그는 중가르의 위협은 끝나게 되어 있다고, 하늘이 그러기를 원하신다고 장담했다.[33] 강희제 대에 청나라는 타이완, 베트남, 미얀마, 티베트도 침략했다.

이어 옹정제(1722~1735)는 윈난성에서 끈질기게 계속되는 반란을 진압하러 나섰다. 청 황실은 이 반란 세력을 그 지역의 구리, 소금, 차 및 티베트와의 직접 교역로를 노리고 살인을 자행하는 토착민 무법자와 변경 이민족으로 규정했다.[34] 정벌은 잔혹했다. 청나라군은 여자와 어린이를 포함하여 수만 명을 살해했고 청의 지배에 저항하는 이들의 팔다리를 잘랐다. 청의 한 지방 태수는 "지금 이 소수를 죽이지 않으면 나중에 다수를 죽여야만 할 것"이라고 말했지만 남부의 소요는 쉽게 진압되지 않았다.[35] 청나라는 또 타이완섬을 전략적 요충지로 분류하고 강경책을 폈다. 먼저 민간인이 섬으로 건너가 정착하고 이후 군대가 파견되면서 타이완은 완전히 중국의 식민지가 되었다.[36]

중국의 그늘 아래에서는 여러 약소국이 서로 경쟁하고 있었다. 동북쪽에서는 일본의 섭정 도요토미 히데요시가 화승총을 앞세워 전국을 통일한 뒤 한반도를 침략했다. 그는 "해가 비치는 모든 곳을 통치하는" 지배자로 칭송받았다.[37] 도요토미 히데요시 이후 거의 300년간은 도쿠가와 가문의 쇼군들이 일본을 통치했다. 이 에도 시대에 덴노는 허수아비에 지나지 않았다. 일본 쇼군은 조선에 조공을 거듭 강제했고 멀리 타이완까지 군사 원정을 감행했다. 그러나 유럽 무역상들의 영향력 확대에 대한 우려가 커지기 시작하자 외국인과의 교역과 교류를 금지해야 한다는 주장이 대두되었다. 1633년, 도쿠가와 쇼군은 사코쿠鎖國, 쇄국 정책을 채택했다.[38]

동남아시아에서는 불교 왕조인 레가 유럽식 화기를 앞세워 오늘날의 베트남 대부분 지역을 장악했다. 미얀마의 타웅우 왕국은 안다만해의 무역항을 둘러싸고 타이의 아유타야 왕국과 충돌했다. 이후 아유타야는 믈라카 술탄국(포르투갈령)에 밀려났고, 이 나라는 다시 말레이반도 및 믈라카해협 등의 전략적 요충지를 차지하기 위해 조호르, 아체, 반튼 술탄국과 경쟁했다. 이 술탄국들이 서로 불화하는 동안 네덜란드, 포르투갈의 식민지 개척자는 앞다투어 교역소를 확보하고자 했다. 이렇게 유럽 제국주의의 시대가 다가오고 있었다.

## 철의 시대 유럽

18세기 초 세계에서 가장 큰 나라였던 청나라, 사파비, 무굴, 오스만은 모두 마지못해서나마 유럽인과 교류하고 있었다. 이 아시아 제국들은 유럽 상인과 교역했고 유럽식 무기를 모방했고 서방의 과학을 연구했으며 서방에서 찾아오는 예술가를 환영했다.

그러나 그중 어떤 나라도 저 멀리서 옹기종기 모여 다투고 있는 작은 나라들이 곧 세계를 지배하리라고는 예상하지 못했다. 동반구와 서반구는 15세기 말 콜럼버스의 항해와 발견을 통해 마침내 연결되었고 바스코 다 가마의 희망봉 항로 개척(1497~1499)으로 유럽에서 아시아로 가는 새로운 길이 열렸지만, 18세기 초까지도 에스파냐와 포르투갈의 식민지 건설은 미미한 수준에 불과했다.

앞서 살핀 대로 에스파냐는 서반구에 소규모 군대를 파견했다. 실상 아메리카 원주민 사회를 파괴한 힘은 유럽식 무기가 아니라 유럽의 질병이었다. 1700년이 되어서도 대서양을 횡단하는 선박은 연간 200척에 지나지 않았다. 그에 비하면 아시아 국가들은 인도양을 통해 접근하는 유럽 세력에 훨씬 더 완강하게 저항했다. 제국들은 유럽 상인을 일단 연안이나 섬에 위치한 작은 거류지에 묶어 두었다.[39] 17세기 말, 청나라와 무굴 제국은 각각 1억 5,000만 명 이상의 인구를 지배했고, 오스만의 인구는 3,000만 명이 넘었다. 같은 시기 에스파냐의 인구는 2,000만 명이 채 안 되었다.[40] 이 시대 아시아 제국들의 정복 활동에 비하면 바다를 통한 유럽인의 식민지 건설은 딱히 도발적이지도, 공격적이지도 않다.

다시 말해 정치권력 면에서나 많은 인구를 통치하는 역량 면에서 유럽은 이제 막 도약하기 시작한 참이었다. 그러나 유럽은 여러 중요한 측면에서 벌써 대륙의 대국들을 능가했다. 특히 눈에 띄는 발전상은 빠른 속도로 항해하는 범선을 계속 개발한 것이었다. 유럽의 선박은 먼 거리를 항해할 수 있었을 뿐 아니라 발사 거리가 긴 대포로 중무장하고 있었다. 이에 비해 화력이 약했던 아시아 제국의 연안 함대는 유럽의 공격에 맞서기가 점점 더 어려워졌다. 유럽은 바로 이 해군력을 바탕으로 빠르게 바다를 장악했다. 아시아에서 무역과 항구, 대도시의 발전이 주춤하는 사이 유럽이 세계경제를 주도하기 시작했다. 16세기부터 17세기 초, 1인당 경제 생산은 중국과 인도에서는 제자리걸음이었던 반면, 서유럽에서는 30퍼센트 증가했다.

유럽의 경제성장은 서로 앞다투어 시장을 넓히고 기술 발전을 주도하려는 치열한 경쟁의 결과였다. 15세기 유럽에서 가장 부유한 지역은 이탈리아 북부였지만, 부의 중심이 점차 북으로 이동하여 플랑드르의 브뤼헤로 옮겨 갔다. 그러나 이 도시는 16세기 들어 운하에 퇴적물이 쌓여 도시가 내륙화되고 주요 수입원이었던 모직물 교역에서 경쟁력을 잃었다. 부의 중심은 안트베르펜으로 이동했다. 이 도시의 한 대상인은 이렇게 설명했다. "사업하기에 이처럼 잘 갖추어진 곳이 세상에 또 없다. 안트베르펜은 접근성이 좋고, 여러 나라가 이 도시의 시장에서 만난다. 사업하는데 필요한 원자재를 구할 수 있고 모든 종류의 수공인을 쉽게 찾아 고용할 수 있다."[41] 그러나 1585년 에스파냐의 해상 봉쇄로 인해 안트베르펜의 바닷길이 막히자 유럽 상업의 중심은 다시 암스테르담으로 옮겨 갔다.

보다시피 16세기에 지구상에서 가장 부유한 지역은 네덜란드 등 서유럽 저지대 국가였다. 안트베르펜과 암스테르담은 유럽 내 직물·금속 교역과 남아시아·동아시아와의 향신료 무역 양쪽을 바탕으로 세계 상업을 주도했다. 그러다 17세기를 거치며 네덜란드는 무력 분쟁과 무역 전쟁에 시달리는 동시에 경쟁력을 잃었고, 대신 런던이 금융, 제조업, 기술 분야에서 우위를 차지하기 시작했다. 18세기에 영국은 직물 생산의 자동화, 제철 공업의 혁신, 금융업의 선진화 등 여러 획기적인 발전을 토대로 산업혁명과 영국 제국의 도래를 준비했다.

이 시기에 유럽이 세계 다른 지역보다 번영한 데는 여러 이유가 있었다. 중세에 겪었던 것과 같은 대규모 전염병이 다시 발생하지 않았고 기후가 점차 온화해졌다는 점, 농업과 산업 분야의 혁신이 널리 보급되었다는 점, 수공업이 고도로 발달하고 여러 도시에서 현대적인 형태에 가까운 소비자 집단이 탄생했다는 점, 식민지의 부가 유럽으로 유입되었고 새로운 금융 상품 및 기관이 확산되었다는 점 등이 그것이다.[42] 금융업은 이미 중세 초기의 이슬람 상인이나 중세 후기의 이탈리아 상인에 의해 발전의 싹을 틔웠다. 그러나 네덜란드와 잉글랜드는 이제 금융업에 본격적으로 착수하여 그러한 상품과 기관을 발전시켰고 그것을 세계 곳곳에서 활용하기 시작했다. 투자 위험을 분산해 주는 합자회사는 그 자체로 투자를 촉진했지만, 또 주식시장이라는 새로운 종류의 시장을 통해서도 그러했고, 이것이 다시 무역을 한층 활성화했다. 최초의 중앙은행이 설립된 것도 이 시기였다(1609년 네덜란드의 암스테르담은행, 1694년 영국의 잉글랜드은행). 이러한 금융업 발전이 누적된 결과 국가 간 신용 거래가 활발해졌고, 신흥 무역국의 경우에는 법규를 준수하고 상업세를 낮게 유지해야만 국제무역을 확대할 수 있는 환경이 조성되었다. 유럽 각국과 각 도시는 부를 둘러싸고 경쟁하는 과정에서 촘촘한 상업망, 자본망, 정보망을 통해 과거 그 어느 때보다도 긴밀하게 연결되었다.

1500~1750년, 유럽이 경제적으로 점차 번영하는 가운데 사상가들은 다시 한번 만인의 평화라는 이상을 꿈꾸었다. 네덜란드의 인문주의자 에라스뮈스는 1530년에 이렇게 썼다. "우리가 신을 닮은 통치자를 가질 수만 있다면 세계가 하나의 제국으로 통

일되는 편이 가장 좋을 것이다. 그러나 인간은 그럴 수 없는 존재이기에 권력을 적절히 나눠 가진 여러 왕국이 기독교도 동맹으로 연합하는 편이 더 안전하다."[43] 에라스뮈스의 친구인 잉글랜드의 정치가 토머스 모어는 바다가 보호하는 섬에서 사람들이 조화롭게 살아가는 유토피아를 상상했다. 그는 1516년에 이렇게 성토했다. "대다수의 군주가 평화를 도모하는 기술이 아니라 전쟁하는 기술에 몰두한다. 그들은 이미 가진 영토를 잘 통치하기보다 수단과 방법을 가리지 않고 새 영토를 획득하는 데 경도되어 있다."[44] 평화를 실현하는 더 좋은 방법은 군주로 하여금 자국 교역을 발전시켜서 얻을 수 있는 이익을 깨닫게 하는 것이었다. 그로부터 100년 후 플랑드르의 화가이자 외교가 페테르 파울 루벤스도 같은 생각을 표명했다. "이제 전 세계의 이익은 불가분의 관계로 연결되어 있다."[45]

16세기 프랑스의 정치철학자 장 보댕은 교역과 교류야말로 '세계연방respublica mundana'에 이르는 가장 효과적인 수단이라고 보았다. 이와 달리 모든 인간 사회에 존재하는 관습법과 자연법에 기초한 국제법이 더 유효하다고 본 사상가들도 있었다. 에스파냐의 철학자이자 법학자 프란시스코 데 비토리아는 다음과 같이 주장했다. "개별 국가는 결속과 의무로 연결된 국제사회의 일원이기에 그 주권이 제한적일 수밖에 없다."[46] 에스파냐의 또 다른 철학자 프란시스코 수아레스는 국경을 초월하는 공통의 필요에 기초하여 국제법을 제정해야 한다고 주장하면서도 주권은 분리되어야 한다고 보았다. 17세기 네덜란드의 법학자 휴고 그로티우스는 각국이 자발적으로 준수하는 국제 관습법을 주창했다. 1623년, 프랑스의 정치사상가 에메릭 크뤼세는 일종의 국가 연합체를 구상하면서 그 상설 의회를 베네치아에 설치하자고까지 주장했다. 또한 결정은 다수결로 내리고, 각국에서 병력을 차출하여 연합군을 구성하자고 했다.

물론 외교를 통한 세계연방 건설이 불가능하다고 본 사람들도 있었다. 잉글랜드의 외교가 헨리 워튼은 1604년에 유명한 말을 남겼다. "대사란 외국에 가서 조국을 위해 거짓을 말하는 정직한 사람이다."[47] 그 한 해 전, 프랑스의 외교가 장 오트망은 대사의 가장 중요한 임무는 마치 자식이 노쇠한 부모를 보호하듯 자국의 우행을 감추는 것이라고 했다. 1682년 네덜란드의 외교가 아브라함 드 위크포트는 대사의 역할이란 단지 "두 군주 사이를 오가며 서신을 배달하는 것, 그리고 되도록 자국민을 보호하고 제 군주의 이익을 수호할 수 있는 답신을 얻어 오는 것"일 뿐이라고 했다.[48] 그에 따르면 외교관이라면 누구나 "희극배우의 면모를 조금은 갖추고 있어야" 했다.[49]

금란의 들판 회담(1520), 베스트팔렌 회담(1648) 등의 고위급 평화 회담은 사람들에게 밝은 미래를 약속했다. 1520년 6월, 프랑스의 프랑수아 1세와 잉글랜드의 헨리 8세는 칼레 근처 '금란의 들판'에서 회동했다. 두 왕이 치른 레슬링 경기는 말할 것도 없고, 임시 숙소와 두 왕의 수행단이 얼마나 화려했는가에 대한 기록이 유럽 전체를 떠들썩하게 만들었다. 이 행사에 정치적인 내실은 거의 없었다는 사실은 교묘하게 가려졌다. 헨리 8세 내각의 국무장관에 따르면, "이제 기독교 세계의 모든 군주가 마치 전쟁에 대한 인본주의적 비판을 한뜻으로 인정한다는 듯 처신하기 시작했다".[50] 16세기가 지나면서 왕들이 직접 만나는 회담은 점점 줄고 대신에 왕으로부터 협상 전권을 위임받은 이른바 전권대사 간의 회담이 자리 잡았다. 1648년에는 100여 개의 사절단이 독일 북부의 오스나브뤼크와 뮌스터에 모였다. 프랑스 대표단 하나가 대동한 요리사가 열두 명, 제빵사가 다섯 명, 공수한 포도주가 300통이었다. 이들은 프로테스탄트 종교개혁(1517) 이후 유럽을 휩쓴 일련의 '종교전쟁' 중 가장 파괴적이었던 마지막 전쟁인 30년 전쟁의 종결을 논하기 위해 한자리에 모였다. 이 회담의 결실로 체결된 베스트팔렌 조약은 지금까지 서양 외교의 근간을 이루는 원칙을 정립했다. 그 어떤 국가도 다른 국가의 주권을 침해하거나 내정에 간섭할 권리가 없다는 원칙이다.

많은 역사학자가 베스트팔렌 회담 등 17세기에 성사된 회담과 조약을 근대 외교의 시작점으로 평가한다. 그 이유는 국민과 국가의 이익이 군주의 개인적 이익에 우선할 뿐 아니라 기독교 세계, 가톨릭 세계, 개신교 세계 등 경계가 모호한 초국가 결속체의 이익에도 우선한다는 원칙이 이때 명시화되었기 때문이다. 가령 1624~1642년에 루이 13세 궁정의 재상을 지낸 리슐리외 추기경은 국가는 더 이상 신성한 서임으로부터 수립되지 않는다고 주장했고 국왕에게 '국가이성raison d'État'에 따라 나라를 엄격하고 합리적으로 통치할 것을 촉구했다. 그러나 17세기가 실제로 외교사의 분수령이었다고 단언하기에는 문제가 있다. '국가이성'은 사실 1547년 교황청의 외교가 조반니 델라 카사가 처음 제시한 개념이었고, 그보다 앞선 16세기 초에 피렌체의 정치가 마키아벨리는 정치의 근본 목표를 "국가가 가능한 모든 방법으로 스스로를 보전하는 것"으로 요약한 바 있었다.[51]

또 하나의 문제는 30년 전쟁 등 이 시기의 전쟁이 실제로 어느 정도나 종교적이었느냐 하는 것이다. 잘 알려진 대로 프랑스

의 앙리 4세는 표면상 종교 갈등의 양상을 띠었던 내전 중에 왕위
를 지키려고 개신교에서 가톨릭교로 개종했다. 30년 전쟁이 발발
하기 전, 앙리 4세의 재상 쉴리 공작은 "결국 몇몇 강국이 유럽을
똑같이 나누어 가짐으로써 그 어느 나라도 질투나 두려움 때문에
다른 나라의 영토나 권력을 빼앗지 않아도 되는" 상태에 이르기
위해 의도적으로 불화를 유도하라고 제안한 바 있었다.[52] 바꿔 말
해 종교와 정치는 과거와 마찬가지로 늘 한데 섞여 있었다. 새롭
게 시작된 식민지 건설도 여전히 종교적 이유로 정당화되었다. 왕
은 여전히 신의 축복을 통치의 근거로 내세웠다. 각국은 여전히
종교전쟁을 치르고 있었다.

　　17세기 중반의 주권 논쟁은 그때 갑자기 시작된 것도 아니
었다. 수십 년 전부터 장 보댕, 조반니 보테로, 토머스 먼 등 각국
의 지식인은 국가와 경제의 관계를 논하고 있었다. 낙관론자들은
경제적 이해관계를 공유하는 나라들이 서로 협력하리라는 기대
를 버리지 않았지만, 실제로는 경제 발전 때문에 갈등이 더욱 악
화될 때가 많았다. 과학과 기술의 발전은 생산성을 높였지만, 그
와 함께 총의 위력을 높이고 전보다 훨씬 더 정교하고 튼튼한 방
어 시설을 가능케 했다. 이제 국가는 그 어느 때보다 많은 상비군
을 보유할 수 있었고, 동맹에 재정을 지원하여 대리전을 치를 수
있었다. 그 결과 인명과 물자를 어마어마하게 소모한 끝에 교착상
태에 빠지는 상황이 자주 생겼다. 9년 전쟁(1688~1697)에 대해 잉
글랜드의 경제학자 찰스 대버넌트는 이렇게 말했다. "언젠가 이
전쟁이 끝난다면 그 이유는 서로에 대한 적개심이 사라져서가 아
니고, 싸움에 나설 병사가 부족해서도 아닐 것이다. … 이 전쟁은
자금이 먼저 바닥난 쪽이 먼저 포기하게 되어 있다."[53] 경제적으

로 경쟁하던 나라들은 영국해협, 발트해의 카테가트해협, 지중해의 지브롤터해협 등 전략적으로 중요한 해로를 두고도 대립했다. 나아가 유럽 내에서는 물론 세계 전역에서 상업과 제조업이 발달하거나 천연자원이 풍부한 지역을 장악하기 위해 경쟁했다.

금융 상품과 신용증권은 불안정성의 원인이기도 했다. 특히 군주가 상환 능력을 초과하는 자금을 빌렸을 때 심각한 문제가 발생했는데 그런 일이 자주 있었다. 채무불이행, 통화가치 하락, 터무니없는 과세는 사회적 소요를 불러왔다. 가령 1568년, 재정난에 처한 신성 로마 제국 황제는 저지대 국가에서 세금을 인상하려다가 폭동에 직면했으며, 이것이 결국 네덜란드 독립전쟁인 80년 전쟁으로 비화했다. 1618년에는 통화가치 하락과 세금 인상에 분노한 보헤미아 정치가들이 황제의 섭정을 회의장 창밖으로 내던지는 사건이 발생했으니, 이것이 30년 전쟁의 발단이었다. 17세기 말 암스테르담의 에스파냐계 유대인 상인 요셉 드 라 베가는 본인이 새로운 금융시장의 한 주역이었음에도 "투기는 세상에서 가장 부정하고 가장 불명예스러운 사업"이라고까지 말했다.[54]

이 시대의 국제경제 경쟁은 중상주의를 배태했다. 중상주의는 강고한 국가 경제를 건설하고 무역수지 흑자를 유지하기 위해 국가가 무역을 관리하는 체제를 말한다. 에스파냐, 포르투갈 등 유럽의 각 경제 대국이 국가의 승인하에 특정 식민지와의 교역을 독점하는 무역 회사를 설립했다. 잉글랜드의 중상파 경제학자들은 국영 무역 회사를 세우는 것만이 불공정한 경제 질서를 바로잡고 에스파냐가 "국제법을 어기고 서인도제도와의 상거래에서 잉글랜드를 배제하는 불법 행위를 시정"할 방법이라고 주장했다.[55] 같은 시기에 법학자 존 셀던은 17세기 잉글랜드의 가장 가까운 무역 경쟁국이었던 네덜란드의 대양 진출을 막기 위해 '폐쇄해론'을 주창했다. 또 17세기 초의 가장 선도적인 중상주의 사상가 토머스 먼은 그 자신이 동인도회사의 이사였음에도, 잉글랜드 안에서도 생산되는 상품은 종류를 막론하고 수입을 금지해야 한다고 주장했다.

중상주의는 일련의 보호주의 법률로 구현되었다. 가령 잉글랜드는 1651년과 1673년의 항해법으로 해외 식민지에 수출입되는 모든 상품은 반드시 잉글랜드 선박으로 운송되어야 한다고 정했다. 1700년과 1721년의 캘리코법은 면직물 수입을 전면 금지했다. 그러나 이러한 조치는 국제적인 긴장을 부채질할 뿐이었다. 1669년, 프랑스의 재무 장관 장 콜베르는 이렇게 경고했다. 유럽의 상업은 "선박 20만 척 규모이며 그 이상 늘어날 수 없다. 모든 나라는 그 안에서 제 몫을 챙기고 다른 나라를 앞서기 위해 고군분투하는 실정이다."[56] 이렇게 볼 때 중상주의는 총합이 정해져 있는 제로섬게임이었다.

## 합스부르크 왕가의 흥망성쇠

유럽의 권력정치는 16~17세기에 새로운 국면에 접어들었다. 이 시대는 합스부르크 제국의 대륙 지배로 시작했다. 결혼을 통해 제국을 확장한 이 왕조는 카를 5세(1519~1556) 치하에 전성기를 맞아 오스트리아, 헝가리, 신성 로마 제국, 에스파냐, 포르투갈, 저지대 국가 및 해외의 방대한 식민지를 지배했다. 동반구와 서반구, 대서양과 태평양과 인도양을 아우른 합스부르크 제국은 그들이 프로파간다로 내세운 말 그대로 역사상 최초의 "해가 지

지 않는" 나라였다.[57]

합스부르크가의 팽창은 제국과 국경을 맞대고 있던 프랑스를 위협했다. 프랑수아 1세는 상대를 '악의 제국'으로 일컬었고, 급기야 개신교 국가인 잉글랜드와 이슬람 제국인 오스만과도 손잡으려고 했다.[58] 합스부르크가의 카를 5세가 제국을 둘로 나누어 에스파냐 지역은 독실한 가톨릭교도인 아들 펠리페 2세에게, 오스트리아 지역은 자신의 동생이자 황위 계승자인 페르디난트 1세에게 물려주자 프랑스는 때를 놓치지 않고 합스부르크 왕조의 패권에 도전했다.

그 첫 번째 기회는 80년 전쟁으로, 이 전쟁은 1568년 에스파냐의 지배에 맞선 네덜란드의 대중 봉기로 시작되었다. 그러나 펠리페 2세는 프랑스의 가톨릭교도와 개신교도 간에 내란을 조장하는 방법으로 프랑스에 보복했다. 두 번째 기회는 30년 전쟁이었다. 이 갈등은 합스부르크가의 지배에 맞선 중유럽과 북유럽 지역의 봉기에서 시작했고, 이후 유럽 주요 국가가 모두 한 번씩은 이 전쟁에 휘말렸다. 1629년 프랑스의 리슐리외 추기경은 다음과 같은 전략을 내놓았다.

우리는 에스파냐가 부상하지 못하도록 계속 긴장하고 있어야 한다. 지배와 팽창을 목표로 하는 에스파냐와 달리 프랑스는 방어를 강화하는 데만 집중해야 하고, 마침내 때가 오면 그들을 에스파냐의 압제에서 구해 낼 수 있도록 이웃 국가로 가는 관문을 열어야 한다.[59]

이를 위해 프랑스는 스웨덴 왕 구스타프 아돌프가 이끄는 대규모의 반합스부르크 개신교 연합군에 자금을 지원했고 결국 전쟁에 직접 가담했다. 이 긴 소모전 끝에 모든 참전국이 1648년 베스트팔렌의 협상 테이블에 모여 앉았다. 30년 전쟁은 가톨릭교도 대 개신교도 간의 종교전쟁이라는 외피를 둘러쓸 때도 많았지만, 실제로는 유럽의 정치권력을 둘러싼 싸움이었다. 합스부르크가의 권력이 1618년에 비해 확연히 약화된 만큼 프랑스는 이 전쟁에서 이익을 얻었다. 그러나 프랑스의 권력 부상에 대한 두려움은 베스트팔렌 회담부터 나타나기 시작했으니, 이 자리에서 스웨덴, 네덜란드, 오스트리아, 에스파냐는 각각 상호 협정을 체결했다.

30년 전쟁이 공식적으로 종결되었다고 해서 유럽에 평화가 찾아오지는 않았다. 베스트팔렌 조약이 체결되고 몇 년 지나지 않아 유럽의 주요 무역 국가인 잉글랜드와 네덜란드가 전쟁을 벌였고, 포르투갈은 에스파냐로부터 독립하기 위해 싸웠으며, 스웨덴은 발트해 지역의 지배권을 두고 북부의 다른 세력들과 갈등했다. 프랑스는 프랑스대로 신성 로마 제국의 압제에서 유럽을 해방한다는 명목하에 계속해서 에스파냐와 전쟁했고, 라인강 유역과 이탈리아 북부, 플랑드르 지역에서 제국의 영향력을 몰아내고자 했다. 하지만 이와 같은 프랑스의 이타적 개입을 환영하는 나라는 거의 없었다. "프랑스의 불안한 본성은 거리를 두지 않으면 견디기 어렵다." 네덜란드의 한 소책자에 쓰인 말이다. 스위스의 한 외교가는 이렇게 경고했다. "차분히 따져 보면 프랑스의 목적은 가톨릭교인 그 나라의 팽창이며 결국 제국의 위엄까지 획득하는 것이다."

1659년, 프랑스와 에스파냐는 마침내 평화조약을 체결했다.

루이 14세는 펠리페 4세의 딸과 결혼하고 막대한 지참금을 받는 대가로 플랑드르 지역을 내주기로 했다. 그러나 지참금이 약속대로 지불되지 않자 프랑스는 에스파냐령 네덜란드를 차지하려고 했다. 이로부터 다시 불거진 갈등은 이후 약 50년간 상속 전쟁(1667~1668), 네덜란드 전쟁(1672~1678), 9년 전쟁(1688~1697), 에스파냐 왕위 계승 전쟁(1701~1714)으로 이어졌고, 이 시기에 유럽 각국은 이 동맹 저 동맹을 맺어 가며 프랑스의 야심을 견제하고자 했다. 루이 14세의 휘황찬란한 궁정은 그에게 '태양왕'이라는 별명을 선사했으나, 사실 그 화려한 모습 뒤에서 프랑스의 국고는 점점 바닥나고 있었다. 루이 14세가 사망한 1715년에 이르면 프랑스는 심각한 재정난으로 인해 더 이상 전쟁을 일으키지 못했고, 그 결과 불안하게나마 권력균형이 자리 잡았다. 그러나 이로써 유럽의 갈등이 완전히 종식되었는가 하면 그것은 또 다른 문제였다.

발트해 연안의 여러 국가는 16세기 중반부터 영토와 천연자원 교역을 두고 일련의 '북방 전쟁'을 벌였다. 이윽고 30년 전쟁으로 인해 여러 경쟁자의 힘이 약화되자 러시아에 기회가 생겼다. 러시아는 로마노프 왕조 시대(1613~1917) 들어 서서히 무질서 상태에서 빠져나와 어느 정도 질서 있는 사회로 발전했다. 러시아-폴란드 전쟁(1654~1667)에서는 우크라이나 지역의 큰 영토를 획득하며 강대국에 이르는 첫걸음을 내디뎠다. 1686년 러시아와 폴란드-리투아니아 연합이 체결한 '영구 평화조약'의 내용은 러시아 쪽의 우위를 분명하게 나타내고 있었다. 1700년, 러시아의 힘이 충분히 강해졌다고 판단한 표트르 대제(1682~1725)는 발트해 연안을 지배하고 있던 스웨덴에 도전했다. 1709년 폴타바 전투에서 대승을 거둔 러시아는 에스토니아, 라트비아, 핀란드 지역의 스웨덴 속령들을 접수했다. 전쟁이 끝난 1721년, 스웨덴은 발트해에서 차지했던 위상을 완전히 잃었다.

러시아 제국은 표트르 대제 치하에서 북유럽과 동유럽의 강대국으로 자리매김했다. 앞서 살펴본 대로 러시아는 사파비 왕조의 약세를 이용하여 캅카스산맥과 카스피해 연안의 사파비 영토를 대거 흡수했다. 표트르 대제는 발트해에 면한 전략적 위치에 새로운 수도 상트페테르부르크를 건설했다. 또 네덜란드의 조선 기술자를 고용하여 강력한 신식 해군을 구축하고, 러시아에도 무역 회사를 설립하고, 자국 경제를 발전시키기 위해 중상주의 정책을 채택했다. 그는 무자비하다 싶을 정도로 서유럽화 개혁을 밀어붙였으나 한편으로는 저 자신이 프랑스의 역대 왕이나 합스부르크의 황제에 버금가는 유럽식 계몽 군주가 되고자 했다. 러시아정교회의 위대한 설교자 테오판 프로코포비치는 이렇게 썼다. "로마인은 각각 전쟁과 평화로써 조국을 강하게 만든 최초의 두 차르, 로물루스와 누마를 칭송하였다. 신성한 역사에서는 다윗이 무기로써, 솔로몬이 정치로써 이스라엘에 축복과 행복을 가져다주었다. 우리의 경우에는 황제 한 분이 모든 것을 이루었다. 우리에게는 이 한 사람, 표트르 대제가 로물루스이자 누마요, 다윗이자 솔로몬이다."[60]

그러나 이 시기 이 지역에 러시아만 있었던 것은 아니다. 또 다른 세력, 프로이센이 부상하고 있었다. 1618년 브란덴부르크 선제후가 프로이센 공국을 물려받으면서 탄생한 이 나라는 베를린 인근 지역과 쾨니히스베르크(오늘날의 칼리닌그라드), 이렇게 두 지역으로 나뉘어 있었기에 초기 프로이센 지배층에게 가장 중요한 일은 지리적인 지배력을 구축하는 것이었다. 두 번째 왕인 선제후 프리드리히 빌헬름은 30년 전쟁에서 기회를 잡았다. 그는 프랑스의 보조금으로 상비군을 창설했고 전쟁에 지친 인근 약소 세력을 흡수했다. 그는 이렇게 썼다. "동맹도 물론 좋지만, 가장 믿고 의지할 수 있는 것은 자신의 군사력이다. 군사와 자원이 없는 지배자는 존중받을 수 없다."[61]

그다음 왕 프리드리히 1세(1701~1713)는 프로이센의 위상과 안보를 더욱 강화하기 위해 1701년 국제사회에서 신성 로마 제국의 선제후가 아닌 국왕이라는 새로운 지위를 인정받았다. 이는 프로이센이 오래전부터 이런저런 반프랑스 동맹에서 활약했던 데 대한 보상이었다. 이제 프로이센은 합스부르크가의 오스트리아 다음으로 큰 게르만 국가였다. 하지만 프리드리히 빌헬름 1세(1713~1740)는 외교만으로는 충분하지 않다고 판단했다. 그는 자신과 이름이 같았던 선제후의 가르침대로, 볼테르가 "보통은 국가가 군대를 소유하지만 프로이센에서는 군대가 국가를 소유한다"고 꼬집을 정도로까지 군사력을 키웠다. 프로이센은 생존하여 번영하기 위해 철의 왕국이 되기로 했다. 프리드리히 빌헬름은 이렇게 선언했다. "신을 경외하는 왕이라면 마땅히 연애, 오페라, 희극, 무도회, 발레, 가면극 같은 사탄의 신전을 가만두지 말고 무너뜨려야 한다."[62]

유럽은 르네상스 시대, 세계 탐험과 과학 발전의 시대를 통과하고 있었지만 이 시대는 결코 '황금시대'가 아니었다. 루벤스가 말했듯이 유럽은 어디까지나 '철의 시대'에 머물러 있었다.[63] 1500년대 초 에라스뮈스는 "냉혹한 투르크인마저도 기독교도들이 서로에게 가하는 고통보다 더 큰 재앙을 원할 정도로 잔인하지는 않았다."라고 한탄했다. 플랑드르의 화가 피터르 브뤼헐 1세는 〈죽음의 승리The Triumph of Death〉(1562)에 세상의 종말을 묘사했다. 전쟁으로 폐허가 된 건물과 저 멀리 시체에서 타오르는 화염을 배경으로 병사들이 전쟁을 치르고 있는 이 장면은 가난한 자든 부자든 그 누구도 이 전쟁을 비켜 갈 수 없다는 메시지를 전하는 듯했다. 70여 년 후 루벤스는 그의 암울한 걸작 〈전쟁의 참사Horrors of War〉(1638)에 30년 전쟁의 비극을 표현했다. 잉글랜드의 철학자 토머스 홉스는 국왕의 처형으로 막을 내린 내란을 배경으로 그의 중요한 정치론『리바이어던Leviathan』(1651)을 전개했다. 그는 인류가 본질적으로 "괴롭고 잔인하고 짧은" 삶에서 벗어나려면 절대군주라는 형태의 법의 지배에 복종해야만 한다고 주장했다.

그러나 그 후 영국에서는 홉스의 이론에 어긋나는 사건들이 벌어졌다. 이른바 명예혁명(1688)을 통해 도입된 입헌군주제는 이후 긴 시간 동안 그 핵심 원리를 유지했으며, 그 과정에서 원래 각각 다른 군주가 통치하고 느슨한 연합 정치체를 이루었던 잉글랜드, 스코틀랜드, 아일랜드가 단일한 중앙집권국으로 통합되었다. 18세기 스코틀랜드와 아일랜드에서는 여기저기서 반란이 발생했지만, 위와 같은 변화는 결국 장기적인 국내 안정을 가져왔다. 그리고 그때까지 변방 세력에 불과했던 영국은 이 국내 안정을 발판으로 마침내 유럽 대륙의 경쟁국들을 제치고 세계 무대의 중앙에 서게 되었다.

## 분출

1500~1750년, 유럽은 아직 세계 권력의 중심에서 한참 떨어져 있었다. 유럽인이 아메리카와 아프리카 대륙, 일부 아시아 지

역에 식민지를 세우기 시작했을 때, 당시 유럽인은 그것을 활력과 야심과 폭력의 분출로 생각했을 것이다. 그러나 사실 그 정도 힘은 이슬람 세계의 세 제국(오스만, 사파비, 무굴)이나 중국 청나라의 권력에 비하면 그리 대단하지 않았다. 이 시기 유럽이 일으킨 전쟁은 누구도 부정할 수 없을 만큼 잔인했지만, 권력의 가장 거대한 각축장은 여전히 아시아였다. 과거에 언제나 그랬듯 제국의 심장부에 이르는 관문을 지배하여 국가 안보를 강화하려는 욕망, 그리고 교역과 이익을 손에 쥐려는 욕망은 결코 전쟁이 멈추게 놔두지 않았다.

이 시대에 세계 곳곳의 주요 정치체는 자국의 상업을 보호하고 확대하기 위해 국가가 상업에 개입하는 중상주의를 채택했다. 오스만 제국은 지중해 무역을 장악하고자 했고, 사파비 제국은 비단 수출을 확대하고자 했으며, 무굴 제국은 자국의 직물 산업을 보호했다. 유럽의 지배층은 국영 무역 회사를 설립하여 큰 이익을 보장하는 무역을 독점하게 했다. 강대국이라면 어느 나라나 해상 진출의 야심을 품었다. 그러나 해양 기동성의 중요성을 생각해 볼 때, 대륙과 대륙을 연결하는 데 가장 먼저 두각을 나타낸 세력은 바로 유럽인이었다.

과거와 마찬가지로 전쟁은 다른 나라가 지나치게 힘을 키우지 못하게 견제하는 방법이었다. 가령 유럽에서는 합스부르크가와 프랑스가 차례차례 그들의 팽창 야욕을 견제하려는 여러 약소국 동맹과 맞부딪혔다. 반대로 국가의 힘이 약해졌을 때도 전쟁이 일어났다. 명나라는 새롭게 보강한 만리장성 안쪽에 숨으려고 했다. 그러나 황제는 통치할 능력을 잃었고, 조정은 분열했으며, 궁핍에 시달리던 농민들이 봉기를 일으켰다. 결국 제국의 주인이 만

주인으로 바뀌었다. 사파비 제국이 수적으로 열세인 러시아군에 무너졌던 것도, 아메리카와 아프리카와 인도양의 왕국들이 유럽 식민주의자에게 항복한 것도 다 그들이 약해서였다.

전쟁을 일으키는 모든 나라는 신에 대한 열정으로, 참을 수 없는 도덕적·문화적 우월감으로, 그리고 자신들이 미개한 야만인의 세계에 문명과 평화의 축복을 내리는 것이라는 믿음으로 전쟁을 정당화했다. 그 와중에도 유럽에서는 군주 개인의 이익이 아닌 국가의 이익이 통치 원리로 자리 잡기 시작했고 외교가들은 국가 주권의 원칙을 도출했다. 그런 의미에서도 진정한 주권은 여전히 강대국의 전유물이었다.

## CHAPTER 13

# 서양의 세계 지배

서기 1750~2000년

북 극

스

덴

네덜ㄹ

프랑스

베네ㅊ

에스파냐    나

오스만

모로코

투아레그

대 서 양

카보
베르데

페르난도포섬
상투메섬

잉

태 평 양

남 극

## 서기 1750년경의 세계

- 영국 속령
- 프랑스 속령
- 포르투갈 속령
- 네덜란드 속령
- 에스파냐 속령

해

러시아

로이센

란드-
아니아

조지아

스만 제국

사파비
제국

무굴
제국

마라타
고아
마이소르

몰디브

에티오피아

다

인 도 양

청

조선    일본

버마    베트남
참파삭
캄보디아

태 평 양

해

부하라한국

아프가니스탄

히말라야산맥

카불

카슈미르

칸다하르

사파비제국

라호르

인더스강

델리

파테푸르 시크리

아그라

갠지스강

파트나

아삼

콜카타

데칸고원

뭄바이

벵골만

아라비아해

하이데라바드

비자푸르

고아

캘리컷

마드라스

인도양

0    100   200   300 km

0    100   200   300 miles

## 무굴 제국 1605~1707년

▨ 1605년까지의 무굴 제국

▥ 1707년까지의 무굴 제국

흑해

카스피해

아랄해

부하라한국

오스만
제국

히바한국

아무다리야강

발흐

찰디란

카불

모술

유프라테스강

테헤란

티그리스강

쿰

헤라트

사파비
제국

무
굴
제
국

바그다드

이스파한

카르발라
나자프

바스라

시라즈

인
더
스
강

페르시아만

호르무즈

아라비아해

홍
해

인 도 양

17세기 이란의 사파비 제국

사파비 왕조의 최대 영토
(17세기)

0    200   400   600 km

0    200   400   600 miles

18세기는 유럽이 전례 없는 규모로 폭발적으로 발전한 시대로 요약된다. 유럽은 증기기관의 동력과 독보적인 화력을 바탕으로, 바다와 대양의 지배력을 무기로 유리한 고지를 점하고 해외시장을 넓히기 위해 서로 경쟁하며 실로 거침없이 전진했다. 19세기 말이면 이미 세계의 많은 지역이 유럽의 식민지였고, 그나마 아직 유럽 백인의 지배로부터 자유로웠던 대국(오스만 제국과 청나라)도 위태위태했다. 1900년, 세계 인구는 약 16억 명이었다. 그중 서유럽과 중유럽 인구는 약 2억 8,000만 명이었던 반면, 유럽이 지배한 식민지의 전체 인구는 낮춰 잡아도 4억 2,500만 명이었다.[1] 그러나 이 정도 인구 비율이나 식민지 정복 과정에서 발생한 폭력은 앞선 역사에도 흔히 나타났다. 즉 작은 정치체가 거대한 제국을 무자비하게 정복한 사례는 그전에도 여러 번 있었다. 이 시대만의 특징은 그 팽창의 속도와 범위였다. 제국이 되고자 하는 유구한 야심이 이제는 산업화되고 세계화되었다.

저 2억 8,000만 유럽인 가운데 권력을 가진 사람은 소수의 특권층뿐이었다. 20세기 전까지 대다수의 유럽인은 가난하게 살았다. 위험한 환경에서 일했고 정치적 권리를 거의 누리지 못했으며 더 나은 삶을 살겠다고 목소리를 높였다간 감옥에 갇히거나 목숨을 잃을 수 있었다. 찰스 디킨스가 1859년에 반어적으로 썼듯이 "그 어느 때보다 좋은 때였고 그 어느 때보다 나쁜 때였다".[2] 유럽은 두 차례의 세계대전(1914~1918, 1939~1945)을 거치며 제국적 우위를 급속도로 상실하고 나서야 민주주의와 복지를 새롭게 사고하기 시작했다. 20세기 중반, 패권은 유럽에서 소비에트연방과 미합중국으로 옮겨 갔고, 이윽고 미국이 냉전(1947~1991)의 최종 승자가 되었다. 권력의 중앙 무대를 차지한 미국은 예의 그 예외주의exceptionalism를 채택하고 선善을 위한 힘이 되겠다고 약속했다. 두 대양을 사이에 두고 동반구와 떨어져 있는 지리적 위치로 인해 미국의 패권은 비교적 간접적으로 표현될 수밖에 없었다. 가령 미국은 세계 최강의 공군과 해군을 구축했고, 디지털 및 통신 기술 분야를 누구보다 빠르게 발전시켰으며, 세계경제를 선도했다. 그러나 미국은 힘이 세질수록 그 힘을 휘두르려는 유혹에 점점 더 자주 넘어갔다.

이 시대를 과거의 모든 시대와 구별하는 가장 큰 특징은 경제 발전이다. 산업화가 점점 여러 지역으로 확산된 결과, 소득이 그 어느 때보다 빠르게 증가했고 인구가 급증했으며 국제 교역과 이동성이 확대되었다. 구매력을 기준으로 하는 실 달러 가치로 따졌을 때, 1인당 생산량은 1500년부터 1800년 사이에 약 100달러 증가했던 반면, 1800년에서 2000년 사이에는 5,000달러 이상 증가했다.[3]

'인간은 타고난 지성을 활용하여 주변 세계를 변화시킬 수 있다'는 유럽 계몽주의의 이상은 현대에 와서 실현되었다. 그러나 계몽주의의 더 원대한 이상, 즉 '이성적인 인간은 타인의 성공을 위협이 아니라 기회로 보고, 또다시 전쟁을 벌이는 대신 평화로운 수단으로 경쟁하리라'는 믿음은 훨씬 덜 실현되었다. 이 시대의 발전은 지극히 파괴적인 전쟁들 사이사이에 이루어졌다. 그리고 산업, 과학, 의학을 혁신한 뛰어난 지성은 전쟁에도 그대로 이용되었다.

## 땅은 넓고 산물은 풍부하다

동반구에서는 유럽이 새롭게 부상하면서 기존 대제국들이 쇠퇴했고 그중 몇몇은 유럽으로 인해 멸망했다. 가장 먼저 무굴 제국이 무너졌다. 18세기 중반, 유럽은 이미 수십 년간 남아시아 연안에 교역소나 공장을 운영해 오고 있었다. 이제 그들은 더 많은 것을 원했다. 가령 영국의 동인도회사는 더 깊은 내륙에 진출할 권한을 무굴 지배층에게 거듭 요구했고, 뜻이 관철되지 않을 때마다 전쟁을 선포했다. 1757년 영국은 상대보다 훨씬 적은 수의 병사와 무기로 플라시 전투에서 결정적인 승리를 거둔 뒤 무굴의 가장 부유한 속주인 벵골을 장악했다. 이후 100년간 인도 지배층은 영국인이 아대륙에서 조금씩 세력을 넓혀 나가는 데 계속 저항했다. 1858년, 10만여 명이 학살당한 세포이 항쟁(1857~1858) 후 영국 정부는 동인도회사에 위임했던 인도 통치권을 넘겨받았다. 과거의 위엄을 잃은 지 이미 오래인 무굴 제국은 영국 왕의 군림과 함께 공식적으로 멸망했다.

다음 차례는 사파비 왕조의 계승국들과 오스만 제국이었다. 페르시아가 직면한 가장 큰 위협은 점점 강해지고 있는 러시아 제국이었다. "내 나라의 국경을 지키기 위해서는 국경을 넓히는 수밖에 없다."[4] 예카테리나 대제(1762~1796)의 말로 알려진 이 유명한 선언이 이 시기 러시아의 팽창주의를 단적으로 요약한다. 1783년, 러시아는 게오르기예프스크 보호조약을 강제로 체결하여 조지아로 하여금 페르시아 대신 러시아의 보호를 받게 했다. 1828년, 페르시아의 샤는 더더욱 굴욕적인 투르크만차이 조약에 합의해야 했다. 이로써 러시아는 캅카스산맥을 남김없이 장악했고 막대한 배상금을 받아 냈으며 페르시아 전역에서 자유롭게 교역할 권리를 얻었다.

다른 한편으로 러시아는 흑해 연안을 장악하여 지중해로의 접근권을 확보하고자 했고, 오스만 제국 내에 이 목표를 실현하는 데 도움이 될 만한 반란이 일어나면 적극 지원했다. 그러나 프랑스가 오스만령 이집트에서 반란을 획책하자 태세를 전환하여 오스만과 운키아르 스켈레시 조약(1833)을 맺었다. 오스만은 러시아로부터 군사원조를 받는 대가로 러시아가 요청할 경우 러시아 외 외국 전함의 다르다넬스해협 접근을 불허하기로 약속했다. 그러나 러시아가 발칸반도의 오스만 영토를 조금씩 빼앗는 전략으로 돌아가자 오스만 술탄은 러시아와의 권력균형을 원하는 서유럽으로부터 군사적·재정적인 지원을 받았고 그 의존도가 점점 더 심해졌다.

유럽은 여전히 세계에서 제일 부유하고 가장 인구가 많은 제국이었던 중국에서도 수십 년간 혼란을 일으켰다. 청대 중국은 그 어느 때보다도 광대한 제국으로서 세계 인구의 3분의 1 이상을 지배하고 있었다.[5] 19세기의 정치사상가 위원은 "하늘이 우리에게 이 광대한 땅을 맡기셨다."라고 말했다.[6] 국경을 명확히 정하고 방어에 힘쓰기를 주장한 전략가도 있었지만, 청의 전성기를 이끈 건륭제(1735~1796) 등은 팽창이야말로 최선의 방어라고 생각했다. 황제는 다음과 같이 수사적으로 물었다. "안과 밖을 나누는 것이 대체 무엇에 이로운가?"[7]

예로부터 나라를 잘 다스리는 방법은 국사를 돌보는 동시에 군사에도 힘쓰는 것이다. 나아가 100년간 병사를 동원할 일이 없다 해도 태세가 단 하루라도 흐트러져서는 안 된다. 이 나라는 오랫동안 평화를 누려 왔지만, 전비를 갖추는 일은 여전히 그 무엇보다도 중요하다.[8]

이와 같이 다른 민족을 지배하고 교화하고자 하는 중국인의 열망은 유럽 제국주의자의 시각과 크게 다르지 않았다.

18세기 말 중국의 1인당 생산량은 서유럽의 겨우 절반이었지만 규모 면에서는 여전히 중국 경제가 세계 최고였다. 그래서 영국은 1793년 중국 황제에게 교역 관계를 강화하자고 제안했다. 이때 사절단을 이끈 조지 매카트니는 건륭제에게 증기기관 모형을 선물했지만, 황제가 원한 것은 자신에게 무릎을 꿇고 공물을 바치는 것이었다.[9] 사절단은 영국 왕에게 보내는 황제의 편지만 받아들고 물러났다. 거기엔 이렇게 쓰여 있었다. "우리 천조국에는 모든 것이 넘치도록 풍부하여 국경 안에 부족한 물건이 없다. 너희 선박이 이 나라 해안에 닿는다 해도 너희 상인들은 상륙이나 정주를 결코 허락받지 못할 것이고 그 즉시 추방될 것이다. 그런 일이 일어나면 너희 야만스러운 상인들은 먼 길을 와서 빈손으로 돌아가게 될 것이다."[10]

이에 영국은 곧 전술을 바꾸었다. 인도산 아편으로 중국 사람들을 중독시키는 것으로 말이다. 대중국 교역 적자를 줄일 방법을 찾던 영국은 중국에 수요가 많고 영국이 수출할 수 있는 거의 유일한 상품이 인도산 아편임을 깨달았다. 중국 황제가 이 파괴적인 교역을 멈추려 하자 영국은 두 차례 아편 전쟁(1839~1842, 1856~1860)을 일으켰다. 전쟁에서 패한 중국은 영토와 상업 이권 모두를 영국에 내주어야 했다. 당대의 역사가 양계초는 패배의 원인을 다음과 같이 설명했다. "청나라 정부는 이미 힘을 잃고 쇠퇴하고 있었다. 전 국민이 평화 상태에 취해 있었다."[11] 1860년 영국·프랑스 동맹군은 청나라가 유럽인 포로를 살해한 데 대한 보복으로 베이징 외곽에 있는 황제의 여름 별장을 샅샅이 약탈하고 불태웠다. 바로 이 사건이 1839년에 시작되어 1949년에 끝난 긴 혼란기의 분수령을 이루었다. 지금도 중국에서는 이 불운한 시기를 '백년국치百年國恥'라고 부른다. 청 제국이 몰락하자 유럽은 전 세계까지는 아니더라도 전 동반구를 지배하게 되었다.

## 프랑스 대 영국

1761년 프랑스 철학자 장 자크 루소는 유럽의 전쟁을 영원히 종식할 방법을 제안했다. 모든 나라가 공통의 종교와 법, 관습, 상업으로 연결됨으로써, 그리고 어느 한쪽이 다른 쪽을 너무 쉽게 들쑤시지 못할 균형 상태를 이룸으로써 하나의 시스템을 구성해야 한다는 주장이었다.[12] 이와 비슷하게 영국에서도 경제학자 찰스 대버넌트, 언론인 대니얼 디포, 철학자 데이비드 흄 등 여러 사상가가 상업과 권력균형 양쪽을 통한 조화를 희구했다. 위대한 자유주의 경제학자 애덤 스미스는 여기에서 한 발 더 나아가 『국부론The Wealth of Nations』(1776)에서 이웃 나라가 풍요로워지는 것은 정치적 위협이기보다는 더 많은 교역 기회를 뜻한다고 주장했다. "가난한 사람보다는 부유한 사람이 근면한 이웃들에게 더 좋은 손님이 되지 않는가? 부유한 나라도 그와 마찬가지이다."[13]

7년 전쟁(1756~1763)이 파리 조약으로 종결되었을 때는 이 사상가들의 낙관주의가 잠시나마 설득력을 가지는 듯했다. 이 전쟁은 진정한 의미의 첫 '세계대전'이었다. 영국과 프랑스가 각각 동맹을 이끌고 유럽에서, 아메리카에서, 아시아에서 맞붙었으며 그로 인해 100만 명 이상이 사망했기 때문이다. 파리 조약의 첫 조항에는 "해상과 육상 양쪽에서 기독교적이고 보편적이며 항구적인 평화를 실현할 것"이 명시되었다.[14] 그러나 루소를 비롯한 유럽 지식인의 전망은 애초에 허술한 전제 위에 서 있었다. 과거의 조약들, 예컨대 에스파냐 왕위 계승 전쟁을 마무리한 위트레흐트 조약(1713)도 세계 평화, 상호 우애, 권력균형이라는 바로 그 원칙에 의거한 것이었다.[15]

파리 조약의 잉크가 마르기도 전에 중유럽 국가들은 다시 러시아와 전쟁을 벌였고 프랑스와 네덜란드는 계속해서 북아메리카에서 영국의 지배력을 견제했다. 고대 칼레도니아의 족장 칼가쿠스가 로마의 제국주의를 비판했을 때처럼, 또 독일 지역 국가들과 네덜란드 속주가 합스부르크 제국의 압제를 거부했을 때처럼, 1776년 미국의 혁명 사상가 토머스 페인은 영 제국에 맞선 아메리카 식민지의 반란을 다음과 같이 정당화했다. "폭정을 강제할 군대를 소유한 영국은 우리에게 세금을 부과할 권리는 물론 '모든 경우에 있어 우리를 속박할 권리'까지 주장한다. 이러한 속박이 노예제가 아니라면 세상의 무엇을 노예제라고 할 수 있겠는가?"**16**

영국은 미국 독립 전쟁(1775~1783)에서 패배하며 크게 위축되었으나 해상에서는 여전히 유럽의 최강국으로서 막강한 경제력과 광대한 해외 속령을 무기로 육상 최강국인 프랑스와 팽팽히 맞서고 있었다. 사실 18세기의 여러 전쟁에서 가장 큰 타격을 입는 나라는 프랑스였다. 인구는 프랑스가 훨씬 많았지만, 영국이 증기기관, 방적기, 코크스로(爐) 등 수많은 발명품을 내놓으며 산업혁명을 주도하면서 프랑스의 1인당 생산량은 영국의 절반 수준으로 떨어졌다. 재무 장관 자크 튀르고는 국가 경제를 자유화하고 정부 지출을 줄이려 애썼으나, 공채는 무섭게 쌓였고 그에 따라 소작농 등 국민의 조세 부담이 엄청나게 늘어났다. 루이 16세의 무능한 통치, 부유층이 더 많은 세금을 내지 않는 체제가 사태를 더욱 악화시켜 결국 1789년 7월 파리에서 프랑스혁명이 시작되었다. 이에 비하면 영국은 훨씬 더 유연하게 위기를 극복했다. 여기에는 영국의 징세 제도가 프랑스보다 더 효율적이었다는 점, 그리고 프랑스와 달리 영국은 아메리카의 식민지 대부분을 상실하고도 독립 혁명이 끝나자마자 곧 미국과 무역을 재개했다는 점이 중요하게 작용했다.

프랑스에서는 1793년 1월 루이 16세가 단두대에서 처형당하는 사건으로 수백 년간의 절대왕정 시대가 끝났다. 새로 들어선 제1공화국은 경제난이 계속되는 상황에서도 과거의 패배를 설욕하길 원했다. 파리에는 런던으로 피신했던 귀족들이 외세와 손잡고 부르봉 왕조의 복귀를 꾀하고 있다는 소문이 돌았다. 공화국 지도부에는 하루빨리 주변 국가들에 혁명을 전파해야 한다는 목소리도 있었으나, 저지대 국가를 합병함으로써 영국과의 권력균형을 다시 맞추어야 한다는 주장도 있었다. 한 관료는 영국 외교관에게 이렇게 말했다. "지금까지 당신들 인도 식민지 덕분에 유럽의 모든 국가를 돈으로 움직여 우리를 공격할 수 있었고 무역 독점 덕분에 무한한 부를 축적할 수 있었다. 이제 프랑스가 벨기에를 합병한다면 지난 200년간 발생한 모든 전쟁의 원인이 사라질 것이다. 라인강이 프랑스의 국경이 된다면 앞으로 200년간 유럽의 안정이 보장될 것이다."[17] 프랑스 정부는 공화국을 수호하기 위해 국민 총동원령으로 새로운 군대를 구성하여 오스트리아, 네덜란드, 스위스와 싸웠다. 1795년 영국은 플랑드르의 자치권을 유지하기 위해 개입했으나 실패했고, 4년 후 러시아와 함께 다시 한번 네덜란드 원정을 시도했지만 이 역시 실패했다. 영국이 주도한 반프랑스 동맹은 처참히 실패했다. 러시아는 오스트리아와, 프로이센은 덴마크와, 에스파냐는 포르투갈과 대립하느라 바빴기 때문이다. 프랑스가 유럽 대륙 한복판에서부터 세력을 확장하는 동안, 영국의 동맹국들은 변방에서 저들끼리 싸우고 있었다. 1798년 독일의 과학자이자 탐험가 알렉산더 폰 훔볼트는 전쟁과 정치가 모든 것을 멈추어 버린 결과 "세계가 닫혔다"고 선언했다.[18]

1800년, 프랑스는 천재적인 지휘관 나폴레옹 보나파르트의 마법에 빠져 있었다. 총리 윌리엄 피트가 이끄는 영국 정부는 나폴레옹의 공격적인 팽창정책에 맞서고자 제해권을 장악하고, 프랑스의 해상 무역을 봉쇄하고, 새 동맹에 재정을 지원하여 프랑스를 공격하려고 했다. 이 전략에는 엄청난 비용이 들었지만 피트는 돈 문제에 전혀 개의치 않았다. 1786년에는 이렇게 말하기도 했다. "내가 마땅히 채택해야 하는 모든 수단으로 국민의 부담을 덜고 그들을 짓누르는 막중한 부채를 없애는 것이 내가 바라는 가장 원대하고 궁극적인 목표이다. 그러나 우리는 잘 이해해야 한다. 안보는 나라를 방어할 수 있는 강한 힘이 있을 때 확보되며, 약함과 경솔함은 전쟁을 불러일으킨다는 사실을."[19]

한편 나폴레옹은 속수무책으로 해외 식민지를 영국에 뺏기고 있었다. 그는 이 상황을 "바다의 폭정"이라고 칭했다. 프랑스와 영국의 전쟁은 피할 수 없는 운명이었다. "저 나라가 평화를 오래 유지하기는 불가능하기 때문이다. 잉글랜드 영토는 그 많은 인구를 감당하기엔 너무 좁다. 이 나라가 존속할 수 있으려면 전 세계를 독점해야 한다. 잉글랜드에 파괴적인 해상 권력을 줌으로써 이 독점을 가능케 하는 것이 바로 전쟁이며, 전쟁이 이 나라의 보호 수단이다."[20] 1803년 나폴레옹은 영국에 제안했다. "영국이 바다의 지배자라면 나는 육지의 지배자이다. 그렇다면 우리가 전쟁이 아니라 화합을 도모하여 세계의 운명을 우리 뜻대로 지배하는 것이 어떤가."[21] 나폴레옹의 속셈은 대륙의 적들부터 제압할 시간을 벌려는 것이었다. 영국의 넬슨 제독이 트라팔가르 해전에서 프랑스·에스파냐 함대를 섬멸한 것이 1805년 10월이었다. 그 6주 후에 나폴레옹은 아우스터리츠에서 대승을 거두며 이 전쟁에서 오스트리아 제국을 축출했다.

아우스터리츠 전투는 신성 로마 제국의 공식적인 해체(1806)로도 이어졌지만, 나폴레옹은 이미 그 2년 전에 황제로 즉위했고 후에는 이렇게 선언했다. "내가 진정한 로마 황제이다. 나는 카이사르의 종족이며 그중에서도 가장 훌륭한 건국 황제 중 하나이다."[22] 화가 앵그르가 1806년에 그린 초상화에서 나폴레옹은 황금 월계관을 쓰고 샤를마뉴 대제의 홀을 들고 제국의 상징인 독수리를 밟고, 마치 로마 신처럼 위엄 있게 권좌에 앉아 있다. 그전까지 독일에는 나폴레옹이 합스부르크가의 지배를 견제해 주리라고 기대한 사람이 많았다. 괴테는 그를 신에 버금가는 존재로 찬양했고, 베토벤은 그에게 교향곡을 헌정했다. 이제 그들은 나폴레옹이 스스로 황제가 된 데에 경악했다.

유럽 대륙에 남은 영국의 주요 동맹국은 러시아뿐이었다. 차르 알렉산드르 1세(1801~1825)는 나폴레옹을 유럽의 압제자요 정교 신앙의 적으로 규정하며 프랑스에 성전을 선포했다. 나폴레옹은 영국에 썼던 전술을 반복했다. 차르는 두 나라가 세상을 나누어 가지자는 나폴레옹의 유혹적인 제안에 굴복해 1807년 평화조약을 체결했다. 하지만 어느 쪽도 이 약속을 지키지 않았다. 두 나라의 관계는 점점 나빠지다가 1812년에 나폴레옹이 러시아를 침략했다. 이는 파멸적인 오판이었다. 한 프랑스 병사는 이렇게 기록했다. "부상병을 위한 병원 하나 없었다. 그들은 굶주림과 갈증, 추위, 절망 속에서 죽어 갔다. … 아픈 병사들을 누구도 돌보지 않았다. 오직 죽음의 창백한 얼굴만이 그 딱딱한 손을 우리에게 뻗었다."[23] 대육군Grande Armée은 68만여 명으로 원정을 시작했으나 원정이 끝났을 때의 유효 병력은 5퍼센트에 불과했다. 이 참담한 실패로부터 나폴레옹의 몰락이 시작되었다. 이제 대륙의 다른 국가들이 프랑스의 지배에 반기를 들었다. 나폴레옹은 라이프치히 전투(1813)에서 결정적으로 패한 뒤 유배당했고 다시 정권을 장악했다가 워털루 전투(1815)에서 최종적으로 패배했다.

프랑스혁명 전쟁(1792~1802)과 나폴레옹 전쟁(1803~1815)은 수백만 명의 사망자를 냈고 유럽의 정치 지도를 바꾸어 놓았다. 그러나 이 피비린내 나는 시대에도 계몽주의 사상가들은 유럽의 평화를 실현할 새로운 방법을 끊임없이 제안했다. 1795년 독일 철학자 임마누엘 칸트는 「영구 평화론perpetual peace」이라는 중요한 시론을 발표했다. 그는 비밀 조약과 상비군 대신, 세 가지 '확정 조항'을 원칙으로 삼는 정치 질서를 구상했다. 칸트가 말한 세 가지 원칙이란 전쟁을 일삼는 군주정이 아닌 공화주의, 자유로운 국가들의 연맹, 그리고 세계 시민권이었다. 나폴레옹의 몰락 이후 유럽은 도덕적 우위를 선점하려는 경쟁에 돌입했다. 이러한 기조는 러시아와 프로이센이 1813년에 체결한 조약에 이미 나타나 있었다. "때가 되면 조약이 단순한 휴전의 의미를 넘어 종교적 열의로써 지켜지는 날이, 제국들의 존엄과 권력과 존속을 뒷받침하는 신성한 불가침성으로써 준수되는 날이 올 것이다."[24]

## 빈 회의

유럽 역사상 최대 규모의 평화 회담이 1814~1815년 빈에서 개최되었다. 장장 9개월에 걸쳐 1만 6,000여 명의 사절과 통신원, 그리고 지금으로 치면 로비스트라고 할 만한 인물들이 회의에 참가했다. 협상 전권을 위임받은 전권대사들은 공식 회담과 비공식 대화와 끝없는 파티에 참석했다. 주최 측인 오스트리아는 연회와 무도회, 사냥 대회 등 각종 부대 행사를 준비했다. 썰매놀이장에서는 우유 짜는 하인 복장을 한 네덜란드 무용수들이 얼음 위에서 발레 공연을 펼쳤다. 사절들은 거리에서 술에 취한 모습으로 목격되었다. 그중 한 사람은 회담이 얼마나 진전되었느냐는 질문에 "진전은 없다. 회의는 춤추고 있다."라고 대답했다.[25] 회의를 지휘한 오스트리아 외무 장관 클레멘스 폰 메테르니히는 "굳었던 혀가 풀리고 닫혔던 마음이 열리며, 냉정하고 치밀한 계산보다도 타인에게 이해받고자 하는 욕구가 강해진다"며 이 방법으로 유럽의 외교 관계에 돌파구가 마련되리라고 믿었다.[26] 영국 대표로 참가한 캐슬레이 자작도 같은 의견이었다. "이 협의 방식의 장점은 전권대사에게 어울리는 경의를 일찌감치 표하며 그들을 하나의 실체로 대우하게 되는 데 있다."[27]

나폴레옹과 싸웠던 러시아, 프로이센, 오스트리아, 영국, 에스파냐는 세 가지 중심 목표를 설정하고 이를 실현하기 위한 운영 위원회를 꾸렸다. 첫째 목표는 어느 한 강대국이 지배할 수 없었던 과거의 다극적 질서를 회복하는 것, 둘째는 앞으로 발생할 갈등은 정기 외교 회의를 통해 평화롭게 해결하는 것, 셋째는 1789년 프랑스를, 이어 유럽 전체의 구질서를 흔들었던 혁명이 재발하지 않게 하는 것이었다.

빈 회의로 수립된 유럽의 국제 질서는 칸트가 구상한 공화주의적 영구 평화 체제와는 조금도 비슷하지 않았으며 오히려 군주정이 강화되었다. 빈 회의의 승자는 러시아, 프로이센, 오스트리아, 이 세 나라의 절대군주였다. 러시아는 폴란드와 핀란드 대부분 지역을 손에 넣었다. 프로이센은 단치히 회랑 및 작센과 라인란트 일부를 가졌다. 프로이센과 오스트리아 사이에는 독일 연방이라는 완충국이 생겼으며, 오스트리아는 티롤, 롬바르디아, 토스카나 지역 및 트리에스테 항구 등 아드리아해 연안의 전략적 요충지를 차지했다. 패전국 프랑스에는 부르봉 왕조가 복귀하긴 했지만 이제는 네덜란드, 스위스, 피에몬테 같은 완충국이 프랑스를 견제하고 있었다. 영국은 케이프 식민지(남아프리카), 실론(스리랑카) 등 나폴레옹 전쟁 중에 획득했던 식민지 중 다수에 대해 영유권을 인정받았다. 유럽의 강대국들은 빈 회의의 결정을 보장하기 위해 일련의 협정을 추가로 체결했으니, 이로써 수립된 새로운 질서를 '빈 체제' 또는 '유럽 협조 체제'라고 부르게 되었다. 먼저 러시아, 오스트리아, 프로이센 세 나라가 사회적으로 보수적이고 정치적으로 반동적인 '신성동맹'을 맺었다. 여기에 1815년 11월 영국이 합류하여 4국 동맹이, 3년 후에는 프랑스가 합류하여 5국 동맹이 체결되었다.

유럽 협조 체제는 곧 시험대에 올랐다. 프로이센, 러시아, 오스트리아는 1820년 나폴리에서 발생한 자유주의 혁명을 진압하기로 했고, 1822년에는 에스파냐의 대중 봉기에 프랑스가 개입하는 것을 승인했다. 그러나 영국은 다른 국가에 대해 영향력을 확보하여 권력균형을 바꾸려는 노골적인 시도라며 이러한 개입에 반대했다. 그사이 프랑스혁명 정신은 계속해서 유럽 곳곳의 자유주의자와 민족주의자를 고취했다. 오스만 제국의 지배로부터 벗어난 그리스는 1830년에 영국, 프랑스, 러시아에 독립을 인정받았다. 같은 해 프랑스에서는 왕이 폐위당했고, 벨기에가 네덜란드와 분리되었으며, 포르투갈에서는 내란이 계속되었다. 이탈리아와 폴란드에서는 반란이 일어났고 그것을 오스트리아와 러시아가 무자비하게 진압했다.

유럽의 조화 체제에 최후의 일격을 날린 것은 1848년 유럽 십여 개국에서 일제히 발생한 혁명이었다. '민중의 봄'으로 불린 이 운동의 참가자들은 시민 자유 확대와 제국 지배 종식을 요구했다. 강대국은 대중 봉기를 정치적으로 이용했다. 프랑스는 오스트리아에 맞선 이탈리아인의 반란을 지원했고, 프로이센은 덴마크에 맞선 유틀란트반도 독일인의 반란을 지원했다. 러시아와 오스트리아는 똑같이 혁명에 반대했지만 폴란드와 헝가리의 소요에는 서로 다르게 대처했다. 게다가 쇠퇴기에 들어선 오스만 제국의 소요를 둘러싸고 러시아, 프랑스, 영국이 서로 충돌했다. 영국은 어떻게 해서든 러시아 해군의 동지중해 진출을 막고자 했다.

프랑스의 새 황제 나폴레옹 3세(1852~1870)는 본인의 위신을 세우고자 성지 기독교인의 보호자를 자처하며 1853년 흑해에 전함을 파견했다. 이에 분노한 러시아는 몰다비아에 소규모 군사를 파견했다. 프랑스와 영국은 발칸 지역의 갈등을 전쟁보다는 외교적으로 해결하기를 원했지만, 결국 오스만이 두 나라의 지원을 약속받고 대러시아 전쟁을 선포했다. 한번 불붙은 반러시아 정서는 돌이킬 방법이 없었다. 1854년 오스만군, 프랑스군, 영국군을 주축으로 한 100만 명에 가까운 연합군이 흑해 연안에서 러시아군과 맞붙었다. 이것이 유럽 최초의 산업형 전쟁인 크림 전쟁(1853~1856)이다. 장거리포가 배치되었고, 이 전쟁을 위해 특별히 건설된 군용 철도로 보급품이 운송되었다. 러시아의 패배로 전쟁이 끝났을 때, 총 사망자는 50만 명에 육박했는데 전투보다 전염병으로 죽은 사람이 더 많았다.

크림 전쟁 동안 프로이센은 조용히 경제를 발전시키는 데 집중하고 있었다. 이 나라는 영국의 투자 등에 힘입어 대륙에서 가장 빠르게 산업화를 추진했다. 지멘스사, 바이엘사, 크루프사가 각각 전신, 아스피린, 무기 개발을 주도했다. 독일의 소국들은 프로이센이 이끄는 관세 동맹에 흡수되었고 프로이센 철도망을 통해 느슨하게나마 서로 연결되었다. 그러나 프로이센은 여기서 멈추지 않았다. 오토 폰 비스마르크는 총리가 된 1862년에 앞으로 독일 내 프로이센의 지위는 자유주의적 가치를 보급하는 역할이 아니라 군사적 역할에 따라 결정될 것이라고 단언했다. "오늘날 가장 중요한 문제는 대부분 연설이나 다수결이 아니라 피와 철에 의해 결정된다."[28] 프로이센은 자국의 주도로 독일을 통일하길 원했다.

영국, 프랑스, 러시아는 여전히 크림 전쟁의 여파에 시달리고, 오스트리아 제국은 이탈리아에서 또다시 발생한 반란에 고심하고 있던 그때가 프로이센에는 기회였다. 1864년, 비스마르크는 다시 한번 유틀란트반도의 슐레스비히-홀슈타인에서 분쟁을 일으켰다. 이번에도 오스트리아는 프로이센의 개입을 막으려 했으나, 이제는 훨씬 뛰어난 기동력과 지휘 체계를 갖춘 프로이센군이 압승했다. 그 결과 1867년 북독일 연방이 탄생했다. 이 정치체는 명목상으로는 20여 개의 왕국과 공국, 자유도시로 구성된 연방국이었지만, 실제로는 프로이센의 패권을 강화하기 위한 도구였다. 프로이센이 독일을 통일했을 때 유럽의 권력균형에 미칠 영향을 두려워한 프랑스는 1870년 전쟁 동원령을 내렸다. 이에 프로이센군은 지체 없이 진군하여 나폴레옹 3세를 포로로 잡고 파리를 점령했다. 1871년 프랑스가 또다시 혁명과 공화주의의 불길에 휩싸인 가운데 비스마르크는 베르사유궁전의 거울의 방에서 독일 제국의 탄생을 선포했다.

이로써 독일은 유럽 대륙의 최강자가 되었다. 하지만 비스마르크는 승리 다음에 오는 지나친 욕심과 자만을 경계할 줄도 알았다. 그는 독일이 승리감에 위험하게 도취되는 일을 막고자 프랑스가 항복한 날을 국경일로 삼지 않기로 했고 오스트리아, 프로이센과 신성동맹을 재결성했으며, 앞으로 유럽에서 발생하는 분쟁을 평화적으로 해결할 수 있도록 새로운 외교 회담과 외교적 장치를 마련하고자 했다. 그러나 독일의 권력이 이제는 충분하다고 비스마르크가 아무리 강조했어도 그다음 세대 정치가들은 결코 그렇게 생각하지 않았다. 1890년, 막 황제가 된 빌헬름 2세(1888~1918)는 비스마르크를 실각시키려고 공작했다. 그 2년 전 비스마르크는 이렇게 경고한 바 있었다. "사태가 이런 식으로 계속되면 파멸을 피할 수 없습니다."[29] 이제 그는 마지막으로 황제에게 이렇게 충고했다.

우리는 우리의 영향력을 명예롭고 평화로운 방식으로 사용함으로써 우리가 진정한 강대국으로 발전하는 과정에서 발생한 악감정을 완화하는 데 최선을 다해야만 합니다. 그리고 그렇게 함으로써 독일이 유럽에서 패권을 획득한 지금이 프랑스나 러시아, 잉글랜드가 그러했을 경우보다 더 이롭고 덜 당파적일 뿐아니라 모두의 자유를 덜 해친다는 사실을 전 세계에 보여 주어야만 합니다.[30]

## 독일의 패권

비스마르크의 조언이 무색하게도 유럽 각국 간의 갈등과 충돌은 독일 통일 이후 수십 년간 점점 악화되기만 했다. 프랑스는 1871년의 패배와 그로 인한 막대한 배상금으로 인해 보복주의에 사로잡혔다. 러시아는 아직도 유럽의 모든 세력을 불신했고 유럽쪽에서도 마찬가지로 러시아를 불신했다. 발칸을 자국 세력권으로 여기던 오스트리아는 1878년 러시아가 오스만을 제압한 뒤 이지역에서 세력을 강화하는 것에 위협을 느꼈다. 영국은 러시아가

지중해에 점점 가까워지고 있는 것에 촉각을 곤두세웠다. 프랑스는 북아프리카를 두고 신생 통일 국가 이탈리아와 충돌했다. 그러나 긴장의 가장 큰 원인은 영국이 보유한 광대한 식민지에 대한 각국의 부러움에 있었을 것이다. 1890년대 들어 영국은 비교적 간접적인 제국주의를 채택하여 공식 식민지보다는 보호국 형태로 식민지를 지배했고 경쟁국과도 자유롭게 무역하는 방침을 유지하고 있었다. 그러나 제국이 될 야심을 품은 프랑스, 독일, 러시아는 날이 갈수록 영국과 더 자주 충돌할 수밖에 없었다.

이 시대의 경쟁은 한편으로는 강대국이라는 위상을 둘러싼 것이었고 한편으로는 경제적 이익을 둘러싼 것이었다. 산업혁명으로 원자재 수요가 증가한 데다, 많은 나라에서 생산 증가율이 내수 성장률을 앞질렀기 때문에 이익을 늘리는 데 한계가 있었다. 그러자 보호 무역주의가 대두되었고, 이는 다시 상품을 수출할 시장 및 더 많은 이윤을 낼 투자 기회를 찾는 열띤 경쟁을 낳았다.[31] 1902년 영국 경제학자 존 앳킨슨 홉슨은 생산 과잉이 "제국주의의 원뿌리"라고 규정했다.[32] 그전에 영국이 아프리카와 아시아의 식민지에 무역을 위한 교통망을 구축했듯이 프랑스는 세네갈에, 독일은 오스만 제국에 철도를 짓기 시작했으며 미국까지 이 쟁탈전에 뛰어들었다. 이같이 경제적 이익을 추구하는 제국주의는 무수한 충돌로 이어져 수많은 젊은이가 이역만리에서 사망했다.

1880년, 스물여섯 살의 아일랜드 시인 오스카 와일드는 제국이 요구하는 거대한 비용을 한탄하며 다음과 같은 시를 썼다.

파도와 거친 바람, 이국의 해변은
잉글랜드 땅의 꽃을 품고 있네.

다시는 입 맞추지 못할 입술,

다시는 쥘 수 없는 손.


전 세계를 금의 그물로 묶은 지금

우리가 얻은 이익은 무엇인가.

우리 마음속 근심은

결코 희미해지지 않는데.[33]


같은 상황을 독일의 외무부 장관 베른하르트 폰 뷜로는
1899년 제국 의회에서 더 극적으로 요약했다.


인구의 빠른 증가, 전례 없는 산업 발전, 무역상들의 노력, 한마
디로 우리 독일인의 놀라운 활력 덕분에 우리는 세계경제와 국
제정치 무대에 당당히 편입될 수 있었습니다. 영국인이 '더 거
대한 영국'을 이야기하고 프랑스가 '새로운 프랑스'를 이야기하
고 러시아가 아시아를 개방하려고 한다면, 우리도 더 큰 독일을
추구할 권리가 있습니다. 그리고 그 방법은 정복이 아니라, 무
역과 그 인프라를 평화롭게 확대하는 것입니다.[34]


해외 무역이 발전할수록 그 이익을 지키기 위한 수단들도 점
점 강력해졌다. 독일 해군 제독 알프레트 폰 티르피츠는 식민지
까지의 해로를 방어하고 영국의 해상 공격을 억지할 수 있는 강
한 함대를 구축했다. 미 해군 대령이자 전략가 앨프리드 머핸도
해군 확장론을 주장했다. "국내 시장은 이미 확보되었다. 그러나
저 대양 너머에 있는 세계적인 시장들에 들어가 그곳을 장악하려

면 치열한 경쟁에 뛰어들어야만 한다. 법적 보호에 기대는 습관이 이 경쟁에는 도움이 되지 않는다."[35] 이 시기 미국은 공식적으로 영국을 위협 세력으로 규정했다. 그러나 어떤 행동이 무역 이익을 지키려는 것인지, 아니면 군사적 목적이 있는 것인지 구분할 수 없는 때가 많았다. 가령 티르피츠의 전함은 표면상 자국의 무역 활동을 보호할 목적으로 구축되었으나, 발트해에서 러시아, 영국을 견제하는 데 사용하지 못할 이유가 없었다.

이렇게 독일이 힘을 과시하자 프랑스는 라인강 국경을 따라 새로운 방어 시설을 짓기 시작했다. 1882년, 독일은 오스트리아, 이탈리아와 함께 군사적 방어를 위한 삼국동맹을 결성했다. 프랑스는 1892년에는 러시아와, 다시 1904년에는 영국과 동맹을 맺었다. 1907년 영국과 러시아가 동맹을 맺고 1912년에는 프랑스, 영국, 러시아가 '삼국 협상'을 체결하면서 마침내 유럽 대륙에 전선들이 그어졌다.[36]

강대국 간 긴장은 특히 발칸반도에서 점점 고조되었다. 갈수록 힘을 잃고 괴팍해져 가던 세 제국 러시아, 오스트리아, 오스만은 자국 영토 안에서 발생한 민족주의 운동은 탄압하는 한편, 옆 나라에서는 그런 운동이 일어나도록 부추겼다. 결국 1914년 6월 세르비아의 한 민족주의자가 사라예보에서 오스트리아 황태자를 암살하며 긴장이 폭발했다. 오스트리아는 세르비아에 전쟁을 선포했고, 러시아는 같은 슬라브계 국가인 세르비아 편에 섰다. 독일은 동맹국 오스트리아를 지원할 병력을 소집한 뒤 러시아의 동맹인 프랑스를 선제공격했다. 독일이 프랑스를 공격하는 과정에서 중립국 벨기에를 침략하자 영국도 방관하고만 있을 수 없었다. 사라예보에서 총성이 울린 그날로부터 채 5주도 지나지 않아 유럽의 다섯 강대국이 전부 전쟁에 뛰어들었다.

그 대부분은 전쟁이 곧 끝나리라고 믿고 싸움에 뛰어들었다. 그러나 이 전쟁은 4년 넘게, 그것도 동반구 전체에서 벌어졌다. 제국들의 산업 역량과 기술력이 총동원되었으며, 그 결과 전례 없는 규모와 강도의 전투가 이어졌고 총 사망자 수가 1,500만 명을 넘었다. 전쟁 초기에 영국 작가 허버트 조지 웰스는 이렇게 썼다. "인류 역사상 이렇게 많은 사람이 전쟁의 참혹함을 이해한 때가 달리 없을 것이다."[37] 역시 전쟁 초에 보병으로 참전했던 한 독일인은 이렇게 회고했다. "우리 병사들은 대체 무엇을 위하여 서로를 찌르고 서로의 목을 조르고 미친개처럼 서로에게 달려들었을까?"[38] 누구도 대답할 수 없는 질문이었다.

1914~1918년의 대전쟁은 100년간의 강대국 권력정치가 도달한 비극적인 절정이었다. 그러나 역설적이게도 그 100년이 다른 한편으로는 정치적 낙관주의의 시대이기도 했다. 빈 회의에 참석했던 프랑스 외교관 도미니크 드 프라트는 '대중 의견'(여론)이라는 단어를 처음으로 사용하면서 대중이 새로운 희망이라고 믿었다. "이제 대중은 자신의 권리와 존엄에 대한 앎을 갖추었다."[39] 미국의 외교관 엘리후 버릿은 '대중 외교'라는 개념으로 국경을 뛰어넘는 노동자 연대를 강조했다.[40] 영국에서는 보수파 거물 정치인까지도 대중적 감정이 가진 힘을 인정했다. 예컨대 애버딘 경은 총리라면 누구나 신문사에 잘 보여야 한다고 농담했고, 솔즈베리 경은 전신 기술이 "전 인류를 하나의 거대한 비행기에 함께 태워, 이루어지는 모든 것을 볼 수 있고 말해지는 모든 것을 들을 수 있어 사건이 벌어지는 바로 그 순간에 관련된 모든 정책의 성패를 가늠할 수 있게 해" 준다고 찬양했다.[41]

이 시대의 평화 회담은 프랑스 외교관 알렉시 드 토크빌, 소설가 빅토르 위고, 영국의 정치가이자 자유무역주의자 리처드 코브던 같은 인물을 한자리에 불러 모았다. 잘 알려진 대로 코브던은 영국의 제국주의가 "바다의 주권을 찬탈하였고, 모든 국가에 귀속된 고속도로에 장벽을 설치하는 오만함으로 인간 폭정의 영역을 그곳으로까지 확대하려 했다"고 비판했다.[42] 이 시대에는 여성 인권, 인도법, 노예제 폐지, 해전 규제, 자유무역 등을 논의하는 국제회의들도 열렸다.

영국 총리를 역임한 로버트 필은 1846년에 이렇게 썼다. "문명을 고취하고, 국민의 시기와 편견을 완화하고, 전면적인 평화가 유지되도록 장려하기에 가장 좋은 도구는 바로 상업이다."[43] 1860년까지 60개의 통상 조약이 체결되었다. 그 수가 1900년까지 200여 개로 늘었다. 유럽 강대국들은 1900년에 이르기까지 회담과 협약을 통해 국제전기통신연합, 상표권 및 특허에 대한 국제 사무국, 만국우편연합, 상설국제평화국, 헤이그 상설중재재판소를 설치했다. 1851년 런던의 '세계 산업 생산품 대전시회'를 필두로 한 만국 박람회는 세계주의와 인류의 진보를 칭송하는 행사로 자리매김했고 런던의 수정궁, 파리의 에펠탑 같은 역사적인 건축물을 남겼다. 이 시기를 후세대는 벨 에포크Belle Époque, 즉 '좋은 시대'라고 불렀다. 경쾌한 아르누보 양식이 유행했고, 클로드 모네는 몽상적인 수련을, 오귀스트 르누아르는 물랭 드 라 갈레트에서 열리는 부르주아들의 무도회를 화폭에 담았다. 1년도 지나지 않아 세계대전이 벌어지겠지만 헤이그에 평화 궁전이 개관했다.

그러나 19세기의 부르주아적 세계주의는 자유주의적이고 낭만적인 민족주의에 도전받았다. 일찌감치 세계주의를 비판한 이탈리아의 혁명가 주세페 마치니는 1847년에 이렇게 물었다. "말로는 평화와 불간섭을 외치면서, 무력이라는 무적의 지배자가 유럽 땅 4분의 3 이상에서 부정한 목적을 위해 자신이 원하는 곳 어디에나, 언제나, 어떻게든 개입하게 놔두는 것이 과연 옳은 일 인가?"[44] 마치니는 사람들에게 불의에 저항하고 운명을 스스로 개척하라고 호소했다. "이 영적 종교가 공허한 형식과 생명 없는 기도서만 남기고 사라진 지금, 사명감과 자기희생의 능력이 완전 히 사라진 지금, 인간은 마치 야만인처럼 더러운 바닥에 엎드려 텅 빈 제단에 '공리성'이라는 우상을 세웠다. 이 세상의 폭군들과 제후들은 그 우상의 제사장이 되어 '자신의 것만을 위하여, 자신 만을 위하여'라는 역겨운 기도문을 내놓았다."[45]

마치니의 이 말을 자신의 작품에 인용한 러시아 작가 레프 톨스토이는 동포들에게 서양의 자유주의를 타파하고 더 영적인 러시아의 전통을 다시 확립하자고 호소했다. 그는 1905년 러시아 혁명 후에 이렇게 썼다. "조물주와의 관계를 잊은 대다수 사람들 이 그 모든 섬세한 정신적 성취를 뒤로하고 의식의 가장 낮은 단 계로 추락하여 오직 동물적인 욕망과 집단의 최면만을 따르게 되 었다. 이것이 그들이 겪는 모든 재앙의 원인이다."[46]

고상한 귀족이자 외교관이었던 독일의 해리 케슬러는 "우리 가 전쟁의 낭만에 버금가는 평화의 낭만을 창조해 내지 못하는 이상 인간 삶에서 폭력은 사라지지 않을 것"이라고 썼다.[47] 그가 1880년부터 1937년까지 쓴 일기를 보면 그 시기 유럽 대륙 전체 가 경험한 점진적인 변모의 과정이 개인적인 차원에서도 똑같이 진행되었음을 알 수 있다. 청년 시절 케슬러는 지중해의 고대 문 화를 재발견하고, 니체 같은 선각자와 함께 저녁 식사를 하고, 미술 전시회를 기획하는 등 국제주의와 귀족예술로 충만한 삶을 살았다. 그러나 전쟁의 북소리가 울리기 시작하자 곧 애국심이 가장 중요한 덕목이 되었다. 그는 1914년에 이렇게 썼다. "독일인 전체가 변용하여 새로운 형상으로 빚어졌다. 우리는 이것만으로도 이미 이 전쟁에서 귀한 것을 얻었으며, 이 변화를 직접 목격했다는 것이 우리 인생의 가장 중요한 경험이 되리라."[48]

19세기의 유럽 협조 체제가 실패하고 20세기 들어 제1차 세계대전이 발발했다. 여기에는 여러 가지 원인이 있었다. 애초에 메테르니히는 유럽의 주요 왕실을 보호하고자 빈 체제를 고안했다. 그런데 시간이 지나면서 그들의 가장 위험한 적이 외국 군대에서 국내의 소요로 바뀌었다. 미국 독립 혁명과 프랑스혁명이라는 선례는 대중 봉기의 위력을 증명했고 유럽 들판에 민족주의와 자유주의라는 거대한 불길을 일으켰다. 또 한편으로는 산업화와 도시화가 빠르게 진행되면서 전과 다르고, 전보다 훨씬 크고, 전보다 더 확신에 찬 부르주아 집단이 출현했다.

빈 체제의 실패를 설명하는 또 하나의 방법은 권력균형이 결국은 환상에 지나지 않는다는 것이다. 유럽 강대국들은 줄곧 서로를 싫어하고 의심했다. 영토 갈등이 가장 심각한 지역에는 그 어떤 해법도 통하지 않았다. 결국 이탈리아와 독일이 각각 통일 국가를 이루었다. 오스트리아와 오스만이 쇠퇴하면서 두 제국의 변방인 발칸반도에 민족주의 운동이 일어났고, 이는 다른 나라들이 이 지역에 개입할 기회가 되었다. 그사이 유럽의 수많은 군소국은 강대국과 강대국을 맞붙이는 방법으로 자국의 입지를 강화하고자 했다. 게다가 권력균형의 중재자 겸 실행자를 자처했던 나라가 그 역할을 해내지 못했다. 영국은 절대적인 해상권과 세계 제일의 경제력을 보유하긴 했으나 대륙의 권력정치를 견제하는 데는 대체로 별 관심이 없거나 아니면 그럴 만한 군사력이 없었다. 19세기 말에 이르면 더 많은 수출 시장과 원자재를 확보하려는 산업국가 간의 무역 전쟁과 제국적 야망 때문에, 유럽의 국제 관계가 더더욱 복잡해지게 된다.

## 일본과 미합중국

19세기 말, 무굴 제국과 사파비 제국은 멸망한 지 오래였고 오스만과 청나라는 매우 쇠약해진 상태였다. 그런데 이 시대에 유럽 각국이 서로 치열하게 경쟁하고 앞다투어 해외 시장을 찾는 상황을 기회로 삼아 강대국이 된 두 나라가 있었다. 바로 일본과 미국이었다.

처음에 일본의 미래는 그리 밝지 않았다. 일본은 중국과 마찬가지로 서양의 압박에 못 이겨 항구를 열었다. 1844년 네덜란드 왕 빌럼 2세는 일본 덴노에게 편지를 보내어 네덜란드 상선의 입항을 허가하지 않으면 큰 대가를 치르게 될 것이라고 경고했다. 1854년 매슈 페리 제독의 '검은 배'가 가나가와에 입항하자 일본의 실질적 통치자인 쇼군의 대표단은 화친 조약에 서명하고 미국과 통상 관계를 맺었다. 그러자 영국, 러시아, 프랑스도 즉각 그와 비슷한 이권을 요구하여 획득했다. 개항 이후 일본 사회에서는 실업률이 치솟았고 콜레라 같은 전에 없던 전염병이 유행했다. 이로 인해 막부와 덴노 간 갈등이 고조되는 동시에 외국과 불평등조약을 맺은 지배 계층에 대한 국민의 반감이 높아졌다.

1863년, 덴노는 막부의 권한을 무시하고 외국인 추방을 명령했다. 그러나 '오랑캐'는 순순히 물러나지 않았다. 서양 측의 보복 조치는 내전으로 번졌고, 결국 막부가 몰락했다. 덴노는 나라를 근대화하고 "세계 곳곳에서 앎을 구하는" 조건으로 통치권을 돌려받았으니 이것이 이른바 메이지유신(1868)이다. 1871년 일본은 불평등조약을 재협상하고 서양의 과학과 사회에 관한 정보를 수집하고자 미국과 유럽에 이와쿠라 사절단을 파견했다. 사절단은 1873년 근대화와 산업화를 위한 청사진을 들고, 또 새로운 야심을 품고 귀국했다. 그것들은 곧 현실이 되었다. 일본은 유럽 강대국의 지원하에 어마어마한 속도로 산업화를 진행했고, 이윽고 유럽 강대국과 마찬가지로 해외에서 원자재 공급처와 상품 판매 시장을 찾기 시작했다. 나아가 불과 몇 년 사이에 이 새로운 산업 역량을 군사력으로 전환하여 강력한 해군을 구축했다. 1874년, 일본은 아직 청나라의 영토였던 타이완섬을 공격했다. 1876년에는 조선에 포함砲艦을 보내어 최초의 불평등조약을 체결했다. 1894년에는 청나라를 공격했다. 일본은 바다와 육지 양쪽에서 청을 제압한 뒤 시모노세키 조약(1895)이라는 또 하나의 불평등조약을 체결했다. 그 내용은 청나라가 일본에 타이완섬을 할양하고, 막대한 배상금을 지불하고, 서양과 동일한 통상 특권을 부여한다는 것이었다.

청일 전쟁에서의 승리 후, 일본의 신진 외교관 하야시 곤스케는 자국의 과도한 호전성을 경계하자고 주장했다. 비슷한 시기에 독일의 비스마르크가 했던 것과 비슷한 경고였다. "지금은 일본이 평온함과 침착함을 유지하면서 우리를 향해 커져 온 의심을 잠재울 때이다. 그러면서 국력의 기반을 강화하고, 언젠가 반드시 찾아올 기회를 기다려야 한다."[49] 그 기회는 러일 전쟁(1904~1905)

이었다. 두 나라는 만주 지역을 둘러싸고 갈등하다가 결국 전쟁에 돌입했고, 일본이 러시아 해군을 완파하며 승리를 거두었다. 이 사건은 전 세계에 충격파를 일으켰다. 근대 들어 처음으로 유럽 국가가 아시아 국가에 패배했던 것이다. 1907년 일본 군부가 수립한 '제국 국방 방침'에서 러시아는 더 이상 일본의 맞수가 아니었다. 이제 일본을 위협하는 가장 중요하고 가장 가까운 가상 적국은 미합중국이었다.[50]

미국이라는 나라는 실로 인상적으로 세계 무대에 등장했다. 1776년 건국 당시에는 그저 초라한 몇몇 마을의 연합체였던 이 작은 나라가 20세기 초까지 세계 1위 경제 대국이자 세계 3위 인구 대국으로 성장했다. 이 놀라운 발전에는 당연히 권력정치와 전쟁이 큰 역할을 했다. 미국은 독립 직후인 1801~1805년, 지중해에 소규모나마 함대를 배치하여 미국 상선을 강탈했던 북아프리카 해적을 응징하고자 했다. 1812~1815년에는 영국과 싸우다가 백악관이 불탔다. 1846~1848년에는 지금의 텍사스주와 멕시코를 둘러싸고 에스파냐와 맞붙었다. 1861~1865년에는 노예제를 지지하는 남부 연합과 산업이 발달한 북부 연방 간의 내란인 남북 전쟁이 벌어져 약 100만 명에 가까운 국민이 사망했다. 1890년에는 애팔래치아산맥부터 대평원을 가로질러 태평양 연안까지 아메리카 원주민을 차례차례 정복하며 영토를 확장한 미국의 '서부 개척'이 몇십 년 만에 종결되었다.

이처럼 미국이 강대국으로 부상한 과정은 평화와는 거리가 멀었다. 그러나 미국의 지도층은 지금도 그렇지만 과거에도 어떻게 해서든 동반구발 정치 격변에 휘말리지 않으려고 했다. 1801년 토머스 제퍼슨 대통령(1801~1809)은 "평화와 교역을 중시하고 모든 국가와 정직한 우정을 나누되 그 누구와도 동맹을 맺지 않는다"는 말로 미국의 대외 정책을 요약했다.[51] 1823년 제임스 먼로 대통령(1817~1825)은 같은 원칙을 저 유명한 '먼로주의'로 정리했다. "우리는 오직 우리의 권리가 침해당하거나 위협받을 때만 이에 대해 분노하거나 우리의 방위를 준비한다."[52] 미국은 유럽의 어떤 세력과도 손잡으려 하지 않는 동시에 유럽이 남북 아메리카 어디에도 개입하지 못하도록 방어했다. 특히 영국을 위시한 적국이 대륙에 접근하지 못하도록 해안에 많은 방어 시설을 구축했다.

미국은 군사 차원에서 신중하고 방어적인 태도를 취했을 뿐 아니라 경제적으로도 보호주의를 채택했다. 미국의 초대 재무 장관 알렉산더 해밀턴은 프로이센을 모범으로 삼아 수입 관세로 자국의 유치산업infant industy을 보호하고자 했다. 그로부터 약 20년 후 제퍼슨 대통령은 "나는 경험을 통해 제조업이 우리의 자립과 안위 모두에 불가결하다는 것을 알게 되었다"며 외국으로부터 아무것도 사들여선 안 된다고 주장했다.[53] 1832년 국무 장관 헨리 클레이는 "자유무역은 존재한 적도 없고 앞으로도 결코 존재할 수 없다. … 우리가 관세를 완전히 없애고 외국 상품을 자유롭게 수입한다 해도, 그와 똑같이 우리의 잉여생산물을 자유롭게 수입해 줄 나라는 없다."라며 이른바 미국 시스템을 옹호했다.[54]

그러나 미국은 수입에 대해서는 보호주의적 규제를 적용하면서도 다른 나라들에는 점점 더 강하게 시장 개방을 요구했다. 1844년 미 정부는 청나라를 압박하여 면화 수출 특권을 따냈다. 앞에서 살핀 대로 1854년에는 페리 제독의 무력시위 후 미국 상인과 상품이 일본에 입항할 수 있게 되었다. 1870년대에 율리시스 그랜트 대통령(1869~1877)은 상호 관세 원칙을 내세워 쿠바, 푸

에르토리코, 하와이에 수출을 확대했다. 상호 관세 원칙이란 상대국이 미국 시장에 상품을 자유롭게 수출하려면 미국도 상대국 시장에 상품을 자유롭게 수출할 수 있어야 한다는 것이었다. 이 '상호' 관계에서는 경제가 더 발달하고 그 규모도 훨씬 큰 미국 쪽이 더 많은 이익을 가져갔다. 이제 미국은 본격적으로 문호 개방 정책을 밀어붙였다.

미국은 경제 발전과 함께 정치적 야심도 키웠다. 미국은 자국의 이익을 보호하기 위해 피지, 파나마, 파라과이, 이집트, 아이티, 사모아, 하와이에 포함을 파견했다. 미 정부는 아르헨티나와 파라과이의 갈등을 중재했고 쿠바 내 반에스파냐 세력을 지원했으며 카리브해의 제해권을 장악하고자 했다. 1890년 앨프리드 머핸은 자신의 저서 『해상 권력사론The Influence of Sea Power Upon History, 1660~1783』에서 미국의 제국주의를 뒷받침하는 힘은 해군력이라면서 태평양 곳곳에 해군 기지를 건설하고 하와이를 점령할 것을 주장했다. 머핸의 열렬한 추종자였던 시어도어 루스벨트 대통령(1901~1909)은 실제로 쿠바, 파나마, 하와이, 괌, 필리핀에 전초기지 건설을 명령했다. 그는 먼로주의에 한 가지 단서를 추가했다. 미국의 이익과 안보를 심각하게 위협하는 경우에는 미국도 타국의 국내 문제에 개입할 수밖에 없다는 것이었다.

급속한 경제 발전이 사회적으로는 심각한 불평등으로 이어졌다. 카네기가, 록펠러가 같은 소수의 부유층이 이른바 도금 시대Gilded Age를 누리는 동안 수천만 국민이 극빈에 시달렸다. 미국은 실제로는 실용주의와 권력정치를 추구하고 국내적으로 빈곤 문제가 심각했음에도 대외적으로는 언제나 자유와 민주주의라는 가치, 미국 예외주의라는 신념을 내세웠다. 신고전주의 양식의 웅장한 건축물로 채워진 수도 워싱턴부터가 로마 공화정의 금욕적인 도덕성과 로마 제정의 막강한 위엄을 동시에 상징했다. 제1차 세계대전(1914~1918)이 임박한 시점에 분명했던 사실 하나는, 동반구의 오래된 제국들 눈앞에 서반구의 새로운 강대국이 나타났다는 것이었다.

## 전쟁에서 다시 전쟁으로

우리가 잘 아는 대로 1916년 유럽에서는 수많은 젊은이가 참호 속에서 싸우다 죽었다. 그해 미국에서는 "미국을 전쟁으로부터 지킨 대통령", "미국이 우선이다"라는 슬로건을 내세운 우드로 윌슨(1913~1921) 대통령이 재선에 성공했다. 미국은 이 전쟁에 대해 처음부터 중립을 고수했다. 그러다 독일의 무제한 잠수함 작전으로 미국인 승객 100여 명이 탄 루시타니아호가 침몰한 데 이어, 미국에 빼앗긴 영토를 되찾아 주겠다고 약속하며 멕시코에 반미 동맹을 제안한 독일 외무 장관 치머만의 전보가 공개되자 결국 1917년 4월 삼국 협상 편에서 전쟁에 뛰어들었다(다만 러시아는 반년 후 국내 혁명으로 인해 전쟁을 포기했다). 미국이 엄청난 병력과 경제력을 투입할 것으로 예상한 독일은 무리한 작전을 감행하다가 1918년 11월에 항복을 선언했다.

전쟁으로 자원을 소진한 유럽 국가들은 미국의 차관에 의존하는 처지가 되었고, 독일과 러시아는 혁명으로 체제가 전복되었다. 이러한 상황에서 미국은 다시 한번 국제적 위상을 강화하고 급변하는 세계 질서를 자국에 유리한 방향으로 조종할 수 있었다. 빈 회의가 열린 지 100년이 조금 지난 1919년 1월, 파리에서 또

한 번의 대규모 평화 회담이 개최되었다. 미국의 국제적인 영향력을 잘 알았던 윌슨 대통령은 '14개조 평화 원칙'을 들고 프랑스로 건너갔다. 민족 자결권, 자유무역, 불가침, 자유주의를 바탕으로 세계 질서를 재건하자는 제안이었다. 윌슨은 제1차 세계대전 당시 국제사회를 향해서는 미국이 "이기적인 목적을 추구하지 않는다"고 공언하면서도, 자신의 고문에게는 "이 전쟁이 끝나면 우리가 그들을 우리 생각대로 움직일 수 있다. 그때가 되면 다른 무엇보다도 그들의 재정을 우리가 좌지우지하게 될 테니까"라고 속삭인 인물이었다.[55] 그가 선언한 원칙은 세계의 권력균형을 완전히 바꾸어 놓을 것이 자명했다.

파리 강화 회의에는 약 30개국에서 대표 1,000여 명이 참가하여 60개의 분과 위원회와 전체 본 회의, 5개의 후속 위원회에서 활동했다. 그러나 실제로는 주요 전승국인 미국, 프랑스, 영국, 이탈리아 이 네 나라가 모든 것을 결정했다. 윌슨의 대변인인 레이 스태너드 베이커는 파리 회의가 국제 관계의 관행을 쇄신했다고 다음과 같이 열렬히 환호했다.

> 과거의 방식은 자국의 이익만을 대변하는 외교가들이 비밀리에 회동하고, 속임수와 거래, 은밀한 이합집산 끝에 합의를 도출하는 것이었다. … 파리 회의에서 과감하게 도입한 새로운 방식에서는 먼저 정의의 일반 원칙을, 예컨대 윌슨 대통령이 제안하고 전 세계가 인정한 평화 원칙을 채택하고 있다. 다음으로 그러한 원칙을 적용하는 데 있어 그 주체는 저 자신의 이익만을 좇는 외교가나 정치가가 아니라 지리학자, 민족학자, 경제학자 등 해당 사안의 전문가인 공정한 학자들이다.[56]

반면에 영국 총리 데이비드 로이드 조지는 다소 냉소적인 입장에 서 있었다. 후에 그는 이렇게 회고했다. "나는 예수 그리스도와 나폴레옹 사이에 앉아 있었다." 전자는 미국 대통령 우드로 윌슨, 후자는 프랑스 총리 조르주 클레망소를 뜻한다. 클레망소는 "모세의 계명은 겨우 열 개였는데 윌슨은 열네 개나 가져왔다"는 농담을 남겼다.[57] 영국 내각의 군수부 장관으로 회의에 참석했던 윈스턴 처칠도 이 회의가 제1차 세계대전 이전의 외교적 활동과 다른 점이 거의 없으며 또 그만큼 유명무실하다고 생각했다. 그의 생각은 여러모로 옳았다. 윌슨의 제창에 따라 국제 평화를 유지하고 갈등을 중재하기 위한 '국제연맹'이 창설되었으나, 미국 상원은 자치권을 침해한다는 이유로 미국의 연맹 가입을 끝까지 비준하지 않았다.

파리 회의에서 승리한 유럽 국가는 없었다. 회의 결과 체결된 베르사유 조약(1919)은 독일 제국을 해체했고, 독일이 아시아에서 점령했던 지역 다수가 일본에 그대로 넘어갔다. 독일은 라인란트 대부분을 프랑스에 내주어야 했고 막대한 전쟁 배상금을 물게 되었으며 군사력을 엄격히 제한받게 되었다. 생제르맹 조약(1919)은 오스트리아 제국을 분할하여 오스트리아 공화국, 체코슬로바키아, 폴란드, 슬로베니아-크로아티아-세르비아 왕국(1929년에 유고슬라비아 왕국으로 개칭)을 탄생시켰고, 이 지역이 독일과 새로운 동맹을 맺지 못하게 했다. 세브르 조약(1920)은 삼국 동맹 편에 섰던 오스만 제국을 분할했다. 메소포타미아와 레반트에 남아 있던 오스만 속령은 명목상 국제연맹의 위임 통치령이 되었지만 영국과 프랑스가 나누어 가진 것이나 마찬가지였다. 오스만은 본토에서도 내란이 발생하여 마지막 술탄이 폐위당하고 케말 아타

튀르크가 터키 공화국을 수립했다.

유럽 전승국들은 영토를 얻긴 했지만 원하는 모든 것을 얻지는 못했다. 프랑스는 독일군의 점령으로 발생한 피해를 충분히 보상받지 못했다며 계속 불만을 품었다. 영국은 미국의 막강해진 해상 권력을 인정하는 수밖에 없었다. 두 나라는 워싱턴 해군 군축 회담(1921~1922)에서 해군 규모를 똑같이 맞추기로 공식 합의했다. 일본은 그 3분의 2 수준에 만족해야 했다. 그래도 일본은 세계 3위의 해군력을 보유하고 있었지만, 이 조약으로 인해 일본에 민족주의 정서가 고조되었다. 한 해군 장교는 이렇게 우려했다. "미국의 함대 다수가 파나마운하를 통과해 태평양으로 진출한 지금, 전쟁은 끝난 문제가 아니다."[58] 파리 회의와 워싱턴 회담에 승자가 있었다면 그건 미국이었다.

영국의 경제학자 존 메이너드 케인스는 제1차 세계대전을 마무리하는 조약들이 어떤 파괴적인 결과를 낳을지를 1919년부터 예상하고 있었다. "파리 회의는 악몽이었다. 그 천박한 소동에는 재앙이 임박했다는 느낌이 충만했다."[59] 영국 재무부의 공식 대표로 파리 강화 회의에 참석했던 케인스는 조약 조건에 반대하며 대표직을 사퇴했다. 그는 장기적이고 광범위한 경제 회생 계획을 세우지 않는다면 유럽에 다시 혼란이 시작될 것이고, 독일의 전쟁 부채와 배상금 부담은 결국 보복주의로 이어질 것이라고 주장했다. 그런데 그가 이보다 더 두려워한 문제는 세계주의를 신봉하는 유럽과 미국의 엘리트 집단이 제1차 세계대전 이전에도 그랬듯 여전히 저 국제주의 흐름 뒤에 숨은 어두운 힘을 알아보지 못한다는 것이었다.

과거에 런던 사람은 침대 속에서 아침 차를 홀짝이며 온 세상의 다양한 상품을 전화로 주문할 수 있었다. … 이와 동시에 그는 똑같은 방법으로 세계 모든 곳의 천연자원과 새로운 사업에 투자하여 조금의 노력이나 수고를 들이지 않고도 미래의 이익을 나누어 가질 수 있었다. … 장차 군국주의와 제국주의가, 인종적이고 문화적인 갈등이, 독점체와 규제와 배제가 계략과 정치를 통해 그 낙원에 뱀처럼 숨어들 것이나, 그때는 그런 것이 신문에서나 읽는 한담으로만 여겨졌다.[60]

케인스의 우려는 짧은 시간 안에 현실이 되었다. 전쟁 중에 유럽의 산업 시설이 파괴되는 사이 미국은 그 어느 때보다 빠른 속도로 산업 역량을 확대했다. 그러다 1920년대 들어 유럽이 전쟁 피해에서 회복하면서 세계경제는 공급 과잉으로 인해 물가가 폭락하고 보호주의가 확산되었다. 1928년 미국의 캘빈 쿨리지 대통령(1923~1929)은 "우리의 투자 활동과 무역 관계의 특성상 세계 어느 곳에서 어떤 갈등이 발생하든 그 타격은 반드시 우리에게 미친다고 봐야 할 것이다."라고 경고했다.[61] 존 피어몬트 모건 주니어 같은 미국의 거물 자본가들은 독일의 전쟁 배상금을 인하해야 한다고, 미국이 독일에 돈을 빌려주어 유럽 다른 국가에 빚을 갚게 해야 한다고, 그러면 미국 수출품에 대한 안정적인 수요가 생길 것이라고 주장했다. 같은 맥락에서 미국의 은행가이자 정치가인 찰스 도스는 1924년 협상을 통해 프랑스와 벨기에의 독일 루르 공업 지대 점령을 종결하는 과정에서 독일의 배상금 지불 능력을 높이는 방안을 제시했다.

그러나 '도스 플랜'도, 그 후속 계획인 '영 플랜'(1929)도 그 어마어마한 전쟁 배상금이 유럽 경제에 가하는 압력을 완화하지 못했다. 유럽 경제가 주춤거리자 미국의 대유럽 수출은 1921년에서 1928년 사이에 약 20퍼센트나 감소했다.[62] 결국 1929년 월스트리트 주가 대폭락 사건이 발생했고 대공황이 시작되었다. 대서양 양안에서 많은 사람이 궁핍에 시달렸다. 한 미국인은 후에 대공황 시기를 이렇게 회상했다. "너무나 힘든 때였다. 구루병에 걸린 아이를 본 적이 있는가? 마치 마비된 것처럼 몸을 떤다. 단백질이 부족하고 우유를 마실 수 없었으니까…. 제 인생의 주인은 저 자신이라던 사람들, 그 독립적이던 사람들이 한순간에 다른 사람들에게 의존하는 처지가 되었다."[63] 미국이 차관을 회수하기 시작하자 오스트리아, 독일 등이 채무 불이행에 들어갔다. 경제가 여기저기서 무너졌고 보호주의 장벽은 더욱 높아졌다. 미국은 스무트-홀리 관세법을 통과시켜 수입품에 평균 59퍼센트의 관세를 부과했고, 유럽도 43퍼센트까지 관세를 인상했다.

1928년 미국과 독일, 프랑스 등 유럽 대다수 국가는 국제분쟁을 폭력적인 방식으로 해결하지 않겠다는 약속인 켈로그-브리앙 조약에 서명했다. 그러나 대공황은 국가 간 갈등을 악화시키기만 했고 폭력적인 민족주의 운동에 불을 붙였다. 특히 독일에서는 1933년 총리에 임명된 아돌프 히틀러가 국제연맹이 독일을 억압하기 위한 도구일 뿐이고 국제기구로는 질서를 유지할 수 없다고 주장하며 독일의 국제연맹 탈퇴를 선언했다. 그는 이렇게 비난했다. "국제연맹의 역할이 세계를 기존 상태로 보전하고 계속 보호하는 것이라면 우리는 바다의 밀물과 썰물을 관리하는 일도 이 기관에 위임하는 게 낫겠다."[64]

히틀러는 독일 국민에게 베르사유 조약에서 당한 굴욕을 되

돌리고, 프랑스와 영국의 괴롭힘을 막아 내고, 독일 민족이 운명을 개척하고 번영을 달성할 수 있도록 경제적 자원과 레벤스라움 Lebensraum(생활권)을 마련하겠다고 약속하며 권력을 잡았다. 이런저런 평화 회담이 계속 열렸지만 히틀러는 독일의 재무장을 포기하지 않았다. 1936년, 독일은 베르사유 조약을 공공연히 위반하고 라인란트 비무장지대에 군대를 투입했다. 1938년에는 체코슬로바키아의 수데텐란트를 점령하면서 자원이 풍부한 동쪽 이웃들을 공격하기 시작했다. 다시 한번, 자국이 받았다는 부당한 대우를 바로잡고 안보를 확보하려는 욕망이 무자비한 침략과 제국주의적 팽창 정책을 추동하고 있었다.

## 제2차 세계대전과 국제연합

1939년 8월, 나치 독일과 소비에트연방의 외무 장관이 모스크바에서 만나 상호 불가침 조약을 맺고 앞으로 두 나라가 유럽을 양분하게 되었을 때 세력권을 어떻게 나눌지를 결정했다. 이 몰로토프-리벤트로프 조약이 체결된 지 9일 뒤, 독일의 전차 부대가 폴란드 영토를 공격했다. 이렇게 두 번째 세계대전 (1939~1945)이 시작되었다. 참전국들은 산업 역량을 투입하고 기술을 혁신해 가며 전쟁을 수행했다. 그 무자비한 전투와 절멸 작전으로 6년 동안 6,000만 명이 사망했다. 특히 홀로코스트는 마치 공장 생산 라인처럼 계획적이고 능률적으로 유대인 600만 명 등 수많은 민간인을 학살한 사건이었다.

결과적으로 독일은 제2차 세계대전에서도 패배했다. 원인은 전략적 실패와 경제적 난국 모두에 있었다. 애초에 독일군의 가장 큰 강점은 속도로, 이들은 유럽 곳곳을 빠르게 점령할 수 있었다. 그러나 점령한 영토를 계속 유지하기는 훨씬 어려운 일이었다. 전쟁의 판도는 1942년에 바뀌었다. 독일이 소련을, 독일의 동맹인 일본이 미국을 기습 공격한 뒤 소련과 미국이 참전한 것이다. 소련은 병력 면에서, 미국은 경제력 면에서 압도적이었다. 1945년 기준으로 미국의 경제 규모는 독일의 다섯 배였다.

아시아 태평양에서 일본이 벌인 전쟁(제2차 세계대전의 총 사상자 중 최소 3분의 1 이상이 이 지역에서 발생했다)도 유럽과 비슷한 양상으로 전개되었다. 일본은 독일과 유사한 몇 가지 동기에서, 즉 강대국들의 업신여김에 대한 복수심, 자신들의 인종과 문화가 우월하다는 신념, 석유와 고무, 금속 등 산업 원자재를 확보할 필요에서 전쟁을 일으켰다. 또한 독일이 그러했듯 일본도 넓은 영토를 점령했지만 그것을 유지하기는 훨씬 힘에 부쳤다. 무엇보다 독일과 마찬가지로 일본은 미국이라는 경제 대국과 경쟁할 능력이 없었다. 1945년 당시 미국의 경제 규모는 일본의 10배였고 군수품 생산량은 30배에 달했다. 병력 면에서는 미국이 유럽보다도 태평양에 더 많은 군대를 투입했음에도 일본이 우위에 있었으나, 미국의 발전한 기술력이 그 차이를 넘어섰다. 1945년 8월 히로시마와 나가사키에 원자폭탄이 떨어졌다. 일본은 그로부터 며칠 후 항복을 선언했다.

유럽 쪽 전쟁은 그보다 100여 일 앞서 마무리 국면에 접어들어 미국 샌프란시스코에 800여 명의 공식 사절과 약 2,000명의 관계자가 모여 협상에 착수했다. 그리고 그 결과 1945년 10월에 역사상 가장 야심 찬 다자주의적 국제기구가 탄생했으니, 국제연합이 그것이다. 국제연합 헌장은 그 첫머리에서 이렇게 선언했다. "우리, 연합한 나라들의 국민은 우리 일생에서 두 번이나 인류를 말할 수 없는 슬픔에 빠뜨린 전쟁이라는 재앙을 다음 세대들이 겪지 않게 하고자 한다."[65] 국제연합 체제는 국가 주권과 자결권, 군사력 제한과 평화적 중재, 각 회원국의 위기에 대한 집단 안보 보장을 원칙으로 삼았다. 총회는 모든 회원국이 참가하는 자리였다. 미국 하원의 한 의원은 "영구 평화와 하나 된 세계를 위한 완벽한 계획"이라고 환영했다.[66] 그러나 국제연합의 실질적인 권한은 여전히 일부 국가에 편중되어 있었다. 제2차 세계대전의 주요 승전국인 미국, 소련, 영국, 프랑스, 중국이었다. 이 다섯 나라가 지금까지도 안전보장이사회의 5개 상임이사국이다.

새롭게 힘을 얻은 이상주의와 국제주의는 국제연합의 탄생을 가능케 했으나 서로를 의심하고 경쟁하고 갈등하는 구태는 결국 청산하지 못했다. 강대국들은 이 새로운 기구에 주춧돌을 놓는 단계에서마저 유럽을 그들끼리 나누어 가질 방법을 논하고 있었다. 1944년 10월, 처칠과 스탈린은 종잇조각(후에 처칠은 이를 '말썽 많은 문서'라고 불렀다)에다 휘갈긴 글씨로 발칸반도를 영국과 소련의 세력권으로 분할했다. 그러나 처칠 영국 총리가 당시에 이미 절감한 대로, 이제 영국은 자기보다 훨씬 강력한 동맹국들을 상대로 조심스럽게 움직여야 하는 처지였다. 처칠은 1943년 10월에 열린 테헤란 회담을 이렇게 회상했다. "영국은 얼마나 작은 나라인가. 나는 앞발을 한껏 뻗은 거대한 러시아 곰과 거대한 미국 물소 사이에 앉아 있었다. 이 불쌍한 영국 당나귀만이 집으로 가는 올바른 길을 아는데도."[67] 1945년의 얄타 회담에서 스탈린은 중유럽과 동유럽 전체가 소련의 세력권이 되어야 한다고 다시 한번 단언했다. 이에 미국은 유럽의 신생국들이 민주적인 선거를 치러야 한다는 주장으로 소련을 견제하고자 했다. 1945년 7~8월 연합국 간의 마지막 주요 회담인 포츠담 회담에 이르러 소련의 동유럽 지배가 기정사실화되었다. 독일에 대해서는 4국 분할 통치가 결정되었다. 영국과 프랑스는 독일 분할에 참여했고 국제연합에서도 특별한 권한을 누렸지만, 강대국으로서의 위상은 이것으로 끝났다. 유럽뿐만 아니라 전 세계에서 강대국 지위는 미국과 소련에 넘어갔다.

제2차 세계대전의 종결은 아시아와 아프리카에 세워졌던 유럽 제국들의 종말을 예고했다. 동남아시아의 네덜란드령 인도네시아, 프랑스령 인도차이나 등지에서는 일본군이 떠난 뒤의 권력 공백을 새로운 독립운동 세력이 채우고자 했다. 남아시아의 경우, 영국은 점점 커져 가는 저항을 진압하며 식민지를 유지할 만한 자원이 더는 남지 않았다는 사실을 깨달았다. 1947년 8월 영국의 인도 지배가 끝나고 인도와 파키스탄이 공화국으로 독립했다. 1950년까지 11개 나라가 제국으로부터 독립을 쟁취했고, 그다음 1960년까지 28개국이 더 독립했다. 한편 중국에서는 청나라의 몰락 이후 계속된 극심한 무질서와 내란이 1949년 마오쩌둥이 이끄는 공산당의 승리로 마침내 마감되고 중화인민공화국이 건국되었다.

그러나 국가 독립이 곧 평화로 이어지지는 않았다. 제국주의 세력이 물러난 여러 지역에서 해묵은 적대 관계가 새로운 갈등으로 다시 표출되고 폭력 사태로까지 이어졌다. 1947년, 파키스탄과 인도가 카슈미르를 두고 충돌했다. 1948년, 이집트와 요르단, 시리아가 신생국 이스라엘에 대해 전쟁을 선포했다(아랍·이스라엘 분쟁, 중동 전쟁). 1950년 중화인민공화국은 한국 전쟁에 참전했다. 아시아와 아프리카, 남아메리카와 유럽의 여러 신생국은 이러한 갈등을 종식하기 위해, 또한 미국과 소련이 벌이는 세계적인 헤게모니 싸움에 흡수되지 않기 위해 1961년 비동맹 운동을 결성했다. 이들은 국제연합이 공표한 바로 그 핵심 가치를 바탕으로 평화로운 공존을 모색하고자 했으나, 곧 이 기구의 주도권을 두고 분열했다.

　제2차 세계대전이 끝난 시점에 결국 가장 좋은 카드를 쥔 나라는 미국이었다. 이제 미국의 경제 규모는 서유럽 국가 전체를 합한 것보다도 컸다. 미국은 경제적 이익과 안보상의 목표, 정치적 위상을 추구하는 과정에서, 과거에 제국들이 흔히 취했던 것과 너무도 비슷한 방식으로 국제 질서를 미국 중심으로 재편하고자 했다.

　미국이 가장 먼저 취한 조치는 미국의 기업과 자본이 진출할 수 있게 세계경제를 개방화하는 것이었다. 먼저 1944년 브레턴우즈 회의 결과 세계은행 및 국제통화기금이 설립되는 등 미국 달러의 기축통화 지위를 보장하는 체제가 출범했다. 1947년에는 미국 기업의 경쟁력을 약화하는 수입 관세를 인하하려는 목적에서 '관세 및 무역에 관한 일반 협정'(GATT)이 시작되었다. 1948년부터는 전후 서유럽을 원조함으로써 반공산주의의 보루를 건설하기 위해, 수혜국의 시장경제 채택을 조건으로 하는 마셜 플랜이 실행되었다.

　이와 같이 새로운 세계 질서가 구축되고 있었다. 1950년 4월, 해리 트루먼 정부는 다음과 같이 평가했다. "세계가 점점 축소되고 있는 가운데 이제 우리의 문제는 핵전쟁의 위협이다. 국제 질서의 부재가 점점 더 용인하기 어려운 수준이 되어 가고 있기 때문에 그저 소련의 복안을 견제하는 것만으로는 부족하다. 그래서 우리는 우리에게 이로운 범위 안에서 세계를 이끄는 역할을 받아들여야만 한다."[68]

## 불길 없는 전쟁, 냉전

그러나 미국의 권력 재편을 막는 데 전력을 다한 나라가 있었다. 소련, 즉 소비에트사회주의공화국연방은 차르가 지배하던 러시아 제국이 1917년 두 차례의 혁명으로 붕괴된 뒤 1922년에 수립되었다. 혁명에서 건국까지 5년간의 내전에서 서유럽 강대국들은 차르파를 지원했기에 그때 이후로 소련은 늘 외세의 위협을 느꼈다. 연방의 첫 지도자 블라디미르 레닌은 '자본주의의 포위'를 거듭 이야기했고, 그의 뒤를 이은 이오시프 스탈린 또한 적들에게 에워싸인 '사회주의 섬'을 이야기했다.[69] 1941년 독일의 침략은 이러한 두려움을 한층 강화했다. 서유럽에 제2전선을 열어 동부 전선의 압력을 분산해 달라고 요구했으나 미국이 적극적으로 응하지 않은 일도 마찬가지였다. 소련군은 베를린을 점령하긴 했으나 제2차 세계대전 종반부까지 최소 2,000만 명의 국민이 사망했으며 경제력 또한 약 25퍼센트 감소했다.

서방 측에서도 소련에 대한 의심을 키워 갔다. 일차적으로는 소련이 포츠담 회담에서 보인 태도와 그 후의 행동이 문제였다. 1946년 2월 트루먼 정부의 외교관 조지 케넌은 통칭 '장문의 전보'로 알려진 보고문에서 소련을 어떤 본능적인 불안감 때문에 신경과민에 시달리는 나라, 개방된 자본주의 세계와는 도저히 양립할 수 없는 나라로 묘사했다.[70] 그로부터 보름도 지나지 않아 (러시아 내전 당시 서유럽의 개입을 앞장서서 주장했던) 처칠은 동유럽과 중유럽 국가에 공산주의 정권을 세워 지배력을 강화하려는 소련의 동향을 "대륙 전체에 철의 장막이 드리우고 있다"는 말로써 경계했다.[71] 처칠의 이 비유는 곧 시작될 '냉전'에 대한 예언이었다.

20세기의 냉전은 독특한 전쟁이었다. 그것을 주도한 두 나라가 물리적으로, 전면적으로 맞붙은 적이 한 번도 없었다는 점에서도 그렇지만, 그 두 진영의 중심지가 각각 동반구와 서반구에 있어 거대한 바다로 분리되어 있었다는 점에서도 그러했다. 그 결과 냉전의 압력은 두 초강대국의 주변 국가들에서 터져 나왔다. 소련은 자국의 심장 지대 주위(미국의 정치학자 니콜라스 스파이크먼이 말하는 '림랜드rimland')를 미국의 동맹들이 포위할까 두려워했지만, 미국 또한 중앙아메리카와 남아메리카의 지정학적 '문간'에 공산주의 체제가 들어설까 걱정했다.[72]

소련이 유라시아 중심부로부터 공산주의를 확대하려고 했다면 미국은 북대서양조약기구(NATO, 서유럽), 중앙조약기구(CEN-TO, 서아시아), 동남아시아조약기구(SEATO), 태평양안전보장조약(ANZUS, 오스트레일리아와 뉴질랜드)을 통해 자국의 가치와 이익을 확산시키고자 했다. 또한 두 초강대국은 한국 전쟁(1950~1953), 베트남 전쟁(1960~1975), 욤 키푸르 전쟁(1973), 앙골라 내전(1975~1991) 등 여러 차례 대리전을 벌였다. 한편 유럽에서는 '철의 장막' 양편으로 군사력이 밀집했으며, 육해공군 및 핵무기로 우위를 장악하려는 군비 경쟁이 치열했다. 미국과 소련이 실제로 핵전쟁에 돌입할 뻔한 적은 단 한 번, 1962년 소련이 미국 본토에서 300여 킬로미터가량 떨어진 쿠바에 탄도미사일을 배치하려고 했던 때였다.

사실 두 나라의 진짜 경쟁 분야는 경제였다. 미국은 냉전 시대 처음부터 끝까지 소련에 비해 두 배 큰 경제 규모를 유지했다. 또한 소련은 국고의 17퍼센트를 국방에 투입했던 반면, 미국은 국가의 7퍼센트 정도만을 국방비로 지출했다. 소련 국민의 평균 임금은 미국인이 받는 임금의 3분의 1을 넘어서지 못했다. 미국은 컴퓨터, 통신, 생명과학, 재료과학, 로봇학, 추진체 공학 등 대다수의 첨단 기술 분야에서 소련을 앞질렀다.

미국은 경제적 우위를 지키기 위해서라면 가장 가까운 동맹국을 압박하는 일도 마다하지 않았다. 가령 1967년 미국은 서유럽의 경제 대국으로 자리 잡은 서독에 달러화 하락을 막든가, 아니면 미군 철수를 감당하라고 요구했다. 1985년의 플라자 합의를 통해서는, 미국의 수출 경쟁력을 높이기 위해 영국, 프랑스, 서독, 그리고 아시아의 경제 대국 일본을 상대로 달러화를 대폭 평가절하하는 정책을 통과시켰다.

소련 체제의 균열은 1970년대부터 드러나기 시작했다. 식량 부족으로 인해 미국에서 곡물을 수입해야 했는데, 이는 새 유정을 개발하기에는 기술이 부족했기 때문이었다. 1인당 생산량이 정체되면서 빈곤과 식량 배급이 일상화되었다. 바로 이러한 배경에서 미국의 로널드 레이건 대통령(1981~1989)은 1980년대 초부터 국방 지출을 늘리며 재정 소모전에 돌입했다. 소련 경제는 이를 감당하지 못했다. 후에 소련의 한 고위 정보원은 "성장률이 눈에 띄게 감소하더니 결국 완전히 침체되었다."라고 당시 상황을 설명했다. 소련 내에서 공산주의 체제에 대한 반감이 점점 커지고 있었다. 작가 미하일 안토노프는 1987년에 이렇게 썼다. "그 누구보다 교양 있고 뛰어난 지성을 가진 우리 사회, 우리 국민은 그들을 영적으로, 정치적으로 억압하는 체제에 지쳐 버렸다."

1980년대 중반에 취임한 미하일 고르바초프 서기장은 페레스트로이카(재건), 글라스노스트(개방)라는 광범위한 정책을 통해 소련의 정치와 경제를 자유화하고자 했으나 효과는 신통치 않았고 때는 너무 늦었다. 1980년대 말 발트해 국가들에서 반소련 시위가 점점 확대되고 있던 상황에서도 고르바초프가 진압에 나서지 않자, 연방의 다른 지역들에서도 반체제 시위가 시작되었다. 개혁파 정권은 이미 돌이킬 수 없는 이 상황을 군이 돌이킬 의지도, 능력도 없었다. 1990년 선거에서 공산당은 총 열다섯 개의 공화국 선거구 중 여섯 곳에서 독립을 주장하는 민족주의 진영에 패배했다. 1991년 공산당 강경파가 쿠데타를 일으켰다. 고르바초프 정부가 중앙 집권적인 소련을 느슨한 국가 연합체로 재편하는 것을 막으려는 시도였다. 그러나 쿠데타는 곧 실패로 끝나고 오히려 소련의 몰락을 가속화했다. 1991년 말, 소비에트사회주의공화국연방은 마침내 해체되었다. 냉전이 끝났다. 이제 미국은 세계에 하나뿐인 초강대국이었다.

## 미국 단극 체제

1989년 미국의 정치학자 프랜시스 후쿠야마는 동유럽 공산주의 정권의 몰락이 '서방의 승전'이고 자유주의의 지당한 승리이며 우리가 알고 있던 역사의 종말이라고 평가했다.[73] 그러나 미국 단극 체제는 세계의 다른 모든 나라가 힘을 잃은 결과이기도 했고, 특히 미국의 막강한 군사력에서 비롯된 결과이기도 했다. 어쨌든 소련의 몰락 이후 20년간 미국은 그 어떤 방해도 받지 않고 세계 무대를 장악할 수 있었다.

1991년, 조지 부시 대통령(1989~1992)은 이렇게 말했다. "미국의 주도적인 역할은 반드시 필요하다. 우리는 우리의 시민과 우리의 이익을 보호해야 할 뿐 아니라 우리의 근본 가치가 지속되고 확대될 수 있는 새로운 세계를 만들어야 한다. 다른 국가들과 협력하는 것도 중요하지만 우리가 그들을 이끌어야만 한다."[74] 미국이 세계를 '주도'하겠다는 말은 미국식 자유주의 질서를 수호하기 위해서라면 군사력도 얼마든지 동원하겠다는 뜻이었다. 이를 위해 미국이 국방에 쓴 돈은 세계 총 국방비 지출의 40퍼센트에 달했다. 군비의 핵심을 이루는 막대한 핵 보유 능력을 비롯하여 해외 군사 기지에 대한 지속적인 투자, 열한 개의 항모 비행단(미국 외 전체 국가를 합친 것보다 많다), 엄청난 수의 순항 미사일, 첨단 스텔스 폭격기 등은 미국이 세계 전체에 권력을 행사할 수 있게 하는 절대적인 배경이 되었다.

미국은 북대서양조약기구에 발트해 연안국 및 동유럽의 구소련 위성국을 회원으로 가입시키면서 그 세력권을 러시아의 문턱까지 확장했다. 아시아에서는 한국, 일본, 오스트레일리아와 동맹을 강화하고 중국의 팽창 정책을 저지하고자 타이완해협에 해군을 배치했다. 서아시아에서는 이란의 이슬람 근본주의 정권이 주변 지역에 힘을 행사하지 못하도록 페르시아만에 해군을 배치했다. 미국이 꿈꾸는 세계 질서에 동의하지 않는 정권은 대가를 치러야 했다. 1991년 미군을 주축으로 하는 다국적군이 이라크의 쿠웨이트 침공을 보복했을 때, 전 세계인은 스마트 폭탄과 순항 미사일이 바그다드에 비처럼 쏟아지는 장면을 목격하고 충격에 빠졌다. 미국의 이 막강한 공군력은 1999년 북대서양조약기구가 세르비아군의 코소보 공격을 저지하기 위해 군사적으로 개입했을 때도 재차 입증되었다. 미국은 그 밖에 여러 지역에서 크고 작은 군사작전을 수행했다. 때로는 미국의 명백한 국익을 지키기 위해서였고, 때로는 국가적 위신을 지키기 위해서였지만, 대부분의 경우 그 두 목적이 섞여 있었다. 1998년 미 국무장관 매들린 올브라이트는 다음과 같은 말로 미국의 행동을 정당화한 바 있다. "우리가 어쩔 수 없이 무력을 사용하는 이유는 우리가 미국이기 때문, 없어서는 안 될 나라이기 때문이다. 우리는 우뚝 서서 다른 나라들보다 더 먼 미래를 내다본다."[75]

그사이에도 미국은 국제적 경제 질서를 규제하는 주요한 기구, 즉 국제통화기금, 세계은행, (1995년부터 '관세 및 무역에 관한 일반 협정'을 대체하게 된) 세계무역기구 등을 줄곧 주도하고 있었다. 나아가 세계에서 가장 혁신적인 경제를 운영하는 나라로서 '무역 관련 지적 재산권에 관한 협정'(TRIPS, 1994)을 통해 지적 재산권을 보호하고, '국제인터넷주소관리기구'(ICANN, 1998)를 설립하여 인터넷 독립성을 보장했다. 미국의 정치학자 리처드 로즈크랜스는 이러한 행보를 '가상 국가' 미국의 부상으로 설명했다. 가상 국가는 유형의 상품 교환보다는 초국적 기업을 중심으로 이익을 추구하며, 이때의 초국적 기업은 기술로서 세계를 선도하면서 다른 나라의 산업을 수직적으로 통합된 생산 사슬 안으로 흡수한다.[76] 미국의 또 다른 정치학자 조지프 나이는 다른 나라들에 모범이 되는 효율적이고 자유주의적인 통치로 세계를 이끄는 소프트 파워가 미국의 중요한 힘이라고 보았다.[77]

미국 중심의 세계화를 비판하는 쪽에서는, 이 흐름이 결국 미국의 제국적 헤게모니가 취해 온 여러 모습 중 하나일 뿐이라고 보는 관점이 점점 힘을 얻었다. 서양의 다른 나라, 특히 프랑스와 독일은 미국이 일방적으로 우세한 관계를 점점 더 경계하게 되었고, 그 과정에서 함께 미국에 맞서기 위한 노력이 경제 분야에서 나타났다. 사실 서유럽 통합의 단초는 다름 아니라 1948년 미국이 마셜 플랜과 함께 요구했던 조건에서 찾을 수 있지만, 이제는 미국에 대한 반감이 서유럽 국가 간 협력을 점점 더 강화하는 원동력으로 작용하고 있었다. 가령 프랑스의 한 재무 장관은 달러화가 기축통화인 덕분에 미국이 해외에서 돈을 싸게 빌릴 수 있다며 이는 "지나친 특권"이라고 비판했다.

1973년 프랑스, 서독, 영국 등 유럽경제공동체의 9개국은 더 긴밀한 외교 협력에 동의하고 이렇게 선언했다. "권력과 책임이 극소수의 강대국에 점점 편중되고 있는 지금, 유럽의 목소리가 세계에 들리게 하려면, 또 유럽이 맡은 바 역할을 제대로 하려면 서로 힘을 합쳐야만 하고 점점 하나 된 목소리로 말해야 한다."[78] 1992년, 마스트리흐트 조약으로 12개국이 참가하는 유럽연합이 탄생했다. 그러나 추진자들이 기대했던 유럽의 완전한 정치적 통합은 그것만으로 달성되지 않았다. 미국 달러화에 맞서 유럽 단일화폐를 도입한 유럽통화동맹 또한 출범 준비 초기(1990)부터 불안한 모습을 보였다.

소련이 몰락한 뒤 세계 제2의 경제 대국 자리를 차지한 나라는 일본이었다. 일본은 수출 중심적인 강력한 산업 정책을 추진함으로써 미국 경제와 겨루고자 했으나 결국 인구 정체가 발전을 가로막았다. 중국에서는 공산당 정부가 권력을 유지하기 위해 산업화와 경제 자유화를 추진했고 그로써 국민의 생활수준이 크게 개선되었다. 그렇지만 중국의 경제 규모는 미국보다 훨씬 작았고 미국의 투자 자본에 대한 의존도가 매우 높았다. 이에 1970년대 말 덩샤오핑이 경제개혁에 착수했다. 그와 더불어 민족주의 정서가 새롭게 고조되면서 중국은 미국 중심의 세계 질서를 대체할 새로운 강국 역할을 조심스럽게 자처하기 시작했다.

유라시아가 이와 같이 변화하고 있던 그때, 미국에서는 성장 동력이 바닥을 보이기 시작했다. 미국의 경상수지는 1990년에는 균형 상태였으나 2000년에는 국내총생산의 4퍼센트에 달하는 적자를 기록했다. 그러니까 미국인은 버는 것보다 많이 썼는데, 이런 일이 가능했던 것은 외국에서 미국 국채를 매입하여 적자를 메워 주기 때문이었다. 1998년 기준으로 미국 장기 국채의 절반 이상을 외국인이 보유했다.[79] 이는 제1의 기축통화라는 달러의 위상 때문이었기에, 그 지위가 언제까지 지속될 것인지에 대한 우려가 제기되었다. 혁신 면에서 미국 경제는 여전히 세계를 주도했지만, 시간이 갈수록 수입산 석유와 아시아산 소비재, 유럽산 고급 상품에 대한 의존도가 커지고 있었다. 더욱이 자본 투자가 첨단 기술 분야에 과도하게 집중되면서 주식 거품과 붕괴가 반복적으로 나타났다. 사회학자 로버트 퍼트넘은 2000년에 출간한 『나홀로 볼링Bowling Alone』에서 미국인들이 점점 혼자 고립되고 있고, 타인에게 공감하는 일도 줄고 있다고 썼다. 빈부 격차가 심해지면서 '아메리칸 드림'은 대체로 불가능해졌다.

1999년, 미국의 정치가이자 시사평론가 팻 뷰캐넌은 이렇게 경고했다. "지금 미국의 지도층은 과거 강대국들을 몰락하게 했던 그 모든 실수를 그대로 반복하고 있다. 오만하고 불손하게 구는 것부터, 세계 헤게모니를 자기 것이라 주장하는 것, 제국적 야심 때문에 병력을 지나치게 배치하는 것, 새로운 '십자군 전쟁'이 시작되었다고 나팔을 부는 것, 미국 군대가 한 번도 싸워 보지 않은 지역과 국가에 전쟁 원조를 약속하는 것까지."[80] 그로부터 2년 후, 이슬람교도 테러분자가 미국 자본주의와 군국주의의 상징적 심장부인 뉴욕과 펜타곤(국방부 청사)을 공격했다(9·11 테러). 이 사건으로 약 3,000명이 죽었다. 냉전이 끝난 이래 가장 눈에 띄는 방식으로 미국의 세계 질서를 공격한 것은 경쟁 관계에 있는 어느 강대국이 아니라 작은 종교 근본주의 단체였다.

## 극단의 시대

1750년부터 2000년 사이, 세계는 실로 하나의 경기장이 되었다. 세계의 대륙들은 과거 그 어느 때보다 서로 긴밀히 연결되었다. 배와 철도와 비행기만이 아니라 교역과 자본 이동, 개인 여행, 문화적 교류, 외교 등을 통해 세계가 하나로 이어졌다. 이 변화의 기저에는 산업혁명이 있었다. 인간의 생산은 더 이상 인력이나 가축에 의존하지 않게 되었다. 1인당 생산력은 1750년의 0.4마력 미만에서 1900년 3마력, 2000년에는 120마력으로 급증했다.[81] 그 결과 세계경제 생산량이 고정 달러로 1750년의 약 1,300억 달러에서 1900년의 1조 1,000억 달러, 2000년의 41조 달러로 늘었다.[82] 평균 기대수명은 1750년의 30세 미만에서 1900년의 33세, 2000년의 69세로 길어졌다.[83] 세계 인구는 1750년의 6억 명에서 1900년의 15억, 2000년에는 60억 명으로 증가했다.[84] 교통과 통신의 속도가 엄청나게 빨라졌다. 1750년에 대서양을 건너는 데 평균 40일 넘게 걸렸다면 1800년에는 20일, 1900년에는 5일, 2000년에는 다섯 시간 미만으로 줄었다.[85] 산업혁명에 이어 20세기 말에는 디지털 혁명이 시작되었다. 이 전무후무한 변화와 발전

속에서 사람들은 합리적 행동이 진보를 뒷받침한다고, 그리고 그 진보가 어둠을 이기고 평화를 가져오리라고 그 어느 때보다 굳게 믿었다.

이러한 변화와 함께 외교가 더 활발해졌다. 예컨대 정부 차원에서 참여하는 국제기구의 개수가 19세기에는 겨우 몇몇이었던 것이 1900년에는 약 37개로, 2000년에는 6,556개로 늘었다.[86] 앞서 살펴보았듯이 빈, 파리, 샌프란시스코 등지에서 장기적인 변화를 끌어낼 굵직한 평화 회담이 열렸다. 국가 주권과 자결권의 원칙이 세계인의 법에 명시되었다. 국제연합의 1945년 헌장은 보편 원칙을 통해 평화를 유지하고자 한 가장 야심 찬 기획이었고 지금도 마찬가지이다. 그러나 세계는 전보다 더 평화로워지지 않았다. 20세기에는 절대적으로 많은 수의 사람이 피를 흘렸을 뿐 아니라 세계 총인구 대비 사망자 비율도 극히 높았다. 요컨대 한편에서는 경제 생산, 교통과 교류, 국제적 조직이 빠르게 증가했지만, 다른 한편에서는 그전과 거의 비슷한 빈도로 전쟁이 벌어졌다. 평균을 내어 보면, 이 시대에는 상대적인 안정기가 약 20년 이어진 다음에 다시 심각한 갈등과 혼란의 시기가 약 20년 이어졌다.

이 시대에 인류는 공전의 진보를 경험했음에도 오랜 평화는 누리지 못했던 것 같다. 그 이유 중 하나는 다름 아니라 그 대단한 진보가 지구 전역에 고르게 퍼지지 못한 데 있었다. 많은 경우 한 지역의 발전은 다른 지역의 희생을 토대로 했고, 불균형한 발전은 질투와 불신을 낳고 갈등으로까지 불거졌다. 평화가 요원했던 또 하나의 이유는, 경제적으로 성장하거나 정치적으로 강력해지는 시기는 언젠가 반드시 끝나고 경기 침체, 인플레이션, 불평등 심화, 사회적 소요가 뒤따르는데, 이것이 결국 보호주의와 민족주의라는 자충수로 이어진 데 있었다. "이 세상은 똑같은 비극이 이름만 바뀌어 계속 상연되는 거대한 극장이다." 볼테르는 1756년에 이렇게 썼다.[87] 산업혁명이 일어났다고 해서 권력정치의 성격이 달라지거나 그 영향이 줄어드는 일은 없었다. 오히려 전보다 더 극단적으로 변했다.

# 전쟁의 공포가 평화를 만든다

평화는 인류의 영원한, 보편적인 갈망이다. 시대와 지역을 막론하고 농부들은 늘 곡식을 무사히 수확하기를 바랐고, 상인들은 이다음 목적지에 안착하기를 바랐으며, 왕들은 연대기에 공정하고 평화로운 지배자로 기록되기를 원했다. 평화는 안정의 동의어이다. 전쟁이 없고 그로 인한 살상과 부상, 고문과 강간, 파괴가 없는 상태가 평화이다. 물론 어느 시대에나 전쟁을 찬양하는 부류가 있었으며 오늘날에도 주전파는 물론 존재한다. 에이브러햄 링컨은 전쟁이 인간의 어두운 본성이라고까지 말했다. 그러나 전쟁이 현실이 되고 나면 그때부터는 강경했던 주전론이 절망에 자리를 내어 준다. 기꺼이 무기를 들겠다던 젊은 남자들마저 절망하지 않을 도리가 없다. 전우가 불구가 되는 광경을 목격할 때, 유혈 사태의 끝이 보이지 않을 때, 가족을 보호할 능력을 잃을 때, 인간은 인간이 겪을 수 있는 최악의 고통을 겪는다. 프랜시스 포드 코폴라 감독의 베트남 전쟁 영화 〈지옥의 묵시록〉에서 쿠르츠 대령은 이렇게 말했다. "우리는 두려움을 친구로 삼는 수밖에 없다."

벨기에 작가 스테인 스트뢰벨스(1871~1969)의 일기에는 꿋꿋함이 비통함으로 바뀌어 가는 이 환멸의 정조가 무척 생생하게 표현되어 있다. 스트뢰벨스는 원래 제1차 세계대전을 열렬히 지지했다가 전쟁의 의미를 의심하기 시작했다.

> 나는 이 이상 참을 수가 없다. 이 전쟁이 어떻게 끝나느냐가 중요한 게 아니다. 이 전쟁은 그저 끝나야만 한다. 나는 잉글랜드와 프랑스가 그토록 확실히 약속했던 바를 의심하기 시작하고 있다. 러시아엔 아무것도 기대하지 않는다. 무엇보다 나는 더이상 도덕의 논리를 믿지 않는다. 이제는 다 우습고 틀린 것으로만 보이므로. 신문은 계속해서 거짓말을 한다. 나중에 가서 보면 몰염치한 것들을 지면에 써 댄다. 이제 우리가 읽는 것은 전부 검열된 것, 터무니없는 것, 모호한 것, 맥빠진 것, 애매한 것, 멍청한 것투성이라 전부 내던지고 싶은 기분이 든다. 전쟁의 지속 기간을 제한하는 법이 있어야만 했다. 그랬다면 싸우는 우리가 하루하루 고통스러워하는 가운데 적어도 그 끝이 다가오는 것을 볼 순 있었을 것이다. 벌써 잊었는가, 이 전쟁은 몇 주안에 끝나리라고들 했던 것을.[1]

스트뢰벨스가 신문을 향해 쏟아 낸 저 감정은 이 책에 인용된 옛 중국의 시들에 나타난 감정과 별로 다르지 않다.

지금까지 역사를 보면 대체로 이러했다. 전쟁이 끝난 뒤에는 기진맥진한 사람들이 안정기를 약속하는 지도자를 따르고, 평화조약을 체결하고 온 외교관을 환영한다. 평화를 잃어 본 사람들이 가장 열렬하게 평화를 기념한다. 그러나 전쟁은 또다시 벌어진다. 베르길리우스의 말대로 "세계는 고삐 풀린 전차"이다. 혹시 이러한 관점은 평화로운 세상이 아니라 전쟁하는 세상에 초점을 맞춤으로써 우리에게 잘못된 인상을 심어 주는 게 아닐까? 그러나 중국은 3,000년 역사 중 최소 1,100년 동안 전쟁 중이었다. 로마 제국은 그 역사의 절반 이상이 전쟁 중이었다. 1776년에 수립된 미합중국이 지금까지 전쟁을 벌인 시간은 100년이 넘는다.

나아가 '황금시대'로 기억되는 평화기는 사실 그렇게 평화롭지도 않았다. 오히려 사회적 갈등은 그런 시기에 최고조에 달할 때가 많았다. 원인은 노예제를 비롯하여, 빈곤한 다수 대중과 방종한 소수 특권층 간의 극단적인 불평등에 있었다. 팍스 로마나 등 제국적 평화는 일차적으로 소수의 특권층이 누리는 평화, 정재계의 거물들이 황금 빗장을 친 그들만의 세계 안에서 누리는 평화였다. 그다음에는 수도와 그 주변에 사는 중산층이 얼마간 평화를 누렸다. 그다음에는 다수 서민층과 그나마 형편이 나은 일부 노예층이 남은 평화를 누렸다. 마지막으로 제국의 변방에서는 수많은 피정복민이 위태로운 삶을 영위했다. 제국은 노예, 금, 식량, 말 등의 자원을 확보하기 위해 변방에 군대를 배치했다. 한마디로, 제국적 평화란 착취의 다른 말이었다. 착취는 필연적으로 적개심을, 저항을, 대립을 낳는다. 그러므로 제국 중심부 주민들이 누리는 평화는 변방의 전쟁 때문에 가능한 평화였다. 무력으로 새 영토를 정복하고 침입자를 격퇴하고 이주민을 통제했기에 가능했던 평화였다. 황금시대에도 사람들은 여전히 자식을 전쟁에 내

보내야 했고 무거운 세금을 내야 했다. 전쟁은 수평선에 걸린 불길한 먹구름처럼 언제나 거기에 있었다.

## 도덕적 우위와 전쟁의 관계

이 책의 결론 중 하나는 전쟁이 보편적이라는 사실이다. 역사상 수많은 강대국이 자신들은 선량한 권력이 될 것이다, 전쟁을 삼갈 것이다, 정당한 새 질서를 추구하겠다, 하는 똑같은 약속을 했다. 그리고 시기와 지역을 막론하고 그런 약속은 수없이 깨졌다. 전쟁은 서양에서나, 중국에서나, 인도에서나, 아프리카에서나 똑같이 흉포했다. 물론 현대에 가까워질수록 서양은 그 어떤 세력보다 효율적으로 전쟁을 수행했고 식민지를 넓혔고 세계의 풍요를 착취했다. 그 기간과 규모 또한 달리 견줄 만한 예가 없을 만큼 길고 거대했다. 그러나 숱한 증거가 가리키는 대로, 역사상 모든 강대국은 비슷한 정도로 흉포했다. 현재 중국의 지도층이 세계에 내세우기를, 과거 중국의 군사 문화는 유교의 조화 원칙에 입각하여 비교적 잔인함이 덜했다고 하지만 역사는 다르게 말한다. 가령 한나라는 지금의 중국 영토의 대부분 지역을 식민지로 삼았다. 즉 중국의 식민지 건설은 대륙을 중심으로 했을 뿐이지 딱히 덜 야만적이지도, 규모가 작지도 않았다. 다른 문명들도 마찬가지였다. 유럽 제국이 접근하기 전 아시아와 아프리카, 남북아메리카의 정치체들은 그들끼리 자주 충돌했고 서로를 노예로 삼았으며 그들 나름의 제국을 수립했다. 역사에 완전한 도덕적 우위 같은 것은 존재하지 않는다.

그렇지만 역사에는 도덕적 우위를 명분으로 내세운 전쟁들이 있었다. 지금까지 많은 정치체가 불의를 바로잡겠다며, 또는 불공평한 세계 질서를 전복하겠다며 전쟁을 벌였다. 서기전 3세기 말 카르타고의 한니발은 지난 전쟁에서 로마에 당한 패배와 수모를 되갚으려 원정에 나섰다. 3~4세기 사산 제국은 로마가 완충국 아르메니아에서 불법을 자행한다는 이유로 거듭 전쟁을 일으켰다. 8세기 아바스 왕조는 이슬람교의 가르침을 위배한다는 이유에서 우마이야 왕조를 공격했다. 13세기 몽골족은 중국과 맺은 강화조약이 불공평하다며 약속을 폐기했다. 20세기 독일의 히틀러는 베르사유 조약을 무효화하겠다는 공약으로 권력을 장악했고, 일본은 유럽의 간섭에서 해방된 새로운 동아시아 질서를 구축하겠다며 전쟁을 일으켰다. 21세기 들어서까지도 중국은 이따금 무력시위를 벌이고는 그것을 '백년국치'를 씻는 과정의 일환으로 정당화하고 있다. 요컨대 과거의 굴욕과 푸대접을 되갚거나 정의를 회복하겠다는 욕구는 역사 내내 대중을 전쟁에 뛰어들도록 설득하는 효과적인 대의였으며 특히 새롭게 떠오르는 정치체가 기성 강대국을 공격하는 데 좋은 구실이 되었다. 지금도 우리는 어떤 국가가 상대의 무력행사에 대해 비판의 목소리를 높일수록 군사적 충돌이 가까워졌다고 예상한다.

전쟁을 일으키는 세력들이 자주 동원한 또 하나의 명분은 '문명의 혜택', 즉 시대에 뒤떨어진 사람들에게 우월한 문명의 이익을 나누어 주겠다는 것이었다. 역사상 모든 대제국은 자신들이 세계의 중심이라고 생각했고, 국경 밖에 거주하는 이들은 제국에 복속해야 할 야만인, 또는 해방을 기다리는 종속 상태의 사람들이라고 여겼다. 호전적인 불경자도 전쟁을 일으키기에 좋은 이유였다. 서기전 4세기 그리스의 알렉산드로스 대왕은 페르시아를 상대로 '성전'을 벌였다. 고대 로마에서는 사제들이 신들의 승인을 얻은 뒤 전쟁을 선포했다. 중국 황제들은 '천명'을 받들기 위해 전쟁을 일으켰다. 7세기 동남아시아의 불교 국가 스리위자야 왕국은 영적 깨달음을 얻기 위해 정복 전쟁을 한다고 했다. 이슬람 칼리프국은 다르 알하르브에 참된 신앙을 전파하기 위해 원정에 나섰고, 중세 유럽의 기독교도 영주들은 십자군 원정을 일으켰다. 칭기즈칸을 필두로 한 몽골의 지배자들까지도 하늘신의 명령으로 세계를 통일하는 성전에 나섰다. 참된 신앙을 수호하기 위한 싸움은 같은 종교 안의 분파 간에도 벌어졌다. 정교 기독교도와 가톨릭교도가, 가톨릭교도와 개신교도가, 시아파 이슬람교도와 수니파 이슬람교도가 충돌했고 힌두교, 불교 등 각각의 종파 간에도 싸움이 그치지 않았다. 역사상 대다수의 종교와 그 경전은 평화를 설파했으나 또 한편으로는 숱한 전쟁의 근거가 되었다.

법과 정의라는 원칙도 전쟁의 명분으로 쓰였다. 평화를 지켜야 한다더니 평화를 깨고, 조약을 수호해야 한다더니 조약을 위반한 사례가 역사에 얼마나 많았는가? 저 옛날부터 현대에 이르기까지 정치체들은 무력 사용을 제한하자는 국제 협약에 서명했다. 서기전 3세기 말 중국에서는 주나라가 멸망한 뒤 경쟁 국가들이 수많은 국제회담을 주최했다. 그러나 외교로 갈등을 해결할 수 없었던 이유는 다름 아니라 그러한 갈등이 가장 강한 나라의 이익에 도움이 된다고 판단했기 때문, 혹은 그 갈등을 통해 약소 정치체가 중심 왕국을 견제할 수 있다고 보았기 때문이다. 17세기 유럽에서 프랑스는 에스파냐가 베스트팔렌 조약을 위반했다고 주장하며 전쟁을 일으켰고, 러시아는 빈 회의에서 결정된 권력균형을 지켜야 한다며 19세기 내내 발칸반도와 동유럽에 개입했다.

2003년에 와서도 미국과 그 동맹은 이라크 침략을 어떻게든 정당화하려고 그것이 대량 살상 무기 확산을 저지하기 위한 조치라고 주장했다. 휴전협정과 강화조약, 영구 평화를 약속하는 국제 협정은 더없이 경건한 맹세나 불길한 저주와 함께 체결되었고, 또 두 나라 간에 왕실 자손이 인질이나 첩으로 교환되기도 했다. 그러나 약속은 언제나 쉽게 깨졌다. 어느 조약에든 애매한 대목이 있었고, 전쟁을 일으키고 싶은 쪽에선 이를 얼마든지 이용할 수 있었다. 가령 원래 모호하게 규정되어 있던 국경이나 세력권을 상대가 살짝 혹은 무심결에 침범했다는 이유로, 혹은 이쪽에서 방어 시설을 강화한 데 대응하여 저쪽에서 요새를 증축했다는 이유로도 전쟁은 가능했다.

도덕적 우위를 차지하려는 경쟁은 흔히 상대를 침략자로 비난하는 식으로도 나타났다. 물론 그런 비난이 정당했던 것으로 보이는 사례도 일부 있지만, 그보다는 충돌의 일차적인 원인이 어느 쪽에 있는지 너무나 불분명한 때가 더 많았다. 예컨대 서기전 3세기 1차 포에니 전쟁에서 로마와 카르타고는 저마다 서지중해에서 상대의 활동에 위협을 느끼다가 결국 시칠리아 지배를 두고 충돌했다. 프랑스는 역사 내내 자연의 경계(라인강, 알프스산맥, 피레네산맥)를 기준으로 영토를 유지하려고 했지만, 이는 프랑스와 변방을 맞댄 신성 로마 제국 같은 경쟁국도 마찬가지였다. 중국은 국경이 불분명한 대륙 북동쪽 평야에서 유목민이나 고구려와 숱하게 충돌했다. 1823년 미국이 내세운 먼로 독트린에 대해서는 당시의 정치가나 외교가는 물론 작금의 역사가들도 그것이 서반구의 넓은 지역을 자국의 독점적인 세력권으로 확보하려는 공격적인 팽창 정책이었는지, 아니면 유럽 제국의 접근을 막기 위한 적

절한 자기방어책이었는지를 두고 의견이 분분하다. 이 책의 결론
은, 다른 많은 경우와 마찬가지로 그 둘을 분리해서 생각할 수 없
다는 것이다. 전쟁의 모든 원인이 어느 한쪽에 있을 순 없으며 나
머지 한쪽도 책임으로부터 완전히 자유로울 수 없다.

　약소국의 요청에 따라 강대국들이 전쟁을 벌인 경우도 있었
다. 2015년부터 러시아가 시리아 내전에 직접 개입한 것도 바로
그러한 사례이다. 러시아는 시리아 정부의 공식 요청에 따라 시
리아 영내의 반란군과 지하드군을 진압했다. 서기전 9세기 초 이
집트 왕은 동맹인 이스라엘을 지원하기 위해 레반트로 진군했다.
서기전 5세기 그리스에서는 작은 나라들의 싸움이 강대국 간의
갈등으로 확대되며 펠로폰네소스 전쟁이 시작되었다. 서기 15세
기 말 이탈리아의 왕국 간 싸움은 교황청, 신성 로마 제국, 프랑스
의 갈등과 밀접하게 연관되어 있었다. 예나 지금이나 약소국은 강
대국 간의 '분할 통치' 게임을 이용하려고 한다. 그러나 많은 경우
강대국은 그러한 교섭을 근거로 삼아 약소국을 병합하려 들어서,
애초에 개입을 요청했던 나라마저 이 운명을 피할 수 없다.

　조약, 정의, 평화, 종교. 이 모두가 전쟁을 정당화하기 위한
구실로 쓰였다. 우리가 어떤 전쟁의 정확한 원인을 찾아서 아무리
파고들어도, 누가 옳았고 누가 틀렸는지 구별하기 위해 아무리 오
래 들여다보아도 답은 나오지 않을 것이다. 어떤 나라가 도덕적
우위를 내세우며, 무해한 팽창주의를 주장하며, 또는 권력정치의
질서를 바꾸겠다고 약속하며 시작한 전쟁들이 실제로 평화를 가
져온 경우는, 비극적이게도 거의 없다. 그들은 그저 전쟁을 시작
하려고 그러한 명분을 가져다 썼을 뿐이다. 세계 모든 지역, 모든
정치체제의 모든 역사에서 그러했다. 어느 강대국이 소리 높여 도

덕적 대의를 설파하기 시작하는 그 순간, 전쟁은 이미 시작된 것이나 다름없다.

## 외교의 한계

우리는 인간의 도덕성에 기대어서는 평화를 유지할 수 없는 것과 마찬가지로 외교적 노력으로 평화를 유지하는 데는 한계가 있음을 이 책 내내 짚어 보았다. 외교단은 엄청난 규모로 발전해 왔지만 전쟁을 막아 낸 적은 한 번도 없었다. 고대 지중해의 도시국가들은 서로 밀접한 외교 관계를 맺었으면서도 거의 늘 전쟁을 벌이고 있었다. 고대 중국 사료에 따르면 경쟁국 간에 사절들이 바쁘게 오갔으나 아무 소용 없었다. 종교인, 지식인, 때로는 예술가까지 국가 간 갈등을 완화하기 위해 사절로 활동했지만 그러한 노력에는 한계가 분명했다. 이윽고 르네상스 시대 유럽에서 상주 외교관 제도가 자리 잡기 시작했다. 이상주의 정치학자들은 그들이 군주 개인의 야심을 대변하기보다는 공동선과 다수의 복지를 도모하리라고 믿었다. 그러나 현실에서 그들이 맡은 주요 임무는 여전히 상대국이 가상의 적이라는 전제하에 정보를 수집하는 것, 제 군주의 오락가락하는 태도를 변호하는 것, 그리고 화려한 연회를 벌이면서 또 의례에서 더 높은 서열을 차지하겠다고 끝없이 트집을 잡으면서 본국의 위세를 과시하는 것이었다.

외교 회담의 역사도 그와 비슷하게 진행되어 왔다. 사람들은 그러한 행사가 국제정치의 새로운 분수령을 이루기를, 권력정치가 긍정적인 국면으로 방향을 전환하기를 기대했다. 춘추시대 중국에서는 군비와 방비를 제한하기 위한 회담뿐 아니라 공동의 안보를 도모하고 무역 장벽을 낮추기 위한 회담이 열렸다. 참가국들은 구속력을 가진 지엄한 맹세로 회의 결과를 승인했으나, 그 어떤 약속도 오래가지 못했다. 고대 그리스에서는 같은 신을 믿는 도시국가끼리 공동의 적을 함께 방어할 동맹을 맺고자 했는데, 그 적이 페르시아 같은 외부의 적일 때보다 그리스 내의 다른 세력일 때가 훨씬 더 많았다. 르네상스 시대 이탈리아의 정치체들은 1454년에 로디 화약을 맺은 후 고대의 선례를 따라 동맹을 결성했지만 완전한 평화는 요원할 뿐이었다. 1520년 프랑스 왕과 잉글랜드 왕은 금란의 들판에서 극적으로 회동했으나 두 나라의 갈등에 종지부를 찍지는 못했다. 1648년, 30년 전쟁을 종결한 베스트팔렌 조약은 지금까지 최초로 국가 주권의 원칙을 도입한 외교적 노력으로 평가되는 경우가 많지만, 그로부터 불과 몇 년 후 유럽의 많은 지역이 또다시 전쟁터가 되었다. 1815년의 빈 회의, 1919년의 파리 강화 회의, 1945년 국제연합 창설을 위한 샌프란시스코 회의도 모두 비슷한 한계에 봉착했다.

외교 회담의 규모와 목표는 시간이 지날수록 더 크고 원대해졌지만, 15세기 말 프랑스의 외교가 필리프 드 코민이 정확하게 지적한 대로 그러한 양적 확대가 평화 유지와 직결되진 않았다. 코민보다는 이상주의적인 입장에 서 있었던 법학자 베르나르 뒤 로지에는 외교의 가장 중요한 목적은 국제 평화를 확립하는 것이라고 했으나, 현실 역사에서 외교의 일차적인 목적은 언제나 자국의 이익을 수호하는 것이었다. 때로 이 이익이 서로 겹치면 평화 조약과 휴전, 협력 관계가 맺어지기도 했다. 그러나 그 반대의 경우가 훨씬 더 많았다.

## 자유주의의 이상

평화는 번영을 가져오고, 반대로 번영 또한 평화를 가져온다. 이것이 수백 년간 이어져 온 자유주의적 이상이지만, 이 책에서 살펴보았듯이 현실은 그렇게 단순하지가 않다. 가령 투키디데스는 펠로폰네소스 전쟁의 원인을 다음과 같이 요약했다. "아테네가 힘을 키웠고 그로 인해 스파르타가 두려움을 키웠기에 전쟁을 피할 길이 없었다." 아테네가 경제적으로 성장하고 그 경제력으로 해군의 규모와 역량을 키우자 스파르타로서는 너무 늦기 전에 전쟁에 돌입할 수밖에 없었다는 설명이다. 애덤 스미스가 『국부론The Wealth of Nations』에서 주장했듯이 한 나라의 경제성장은 길게 보면 주변 나라들에도 이익이 된다. 그러나 단기적 불균형을 무시할 수 있는 나라는 없다. 경제적 균형이 한쪽으로 치우치면 군사적 균형에도 변화가 생길 수 있기 때문이다. 가령 서유럽의 전통적인 경제 강국이었던 프랑스는 19세기 들어 영국이, 이어 프로이센이 프랑스보다 빠르게 산업 발전을 구가하는 데 경악했다. 마찬가지로 오늘날 미국은 중국의 경제성장과 군사 지출 확대에서 위협을 느끼고 있다. 번영은 평화보다는 권력을 의미한다. 권력은 다른 나라를 두렵게 한다.

경제 발전이 갈등을 악화시킨 것과 마찬가지로 경제 쇠퇴도 갈등을 일으켰다. 예컨대 국가 재정이 약화되면 국내 소요가 시작되거나 이미 시작된 소요가 더욱 악화되었다. 서기전 9세기 중국 주나라에서, 7세기 레반트의 아시리아에서, 5세기 소아시아의 페르시아에서, 서기 1세기 마케도니아와 시리아의 로마 제국에서, 16세기 네덜란드의 합스부르크 제국과 17세기 중유럽 등등에서 조세 저항이 발생했다. 인플레이션도 사회를 뒤흔드는 중요한 인자였다. 3세기 로마, 14세기 원나라, 17세기 오스만 제국이 그 대표적인 예이다. 인구 과밀 또한 큰 문제로, 그 때문에 고대 그리스는 외부에서 식민지를 찾았고 로마 공화국 및 초기 제국은 전쟁을 벌였으며 중세 유럽 국가는 십자군 원정을 일으켰다. 19세기 이후 유럽의 공급 과잉은 국내에서는 사회적 소요와 혁명으로, 국가 간에는 수출 시장을 둘러싼 치열한 경쟁으로 이어졌다. 흔히 경제 위기 국면에는 보호주의 정책이 강화되어 무역 전쟁과 정치적 갈등이 심화되었다.

이 책에서 살펴본 대로 어떤 나라의 경제가 쇠퇴하면 정치권력이 약해지고 외부 세력의 개입이 쉬워진다. 경제 불안의 원인에는 자연재해, 교역 중단, 경제 정책 실패, 정부의 과잉 지출 등 여러 가지가 있지만 어느 경우에나 군사적 후퇴와 군비 감축이 따르기 마련이며, 그 공백을 채우러 도전자들이 나타나 세력을 확장하면 나라는 더욱더 약해질 수밖에 없다. 우리는 로마 제국, 비잔틴 제국, 중국과 서아시아의 여러 제국이 몰락하는 과정에서 그러한 현상을 확인했다. 로마와 한나라가 이민족을 견제하기 위해 건설하고 유지했던 그 강력한 군대와 성벽, 요새도 행정이 허술해지고 병력 공급이 어려워지고 사회가 분열할 때는 아무 소용없었다.

국가 간 교역이 평화를 증진했는지 살펴보면, 사람들은 아주 오래전부터 그러기를 기대했으나 실상은 전혀 그렇지 않았다. 멀리는 서기전 4세기의 그리스 역사가 크세노폰부터 18~19세기의 애덤 스미스, 데이비드 리카도 같은 경제학자까지 많은 사람이 다음과 같은 이유에서 자유무역을 옹호했다. 무역이 확대될수록 경제가 전문화된다. 그러면 효율성이 높아지고, 성장률도 함께 높아지고, 결국 무역의 모든 당사자가 이익을 누린다. 그러나 현실에서는 대체로 무역이 늘어나면 관계된 세력이나 국가가 무역을 독점하려 들었다. 독점이 아닌 '자유로운' 무역과 경제 개방도 약자보다 강자에게 훨씬 더 큰 이익을 보장하는 경우가 많았다. 가령 19세기 영 제국과 20세기 후반 미국은 약한 나라들을 압박하여 시장을 개방하게 했는데, 이 새로운 시장과 자본 투자처에서 막대한 이익을 본 것은 더 발전한 경제 대국인 영국과 미국이었다.

비단 두 나라만이 아니라 많은 강대국이 그와 비슷한 패턴으로 무역을 이용했다. 정부는 자국 경제가 발전하기 시작하는 단계에서는 보호주의를 채택한다. 산업이 웬만큼 성장하고 나면 경제적 압력, 군사적 위협, 식민지 건설 같은 방법을 동원하여 해외에서 자국 기업의 입지를 강화하는 데 주력한다. 그렇게 해서 자국 기업이 해외 시장에서 우위를 차지하고 나면 자유 무역, 평화, 이익의 조화 같은 개념을 강조한다. 이 단계가 그 나라의 전성기이다. 그런데 그즈음이면 이미 새로운 도전자가 나타나 있다. 그들은 현 강대국이 시장 개척을 주도하고 생산 방식과 기술을 혁신한 데서 혜택을 누리다가 강대국의 활력이 예전만 못한 시점에 기회를 얻는다. 경쟁이 지나치게 치열해지면 강대국은 다시 한번 보호주의로 돌아가 자국의 지위를 지키려는 경향이 있다.

시장 개방과 무역 활동은 군사적 야심과 맞물려 있는 경우가 많았다. 정치와 군사의 관계는 정치체가 무력으로 교역로를 장악하거나 점령하는 일이 얼마나 많았는가를 보면 쉽게 알 수 있다. 제국의 상인과 경제적 이익집단은 식민지 건설을 추진하는 데 중요한 로비스트였다. 서기전 3세기에 로마의 상인 집단 '캄파니아 세력'은 시칠리아를 정복하고 상업 국가 카르타고와 전쟁하기를 주장했다. 19세기에 독일, 미국, 일본의 기업가들은 정부에 해외 수출 시장과 원자재 공급처를 확보해 주기를 요구했다. 장거리 무역의 경로가 점차 육로에서 해로로 바뀌어 가고 그에 따라 해상 강국이 군사력을 강화하면, 육상 강국은 해상 강국을 시기하고 의심하기 시작했다. 그러한 해군력이 상업과 항해의 자유를 보호하기 위한 수단이 아니라 제국주의적 권력 행사의 수단이 될 것을 우려해서다. 19세기 초 영국과 프랑스의 관계, 20세기 초 영국과 독일의 관계, 21세기 초 중국과 미국의 관계가 모두 그렇게 전개되었다. 이와 같이 자유주의라는 이름의 경제 질서는 권력정치에 대한 대항력이기보다는 또 다른 유형에 가까웠고, 바로 그런 이유에서 극히 격렬한 저항에 부딪힐 때가 많았다. 위대한 해상 상업 국가였던 베네치아에는 이런 말이 있었다. "부가 권력을 가져오고 권력이 부를 가져온다."

## 세계주의와 평화

권력정치의 역사에서 세계주의는 흔히 제국주의의 정점을 장식했다. 역사에 손꼽히는 코스모폴리스는 전부 제국의 수도였고, 외국의 학문을 장려하고 종교 관용 정책을 펼치고 이국의 문화를 적극 수용하고 탐험을 후원한 지배층은 거의 언제나 제국을 이끄는 황실이었다. 아시리아 왕 아슈르바니팔의 왕궁 도서관, 사산 황실이 후원한 곤디샤푸르대학, 샤를마뉴 대제 때의 이른바 카롤링거 르네상스, 무굴 황제 아크바르가 국내의 여러 종교를 혼성하여 정립한 딘이일라히가 그 예이다. 제국의 황실과 수도에는 속국의 온갖 이국적인 상품과 재물이 공물이나 전리품, 또는 수입품으로 쏟아져 들어왔다. 또 그런 물건이 들어오는 길을 따라서 새롭고 비범한 문화에 관한 소문, 어마어마한 보물에 관한 풍설이 함께 흘러 들어오면 사람들은 더 많은 금과 노예와 상품을, 더 많은 영토를 탐하게 되었다.

이 책에서 살펴보았듯이 사실 세계주의는 우리가 흔히 생각하는 것보다 더 제국주의적인 특성을 지니고 있다. 우리가 전통적으로 단일 문명으로 여겨 온 많은 제국, 가령 중국이나 인도는 실제로는 수많은 독자적인 문화가 긴 세월에 걸쳐 혼합된 결과물이다. 많은 제국 문명이 정복민을 흡수하는 과정에서 가장 중요한 특징과 특색을 갖추게 되었다. 또 한편으로는 외부에서 온 정복 세력이 그들의 전통을 함께 가져오는 경우도 많았다. 그러한 이질적인 문화는 사람들에게 억지로 강요되기도 했지만 자발적으로 채택되기도 했다. 옛 제국의 관습과 유행, 신념이 다시 채택되는 경우도 있었다. 예를 들어 고대 이집트에는 리비아계, 누비아계 왕조가 여러 번 들어섰다. 아케메네스조 페르시아는 그들이 정복한 메소포타미아 사람들의 고대 제국 전통을 의식적으로 본받았다. 중국의 심장부는 흉노, 선비, 몽골족, 만주족 등 외부의 '야만인' 왕조의 지배를 거듭 받았다. 인도-갠지스 평원에는 '인도-아리아인'부터 월지, 무굴 등 침략자가 연이어 왕조를 세웠다. 그러한 시기에는 문화와 문화의 타가수분이 이뤄지고 예술 양식과 언어와 종교가 서로 섞였다. 물론 문화 혼성 과정에는 끔찍한 고통과 폭력이 동반될 때가 많았다.

혹시 더 많은 평범한 사람들이 국가의 대외 정책에 목소리를 낼 수 있었다면 세계주의가 더 평화로운 방향으로 진화하지 않았을까 하는 질문이 있을 수 있겠다. 그러나 민주적인, 또는 대중적인 정치 참여가 제국주의나 호전성을 막는 브레이크 역할을 하리라는 짐작에는 역사적 근거가 없다. 공화정 로마가 제국 로마보다 덜 호전적인 나라였던가? 혁명 이후 프랑스는 혁명 이전보다 전쟁을 덜 벌였던가? 대중 정치는 선동에 취약하다. 20세기 역사는 민족주의가 대중과 결합했을 때 얼마나 파괴적인 결과를 낳을 수 있는지를 너무도 비극적인 사례를 통해 보여 주었다.

## 겸허한 감수성

권력균형은 평화를 유지하는 데 얼마나 효과적인 방법이었을까? 이른바 '현실주의' 입장에서 국제 권력정치를 연구하는 사람들은 조약이나 회담, 교역, 그 밖의 상호 연결 형식들이 평화를 도모하는 데는 별 도움이 되지 않는다고 보면서, 전쟁을 막는 방법은 서로가 서로의 야심을 견제하는 것뿐이라고 믿는다. 이론적으로 보면 모든 나라가 엇비슷한 권력으로 균형을 유지하는 상태에서는 (시기 때문이든 다른 어떤 갈등 때문이든) 상대를 무력으로 공격했을 때 감수해야 하는 위험이 지나치게 크다. 그러나 현실에서는 권력균형에 대한 환상과 집착으로부터 가장 전형적인 '안보 딜레마'가 발생한다. 1815년부터 1914년 유럽에서 그런 일이 벌어졌다.

설령 우리가 현실론자의 기본 전제, 즉 모든 정치체의 일차적인 관심은 영토 확장이 아닌 안보라는 관점을 받아들인다 하더라도 문제는 해결되지 않는다. 정치체의 어떤 행동이 상대의 공격을 막아 내려는 것인지, 아니면 상대를 공격하려는 것인지 구별할 수 없을 때가 많기 때문이다. 우리가 살펴본 대로 강력한 해군을 건설한다든가 독점적인 세력권을 확보하려는 행동은 방어와 공격 어느 쪽으로나 해석이 가능하다. 현실에서 안보 강화와 권력 강화를 구분하는 경계는 너무나 미세하기만 하다. 그런 이유로 역사상 수많은 지도자가 안보를 보장하는 최선의 방책은 권력을 극대화하는 것이라고 믿었고 그 믿음에 따라 행동했으며 그 결과는 참혹했다.

이 책이 증명하듯이 평화라는 이상이 전쟁이라는 현실에 그토록 빈번하게 밀려난 이유를 설명할 단 하나의 완벽한 이론은 존재하지 않는다. 역사는 전쟁이 일어나는 데 개입할 수 있는 수많은 이유를 알려 준다. 반대로 평화는 여러 행위자의 행동에 달려 있다고 보아야 옳을 것이다. 도시든 국가든 제국이든, 전쟁이냐 평화냐를 결정하는 행위자들의 일차적 관심은 언제나 저 자신의 번영과 안보이다.

오늘날에도 대다수 사람들의 입장은 특별히 세계주의적이지도, 국제주의적이지도 않다. 이 세계에 사는 사람 대부분은 국경을 넘을 일이 별로 없기에 자신의 이익을 특정한 영토나 민족, 문화, 종교, 국가, 지도층의 이익과 동일시한다. 이 세상은 분열되어 있다. 그리고 번영은 결코 평등하지 않다. 이러한 요인들이 한데 작용할 때 뒤처진 사회에서 질투와 두려움이 생겨난다. 이러한 상황을 바로잡기 위해 그들이 취하는 수단은 늘 평화롭지만은 않다. 마찬가지로, 테이블 상석을 차지한 사회는 언제나 자신에게 이익이 되는 쪽으로 국제 관계를 조종하기 위해 권력을 행사한다. 그 방법은 평화로울 때도 있지만 공격적일 때도 있다.

그렇다고 해서 외교가, 정치가, 학자, 저널리스트 등 국제 관

결론

계의 주역들과 주변 관찰자들이 자포자기하거나 환멸에 빠져서는 안 된다. 그들 모두가 권력균형의 변화로 인한 동요를 해결할 책임을 가지고 있다. 나는 외교가 겸허함에서 출발한다고 생각한다. 두려움과 질투가 얼마나 파괴적인 힘인지 인정하고 시작해야 한다는 뜻이다. 세계의 안정은 더 많은 교역이나 외교적 교류에서 비롯되지 않는다. 평화는 결코 당연하게 주어지지 않는다. 이상은 현실과 다를 수밖에 없다. 평화를 실현하거나 유지하기 위한 전략이나 정책 틀을 제시하는 것은 이 책의 역할이 아니지만, 내가 그 무엇보다 특별히 강조하고 싶은 특질은 바로 '감수성sensibility'이다. 외교가를 위시한 대외 정책 관계자들은 국내에서 일어나고 있는 모든 일에 늘 촉각을 곤두세우고 있어야 한다. 협상 테이블에서 지나치게 많은 것을 양보한 외교가는 귀국 비행기에서 내리는 순간 비난의 화살을 맞게 되어 있기 때문이다. 이와 동시에 외교가는 협상 상대에게 공감할 줄도 알아야 한다. 과거에 어떤 일들이 있었고 그것이 상대 국가나 대표에게 무엇을 기대하게 만드는지, 상대의 행동이 근본적으로 어떤 연유에 가 닿아 있는지, 어느 한쪽은 정의롭다고 생각하는 것을 왜 다른 쪽은 부당하다고 비판하는지 등등을 파악하고 있어야 한다. 겸허한 감수성만으로 평화를 이룩하지는 못할 것이다. 그러나 판단 착오를 막고, 불신을 누그러뜨리고, 그럼으로써 외교 노력이 결실을 거둘 가능성을 최대화하는 데는 그 덕목이 반드시 필요하다.

이 책에서 살핀 3,000년의 역사를 하나의 교훈으로 압축한다면 그것은 "인간의 자연 상태는 무한한 평화가 아니다."라는 것이다. 인간이 자연 상태에서 살아남으려면 권력을 키워야만 하고, 되도록이면 적은 비용으로 그렇게 해야 한다. 권력은 일단 최선의 안보이다. 힘이 있으면 타인에게 지배당하지 않는 반면, 힘이 없으면 착취와 결핍과 학대를, 최악의 경우엔 죽음까지 강요당한다. 또 한편으로 권력은 욕구와 탐욕의 결과이다. 인간의 욕구는 언제까지고 충족되지 않는다. 왜냐하면 발전이 새로운 욕망을 낳고, 나 아닌 사람의 성공이 질투를 유발하기 때문이다. 그러므로 안보와 탐욕은 동전의 양면이다. 국가는, 안보 때문이든 탐욕 때문이든, 권력을 추구하지 않을 수가 없다. 역사가 너무도 많은 불화와 충돌로 점철되어 있는 이유가 여기에 있다.

# 주

## 서문
## 인간은 평화를 꿈꾸지만, 현실은 전쟁의 연속이다

1. 전 세계 연평균 군비 지출은 2016년 미국 달러 기준으로 1980년대 1조 3,500억 달러, 1990년대 1조 500억 달러, 2000년대 1조 3,000억 달러, 2010년대 1조 6,500억 달러로 추정된다. [출처: SIPRI(2018). SIPRI Military Expenditure Database. Stockholm International Peace Research Institute. https://www.sipri.org/databases/milex 검색]

2. Cicero, Marcus Tullius, G. L. Hendrickson and H. M. Hubell, trans., 『Brutus. Orator』 (Cambridge, MA: Harvard University Press, 1939), p. 395.

3. 예를 들어 19세기 빈 체제(유럽 협조 체제)의 재구성은 다음 글을 보라. Kissinger, Henry, 『Diplomacy』 (New York: Simon & Schuster, 1994).

4. 예를 들어 Bueno de Mesquita, Bruce, 『The War Trap』 (New Haven, CT: Yale University Press, 1981)가 있다.

5. 눈에 띄는 예는 다음과 같다. Kennedy, Paul, 『The Rise and Fall of the Great Powers: Economic Change and Military Conflict from 1500 to 2000』 (New York: Random House, 1987). Organski, A. F. K., 『World Politics』 (New York: Knopf, 1968). Landes, David S., 『The Wealth and Poverty of Nations: Why Some Are So Rich and Some So Poor』 (New York: W. W. Norton, 1999).

6. Dahl, Robert, "The Concept of Power," 《Systems Research and Behavioral Science》 vol. 2, no. 3 (1957), pp. 201 – 15.

7. Morgenthau, Hans, 『Politics among Nations: The Struggle for Peace and Power』 (New York: McGraw-Hill, 1948).

## CHAPTER 1
## 어두워진 하늘, 전쟁의 서막: 서기전 1000년 그 앞

1.  Smith, John D., trans., 『The Mahabharata』 (London: Penguin, 2009), p. 590.

2.  Lal, B. B., "The Painted Grey Ware Culture of the Iron Age." In A. H. Dani and V. M. Masson, eds., 『History of Civilizations of Central Asia vol. 1: The Dawn of Civilization: Earliest Time to 700 B.C.』 (Paris: UNESCO, 1992), pp. 421 – 41.

3.  Rousseau, Jean–Jacques, John T. Scott, trans., 『The Major Political Writings of Jean–Jacques Rousseau: The Two Discourses and the Social Contract』 (Chicago, IL: University of Chicago Press, 2012), p. 93.

4.  Drennan, Robert D., and Christian E. Peterson, "Centralized Communities, Population, and Social Complexity after Sedentarization." In Jean–Pierre Bocquet–Appel and Ofer Bar–Yosef, eds., 『The Neolithic Demographic Transition and Its Consequences』 (Dordrecht: Springer, 2008), p. 383.

5.  유사한 조각과 회화(이탈리아의 발카모니카, 리비아의 아카쿠스산맥, 레소토의 풀턴 동굴, 알제리의 타실리 나제르, 인도의 빔베트카 등)가 세계 전역에서 발견된다.

6.  Meyer, Christian, et al., "The Massacre Mass Grave of Schöneck–Kilianstädten Reveals New Insights into Collective Violence in Early Neolithic Central Europe," 《PNAS》 vol. 112, no. 36 (2015), pp. 11217 – 22.

7.  https://www.pinterest.com/pin/436919601323913392/visual–search/?x=1&y=72&w=99&h=28 검색. 유사한 발견은 다음에서도 논의되고 있다. The Metropolitan Museum of Art, 『Ancient Art from the Shumei Family Collection』 (New York: The Metropolitan Museum of Art, 1996), pp. 23 – 5.

8.  https://s–media–cache–ak0.pinimg.com/originals/25/4b/16/254b16811f97f13735f4cf56b63ca37f.jpg 검색.

9.  다실리 유적에 관해서는 다음 자료 참조. Kohl, Phil, "The Ancient Economy, Transferable Technologies and the Bronze Age World–System: A View from the Northeastern Frontier of the Ancient Near East." In Michael Rowlands et al., eds., 『Centre and Periphery in the Ancient

World』 (Cambridge: Cambridge University Press, 1987), pp. 19 – 22.

10.     Evelyn–White, Hugh G., trans., "The Homeric Hymns." In 『Hesiod, the
        Homeric Hymns and Homerica』 (London: William Heinemann, 1914),
        pp. 433 – 5. 참고로, 이 찬가들은 한때 호메로스의 것으로 여겨졌지만
        지금은 이론의 여지가 있다.

11.     Van De Mieroop, Mark, 『A History of the Ancient Near East,
        ca. 3000 – 323 BC』 (Chichester: Wiley Blackwell, 2016), p. 151.

12.     Bryce, Trevor, 『Letters of the Great Kings of the Ancient Near East: The
        Royal Correspondence of the Late Bronze Age』 (London: Routledge,
        2003), p. 102.

13.     Anderson, Kenneth, 『Pharaoh Triumphant: The Life and Times of
        Ramesses II, King of Egypt』 (Warminster: Aris & Phillips, 1985), p. 75.

14.     Barras, Colin, "World War Zero Brought down Mystery Civilisation of
        'Sea People'," 《New Scientist》 no. 3074 (21 May, 2016).

15.     Morkot, Robert G., 『The Egyptians: An Introduction』 (London:
        Routledge, 2005), p. 185. Haring, B. J. J., 『Divine Households:
        Administrative and Economic Aspects of the New Kingdom Royal
        Memorial Temples in Western Thebes』 (Leiden: Nederlands Instituut voor
        het Nabije Oosten, 1997), p. 375.

16.     Walker, Cameron, "Ancient Egyptian Love Poems Reveal a Lust for Life,"
        《National Geographic》 (20 April, 2004).

17.     Musée du Louvre, inv. no. E27069.

18.     Moran, William L., 『Les lettres d'El Amarna: correspondence
        diplomatique du pharaon』 (Paris: Éditions du Cerf, 1987), p. 8.

19.     Weinstein, James M., "The World Abroad. Egypt and the Levant in the
        Reign of Amenhotep III." In David O'Connor and Eric H. Cline, eds.,
        『Amenhotep III: Perspectives on His Reign』 (Ann Arbor, MI: University
        of Michigan Press, 1998), p. 227.

20.     Niebuhr, Carl, J. Hutchinson, trans., 『The Tell El Amarna Period: The
        Relations of Egypt and Western Asia in the Fifteenth Century B.C.
        According to the Tell El Amarna Tablets』 (London: David Nutt, 1901),
        p. 39.

21.     Lichtheim, Miriam, 『Ancient Egyptian Literature vol. 2: The New
        Kingdom』 (Berkeley, CA: University of California Press, 1976), p. 71.

22.     Bauer, Susan Wise, 『The History of the Ancient World: From the Earliest

Accounts to the Fall of Rome』 (New York: W. W. Norton, 2007), p. 238.

23.  Lichtheim, Miriam, 『Ancient Egyptian Literature vol. 1: The Old and Middle Kingdom』 (Berkeley, CA: University of California Press, 1973), pp. 141 – 2. 참고로 이 시는 서기전 20세기에 처음 쓰였다.

24.  Abulhab, Saad D., 『The Epic of Gilgamesh: Selected Readings from Its Original Early Arabic Language』 (New York: Blautopf, 2016), p. 172.

25.  Dalley, Stephanie, 『The Mystery of the Hanging Garden of Babylon: An Elusive World Wonder Traced』 (Oxford: Oxford University Press, 2013), p. 48.

26.  Drake, Brandon, "The Influence of Climatic Change on the Late Bronze Age Collapse and the Greek Dark Ages," 《Journal of Archaeological Science》 vol. 39, no. 6 (2012), pp. 1862 – 70. Kaniewski, David, et al., "The Late Bronze Age Collapse and the Early Iron Age in the Levant: The Role of Climate in Cultural Disruption." In Susanne Kerner et al., eds., 『Climate and Ancient Societies』 (Copenhagen: Museum Tusculanum Press, 2015), pp. 157 – 76.

27.  Younger, K. Lawson, Jr, "The Late Bronze Age/Iron Age Transition and the Origins of the Arameans." In K. Lawson Younger Jr, ed., 『Ugarit at Seventy-Five』 (Winona Lake, IN: Eisenbrauns, 2007), pp. 159, 161.

28.  Li, Feng, 『Landscape and Power in Early China: The Crisis and Fall of the Western Zhou, 1045 – 771 BC』 (Cambridge: Cambridge University Press, 2006).

29.  Keightley, David N., 『Sources of Shang History: The Oracle-bone Inscriptions of Bronze Age China』 (Berkeley, CA: University of California Press, 1985), pp. 33 – 4. Peterson, Barbara Bennett, et al., eds., 『Notable Women of China: Shang Dynasty to the Early Twentieth Century』 (Abingdon: Routledge, 2015), p. 14.

30.  현대에는 두 나라가 각각 5만 내지 7만 명의 병력을 동원한 것으로 추측한다.

31.  '中國'이라는 문자가 나타나 있는 가장 오래된 텍스트는 서기전 1039년에 제작된 술 항아리인 '하존'의 명문이다.

32.  Shaughnessy, Edward L., 『Sources of Western Zhou History: Inscribed Bronze Vessels』 (Berkeley, CA: University of California Press, 1991), pp. 188 – 9.

33.  Wyatt, Don J., "Shao Yong's Numerological-Cosmological System." In

John Makeham, ed., 『Dao Companion to Neo-Confucian Philosophy』 (Dordrecht: Springer, 2010), p. 24.

34. Cartier, Michel, "La Population de la Chine au fil des siècles." In Isabelle Attané, ed., 『La Chine au seuil de XXIe siècle: questions de population, questions de société』 (Paris: INED, 2001), p. 22.

35. '인도-아리아인 이주'는 아리아인이 남아시아에서 기원했다고 보는 학자와 다른 곳에서 기원했다고 보는 학자 사이에서 논쟁이 계속되고 있는 주제이다.

36. 앞서 인용한 책. Smith, John D., trans., 2009, p. 322.

## CHAPTER 2
## 솔로몬의 공작새 _ 서기전 1000~750년

1. Younger, K. Lawson, Jr, 『A Political History of the Arameans: From Their Origins to the End of Their Polities』 (Atlanta, GA: SBL Press, 2016), p. 224.

2. 님루드는 이미 있던 도시였으나 그때까지는 아시리아의 수도가 아니었다.

3. Pritchard, James B., ed., 『Ancient Near Eastern Texts Relating to the Old Testament』 (Princeton, NJ: Princeton University Press, 1969), p. 560.

4. Bonatz, Dominik, ed., 『The Archaeology of Political Spaces: The Upper Mesopotamian Piedmont in the Second Millennium BCE』 (Berlin: De Gruyter, 2014).

5. Cohen, Ada, and Steven E. Kangas, eds., 『Assyrian Reliefs from the Palace of Ashurnasirpal II: A Cultural Biography』 (Hanover, NH: University Press of New England, 2010).

6. Clare, Israel Smith, 『Library of Universal History vol. 1: Ancient Oriental Nations』 (New York: R. S. Peale and J. A. Hill, 1897), p. 151.

7. Rittner, Robert K., trans., 『The Libyan Anarchy: Inscriptions from Egypt's Third Intermediate Period』 (Atlanta: Society of Biblical Literature, 2009), pp. 219–20.

8. Edwards, I. E. S., "Egypt: From the Twenty-Second to the Twenty-Fourth Dynasty." In John Boardman et al., eds., 『The Cambridge Ancient History vol. III, part 1: The Prehistory of the Balkans; the

Middle East and the Aegean World, Tenth to Eighth Centuries B.C.』 (Cambridge: Cambridge University Press, 1982), p. 554.

9. Myśliwiec, Karol, 『The Twilight of Ancient Egypt: First Millennium B.C.E.』 (Ithaca, NY: Cornell University Press, 2000), pp. 49 – 51.

10. 「역대기 하」 9 : 21.

11. Hagelia, Hallvard, "Philological Issues in the Tel Dan Inscription." In Lutz Edzard and Jan Retsö, eds., 『Current Issues in the Analysis of Semitic Grammar and Lexicon I』 (Wiesbaden: Harrassowitz Verlag, 2005), p. 235.

12. Brinkman, J. A., 『A Political History of Post–Kassite Babylonia, 1158 – 722 B.C.』 (Rome: Pontificium Institutum Biblicum, 1968), p. 280.

13. Waltke, Bruce K. and Charles Yu, 『An Old Testament Theology: An Exegetical, Canonical, and Thematic Approach』 (Grand Rapids, MI: Zondervan, 2011), p. 319.

14. Van De Mieroop, Marc, 『A History of the Ancient Near East, ca. 3000 – 323 BC』 (Chichester: Wiley Blackwell, 2016), p. 278.

15. Taylor, Jonathan, "The Black Obelisk of Shalmaneser III." In 『Nimrud: Materialities of Assyrian Knowledge Production』 (The Nimrud Project, 2015). http://oracc.museum.upenn.edu/nimrud/livesofobjects/ blackobelisk/ 검색.

16. Musée du Louvre, inv. no. AO 19913. 이 부조는 니네베에 있는 아슈르바니팔 궁전에서 출토된 것이므로 시기적으로는 약간 나중(서기전 640년경)의 것이다.

17. Arnold, Bill T., and Bryan E. Beyer, eds., 『Readings from the Ancient Near East: Primary Sources for Old Testament Study』 (Grand Rapids, MI: Baker Academic, 2002), p. 101.

18. Faraone, Christopher A., "Molten Wax, Spilt Wine and Mutilated Animals: Sympathetic Magic in Near Eastern and Early Greek Oath Ceremonies," 《The Journal of Hellenic Studies》 vol. 113 (1993), p. 62.

19. 「신명기」 1 : 28.

20. 「사사기」 21 : 25.

21. 「신명기」 17 : 15 – 20.

22. 「신명기」 20 : 10 – 14.

23. 「신명기」 7 : 23 – 4.

24. Carter, Martha L., and Keith N. Scoville, eds., 『Sign, Symbol, Script: An Exhibition on the Origins of Writing and the Alphabet』 (Madison, WI:

University of Wisconsin–Madison, 1984), p. 44.

25.     De Jong, Matthijs J., 『Isaiah among the Ancient Near Eastern Prophets: A Comparative Study of the Earliest Stages of the Isaiah Tradition and the Neo–Assyrian Prophecies』 (Leiden: Brill, 2007), p. 204.

26.     Makhortykh, S., "About the Question of Cimmerian Imports and Imitations in Central Europe." In P. F. Biehl and Y. Ya. Rassamakin, eds., 『Import and Imitation in Archaeology』 (Langenweißbach: Beier & Beran, 2008), pp. 167 – 86.

27.     Panyushkina, Irina P., "Climate–Induced Changes in Population Dynamics of Siberian Scythians (700 – 250 B.C.)." In L. Giosan et al., eds., 『Climates, Landscapes, and Civilizations』 (Washington, DC: American Geophysical Union, 2012), pp. 145 – 54.

28.     Barnett, R. D., 『Phrygia and the Peoples of Anatolia in the Iron Age』 (Cambridge: Cambridge University Press, 1967), pp. 9 – 10.

29.     Morris, Ian, "The Eighth–Century Revolution," 《Princeton/Stanford University Working Papers in Classics》 no. 120507, p. 9 (2005). Hall, Jonathan M., 『A History of the Archaic Greek World, ca. 1200 – 479 BCE』 (Chichester: John Wiley, 2013), p. 111.

30.     Chew, Sing C., 『The Recurring Dark Ages: Ecological Stress, Climate Changes, and System Transformation』 (Lanham, MD: Altamira Press, 2007), pp. 65 – 80.

31.     Shaughnessy, Edward L., "Western Zhou History." In Michael Loewe and Edward L. Shaughnessy, eds., 『The Cambridge History of Ancient China: From the Origins of Civilization to 221 B.C.』 (Cambridge: Cambridge University Press, 1999), p. 310.

32.     Legge, James, trans., 『The Sacred Books of China: The Texts of Confucianism vol. 1』 (Oxford: Clarendon Press, 1879), p. 201.

33.     Legge, James, trans., 『The Chinese Classics vol. 1』 (London: Trübner & Co., 1861), p. 275.

34.     Legge, James, trans., 『The Sacred Books of China: The Texts of Confucianism vol. 3』 (Oxford: Clarendon Press, 1885), p. 289.

35.     앞서 인용한 책. Shaughnessy, Edward L., 1999, p. 318.

36.     Legge, James, trans., 『The Chinese Classics vol. 3』 part 2 (London: Trübner & Co., 1865), p. 624.

37.     Shaughnessy, Edward L., "Historical Perspectives on the Introduction of

the Chariot into China," 《Harvard Journal of Asiatic Studies》 vol. 48, part 1 (Harvard–Yenching Institute, 1988), pp. 189 – 237.

38. 앞서 인용한 책. Legge, James, trans., 1885. p. 229.

39. Minford, John, "The Triumph: A Heritage of Sorts," 《China Heritage Quarterly》 vol. 9, no. 19 (2009). http://www.chinaheritagequarterly.org/ articles.php?searchterm=019_triumph.inc&issue=019 검색.

40. 앞서 인용한 책. Shaughnessy, Edward L., 1999, p. 322.

41. Legge, James, trans., 『The Chinese Classics vol. 4』 part 2 (London: Trübner & Co., 1871), p. 258.

42. 앞서 인용한 책. Shaughnessy, Edward L., 1999, p. 324.

43. Shaughnessy, Edward L., 『Sources of Western Zhou History: Inscribed Bronze Vessels』 (Berkeley, CA: University of California Press, 1991), p. 265.

44. 위의 책, p. 141.

45. 위의 책, p. 171.

46. Habu, Junko, 『Ancient Jomon of Japan』 (Cambridge: Cambridge University Press, 2004).

47. Pool, Christopher A., 『Olmec Archaeology and Early Mesoamerica』 (Cambridge: Cambridge University Press, 2007), p. 136.

48. Coe, Michael D., et al., eds., 『The Olmec and Their Neighbors: Essays in Memory of Matthew W. Stirling』 (Washington, DC: Dumbarton Oaks Research Library, 1981).

49. Rice, Prudence M., 『Maya Calendar Origins: Monuments, Mythistory, and the Materialization of Time』 (Austin, TX: University of Texas Press, 2007), pp. 96 – 7.

50. Hassig, Ross, 『War and Society in Ancient Mesoamerica』 (Berkeley, CA: University of California Press, 1992), pp. 23 – 30.

CHAPTER 3
## 페르시아의 권력 재편 _ 서기전 750~500년

1. Kuhrt, Amélie, 『The Persian Empire: A Corpus of Sources from the Achaemenid Period vol. 1』 (Abingdon: Routledge, 2007), pp. 53 – 4.

2. 「이사야서」 8 : 7 – 9.

3.      Holloway, Steven W., 『Aššur Is King! Aššur Is King! Religion in the Exercise of Power in the Neo—Assyrian Empire』 (Leiden: Brill, 2002), p. 92.

4.      Edelman, Diana, "Tyrian Trade in Yehud under Artaxerxes I: Real or Fictional? Independent or Crown Endorsed?" In Oded Lipschits and Manfred Oeming, eds., 『Judah and the Judeans in the Persian Period』 (Winona Lake, IN: Eisenbrauns, 2006), p. 223.

5.      Parpola, Simo, 『Letters from Assyrian Scholars to the Kings Esarhaddon and Ashurbanipal vol. 2』 (Winona Lake, IN: Eisenbrauns, 2007), p. 488.

6.      Galil, Gershon, 『The Lower Stratum Families in the Neo—Assyrian Period』 (Leiden: Brill, 2007).

7.      「나훔서」 2 : 9.

8.      Luckenbill, Daniel David, 『The Annals of Sennacherib』 (Eugene, OR: Wipf and Stock, 2005), p. 18.

9.      British Museum, inv. no. 1856,0909.16.

10.     British Museum, inv. no. 1856,0909.53.

11.     Smith, John M. P., trans., "Annals of Ashurbanipal." In Robert Francis Harper, ed., 『Assyrian and Babylonian Literature: Selected Translations』 (New York: D. Appleton and Company, 1901), p. 107.

12.     Carter, Elizabeth, 『Excavations at Anshan (Tal—e Malyan): The Middle Elamite Period』 (Philadelphia, PA: The University of Pennsylvania, 1996), pp. 1 – 6. Hansman, John, "Anshan in the Median and Achaemenian Periods." In Ilya Gershevitch, ed., 『The Cambridge History of Iran vol. 2: The Median and Achaemenian Periods』 (Cambridge: Cambridge University Press 1985), pp. 25 – 35. Curtis, Vesta Sarkhosh, and Sarah Stewart, eds., 『Birth of the Persian Empire』 (London: I.B. Tauris, 2005).

13.     Tuplin, Christopher, "Medes in Media, Mesopotamia, and Anatolia: Empire, Hegemony, Domination or Illusion?" In 《Ancient West and East》 vol. 3, no. 2 (2004), pp. 223 – 51.

14.     Grayson, A. Kirk, 『Assyrian and Babylonian Chronicles』 (Winona Lake, IN: Eisenbrauns, 2000), p. 108.

15.     위의 책, p. 111.

16.     앞서 인용한 책. Kuhrt, Amélie, 2007, pp. 47 – 8.

17.     Xenophon, Walter Miller, trans., 『Cyropaedia vol. 2』 (Cambridge, MA: Harvard University Press, 1914), p. 283.

18. 위의 책, p. 343.

19. Finitsis, Antonios, 『Visions and Eschatology: A Socio-Historical Analysis of Zechariah 1 - 6』 (London: T & T Clark, 2011), pp. 64 - 86.

20. Trotter, James M., 『Reading Hosea in Achaemenid Yehud』 (London: Sheffield Academic Press, 2001).

21. Wiesehöfer, Josef, 『Ancient Persia: From 550 BC to 650 AD』 (London: I.B. Tauris, 2001), p. 77.

22. 앞서 인용한 책. Kuhrt, Amélie, 2007, p. 486.

23. 「에스더서」 3 : 12.

24. 코르사바드 소재 사르곤 2세 왕궁의 부조 연작 가운데 레바논 지역의 삼나무 수출에 관한 장면은 Musée du Louvre, inv. no. AO 19888 - 91 등을 참조.

25. De Jong, Matthijs J., 『Isaiah among the Ancient Near Eastern Prophets: A Comparative Study of the Earliest Stages of the Isaiah Tradition and the Neo-Assyrian Prophecies』 (Leiden: Brill, 2007), p. 221.

26. Makhortykh, S. V., "The Northern Black Sea Steppes in the Cimmerian Epoch." In E. Marian Scott et al., eds., 『Impact of the Environment on Human Migration in Eurasia』 (Dordrecht: Kluwer, 2004), p. 38.

27. Panyushkina, Irina P., "Climate-Induced Changes in Population Dynamics of Siberian Scythians (700 - 250 B.C.)." In L. Giosan et al., eds., 『Climates, Landscapes, and Civilizations』 (Washington, DC: American Geophysical Union, 2012), p. 145.

28. Grousset, René, 『The Empire of the Steppes: A History of Central Asia』 (New Brunswick, NJ: Rutgers University Press, 1970).

29. Rolle, Renate, 『The World of the Scythians』 (Berkeley, CA: University of California Press, 1989), p. 100.

30. 위의 책, p. 54.

31. McGlew, James F., 『Tyranny and Political Culture in Ancient Greece』 (Ithaca, NY: Cornell University Press, 1993), p. 54.

32. Hesiod, Hugh Evelyn-White, trans., 『Hesiod, the Homeric Hymns and Homerica』 (London: William Heinemann, 1914), p. 21.

33. 위의 책, p. 5.

34. 앞서 인용한 책. McGlew, James F., 1993, pp. 52 - 86.

35. Gerber, Douglas E., trans., 『Greek Elegiac Poetry: From the Seventh to the Fifth Centuries BC』 (Cambridge MA: Harvard University Press,

1999), p. 57.

36.    Sage, Michael M., 『Warfare in Ancient Greece: A Sourcebook』 (London: Routledge, 1996), p. 28.

37.    Barnstone, Willis, trans., 『Ancient Greek Lyrics』 (Bloomington, IN: Indiana University Press, 2010), p. 16.

38.    위의 책, p. 88.

39.    Morris, Ian, "The Growth of Greek Cities in the First Millennium BC." In Glenn R. Storey, ed., 『Urbanism in the Preindustrial World: Cross-Cultural Approaches』 (Tuscaloosa, AL: University of Alabama Press, 2006), pp. 37 – 8.

40.    Thucydides, Rex Warner, trans., 『The Peloponnesian War』 (Harmondsworth: Penguin, 1972), pp. 122, 148.

41.    Aubet, Maria Eugenia, 『The Phoenicians and the West: Politics, Colonies and Trade』 (Cambridge: Cambridge University Press, 1993).

42.    Culican, W., "Phoenicia and Phoenician Colonization." In John Boardman et al., eds., 『The Cambridge Ancient History vol. III, part 2: The Assyrian and Babylonian Empires and Other States of the Near East from the Eighth to the Sixth Centuries B.C.』 (Cambridge: Cambridge University Press, 1991), p. 519.

43.    Zolfagharifard, Ellie, "Huge Tomb of Celtic Prince Unearthed in France," 《Daily Mail》 (6 March, 2015).

44.    Livy, B. O. Foster, trans., 『History of Rome: Books I – II』 (Cambridge, MA: Harvard University Press, 1919), p. 81.

45.    Bodhi, Bhikkhu, trans., 『The Numerical Discourses of the Buddha: A Translation of the Anguttara Nikaya』 (Boston: Wisdom Publications, 2012), p. 300.

46.    위의 책, p. 747.

47.    Legge, James, trans., 『The Chinese Classics vol. 5』 part 1 (London: Trübner & Co., 1872), p. 2.

48.    Von Falkenhausen, Lothar, "The Waning of the Bronze Age: Material Culture and Social Developments, 770 – 481 B.C." In Michael Loewe and Edward L. Shaughnessy, eds., 『The Cambridge History of Ancient China: From the Origins of Civilization to 221 B.C.』 (Cambridge: Cambridge University Press, 1999), pp. 450 – 544. Hsu, Cho-yun, "The Spring and Autumn Period.", 같은 책, pp. 545 – 86.

49. Milburn, Olivia, trans., 『Urbanization in Early and Medieval China: Gazetteers for the City of Suzhou』 (Seattle, WA: University of Washington Press, 2015), p. 222. Schinz, Alfred, 『The Magic Square: Cities in Ancient China』 (Stuttgart: Edition Axel Menges, 1996), p. 54.

50. Miller, Harry, 『The Gongyang Commentary on The Spring and Autumn Annals: A Full Translation』 (New York: Palgrave Macmillan, 2015), p. 14. 이 회담은 서기전 498년에 개최되었다.

51. Liu, Daqun, "International Law and International Humanitarian Law in Ancient China." In Morten Bergsmo et al., eds., 『Historical Origins of International Criminal Law vol. 1』 (Brussels: Torkel Opsahl, 2014), p. 91.

52. 위의 책.

53. 위의 책, p. 92.

54. Legge, James, trans., 『The Chinese Classics vol. 5』 part 2 (London: Trübner & Co., 1872), p. 534.

55. Zhong, Guan, W. Allyn Rickett, trans., 『Guanzi: Political, Economic, and Philosophical Essays from Early China: A Study and Translation vol. 1』 (Boston, MA: Cheng and Tsui Company, 2001), pp. 96, 99, 111, 206, 210.

56. Legge, James, trans., 『The Chinese Classics vol. 1』 (London: Trübner &. Co., 1861), pp. 120, 122 139.

57. Lao, Tzu, Arthur Waley, trans., 『Tao Te Ching』 (Ware: Wordsworth Editions, 1997), p. 31.

58. 위의 책, p. 82.

59. Sun, Tzu, Lionel Giles, trans., 『Sun Tzu on the Art of War: The Oldest Military Treatise in the World』 (London: Luzac & Co., 1910), p. 2.

60. 위의 책, p. 13.

CHAPTER 4

## 황금과 철 _ 서기전 500~250년

1. National Archaeological Museum, Athens, inv. no. 1818. https://www.pinterest.com/pin/23643966768039280/ 참조.

2. Nawotka, Krzysztof, 『Alexander the Great』 (Newcastle: Cambridge Scholars Publishing, 2010), p. 58.

3.  British Museum, inv. no 1848, 1020.62. Llewellyn–Jones, Lloyd, "The Great Kings of the Fourth Century and the Greek Memory of the Persian Past." In John Marincola et al., eds., 『Greek Notions of the Past in the Archaic and Classical Eras: History without Historians』 (Edinburgh: Edinburgh University Press, 2012), pp. 339 – 40.

4.  Wiesehöfer, Josef, 『Ancient Persia: From 550 BC to 650 AD』 (London: I.B. Tauris, 2001), p. 33.

5.  Briant, Pierre, 『From Cyrus to Alexander: A History of the Persian Empire』 (Winona Lake, IN: Eisenbrauns, 2002), p. 460.

6.  Demosthenes, J. H. Vince, trans., 『Orations vol. 2』 (Cambridge, MA: Harvard University Press, 1939), p. 425.

7.  Thucydides, Rex Warner, trans., 『The Peloponnesian War』 (Harmondsworth: Penguin, 1972), p. 295.

8.  위의 책, pp. 45 – 6.

9.  Demosthenes, Henry Owgan, trans., 『The Three Olynthiacs, Prolegomena, Orations on the Peace and the Chersonesus』 (Dublin: William B. Kelly, 1866), p. 38.

10.  Plato, Desmond Lee, trans., 『The Republic』 (London: Penguin, 2003), p. 233.

11.  Aristotle, Jonathan Barnes, ed., 『The Complete Works of Aristotle: The Revised Oxford Translation vol. 2』 (Princeton, NJ: Princeton University Press, 1984), p. 2162.

12.  Herodotus, Aubrey de Sélincourt, trans., 『The Histories』 (Harmondsworth: Penguin, 1972), p. 57.

13.  앞서 인용한 책. Thucydides, Rex Warner, trans., 1972, p. 49.

14.  위의 책, p. 87.

15.  위의 책, p. 104.

16.  Hees, Brigitte, "Honorary Decrees in Attic Inscriptions, 500 – 323 B.C." (Unpublished PhD dissertation, University of Arizona, 1991), p. 49. http://hdl.handle.net/10150/185480 검색.

17.  Acropolis Museum, Athens, inv. no. 2996, 2985.

18.  Xenophon, Carleton L. Brownson, trans., 『Hellenica vol. 2』 (Cambridge, MA: Harvard University Press, 1921), p. 155.

19.  Xenophon, Ashley Cooper et al., trans., 『The Whole Works of Xenophon』 (London: Jones & Co., 1832), p. 683.

20. Adolf, Antony, 『Peace: A World History』 (Cambridge: Polity Press, 2009), p. 42.

21. Reardon, B. P., ed., 『Collected Ancient Greek Novels』 (Berkeley, CA: University of California Press, 1989), p. 702. 참고로 이 인용문의 출처는 알렉산드로스 대왕에 관한 대체로 허구적인 기록인 '알렉산드로스 로맨스'이다. 이 기록의 정확한 기원은 알려지지 않았다.

22. Plutarch, Bernadotte Perrin, trans., 『Lives vol. 9』 (Cambridge, MA: Harvard University Press, 1920), p. 417.

23. Polybius, Evelyn S. Shuckburgh, trans., 『The Histories of Polybius vol. 1』 (London: Macmillan and Co., 1889), p. 10.

24. Xenophon, Edward Bysshe, trans., 『The Memorable Thoughts of Socrates』 (London: Cassell & Company, 1889), p. 81.

25. Mookerji, Radha Kumud, 『Chandragupta Maurya and His Times』 (Delhi: Motilal Banarsidass, 1966), p. 165.

26. Kautilya, R. Shamasastry, trans., 『Kautilya's Arthasastra』 (Bangalore: The Government Press, 1915), pp. 321, 324.

27. Dhammika, Ven. S., trans., "The Fourteen Rock Edicts." In 『The Edicts of King Ashoka』 (Buddhist Publication Society, 1993). https:// www.cs.colostate.edu/~malaiya/ashoka.html 검색.

28. Xunzi, John Knoblock, trans., 『Xunzi: A Translation and Study of the Complete Works vol. 2』 (Stanford, CA: Stanford University Press, 1990), p. 197.

29. Lewis, Mark Edward, 『The Early Chinese Empires: Qin and Han』 (Cambridge, MA: Belknap Press, 2007), p. 19.

30. Schinz, Alfred, 『The Magic Square: Cities in Ancient China』 (Stuttgart: Edition Axel Menges, 1996), p. 89.

31. Deng, Gang, 『The Premodern Chinese Economy: Structural Equilibrium and Capitalist Sterility』 (London: Routledge, 1999), p. 140.

32. 앞서 인용한 책. Lewis, Mark Edward, 2007, p. 14.

33. Legge, James, trans., 『The Chinese Classics vol. 2』 (London: Trübner & Co., 1861), p. 76. Legge, James, trans. 『The Sacred Books of China: The Texts of Confucianism vol. 3』 (1885), p. 289.

34. Yang, Shang, J. J. L. Duyvendak, trans., 『The Book of Lord Shang』 (Ware: Wordsworth Editions, 1998), p. 214.

35. Zhang, Ellen Y., "Weapons Are Nothing But Ominous Instruments: The

Daodejing's View on War and Peace." In Ping-cheung Lo and Sumner B. Twiss, eds., 『Chinese Just War Ethics: Origin, Development, and Dissent』 (London: Routledge, 2015), p. 260.

36.　앞서 인용한 책. Xunzi, John Knoblock, trans., 1990, p. 191.

37.　Bramwell Bonsall, 『The Annals of the Warring States』 (World Heritage Encyclopedia, 2011).

## CHAPTER 5
### 세계는 고삐 풀린 전차 _ 서기전 250~1년

1.　사마천의 『사기』 등 진나라에 관해 남아 있는 기록 대부분이 이후 한나라 대에 작성된 것이다. 즉 그중 다수가 진의 정당성을 무너뜨리기 위해 작성되었다.

2.　Sima, Qian, Burton Watson, trans., 『Records of the Grand Historian: Qin Dynasty』(New York: Columbia University Press, 1993), p. 45.

3.　Mott, William H., and Jae Chang Kim, 『The Philosophy of Chinese Military Culture: Shih vs. Li』 (New York: Palgrave Macmillan, 2006), p. 56.

4.　Zhang, Longxi, "Heaven and Man: From a Cross-Cultural Perspective." In Jin Y. Park, ed., 『Comparative Political Theory and Cross-Cultural Philosophy: Essays in Honor of Hwa Yol Jung』 (Lanham, MD: Lexington Books, 2009), p. 144.

5.　Luo, Yuming, 『A Concise History of Chinese Literature vol. 1』 (Leiden: Brill, 2011), pp. 125 – 46.

6.　Nishijima, Sadao, "The Economic and Social History of Former Han." In Denis Twitchett and Michael Loewe, eds., 『The Cambridge History of China vol. 1: The Ch'in and Han Empires, 221 B.C. – A.D. 220』 (Cambridge: Cambridge University Press, 1986), p. 552.

7.　앞서 인용한 책. Luo, Yuming, 2011, p. 140.

8.　Kinney, Anne Behnke, trans., "The Annals of [Emperor Hsiao]-Wen." In Anne Behnke Kinney, trans., 『The History of the Former Han Dynasty』 (2003). http://www2.iath.virginia.edu:8080/exist/cocoon/xwomen/texts/hanshu/d2.14/1/0/english 검색.

9.　Husmann, Lisa Eileen, "Territory, Historiography, and the Minorities

Question in China" (Unpublished MA dissertation, University of California, Berkeley, 1993), p. 9.

10. Schuman, Michael, 『Confucius and the World He Created』 (New York: Basic Books, 2015), p. 174.

11. Golden, Peter, "Courts and Court Culture in the Proto-Urban and Urban Developments among the Pre-Chinggisid Turkic Peoples." In David Durand-Guédy, ed., 『Turko-Mongol Rulers, Cities and City Life』 (Leiden: Brill, 2013), p. 32.

12. Lewis, Mark E., "The Han Abolition of Universal Military Service." In Hans van de Ven, ed., 『Warfare in Chinese History』 (Leiden: Brill, 2000), pp. 46–7.

13. Sima, Qian, Burton Watson, trans., 『Records of the Grand Historian: Han Dynasty vol. 2』 (New York: Columbia University Press, 1993), PP. 251–3.

14. Rawlinson, H. G., 『Bactria: The History of a Forgotten Empire』 (London: Probsthain & Co, 1912).

15. Diodorus Siculus, G. Booth, trans., 『The Historical Library of Diodorus the Sicilian vol. 1』 (London: W. McDowall. 1814), p. 104.

16. Thiruvalluvar, P. S. Sundaram, trans., 『The Kural』 (London: Penguin, 2005), p. 109.

17. Altekar, A. S., 『State and Government in Ancient India』 (Delhi: Motilal Banarsidass, 2002), p. 292.

18. Polybius, Evelyn S. Shuckburgh, trans., 『The Histories of Polybius vol. 1』 (London: Macmillan and Co., 1889), p. 23.

19. 위의 책, pp. 10–11.

20. Lazenby, J. F., 『The First Punic War: A Military History』 (London: Routledge, 2016), p. 40.

21. Plutarch, Bernadotte Perrin, trans., 『Lives vol. 2』 (Cambridge, MA: Harvard University Press, 1914), p. 383.

22. 위의 책, p. 329.

23. Von Ungern-Sternberg, Jürgen, "The Crisis of the Republic." In Harriet I. Flower, ed., 『The Cambridge Companion to the Roman Republic』 (Cambridge: Cambridge University Press, 2004), p. 91.

24. Virgil, Smith Palmer Bovie, trans., 『Virgil's Georgics: A Modern English Verse Translation. Chicago』 (IL: University of Chicago Press, 1956),

p. 102.

25.     Tibullus, J. P. Postgate, trans., 『Catullus, Tibullus, Pervigilium Veneris』
        (Cambridge, MA: Harvard University Press, 1962), p. 247.

26.     Horace, C. E. Bennett, trans., 『The Odes and Epodes』 (Cambridge, MA:
        Harvard University Press, 1912), p. 345.

27.     Tempest, Kathryn, 『Cicero: Politics and Persuasion in Ancient Rome』
        (London: Continuum, 2011), p. 47.

28.     Stelkens, Wilhelm, 『Der römische Geschichtsschreiber Sempronius
        Asellio』 (Hamburg: J. B. Klein 1867), p. 81.

CHAPTER 6
## 야만인이 몰려온다 _ 서기 1~250년

1.      Virgil, Robert Fitzgerald, trans., 『Aeneid』 (New York: Random House,
        1983), p. 13.

2.      Everitt, Anthony, 『Hadrian and the Triumph of Rome』 (New York:
        Random House, 2009), p. 173.

3.      Augustus, Thomas Bushnell, trans., 『The Deeds of the Divine Augustus』
        (The Internet Classics Archive, 1998). http://classics.mit.edu/Augustus/
        deeds.html 검색.

4.      위의 책. 로마인은 아라비아반도 남부를 '행복의 땅(Arabia
        Felix)'이라고 불렀다.

5.      위의 책.

6.      Tacitus, Alfred John Church and William Jackson Brodribb, trans., 『The
        Agricola and Germany of Tacitus and the Dialogue on Oratory』 (London:
        Macmillan and Co., 1877), p.29.

7.      Tacitus, Michael Grant, trans., 『The Annals of Imperial Rome』 (London:
        Penguin, 1996), p. 44.

8.      위의 책, p. 209.

9.      위의 책, p. 242.

10.     위의 책, pp. 322 – 3.

11.     Musée du Louvre, inv. no. MA 1009.

12.     Dio, Cassius, Earnest Cary, trans., 『Roman History vol. 9』 (Cambridge,
        MA: Harvard University Press, 1927), p. 271.

13.   위의 책, p. 239.

14.   위의 책, p. 299.

15.   위의 책, p. 471.

16.   위의 책, p. 359.

17.   앞서 인용한 책. Tacitus, Michael Grant, trans., 1996, p. 83.

18.   Jongman, Willem, "Slavery and the Growth of Rome: The Transformation of Italy in the Second and First Centuries BCE." In Catharine Edwards and Greg Woolf, eds., 『Rome the Cosmopolis』 (Cambridge: Cambridge University Press, 2003), p. 108.

19.   Milanovic, Branko, et al., 『Measuring Ancient Inequality』 (Washington, DC: World Bank, Policy Research Working Paper, WPS 4412, 2007), p. 66 – 8. http://documents.worldbank.org/curated/en/803681468135958164/Measuring-ancient-inequality 검색.

20.   Harvey, Brian K., 『Daily Life in Ancient Rome: A Sourcebook』 (Indianapolis, IN: Focus, 2016), p. 19.

21.   앞서 인용한 책. Dio, Cassius, Earnest Cary, trans., 1927, p. 483.

22.   Arafat, K. W., 『Pausanias' Greece: Ancient Artists and Roman Rulers』 (Cambridge: Cambridge University Press, 1996), p. 90.

23.   위의 책.

24.   Herodian, Edward C. Echols, trans., 『History of the Roman Empire: From the Death of Marcus Aurelius to the Accession of Gordian III』 (Berkeley, CA: University of California Press, 1961), p. 125.

25.   Howard, Michael C., 『Transnationalism in Ancient and Medieval Societies: The Role of Cross-Border Trade and Travel』 (Jefferson, NC: McFarland & Co., 2012), p. 65.

26.   위의 책.

27.   Pliny the Elder, John Bostock and H. T. Riley, trans., 『The Natural History of Pliny vol. 2』 (London: George Bell & Sons, 1893), p. 63.

28.   McLaughlin, Raoul, 『Rome and the Distant East: Trade Routes to the Ancient Lands of Arabia, India and China』 (London: Continuum, 2010,), p. 134.

29.   Schoff, Wilfred H., trans., 『The Periplus of the Erythraean Sea: Travel and Trade in the Indian Ocean by a Merchant of the First Century』 (London: Longmans, Green, and Co., 1912).

30.   위의 책, p. 35.

31.     위의 책, p. 48.

32.     위의 책, p. 39.

33.     위의 책.

34.     Young, Stuart H., 『Biography of the Bodhisattva Aśvaghoṣa』 (2002).
        http://buddhism.lib.ntu.edu.tw/FULLTEXT/JR-AN/103180.htm 검색.

35.     위의 책.

36.     Sims-Williams, Nicholas, "Bactrian Historical Inscriptions of the Kushan
        Period." 『The Silk Road vol. 10』 (2012), p. 77.

37.     Rosenfield, John, M., 『The Dynastic Arts of the Kushans』 (Berkeley, CA:
        University of California Press, 1967), p. 16.

38.     Dio, Cassius, Earnest Cary, trans., 『Roman History vol. 6』 (Cambridge,
        MA: Harvard University Press, 1917), p. 305.

39.     Elvin, Mark, 『The Pattern of the Chinese Past: A Social and Economic
        Interpretation』 (Stanford, CA: Stanford University Press, 1973), p. 31.

40.     Dash, Mike, "Emperor Wang Mang: China's First Socialist?"
        《Smithsonian》 (9 December, 2011). http://www.smithsonianmag.com/
        history/emperor-wang-mang-chinas-first-socialist-2402977/
        #S71e97Gbvdie37vF.99 검색.

41.     Clark, Anthony E., 『Ban Gu's History of Early China』 (Amherst, NY:
        Cambria Press, 2008), p. 155.

42.     Lewis, Mark E., "The Han Abolition of Universal Military Service." In
        Hans van de Ven, ed., 『Warfare in Chinese History』 (Leiden: Brill, 2000),
        pp. 33 - 76.

43.     Chin, Tamara T., "Defamiliarizing the Foreigner: Sima Qian's
        Ethnography and Han-Xiongnu Marriage Diplomacy," 《Harvard Journal
        of Asiatic Studies》 vol. 70, no. 2 (2010), p. 317.

44.     앞서 인용한 책. Lewis, Mark E., 2000, p. 45.

45.     위의 책, p. 46.

46.     Lewis, Mark Edward, 『The Early Chinese Empires. Qin and Han』
        (Cambridge, MA: Belknap Press, 2007) pp. 145 - 6.

47.     Yü, Ying-shih, "Han Foreign Relations." In Denis Twitchett and Michael
        Loewe, eds., 『The Cambridge History of China vol. 1: The Ch'in and
        Han Empires 221 B.C. - A.D. 220』 (Cambridge: Cambridge University
        Press, 1986), p. 415.

48.     앞서 인용한 책. Lewis, Mark E., 2000, p. 69.

49.	Ebrey, Patricia, "Estate and Family Management in the Later Han as Seen in the Monthly Instructions for the Four Classes of People." In Jos Gommans and Harriet Zurndorfer, eds., 『Roots and Routes of Development in China and India: Highlights of Fifty Years of The Journal of the Economic and Social History of the Orient (1957 – 2007)』 (Leiden: Brill, 2008), pp. 124 – 68.

50.	Cai, Zong-qi, "Pentasyllabic Shi Poetry: The 'Nineteen Old Poems'." In Zong-qi Cai, ed., 『How to Read Chinese Poetry: A Guided Anthology』 (New York: Columbia University Press, 2008), p. 107.

51.	De Crespigny, Rafe, 『A Biographical Dictionary of Later Han to the Three Kingdoms (23 – 220 AD)』 (Leiden: Brill, 2007), p. 50.

52.	Tse, Wai Kit Wicky, "Dynamics of Disintegration: The Later Han Empire (25 – 220 CE) & Its Northwestern Frontier" (Unpublished PhD dissertation, University of Pennsylvania, 2012). https://repository.upenn.edu/edissertations/589/ 검색.

53.	위의 책, p. 142.

54.	위의 책, p. 22.

55.	Cotterell, Arthur, 『A History of Southeast Asia』 (Singapore: Marshall Cavendish Editions, 2014), p. 73.

56.	Maspéro, Georges, 『The Champa Kingdom: The History of an Extinct Vietnamese Kingdom』 (London: White Lotus Press, 2002), p. 24.

57.	Westermann, William L., 『The Slave Systems of Greek and Roman Antiquity』 (Philadelphia, PA: The American Philosophical Society, 1955). Scheidel, Walter, "The Roman Slave Supply" (Princeton/Stanford Working Papers in Classics no. 050704, 2007), p. 2. Scheidel, Walter, "Slavery and Forced Labor in Early China and the Roman World" (Princeton/Stanford Working Papers in Classics, no. 041301, 2013), p. 6. Scheidel의 두 논문은 https://www.princeton.edu/~pswpc/papers/author MZ/scheidel/scheidel.html 검색.

58.	이에 관해서는 Walter Scheidel의 연구가 특히 알차다. Scheidel, Walter, "Physical Wellbeing in the Roman World" (Princeton/Stanford Working Papers in Classics, no. 091001, 2010) 등을 참조. https://www.princeton.edu/~pswpc/papers/authorMZ/scheidel/scheidel.html 검색.

59.	Gallant, Thomas W., 『Risk and Survival in Ancient Greece:

Reconstructing the Rural Domestic Economy』 (Stanford: Stanford University Press, 1991), pp. 20 – 21, 38 – 40.

CHAPTER 7
제국의 위기 _ 서기 250~500년

1.  Tian, Xiaofei, 『Tao Yuanming and Manuscript Culture: The Record of a Dusty Table』 (Seattle, WA: University of Washington Press, 2005), p. 186.

2.  Palladius, T. Owen, trans., 『The Fourteen Books of Palladius Rutilius Taurus Æmilianus on Agriculture』 (London: J. White, 1807).

3.  Margy, Nagit, "A Hun–Age Burial with Male Skeleton and Horse Bones Found in Budapest." In Florin Curta, ed., 『Neglected Barbarians』 (Turnhout: Brepols, 2010), pp. 137 – 75.

4.  Biswas, Atreya, 『The Political History of the Hunas in India』 (New Delhi: Munshiram Manoharlal Publishers, 1971), p. 69.

5.  McCormick, Michael, et al., "Climate Change during and after the Roman Empire: Reconstructing the Past from Scientific and Historical Evidence," 《Journal of Interdisciplinary History》 vol. 43, no. 2 (2012) pp. 169 – 220.

6.  Maenchen–Helfen, J. Otto, 『The World of the Huns: Studies in Their History and Culture』 (Berkeley, CA: University of California Press, 1973), p. 33.

7.  Cyprian, Rose Bernard Donna, trans., 『Letters 1 – 81』 (Washington, DC: Catholic University of America Press, 1964).

8.  Zosimus, James J. Buchanan and Harold T. Davis, trans., 『Historia Nova: The Decline of Rome』 (San Antonio, TX: Trinity University Press, 1967), p. 201.

9.  Williams, Stephen, 『Diocletian and the Roman Recovery』 (London: Routledge, 1997), p. 129.

10. Kropff, Antony, "An English Translation of the Edict on Maximum Prices, also Known as the Price Edict of Diocletian (Edictum de pretiis rerum venalium)" (Academia. edu., 2016). http://www.academia.edu/23644199/New_English_translation_of_the_Price_Edict_of_Diocletianus 검색.

11. Heather, Peter, "Senators and Senates." In Averil Cameron and Peter

Garnsey, eds., 『The Cambridge Ancient History, vol. 13, The Late Empire, A.D. 337 – 425』 (Cambridge: Cambridge University Press, 1998), pp. 185 – 6.

12. Bate, H. N., trans., 『The Sibylline Oracles: Books III – V』 (London: Society for Promoting Christian Knowledge, 1918), p. 62.

13. Themistius, Peter Heather and David Moncur, trans., 『Politics, Philosophy, and Empire in the Fourth Century: Select Orations of Themistius』 (Liverpool: Liverpool University Press, 2001), p. 201.

14. Lewis, Naphtali, and Meyer Reinhold, eds., 『Roman Civilization: Selected Readings vol. 1: The Republic』 (New York: Columbia University Press, 1955), p. 377.

15. Blockley, R. C., "The Romano–Persian Peace Treaties of A.D. 299 and 363." 『Florilegium vol. 6』 (1984), pp. 28 – 49.

16. Merrills, Andy, and Richard Miles, 『The Vandals』 (Chichester: Wiley–Blackwell, 2009), p. 42.

17. Zosimus, 『The History of Count Zosimus, Sometime Advocate and Chancellor of the Roman Empire』 (London: J. Davis, 1814), p. 164.

18. Malamud, Martha, trans., 『Rutilius Namatianus' Going Home: De Reditu Suo』 (Abingdon: Routledge, 2016), p. 6.

19. Maas, Michael, 『Readings in Late Antiquity: A Sourcebook』 (Abingdon: Routledge, 2010), p. 138.

20. Benson, Robert L., "The Gelasian Doctrine: Uses and Transformations." In Dominique Sourdel, ed., 『La Notion d'autorité au Moyen Age: Islam, Byzance, Occident』 (Paris: Presses Universitaires de France, 1982), p. 14.

21. Gregory of Tours, Lewis Thorpe, trans., 『The History of the Franks』 (London: Penguin, 1974), p. 154.

22. Luo, Guanzhong, Moss Roberts, trans., 『The Romance of the Three Kingdoms: A Historical Novel』 (Berkeley, CA: University of California Press, 1991), p. 923.

23. Chen, Shou, 『San guo zhi [Records of the Three Kingdoms]』 (Taipei: Dingwen Printing, 1977), p. 210.

24. Cheng, Qinhua, 『Sons of Heaven: Stories of Chinese Emperors through the Ages』 (Beijing: Foreign Languages Press, 2000), p. 118.

25. Tanner, Harold M., 『China: A History』 (Indianapolis, IN: Hackett, 2009), p. 143.

26.   위의 책.

27.   Dreyer, Edward L., "Military Aspects of the War of the Eight Princes, 300–307." In Nicola Di Cosmo, ed., 『Military Culture in Imperial China』 (Cambridge, MA: Harvard University Press, 2009), p. 124.

28.   Duthie, Nina, "Origins, Ancestors, and Imperial Authority in Early Northern Wei Historiography" (Unpublished PhD dissertation, Columbia University, 2015), p. 112. https://doi.org/10.7916/D8 NC 601F 검색.

29.   Sims–Williams, Nicholas, trans., 『The Sogdian Ancient Letters』 (2004). https://depts.washington.edu/silkroad/texts/sogdlet.html 검색.

30.   위의 책.

31.   Wace, Henry, and Philip Schaff, eds., 『A Select Library of Nicene and Post–Nicene Fathers of the Christian Church: Second Series, vol. 6, St. Jerome: Letters and Select Works』 (Oxford: James Parker and Company, 1893), p. 500.

32.   Boyce, M., trans., 『The Letter of Tansar』 (Rome: Istituto Italiano per il Medio ed Estremo Oriente, 1968), pp. 40–46.

33.   Frye, Richard N., 『The History of Ancient Iran』 (Munich: C. H. Beck'sche Verlagsbuchhandlung, 1984), p. 371.

34.   Marcellinus, Ammianus, Walter Hamilton, trans., 『The Later Roman Empire (A.D. 354–378)』 (Harmondsworth: Penguin, 1986), p. 263.

35.   Sykes, P. M., 『A History of Persia vol. 1』 (London: Macmillan and Co., 1915), p. 484.

36.   Darling, Linda T., 『A History of Social Justice and Political Power in the Middle East: The Circle of Justice from Mesopotamia to Globalization』 (Abingdon: Routledge, 2013), p. 42.

37.   앞서 인용한 책. Sykes, Percy, 1915, p. 390.

38.   '아슈바메다'란, 말(아슈바)의 희생제(메다)를 뜻한다. 왕은 희생물로 선정된 말을 자유롭게 풀어놓고 그 뒤를 무장 친위대가 따르게 한다. 만약 말이 국경을 넘어가면, 이웃 나라는 그들이 자신의 영토를 짓밟는 것을 지켜볼지(곧 복종할지), 아니면 전쟁을 치를지 선택해야 한다. 1년 뒤 왕은 말을 회수하여 죽인 뒤 제사를 지낸다. – 편집자 주

39.   Nieminen, Timo A., "The Asian War Bow." In E. Barbiero et al., eds., 《19th Australian Institute of Physics Congress》 (ACOFT/AOS, 2010), p. 4. https://arxiv.org/abs/1101.1677 검색.

40.   Ramachandra Dikshitar, V. R., 『The Gupta Polity』 (Delhi: Motilal

Banarsidass, 1993), pp. 151 − 2.

41.  Singh Jina, Prem, 『Famous Western Explorers to Ladakh』 (New Delhi:
     Indus Publishing Company, 1995), pp. 139 − 40.

42.  Litvinsky, B. A., "The Hephthalite Empire." In B. A. Litvinsky et al.,
     eds., 『History of Civilizations of Central Asia vol. 3: The Crossroads of
     Civilizations, A.D. 250 to 750』 (Paris: UNESCO, 1996), pp. 135 − 62.

43.  다음에서 재인용. Mookerji, Radhakumud, 『The Gupta Empire』 (Delhi:
     Motilal Banarsidass, 1989), p. 55.

44.  Wicks, Robert S., 『Money, Markets, and Trade in Early Southeast Asia:
     The Development of Indigenous Monetary Systems to AD 1400』 (Ithaca,
     NY: Cornell Southeast Asia Program, 1992).

45.  Cœdès, George, "Deux Inscriptions Sanskrites Du Fou−Nan," 《Bulletin
     de l'École française d'Extrême−Orient》 vol. 31, nos. 1 − 2 (1931), p. 2.

46.  Shaffer, Lynda Norene, 『Maritime Southeast Asia to 1500』 (Armonk,
     NY: M. E. Sharpe, 1996).

47.  Peebles, Patrick, ed., 『Voices of South Asia: Essential Readings from
     Antiquity to the Present』 (Abingdon: Routledge, 2015), p. 59.

48.  Chŏn, Ho−t'ae, 『Goguryeo: In Search of Its Culture and History』
     (Elizabeth, NJ: Hollym International, 2008).

49.  Kim, J. Y., "The Kwanggaet'o Stele Inscription." In Ian Nish, ed.,
     『Contemporary European Writing on Japan: Scholarly Views from
     Eastern and Western Europe』 (Woodchurch: Paul Norbury, 1988),
     pp. 79 − 81.

50.  Robin, Christian Julien, "Arabia and Ethiopia." In Scott Fitzgerald
     Johnson, ed., 『The Oxford Handbook of Late Antiquity』 (New York:
     Oxford University Press, 2012), p. 277.

CHAPTER 8

## 예언자의 이름으로 _ 서기 500~750년

1.  Meri, Josef W., 『Medieval Islamic Civilization: An Encyclopedia vol. 1』
    (London: Routledge, 2006), p. 203.

2.  Abdel Haleem, M. A. S., 『The Qur'an』 (Oxford: Oxford University Press,
    2008), 3.109.

3.      위의 책, 3.14.

4.      위의 책, 4.29 – 30.

5.      위의 책, 4.91.

6.      Rogerson, Barnaby, 『The Heirs of the Prophet Muhammad and the Roots of the Sunni–Shia Schism』 (London: Little Brown, 2006), p. 160.

7.      Theophilus of Edessa, Robert G. Hoyland, trans., 『Theophilus of Edessa's Chronicle and the Circulation of Historical Knowledge in Late Antiquity and Early Islam』 (Liverpool: Liverpool University Press, 2011), p. 133.

8.      위의 책, p. 159.

9.      Procopius, H. B. Dewing, trans., 『History of the Wars vol. 1』 (London: William Heinemann, 1914), p. 103.

10.     Musée du Louvre, inv. no. AO 9063.

11.     Bell, Peter N., 『Three Political Voices from the Age of Justinian: Agapetus, 'Advice to the Emperor'; 'Dialogue on Political Science'; Paul the Silentiary, 'Description of Hagia Sophia'』 (Liverpool: Liverpool University Press, 2009), p. 175.

12.     Maas, Michael, 『Readings in Late Antiquity: A Sourcebook』 (Abingdon: Routledge, 2010), p. 90.

13.     위의 책, p. 382.

14.     Menander, R. C. Blockley, trans., 『The History of Menander the Guardsman』 (Liverpool: Cairns, 1985), p. 63.

15.     Gregory of Tours, Lewis Thorpe, trans., 『The History of the Franks』 (London: Penguin, 1974), p. 461.

16.     James of Viterbo, R. W. Dyson, ed., 『De Regimine Christiano: A Critical Edition and Translation』 (Leiden: Brill, 2009), p. xxxi.

17.     Hen, Yizhak, "Converting the Barbarian West." In Daniel E. Bornstein, ed., 『A People's History of Christianity vol. 4: Medieval Christianity』 (Minneapolis, MN: Fortress Press, 2010), p. 42.

18.     Cadoux, C. John, 『The Early Christian Attitude to War: A Contribution to the History of Christian Ethics』 (London: Headley Bros, 1919), pp. 86 – 201.

19.     위의 책, p. 81.

20.     Augustine, Saint, Henry Bettenson, trans., 『Concerning the City of God against the Pagans』 (London: Penguin, 2003), p. 267.

21.     Leo VI, George T. Dennis, trans., 『The Taktika of Leo VI』 (Washington,

DC: Dumbarton Oaks, 2010), p. 5.

22. Lovell, Julia, 『The Great Wall: China against the World, 1000 BC–AD 2000』 (New York: Grove Press, 2006), p. 109.

23. Wang, Mei-Hsiu, "Cultural Identities as Reflected in the Literature of the Northern and Southern Dynasties Period (4th–6th Centuries A.D.)" (Unpublished PhD dissertation, University of Leeds, 2007), p. 160. http://etheses.whiterose.ac.uk/364/ 검색.

24. Dien, Albert E., 『Six Dynasties Civilization』 (New Haven, CT: Yale University Press, 2007), p. 6.

25. Dien, Albert E., "The Stirrup and Its Effect on Chinese Military History," 《Ars Orientalis》 vol. 16 (1986), pp. 33–56.

26. Chen, Jack W., 『The Poetics of Sovereignty: On Emperor Taizong of the Tang Dynasty』 (Cambridge, MA: Harvard University Asia Center, 2010), p. 39.

27. Ebrey, Patricia Buckley, 『Chinese Civilization: A Sourcebook』 (New York: Free Press, 1993), p. 114.

28. Zhang, Qizhi, 『An Introduction to Chinese History and Culture』 (Heidelberg: Springer, 2015), p. 196.

29. Whitfield, Susan, 『Life along the Silk Road』 (Berkeley, CA: University of California Press, 2015), p. 14.

30. Li, Kangying, 『The Ming Maritime Trade Policy in Transition, 1368 to 1567』 (Wiesbaden: Harrassowitz Verlag, 2010), p. 8.

31. Li, Qingxin, 『The Maritime Silk Road』 (Beijing: China Intercontinental Press, 2006), p. 40.

32. Ross, E. Denison, "The Orkhon Inscriptions: Being a Translation of Professor Vilhelm Thomsen's Final Danish Rendering," 《Bulletin of the School of Oriental Studies》 vol. 5, no. 4 (University of London, 1930), pp. 864–5, 862.

33. Drew, David, 『The Lost Chronicles of the Maya Kings』 (Berkeley, CA: University of California Press, 1999), p. 197.

34. 위의 책, pp. 285–6.

35. The so-called Leiden Plaque (National Museum of Ethnology, Leiden), inv. no. RV–1403–1193.

36. Cowgill, George L., "State and Society at Teotihuacan, Mexico," 《Annual Review of Anthropology》 vol. 26 (1997), p. 145.

37.	Van Tuerenhout, Dirk, "Maya Warfare: Sources and Interpretations," 《Civilisations: Revue internationale d'anthropologie et de sciences humaines》 vol. 50 (2002), pp. 129 – 52.

CHAPTER 9
## 희망과 재앙 사이의 땅 _ 서기 750~1000년

1.	Schinz, Alfred, 『The Magic Square: Cities in Ancient China』(Stuttgart: Axel Menges, 1996), p. 206.
2.	Heck, Gene W., 『Charlemagne, Muhammad, and the Arab Roots of Capitalism』 (Berlin: Walter de Gruyter, 2006), p. 66.
3.	위의 책, p. 67.
4.	Al-Sirafi, Abu Zayd, Tim Mackintosh-Smith, trans., "Accounts of China and India." In Tim Mackintosh-Smith and James E. Montgomery, eds., 『Two Arabic Travel Books』 (New York: New York University Press, 2014), p. 87.
5.	앞서 인용한 책. Heck, Gene W., 2006, pp. 98, 111.
6.	Treadgold, Warren, 『The Byzantine Revival, 780 – 842』 (Stanford, CA: Stanford University Press, 1988), p. 118.
7.	앞서 인용한 책. Al-Sirafi, Abu Zayd, Tim Mackintosh-Smith, trans., 2014. p. 51.
8.	Lewis, Mark Edward, 『China's Cosmopolitan Empire: The Tang Dynasty』 (Cambridge, MA: Belknap Press, 2009), p. 158.
9.	앞서 인용한 책. Al-Sirafi, Abu Zayd, Tim Mackintosh-Smith, trans., 2014. pp. 67, 71.
10.	Noble, Thomas F. X., and Thomas Head, eds., 『Soldiers of Christ: Saints and Saints' Lives from Late Antiquity and the Early Middle Ages』 (University Park, PA: Pennsylvania State University Press, 2000), p. 171.
11.	Riché, Pierre, 『Daily Life in the World of Charlemagne』 (Philadelphia, PA: University of Pennsylvania Press, 1978), p. 17.
12.	Wang, Zhenping, 『Ambassadors from the Islands of Immortals: China-Japan Relations in the Han-Tang Period』 (Honolulu, HI: University of Hawaii Press, 2005), p. 158.
13.	Makeham, John, ed., 『China: The World's Oldest Living Civilization

Revealed』 (London: Thames & Hudson, 2008), p. 218.

14. Zhang, Qizhi, 『An Introduction to Chinese History and Culture』 (Heidelberg: Springer, 2015), pp. 59 – 60. 당나라는 타림분지를 장악하려고 640년에 안시를 보호령으로 삼았다.

15. 위의 책, p. 60.

16. Birch, Cyril, ed., 『Anthology of Chinese Literature vol. 1: From Early Times to the Fourteenth Century』 (New York: Grove Press, 1965), pp. 240 – 41.

17. Slobodnik, Martin, "The Early Policy of Emperor Tang Dezong (779 – 805) towards Inner Asia," 《Asian and African Studies》 vol. 6, no. 2 (1997), p. 193.

18. Keng, Chen-hua, "The Impact of Tang–Tubo War on the Transformation of Military System and Heqin Politics in Tang Dynasty," 《Mongolian and Tibetan Quarterly》 vol. 21, no. 1 (2012), p. 20. Rong, Xinjiang, "A Study of Yang Liangyao's Embassy to the Abbasid Caliphate." In Victor H. Mair and Liam C. Kelley, eds., 『Imperial China and Its Southern Neighbours』 (Singapore: ISEAS), p. 245.

19. Wu, Chong, "Drought Blamed for Tang Collapse," 《China Daily》 (8 January, 2007). Fan, Ka–Wai, "Climatic Change and Dynastic Cycles in Chinese History: A Review Essay," 《Climatic Change》 vol. 101, no. 3 – 4 (2010), pp. 565 – 73.

20. Dudbridge, Glen, 『A Portrait of Five Dynasties China: From the Memoirs of Wang Renyu (880 – 956)』 (Oxford: Oxford University Press, 2013), p. 156.

21. Mote, F. W., 『Imperial China, 900 – 1800』 (Cambridge, MA: Harvard University Press 2003), p. 46.

22. Lee, Peter H., et al., eds., 『Sources of Korean Tradition vol. 1: From Early Times through the Sixteenth Century』 (New York: Columbia University Press, 1997), pp. 154, 156.

23. 위의 책, p. 172.

24. Bronson, Bennet, and Jan Wisseman, "Palembang as Srivijaya: The Lateness of Early Cities in Southern Southeast Asia," 《Asian Perspectives》 vol. 19, no. 2 (1976), p. 222.

25. Fatimi, S. Q., "Two Letters from the Maharaja to the Khalifah: A Study in the Early History of Islam in the East," 《Islamic Studies》 vol. 2, no. 1

(1963), p. 127.

26. Chatterjee, Bijan Raj, and Niranjan Prasad Chakravarti, 『India and Java: Inscriptions』 (Calcutta: Greater India Society, 1933), p. 43.

27. Bhavabhuti, John Pickford, trans., 『Maha-Vira-Charita: The Adventures of the Great Hero Rama』 (London: Trübner & Co., 1871), p. 75.

28. Sengupta, Nitish, 『Land of Two Rivers: A History of Bengal from the Mahabharata to Mujib』 (New Delhi: Penguin India, 2011), p. 40.

29. 위의 책.

30. Sharma, Shanta Rami, "Evolution of Deities and Syncretism in Rajasthan, c. A.D. 600 – 1000: The Dynamics and Material Implications," 《Indian Historical Review》 vol. 28 (2001), p. 20.

31. Kielhorn, F., "Khalimpur Plate of Dharmapaladeva." In E. Hultzsch, ed., 《Epigraphia Indica》 vol. 4. (Calcutta: Office of the Superintendent of Government Printing, India, 1896 – 7), p. 248.

32. Judd, Steven, "Reinterpreting al-Walid b. Yazid," 《Journal of the American Oriental Society》 vol. 128, no. 3 (2008), pp. 439 – 58.

33. Theophilus of Edessa, Robert G. Hoyland, trans., 『Theophilus of Edessa's Chronicle and the Circulation of Historical Knowledge in Late Antiquity and Early Islam』 (Liverpool: Liverpool University Press, 2011), p. 246.

34. 위의 책, p. 253.

35. 위의 책, p. 256.

36. 위의 책, p. 270.

37. Al-Shaybani, Majid Khadduri, trans., 『The Islamic Law of Nations: Shaybani's Siyar』 (Baltimore, MD: Johns Hopkins University Press, 2001).

38. Al-Mawardi, Asadullah Yate, trans., 『Al-Akham as-Sultaniyyah: The Laws of Islamic Governance』 (London: Ta-Ha, 1996), p. 28.

39. Bostom, Andrew G., ed., 『The Legacy of Jihad: Islamic Holy War and the Fate of Non-Muslims』 (Amherst, NY: Prometheus, 2008), p. 193.

40. 위의 책, p. 190.

41. Cooperson, Michael, 『Al-Ma'mun』 (London: Oneworld, 2005), pp. 40 – 41.

42. Mahal, Talab Sabbar, 『The Manners, Norms, and Customs (Rusoom) of the House of Governance in the First Age (Era) of the Abbasid Caliphate, 750 – 865 AD』 (New York: Xlibris, 2015), p. 94. '아미르 알무미닌(믿는 자의 지도자)'은 여러 칼리프가 채택한 전통적인 칭호였다.

43. Al–Tabari, C. E. Bosworth, trans., 『The History of al–Tabari vol. 30: The Abbasid Caliphate in Equilibrium. Albany』 (NY: State University of New York Press, 1989), p. 100.

44. 위의 책, p. 116.

45. 위의 책, p. 102.

46. Al–Tabari, C. E. Bosworth, trans., 『The History of al–Tabari vol. 32: The Reunification of the Abbasid Caliphate』 (Albany, NY: State University of New York Press, 1987), pp. 55 – 6.

47. Waines, David, "The Third Century Internal Crisis of the Abbasids," 《Journal of the Economic and Social History of the Orient》 vol. 20, no. 3 (1977), p. 285.

48. Al–Tabari, David Waines, trans., 『The History of al–Tabari vol. 36: The Revolt of the Zanj』 (Albany, NY: State University of New York Press, 1992), p. 132.

49. Shatzmiller, Maya, 『Labour in the Medieval Islamic World』 (Leiden: Brill, 1994), pp. 56 –7. Stansfield, Gareth, 『Iraq: People, History, Politics』 (Cambridge: Polity Press, 2007), p. 96.

50. Russell, Josiah, "Population in Europe, 500 – 1500." In Carlo M. Cipolla, ed., 『The Fontana Economic History of Europe: The Middle Ages』 (London: Fontana, 1972), pp. 25 – 70.

51. Rogers, Clifford J., "Carolingian Cavalry in Battle: The Evidence Reconsidered." In Simon John and Nicholas Morton, eds., 『Crusading and Warfare in the Middle Ages: Realities and Representations』 (Farnham: Ashgate, 2014), pp. 1 – 12.

52. Scholz, Bernhard Walter, and Barbara Rogers, trans., 『Carolingian Chronicles: Royal Frankish Annals and Nithard's Histories』 (Ann Arbor, MI: University of Michigan Press, 1970).

53. Cave, Roy C., and Herbert H. Coulson, 『A Source Book for Medieval Economic History』 (Milwaukee, WI: Bruce Publishing, 1936), p. 151.

54. Grant, A. J., ed., 『Early Lives of Charlemagne by Eginhard and the Monk of St. Gall』 (London: Chatto and Windus, 1907), p. 111.

55. 위의 책, p. 113.

56. 위의 책, p. 114.

57. Treadgold, Warren, 『A History of the Byzantine State and Society』 (Stanford, CA: Stanford University Press, 1997), p. 436.

58.     Ibn Fadlan, Paul Lunde and Caroline Stone, trans., 『Ibn Fadlan and the
        Land of Darkness: Arab Travellers in the Far North』 (London: Penguin,
        2012).

59.     Nelson, Janet L., trans., 『The Annals of St-Bertin: Ninth-Century
        Histories vol. 1』 (Manchester: Manchester University Press, 1991), p. 50.

60.     Robinson, James Harvey, ed., 『Readings in European History vol. 1:
        From the Breaking up of the Roman Empire to the Protestant Revolt』
        (Boston, MA: Ginn & Company, 1904), p. 159.

61.     앞서 인용한 책. Nelson, Janet L., trans., 1991. p. 52.

62.     Landes, Richard, "The Fear of an Apocalyptic Year 1000: Augustinian
        Historiography, Medieval and Modern," 《Speculum》 vol. 75, no. 1
        (2000), p. 103.

63.     Hung, Hing Ming, 『Li Shi Min, Founding the Tang Dynasty: The
        Strategies That Made China the Greatest Empire in Asia』 (New York:
        Algora, 2013), p. 176.

CHAPTER 10

## 몽골 제국의 팽창 _ 서기 1000~1250년

1.      Deng, Gang, 『Chinese Maritime Activities and Socioeconomic
        Development, c. 2100 B.C. - 1900 A.D.』 (Westport, CT: Greenwood
        Press, 1997), p. 70.

2.      Lo, Jung-Pang, Bruce A. Elleman, ed., 『China as a Sea Power, 1127 -
        1368: A Preliminary Survey of the Maritime Expansion and Naval
        Exploits of the Chinese People during the Southern Song and Yuan
        Periods』 (Singapore: NUS Press, 2012), p. 57. Lo, Jung-Pang, "The
        Emergence of China as a Sea Power during the Late Sung and Early Yuan
        Periods," 《The Far Eastern Quarterly》 vol. 14, no. 4 (1955), pp. 489 -
        503. Hall, Kenneth R., 『A History of Early Southeast Asia: Maritime
        Trade and Societal Development, 100 - 1500』 (Lanham, MD: Rowman
        & Littlefield, 2011), pp. 331 - 2. Chenzhen, Shou, 『Tushuo zhongguo
        haijun shi [An Illustrated History of the Chinese Navy]』 (Fuzhou: Fujian
        Education Press, 2002), pp. 17 - 30.

3.      Anderson, James, 『The Rebel Den of Nùng Trí Cao: Loyalty and

Identity along the Sino–Vietnamese Frontier』 (Seattle, WA: University of Washington Press, 2007), pp. 88 – 118.

4.      Broadberry, Stephen, et al., "China, Europe and the Great Divergence: A Study in Historical National Accounting, 980 – 1850" (University of Oxford Discussion Papers in Economic and Social History, no. 155, 2017). https://www.economics.ox.ac.uk/materials/working_papers/.../155aprilbr oadberry.pdf 검색.

5.      Chen, Guanwei, and Chen Shuguo, "State Rituals." In John Lagerwey and Pierre Marsone, eds., 『Modern Chinese Religion I: Song–Liao–Jin–Yuan (960 – 1368 AD) vol. 1』 (Leiden: Brill, 2015), p. 152.

6.      Wang, Yuan–kang, 『Harmony and War: Confucian Culture and Chinese Power Politics』 (New York: Columbia University Press, 2011), p. 34.

7.      위의 책, pp. 60 – 61.

8.      위의 책, p. 63.

9.      위의 책, p. 61.

10.     Mote, Frederick W., 『Imperial China, 900 – 1800』 (Cambridge, MA: Harvard University Press, 2003), p. 71.

11.     Twitchett, Denis, and Klaus–Peter Tietze, "The Liao." In Herbert Franke and Denis Twitchett, eds., 『The Cambridge History of China vol. 6: Alien Regimes and Border States, 907 – 1368』 (Cambridge: Cambridge University Press, 1994), p. 122.

12.     앞서 인용한 책. Wang, Yuan–kang, 2011. p. 63.

13.     Smith, Paul J., 『Taxing Heaven's Storehouse: Horses, Bureaucrats, and the Destruction of the Sichuan Tea Industry, 1074 – 1224』 (Cambridge, MA: Council on East Asian Studies, Harvard University, 1991), p. 16.

14.     Manyard, Kevin, "Yuan Haowen's June 12th, 1233 – Crossing North: Three Verses," 《Welling out of Silence》 vol. 2, no. 2 (2013). http://poetrychina.net/wp/welling–magazine/yuan–haowen–three–verses 검색.

15.     McLaren, Anne, "Challenging Official History in the Song and Yuan Dynasties: The Record of the Three Kingdoms." In Lucille Chia and Hilde de Weerdt, eds., 『Knowledge and Text Production in an Age of Print: China, 900 – 1400』 (Leiden: Brill, 2011), p. 333.

16.     앞서 인용한 책. Broadberry, Stephen, et al., 2017. p. 26.

17.     Dawson, Christopher, 『Mission to Asia』 (Toronto: University of Toronto Press, 1980), p. 86.

18. Roger of Apulia, János M. Bak and Martyn Rady, trans., 『Master Roger's Epistle to the Sorrowful Lament upon the Destruction of the Kingdom of Hungary by the Tatars』 (Budapest: Central European University Press, 2010), pp. 201, 209.

19. Müller–Mertens, Eckhard, "The Ottonians as Kings and Emperors." In Timothy Reuter, ed., 『The New Cambridge Medieval History Volume III: c. 900 – c. 1024』 (Cambridge: Cambridge University Press, 1999), pp. 233 – 67.

20. Lees, Jay T., "David Rex Fidelis? Otto the Great, the Gesta Ottonis, and the Primordia Coenobii Gandeshemensis." In Phyllis R. Brown and Stephen L. Wailes, eds., 《A Companion to Hrotsvit of Gandersheim (fl. 960): Contextual and Interpretive Approaches》 (Leiden: Brill, 2013), p. 215.

21. Liudprand of Cremona, Paolo Squatriti, trans., 『The Complete Works of Liudprand of Cremona』 (Washington, DC: The Catholic University of America Press, 2007), p. 219.

22. 위의 책, pp. 220 – 21.

23. Mastnak, Tomaž, 『Crusading Peace: Christendom, the Muslim World, and Western Political Order』 (Berkeley, CA: University of California Press, 2002), p. 37.

24. Fletcher, Richard, 『The Cross and the Crescent: Christianity and Islam from Muhammad to the Reformation』 (London: Allen Lane, 2003), p. 123.

25. Coleman, David, "Migration as a Primary Force in Human Population Processes." In Graziella Caselli et al., eds., 『Demography: Analysis And Synthesis. A Treatise in Population Studies』 (Amsterdam: Elsevier, 2006), pp. 34 – 5.

26. Gieysztor, Aleksander, "Trade and Industry in Eastern Europe before 1200." In M. M. Postan and Edward Miller, eds., 『The Cambridge Economic History of Europe vol. 2: Trade and Industry in the Middle Ages』 (Cambridge: Cambridge University Press, 1987), pp. 485 – 92.

27. Constantine VII Porphyrogenitus, R. J. H. Jenkins, trans., 『De Administrando Imperio』 (Washington, DC: Dumbarton Oaks Center for Byzantine Studies, 1967).

28. Comnena, Anna, E. R. A. Sewter, trans., 『The Alexiad』 (Harmondsworth:

Penguin, 1969), p. 157.

29. Choniates, Niketas, Harry J. Magoulias, trans., 『O City of Byzantium: Annals of Niketas Choniates』 (Detroit, MI: Wayne State University Press, 1984).

30. Poly, Jean-Pierre, "Europe in the Year 1000." In Robert Fossier, ed., 『The Cambridge Illustrated History of the Middle Ages Volume II: 950 – 1250』 (Cambridge: Cambridge University Press, 1997), p. 23.

31. Neocleous, Savvas, "Is the Contemporary Latin Historiography of the First Crusade and Its Aftermath 'Anti-Byzantine'?" In Savvas Neocleous, ed., 『Papers from the First and Second Postgraduate Forums in Byzantine Studies: Sailing to Byzantium』 (Newcastle: Cambridge Scholars Publishing, 2009), pp. 32 – 50.

32. Peacock, A. C. S., 『The Great Seljuk Empire』 (Edinburgh: Edinburgh University Press, 2015), p. 46.

33. 위의 책, p. 33.

34. Korobeinikov, Dimitri, "'The King of the East and the West': The Seljuk Dynastic Concept and Titles in the Muslim and Christian Sources." In A. C. S. Peacock and Sara Nur Yildiz, eds., 『The Seljuks of Anatolia: Court and Society in the Medieval Middle East』 (London: I.B. Tauris, 2013), p. 73.

35. Canard, Marius, "L'impérialisme des Fatimides et leur propaganda," 『Annales de l'institute d'études orientales vol. 6』 (1947), pp. 180 – 86.

36. Black, Antony, 『The History of Islamic Political Thought: From the Prophet to the Present』 (Edinburgh: Edinburgh University Press, 2011), p. 46.

37. 앞서 인용한 책. Peacock, A. C. S., 2015. p. 61.

38. 위의 책, p. 72.

39. Karsh, Efraim, 『Islamic Imperialism: A History』 (New Haven, CT: Yale University Press, 2006), p. 73.

40. Meenakshisundararajan, A., "Rajendra Chola's Naval Expedition and the Chola Trade with Southeast and East Asia." In Hermann Kulke et al., eds., 『Nagapattinam to Suvarnadwipa: Reflections on the Chola Naval Expeditions to Southeast Asia』 (Singapore: ISEAS, 2009), pp. 174 – 5.

41. Bilhana, Georg Bühler, ed., 『The Vikramankadevacharita: A Life of King Vikramaditya-Tribhuvanamalla of Kalyana Composed by his Vidyapati

Bilhana』 (Bombay: Government Central Book Depôt, 1875), p. 12.

42. Kahlana, Jogesh Chunda Dutt, trans., 『Kings of Kashmira: Being a Translation of the Sanskrita Work Rajatarangini of Kahlana Pandita vol. 2』 (Calcutta: J. C. Dutt, 1887), p. 17.

43. 위의 책, pp. 9, 12, 15.

44. Spencer, George W., "The Politics of Plunder: The Cholas in Eleventh–Century Ceylon," 《Journal of Asian Studies》 vol. 35, no. 3 (1976), pp. 405 – 19.

45. 앞서 인용한 책. Lo, Jung–Pang, Bruce A. Elleman, ed., 2012. p. 11.

46. 앞서 인용한 책. Bilhana, Georg Bühler, trans., 1875. p. 15.

47. 위의 책, p. 44.

48. Wink, André, 『Al–Hind: The Making of the Indo–Islamic World vol. 2: The Slave Kings and the Islamic Conquest, 11th – 13th Centuries』 (Leiden: Brill, 1997), p. 146.

49. Nizami, K. A., "The Ghurids." In M. S. Asimov and C. E. Bosworth, eds., 『History of Civilizations of Central Asia vol. 4, part 1: The Age of Achievement, A.D. 750 to the End of the Fifteenth Century: The Historical, Social and Economic Setting』 (Paris: UNESCO, 1998), p. 188.

50. Hirth, F., 『China and the Roman Orient: Researches into Their Ancient and Mediaeval Relations as Represented in Old Chinese Records』 (Leipzig: Georg Hirth, 1885), p. 62.

51. Robinson, I. S., ed., 『The Papal Reform of the Eleventh Century: Lives of Pope Leo IX and Pope Gregory VII』 (Manchester: Manchester University Press, 2004), pp. 8, 11.

52. Thatcher, Oliver J., and Edgar H. McNeal, eds., 『A Source Book for Mediaeval History: Selected Documents Illustrating the History of Europe in the Middle Age』 (New York: Charles Scribner's Sons, 1905), p. 516.

53. Joinville and Villehardouin, Caroline Smith, trans., 『Chronicles of the Crusades』 (London: Penguin, 2008), p. 10.

54. Martin, M. E., "The Venetian–Seljuk Treaty of 1220," 《English Historical Review》 vol. 95, no. 375 (1980), pp. 321 – 30.

55. Jackson, Peter, 『The Mongols and the West, 1221 – 1410』 (Harlow: Longman, 2005), p. 131.

56. 앞서 인용한 책. Dawson, Christopher, 1980. p. 76.

57. Lamouroux, Christian, "Geography and Politics: The Song–Liao Border Dispute of 1074/75." In Sabine Dabringhaus and Roderich Ptak, eds., 『China and Her Neighbours』 (Wiesbaden: Harrassowitz Verlag, 1997), pp. 1 – 28.

58. Chang, Yachin, "Chenkuo yu Song Liao hua jie jiaoshi [Shen Kua and the Border Negotiations between Sung and Liao]," 『Shihi vol. 12』 (1975), pp. 10 – 25.

59. Fenby, Jonathan, 『The Dragon Throne: China's Emperors from the Qin to the Manchu』 (London: Quercus, 2015), p. 167.

60. Liu, Shi-Yee, "Epitome of National Disgrace: A Painting Illuminating Song–Jin Diplomatic Relations," 《Metropolitan Museum Journal》 vol. 45 (2010), pp. 55 – 82.

## CHAPTER 11
## 어둠 속에 웅크리다 _ 서기 1250~1500년

1. Panofsky, Erwin, 『Renaissance and Renascences in Western Art vol. 1』 (Stockholm: Almqvist & Wiksell, 1960), p. 10.

2. Qian, Weihong, and Yafen Zhu, "Little Ice Age Climate near Beijing, China, Inferred from Historical and Stalagmite Records," 《Quaternary Research》 vol. 57, no. 1 (2002), pp. 109 – 19. Sussman, George D., "Was the Black Death in India and China?" 《Bulletin of the History of Medicine》 vol. 85, no. 3 (2001), pp. 319 – 55.

3. Topsfield, L. T., 『Troubadours and Love』 (Cambridge: Cambridge University Press, 1975), p. 251.

4. McGrade, Arthur Stephen, et al., eds., 『The Cambridge Translations of Medieval Philosophical Texts vol. 2: Ethics and Political Philosophy』 (Cambridge: Cambridge University Press, 2001), p. 331.

5. Jarrett, Bede, 『Social Theories in the Middle Ages, 1200 – 1500』 (London: Frank Cass, 1968), p. 185.

6. Mattingly, Garrett, 『Renaissance Diplomacy』 (Boston, MA: Houghton Mifflin, 1955), p. 42.

7. Commynes, Philippe de, 『The Historical Memoirs of Philip de Comines』

(London: J. Davis, 1817), pp. 54 – 5.

8.  Boone, Rebecca Ard, 『War, Domination, and the 'Monarchy of France': Claude de Seyssel and the Language of Politics in the Renaissance』 (Leiden: Brill, 2007), p. 53.

9.  Der Derian, James, 『On Diplomacy: A Genealogy of Western Estrangement』 (Oxford: Blackwell, 1987), p. 2.

10. Modelski, George, and Sylvia Modelski, eds., 『Documenting Global Leadership』 (Basingstoke: Macmillan, 1998), pp. 20 – 21, 27.

11. Fubini, Riccardo, "The Italian League and the Policy of the Balance of Power at the Accession of Lorenzo de' Medici." In Julius Kirshner, ed., 『The Origins of the State in Italy, 1300 – 1600』 (Chicago, IL: University of Chicago Press, 1996), p. 195.

12. 앞서 인용한 책. Commynes, Philippe de, 1817. p. 222.

13. Gieyztor, Aleksander, "The Kingdom of Poland and the Grand Duchy of Lithuania, 1370 – 1506." In Christopher Allmand, ed., 『The New Cambridge Medieval History Volume VII: c. 1415 – c. 1500』 (Cambridge: Cambridge University Press, 1998), p. 728.

14. Babinger, Franz, 『Mehmed the Conqueror and His Time』 (Princeton, NJ: Princeton University Press, 1978), p. 235.

15. Kiss, Tamás, "Cyprus in Ottoman and Venetian Political Imagination, c. 1489 – 1582" (Unpublished PhD dissertation, Central European University, 2016), p. 155. www.etd.ceu.hu/2016/kiss_tamas.pdf 검색.

16. Setton, Kenneth M., 『The Papacy and the Levant (1204 – 1571) vol. 2』 (Philadelphia, PA: The American Philosophical Society, 1978), p. 301.

17. Kritovulus, Charles T. Riggs, trans., 『History of Mehmed the Conqueror』 (Westport, CT: Greenwood Press, 1970), p. 185.

18. Guilmartin, John Francis, 『Gunpowder and Galleys: Changing Technology and Mediterranean Warfare at Sea in the Sixteenth Century』 (London: Conway Maritime, 2003), pp. 102 – 4.

19. Gosh, Pika, 『Temple to Love: Architecture and Devotion in Seventeenth–Century Bengal』 (Bloomington, IN: India University Press, 2005), p. 86.

20. Roy, Kaushik, 『Warfare in Pre–British India, 1500 BCE to 1740 CE』 (Abingdon: Routledge, 2015).

21. Sewell, Robert, 『A Forgotten Empire (Vijayanagar): A Contribution to

the History of India』 (London: Swan Sonnenschein & Co., 1900), p. 88.

22.  위의 책, p. 82.

23.  Wagoner, Phillip B., "'Sultan among Hindu Kings': Dress, Titles, and
     the Islamicization of Hindu Culture at Vijayanagara," 《Journal of Asian
     Studies》 vol. 55, no. 4 (1996), pp. 851 – 80.

24.  Verma, H. N., and Amrit Verma, 『100 Great Indians through the Ages』
     (Campbell, CA: GIP Books, 1992), p. 163.

25.  Stein, Burton, "Vijayanagara, c. 1350 – 1564." In Tapan Raychaudhuri
     and Irfan Habib, eds., 『The Cambridge Economic History of India:
     Volume 1, c. 1200 – c. 1750』 (Cambridge: Cambridge University Press,
     1982), pp. 117 – 8.

26.  Anon., 『Great Monuments of India』 (London: Dorling Kindersley, 2009),
     p. 133.

27.  앞서 인용한 책. Stein, Burton, 1982. p. 117.

28.  Langlois, John D., Jr, "Introduction." In John Langlois ed., 『China under
     Mongol Rule』 (Princeton, NJ: Princeton University Press, 1981), pp. 3 – 4.

29.  Rossabi, Morris, "The Reign of Khublai Khan." In Herbert Franke
     and Denis Twichett, eds., 『The Cambridge History of China vol. 6:
     Alien Regimes and Border States, 907 – 1368』 (Cambridge: Cambridge
     University Press, 1994), pp. 455, 457.

30.  McCausland, Shane, 『Zhao Mengfu: Calligraphy and Painting for
     Khubilai's China』 (Hong Kong: Hong Kong University Press, 2011),
     pp. 287 – 8.

31.  Schurmann, Herbert Franz, 『Economic Structure of the Yüan Dynasty:
     Translation of Chapters 93 and 94 of the Yuan Shih』 (Cambridge, MA:
     Harvard University Press, 1956), pp. 325 – 30.

32.  Levathes, Louise, 『When China Ruled the Seas: The Treasure Fleet of
     the Dragon Throne, 1405 – 1433』 (New York: Oxford University Press,
     1996), p. 88.

33.  Tsai, Shih-shan Henry, 『The Eunuchs in the Ming Dynasty』 (New York:
     State University of New York Press, 1996), p. 142.

34.  Hybel, Alex Roberto, 『The Power of Ideology: From the Roman Empire
     to Al-Qaeda』 (Abingdon: Routledge, 2010), p. 39.

35.  앞서 인용한 책. Levathes, Louise, 1996. p. 169.

36.  Li, Kangying, 『The Ming Maritime Trade Policy in Transition, 1368 to

1567』 (Wiesbaden: Harrassowitz Verlag, 2010). 앞서 인용한 책. Levathes, Louise, 1996.

37.     Ebrey, Patricia, and Anne Walthall, 『Pre-Modern East Asia to 1800: A Cultural, Social, and Political History』 (Boston, MA: Wadsworth, 2006), p. 257.

38.     McCullough, Helen Craig, trans., 『The Taiheiki: A Chronicle of Medieval Japan』 (New York: Columbia University Press, 1959), p. 214.

39.     Rawski, Evelyn S., 『Early Modern China and Northeast Asia: Cross-Border Perspectives』 (Cambridge: Cambridge University Press, 2015), p. 211 - 2.

40.     Dombrowski, Franz Amadeus, 『Ethiopia's Access to the Sea』 (Leiden: E. J. Brill, 1985), p. 14.

41.     Roland, Oliver, and Anthony Atmore, 『Medieval Africa, 1250 - 1800』 (Cambridge: Cambridge University Press, 2001), p. 199.

42.     Dunn, Ross E., 『The Adventures of Ibn Battuta: A Muslim Traveler of the 14th Century』(Berkeley, CA: University of California Press, 2005), p. 127.

43.     Mlambo, Alois S., 『A History of Zimbabwe』 (Cambridge: Cambridge University, 2014), pp. 22 - 3. Marks, Shula, and Richard Gray, "Southern Africa and Madagascar." In Richard Gray, ed., 『The Cambridge History of Africa Volume 4: from c. 1600 to c. 1790』 (Cambridge: Cambridge University Press, 1975), pp. 385 - 93.

44.     앞서 인용한 책. Roland, Oliver, and Anthony Atmore, 2001, p. 141.

45.     Maret, Pierre de, "Recent Farming Communities and States in the Congo Basin and its Environs." In Peter Mitchell and Paul Lane, eds., 『The Oxford Handbook of African Archaeology』 (Oxford: Oxford University Press, 2013), p. 876 - 8.

46.     Levtzion, Nehemia, "The Western Maghrib and Sudan." In Roland Oliver, ed., 『The Cambridge History of Africa Volume 3: from c. 1050 to c. 1600』 (Cambridge: Cambridge University Press, 1977), p. 421.

47.     McEwan, Gordon F., 『The Incas: New Perspectives』 (Santa Barbara, CA: ABC-Clio, 2006), pp. 95 - 6.

48.     Bierhorst, John, "Translating an Esoteric Idiom: The Case of Aztec Poetry." In Brian Swann, ed., 『Born in the Blood: On Native American Translation』 (Lincoln, NE: University of Nebraska Press, 2011), p. 383.

아즈텍의 시에서 '화염'은 '전투'를 뜻하는 관용어였다.

49.   Covey, R. Alan, 『How the Incas Built Their Heartland: State Formation and the Innovation of Imperial Strategies in the Sacred Valley, Peru』 (Ann Arbor, MI: University of Michigan Press, 2006), p. 169.

50.   Rostworowski de Diez Canseco, María, 『History of the Inca Realm』 (Cambridge: Cambridge University Press, 1999), p. 41.

51.   Vega, Garcilasso de la, Clements R. Markham, trans., 『First Part of the Royal Commentaries of the Yncas vol. 1』 (London: Hakluyt Society, 1869), p. 90.

52.   Bauer, Brian S., 『The Development of the Inca State』 (Austin, TX: University of Texas Press, 1992).

CHAPTER 12

## 새로운 이슬람 제국 시대 _ 서기 1500~1750년

1.    Broadberry, Stephen, "The Great Divergence in the World Economy: Long-Run Trends of Real Income." In Joerg Baten, ed., 『A History of the Global Economy: From 1500 to the Present』 (Cambridge: Cambridge University Press, 2016), p. 37. Allen, Robert C., "The Great Divergence in European Wages and Prices from the Middle Ages to the First World War," 《Explorations in Economic History》 vol. 38, no. 4 (2001), pp. 411 – 47. De Vries, Jan, 『European Urbanization, 1500 – 1800』 (London: Methuen, 1984).

2.    Palabiyik, Mustafa Serdar, "The Changing Ottoman Perception of War: From the Foundation of the Empire to Its Disintegration." In Avery Plaw, ed., 『The Metamorphosis of War』 (Amsterdam: Rodopi, 2012), p. 130.

3.    Bostan, Idris, 『Ottoman Maritime Arsenals and Shipbuilding Technology in the 16th and 17th Centuries』 (Manchester: Foundation for Science, Technology and Civilization, 2007), p. 3. http://www.muslimheritage.com/article/ottoman-maritime-arsenals-and-shipbuilding-technology-16th-and-17th-centuries 검색.

4.    Forster, Edward Seymour, trans., 『The Turkish Letters of Ogier Ghiselin

de Busbecq, Imperial Ambassador at Constantinople, 1554 – 1562』 (Baton Rouge, LA: Louisiana State University Press, 2005).

5.  Faroqhi, Suraiya, 『Travel and Artisans in the Ottoman Empire: Employment and Mobility in the Early Modern Period』 (London: I.B. Tauris, 2014), pp. 129 – 42. Zilfi, Madeline C., 『Women and Slavery in the Late Ottoman Empire: The Design of Difference』 (New York: Cambridge University Press, 2010).

6.  Braudel, Fernand, 『The Mediterranean and the Mediterranean World in the Age of Philip II, vol. 2』 (Berkeley, CA: University of California Press, 1995), p. 882.

7.  Berument, Hakan, and Asli Günay, "Inflation Dynamics and Its Sources in the Ottoman Empire, 1586 – 1913" (Turkish Economic Association Discussion Paper 2004/3). https://ideas.repec.org/p/tek/ wpaper/ 2004 – 3.html 검색.

8.  Savory, Roger, 『Iran under the Safavids』 (Cambridge: Cambridge University Press, 1980), p. 29. 열두 이맘파에서는 마지막 열두 번째 이맘, 즉 신성한 명령에 따라 예언자 무함마드의 후계자가 되어 영적·정치적 지도자가 될 자를 알라께서 숨겨 놓으셨으며, 그가 심판의 날에 세상을 해방할 마흐디로 나타나리라고 믿는다.

9.  Dale, Stephen F., 『The Muslim Empires of the Ottomans, Safavids, and Mughals』 (New York: Cambridge University Press, 2010), p. 78.

10. 앞서 인용한 책. Savory, Roger, 1980. pp. 2 – 3, 33.

11. Rayfield, Donald, "The Greatest King among Poets, the Greatest Poet among Kings." In Hans–Christian Günther, ed., 『Political Poetry across the Centuries』 (Leiden: Brill, 2016), p. 55.

12. Mitchell, Colin P., 『The Practice of Politics in Safavid Iran: Power, Religion and Rhetoric』 (London: I.B. Tauris, 2009), pp. 89, 94.

13. Nicoll, Fergus, 『Shah Jahan』 (New Delhi: Penguin, 2009), p. 168.

14. Chick, H., trans., 『A Chronicle of the Carmelites in Persia: The Safavids and the Papal Mission of the 17th and 18th Centuries vol. 1』 (London: I.B. Tauris, 2012), p. 74.

15. Eskander Beg Monshi, Roger M. Savory, trans., 『History of Shah Abbas the Great』 (Boulder, CO: Westview Press, 1978).

16. Abul Fazl–i–Allami, H. S. Jarrett, trans., 『The Ain I Akbari vol. 3』 (Calcutta: Asiatic Society of Bengal, 1894), p. 382.

17.    위의 책, pp. 235 – 43.

18.    위의 책, p. 399.

19.    Major, Andrea, 『Slavery, Abolitionism and Empire in India, 1772 – 1843』 (Liverpool: Liverpool University Press, 2012), pp. 26 – 7.

20.    Edwardes, S. M., and H. L. O. Garrett, 『Mughal Rule in India』 (New Delhi: Atlantic Publishers, 1995), p. 265.

21.    MacDougall, Philip, 『Naval Resistance to Britain's Growing Power in India, 1660 – 1800: The Saffron Banner and the Tiger of Mysore』 (Woodbridge: Boydell Press, 2014), p. 30.

22.    Dalrymple, William, "The Beautiful, Magical World of Rajput Art." 《New York Review of Books》 (24 November, 2016).

23.    위의 책.

24.    Swope, Kenneth M, "Bringing in the Big Guns: On the Use of Artillery in the Ming–Manchu War." In Kaushik Roy and Peter Lorge, eds., 『Chinese and Indian Warfare: From the Classical Age to 1870』 (Abingdon: Routledge, 2015). p. 136.

25.    Dardess, John W., "The Late Ming Rebellions: Peasants and Problems of Interpretation," 《Journal of Interdisciplinary History》 vol. 3, no. 1 (1972), pp. 103 – 17.

26.    Meng, Huiying, "Characteristics of Shamanism of the Tungusic Speaking People." In Xisha Ma and Huiying Meng, eds., 『Popular Religion and Shamanism』 (Leiden: Brill, 2011), p. 402.

27.    위의 책, p. 405.

28.    Swope, Kenneth M., 『The Military Collapse of China's Ming Dynasty, 1618 – 44』 (Abingdon: Routledge, 2014), pp. 214 – 15.

29.    Wakeman, Frederic, Jr, 『The Great Enterprise: The Manchu Reconstruction of Imperial Order in Seventeenth–Century China』 (Berkeley, CA: University of California Press, 1986), pp. 175 – 225.

30.    앞서 인용한 책. Meng, Huiying, 2011. p. 405.

31.    Schottenhammer, Angela, "Characteristics of Qing China's Maritime Trade Policies, Shunzi through Qianlong Reigns." In Angela Schottenhammer, ed., 『Trading Networks in Early Modern East Asia』 (Wiesbaden: Harrassowitz Verlag, 2010), p. 111.

32.    Liu, Xiaoyuan, 『Frontier Passages: Ethnopolitics and the Rise of Chinese Communism, 1921 – 1945』 (Washington, DC: Woodrow Wilson Center

Press, 2004), p. 16.

33.   Johnston, Alastair Iain, 『Cultural Realism: Strategic Culture and Grand Strategy in Chinese History』 (Princeton, NJ: Princeton University Press, 1995), pp. 217 – 30.

34.   Giersch, C. Patterson, 『Asian Borderlands: The Transformation of Qing China's Yunnan Frontier』 (Cambridge, MA: Harvard University Press, 2006), pp. 49 – 50.

35.   Geary, D. Norman, et al., 『The Kam People of China: Turning Nineteen』 (London: RoutledgeCurzon, 2003), p. 13.

36.   Li, Guo-rong, "Archives of the Qing Dynasty: Emperor Yongzheng and Taiwan," Paper presented at the First International Symposium Organized by the Palace Museums across the Strait: 『The Complexities and Challenges of Rulership – Emperor Yongzheng and His Accomplishments in Time』 (Taipei, 4 – 6 November, 2009).

37.   Dening, Walter, 『A New Life of Toyotomi Hideyoshi』 (Tokyo: Kyöbun-Kwan, 1904), p. 320.

38.   Toby, Ronald P., 『State and Diplomacy in Early Modern Japan: Asia in the Development of the Tokugawa Bakufu』 (Princeton, NJ: Princeton University Press, 1984), p. 11.

39.   Engerman, Stanley L., and João César das Neves, "The Bricks of an Empire, 1415 – 1999: 585 Years of Portuguese Emigration," 《Journal of European Economic History》 vol. 26, no. 3 (1997), pp. 471 – 509.

40.   Roy, Kaushik, 『War, Culture and Society in Early Modern South Asia, 1740 – 1849』 (Abingdon: Routledge, 2011), p. 29. Rowe, William, T., 『China's Last Empire: The Great Qing』 (Cambridge, MA: Belknap Press, 2009), p. 91.

41.   Spufford, Margaret, "Literacy, Trade and Religion in the Commercial Centres of Europe." In Karel Davids and Jan Lucassen, eds., 『A Miracle Mirrored: The Dutch Republic in European Perspective』 (1995), p. 238.

42.   기후변화에 관해서는 Zhang, David D., et al., "The Causality Analysis of Climate Change and Large-Scale Human Crisis," 《PNAS》 vol. 108, no. 42 (2011), pp. 17296 – 301 참조.

43.   Vollerthun, Ursula, 『The Idea of International Society: Erasmus, Vitoria, Gentili and Grotius』 (Cambridge: Cambridge University Press, 2017), p. 44.

44. More, Thomas, Robert M. Adams, trans., 『Utopia』 (Cambridge: Cambridge University Press, 2016), p. 14.

45. Lamster, Mark, 『Master of Shadows: The Secret Diplomatic Career of the Painter Peter Paul Rubens』 (New York: Anchor, 2010), p. 169.

46. Moratiel Villa, Sergio, "The Philosophy of International Law: Suárez, Grotius and Epigones." 《International Review of the Red Cross》 vol. 37, no. 320 (1997), pp. 539 – 52.

47. Walton, Izaak, 『Walton's Lives of Dr. John Donne, Sir Henry Wotton, Mr. Richard Hooker, Mr. George Herbert, and Dr. Robert Sanderson』 (London: Henry Washbourne and Co., 1858), p. 134.

48. Craig, Gordon A., and Alexander L. George, 『Force and Statecraft: Diplomatic Problems of Our Time』 (Oxford: Oxford University Press, 1990), p. 13.

49. Wicquefort, Abraham de, trans. John Digby, 『The Embassador and His Functions』 (London: B. Lintott, 1716), p. 294.

50. Cailes, Michael John, "Renaissance Ideas of Peace and War and the Humanist Challenge to the Scholastic Just War" (Unpublished PhD dissertation, University of Exeter, 2012), p. 87. https://ore.exeter.ac.uk/repository/handle/10036/3683 검색.

51. Küng, Hans, 『A Global Ethic for Global Politics and Economics』 (New York: Oxford University Press, 1998), p. 17.

52. Schröder, Peter, 『Trust in Early Modern International Political Thought, 1598 – 1713』 (Cambridge: Cambridge University Press, 2017), p. 62.

53. Corzo, Teresa, et al., "Behavioral Finance in Joseph de la Vega's Confusion de Confusiones," 《Journal of Behavioral Finance》 vol. 15, no. 4 (2014), p. 342.

54. Pocock, J. G. A., 『The Machiavellian Moment: Florentine Political Thought and the Atlantic Republican Tradition』 (Princeton, NJ: Princeton University Press, 2016), p. 438.

55. Beer, George Louis, 『The Origins of the British Colonial System, 1578 – 1660』 (New York: Macmillan, 1908), p. 8.

56. Wilson, George W., ed., 『Classics of Economic Theory』 (Bloomington, IN: Indiana University Press, 2000), p. 19.

57. Coleman, David, "Spain." In Andrew Pettegree, ed., 『The Reformation World』 (London: Routledge, 2000), p. 296.

58.  Knecht, R. J., 『Francis I』 (Cambridge: Cambridge University Press, 1982).

59.  Zwierlein, Cornel, "The Thirty Years' War – A Religious War? Religion and Machiavellism at the Turning Point of 1635." In Olaf Asbach and Peter Schröder, eds., 『The Ashgate Research Companion to the Thirty Years' War』 (Farnham: Ashgate, 2014), p. 237.

60.  Riasanovsky, Nicholas V., 『Russian Identities: A Historical Survey』 (New York: Oxford University Press, 2005), p. 82.

61.  Clark, Christopher, 『Iron Kingdom: The Rise and Downfall of Prussia, 1600 – 1947』 (London: Allen Lane, 2006), p. 48.

62.  Macartney, C. A., ed., 『The Habsburg and Hohenzollern Dynasties in the Seventeenth and Eighteenth Centuries』 (London: Macmillan, 1970), p. 311.

63.  앞서 인용한 책. Lamster, Mark, 2010. p. 137.

## CHAPTER 13
## 서양의 세계 지배 _ 서기 1750~2000년

1.  당시 유럽의 인구는 독일 5,500만 명, 영국 제도 5,000만 명, 오스트리아 제국 4,700만 명, 프랑스 4,100만 명, 이탈리아 3,400만 명, 에스파냐 2,200만 명, 스칸디나비아 1,200만 명, 네덜란드 750만 명, 벨기에 700만 명, 포르투갈 500만 명이었다. [출처: McEvedy, Colin, and Richard Jones, 『Atlas of World Population History』 (New York: Facts on File, 1978)] 식민지 인구는 영국 3억 900만 명, 프랑스 5,600만 명, 네덜란드 2,900만 명, 에스파냐 840만 명, 벨기에 800만 명, 포르투갈 630만 명, 이탈리아 540만 명, 독일 330만 명이었다. [출처: Engerman, Stanley L., and Kenneth L. Sokoloff, "Five Hundred Years of European Colonization: Inequality and Paths of Development." In Christopher Lloyd et al., eds., 『Settler Economies in World History』 (Leiden: Brill, 2013), pp. 70 – 77]

2.  Dickens, Charles, 『A Tale of Two Cities』 (London: Chapman and Hall, 1859), p. 1.

3.  Agnus Maddison이 1990년 기어리-카미스 달러를 기준으로 계산한 바에 따르면, 1500년에 566달러, 1820년에 666달러, 그리고 2000년에 6,038달러였다. Bradford De Long의 계산으로는 1500년에

138달러, 1800년에 195달러, 그리고 2000년에 6,539달러였다. [출처: Maddison, Angus, "Historical Statistics of the World Economy, 1 – 2008 AD, table 1" (2010). www.ggdc.net/maddison/historical_statistics/ horizontal–file_02 – 2010.xls 검색. De Long, J. Bradford., "Estimating World GDP: One Million B.C. – Present" (1998). https:// delong.typepad.com/print/20061012_LRWGDP.pdf 검색.]

4.  Cooper, Robert, 『The Breaking of Nations: Order and Chaos in the Twenty–First Century』 (London: Atlantic Books, 2004), p. 78.

5.  1800년 세계 인구는 약 9억 명이었고 이 중 최대 3억 명이 중국 청나라에 거주했다. Rowe, William, T., 『China's Last Empire: The Great Qing』 (Cambridge, MA: Belknap Press, 2009), p. 91.

6.  Perdue, Peter C., 『China Marches West: The Qing Conquest of Central Eurasia』 (Cambridge, MA: Belknap Press, 2005), p. 501.

7.  Millward, James A., 『Beyond the Pass: Economy, Ethnicity, and Empire in Qing Central Asia, 1759 – 1864』 (Stanford, CA: Stanford University Press, 1998), p. 38.

8.  Waley–Cohen, Joanna, 『The Culture of War in China: Empire and Military under the Qing Dynasty』 (London: I.B. Tauris, 2006), p. 19.

9.  Peyrefitte, Alain, 『L'empire immobile, ou le choc des mondes』 (Paris: Fayard, 1989).

10. Backhouse, E., and J. O. P. Bland, 『Annals and Memoirs of the Court of Peking: From the 16th to the 20th Century』 (Boston, MA: Houghton Mifflin, 1914), pp. 326, 331.

11. Yü, Ying–shih, 『Chinese History and Culture, vol. 2, Seventeenth Century through Twentieth Century』 (New York: Columbia University Press, 2016), p. 157.

12. 여기서 루소는 아베 드 생피에르의 '영구 평화를 위한 계획'을 해석하여 발전시키고 있다. Spector, Céline, "Le Projet de paix perpétuelle: De Saint–Pierre à Rousseau." In Rousseau, Jean–Jacques, B. Bachofen and C. Spector, eds., 『Principes du droit de la guerre: Écrits sur la paix perpétuelle』 (Paris: J. Vrin, 2008), pp. 229 – 94 참조.

13. Smith, Adam, 『An Inquiry into the Nature and Causes of the Wealth of Nations vol. 2』 (London: W. Strahan and T. Cadell, 1776), p. 84.

14. Anon., 『A Collection of All the Treaties of Peace, Alliance, and Commerce, between Great–Britain and Other Powers: From the Treaty

Signed at Munster in 1648 to the Treaties Signed at Paris in 1783 vol. 3』
(London: J. Debrett, 1785), p. 179.

15. 위의 책. Anon., 1785. vol. 2, p. 5.

16. Paine, Thomas, Moncure Daniel Conway, ed., 『The Writings of Thomas
Paine vol. 1』 (New York: G. P. Putnam's Sons, 1894), p. 170.

17. Harris, James Howard, third Earl of Malmesbury, ed., 『Diaries and
Correspondence of James Harris, 1st Earl of Malmesbury vol. 3』 (London:
Richard Bentley, 1844), p. 353.

18. Wulf, Andrea, 『The Invention of Nature. The Adventures of Alexander
von Humboldt, the Lost Hero of Science』 (London: Hodder &
Stoughton, 2015), p. 44.

19. Pitt, William, R. Coupland, ed., 『The War Speeches of William Pitt the
Younger』 (Oxford: Clarendon Press, 1915), pp. xi – xii.

20. O'Meara, Barry E., 『Napoleon in Exile; or, A Voice from St. Helena: The
Opinions and Reflections of Napoleon on the Most Important Events of
His Own Life and Government, in His Own Words vol. 1』 (London: W.
Simpkin and R. Marshall, 1822), p. 263. Anon., 『Manuscript Transmitted
from St. Helena, by an Unknown Channel』 (London: John Murray,
1817), p. 45.

21. Thiers, M. A., D. Forbes Campbell, trans., 『History of the Consulate and
the Empire of France under Napoleon vol. 4』 (London: Henry Colburn,
1845), p. 157.

22. Nicassio, Susan Vandiver, 『Imperial City: Rome under Napoleon』
(Chicago, IL: University of Chicago Press, 2009), p. 31.

23. Walter, Jakob, Marc Raeff, ed., 『The Diary of a Napoleonic Foot Soldier』
(New York: Doubleday, 1991).

24. Zamoyski, Adam, 『Rites of Peace: The Fall of Napoleon and the Congress
of Vienna』 (London: HarperPress, 2007), p. 221.

25. Nicolson, Harold, 『The Congress of Vienna: A Study in Allied Unity,
1812 – 1822』 (London: Constable, 1946), p. 292.

26. 앞서 인용한 책. Zamoyski, Adam, 2007, p. 250.

27. 위의 책, p. 265.

28. Steinberg, Jonathan, 『Bismarck: A Life』 (Oxford: Oxford University Press,
2011), pp. 180 – 81.

29. Taylor, A. J. P., 『Bismarck』 (New York: Vintage, 1967), p. 264.

30. Bismarck, Otto von, A. J. Butler, trans., 『Bismarck, the Man and the Statesman: Being the Reflections and Reminiscences of Otto Prince von Bismarck vol. 2』 (London: Smith, Elder &. Co., 1898), p. 289.

31. Blattman, Christopher, et al., "Who Protected and Why? Tariffs the World Around, 1870 – 1938" (Paper presented to the Conference on the Political Economy of Globalization. Trinity College, Dublin, 2002). https://pdfs.semanticscholar.org/50d9/32085c399cf4913423846d54b69 0ff01d186.pdf 검색.

32. Hobson, J. A., 『Imperialism: A Study』 (London: James Nisbet & Co., 1902), p. 85.

33. Wilde, Oscar, 『The Collected Poems of Oscar Wilde』 (Ware: Wordsworth Editions, 2000), p. 5.

34. Bülow, Bernhard von, Richard Hacken, trans., "Hammer and Anvil Speech before the Reichstag, December 11, 1899." In Richard Hacken, ed., 『World War I Document Archive』 (2010). http://net.lib.byu.edu/ estu/wwi/1914m/buloweng.html.bak 검색.

35. Mahan, A. T., 『The Interest of America in Sea Power, Present and Future』 (Boston: Little, Brown and Company, 1918), p. 4.

36. 이탈리아는 제1차 세계대전이 발발했을 당시에는 일단 중립을 유지하다가 1915년에 영국, 프랑스, 러시아 편으로 참전했다. 독일은 막대한 차관과 기반 시설 투자를 내세워 1914년 8월 초에 오스만 제국과 동맹을 맺었다.

37. Wells, H. G., 『The Peace of the World』 (London: The Daily Chronicle, 1914), p. 9.

38. Rieth, John K., 『Imperial Germany's 'Iron Regiment' of the First World War: War Memories of Service with Infantry Regiment 169, 1914 – 1918』 (Canal Winchester, OH: Badgley Publishing, 2014), pp. 100, 101.

39. Pradt, M. de, 『The Congress of Vienna』 (London: Samuel Leigh, 1816), p. 21.

40. Burritt, Elihu, 『Thoughts and Things at Home and Abroad. Boston』 (MA: Phillips, Sampson, and Company, 1854), pp. 329 – 33.

41. Briggs, Asa, and Peter Burke, 『A Social History of the Media: From Gutenberg to the Internet』 (Cambridge: Polity Press, 2009), p. 133.

42. Cobden, Richard, 『The Political Writings of Richard Cobden vol. 1』 (London: William Ridgway, 1867), p. 264.

43. Lechner, Frank J., and John Boli, eds., 『The Globalization Reader』 (Chichester: Wiley Blackwell, 2015), p. 18.

44. Mazzini, Giuseppe, 『Address of the Council of the Peoples' International League』 (London: Palmer and Clayton, 1847), p. 12.

45. Tolstoy, Leo, Louise and Aylmer Maude, trans., 『The Russian Revolution』 (Christchurch: The Free Age Press, 1907), p. 1.

46. 위의 책, p. 31.

47. Kessler, Harry, Laird Easton trans., 『Journey to the Abyss: The Diaries of Count Harry Kessler, 1880－1918』 (New York: Alfred A. Knopf, 2011), p. 867.

48. Easton, Laird McLeod, 『The Red Count: The Life and Times of Harry Kessler』 (Berkeley, CA: University of California Press, 2002), p. 221.

49. Kennedy, Paul, 『The Rise and Fall of the Great Powers: Economic Change and Military Conflict from 1500 to 2000』 (New York: Random House, 1987), p. 208.

50. Asada, Sadao, 『Culture Shock and Japanese–American Relations: Historical Essays』 (Columbia, MO: University of Missouri Press, 2007), p. 107.

51. Powaski, Ronald E., 『Toward an Entangling Alliance: American Isolationism, Internationalism, and Europe, 1901－1950』 (Westport, CT: Greenwood Press, 1991), p. xvi.

52. Richardson, James D., ed., 『A Compilation of the Messages and Papers of the Presidents, 1789－1897 vol. 2』 (Washington, DC: Government Printing Office, 1896), p. 218.

53. Randolph, Thomas Jefferson, ed., 『Memoir, Correspondence, and Miscellanies, from the Papers of Thomas Jefferson vol. 4』 (Charlottesville, VA: F. Carr and Co., 1829), p. 282.

54. Mallory, Daniel, ed., 『The Life and Speeches of the Hon. Henry Clay vol. 1』 (New York: Robert P. Bixby & Co., 1844), p. 17.

55. Baker, Ray Stannard, 『Woodrow Wilson and World Settlement: Written from His Unpublished and Personal Material vol. 1』 (London: William Heinemann, 1923), p. 19. Striner, Richard, 『Woodrow Wilson and World War I: A Burden Too Great to Bear』 (Lanham, MD: Rowman & Littlefield, 2014), p. 113.

56. 앞서 인용한 책. Baker, Ray Stannard, 1923. p. 112.

57.  Humes, James C., 『Presidents and Their Pens: The Story of White House Speechwriters』 (Lanham, MD: Hamilton Books, 2016), p. 48.

58.  Ishimaru, Tota, 『Japan Must Fight Britain』 (London: Hurst & Blackett, 1936), p. 161.

59.  Keynes, John Maynard, 『The Economic Consequences of the Peace』 (London: Macmillan, 1919), pp. 3 – 4.

60.  위의 책, pp. 9 – 10.

61.  Williams, William Appleman, "The Legend of Isolationism in the 1920s," 《Science & Society》 vol. 18, no. 1 (1954), p. 16.

62.  US Department of Commerce, 『Statistical Abstract of the United States』 (Washington, DC: US Department of Commerce, 1930), p. 486.

63.  Terkel, Studs, 『Hard Times: An Oral History of the Great Depression』 (New York: New Press, 2005), pp. 461 – 2.

64.  Baynes, Norman H., ed., 『The Speeches of Adolf Hitler: April 1922 – August 1939 vol. 2』 (London: Oxford University Press, 1969), p. 1343.

65.  United Nations, "Charter of the United Nations and Statute of the International Court of Justice, preamble(1945)." https://treaties. un.org/doc/Publication/CTC/uncharter–all–lang.pdf 검색.

66.  US Congress, 『Congressional Record. Proceedings and Debates of the 79th Congress』 vol. 91, part 11 (Washington, DC: Government Printing Office, 1945), p. A3125.

67.  Charmley, John, "Churchill and the American Alliance," 『Transactions of the Royal Historical Society vol. 11』 (2001), p. 368.

68.  US Departments of State and Defense, "A Report to the National Security Council by the Executive Secretary on United States Objectives and Programs for National Security." NSC 68 (14 April, 1950), p. 9. https://www.trumanlibrary.org/whistlestop/study_collections/coldwar/ .../10–1.pdf 검색.

69.  Service, Robert, 『Lenin: A Political Life vol. 3: The Iron Ring』 (Basingstoke: Macmillan, 1995), p. 201. Shachtman, Max, "Stalin in 1921: More about the Theory of Socialism in One Country Before Lenin's Death," 《The Militant》 vol. 4, no. 18 (1931), p. 4. https:// www.marxists.org/archive/shachtma/1931/08/stalin1921.htm 검색.

70.  Kennan, George, "Telegram, George Kennan to George Marshall, 22

February 1946" (Harry S. Truman Administration File, Elsey Papers, Harry S. Truman Presidential Library, 1946). https://www.trumanlibrary.org/whistlestop/study_collections/coldwar/documents/pdf/6-6.pdf 검색.

71. Churchill, Winston, David Cannadine, ed., 『Blood, Toil, Tears and Sweat: The Great Speeches』 (London: Penguin, 2007), p. 301.

72. Spykman, Nicholas J., 『America's Strategy in World Politics: The United States and the Balance of Power』 (Abingdon: Routledge, 2017).

73. Fukuyama, Francis, "The End of History?" 《The National Interest》 no. 16 (1989), p. 3.

74. White House, "National Security Strategy of the United States" (1991). http://nssarchive.us/ national-security-strategy-1991/ 검색.

75. US Department of State, Transcript of "Secretary of State Madeleine K. Albright Interview on NBC-TV 'The Today Show' with Matt Lauer" (19 February, 1998). https://1997-2001.state.gov/statements/1998/980219a.html 검색.

76. Rosecrance, Richard, 『The Rise of the Virtual State: Wealth and Power in the Coming Century』 (New York: Basic Books, 1999).

77. Nye, Joseph S., Jr, "Soft Power," 《Foreign Policy》 no. 80 (1990), pp. 153-71.

78. Secretariat of the Commission of the European Communities, "Declaration on European Identity," 《Bulletin of the European Communities》 no. 12 (1973), p. 120.

79. Sobol, Dorothy Meadow, "Foreign Ownership of U.S. Treasury Securities: What the Data Show and Do Not Show," 《Federal Reserve Bank of New York: Current Issues in Economics and Finance》 vol. 4, no. 5 (1998), p. 2.

80. Buchanan, Patrick J., 『A Republic, Not an Empire: Reclaiming America's Destiny』 (New York: Regnery, 1999), p. 4.

81. 이 수치들은 미국의 경우에 한정된다. Carroll Roop Daugherty, "The Development of Horsepower Equipment in the United States." In C. R. Daugherty, et al. 『Power Capacity and Production in the United States』 (Washington, DC: Department of the Interior, 1928), p. 45. Ristinen, Robert A., and Jack J. Kraushaar, 『Energy and the Environment』 (New York: John Wiley, 2006), p. 6.

82. 앞서 인용한 책. De Long, J. Bradford, 1998.

83. Riley, James C., "Estimates of Regional and Global Life Expectancy,

1800 – 2001." 『Population and Development Review』 vol. 31, no. 3 (2005), pp. 537 – 42.

84.     앞서 인용한 책. Maddison, Angus, 2010.

85.     Hugill, Peter J., 『World Trade since 1431: Geography, Technology, and Capitalism』 (Baltimore, MD: Johns Hopkins University Press, 1993), p. 128.

86.     Union of International Associations, "Historical Overview of Number of International Organizations by Type, 1909 – 2013" (2013). https://www.uia.org/sites/uia.org/files/misc_pdfs/stats/Historical_overview_of_number_of_international_organizations_by_type_1909–2013.pdf 검색.

87.     Voltaire, 『Œuvres complètes de Voltaire vol. 12: Essai sur les mœurs』 (Paris: Garnier Frères, 1878), p. 430.

결론

# 전쟁의 공포가 평화를 만든다

1.     Streuvels, Stijn, 『In oorlogstijd: Het volledige dagboek van de Eerste Wereldoorlog』 (Den Haag: DBNL, 1916), p. 540.

# 더 읽을거리

이 책에서 다룬 각 주제와 관련하여 독자들이 더 읽어 볼 만한 자료를 소개한다.
내가 책을 쓰는 과정에서 참고했던 많은 주요 서적과 참고 서적을 1장부터
시대별로 분류했다.

## 서기전 750년 이전 (CHAPTERS 1-2)

- Avari, Burjor, 『India: The Ancient Past. A History of the Indian Subcontinent from c. 7000 BCE to CE 1200』 (Abingdon: Routledge, 2016).
- Cline, Eric H., 『1177 B.C.: The Year Civilization Collapsed』 (Princeton, NJ: Princeton University Press, 2014).
- Cohen, Raymond, and Raymond Westbrook, eds., 『Amarna Diplomacy: The Beginnings of International Relations』 (Baltimore, MD: The Johns Hopkins University Press, 2000).
- Di Cosmo, Nicola, 『Ancient China and Its Enemies: The Rise of Nomadic Power in East Asian History』 (Cambridge: Cambridge University Press, 2002).
- Diehl, Richard A., 『The Olmecs: America's First Civilization』 (London: Thames & Hudson, 2004).
- George, Andrew, trans., 『The Epic of Gilgamesh: The Babylonian Epic Poem and Other Texts in Akkadian and Sumerian』 (London: Penguin, 2003).
- Kriwaczek, Paul, 『Babylon: Mesopotamia and the Birth of Civilization』 (London: Atlantic Books, 2014).
- Morkot, Robert G., 『The Egyptians: An Introduction』 (London: Routledge, 2005).
- Romer, John, 『A History of Ancient Egypt』 2 vols. (London: Penguin, 2013 – 15).
- Singh, Sarva Daman, 『Ancient Indian Warfare, with Special Reference to the Vedic Period』 (Delhi: Motilal Banarsidass, 1997).

- Singh, Upinder, 『A History of Ancient and Early Medieval India: From the Stone Age to the 12th Century』 (Delhi: Pearson Longman, 2008).
- Smith, John D., trans., 『The Mahabharata』 (London: Penguin, 2009).
- Thorp, Robert L., 『China in the Early Bronze Age: Shang Civilization』 (Philadelphia, PA: University of Pennsylvania Press, 2006).

## 서기전 750-500년 (CHAPTER 3)

- Aubet, Maria Eugenia, 『The Phoenicians and the West: Politics, Colonies and Trade』 (Cambridge: Cambridge University Press, 1993).
- Confucius, 『The Analects』. In James Legge, trans., 『The Chinese Classics vol. 1: Confucian Analects, The Great Learning, and The Doctrine of the Mean』 (London: Trübner & Co, 1861).
- Coogan, Michael D., et al., eds., 『The New Oxford Annotated Bible: New Revised Standard Version with the Apocrypha』 (Oxford: Oxford University Press, 2018).
- Frahm, Eckart, ed., 『A Companion to Assyria』 (Chichester: John Wiley, 2017).
- Grousset, René, 『The Empire of the Steppes: A History of Central Asia』 (New Brunswick NJ: Rutgers University Press, 1970).
- Kuhrt, Amélie, 『The Persian Empire: A Corpus of Sources from the Achaemenid Period』 (Abingdon: Routledge, 2007).
- Lao, Tzu, Arthur Waley, trans., 『Tao Te Ching』 (Ware: Wordsworth Editions, 1997).
- Loewe, Michael, and Edward L. Shaughnessy, eds., 『The Cambridge History of Ancient China: From the Origins of Civilization to 221 B.C.』 (Cambridge: Cambridge University Press, 1999).
- Rolle, Renate, 『The World of the Scythians』 (Berkeley, CA: University of California Press, 1989).
- Simpson, St John, and Svetlana Pankova, eds., 『Scythians: Warriors of Ancient Siberia』 (London: Thames & Hudson, 2017).
- Sun, Tzu, Lionel Giles, trans., 『Sun Tzu on the Art of War: The Oldest Military Treatise in the World』 (London: Luzac & Co, 1910).

## 서기전 500-250년 (CHAPTER 4)

- Adcock, Frank, and D. J. Mosley, 『Diplomacy in Ancient Greece』 (London: Thames & Hudson, 1975).
- Aristotle, Jonathan Barnes, ed., 『The Complete Works of Aristotle: The Revised Oxford Translation』 (Princeton, NJ: Princeton University Press, 1984).
- Briant, Pierre, 『From Cyrus to Alexander: A History of the Persian Empire』 (Winona Lake, IN: Eisenbrauns, 2002).
- Herodotus, Aubrey de Sélincourt, trans., 『The Histories』 (London: Penguin, 2003).
- Kagan, Donald, 『The Peloponnesian War: Athens and Sparta in Savage Conflict, 431－404 BC』 (London: Harper Perennial, 2005).
- Kautilya, R. Shamasastry, trans., 『Kautilya's Arthasastra』 (Bangalore: The Government Press, 1915).
- Lewis, Mark Edward, 『The Early Chinese Empires: Qin and Han』 (Cambridge, MA: Belknap Press, 2007).
- Plato, Desmond Lee, trans., 『The Republic』 (London: Penguin, 2003).
- Thapar, Romila, 『Asoka and the Decline of the Mauryas』 (Delhi: Oxford University Press, 1997).
- Thucydides, Steven Lattimore, trans., 『The Peloponnesian War』 (Indianapolis, IN: Hackett, 1998).
- Wiesehöfer, Josef, 『Ancient Persia: From 550 BC to 650 AD』 (London: I.B. Tauris, 2001).

## 서기전 250-1년 (CHAPTER 5)

- Allen, Charles, 『Ashoka: The Search for India's Lost Emperor』 (London: Little, Brown, 2012).
- Eilers, Claude, ed., 『Diplomats and Diplomacy in the Roman World』 (Leiden: Brill, 2009).
- Freeman, Philip, 『Alexander the Great』 (New York: Simon & Schuster, 2011).
- Goldsworthy, Adrian, 『Pax Romana: War, Peace and Conquest in the Roman World』 (London: Weidenfeld & Nicolson, 2016).
- Grainger, John D., 『Great Power Diplomacy in the Hellenistic World』 (Abingdon: Routledge, 2017).

- Liu, Xinru, "Migration and Settlement of the Yuezhi-Kushan: Interaction and Interdependence of Nomadic and Sedentary Societies," 《Journal of World History》 vol. 11, no. 2 (2001), pp. 261-92.

- Man, John, 『The Terra Cotta Army: China's First Emperor and the Birth of a Nation』 (Cambridge, MA: Da Capo Press, 2009).

- Miles, Richard, 『Carthage Must Be Destroyed: The Rise and Fall of an Ancient Civilization』 (London: Allen Lane, 2010).

- Polybius, Ian Scott-Kilvert, trans., 『The Rise of the Roman Empire』 (Harmondsworth: Penguin, 1979).

- Powell, Anton, 『Athens and Sparta: Constructing Greek Political and Social History from 478 BC』 (Abingdon: Routledge, 2016).

- Qian, Sima, Raymond Dawson, trans., 『The First Emperor: Selections from the Historical Records』 (Oxford: Oxford University Press, 2007).

- Rawlinson, H. G., 『Bactria: The History of a Forgotten Empire』 (London: Probsthain & Co, 1912).

- Verstandig, André, 『Histoire de l'empire parthe (250-227): À la découverte d'une civilisation méconnue』 (Brussels: Le Cri, 2001).

## 서기 1-250년 (CHAPTER 6)

- Dio, Cassius, Earnest Cary, trans., 『Roman History』 vols. 6-9 (Cambridge, MA: Harvard University Press, 1917-27).

- Goldsworthy, Adrian, 『Augustus: From Revolutionary to Emperor』 (London: Weidenfeld & Nicolson, 2014).

- Harmatta, János, et al., eds., 『History of Civilizations of Central Asia vol 2: The Development of Sedentary and Nomadic Civilizations, 700 B.C. to 250 A.D.』 (Paris: UNESCO, 1994).

- Kim, Hyun Jin, 『The Huns』 (London: Routledge, 2016).

- Souza, Philip de, and John France, eds., 『War and Peace in Ancient and Medieval History』 (Cambridge: Cambridge University Press, 2008).

- Tacitus, Michael Grant, trans., 『The Annals of Imperial Rome』 (London: Penguin, 1996).

- Veyne, Paul, ed., 『A History of Private Life, vol 1: From Pagan Rome to Byzantium』 (Cambridge, MA: Belknap Press, 1992)

## 서기 250-500년 (CHAPTER 7)

- Brent, Allen, 『Cyprian and Roman Carthage』 (Cambridge: Cambridge University Press, 2010).
- Daryaee, Touraj, 『Sasanian Persia: The Rise and Fall of an Empire』 (London: I.B. Tauris, 2009).
- Gibbon, Edward, David Womersley, ed., 『The History of the Decline and Fall of the Roman Empire』 (London: Penguin, 2000).
- Gregory, Timothy E., 『A History of Byzantium』 (Chichester: Wiley–Blackwell, 2010).
- Halsall, Guy, 『Barbarian Migrations and the Roman West, 376 – 568』 (Cambridge: Cambridge University Press, 2007).
- Lewis, Mark Edward, 『China between Empires: The Northern and Southern Dynasties』 (Cambridge, MA: Belknap, 2009).
- Marcellinus, Ammianus, Walter Hamilton, trans., 『The Later Roman Empire (A.D. 354 – 378)』 (Harmondsworth: Penguin, 1986).
- Merrills, Andy, and Richard Miles, 『The Vandals』 (Chichester: Wiley–Blackwell, 2009).
- Mookerji, Radhakumud, 『The Gupta Empire』 (Delhi: Motilal Banarsidass, 1989).
- Norwich, John Julius, 『Byzantium: The Early Centuries』 (London: Viking, 1988).
- Qian, Sima, Burton Watson, trans., 『Records of the Grand Historian: Han Dynasty』 2 vols (New York: Columbia University Press, 1993).
- Swartz, Wendy, et al., eds., 『Early Medieval China: A Sourcebook』 (New York: Columbia University Press, 2014).
- Wickham, Chris, 『The Inheritance of Rome: A History of Europe from 400 to 1000』 (London: Allen Lane, 2009).
- Zosimus, James J. Buchanan and Harold T. Davis, trans., 『Historia Nova: The Decline of Rome』 (San Antonio, TX: Trinity University Press, 1967).

## 서기 500-750년 (CHAPTER 8)

- Abdel Haleem, M. A. S., 『The Qur'an』 (Oxford: Oxford University Press, 2008).
- Chen, Jack, W., 『The Poetics of Sovereignty: On Emperor Taizong of the Tang Dynasty』 (Cambridge, MA: Harvard University Asia Center, 2010).

- Coe, Michael D., and Stephen D. Houston, 『The Maya』 (London: Thames & Hudson, 2015).

- Graff, David A., 『Medieval Chinese Warfare: 300 – 900』 (London: Routledge, 2002).

- Gregory of Tours, Lewis Thorpe, trans., 『The History of the Franks』 (London: Penguin, 1974).

- Le Goff, Jacques, 『Medieval Civilization, 400 – 1500』 (Oxford: Basil Blackwell, 1988).

- Maas, Michael, ed., 『The Cambridge Companion to the Age of Justinian』 (Cambridge: Cambridge University Press, 2005).

- Maurice, George T. Dennis, trans., 『Maurice's Strategikon: Handbook of Byzantine Military Strategy』 (Philadelphia, PA: University of Pennsylvania Press, 1984).

- Theophilus of Edessa, Robert G. Hoyland, trans., 『Theophilus of Edessa's Chronicle and the Circulation of Historical Knowledge in Late Antiquity and Early Islam』 (Liverpool: Liverpool University Press, 2011).

- Wells, Colin, 『Sailing from Byzantium: How a Lost Empire Shaped the World』 (New York: Delacorte Press, 2006).

## 서기 750-1000년 (CHAPTER 9)

- Barbero, Allesandro, 『Charlemagne: Father of a Continent』 (Berkeley, CA: University of California Press, 2004).

- Bennison, Amira K., 『The Great Caliphs: The Golden Age of the Abbasid Empire』 (London: I.B. Tauris, 2009).

- Clot, André, 『Harun al-Rashid and the World of the Thousand and One Nights』 (London: Saqi Books, 2005).

- Hawting, G. R., 『The First Dynasty of Islam: The Umayyad Caliphate, AD 661 – 750』 (London: Routledge, 2000).

- Hulbert, Homer B., Clarence Norwood Weems, 『The History of Korea vol. 1』 (Richmond: Curzon, 1999).

- Kaldellis, Anthony, 『Streams of Gold, Rivers of Blood: The Rise and Fall of Byzantium, 955 A.D. to the First Crusade』 (New York: Oxford University Press, 2017).

- Lewis, Mark Edward, 『China's Cosmopolitan Empire: The Tang Dynasty』 (Cambridge, MA: Belknap Press, 2009).
- Wilson, Peter H., 『Heart of Europe: A History of the Holy Roman Empire』 (Cambridge, MA: Belknap Press, 2016).

## 서기 1000-1250년 (CHAPTER 10)

- Asbridge, Thomas, 『The Crusades: The War for the Holy Land』 (London: Simon & Schuster, 2010).
- Crowley, Roger, 『City of Fortune: How Venice Won and Lost a Naval Empire』 (London: Faber and Faber, 2011).
- Farooqui, Salma Ahmed, 『A Comprehensive History of Medieval India: Twelfth to the Mid–Eighteenth Century』 (Delhi: Longman, 2011).
- Hall, Kenneth R., 『A History of Early Southeast Asia: Maritime Trade and Societal Development, 100 – 1500』 (Lanham, MD: Rowman and Littlefield, 2011).
- Huffman, Joseph P., 『The Social Politics of Medieval Diplomacy: Anglo–German Relations (1066 – 1307)』 (Ann Arbor, MI: University of Michigan Press, 2000).
- Jackson, Peter, 『The Mongols and the West, 1221 – 1410』 (Harlow: Longman, 2005).
- Joinville and Villehardouin, Caroline Smith, trans., 『Chronicles of the Crusades』 (London: Penguin, 2008).
- Kaldellis, Anthony, 『Streams of Gold, Rivers of Blood: The Rise and Fall of Byzantium, 955 A.D. to the First Crusade』 (New York: Oxford University Press, 2017).
- Kuhn, Dieter, 『The Age of Confucian Rule: The Song Transformation of China』 (Cambridge, MA: Belknap Press, 2009).
- Massie, Suzanne, 『Land of the Firebird: The Beauty of Old Russia』 (New York: Simon & Schuster, 1981).
- Morgan, David, 『Medieval Persia, 1040 – 1797』 (Abingdon: Routledge, 2015).
- Peacock, A. C. S., 『The Great Seljuk Empire』 (Edinburgh: Edinburgh University Press, 2015).
- Runciman, Steven, 『A History of the Crusades』 3 vols (London: Penguin, 2016).
- Shaffer, Lynda Norene, 『Maritime Southeast Asia to 1500』 (Armonk, NY: M. E. Sharpe, 1996).

- Weatherford, Jack, 『Genghis Khan and the Making of the Modern World』 (New York: Broadway Books, 2005).

## 서기 1250-1500년 (CHAPTER 11)

- Abu-Lughod, Janet, L., 『Before European Hegemony: The World System, A.D. 1250 – 1350』 (New York: Oxford University Press, 1991).
- Crowley, Roger, 『1453: The Holy War for Constantinople and the Clash of Islam and the West』 (New York: Hyperion, 2005).
- Dunn, Ross E., 『The Adventures of Ibn Battuta: A Muslim Traveler of the 14th Century』 (Berkeley, CA: University of California Press, 2005).
- Erasmus, 『The Complaint of Peace』 (New York: Cosimo, 2003).
- Frigo, Daniela, ed., 『Politics and Diplomacy in Early Modern Italy: The Structure of Diplomatic Practice, 1450 – 1800』 (Cambridge: Cambridge University Press, 2000).
- Huizinga, Johan, 『The Waning of the Middle Ages』 (Mineola, NY: Dover Publications, 1999).
- Ibn Battutah, Tim Mackintosh-Smith, ed., 『The Travels of Ibn Battutah』 (London: Picador, 2003).
- McKissack, Patricia and Frederick, 『The Royal Kingdoms of Ghana, Mali, and Songhay: Life in Medieval Africa』 (New York: Henry Holt, 1994).
- Oliver, Roland, and Anthony Atmore, 『Medieval Africa, 1250 – 1800』 (Cambridge: Cambridge University Press, 2001).
- Polo, Marco, Ronald Latham, trans., 『The Travels of Marco Polo』 (Harmondsworth: Penguin, 1958).
- Rivère de Carles, Nathalie, ed., 『Early Modern Diplomacy, Theatre and Soft Power: The Making of Peace』 (Basingstoke: Palgrave Macmillan, 2016).
- Rostworowski de Diez Canseco, María, 『History of the Inca Realm』 (Cambridge: Cambridge University Press, 1999).
- Strathern, Paul, 『The Medici: Godfathers of the Renaissance』 (London: Jonathan Cape, 2003).
- Townsend, Richard F., 『The Aztecs』 (London: Thames & Hudson, 2010).
- Tuchman, Barbara, 『A Distant Mirror: The Calamitous 14th Century』 (London: Penguin, 2017).

# 서기 1500-1750년 (CHAPTER 12)

- Braudel, Fernand, 『Civilization and Capitalism, 15th – 18th Century』 3 vols (Berkeley, CA: University of California Press, 1992).
- Braudel, Fernand, 『The Mediterranean and the Mediterranean World in the Age of Philip II』 2 vols (Berkeley, CA: University of California Press, 1995).
- Brook, Timothy, 『The Troubled Empire: China in the Yuan and Ming Dynasties』 (Cambridge, MA: Belknap Press, 2010).
- Dale, Stephen F., 『The Muslim Empires of the Ottomans, Safavids, and Mughals』 (New York: Cambridge University Press, 2010).
- Eraly, Abraham, 『The Mughal Throne: The Saga of India's Great Emperors』 (London: Phoenix, 2004).
- Ferguson, Niall, 『Empire: How Britain Made the Modern World』 (London: Allen Lane, 2003).
- Finkel, Caroline, 『Osman's Dream: The Story of the Ottoman Empire, 1300 – 1923』 (London: John Murray, 2005).
- Ginzburg, Carlo, 『The Cheese and the Worms: The Cosmos of a Sixteenth-Century Miller』 (Baltimore, MD: Johns Hopkins University Press, 1980).
- Kant, Immanuel, Ted Humphrey, trans., 『To Perpetual Peace: A Philosophical Sketch』 (Indianapolis, IN: Hackett, 2003).
- Lamster, Mark, 『Master of Shadows: The Secret Diplomatic Career of the Painter Peter Paul Rubens』 (New York: Anchor, 2010).
- Machiavelli, Niccolò, Tim Parks, trans., 『The Prince』 (London: Penguin, 2011).
- MacQuarrie, Kim, 『The Last Days of the Incas』 (New York: Simon & Schuster, 2008).
- Madariaga, Isabel de, 『Ivan the Terrible: First Tsar of Russia』 (New Haven, CT: Yale University Press, 2005).
- Mancall, Mark, 『China at the Center: 300 Years of Foreign Policy』 (New York: Free Press, 1984).
- Mattingly, Garrett, 『Renaissance Diplomacy』 (Boston, MA: Houghton Mifflin, 2009).
- Newman, Andrew J., 『Safavid Iran: Rebirth of a Persian Empire』 (London: I.B. Tauris, 2006).
- Norwich, John Julius, 『Four Princes: Henry VIII, Francis I, Charles V, Suleiman

the Magnificent and the Obsessions That Forged Modern Europe』 (London: John Murray, 2016).

- Wilson, Peter H., 『Europe's Tragedy: A History of the Thirty Years War』 (London: Allen Lane, 2009).

## 서기 1750-2000년 (CHAPTER 13)

- Clark, Christopher, 『The Iron Kingdom: The Rise and Downfall of Prussia, 1600 – 1947』 (London: Allen Lane, 2006).
- Clark, Christopher, 『The Sleepwalkers: How Europe Went to War in 1914』 (London: Allen Lane, 2012).
- Dalrymple, William, 『The Last Mughal. The Fall of a Dynasty, Delhi, 1857』 (London: Bloomsbury, 2006).
- Dower, John W., 『Embracing Defeat. Japan in the Aftermath of World War II』 (London: Allen Lane, 1999).
- Figes, Orlando, 『A People's Tragedy: The Russian Revolution, 1891 – 1924』 (London: Jonathan Cape, 1986).
- Frank, Anne, Susan Massotty, trans., 『The Diary of a Young Girl』 (London: Puffin, 2009).
- Fromkin, David, 『A Peace to End All Peace: The Fall of the Ottoman Empire and the Creation of the Modern Middle East』 (New York: Henry Holt, 2009).
- Gaddis, John Lewis, 『The Cold War』 (London: Allen Lane, 2006).
- Hopkirk, Peter, 『The Great Game: On Secret Service in High Asia』 (London: John Murray, 2006).
- Jansen, Marius B., 『The Making of Modern Japan』 (Cambridge, MA: Belknap Press, 2000).
- Judt, Tony, 『Postwar: A History of Europe Since 1945』 (London: Heinemann, 2005).
- Keegan, John, 『The First World War』 (London: Hutchinson, 1998).
- Kissinger, Henry, 『Diplomacy』 (New York: Simon & Schuster, 1994).
- Knight, Roger, 『Britain against Napoleon: The Organization of Victory, 1793 – 1815』 (London: Penguin, 2013).
- Macmillan, Margaret, 『Peacemakers: The Paris Conference of 1919 and Its Attempt to End War』 (London: John Murray, 2001).

- Polanyi, Karl, 『The Great Transformation: The Political and Economic Origins of Our Time』 (Boston, MA: Beacon Press, 2000).
- Rowe, William T., 『China's Last Empire: The Great Qing』 (Cambridge, MA: Belknap Press, 2009).
- Steinberg, Jonathan, 『Bismarck: A Life』 (Oxford: Oxford University Press, 2011).
- Taylor, A. J. P., 『The Origins of the Second World War』 (London: Penguin, 1963).
- Troyat, Henri, 『Catherine the Great』 (London: Phoenix, 2000).
- Weinberg, Gerhard L., 『A World at Arms: A Global History of World War II』 (Cambridge: Cambridge University Press, 2005).
- Zamoyski, Adam, 『Rites of Peace: The Fall of Napoleon and the Congress of Vienna』 (London: HarperPress, 2007).
- Zimmermann, Warren, 『First Great Triumph: How Five Americans Made Their Country a World Power』 (New York: Farrar, Straus and Giroux, 2002).

## 통사

- Anderson, M. S., 『The Rise of Modern Diplomacy, 1450 – 1919』 (London: Longman, 1993).
- Diamond, Jared, 『Guns, Germs, and Steel: The Fates of Human Societies』 (New York: W. W. Norton, 2017).
- Frankopan, Peter, 『The Silk Roads: A New History of the World』 (London: Bloomsbury, 2017).
- Kennedy, Paul, 『The Rise and Fall of the Great Powers: Economic Change and Military Conflict from 1500 to 2000』 (New York: Random House, 1987).
- Landes, David S., 『The Wealth and Poverty of Nations: Why Some Are So Rich and Some So Poor』 (New York: W. W. Norton, 1999).
- Parker, Geoffrey, ed., 『The Cambridge History of Warfare』 (Cambridge: Cambridge University Press, 2005).
- Pomeranz, Kenneth, 『The Great Divergence: China, Europe, and the Making of the Modern World Economy』 (Princeton, NJ: Princeton University Press, 2001).
- Ralph, Philip Lee, et al., 『World Civilizations: Their History and Their Culture』 (New York: W. W. Norton, 1997).
- Satow, Ernest, Ivor Roberts, ed., 『Satow's Diplomatic Practice』 (Oxford: Oxford University Press, 2017).

- Toynbee, Arnold J., D. C. Somervell, ed., 『A Study of History』 2 vols (Oxford: Oxford University Press, 1987).
- Twitchett, Denis, and John K. Fairbank, eds., 『The Cambridge History of China』 15 vols (Cambridge: Cambridge University Press, 1978–2016).

## 경제학과 지리학 통계

나는 이 책 전체에서 독자들이 정치적 사건의 배경으로서 각 사회의 인구 규모, 경제 규모 등을 간략하게나마 파악할 수 있도록 관련 정보를 제시했다. 이 책에 실린 모든 숫자와 통계는 추정치 또는 대략적인 지표로 이해해야 옳다. 역사적 인구학, 경제학 자료에 관심이 있는 독자를 위해 다음 자료를 추천한다.

- Broadberry, Stephen, et al., "China, Europe, and the Great Divergence: A Study in Historical National Accounting, 980–1850" (University of Oxford Discussion Papers in Economic and Social History, 2017), no. 155. https://www.economics.ox.ac.uk/materials/working_papers/⋯/155aprilbroadberry.pdf 검색.
- De Long, J. Bradford, "Estimating World GDP: One Million B.C. – Present" (Berkeley University, 1998). https://delong.typepad.com/print/20061012_LRWGDP.pdf 검색.
- Maddison, Angus, "Historical Statistics of the World Economy, 1–2008 AD, table 1" (2010). www.ggdc.net/maddison/historical_statistics/horizontal-file_02–2010.xls 검색.
- McEvedy, Colin and Richard Jones, 『Atlas of World Population History』 (New York: Facts on File, 1978).

## 감사의 말

대학의 지원이 없었더라면, 그리고 나 같은 학자들의 가장 중요한 후원자인 동료 시민의 도움이 없었더라면 이 책은 아예 쓰이지 못했을 것이다. 시민이 있기에 우리가 자유롭고 여유롭게 읽고 쓰고 생각할 기회를 얻는다. 특히 이 작업에 도움을 준 학생들, 백과사전 같은 지식의 소유자인 꼼꼼한 교정 편집자 킷 셰퍼드, 펭귄사의 커미셔닝 에디터로서 이 책을 훌륭한 회사에서 출판할 기회를 마련해 준 로라 스티크니, 지도 작성에 큰 도움을 준 편집자 쇼아이브 로카디야, 지난 수년간 이 책의 준비와 집필을 지켜봐 준 린 티트가트, 그리고 나에게 하루하루 새로운 힘과 용기를 준 나의 가족 앤과 앨린과 줄리아에게 감사의 말을 전한다.

# 색인

## 작품명

색인

북트리거 포스트

북트리거 페이스북

# 권력 쟁탈 3,000년
## 전쟁과 평화의 세계사

1판 1쇄 발행일 2020년 12월 30일

지은이 조너선 홀스래그 | 옮긴이 오윤성
펴낸이 권준구 | 펴낸곳 (주)지학사
본부장 황홍규 | 편집장 윤소현 | 팀장 김지영 | 편집 양선화 전해인
디자인 정은경디자인
마케팅 송성만 손성빈 윤술옥 이예현 | 제작 김현정 이진형 강석준 방연주
등록 2017년 2월 9일(제2017-000034호) | 주소 서울시 마포구 신촌로6길 5
전화 02.330.5265 | 팩스 02.3141.4488 | 이메일 booktrigger@naver.com
홈페이지 www.jihak.co.kr | 포스트 http://post.naver.com/booktrigger
페이스북 www.facebook.com/booktrigger | 인스타그램 @booktrigger

ISBN 979-11-89799-34-2 03900

이 도서의 국립중앙도서관 출판예정도서목록(CIP)은 서지정보유통지원시스템
홈페이지(http://seoji.nl.go.kr)와 국가자료공동목록시스템(http://www.nl.go.kr/kolisnet)에서
이용하실 수 있습니다. (CIP제어번호: CIP2020051789)

## 북트리거

트리거(trigger)는 '방아쇠, 계기, 유인, 자극'을 뜻합니다.
북트리거는 나와 사물, 이웃과 세상을 바라보는 시선에 신선한 자극을 주는 책을 펴냅니다.